结构智能手机云监测

赵雪峰 韩瑞聪 喻 言 李明楚 著

科学出版社

北 京

内 容 简 介

本书将智能手机与传统结构健康监测相结合,在智能手机云监测与深度学习方面进行了相关研究。全书共 10 章,以智能手机、人工智能的迅速发展给当前结构健康监测带来的机遇和智能手机传感技术为出发点,将智能手机应用于便捷式桥梁监测与管养、基于深度学习的结构损伤检测、特种结构安全监测以及地震作用下框架结构多参数监测与紧急通信,并开发相应的APP 和网站,搭建公众参与式的智能手机监测平台。全书阐述智能手机在结构健康监测中的一系列应用,可以对当前结构健康监测起到补充完善的作用,利用迅速普及的智能手机工具实现监测目的,也将使得更多人参与到防灾减灾工作中来。

本书适合结构健康监测、人工智能相关领域的科研人员与工程师阅读,也可作为结构工程、防灾减灾工程及防护工程等相关专业研究生和高年级本科生的参考书。

图书在版编目(CIP)数据

结构智能手机云监测 / 赵雪峰等著. —北京:科学出版社,2021.11
ISBN 978-7-03-070463-4

Ⅰ. ①结⋯ Ⅱ. ①赵⋯ Ⅲ. ①移动电话机-应用-桥梁结构-安全监测 Ⅳ. ①U446-39

中国版本图书馆 CIP 数据核字(2021)第 221747 号

责任编辑:杨慎欣 狄源硕 / 责任校对:王 瑞
责任印制:吴兆东 / 封面设计:无极书装

科学出版社出版
北京东黄城根北街 16 号
邮政编码:100717
http://www.sciencep.com

北京捷迅佳彩印刷有限公司 印刷
科学出版社发行 各地新华书店经销
*

2021 年 11 月第 一 版 开本:720×1000 1/16
2021 年 12 月第二次印刷 印张:27 3/4
字数:560 000

定价:188.00 元
(如有印装质量问题,我社负责调换)

前　言

我们在这本书中向各位呈献的内容，一切都源自十年前夏季的某一天突然出现在脑海中的一个火花。那一刻，突然想到从事结构健康监测领域研究以来，涉及的传感器技术、安全评定与系统集成等方面的研究都是针对桥梁、海洋平台等重大工程结构，所采用的方法与技术也都是具有一定专业背景的人员才可以操作应用。这种受专业知识、专业设备、监测项目立项流程与监测系统造价等因素制约的专业结构健康监测与安全评定思路是否可以继续完善或改进？以实现更加快捷、低成本、应急的广大公众人人可以参与其中的面向更加广大范围的超大规模结构健康监测与评定。那么采用什么监测手段才能够实现人人都可以参与监测呢？想到的答案就是利用智能手机。智能手机的运算、内置多种传感器、数据传输与高集成度等功能特点以及高度普及特点使其具有实现上述构想的巨大潜力。我马上将这个想法与挚友喻言博士分享，一拍即合，当时就决定马上展开这方面的研究。

转眼十年的时光已经不知不觉在探索当中流逝，这期间我们经历了很多，也有幸结识了多位志同道合的朋友，并培养了多名研究生。此时此刻，坐在电脑屏幕前，记忆中零散的片段一一浮现：规划方向时候的激动、同伴们一起分析刚刚采集到的新鲜数据时的紧张期待、寒冷冬季出发到工程现场时漆黑的清晨、发表成果时候的喜悦，尤其是痛失战友，喻言教授在 2018 年的不幸离世让人感慨万千，潸然泪下。经过这十年来团队成员的坚守与不断探索，我们在结构响应参数监测技术、数据分析、评定、系统集成等方面取得了一些阶段性的成果，现向各位读者呈献。该方向还需要进一步深入研究，结合近年来人工智能技术的突飞猛进，公共安全的深入人心，相信未来在同仁的共同努力下，基于公众参与的结构健康监测对城市工程结构公共安全保障会有显著的支撑。

本书共 10 章。第 1 章介绍智能手机的发展和应用、人工智能的发展及给当前结构健康监测带来的机遇。第 2 章对智能手机结构参数传感技术进行研究与验证，包括加速度传感技术、位移传感技术、倾角传感技术、应变传感技术和外接测试模块传感技术等。第 3 章基于智能手机，在便捷式桥梁监测与管养方面做了相关研究，开发了相关软件并在实际结构中得到了初步验证。第 4 章研究基于智能手机可采集信息的深度学习结构损伤检测。第 5 章研究基于智能手机的施工安全监测技术。第 6 章研究基于智能手机的特种结构安全监测，包括电梯舒适度和螺栓松弛的损伤检测。第 7 章对地震作用下基于智能手机的框架结构多参数监测技术进行研究。第 8 章介绍智能手机振动台监测试验，并研究加速度和位移的数据融合。第 9 章对地震作用下的紧急通信和烈度快速评定技术进行探索研究，并开发了相应 APP 和网络系统。第 10 章介绍了公众参与式的智能手机监测云平台。

参与本书校稿的人员除作者外，还有胡伟通、焦栋、官泉华、毛幸全、朱清华、 李生元、王念念、张阳、苏红果、邹铮、谢波涛、李金珂、张立晓、刘昊、丁言兵、赵庆安、李嘉奇、李光，对他们为本书的出版所做的贡献表示感谢。同时感谢对本书内容做出帮助与支持的各位专家、学者与朋友们。最后感谢培养我的恩师田石柱教授与欧进萍院士对我多年来的关心、熏陶与鼓励，指引我在教育与科研当中坚定地沉浸于创新探索之中！

感谢"十三五"国家重点研发计划项目（2016YFE0202400；2016YFC0802002）、"十二五"国家科技支撑计划项目（2011BAK02B01）对本书相关研究工作提供的基金支持。

限于目前研究的程度，同时鉴于作者的知识和业务水平有限，书中难免存在不足之处，敬请读者朋友们给予批评指正。

赵雪峰
2021 年 10 月 29 日
于大连理工大学土木工程学院

目　　录

前言

第1章　绪论 ··· 1
  1.1　结构健康监测研究现状与挑战 ··· 1
    1.1.1　结构健康监测与安全评定的研究现状 ···································· 1
    1.1.2　结构健康监测所面临的挑战 ·· 5
  1.2　智能手机的发展与机遇 ·· 6
    1.2.1　智能手机的发展 ··· 6
    1.2.2　智能手机的主要特点 ·· 13
    1.2.3　智能手机现状分析 ··· 14
    1.2.4　智能手机可感知的用户信息 ··· 17
    1.2.5　智能手机的应用领域 ·· 21
    1.2.6　智能手机的发展带来的机遇 ··· 28
  1.3　大数据与人工智能的发展 ·· 28
    1.3.1　大数据的发展、特征及应用案例 ··· 28
    1.3.2　人工智能与深度学习 ·· 31
    1.3.3　大数据与人工智能带来的机遇 ·· 33
  1.4　智能手机结构健康云监测探索式发展 ··· 35
  参考文献 ··· 36

第2章　基于智能手机的传感技术 ·· 47
  2.1　手机主要传感器 ··· 47
    2.1.1　手机传感器综述 ·· 47
    2.1.2　CPU ··· 55
    2.1.3　加速度传感器 ·· 61
    2.1.4　陀螺仪 ·· 64
    2.1.5　摄像头 ·· 65
    2.1.6　数据传输性能 ·· 67
    2.1.7　数据存储功能 ·· 70
  2.2　加速度传感技术 ··· 71
    2.2.1　手机加速度采集软件系统实现 ·· 71
    2.2.2　振动台对比实验验证 ·· 72

2.2.3　不同型号加速度传感性能对比 ································· 74
　　　2.2.4　加速度采集稳定性对比 ····································· 77
　2.3　位移传感技术 ··· 78
　　　2.3.1　基本原理 ··· 81
　　　2.3.2　D-Viewer 软件介绍 ·· 82
　　　2.3.3　静态实验 ··· 84
　　　2.3.4　振动台动态实验 ·· 89
　2.4　倾角传感技术 ··· 94
　　　2.4.1　手机倾角采集软件系统实现 ··································· 94
　　　2.4.2　实验室静态标定实验 ·· 95
　　　2.4.3　实验室动态标定实验 ·· 96
　2.5　外接测试模块传感技术 ·· 98
　　　2.5.1　外接板结构设计与实现 ······································· 98
　　　2.5.2　外接板传感实验室振动台验证 ·································· 99
　　　2.5.3　外接板传感实验室索力实验验证 ································ 100
　　　2.5.4　外接板传感现场测试验证 ···································· 101
　2.6　应变传感技术 ·· 104
　　　2.6.1　MISS 方法基本原理 ·· 105
　　　2.6.2　MISS 方法所用算法 ·· 106
　　　2.6.3　MISS 传感器 ··· 108
　　　2.6.4　静态与动态试验验证 ······································· 110
　参考文献 ··· 113

第 3 章　基于智能手机的便捷式桥梁监测与管养 ······························· 117
　3.1　智能手机便捷式桥梁监测系统 ·· 117
　　　3.1.1　系统监测内容 ·· 117
　　　3.1.2　系统实现 ··· 118
　3.2　智能手机吊装监测 ·· 119
　　　3.2.1　星海湾跨海大桥介绍 ·· 119
　　　3.2.2　系统监测对象及内容 ·· 120
　　　3.2.3　系统组成构架 ·· 120
　　　3.2.4　边跨主梁吊装姿态监测 ······································ 125
　　　3.2.5　主缆吊机监测 ·· 129
　3.3　智能手机索力监测技术 ··· 133
　　　3.3.1　振动法测索力原理 ·· 133
　　　3.3.2　软件系统介绍 ·· 136
　　　3.3.3　Orion-CC 软件介绍 ·· 143

  3.3.4 网站介绍 149
  3.3.5 实验室索力对比实验验证 150
  3.3.6 现场工程应用一 155
  3.3.7 现场工程应用二 159
 3.4 智能手机在结构位移监测中的应用 166
  3.4.1 钢桁桥模型位移监测实验 166
  3.4.2 索桥模型位移监测 169
  3.4.3 模拟监测裂缝实验 181
 3.5 视觉索力监测 183
  3.5.1 视觉索力监测原理 184
  3.5.2 视觉索力监测应用 187
 3.6 基于智能手机的桥梁管养系统 189
  3.6.1 桥梁管养的现状与不足 189
  3.6.2 基于手机客户端的桥梁管养软件设计 191
  3.6.3 公众参与式灾后桥梁快速评估 196
 参考文献 201

第4章 基于智能手机的深度学习结构损伤检测 203
 4.1 基于深度学习的相关理论方法 203
  4.1.1 深度学习技术的发展 203
  4.1.2 深度学习相关理论 205
 4.2 混凝土结构裂纹深度学习识别技术 207
  4.2.1 混凝土裂纹识别概述 207
  4.2.2 训练用于混凝土裂纹识别的 CNN 图片分类器 208
 4.3 基于机器视觉的古建筑砌体评定方法 212
  4.3.1 基于机器视觉的古建筑砌体评定方法概述 212
  4.3.2 基于 CNN 的古建筑砌体评定方法概述 214
  4.3.3 基于 Faster R-CNN 的古建筑砌体评定方法概述 232
  4.3.4 基于智能手机的古建筑砌体评定方法概述 239
 4.4 基于机器视觉的路面损伤识别技术 241
  4.4.1 基于机器视觉的路面损伤识别方法概述 241
  4.4.2 基于 MobileNet 的路面损伤评定方法 243
 参考文献 251

第5章 基于智能手机的施工安全监测技术 255
 5.1 基于智能手机的施工行为识别 255
  5.1.1 基于行为的施工安全研究概况 255

　　　　5.1.2 基于智能手机的工人行为识别系统设计………………………………257
　　　　5.1.3 实验验证：安全带的使用状态识别…………………………………258
　　5.2 基于智能手机的工人活跃度的状态识别………………………………………268
　　　　5.2.1 现场施工安全概况……………………………………………………268
　　　　5.2.2 施工活跃度含义及劳动强度分级……………………………………270
　　　　5.2.3 施工现场工人活跃度采集……………………………………………272
　　5.3 基于智能手机的施工过程位移监测……………………………………………273
　　　　5.3.1 基于智能手机的位移监测系统………………………………………273
　　　　5.3.2 基于智能手机的位移监测系统的现场应用…………………………276
　　参考文献……………………………………………………………………………278

第6章 基于智能手机的特种结构安全监测……………………………………………281
　　6.1 基于智能手机的电梯舒适度监测与评定………………………………………281
　　　　6.1.1 电梯舒适度监测及舒适度评价标准的发展…………………………281
　　　　6.1.2 基于智能手机的电梯舒适度监测系统………………………………283
　　　　6.1.3 多种运行模式下的电梯舒适度监测与评定…………………………283
　　　　6.1.4 不同载重情形下的电梯舒适度监测与评定…………………………286
　　　　6.1.5 工程应用………………………………………………………………288
　　6.2 基于音频分类的螺栓松弛损伤检测……………………………………………290
　　　　6.2.1 螺栓松弛检测方法的背景与发展……………………………………290
　　　　6.2.2 一种新的螺栓松弛检测方法…………………………………………292
　　　　6.2.3 验证性实验……………………………………………………………297
　　　　6.2.4 单螺栓多分类识别……………………………………………………299
　　　　6.2.5 多螺栓多分类识别……………………………………………………300
　　参考文献……………………………………………………………………………302

第7章 地震作用下智能手机结构响应监测……………………………………………305
　　7.1 当前结构地震监测与评估现状…………………………………………………305
　　　　7.1.1 当前地震响应监测与安全评定研究进展……………………………305
　　　　7.1.2 地震响应监测存在的问题与挑战……………………………………308
　　　　7.1.3 智能手机在结构地震作用下的可监测参数…………………………308
　　7.2 框架结构层间位移监测方法研究………………………………………………309
　　　　7.2.1 监测思路………………………………………………………………310
　　　　7.2.2 两层框架实验…………………………………………………………311
　　7.3 地震作用下框架结构监测实验…………………………………………………314
　　　　7.3.1 框架结构模型…………………………………………………………314
　　　　7.3.2 损伤模拟方法…………………………………………………………315

7.3.3 采集设备、传感器、振动台综述 316
　　　7.3.4 传感器子系统 317
　　　7.3.5 传感器布置 320
　7.4 损伤工况汇总及地震波输入 322
　　　7.4.1 损伤工况汇总 322
　　　7.4.2 地震波输入 323
　7.5 智能手机与传统传感器结构监测响应对比 324
　　　7.5.1 代表工况下加速度响应对比 324
　　　7.5.2 代表工况下频谱响应对比 329
　　　7.5.3 代表工况下位移响应对比 331
　参考文献 335

第 8 章 基于手机监测数据的地震作用下结构安全评定 337

　8.1 基于手机监测数据与小波包能量法的结构损伤识别 337
　　　8.1.1 小波分析和结构损伤识别 337
　　　8.1.2 小波包分析 343
　　　8.1.3 损伤指标的构建 347
　　　8.1.4 小波包能量分布图 348
　8.2 基于手机监测数据的加速度积分位移方法 351
　　　8.2.1 加速度积分位移时域积分 351
　　　8.2.2 加速度积分位移频域积分 356
　　　8.2.3 基于其中一层监测位移的积分位移修正方法 358
　　　8.2.4 基于一阶模态频率及截止频率的积分位移修正方法 366
　参考文献 384

第 9 章 地震极端情况下的紧急通信与烈度快速评定 387

　9.1 E-Explorer 应用构建 388
　9.2 紧急通信 389
　　　9.2.1 实现原理 389
　　　9.2.2 震后灾区的紧急通信 392
　　　9.2.3 紧急通信连接验证 394
　　　9.2.4 通信距离实验验证 396
　　　9.2.5 信息传输实验 397
　9.3 烈度快速评定 401
　　　9.3.1 传统地震损伤调查方法 401
　　　9.3.2 智能手机烈度调查方法 402
　　　9.3.3 问卷调查 403

  9.3.4 图片采集 ··· 406
  9.3.5 烈度评估 ··· 406
  9.3.6 网站的建立 ··· 409
参考文献 ·· 411

第 10 章 公众参与智能手机监测平台 ·· 412
10.1 城市公共安全共享平台 ··· 412
  10.1.1 城市公共安全系统框架 ··· 412
  10.1.2 城市公共安全手机端及应用 ·· 414
  10.1.3 城市公共安全网站平台 ··· 419
  10.1.4 现场实验及结果分析 ·· 421
10.2 长城完整性共享平台 ··· 426
  10.2.1 守望长城系统框架 ·· 426
  10.2.2 守望长城手机端及应用 ··· 427
  10.2.3 守望长城共享平台 ·· 429
参考文献 ·· 430

第1章 绪　　论

1.1 结构健康监测研究现状与挑战

1.1.1 结构健康监测与安全评定的研究现状

1. 结构健康监测的意义

我国是世界上自然灾害较严重的少数国家之一，民政部、国家减灾委员会会同工业和信息化部、国土资源部、住房和城乡建设部、交通运输部、水利部、农业部、卫生计生委、统计局、林业局、地震局、气象局、保监会、海洋局、中央军委联合参谋部、中央军委政治工作部、中国红十字会总会、中国铁路总公司等部门对2016年全国自然灾害情况进行了会商分析。经核定，2016年，我国自然灾害以洪涝、台风、风雹和地质灾害为主，旱灾、地震、低温冷冻、雪灾和森林火灾等灾害也均有不同程度发生。各类自然灾害共造成全国近1.9亿人次受灾，1432人因灾死亡，274人失踪，1608人因灾住院治疗，910.1万人次紧急转移安置，353.8万人次需紧急生活救助；52.1万间房屋倒塌，334万间不同程度损坏；农作物受灾面积2622万公顷，其中绝收290万公顷；直接经济损失5032.9亿元。总地来看，2016年灾情与"十二五"时期均值相比基本持平（因灾死亡失踪人口、直接经济损失分别增加11%、31%，受灾人口、倒塌房屋数量分别减少39%、24%），与2015年相比明显偏重[1]。

根据2007~2016年的数据分析[2]，每年因自然灾害造成的直接经济损失高达4500亿元。其中有几年相对损失较大，2008年的经济损失最严重，主要是由于两次重大灾害事件，南方雪灾和汶川地震；2010年干旱特别严重，造成巨大的农业损失；2012年是台风的重灾年，仅7月份一个月就有文森特、苏拉和海葵三个超级台风登陆中国东部海岸；2013年的雅安地震，同年伴随着一个CAT4的超级台风菲特，席卷了中国东部海岸并带来短时间的巨量降水；2016年是洪水大灾年，特别是湖南和湖北省长江中游地区洪涝灾害严重，导致短时间大量的降水，造成河流泛滥，并在城市和农村地区形成长时间的淹水。以2008年为例，年初我国南方雪灾，造成了巨大的损失，死亡129人，失踪4人，紧急转移安置166万人，房屋倒塌48.5万间，损坏168.6万间；农作物受灾面积高达11.8万平方公里，因灾直接经济损失达1516.5亿元[3]。2008年5月12号，四川汶川发生8.0级地震，地震造成受灾总面积约50万平方公里，受灾群众4625万人，死亡69227人，失踪17923人，房屋建筑大量倒塌损坏，基础设施大面积被损毁，工农业生产和生态环境都受到严重影响，直接经济损失高达8451亿元[4]。在经济损失中，民房和城市居民住房的损失比例最大，占到总损失的27.4%；医院、学校以及非住宅用房的损失占到总损失的20.4%；另外还有道路、桥梁等的损失，占到总损失的21.9%，由此可以看出，70%以上的损失是由这三方面基础设施的破坏造成的[5]。所以，土木工程基础设施的安全是减少经济损失以及确保生命安全的重要保证。我国正处于新型城镇化和工业化快速发展时期，基本建设投资占国民生产总值的比例逐渐上升[6]。大批重大基础设施如大跨桥梁结构、高层建筑结构、大垮空间结构、大坝结构、海洋平台结构、核电站结构等已完成建设或正在建设。这些大型土木交通水利工程的设计寿命长达数十年、上百年。在它们的漫长服役周期内，环境侵蚀、日常服役荷载甚至超载导致结构的性能逐渐发生退化，且随时可能遭受地震、台风、雪灾等极端自然灾害的侵袭。因此，为了尽可能地减少自然灾害给基础设施带来的影响，减小经济损失和人员伤亡，土木工程结构的安全、耐久性与健康是近年来土木基础设施研究领域中非常值得关注的一个方面。

结构破坏之前，能够对其进行长期在线的健康监测，确保使用寿命周期内的安全是减少灾害很重要的方法[7]。结构健康监测可以在一定程度上减少周期性的检测，并能比较准确地确定结构的损伤程度，同时，还能对结构的剩余寿命和结构的加固改造做出更好的评价[8]。

若能在灾难到来之前对结构的安全性进行预测和评估，将会在很大程度上减少损失。灾难发生后，结构会发生一定的损伤，若能及时地识别严重损伤，并做出相应决策，也会在一定程度上减少人员伤亡。像在地震造成的灾难中，造成重大损失的不只是主震，有时余震的发生才会导致最具毁灭性的破坏。例如，在1994年的Northridge地震和1995年的日本神户地震中，一些建筑物在遭遇主震后，并没有立即倒塌，也没有造成很严重的人员伤亡，但结构的损伤却未能及时发现，以致在后来的余震中倒塌导致损伤惨重[9]。又如我国台湾1999年9·21大地震，在大地震发生当日余震相当多，影响最大的一次是不到一小时后的凌晨02:16，里氏震级高达6.8级，这场紧接在7.3级主震之后的余震是造成9·21大地震中房屋毁损比其他地震要多的主因。接着是9月22日早上08:14，里氏震级高达6.8级，以及9月26日早上07:15，里氏震级也达6.8级，甚至更为严重的是，在2000年6月11日凌晨02:23发生的强烈地震，亦属于9·21大地震的余震，里氏震级达到6.7级。这些余震对一些建筑物造成的破坏是摧毁性的，所以主震后对结构进行及时的监测也是十分必要的。

总之，对结构进行健康监测和安全诊断，及时发现结构损伤，对可能出现的灾害进行预测，评估结构安全性并及时给予人类指导远离可能带来的灾难，将会在很大程度上减少财产损失和人员伤亡，一个完善的结构健康监测系统对保证人民经济和财政安全具有重大意义。

2. 结构健康监测研究现状

结构健康监测技术最早起源于航空航天领域，最初的目的主要是进行结构的荷载监测[10-13]。但直到20世纪90年代初，美国提出智能材料与智能结构研究领域，在世界范围内快速兴起了自感知智能结构的研究，由此标志着结构健康监测的诞生[14]。

结构健康监测（structural health monitoring，SHM）指利用现场的无损传感技术来探测结构响应，并通过对包括结构响应在内的结构系统特性进行分析，来评价结构损伤的严重性以及确定损伤位置，达到检测结构损伤或退化的目的[15]。结构健康监测可以说是"用最少的人力实现对结构自动、连续的监测和观察"，结构健康监测的过程主要是，通过一系列的传感器得到动力响应测量值，从这些测量值中抽取一些对损伤敏感的特征因子，并分析这些特征因子，从而获得结构当前的健康状况。对于长期的健康监测，系统得到的是有关结构在运行环境中的老化和退化导致的完成预期功能变化的实时信息[16,17]。

一个完整的结构健康监测系统主要包括以下几个子系统[18-20]：传感器子系统、数据采集子系统、信号传输与存储子系统、数据处理与分析子系统和结构性能评估子系统，如图1-1-1所示。传感器子系统是结构健康监测系统的基石；数据采集子系统是桥梁，采集各类传感器得到结构的响应数据，如加速度传感器、陀螺仪、应变计、温度传感器等；然后采集到的数据通过传输系统传输并存储到所建立的数据库；随后利用观测数据对所测量结构进行分析和反演，进而进行结构的损伤识别与性能评价。

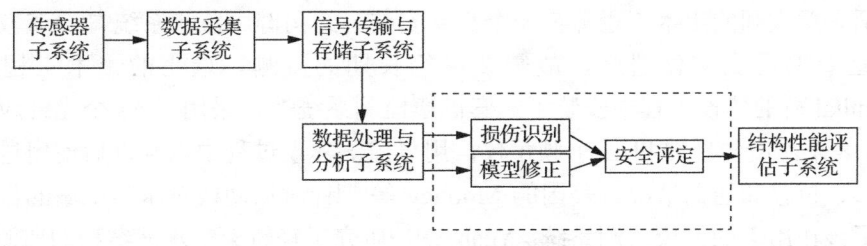

图1-1-1 结构健康监测系统

健康监测系统的成本较高，国内大部分还是安装在一些大跨桥上。例如上海的徐浦大桥就安装了一套结构健康监测系统，其主要针对温度、车辆荷载、应变、挠度、斜拉索振动、主梁振动六个方面建立了监测子系统[21]。香港汲水门大桥上安装的监测系统包括270多个各种类型的传感器、数据采集和管理设备,用来监测桥梁的健康状态[22]。Ting Kau 大桥也安装了类似的结构健康监测系统[23]。广州的虎门大桥上布置了应变监测数据处理系统[24]和三维位移实时动态监测系统[25],对桥的振动和应力进行监测[26]。在江阴长江大桥[27]、山东滨州黄河大桥[28,29]、南京长江大桥[30]、南京长江二桥[31]等结构上也做了结构健康监测方面的研究。除了桥梁结构,在超高层建筑结构中也有一些应用,但是并不如桥梁结构那么广泛,汪菁在深圳市民大厦的屋顶部分安装了一套健康监测系统[32],该系统由结构分析子系统和传感器子系统组成。贺映候等以深圳平安金融中心为平台,设计集成了对施工阶段进行监控的结构健康监测系统[33]。另外在深圳地王大厦[34]、上海金茂大厦和杭州市民中心[35]等超高层建筑结构上也做了健康监测方面的研究和应用。

国际方面,许多国家和地区从20世纪80年代就已开始涉足健康监测领域[36-38],迄今为止已做了大量的研究和应用,不再单纯是桥梁结构,已经扩大到高层建筑、大型混凝土工程等复杂系统的监测上。如英国在20世纪80年代后期已经开始研制并在大型桥梁上安装了监测仪器,比较典型的是在总长552m的Foyle大桥上布置了各种传感器来监测大桥的应变、挠度和振动等响应,该系统是安装最早的比较完整的健康监测系统之一[39]。美国于20世纪80年代中后期开始在桥梁上布设监测传感器,佛罗里达州的Sunshine Skyway桥上就安装了500多个传感器用来监测[40]。美国约翰斯·霍普金斯大学对两座大型斜拉索桥在风雨环境激励作用下,进行了长期的振动监测。日本在一栋高层结构上安装了健康监测系统[41],该建筑物安装了阻尼缓冲板,并在经过一次较大规模地震后增设光纤布拉格光栅(fiber Bragg grating,FBG)传感器,用来监测建筑物的地震反应和结构的完整性,且实测结果表明系统工作良好。德国在柏林莱特火车站大楼上安装了一套结构健康监测系统[42]。德国的Schwesinger等[43]利用特制卡车测试了250多座混凝土桥,从2001年3月开始,使用可达150吨载重的测试卡车对多座混凝土桥进行测试,方便灵活。意大利的土木工程师在一个教堂安装了结构健康监测系统[44],该教堂是一个重要的历史文化遗产,故需要进行长期的监测。瑞士的土木工程师在Siggenthal桥的建设过程中安装了一套健康监测系统[45],采用了58个光纤应变传感器、8个温度传感器和2个倾角仪,用以监测建设过程中以及以后使用过程中的变形、位移和屈曲情况。美国的Mooney等[46]针对振动板对压实土壤的作用,研究了该作用下的健康监测系统。Yuan等[47]研究了轻轨架空水泥结构的监测,完成了在不同的天气情况下、8个轨段在不同荷载情况下的在线监视。丹麦对总长为1726m的Faroe跨海大桥进行施工及通车首年的监测,旨在监测关键参数,监测施工危险阶段并获取维护系统所需的桥梁健康记录,他们还在主跨为1624m的

Great Belt East 悬索桥上尝试分开处理极端记录与正常记录，以期减少数据存储[23]。英国的 Flintshire 独塔斜拉桥[48]和加拿大的 Confederation 桥[49]也是布设有结构健康监测系统的典型桥梁。此外，泰国与韩国目前也在桥梁上安装了永久性的实时监测报警设备。

虽然结构健康监测系统已得到了十足的发展，但是为了保证系统的正常运行，一般需要昂贵的造价以及较多的专业人员安装和维护。例如，高层结构上安装的结构健康监测系统每一个通道耗资超过 5000 美元[50]。整个系统的耗资造价以线性关系增长，例如香港青马大桥安装了超过 350 个传感通道，造价极其高昂[51]。健康监测系统的高造价不只是在土木工程结构方面，在航天、船舶或者其他大型结构方面的健康监测系统造价也是相当昂贵[52]。

1.1.2 结构健康监测所面临的挑战

当面对重大自然灾害或是应急的监测时，尽最大努力保证生命安全，减少人员伤亡便成为最大的目标，然而人们面对突如其来的灾害的时候往往会无所适从[53]，而且灾害后人们所关心的住所、公共设施等安全性也不能及时准确地掌握。通常，关于防灾减灾方面的监测与评估均在国家相关部门掌握，不能够给予大众快速的指导，而且客观条件的影响使人们自身无法参与到防灾减灾的行动中来，无法在灾害发生后进行自救。如果能在灾害发生后及时寻找生命信号进行营救或者调动起有生命存在的人进行自救，将会减少很多的人员伤亡。

总结以上现状，结构的监测面临着以下的挑战：①传统的结构健康监测系统造价昂贵，构成复杂，很难做到大规模的普及应用；②没有合适的方法可以在短时间内立即投入使用，当前的结构健康监测系统只能在施工过程中或者使用过程中进行安装，只可以在灾难到来之前做一定的预判，然而灾难到来时监测系统不一定处于最好的运行状态，也就不易采集到有用的数据，无法做出快速和完善的灾后分析；③没有合适的人才可以在短时间内培养起来，现在的健康监测系统中的一些监测方案需要专业技术人员才能胜任，这会是监测领域耗资很大的一个部分；④与上面所述③相对的是，并不是所有的监测都是需要专业级别的、高精度的参数监测，这也为我们的监测提供了更多的可能，即在条件允许的情况下，发动更多的人参与进来；⑤以往的测量手段很难实现大规模的灾害易损结构的安全监测；⑥以往的监测手段无法实现灾害进行过程中的快速统计和评定。

为了能让更多的人参与到防灾减灾中来，对结构进行监测并进行快速评定，就需要利用日常生活中普遍存在的工具，智能手机便是防灾减灾工作的一个选择。

1.2 智能手机的发展与机遇

1.2.1 智能手机的发展

1. 智能手机的发展历程

智能手机，是指像个人电脑一样，具有独立的操作系统，独立的运行空间[54]，可以由用户自行安装软件、游戏、导航等第三方服务商提供的程序，并可以通过移动通信网络来实现无线网络接入手机类型的总称。智能手机能够显示与个人电脑所显示出来一致的正常网页，而且智能手机能显示手机版的网页，它拥有很强的应用扩展性，能方便随意地安装和删除应用程序；智能手机拥有超大高清触摸屏，能随时使用键盘来进行触摸、手写，进行多任务操作，并且拥有强大的多媒体、邮件、上网功能，能完全替代像 MP3、MP4 和 PDA（personal digital assistant，个人数字助理）这样的传统便携设备；智能手机能替代个人电脑处理办公事务和其他事务，它能随时与网络保持连接，并且能与电脑、笔记本电脑等其他设备同步数据[55]。

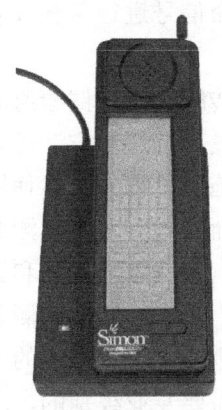

图 1-2-1 第一台智能手机 IBM Simon

世界上公认的第一台智能手机 IBM Simon[56]（西蒙，个人通信设备）诞生于 1994 年，它由 IBM 与 BellSouth 合作制造，如图 1-2-1 所示。该手机除了可以接收蜂窝电话，手机的触屏也可以用来发送和接收传真、邮件。它已经包含了地址簿、日历、日程、计算器、世界时间、记事本以及其他可视化软件，例如地图、股票和新闻，"智能手机"（smartphone）的叫法也直到一年后（1995 年初）在对 Simon 的描述中才被创造出来[57]。到 20 世纪 90 年代中期，许多人开始使用带有分离的专用 PDA 装置的移动手机，搭载有操作系统的最早版本，例如 Plam OS、Newton OS、Symbian 及 Windows CE/Pocket PC。这些操作系统逐步进化为早期智能操作系统。这时期的智能手机大部分都是集成了已存在的 PDA 操作系统与基本手机硬件，导致智能手机比专门的移动电话或者 PDA 的体积要大许多，也笨重很多，但是已经允许接入有限制的蜂窝网络。与此同时，制造商也尽量使智能手机的体积更加小和轻便。这些智能手机相比单独的移动电话，需要昂贵的造价，并且有着扩展限制、较短的电池寿命等劣势。只有部分需要便携网络连接的商业人员使用，因此普及性受到限制。

1996 年 3 月，惠普公司发布了 OmniGo 700LX，一个改良的 HP 200LX 掌上电脑，搭载了 Nokia 2110 移动电话和基于 ROM（read-only memory，只读存储器）的软件。它拥有 640×200 的分辨率，兼容四种色彩的灰阶 LCD（liquid crystal display，液晶显示）屏幕，可以用来接打电话，编写和接收短信、邮件和传真。它与 DOS 5.0（磁盘操作系统）完全兼容，允许运行上千个已有的软件目录，包括 Windows 早期版本。

1996 年 8 月，诺基亚发布了 Nokia 9000 通信器——数字蜂窝 PDA。该通信器基于 Nokia 2110，搭载了基于 PEN/GEOS 3.0 操作系统。这两部分使用铰链进行连接，也就是后来被人们熟知的翻盖设计，上部分为显示屏，下部分为标准键盘。PDA 提供了邮件、日历、地址簿、计算器、记事本等应用，基于文字的网络搜索，并可发送和接收传真。当关闭时，该设备就是一个数字蜂窝移动电话。

1999 年 6 月，高通公司发布了"pdQ 智能手机"——CDMA（code division multiple access，码分多址）数字个人通信服务的智能手机，集成了掌上电脑和网络连接[58]。作为一项新兴技术，CDMA2000 正迅速风靡全球并已占据 20%的无线市场。截至 2012 年，全球 CDMA2000 用户已超过 2.56 亿，遍布 70 个国家的 156 家运营商已经商用 3G CDMA 业务。包含高通授权 LICENSE 的安可信通信技术有限公司在内全球有数十家 OEM 厂商推出 EVDO 移动智能终端。2002 年，高通公司芯片销售创历史佳绩；1994 年至 2017 年，高通公司已向全球包括中国在内的众多制造商提供了累计超过 75 亿多枚芯片。智能手机也就是在这个大背景下诞生。

接下来，具有里程碑意义的智能手机主要有以下几个。2000 年，爱立信公司发布的爱立信 R380[59]，第一台被市场上销售的称为"智能手机"的手机[60]，是第一个塞班（Symbian）系统的手机，使用 PDA 功能和手写笔在电阻屏幕上进行有限制的网络浏览[61]。但是用户无法在设备上安装自己的软件。2001 年初，日本京瓷 Kyocera 6035——双重性的手机，具有分离的掌上 Palm 操作系统和 CDMA 移动手机固件，它支持使用 PDA 软件进行有限的网络浏览，而手机硬件作为附属的调制解调器[62,63]。2002 年，Handspring 公司生产的第一台 Treo 180 完全集成了 Palm 操作系统、全球移动通信系统（global system for mobile，GSM）、短信服务（short message service，SMS）和网络连接。该型号有了拇指触屏的键盘和涂鸦式手写识别区域。

1999 年，日本 NTT DoCoMo 公司发布的第一个智能手机在日本范围内引起了广泛的应用[64]。该智能手机在 i-Mode 系统上运行，数据传输速率可以达到 9.6kbit/s[65]。与现在的无线服务不同，NTT DoCoMo 的 i-Mode 使用 cHTML，与传统 HTML（hypertext markup language，超文本标记语言）模式相比，在增强数据传输速率方面受到限制。功能性上，小屏幕与有限的带宽只能允许较低的数据传输速率[66]。i-Mode 的增长使 NTT DoCoMo 在 2001 年年底的时候增长了约四千万用户，也使得其市场资本成为日本第一、全球第二。这种增长趋势随着 3G 时代的到来以及拥有更高性能无线连接的手机面世而逐渐衰落[67]。

当时除了日本，其他地方的智能手机使用还很稀少，直到 2002 年，Danger Hiptop 出现，作为 T-Mobile 的伙伴，在美国消费者方面得到了不小的市场。再稍晚一些，2005 年前后，美国的商业用户开始使用基于微软 Windows 系统的手机，以及 Research In Motion 公司（黑莓公司前身）的黑莓手机（Blackberry）。由于黑莓手机的广泛使用，美国用户使"Blackberry"一词成为流行用语[68]。

除了日本和美国，诺基亚由于它应用的 Psion 公司生产的塞班系统得到了很大的成功。塞班系统是 2005～2010 年在欧洲最流行的智能手机操作系统。最初诺基亚塞班系统与 Windows、黑莓手机相似，主要专注于使用脚本 E-系列的商业交流[69]。从 2006 年开始，诺基亚开始以 N-系列，专注于娱乐。在亚洲，除了日本，其他国家流行速度与欧洲相同，到 2010 年，塞班系统已经是当时世界上流行最为广泛的智能手机操作系统[70]。

2007 年之前，智能手机在直板机或者滑盖机上通用的键盘为实体的数字按键或者全键盘。2007 年初，苹果公司发布了 iPhone，第一台使用电容式多点触控界面的智能手机[71]。iPhone 舍弃了手写笔、键盘的使用，直接可以通过手指触摸大屏幕进行界面操作。自此，智能手机的发展开启了新的时代，iPhone 成为引领业界的标杆产品。尽管一位专栏作家说最初的 iPhone "不是传统意义的智能手机，而是允许软件自由安装的平台"[72]，一年后苹果商店不仅满足了安装软件的需求，也成为智能手机软件发布和安装的范例。

2008 年 10 月，第一台使用安卓（Android）操作系统的手机——HTC Dream（也称为 T-Mobile G1）发布[73]。它同样有大的触摸屏，但依然保留可以滑出的键盘。安卓系统后续的版本加入并改善了屏幕上键盘支持，实体键盘很快在安卓系统上不再使用。虽然安卓系统的智能手机开始运行非常缓慢，但它在 2010 年开始广泛流行，到 2012 年初，已广泛地控制了智能手机市场，一直延续到现在[74]。iPhone 和安卓手机都省掉了键盘的使用，靠它们的兼容性触屏改变了智能手机的外形，大大减小了智能手机的体积，改善了用户体验。微软公司不再使用老版本的 Windows 手机，开始发布新版触屏操作系统，称为 Windows Phone。诺基亚舍弃了塞班系统，开始与微软合作，使用 Windows 系统。Windows 手机在 Windows 10 之前成为第三大流行的操作系统。Windows 10 的市场占有率只有不到 0.5%[75]。Palm 公司、黑莓公司的产品后来都有相应更新，但并未超过 iPhone 和安卓系统，之后就不再继续生产产品了。到 2015 年左右，所有的智能手机都为触屏手机，且市场被安卓和 iPhone 垄断。

2. 智能手机硬件

第一个硬件部分是显示屏，智能手机最主要的特征就是它们的屏幕，它几乎填满了手机的前部分（70%左右）。但是最新版本的智能手机如 iPhone X 和三星 S8（截至 2018 年），前边几乎所有的空间都用来屏幕显示，即"边界到边界"。大多数手机的屏幕比例为 16∶9，有一些为 4∶3 或者其他比例。大小以英寸衡量，最小为 2.45 英寸，大于 5.2 英寸一般会称为平板，超过 4.5 英寸的智能手机使用一只手操作会比较困难。21 世纪 10 年代，给视觉障碍人们开发了盲文屏幕，这种屏幕利用了微流体学科技。另外，一些屏幕集成了压力敏感数字转化系统，由和冠（Wacom）和三星（Samsung）公司开发。这些数字化转化系统允许用户使用触屏进行画画或者记录笔记时能有较高的精度[76]。从 iPhone 6s 开始，苹果公司开始发布压力敏感性转化仪，称为 3D Touch。

除了显示屏，还有其他硬件，包括外壳、屏幕保护装置、充电器、充电线、电池、耳机、麦克风、蓝牙耳机等。这些硬件可以由对应的智能手机制造商制造，也可以由其他公司制造使其兼容。

3. 智能手机软件

随着智能手机的发展，已经有多种操作系统成熟应用于智能手机。在发展历程中主要有以下几类。

1）谷歌 Android

安卓操作系统最早是由 Andy Rubin 创立，现在由谷歌公司拥有并持续开发，开放式手机联盟（open handset alliance）为其提供支持。它是一个可选择所有权部分的开源平台，包括谷歌服务的一套旗舰软件、应用和谷歌市场[77]。安卓最早在 2008 年 10 月 20 日随着 HTC Dream 的发布而引进[78]。作为开源的产品，安卓已经成为第三方开发的主体。开发小组可以使用安卓源代码开发操作系统的修正版本，例如 CyanogenMod，可以自己进行更新而不再接收官方更新版本[79-81]。交叉版本也可以由其他供应商提供，例如亚马逊公司，将它的 Fire 操作系统应用于平板上和 Fire 手机上[82,83]。中国和亚洲部分手机生产商也研发推出了基于安卓智能操作系统的第三方智能操作系统，其中来源于中国手机生产商的基于安卓智能操作系统的第三方智能操作系统最为广泛，例如 Flyme、IUNI OS、MIUI、乐蛙、深度 OS、点心 OS、腾讯 tita、百度云 OS、乐 OS、CyanogenMod、JOYOS、Emotion UI、Sense、LG Optimus、魔趣、OMS、百度云·易、Blur、阿里云 OS 等。因为安卓为非产权的平台，再加上安卓在性能和其他各个方面也非常优秀，这让安卓一举成为全球第一大智能操作系统。2011 年初数据显示,仅正式上市两年,安卓已经超越称霸十年的塞班操作系统,跃居全球第一。2012 年 11 月数据显示,安卓占据全球智能手机操作系统市场 76%的份额,中国市场占有率为 90%,彻底占领中国智能手机市场,也成为全球最受欢迎的智能手机操作系统。高德纳咨询公司(Gartner Research)估算,以 2015 年第四季度为例,安卓手机的销售量已达 32.5 千万台,在所有操作系统中占第一位,三星电子的安卓智能手机是其中销量最高的[84]。2016 年安卓系统同样为销量最高的操作系统[85,86]。

2)苹果 iOS

iOS 之前称为 iPhone OS,是苹果公司研发推出的智能操作系统,采用封闭源代码(闭源)的形式推出,因此仅能苹果公司独家采用,最初只是用于 iPhone 生产线,出现于第一台 iPhone 上市时间,即 2007 年 1 月。iPhone 的出现引领了现代智能手机平台的很多设计理念,例如使用多点触摸手势感应,避免使用键盘,有利于直接利用操作系统的触摸屏,拟物化的使用——在图形用户界面中也经常模仿真实对象进行设计[87,88]。2008 年,苹果公司创造了 APP Store,一个可以为苹果设备用户提供软件购买的集中商店[89,90]。iOS 也可以将苹果音乐软件 iTunes 音乐同步至个人电脑[91,92]。对电脑的依赖通过后期 iOS 版本的 iCloud 而逐渐降低,iCloud 可以通过网络同步不同设备间的数据[93]。iPhone 的早期统治地位由于其重塑了智能手机行业而得到巩固,使苹果公司成为 2011 年市值最高的公司。iOS 最为强大的竞争对手为谷歌推出的安卓智能操作系统和微软推出的 Windows Phone 智能操作系统[84,94,95]。iOS 独特又极为人性化,极为强大的界面和性能深受用户的喜爱。

3)微软 Windows Phone

微软公司研发推出的智能操作系统,同时将谷歌的 Android 和苹果的 iOS 列为主要竞争对手,截至 2012 年 8 月,微软 Windows Phone(包括旧 Windows Mobile 系列和 Windows Phone 系列)占据了全球智能手机系统市场份额的 24%,超越黑莓和塞班,成为全球第三大智能操作系统。Windows 系统于 2010 年 2 月 5 日推出,界面为现代 UI(modern UI,也称 Metro UI),是微软基于设计语言设计的一种界面风格。此设计已被用于 Windows Phone、Windows 8、Windows 10、Xbox 360 等多款微软产品,集成了许多微软服务,例如 OneDrive and Office、Xbox Music、Xbox Video、Xbox Live games and Bing,同时也集成了其他许多非微软的服务,例如 Facebook 和 Google accounts。最初应用于微软手机和诺基亚,后来也被 HTC 和三星采用。2015 年 1 月,微软公司宣布 Windows Phone 商标将被 Windows 10 Mobile 取代,会与 Windows 10 的电脑更紧密地集成和统一。然而 Windows Mobile 系列并没有被用户很好地接受,导致第三方应用的减少,一些供应商终止了与 Windows Mobile 的合作[96,97]。到 2016 年,Windows 10 Mobile 的全球市场占有率降低至 0.6%以下[98]。

4）泰泽（Tizen）

Tizen 是基于 Linux 的操作系统，用于智能手机、平板电脑、车载信息娱乐系统、智能电视、笔记本电脑和智能摄像机。Tizen 以 Linux 为基础，以三星、英特尔等组成的科技指导小组为支持。2014 年 4 月，三星发布的 Samsung Gear 2 和 Gear 2 Neo 搭载了 Tizen 系统[99]。Samsung Z1 是三星生产的第一台运行 Tizen 系统的智能手机，于 2015 年 1 月 14 日在印度市场发布[100]。

5）黑莓（Blackberry）

1999 年由 RIM 研发推出的智能操作系统，实际上 Blackberry 为黑莓的英文名称，是 RIM 公司独立开发出的与黑莓手机配套的系统，在全世界都颇受欢迎，在此系统基础上，黑莓的手机更是在智能手机市场独树一帜，也已在中国形成了大批粉丝。2010 年初，新的黑莓版本 Blackberry 10 发布取代了原有的 Blackberry 系统[101]。2012 年 7 月，黑莓占据了全球智能手机操作系统 7%的市场份额，在美国市场共计 11%的市场份额，为全球第四大智能操作系统。2013 年 1 月 30 日起，RIM 与 Blackberry 合并。2014 年 9 月大约有 4.6 千万黑莓用户[102]。2015 年，黑莓公司宣称 Blackberry 10 系统不再有新的产品，但依旧支持已有产品的操作系统[103]。

6）塞班（Symbian）

塞班系统最初由宝意昂（Psion）公司开发，尽管在美国应用较少，只在欧洲和亚洲得到广泛应用，但截至 2010 年第四季度，一直是全球应用最多的操作系统。第一台塞班系统的智能手机为触屏的爱立信 R380，于 2000 年发布[59]，是市场上第一台称为"智能手机"的手机[60]，它第一次在手机上集成了 PDA[61]。到 2008 年，塞班系统被诺基亚统一，开发了很多款非智能手机和智能手机，因此诺基亚采用塞班成为全球第一大手机生产商，塞班当时曾经是全球第一大手机操作系统，但苹果 iOS 和谷歌安卓两款智能操作系统的问世导致塞班智能系统从全球第一大智能操作系统地位消失，也让曾经是全球第一大手机生产商诺基亚回落到全球第三大手机生产商的位置。诺基亚为了扭转颓势，2011 年 2 月对外宣布与微软公司达成战略合作，将会开始设计生产基于微软推出的 Window Phone 操作系统的智能手机，因为缺乏新技术支持，塞班的市场份额日益萎缩。截至 2012 年 2 月，塞班的全球市场占有量仅为 3%，中国市场占有率则降至 2.4%，塞班已经从全球第一大智能操作系统下降至全球第五大智能操作系统，但现在已经没有任何的手机生产商采用塞班，诺基亚在 2012 年第四季度财报中确认，诺基亚 808 PureView 是诺基亚最后一款塞班操作系统手机，因此也可宣告塞班已经死亡。伴随着一代用户的美好记忆，一个曾经经历过辉煌时代的塞班操作系统就此终结。

7）三星 Bada

Bada 是三星集团研发推出的新型智能手机操作系统，Bada 操作系统的手机由三星于 2009 年 11 月发布。第一台 Bada 的手机为 Samsung wave S8500，发布于 2010 年 6 月[104]。2011 年第二季度，三星有 450 万手机运行的是 Bada 的操作系统。2013 年，Bada 与 Tizen 合并。

8）Flyme OS 系统

Flyme OS 是魅族公司于北京时间 2012 年 4 月 24 日发布的基于 Android 4.X 系统深度定制的智能手机操作系统。

9）米狗（MeeGo）

MeeGo 是诺基亚和英特尔联合宣布推出的免费手机智能操作系统，三星 Wave3（采用 Bada 智能操作系统）中文昵称为米狗，与安卓相同都为开放源代码智能操作系统，该操作系统可在智能手机、笔记本电脑和电视等多种电子设备上运行，并有助于这些设备实现无缝集成。MeeGo 基于 Linux 平台，融合了诺基亚的 Maemo 和英特尔的 Moblin 平台。如诺基亚新品诺基亚 N9 采用的就是 MeeGo1.2 系统。2011 年 9 月 28 日，继诺基亚宣布放弃开发 MeeGo 之后，英特尔也正式宣布将 MeeGo 与 LiMo 合并为新的操作系统 Tizen。2012 年 7 月 8 日，一群前诺基亚员工和热衷于 MeeGo 操作系统的爱好者创立了一家名为 Jolla Mobile 的移动初创公司，发布新一代 MeeGo 智能手机。

10）其他系统

其他系统主要有基于 HTML 5 的 Firefox 操作系统、Jolla 的 Sailfish、基于 Ubuntu 的手机系统等。这些智能手机操作系统虽然也有不少亮点，但由于推出时间尚短（某些可能还未真正上市），所以市场知名度普遍较低。

以上讲述了在智能手机发展历程中出现的各种操作系统，无论哪个操作系统都具有各自的优势和特点，都为智能手机的持续发展奠定了一定的基础。国外的市场数据调研公司 Kantar Woroldpanel 正式公布了截至 2017 年第一季度，全球范围内智能手机市场的排名情况，这份数据主要包含智能手机用户较多的地区，比如中国、美国、英国、法国、德国等。对于国内市场，安卓手机市场占有率为 86.4%，苹果 iOS 系统为 13.2%，Windows Phone 为 0.2%，其他操作系统为 0.2%。美国市场方面，苹果的 iOS 市场占有率为 42%，安卓为 55.9%，Windows Phone 为 1.7%，黑莓手机为 0.2%，其他操作系统为 0.2%。英国市场方面，安卓市场占有率为 76.3%，iOS 为 20.2%，Windows Phone 为 3%。另外还有西班牙、法国、意大利、巴西等国家的统计数据。西班牙：安卓市场占有率为 92.2%，iOS 为 7.4%，Windows Phone 为 0.4%。法国：安卓市场占有率为 73.4%，iOS 为 24%，Windows Phone 为 2.4%。意大利：安卓市场占有率为 79.4%，iOS 为 15.5%，Windows Phone 为 4.3%。巴西：安卓市场占有率为 93.2%，iOS 为 4.4%，Windows Phone 为 2.1%。由以上统计数据可以看出，苹果 iOS 系统和安卓系统为当时市场占有率较高的两种操作系统。

1.2.2 智能手机的主要特点

1. 主要优势

（1）具备无线接入互联网的能力：需要支持 GSM 网络下的 GPRS 或者 CDMA 网络的 CDMA1X 或 3G（WCDMA、CDMA2000、TD-CDMA）网络，甚至 4G（HSPA+、FDD-LTE、TDD-LTE）。

（2）具有 PDA 的功能：包括个人信息管理（personal information management，PIM）、日程记事、任务安排、多媒体应用、浏览网页。

（3）具有开放性的操作系统：拥有独立的中央处理器（central processing unit，CPU）和内存，可以安装更多的应用程序，使智能手机的功能可以得到扩展。

（4）人性化：可以根据个人需要扩展机器功能。根据个人需要，实时扩展机器内置功能，以及软件升级，智能识别软件兼容性，实现了软件市场同步的人性化功能。

（5）功能强大：扩展性能强，第三方软件支持多。

（6）运行速度快：随着半导体业的发展，CPU 发展迅速，使智能手机在运行方面越来越极速。

2. 传感器的多样化

智能手机内部共包含 15 种传感器，主要有以下几类：光传感器、近程传感器、2 个摄像头、3 个麦克风（超声）、触控、定位［全球定位系统（global positioning system，GPS）、Wi-Fi、蜂窝、近场通信（near field communication，NFC）和蓝牙］、加速度传感器、磁力传感器、陀螺仪、压力传感器、温度传感器和湿度传感器等。

3. 智能手机的网络传输功能

智能手机作为通信工具，网络传输必不可少。以 iOS 和安卓旗舰机型为例，通信方式主要有以下两类。

1）无线传输

（1）GSM，第二代移动电话系统，目前已停止使用，GSM 移动通信网的传输速率为 9.6kbit/s。为蜂窝网络，蜂窝半径根据天线高度、增益和传播条件可以从百米以上至数十公里，GSM 规范支持实际使用的最长距离为 35km。另外还有扩展蜂窝，其半径可以增加一倍甚至更多。

（2）3G，CDMA2000、WCDMA、TD-SCDMA，3G 下行速率峰值理论可达

3.6Mbit/s，上行速率峰值也可达 384kbit/s。

（3）4G，4G 手机系统下行速率为 100Mbit/s，上行速率为 30Mbit/s。

（4）蓝牙，蓝牙短距离无线电技术，采用分散式网络结构以及快跳频和短包技术，支持点对点及点对多点通信，工作在全球通用的 2.4GHz ISM（industry, science and medical，工业、科学、医学）频段，其数据速率为 1Mbit/s。采用时分双工传输方案实现全双工传输。

（5）Wi-Fi，创建于 IEEE 802.11 标准的无线局域网技术，Wi-Fi 的传输速率与无线网络、无线网卡、所采用的无线网络标准及网络环境都有关系，另外还与信号强度有很大关系，通常所说的 IEEE 802.11a 是 54M 及 802.11b 是 11M 等。这都是理论上的最高传输速率。

2）有线传输

有线传输支持 OTG（On-The-Go）功能前提下，结合 USB mini 转 RS232 线，实现有线传输。

这些网络传输功能都给数据传输提供了必要条件。

1.2.3 智能手机现状分析

1. 市场分析

近几年来，全球移动通信业发展迅速，特别是在我国，移动通信增长的态势迅猛。当前，中国手机市场中智能手机占据了高端市场。在中国智能手机的使用者大概为 15~50 岁的人群，尤其以青年人为主。这类人群知识水平相对较高，接触到时代最前沿的科技，对电子产品比较熟悉，对网络的需求较高。国内第三方数据服务提供商 TalkingData 发布了《2018 年移动互联网行业发展报告》，报告显示，截至 2018 年 12 月，国内移动智能终端规模突破 15.6 亿台。图 1-2-2 显示了从 2010~2018 年智能手机保有量，由图中可以看到智能手机保有量呈线性飞速增长。中国智能手机市场庞大，若干市场参与者占有主要的市场份额。根据中商产业研究院大数据库数据显示，在中国领先的智能手机品牌包括华为、OPPO、vivo、小米及苹果等。

在全球范围内来讲，国外的 We Are Social 及 Hootsuite 进行了一项相关统计，目前全球使用移动设备的用户人数已突破 50 亿人，以全球人口大约 75.11 亿人来计算的话，也就是说全球三分之二的人都在使用移动设备。此外，根据爱立信公司公开的报告显示，智能手机占所有用户约 55%，即大约有 27.5 亿人本身有一部或以上智能手机。

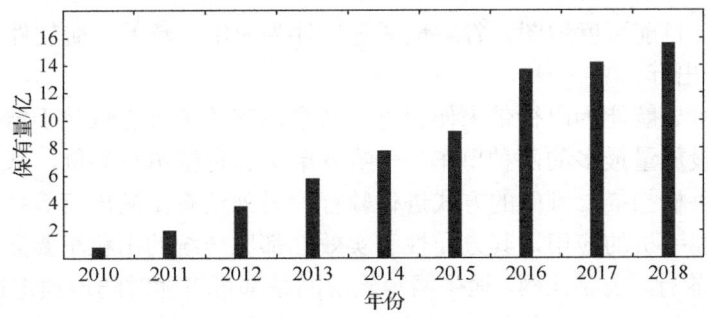

图 1-2-2　2010～2018 年智能手机保有量

2. 智能手机的普适性

随着智能手机数量的迅猛发展，智能手机已深入人们的生活，人们也越来越依赖于智能手机，人们对手机在生活中的依赖主要表现在以下几方面。

1）手机浏览器

手机浏览器是运行在手机上的浏览器，可以上网浏览互联网内容，手机浏览器与 PC（personal computer，个人计算机）浏览器一样，分别是移动互联网和互联网的入口。由于手机简单便携，移动上网市场开始成倍扩大，手机浏览器用户呈加速增长趋势。2015 年，中国浏览器市场活跃用户规模达到 5.63 亿户。国内市场已经出现了多款手机浏览器，如 UC 浏览器、Opera Mini、空中 Opera、航海家、QQ、MP、Gorilla 等。无论是寻求事情答案或是浏览新闻，手机浏览器都是非常好的工具。

2）手机购物

智能手机和平板电脑让每个人都拥有在任何时候、任何地点购买任何商品的能力。消费者之前从来没想过，能在任何地方随心所欲地购买商品。消费者可以在前往商店购物前搜寻足够多的商品信息，也可以舒服地坐在沙发上用平板电脑观看自己心仪的商品，不用去实体店铺，也不用坐在电脑前"淘货"，一部手机就能完成"逛店"、选购和支付的全过程。随着淘宝网、京东、携程旅行、唯品会等电商的出现和普及，人们越来越依赖于网上购物，大到电视机、洗衣机等电子商品，小到牙刷、垃圾袋等生活用品，智能手机正从各方面改变着人类的生活方式。

3）手机导航

手机导航就是通过智能手机的导航功能，把从目前所在的地方带到另一个想要到达的地方。手机导航就是卫星手机导航，它与手机电子地图的区别就在于，它能够告诉你在地图中所在的位置，以及你要去的那个地方在地图中的位置，并且能够在你所在的位置和目的地之间选择最佳路线，并在行进过程中提示左转还是右转。其准确方便的指引使得智能手机成为人们在陌生地点行走或者行车必不可少的工具。目前百度地图、谷歌地图等软件为应用广泛的导航软件。

4）手机出行

除了手机导航能为出行带来便捷外，共享单车的流行也依赖于智能手机的快速发展。以投放量最多的两种单车——哈罗单车和青桔单车为例，都是手机导航定位并通过手机扫描二维码的方式进行骑行。另外还有滴滴出行等打车软件，同样依赖于智能手机的应用，其方便性和实效性都比传统的出租车要高。还有诸如12306、携程旅行、去哪儿网、途牛网等旅游网站都可以随时随地预定行程、酒店，为出行做好准备，提高出行效率。所以智能手机的出现和发展给人们的出行方式带来了巨大的改变，这种改变对人们生活的影响也势必会更加明显。

5）手机支付

现在很普遍的一个现象是人们随身携带的现金越来越少，甚至银行卡都很少携带，这是因为手机支付的出现使消费方式发生了巨大的变化。网上购物自不必说，需要手机支付。在面对面交易中，无论是在超市购物、商场购物还是小商小贩购物，现金交易越来越少，大多通过手机转账来完成，不但省去了准备现金零钱的烦琐，而且减少了找零的时间。支付宝、微信支付等都可以绑定银行卡进行交易，深受大家的青睐和好评。

6）手机电视

电脑和网络的出现使大家的娱乐更为丰富和自由，那么手机电视能够做到随时随地进行视频观看。以手机等便携式手持终端为设备，传播视听内容，手机电视具有电视媒体的直观性、广播媒体的便携性、报纸媒体的滞留性以及网络媒体的交互性。应用商店的各种视频软件的出现给大家的喜好提供了多种选择，全国卫视、地方节目以及新闻、影视、体育、综艺、纪录片、教育、美食等各类型专业频道应有尽有。只要有网络，就可以随时随地观看电视直播等。手机电视已成为人们娱乐生活中重要的组成部分。

7）手机游戏

手机游戏是运行于手机上的游戏软件，随着科技的发展，手机功能越来越多，越来越强大。手机游戏也远远不是我们印象中的"俄罗斯方块""踩地雷""贪吃蛇"之类画面单一、规则简单的游戏，已经发展到了可以和掌上游戏机媲美，具有很强的娱乐性和交互性的复杂形态了。现在又有了堪比电脑游戏的网页在线游戏，一个智能手机已经足够满足大部分娱乐需要了。从单机游戏到网络游戏，越来越受到年轻人的青睐，其便携性和移动性使人们随时随地沉浸在自己喜欢的游戏中，满足用户随时随地玩游戏的需求，用户可利用排队、等车的时间进行游戏，手机游戏碎片化的特征凸显，手机游戏已经逐渐成为一种普遍的娱乐方式。

8）手机聊天

人与人的沟通除了当面交流、电话语音交流外，智能手机的出现还使随时随地的文字沟通、视频聊天成为可能。随着 QQ、微信等聊天软件的流行，短信、电话已不再是人们交流的主流方式。可以说，微信是与人们生活最息息相关的聊天软件，聊天、视频和支付为常用功能。另外除了个人账户，它还有企业账户，使企业管理、人员调配、任务分配也更加便捷高效。且可通过微信建立公众号、公众平台等发布信息，加速信息的传播。微信，已然成为一种生活方式。

由以上内容可以看出，智能手机已经深入人们生活的各个方面，使得现代人大都离不开手机，都成"低头一族"，但也正因为这个现象，更加说明了智能手机已经是人们生活中最不可或缺的工具。

1.2.4 智能手机可感知的用户信息

根据文献显示[105]，智能手机内置各种传感器，使其可以利用内置传感器感知得到各种信号，为用户提供自身的感知内容，包括位置感知、姿态感知、行为感知、身份感知、生理信号感知、脑电信号感知、情感感知和社会关系感知，使其为用户提供更多便捷性服务。

1. 位置感知

位置信息包含了智能手机所处的空间坐标及其对应的语义信息。位置感知使得智能手机和移动互联网应用能够提供基于位置的服务。下面将具体介绍智能手机的物理位置感知和语义位置感知。

1）物理位置

智能手机的定位技术已经非常成熟。对于室外环境，主要利用卫星定位技术[106]确定智能手机在空间中的绝对位置,其中广泛应用的 GPS 的定位精度为 3～5m。但是，单纯使用 GPS 定位的初次定位时间长达数分钟[107]，由此产生了 A-GPS 技术，该技术通过移动网络与辅助定位基站进行数据通信来快速锁定 GPS 卫星信息[108]，可将初次定位时间缩短到秒级，并可以明显地降低定位能耗[107]。移动基站作为智能手机通信的基础设施，也可以进行粗略的定位,精度一般为数百米[108]。基站定位一般分为网络端定位和移动端定位。网络端定位通过智能手机的基站 ID 来确定位置，并以网络服务的形式提供给用户。移动端定位则利用智能手机接收到的不同基站的信号强度、到达角度和到达时间等参数来计算位置[109]。

在室内环境中，GPS 信号会被建筑物遮挡而存在衰减和反射，导致定位精度不高甚至无法定位。因此主要使用蓝牙、无线局域网（wireless local area network，WLAN）或超宽带（ultra-wideband，UWB）等无线信号[110]进行智能手机室内定位。WLAN 定位主要包括三角测量定位和位置指纹定位[107,109]，三角测量定位主要通过计算移动设备和周围各个 WLAN 接入点的距离和角度来确定位置[111]。但由于无线传播时的衰减和反射问题依旧存在，因而误差依旧较大[112]。而位置指纹定位方法则是通过匹配移动设备所在位置的信号特征来确定其位置，精度相对较高。例如，Bahl等[113]开发的RADAR系统可精确到5m。但是基于位置指纹的采样标定需要耗费较多时间，并且WLAN信号强度可能随时间变化，导致指纹数据库中的数据过期。为此，香港科技大学的相关研究人员提出了使用参考位置点的实时数据来更新指纹数据库的方法，提升了可行性和稳定性[114]。

综上所述，智能手机作为人们随身携带的设备，可以很方便地感知用户位置，但是受限于现有位置感知技术的局限性，其定位精度不高，存在波动，特别是对室内定位的准确性有待提高。

2）语义位置

物理位置描述了用户的绝对空间坐标，但缺乏位置的描述，难以被理解。为此，Pradhan[115]提出了语义位置的概念，以文字或符号表示[116]，用于描述位置的名称、功能等属性，例如学校、住宅、停车场等。

语义位置可以通过多种方式得到。例如，谷歌地图提供了反向地理编码（reverse geocoding）可以将物理坐标映射成语义位置并供查询，但是反向地理编码往往存在较大误差[117]。Liu等[118]提出了根据用户轨迹推断位置语义的方法，通过监测用户在特定位置的活动规律，并结合地址簿或日程安排等信息，推断出该位置的语义属性。另一类方法利用环境特征进行推断，例如Azizyan等[117]提出的SurroundingSense方法，使用所在位置的环境、光、颜色、Wi-Fi接入名等信息生成环境指纹，并通过指纹来匹配位置的功能属性，例如超市、咖啡厅等；然后通过识别特定环境中的声音来准确地区分所处的位置环境[119,120]。

2. 姿态感知

随着运动传感和三维视觉技术的发展，姿态感知日渐成熟，智能手机也可感知人的姿态信息，主要有以下几个方面。

1）手势感知

手势感知主要分为两种：第一种可以利用智能手机内置加速度传感器、磁力传感器和陀螺仪感知持握手机的手势动作，因为依靠这三种传感器可以确定其在三维空间中的方向，可以分析手机在空间中的平移、转动或摇动[121-124]；另一种可以感知智能手机周围空间中的手势动作，主要依靠平行固定在移动设备上的两个近距离传感器[125]，通过红外摄像头的跟踪，通过检测手势变化时的肌肉放点特征或者使用光传感器阵列识别手势[126]。

2）肢体感知

肢体感知往往需要借助外接的运动感知设备进行感知，例如多个摄像头的拍摄跟踪[127]、红外摄像头获得的深度信息[128]、腕带和鞋子上的传感器等，这些外置传感设备可以通过蓝牙或有线方式连接到智能手机，实现便捷式的肢体感知[129]。

3. 行为感知

用户行为包含着丰富的上下文情境信息，短时间内的用户行为反映的是个体当前的活动状态和意图，长时间的用户行为特征则反映了用户的爱好和习惯[130]。对用户行为的感知是提供个性化服务的重要基础，因此用户行为感知可以提供个性化服务，近年来发展越来越多。

利用智能手机内置的传感器，例如加速度传感器、陀螺仪等，可以感知用户不同的行为[131-134]，如走路、跑步、上下楼梯等日常活动，结合其他传感器，甚至可以提供更高层的行为识别，如开会、聚会、跳舞等。但是也存在着不足，难以将手机固定在身体的特定位置，感知数据源单一，数据质量单一[135]。一些专用的外接运动传感设备是比较好的解决方法[135-137]。当然更好的实现行为感知，单纯的多传感器协同感知是远远不够的，还需较复杂的行为识别模型进行更精确的感知。

4. 身份感知

身份信息记载了个体的基本信息、习惯和偏好等其他特征，在识别用户身份信息的基础上，智能手机可以提供个性化服务。

当前比较常见的身份感知方法主要有以下几种：①通过摄像头扫描存储个人身份信息的二维码和NFC标签[138]，二维码生成方便、成本低，但是存储量较小，NFC标签可以存储1KB以上的结构化个人身份信息，与二维码相比，响应速度和易用性均较好，可通过带有NFC芯片的智能手机接触读取[139]，但部署成本较高。②通过识别生物特征进行感知，例如人脸、语音和动作姿态等。

个体身份信息还可以通过其生物特征被识别出来，即生物认证[140]。常用的生物特征包括人脸[141]、语音[119,142]和动作姿态等。例如，Ng等[143]在智能手机上实现了实时人脸识别。清华大学的SR-SLOMA系统[144]通过识别声纹特征来区分说话人身份。浙江大学的Pan等[136]通过多个加速度传感器感知人的步态。

随着智能手机的极大普及，智能手机本身也将携带越来越多的个人信息，并最终成为用户身份的物理载体。目前已有一些研究者利用智能手机实现用户身份的自动鉴权[145-147]。例如复旦大学的Smart-ID使用智能手机存储用户的个人身份和登录凭证，并通过蓝牙和接入系统建立连接，从而完成身份识别、自动登录和自动锁定等功能。

5. 生理信号感知

心率、血压、体温等生理信号是人类身体健康与否的直接表现，通过智能手机对信号进行感知、汇总和处理，并与远程医疗服务相连接，有助于降低医疗成本，实现无处不在的普适健康理念。

智能手机一般不携带专门的生理信号传感器，而是借助无线网络或硬件接口与生理测量仪器相连接，通过蓝牙、ZigBee等无线网络将用户身上的传感装置与智能手机连接为网络，通过智能手机采集、分析和汇总生理健康数据[148]。

另外，智能手机本身的传感器也能粗略地感知一些用户生理信号。例如，Mcduff等[149]利用智能手机摄像头拍摄人脸来感知心率，其原理是脸部血管体积随心跳周期而变化，进而影响到面部对光线的反射。智能手机应用程序"体检宝"则根据相似原理，利用手机后置摄像头和闪光灯对准手指血管进行脉搏监测，提升测量精度。

6. 脑电信号感知

大脑是人类思维活动的中枢，脑电信号则是由大脑皮层活动产生的生物电信号。通过脑机接口（brian-computer interface，BCI）[150]可以感知大脑活动的电位特征，从而对人类思维活动进行认知。与智能手机相结合，脑电信号可以用于提供更直接的人机交互方式。

目前市场上已经出现了一些低成本、便携式的头戴式脑电信号采集设备，此类设备可以采集头部特定位置的脑电信号，并经蓝牙传送到智能手机，从而根据信号特征检测大脑的放松程度和专注程度等活动状态[151]。单一位置的脑电信号并不足以反映大脑活动的整体情况，而通过使用多个电极同时采集大脑不同位置的脑电信号，可以获得更丰富的电位特征。其中，事件相关电位中的P300信号已获得广泛研究[152-154]。该信号通过视觉、听觉或触觉等感官刺激诱发，并在刺激发生约300ms后形成正电位波形[153,155]。在智能手机上，P300的一个典型应用是Campbell等[152]开发的NeuroPhone，通过检测P300电位来操控手机进行拨号，当用户注视的联系人头像高亮显示时，大脑中的P300信号会被识别出来，从而触发自动拨号。目前，脑电信号感知应用还比较初级，其在智能手机平台上的应用还局限于简单的用户交互手段。未来随着脑电领域研究的发展，智能手机有望直接感知用户意图，达到自然直观的人机交互体验。

7. 情感感知

人的情感状态可以通过人的语音、表情甚至大脑活动信号表现出来。利用这些情感特征，智能手机可以感知和理解用户的情感变化，从而自适应地选择合适的时间和场所提供服务。

声学研究表明人类情感状态会影响说话时的声学特征[156]，例如语速快慢、声音强度和音调变化等，为不同的情感建立声学模型，并对语音进行分类，可以识别出说话人的情绪[157,158]。目前已有基于智能手机的相关应用。例如，Rachuri等[157]的EmotionSense利用智能手机对会话状态下的语音信号进行分析，可以识别不同用户不同活动场景下的情感特征和变化。

除了语音，人脸表情更能反映人的情感状态，通过计算机视觉的方法检测人脸局部肌肉群的变化可以识别不同的表情和情绪[159]。大脑作为人的情感中枢，其活动信号也可以用于情感状态的识别。

在智能手机这一平台上，利用内置的麦克风、摄像头以及外接的脑电采集设备，可以从语音、表情和大脑活动等多个模态对用户情感进行感知和建模，从而更深入地理解用户的行为和意图。

8. 社会关系感知

借助前述各种智能手机的感知手段，可以从社会活动中发现用户之间的社会交互特征和规律，进而理解用户的社会关系[160]。通过移动设备组成的具有交互性和参与性的感知网络，可以对群体信息进行收集、分析和共享，即参与感知（participatory sensing）[161]。例如，Miluzzo 等[162]提出的 CenceMe 系统能将智能手机感知到的个人活动、位置和习惯爱好等信息自动发布到社交网络中，从而可以通过分析发现网络中的潜在社会关系；Wyatt 等[163]记录了 6 个人的会话数据，从中构建了一个用户关系网络，并研究了网络的结构变化和关系强度变化；Aharony 等[164]进行的 Social fMRI 实验则结合长时间的智能手机感知数据和社会调查，对实验者的朋友和家庭关系进行分析，发现了个人社交圈子与收入水平存在相关性等结论。

位置信息在社会关系发现中同样具有重要作用[165]。目前，基于位置的移动社交网络已经开始普及，例如 Foursquare 和微信等。

1.2.5 智能手机的应用领域

随着智能手机在人们生活中的广泛应用，基于智能手机的感知手段逐渐加强，智能手机计算能力和通信能力不断增强，基于移动感知的应用越来越受到关注，这些应用或直接访问传感器硬件，或间接通过传感技术获得情境信息，为用户带来自然的交互体验和智能化服务。以下将从健康生活方式、普适医疗护理、智能家居环境、智能交通出行、自然娱乐体验、移动教育协作、智能图书馆和结构健康监测 8 方面进行阐述。

1. 健康生活方式

随着生活节奏的加快，熬夜、缺乏锻炼等不良生活方式带来的健康问题日益严重，通过基于智能手机的感知和劝导技术[166]，可以帮助用户形成科学的饮食习惯，提升运动的积极性，养成正确的作息规律。

在饮食方面，我国台湾大学的 Playful Bottle 利用智能手机劝导办公室用户喝足够量的水[167]。该应用通过智能手机摄像头感知水杯水量，从而记录用户喝水频率和水量，并通过游戏形式对用户进行提醒。Kadomura 等[168]设计的 Sensing Fork 则是一种智能叉子，它能感知用户的进食动作和食物种类，并结合智能手机游戏帮助儿童养成良好的进食习惯；Tsai 等[169]的 PmEB 系统通过智能手机记录用户一天的卡路里摄入，并适时给予反馈和建议，从而帮助用户控制体重。

在运动方面，Consolvo 等[170]提出的 UbiFit Gardon 系统通过智能手机游戏的方式鼓励用户定时进行运动，以保持身体健康。Nike 公司的 Nike+Running 应用、悦跑圈等应用则用过感知用户的跑步距离、速度和时间，估算出运动的卡路里消耗，并在跑步时提供音频反馈。

在生活习惯感知方面，麻省理工学院提出的 Funf 开放感知平台试图通过智能手机不间断地感知用户的位置、行为、社交活动等信息，对用户的作息规律进行分析，从而为上层应用提供个性化的用户知识。而一些智能腕带，如 Jawbone Up、Fitbit Flex 和小米手环等，则通过与智能手机相结合，记录用户的运动量、饮食热量摄入和睡眠质量来评价用户的健康状态，并有针对性地给出专业的运动、饮食和睡眠建议，促进用户养成健康的生活方式。

综上所述，借助日益成熟的智能手机感知手段和劝导技术，有助于帮助人们形成健康的生活方式。然而目前这些应用仍然比较单一，尚未形成多种感知方式融合的体系，其劝导技术也有待提高。

2. 普适医疗护理

随着生活水平的提高和人口老龄化时代的到来，人们对高质量的医疗护理服务的需求日益迫切，普适医疗护理（pervasive healthcare）模式应运而生[171]。近年来，随着智能手机逐渐普及，基于智能手机和生理传感装置的家庭医疗辅助和老年人生活护理得到广泛关注，成为普适医疗的研究热点[172-175]。

在家庭医疗辅助方面，不少研究工作涉及病症监护、用药指导、疾病恢复等内容。Scherr 等[176]提出了一个心脏病人远程监护系统，并运用在 20 个病人身上，该系统将病人每天的血压、脉搏和服药情况等信息通过移动设备汇总到远程监护中心，并能对超出阈值的生理信号进行报警，使得医护人员可以第一时间得知病人的情况。Gay 等[174]提出了一个基于智能手机和心电图传感器的心脏病人康复辅助系统，该系统能够指导和提醒病人按时进行术后锻炼。同时，心电图传感器将采集到的生理信号传送到智能手机上，通过手机分析后对病人的康复情况进行反馈，并汇总到远端医护平台。我国台湾交通大学的 Wedjat 系统可以根据药物相互作用原理自动安排服药时间，并通过智能手机提醒用户按时服药[175]。操端等[177]提出了基于智能手机的心电显示系统，利用生理信号记录分析系统检测到异常心电信号后，分析系统自动将异常信号数据通过 GPRS 移动通信网络传输给医生，监护医生的智能手机使用 Java 技术的 Java2 platform micro edition（J2ME）构建心电显示平台，在此平台上运行心电显示程序来查看异常心电图，并根据病人的情况做出初步的诊断与指导。

在老年人生活护理方面，同样有不少研究者致力于通过感知技术提升老年人的健康状况、生活能力和生活品质。Lau 等[178]使用智能手机内置加速度传感器进行病人的运动识别来检测摔倒等危险动作。清华大学的 uCare 系统[179]同样利用智能手机的加速度传感器检测老年人摔倒，并自动发出警报或拨打紧急联系人号码。Anguita 等[180]使用智能手机内置传感器进行病人运动识别，并使用支持向量机方法进行多层次分类。西北工业大学则提出了一个基于移动社交网络的协作式老年人服药系统[172]。该系统一方面可以通过感知技术检测老年人是否按时服药并给予提醒，另一方面允许用户之间通过智能手机发送服药提醒，并对用户服药的执行情况进行排名，以激励老年人按时服药。中国科学院计算技术研究所的 PPCare 系统[181]则致力于提升老年人生活品质。该系统通过智能手机帮助老年人制订每日运动计划，估算运动时卡路里消耗，防止和检测意外摔倒，并监测相关生理信号等，为老年人生活提供护理服务。

3. 智能家居环境

随着物联网技术的发展和智能家电设备的普及，智能家居环境已初现雏形[182]。智能手机作为"人-机-物"的终端设备，不仅可以作为各种家居设备的统一控制器，更将成为这些设备的信息共享中心[183]。

在家居设备控制方面，智能手机可以提供多模态交互和远程监控等功能。例如，Das 等[184]提出的家庭自动化安全系统可以利用移动设备控制家中设备，例如可以操控视频摄像头或开关电脑。清华大学提出了基于智能手机的智能家居应用 HouseGenie[185]，用户使用 HouseGenie 可以实时监控家居设备状态，并直观地操控设备达到使用目的。张美琴等[186]设计了基于智能手机的远程家电控制和安防检测系统。浙江大学的 MagicPhone 则以智能手机为终端[187]，结合语音和手势对家居环境中的设备进行操控，例如开关电视或调节空调温度。

在家居设备信息共享方面，微软亚洲研究院提出了人机交互（human-building-computer interaction，HBCI）的概念[188]。用户可以通过智能手机读取家居设备上的二维码来获取设备状态和能耗信息，从而协调安排各个设备的工作顺序和时间，以达到降低总体能耗的目标。浙江大学的 WaterLady 项目[189]则设计将饮用水连接到新浪微博，使得用户能够通过智能手机获得状态提醒。Zhang 等[190]开发了 iGreenhouse，将家庭环境信息自动地发送至微信，使微信用户可以远程控制家庭中的设备。

目前，智能家居系统仍然比较简单，智能手机作为智能家居系统中的一部分，所发挥的作用比较有限。未来，智能手机有望成为智能家居系统中的控制中心和共享中心，利用其随时随地的感知和交互能力，为智能家居环境的发展提供更大的空间。

4. 智能交通出行

如1.2.3节所述，手机出行已成为一种趋势。随着城市规模的继续扩张，城市交通网络的日益复杂，车辆的不断增多，导致交通问题日益严重。智能手机作为最常用的工具，可以作为城市智能交通系统的终端，在交通的路线规划、车辆调度、避免拥塞等方面为用户提供资讯，给出及时准确的出行指导，成为智能出行的有效工具。

在路线规划方面，多数智能手机地图应用都支持实时查询从出发点到目的地的公交、驾车或骑行路线，有的应用还支持在路径选择时避开拥堵路段。东京大学的NaviComf系统[191,192]利用环境和智能手机感知来进行行人导航，以提高步行时的舒适度。NaviComf通过综合感知道路环境的温度、天气、拥堵程度等信息，评价路段的舒适程度，从而自动选择最佳的路径进行导航，并通过智能手机反馈给用户。

在车辆调度方面，通过移动设备查询，预约出租车的应用也同样流行起来。目前比较流行的"滴滴出行"等应用都可以通过智能手机GPS感知乘车人和车辆的位置[193]，将预约任务智能地分配给合适的车辆，提高出行效率。柏林自由大学的无人驾驶车项目允许用户通过iOS移动设备预约无人驾驶车。当用户在移动设备应用中选择目的地后，该应用会自动确定用户位置，并选择最近的无人驾驶车来接送用户。微软亚洲研究院的T-Finder系统[194]则通过分析长时间的出租车轨迹数据和乘车移动规律，结合智能手机感知的位置信息，为出租车司机和乘客推荐合适的打车地点和路径。杨斯远等[195]利用GPS手机定位在环境应急指挥中进行车辆调度，提高车辆管理应急调度系统的实效性及应急处置能力。

在避免拥堵方面，多数智能手机地图应用都支持主要城市显示主要道路当前车流量，从而帮助用户避开拥堵路段。Thiagarajan等[196]提出的VTrack系统利用路网中众多的智能手机来确定车的位置，可以估算出拥堵路段和预期拥堵时间，进而帮助用户选择合适的路径。ParkNet则能结合智能手机和车载红外感知器件，实时汇总城市中的停车位变化状态的信息[197]。

然而，上述智能手机位置感知的交通辅助应用多数仍存在隐私和安全等问题，无人驾驶技术也处于初步阶段。未来，有望通过更完善的智能手机感知和交互手段，将人、车和路网更好地融合在一起，达到真正的智能交通出行。

5. 自然娱乐体验

随着移动设备感知交互技术的迅速发展,智能手机与电视、电脑和游戏主机等平台相结合,带来更丰富的娱乐体验。智能手机属于更加自然的感知和交互手段,为音乐、视频和游戏等应用带来新的体验。

在音乐、视频等媒体交互方面,新的感知方式能将用户从手动操控中解放出来。浙江大学的 TaskShadow 框架可以通过感知用户的位置变化,自动地在移动设备和个人电脑、电视之间进行多媒体无缝迁移,保证音乐、视频播放不被中断[198]。

随着游戏产业的重心从传统桌面平台向移动平台上转移,游戏应用已成为移动平台上最受欢迎的应用类别。除了开发的各种网络游戏外,借助丰富的感知交互和虚拟现实技术,智能手机可以提供更自然的游戏操控,并与 PC 等传统游戏平台相结合,增强游戏体验。清华大学的 Surprise Grabber 通过感知智能手机在空间中的运动,控制游戏中虚拟的手抓握运动的虚拟物体[199]。浙江大学的 Tilt&Touch 使用手势感知技术,将智能手机作为 3D 控制器,提供三维场景漫游中移动、旋转、视角缩放的直观自然交互体验[123]。Cheok 等[200]的 Capture the Flag 游戏则通过智能手机实时感知用户位置,并将现实世界中的动作映射到虚拟游戏世界中,实现多人实时的虚拟现实游戏。

6. 移动教育协作

随着移动互联网的成熟,以智能手机为载体的移动教育和群体协作逐渐受到关注。智能手机丰富的感知和交互手段有助于提升教学趣味性,移动社交网络则有助于促进团队成员之间的协作和沟通。

在教育辅助方面,利用增强现实技术实现了寓教于乐(edutainment)的物理教学辅助应用[201,202]。这些应用使用视觉标签代表虚拟仪器,通过移动设备的摄像头进行物体捕捉和识别,并能演示虚拟仪器之间的物理作用。清华大学采用 Web Service 构建了一套开放的远程教育系统 Open Smart Classroom[203]。该系统允许教师通过智能手机上传课件,并通过手机控制课件播放,以及与学生进行远程教学互动等,利用移动设备的接入弥补了传统教育方式的不足。

在群体协作方面,西北工业大学的智能校园系统实现了基于移动社交网络的信息资源共享,其中以自习室查询应用 Where2Study 和参与感知应用 I-Sensing 为代表[204]。通过 Where2Study 应用可以实时查询每个教室的使用情况以及正在上自习的好友所在教室,从而快速地找到自己的好友,该应用一方面有助于提高自习室的使用率,另一方面借助社会交互促进了同学之间的互助合作。I-Sensing 则是一个基于多人实时协作的校园设施查询系统,该系统利用智能手机作为感知节点,并引入竞争机制来激励用户参与感知。Kadadha 等[205]关于智能校园移动网络的挑战和应用也做了相关讨论。

7. 智能图书馆

智能手机和网络的快速发展，使得智能手机图书馆迎来了新的变化，图书馆可以利用智能手机进行服务拓展[206]，针对传统图书预约工作效率不高、灵活性不够的情况，开发了基于智能手机的图书预约系统，借阅人可以通过手机端查询图书并完成预约，提高预约图书的便捷性与效率[207,208]。

目前苹果商店和安卓系统的应用商店，可以找到不少图书馆APP[209]，主要有两种：一种是开发商为图书馆专门开发的APP，比如国内著名的超星移动图书馆APP和书生支架的移动图书馆APP。这类APP是开发商专门为图书馆制作的专业移动阅读平台，图书馆采用APP之后，读者可以在智能手机、平板电脑等移动设备安装该APP，通过在APP应用中设置自己的图书馆来完成对应的移动服务，自助完成借阅查询、馆藏查询、最新信息浏览等功能。另一种是图书馆依靠自己的力量所开发的APP软件，例如国家图书馆、首都图书馆、上海图书馆等公共图书馆，以及清华大学、北京大学等高校图书馆也都推出了移动客户端的APP软件。

同时也有基于智能手机特点设计的图书馆管理系统[210]，该系统具有传统计算机图书馆管理系统的功能，更有针对手机的实用功能设计。还有基于智能手机开发的移动图书馆[211,212]，使用户不但享受阅读服务、网络服务、移动定位服务，同时为图书馆馆员进行远程维护、问答咨询、适时导航、定题跟踪服务、现场采购查重及清点馆藏提供了便利。

由上述可以看出，手机不再只是传统意义上打电话的工具，而是深入至生活的各个方面，在任何一个领域都得到了充分的应用，已逐渐成为打通"人-机-物"三元世界的门户，其普适性势必也会对结构健康监测领域带来一定的冲击。

8. 结构健康监测

随着智能手机传感性能、网络传输能力的不断提高，不少研究学者已将智能手机应用于结构健康监测领域。2012年，喻言和赵雪峰第一次提出智能手机结构云监测的概念，并第一次通过智能手机内部传感器及外接板进行数据采集，通过实验初步验证了智能手机进行结构健康监测的可行性，指出智能手机由于其低廉、便捷的特性可以在紧急情况下发动公众参与结构健康监测的可行性[213]。Morgenthal[214]探索了智能手机在桥梁监测中的应用，研究了智能手机用以监测力学振动的可行性和局限性。Höpfner等[215]以智能手机中的加速度传感器、麦克风和扬声器、GPS为研究目标，观察它们在数据采集中的可行性。Morgenthal等[216]将智能手机应用于瞬时位移监测应用中，并研究了采样频率对加速度数据采集的影响，实验中使用安卓手机以27Hz的采样频率对振动台不同频率输入下的振动进行数据采集，研究发现由于不满足 Nyquist 采样定理致使一些高频率的振动响应难以被精确测到。Kotsakos 等[217]提出了 SmartMonitor 分布式监测系统，将安卓智能手机作为无线节点，并使用一种可扩展性、容错的通信协议，在峰值提取法的应用中，提供最大的节点时间同步。Reilly 等[218]开发了手机 APP iShake，智能手机作为地震探测器用以测量并传输地震动数据至数据中心，其内置传感器的监测精度通过振动台实验进行验证。Sharma 等[219]通过安卓智能手机的 APP MAP MEASURE 可以测量现场很多参数，例如使用 GPS 测量的绝对位置、距离、面积和周长等。Cimellaro 等[220]提出了基于移动智能手机技术的结构损伤快速评估系统，该系统通过灾害中心的志愿者收集结构损伤图片来快速评估。Feng 等提出 Citizen sensors 的概念[221,222]，利用智能手机开发了众包平台以及灾后损伤评估软件。Min 等[223]开发了名为 RIRO 的手机应用，该应用通过智能手机技术，例如 GPU、摄像头和开源计算机视觉库来处理彩色目标物以获得绝对动态位移。Oraczewski 等[224]开发了基于非线性声发射和智能手机传感器的裂纹识别平台，并在有损伤的铝盘上进行了实验验证。Tan 等[225]使用智能手机对不同频率、不同幅值的正弦波进行监测，验证了智能手机监测的可行性和精确性。Ozer 等[226]提出了融合基于智能手机无线传感网络的时空稀疏结构健康监测数据的模态识别方法，空间不确定性可以通过位置服务或通过条形码标签的节点识别来降低。Ozer 等[227]还提出了协调转变程序校正因智能手机传感器位置带来不确定性影响的传感器信号，并在两层的实验室结构模型上和实桥上进行了实验验证。赵雪峰等[228]开发了 Orion-CC 软件对加速度响应进行采集，并进行索力计算，然后可上传至服务器进行数据共享，该软件已成功应用于西堠门大桥、四方台大桥、伊川大桥、星海湾大桥等实际结构中。赵雪峰等还开发了实时监测与控制系统，通过控制端、采集端以及网络的联合应用，以实现吊装过程中的监测、控制和报警功能，在星海湾跨海大桥中得到了成功应用[229]。赵雪峰等[230]开发了软件 D-Viewer，通过图像处理技术识别激光点的运动来获取相对位移，该软件可以进行单点测量，也可以进行多点测量，在静态位移测试和动态位移测试方面都得到了验证。赵雪峰等还开发了软件 E-Explorer，在地震等极端灾害下，网络传输中断的情况下，利用 iOS 系统的多点连接功能实现无网络数据传输，并可对被困人员进行定位，加快人员救援，并与网站相连接，实现灾害图片搜集和问卷调查提交，有助于烈度的快速评定[231]。

由上述可以看出，智能手机已成功应用于结构健康监测中，并取得了一定的进展，随着智能手机整体性能的不断提高，在结构健康监测领域的应用会越来越广泛，研究将会越来越深入。

1.2.6 智能手机的发展带来的机遇

我们生活在一个技术加速发展变革的年代，人们在不知不觉中感受着技术变革带来的切身体会。小透明塑料盒包装三寸盘存储成为过去，旅游景点已经很少看到人们带着卡片相机。马斯克的 Tesla 电动汽车、乔布斯的苹果手机、腾讯的微信等技术成果在改变着人们的思维方式和生活习惯。这是一个充满机遇与挑战的时代，新技术的发展将不可避免地对当前的技术起到补充完善甚至冲击的作用。传统的防灾减灾工程及防护工程学科之树也会萌发出崭新的枝条。新的概念将会萌生，新的宽阔领域将会展现，新的需求将会萌发，新的研究对象将会变得逐渐清晰。智能手机是集成度非常高的迷你智能系统，该方向将在各个领域在未来全面开展，改变人们的惯有思维。

智能手机的快速发展，使结构健康监测拥有如下的研究机遇。

（1）机遇 1：智能手机的极大普及，使得人类第一次拥有了全体成员可以迅速利用网络联络在一起的机会。

（2）机遇 2：智能手机的极大普及，使得人类第一次拥有了全体成员数字化感知、测量世界的物质条件。

（3）机遇 3：人本身是多参数融合的感知节点，人对灾害的综合主观感知信息分析具有发掘潜力。

上述三个机遇，必将使得结构健康监测的应用范围得到空前提高，可以将结构健康监测的操作者由专家，转向普通技术人员，甚至是普通公众，使得在防灾减灾领域的公众参与式灾害大数据收集、监测与应急评定成为可能。

1.3 大数据与人工智能的发展

1.3.1 大数据的发展、特征及应用案例

1. 大数据的发展

现在的社会是一个高速发展的社会，科技发达，信息流通，人们之间的交流越来越密切，生活也越来越方便，大数据就是这个高科技时代的产物。最早提出"大数据"时代到来的是全球知名咨询公司麦肯锡，麦肯锡称："数据，已经渗透到当今每一个行业和业务职能领域，成为重要的生产因素。"人们对于海量数据的挖掘和运用，预示着新一波生产率增长和消费者盈余浪潮的到来。进入 2012 年，大数据（big data）一词越来越多地被提及，人们用它来描述和定义信息爆炸时代产生的海量数据，并命名与之相关的技术发展与创新。它已经上过《纽约时报》《华尔街日报》的专栏封面，进入美国白宫官网的新闻，现身在国内一些互

联网主题的讲座沙龙中,甚至被嗅觉灵敏的国金证券、国泰君安、银河证券等写进了投资推荐报告。数据正在迅速膨胀并变大,它决定着企业的未来发展,虽然很多企业可能并没有意识到数据爆炸性增长带来问题的隐患,但是随着时间的推移,人们将越来越多地意识到数据对企业的重要性。正如《纽约时报》在2012年2月的一篇专栏中所称,"大数据"时代已经降临,在商业、经济及其他领域中,决策将日益基于数据和分析而做出,并非基于经验和直觉。哈佛大学社会学教授加里·金说:"这是一场革命,庞大的数据资源使得各个领域开始了量化进程,无论学术界、商界还是政府,所有领域都将开始这种进程。"

对于大数据,有多种定义。大数据通常用来形容一个公司创造的大量非结构化和半结构化的数据,这些数据在下载到关系型数据库用于分析时会花费过多时间和金钱。研究机构Gartner将大数据定义为需要新处理模式才能具有更强的决策力、洞察力和流程优化能力来适应海量、高增长率和多样化的信息资产。麦肯锡全球研究所给出的定义是:一种规模大到在获取、存储、管理、分析方面大大超出了传统数据库软件工具能力范围的数据集合,具有海量的数据规模、快速的数据流转、多样的数据类型和价值密度低四大特征。大数据分析常和云计算联系在一起,因为实时的大型数据集分析需要像MapReduce一样的框架来向数十、数百甚至数千的电脑分配工作。

在如今的社会,大数据的应用越来越彰显它的优势,占领的领域也越来越大,电子商务、O2O、物流配送等,各种利用大数据进行发展的领域正在协助企业不断地发展新业务,创新运营模式。有了大数据这个概念,对于消费者行为的判断,产品销售量的预测,精确的营销范围以及存货的补给已经得到全面的改善和优化。

大数据到底有多大?一组名为"互联网上的一天"的数据告诉我们,一天之中,互联网产生的全部内容可以刻满1.68亿张DVD;发出的邮件有2940亿封之多(相当于美国两年的纸质信件数量);发出的社区帖子达200万个(相当于《时代》杂志770年的文字量);卖出的手机为37.8万台,高于全球每天出生的婴儿数量37.1万。

牛津大学网络学院互联网研究所治理与监管专业教授维克托指出,大数据时代的来临使人类第一次有机会和条件,在非常多的领域和非常深入的层次获得和使用全面数据、完整数据和系统数据,深入探索现实世界的规律,获取过去不可能获取的知识,得到过去无法企及的商机。

2. 大数据的特征

(1) 数据量大(volume)。第一个特征是数据量大。大数据的起始计量单位至少是P(1000个T)、E(100万个T)或Z(10亿个T)。

(2) 类型繁多(variety)。第二个特征是数据类型繁多。包括网络日志、音频、视频、图片、地理位置信息等，多类型的数据对数据的处理能力提出了更高的要求。

（3）价值密度低（value）。第三个特征是数据价值密度相对较低。如随着物联网的广泛应用，信息感知无处不在，信息海量，但价值密度较低，如何通过强大的机器算法更迅速地完成数据的价值"提纯"，是大数据时代亟待解决的难题。

（4）速度快、时效高（velocity）。第四个特征是处理速度快、时效性要求高。这是大数据区分于传统数据挖掘最显著的特征。

大数据时代对人类的数据驾驭能力提出了新的挑战，也为人们获得更为深刻、全面的洞察能力提供了前所未有的空间与潜力。大数据的产生，正在改变我们的生活以及理解世界的方式，成为新发明和新服务的源泉，也将会带来更多的改变。

3. 大数据的应用案例

根据参考资料，以下给出了大数据应用的几个基本案例：

（1）梅西百货的实时定价机制。根据需求和库存的情况，该公司基于 SAS 的系统对多达 7300 万种货品进行实时调价。

（2）Tipp24 AG 针对欧洲博彩业构建的下注和预测平台。该公司用 KXEN 软件来分析数十亿计的交易以及客户的特性，然后通过预测模型对特定用户进行动态的营销活动。这项举措减少了 90%的预测模型构建时间。

（3）沃尔玛的搜索。这家零售业寡头为其网站 Walmart.com 自行设计了最新的搜索引擎 Polaris，利用语义数据进行文本分析、机器学习和同义词挖掘等。根据沃尔玛的说法，语义搜索技术的运用使得在线购物的完成率提升了 10%~15%。"对沃尔玛来说，这就意味着数十亿美元的金额。"Gartner 的分析师 Laney 说。

（4）快餐业的视频分析。一家快餐公司通过视频分析等候队列的长度，然后自动变化电子菜单显示的内容。如果队列较长，则显示可以快速供给的食物；如果队列较短，则显示那些利润较高但准备时间相对长的食品。

（5）Morton 牛排店的品牌认知。当一位顾客开玩笑地通过推特向这家位于芝加哥的牛排连锁店订餐送到纽约 Newark 机场（他将在一天工作之后抵达该处）时，Morton 就开始了自己的社交秀。首先，分析推特数据，发现该顾客是本店的常客，也是推特的常用者。根据客户以往的订单，推测出其所乘的航班，然后派出一位身着燕尾服的侍者为客户提供晚餐。

（6）PredPol 公司。PredPol 公司通过与洛杉矶和圣克鲁斯的警方以及一群研究人员合作，基于地震预测算法的变体和犯罪数据来预测犯罪发生的概率，可以精确到 $46m^2$ 的范围内。在洛杉矶运用该算法的地区，盗窃罪和暴力犯罪分别下降了 33%和 21%。

（7）Tesco PLC（特易购）和运营效率。这家超市连锁在其数据仓库中收集了

700 万部冰箱的数据，通过对这些数据的分析，进行更全面地监控并进行主动的维修以降低整体能耗。

（8）American Express（美国运通，AmEx）和商业智能。以往，AmEx 只能实现事后诸葛式的报告和滞后的预测。"传统的 BI 已经无法满足业务发展的需要。" Laney 认为。于是，AmEx 开始构建真正能够预测忠诚度的模型，基于历史交易数据，用 115 个变量来进行分析预测。该公司表示，对于澳大利亚将于之后四个月中流失的客户，已经能够识别出其中的 24%。

通过以上案例可以发现，大数据能直观地告诉我们"是什么"，而不是"为什么"。在大数据时代，我们不必知道现象背后的原因，只要让数据自己发声，帮助人类量化和认识世界。拥有大量的数据和更多不那么精确的数据为我们理解世界打开了一扇新的大门。社会因此放弃了寻找因果关系的传统偏好，开始挖掘相关关系的好处。所以在结构健康监测领域，相对传统的少量监测数据，智能手机能更容易获取大量的监测数据，监测大数据的出现或许能更好地反映结构性能，有助于对灾后结构损伤进行评估和预测，指导灾后救援，提高紧急响应能力。

1.3.2 人工智能与深度学习

1. 人工智能

人工智能是实现数据挖掘的一个很好的工具，1956 年达特茅斯学院召开的会议上正式使用了"人工智能"（artificial intelligence，AI）这个术语。从计算机应用系统的角度出发，人工智能是研究如何制造智能机器或智能系统，来模拟人类智能活动的能力，以延伸人类智能的科学。人工智能理论的发展历程至今为止可分为三个阶段。

1）初始阶段

1950 年诞生了著名的图灵测试，1956 年在达特茅斯学院举行的会议上，计算机科学家约翰·麦卡锡说服与会者接受"人工智能"的概念。人工智能概念首次提出后，相继出现了一批显著的成果，如机器定理证明、跳棋程序、LISP 语言等。但是由于消解法推理能力的有限，以及机器翻译等的失败，使人工智能走入了低谷。这一阶段的特点是：重视问题求解的方法，忽视知识的重要性。

2）发展阶段

20 世纪 60 年代末到 20 世纪 70 年代，DENDRAL 化学质谱分析系统、MYCIN 疾病诊断和治疗系统、PROSPECTIOR 探矿系统、Hearsay-II 语音理解系统等专家系统的出现、研究和开发，将人工智能引向了实用化。

20 世纪 80 年代，Astrom 等[232]发表了论文，这是第一篇直接将人工智能的专家系统技术引入控制系统的代表作，明确地提出了建立专家控制的新概念。与此同时，对于模糊理论的研究，以及其他智能理论的分支，都开始迅速白热化并展开研究，这些标志着智能控制已从开发阶段转向应用阶段。

20 世纪 80 年代末，用于人工神经网络的反向传播（back propagation，BP）算法的发明，掀起了基于统计模型的机器学习热潮。这种基于统计的机器学习方法比起过去基于人工规则的系统，在很多方面显示出优越性。

20 世纪 90 年代，由于网络技术特别是 Internet 技术的发展，人工智能开始由单个智能主体研究转向基于网络环境下的分布式人工智能研究。不仅研究基于同一目标的分布式问题求解，而且研究多个智能主体的多目标问题求解，使人工智能进一步面向实用。里程碑式的成果之一是 1997 年 IBM 的深蓝战胜国际象棋世界冠军卡斯帕罗夫。这个时期，各种各样的浅层机器学习模型相继被提出，比如支持向量机（support vector machine，SVM）、Boosting、最大熵方法［如逻辑回归（logistic regression，LR）］等。

2000 年以来互联网的高速发展，对大数据的智能化分析和预测提出了巨大的需求，浅层机器学习模型在互联网应用上得到了巨大的成功。非常成功的应用包括搜索广告系统（如 Google 的 AdWords、百度的凤巢系统）的广告点击率预估、网页搜索排序（如 Yahoo!和微软的搜索引擎）、垃圾邮件过滤系统、基于内容的推荐系统等。

3）大数据+深度模型阶段

2006 年，加拿大多伦多大学教授、机器学习领域泰斗 Hinton 和他的学生 Salakhutdinov 在顶尖学术刊物 Science 上发表了一篇文章[233]，开启了深度学习在学术界和工业界的高潮。这篇文章有两个主要的信息：一是多隐层的人工神经网络具有优异的特征学习能力，学习得到的特征对数据有更本质的刻画，从而有利于可视化或分类；二是深度神经网络在训练上的难点，可以通过"逐层初始化"来有效克服。

自 2006 年以来，深度学习在学术界持续升温。虽然深度学习的理论研究虽然还处于起步阶段，但在应用领域已凸显出巨大能量。2011 年以来，微软研究院和 Google 的语音识别研究人员先后采用深度神经网络（deep neural networks，DNN）技术降低语音识别错误率达 20%~30%，是语音识别领域十多年来最大的突破性进展。2012 年，DNN 技术在图像识别领域取得惊人的效果，在 ImageNet 评测上将错误率从 26%降到 15%。同样在这一年，DNN 技术还被应用于制药公司的 DrugeActivity 预测问题，并获得当时世界上的最好成绩。2015 年，微软在 ImageNet 评测上的错误率已降低至 3.57%，低于人眼判别的错误率（大约是 5.1%）。2016 年 3 月，Google 的围棋软件 AlphaGo 对战世界围棋冠军——职业九段选手李世石，并以 4∶1 的总比分获胜。

目前 Google、Facebook、微软等知名的拥有大数据的高科技公司争相投入资源，占领深度学习的技术制高点，因为他们都看到了在大数据时代，更加复杂且更加强大的深度模型能深刻揭示海量数据里所承载的复杂而丰富的信息，并能够对未来或未知事件做更精确的预测。

2. 深度学习

机器学习是人工智能研究的核心问题，是使计算机具有智能的根本途径，同时也是人工智能理论研究和实际应用的主要瓶颈之一。

深度学习是机器学习研究中的一个新的领域，深度学习的概念源于人工神经网络的研究。含多隐层的多层感知器就是一种深度学习结构。深度学习通过组合低层特征形成更加抽象的高层表示属性类别或特征，以发现数据的分布式特征表示。

深度学习的概念由 Hinton 等[233]于 2006 年提出。基于深度置信网络（deep belief networks，DBN），Hinton 提出非监督贪心逐层训练算法[234]，为解决深层结构相关的优化难题带来希望，随后提出多层自动编码器深层结构。此外，LeCun 等[235]提出的卷积神经网络（convolutional neural network，CNN）是第一个真正多层结构学习算法，它利用空间相对关系减少参数数目以提高训练性能。

深度学习是机器学习中一种基于对数据进行表征学习的方法。观测值（如一幅图像）可以使用多种方式来表示，如每个像素强度值的向量，或者更抽象地表示成一系列边、特定形状的区域等。而使用某些特定的表示方法更容易从实例中学习任务（如人脸识别或面部表情识别）。深度学习的好处是用非监督式或半监督式的特征学习和分层特征提取高效算法来替代手工获取特征。

深度学习的动机在于建立、模拟人脑进行分析学习的神经网络，它模仿人脑的机制来解释数据，例如图像、声音和文本。

同机器学习方法一样，深度机器学习方法也有监督学习与无监督学习之分。不同的学习框架下建立的学习模型是不同的。例如，卷积神经网络是一种深度的监督学习下的机器学习模型，而深度置信网（deep belief nets，DBNs）是一种无监督学习下的机器学习模型。

1.3.3 大数据与人工智能带来的机遇

大数据时代的到来和人工智能、机器学习的持续发展，给现代社会和人们的生活带来了巨大的改变。大数据成为理解和解决当今许多紧迫的全球问题所不可或缺的重要工具。例如，要应对气候变化问题时，需要对污染相关数据进行分析，得出最佳方案，来指导努力方向，找出缓解问题的方法。全球范围内遍布的大量传感设备，包括智能手机内部的传感器，使我们能够以更高的细节水平模拟环境。当下许多似乎需要人类判断才能进行的事情，其实完全可以交由电脑来做，比如癌细胞活检、传染病暴发前期的模式预测等。

大数据也被用于发展经济和理解如何预防冲突。基于手机动向数据显示，非洲许多贫民窟地区经济活动十分活跃，大数据还揭示了最可能引发种族关系紧张的社区以及解除难民危机的方式。只有当科技应用至生活的方方面面时，大数据的使用范围才能进一步扩大。信息、医疗、政府、教育等多个领域都开始运用大数据，简化自己的工作，带动工作效率，同时也为大数据创造出更多的机会，很多企业也开始投身于大数据的摸索，通过对大数据的分析和管理，做出正确的决策。然而大数据的价值并非表现在数据的多样性和大容量性，而在于我们对于数据的分析和挖掘，从而创造价值。

2016年5月23日，《"互联网+"人工智能三年行动实施方案》明确指出要推进计算机视觉、智能语音处理、生物特征识别、自然语言理解、智能决策控制等技术，推进人工智能在家居、汽车、无人系统、安防等方面的应用，提升人工智能集群式创新创业能力。这已经是国务院在人工智能领域的第二次发文，以四部委联合发文的形式下达，足见国家对人工智能技术及应用的重视程度。

2016年7月，在国务院印发的《"十三五"国家科技创新规划》中，人工智能被作为新一代信息技术中的一项列入规划。在该规划中，政府对"人工智能"做出了重要的表述：重点发展大数据驱动的类人智能技术方法；突破以人为中心的人-机-物融合理论方法和关键技术，研制相关设备、工具和平台；在基于大数据分析的类人智能方向取得重要突破，实现类人视觉、类人听觉、类人语言和类人思维，支撑智能产业的发展。

2017年1月10日，在全国科技工作会议中，科学技术部原部长万钢透露目前正在编制人工智能的专项规划，同时还在研究论证人工智能重大项目的立项工作。这一"重大项目"是指"科技创新2030-重大项目"，按照此前相关文件中的表述，被列入其中的项目体现了"国家战略意图"。

中国科技部高新技术发展及产业化司司长秦勇说，在科技创新2030-重大项目"15+1"中，有10项涉及高新领域，分别是：航空发动机及燃气轮机、国家网络安全空间、深空探测及空间飞行器在轨服务与维护系统、煤炭清洁高效利用、智能电网、天地一体化信息网络、大数据、智能制造和机器人、重点新材料研发及应用，以及正在酝酿的"人工智能2.0"。这说明人工智能的意义已经超出本身，成为创新创业国家战略成败的一部分。

1.4 智能手机结构健康云监测探索式发展

众包式、大数据、全寿命管养、强震观察等方面带来的机遇，在以前的基础上产生了探索式的发展。智能手机的出现给人们带来了更多的机会去更好地感知世界，它在调动普通大众、实现公众参与式监测方面有着其他监测方式无法企及的优势。每一个人的智能手机都可以作为一个监测点，当在紧急情况下，多数人都用智能手机进行结构监测、灾害情况收集时，便可形成一个发散式的监测网络，利用手机的多传感性能，实现多参数测量。当所有数据都能够汇聚到数据中心或者网站时，监测大数据便随之形成。且以往面对比如地震等不确定、无法预测的自然灾害时，仍采用被动式的监测，智能手机却可进行随时随地的监测，或许能为某次地震开展及时的、"如影随形"的主动监测。对于结构的全寿命管养，常规的人工巡检流程需要耗费大量的人力、物力以及需要较高的专业技术要求，智能手机作为众包式的工具，可实现监测、图像、信息调查相结合，并可通过网络上传实现高效运行的全寿命管养系统。随着大数据时代的到来以及深度学习技术的不断发展，将为图像识别、监测大数据处理提供有力的支撑。这些硬件和软件的支持都给智能手机云监测的实现提供了机会，使其不断发展，我们也在此基础上对土木工程各个领域进行探索研究，形成了本书的一系列内容：

（1）对智能手机传感技术进行详细论述和证明。

（2）将智能手机应用于实际桥梁结构，从监测、控制、管养等方面做详细介绍，并进行实验验证。

（3）从人工智能和机器视觉方面对智能手机图像进行处理，实现裂纹和结构物识别。

（4）研究基于智能手机的施工安全监测技术，使施工行为更加安全。

（5）对特种结构进行监测，如电梯运行状况，并探索研究基于智能手机的人工智能音频识别。

（6）针对地震等极端情况，研究智能手机对地震作用下结构的可监测参数，并通过振动台实验进行验证。

（7）分析智能手机可监测数据，进而进行基于智能手机数据的结构安全评定。

（8）建立公众参与式智能手机监测平台，包括结构安全云监测平台、城市公共安全共享平台、长城完整性共享平台等。

参 考 文 献

[1] 王敬东.民政部国家减灾办发布 2016 年全国自然灾害基本情况[EB/OL]. (2017-01-13)[2019-04-22]. http://www.mca.gov.cn/article/xw/mzyw/201701/20170115002965.shtml

[2] Tom Q.中国自然灾害直接经济损失十年数据分析：未来要如何应对？[EB/OL]. (2017-10-16)[2019-04-22]. https://mp.weixin.qq.com/s/-QeK6SanWWS_URF2ADsXEQ.

[3] 张平. 国务院关于抗击低温雨雪冰冻灾害及灾后重建工作情况的报告[R]. 北京: 国家发展和改革委员会, 2008.

[4] 赵竹青. 特别策划：5·12汶川地震灾情综合分析[EB/OL]. (2008-06-03)[2019-04-24]. http://scitech.people.com.cn/GB/7332696.html.

[5] 吴艳平. 5·12 汶川地震与灾损评估[EB/OL]. (2008-09-04)[2019-04-22]. http://www.scio.gov.cn/xwfbh/xwbfbh/wqfbh/2008/0904/Document/308987/308987.htm.

[6] 祝嫣然, 冯芸清. 2017年投资以基建为主，预计规模达16万亿[EB/OL]. (2017-01-05)[2019-04-22]. http://www.yicai.com/news/5198702.html.

[7] Johnson A, Lam H F. Phase I IASC-ASCE structural health monitoring benchmark problem using simulated data[J]. Journal of Engineering Mechanics, ASCE, 2004, 130(1): 3-15.

[8] 熊海贝, 李志强. 结构健康监测的研究现状[J]. 结构工程师, 2006, 22(5): 86-90.

[9] 谢强, 薛松涛. 土木工程结构健康监测的研究现状与进展[J].中国科学基金, 2001(5): 285-288.

[10] Lynch J P, Loh K J. A summary review of wireless sensors and sensor networks for structural health monitoring[J]. Shock and Vibration Digest, 2006, 38(2): 91-130.

[11] Gu H, Zhao Y, Wang M L. A wireless smart PVDF sensor for structural health monitoring[J]. Structural Control and Health Monitoring, 2005, 12(3-4):329-343.

[12] Gao Y, Spencer Jr B F, Ruiz-Sandoval M E. Distributed computing strategy for structural health monitoring[J]. Structural Control and Health Monitoring, 2010, 13(1):488-507.

[13] Ruiz-Sandoval M E, Nagayama T, Spencer Jr B F. Sensor development using berkeley mote platform[J]. Journal of Earthquake Engineering, 2006, 10(2):289-309.

[14] Spencer Jr B F, Ruiz-Sandoval M E, Kurata N. Smart sensing technology: opportunities and challenges[J]. Structural Control and Health Monitoring, 2004, 11(4): 349-368.

[15] Housner G W, Bergman L A, Caughey T K, et al. Structural control: past, present, and future[J]. Journal of Engineering Mechanics, 1997, 123(9): 897-971.

[16] Wimmer S A, DeGiorgi V G. Computational study on plate damage identification[C]. NDE For Health Monitoring and Diagnostics, International Society for Optics and Photonics, 2002: 122-133.

[17] 李宏男, 李东升. 土木工程结构安全性评估，健康监测及诊断述评[J]. 地震工程与工程振动, 2002, 22(3): 82-90.

[18] Mahalik N P, Yen M. Extending fieldbus standards to food processing and packaging industry: a review[J]. Computer Standards & Interfaces, 2009, 31(3): 586-598.

[19] Han L, Newhook J P, Mufti A A. Some practical issues in remote structural health monitoring[J]. International Society for Optics and Photonics, 2005, 57(67): 187-194.

[20] 杨智春, 于哲峰. 结构健康监测中的损伤检测技术研究进展[J]. 力学进展, 2004, 34(2): 215-223.

[21] 刘西拉. 重大土木与水利工程安全性及耐久性的基础研究[J]. 土木工程学报, 2001, 34(6): 1-7.

[22] Wong K Y, Lau C K, Flint A R. Planning and implementation of the structural health monitoring system for cable-supported bridges in Hong Kong[J]. Proceedings of SPIE—the International Society for Optical Engineering, 2000, 3995:266-275.

[23] Ni Y Q, Li H, Wang J Y, et al. Implementation issues of novelty detection technique for cable-supported bridges instrumented with a long-term monitoring system[C]. NDE For Health Monitoring and Diagnostics, International Society for Optics and Photonics, 2002: 225-236.
[24] 邱法维, 杜文博, 钱稼茹, 等. 虎门大桥应变监测数据处理系统设计[J]. 桥梁建设, 2003, 2: 66-69.
[25] 朱桂新, 陈旭东, 王迎军, 等. GPS-RTK 技术在虎门大桥运营安全监测中的应用[J]. 公路, 2002, 7: 55-58.
[26] 张启伟, 袁万城, 范立础. 大型桥梁结构安全监测的研究现状与发展[C]. 中国土木工程学会桥梁及结构工程学会第十二届年会论文集(下册), 1996.
[27] 刘西拉, 杨国兴. 桥梁健康监测系统的发展与趋势[C]. 第五届全国结构工程学术会议论文集(第一卷), 1996.
[28] 李惠, 周文松, 欧进萍, 等. 大型桥梁结构智能健康监测系统集成技术研究[J]. 土木工程学报, 2006, 39(2): 46-52.
[29] 李惠, 欧进萍. 斜拉桥结构健康监测系统的设计和实现（Ⅱ）：系统实现[J]. 土木工程学报, 2006, 39(4): 45-53.
[30] 周红青. 南京长江大桥结构安全监测[J]. 铁道标准设计, 2004(5): 70-72.
[31] 黄腾, 郑玉华, 武焕陵, 等. 南京长江第二大桥结构安全监测系统[J]. 河海大学学报（自然科学版）, 2003, 31(4): 411-414.
[32] 汪菁. 深圳市民中心屋顶网架结构健康监测系统及其关键技术研究[D]. 武汉：武汉理工大学, 2008.
[33] 贺映候, 李秋胜, 朱宏平, 等. 深圳平安金融中心结构健康监测系统应用[J]. 土木工程与管理学报, 2017, 34(5): 96-103.
[34] 钱稼茹, 过静珺, 陈志朋. 地王大厦动力特性及大风时楼顶位移和加速度实测研究[J]. 土木工程学部, 1998, 31(6): 30-38.
[35] 李志强. 金茂大厦的结构健康监测研究[D]. 上海：同济大学, 2007.
[36] Andersen E Y, Pedersen L. Structural monitoring of the great belt east bridge[J]. Strait Crossings, 1994, 94: 189-195.
[37] Myrvoll F, Dibiagio E, Hansvold C. Instrumentation for monitoring the skarnsundet cable-stayed bridge[J]. Publikasjon-norges Geotekniske Institute, 1996: 196.
[38] Muria-Vila D, Gomez R, King C. Dynamic structural properties of cable-stayed Tampico bridge[J]. Journal of Structural Engineering, 1991, 117(11): 3396-3416.
[39] 喻言. 结构健康监测的无线传感器及其网络系统[D]. 哈尔滨：哈尔滨工业大学, 2006.
[40] Yi T H, Li H N, Gu M. Recent research and applications of GPS based technology for bridge health monitoring[J]. Science China Technological Sciences, 2010, 53(10): 2597-2610.
[41] Iwaki H, Shiba K, Takeda N. Structural health monitoring system using FBG-based sensors for a damage-tolerant building[C]. Smart Structures and Materials, International Society for Optics and Photonics, 2003: 392-399.
[42] Habel W, Hofmann D, Kohlhoff H, et al. Complex measurement system for long-term monitoring of pre-stressed railway bridges of the new "Lehrter Bahnhof" in Berlin[C]. SPIE International Symposium on Smart Structures and Materials, 2002, 4694: 237.
[43] Schwesinger P, Thor B, Schwesinger F M. One year experiences in bridge testing using the loading truck BELFA[C]. SPIE's 9th Annual International Symposium on Smart Structures and Materials, International Society for Optics and Photonics, 2002: 74-81.
[44] Whelan M P, Albrecht D, Capsoni A. Remote structural monitoring of the cathedral of Como using an optical fiber Bragg sensor system[C]. SPIE's 9th Annual International Symposium on Smart Structures and Materials, International Society for Optics and Photonics, 2002: 242-252.
[45] Inaudi D, Rüfenacht A, von Arx B, et al. Monitoring of a concrete arch bridge during construction[C]. SPIE's 9th Annual International Symposium on Smart Structures and Materials, International Society for Optics and Photonics, 2002: 146-153.
[46] Mooney M A, Tawfik E F, Chan G B, et al. Health monitoring during vibratory compaction of soil[C]. SPIE's 9th Annual International Symposium on Smart Structures and Materials, International Society for Optics and Photonics, 2002: 112-123.

[47] Yuan R L, Bourland M, Ugarte E. Health monitoring of light-rail aerial-structural system[C]. NDE For Health Monitoring and Diagnostics, International Society for Optics and Photonics, 2002: 262-271.
[48] Curran P, Tilly G. Design and monitoring of the Flintshire Bridge, UK[J]. Structural Engineering International, 1999, 9(3): 225-228.
[49] Cheung M S, Tadros G S, Brown T, et al. Field monitoring and research on performance of the Confederation Bridge[J]. Canadian Journal of Civil Engineering, 1997, 24(6): 951-962.
[50] Celebi M. Seismic instrumentation of buildings (with emphasis on federal buildings)[R]. Technical Report No. 0-7460-68170, United States Geological Survey, Menlo Park, CA, 2002.
[51] 周太全, 郭力, 陈鸿天. 香港青马大桥在交通荷载作用下的疲劳评估[J]. 地震工程与工程振动, 2002, 22(5): 24-29.
[52] MacGillivray P, Goddard K. Advanced sensor technology for marine propulsion control systems[C]. Proceedings of the 11th Ship Control Systems Symposium, Southampton, UK, 1997: 245-257.
[53] 喻言, 李宏伟, 欧进萍. 结构健康监测的无线加速度传感器设计与制作[J]. 传感技术学报, 2004(3): 463-468.
[54] 汪子尧, 叶情. 智能手机操作系统发展概述[J]. 福建电脑, 2018, 34(2):3.
[55] 孙兰兰. 浅谈智能手机发展趋势[J]. 华人时刊旬刊, 2014 (11):158.
[56] Mayers J. From backpack transceiver to smartphone: a visual history of the mobile phone[EB/OL]. (2011-05-05) [2019-07-21]. https://smartphones.gadgethacks.com/news/from-backpack-transceiver-smartphone-visual-history-mobile-phone-0127134/.
[57] Savage P. Designing a GUI for business telephone users[J]. Interactions, 1995, 2(1):32-41.
[58] Qualcomm Technologies, Inc. Qualcomm's pdQ smartphone provides ideal platform for wireless business solutions[EB/OL]. (1999-06-15)[2019-07-21]. https://www.qualcomm.com/news/releases/1999/06/15/qualcomm-s-pdq-smartphone-provides-ideal-platform-wireless-business.
[59] PDA review: ericsson R380 smartphone[EB/OL].(2011-04-27)[2019-07-21]. https://www.geek.com/hwsvrev/pda/ericr380/.
[60] Ericsson introduces the new R380e[EB/OL]. (2001-09-25)[2019-07-21]. http://www.mobilemag.com/2001/09/25/ericsson-introduces-the-new-r380e.
[61] Ericsson R380-user opinians and reviews[EB/OL]. (2001-04-27)[2019-07-21]. https://www.gsmarena.com/ericsson-r380-reviews-195p5.php.
[62] Kyocera QCP 6035 smartphone review. Palminfocenter.com[EB/OL]. (2001-03-16)[2019-07-21]. http://www.palminfocenter.com/view_story.asp?ID=1707.
[63] KYOCERA launches "DIGNO rafre," world's first hand-soap-washable smartphone[EB/OL].(2015-12-08)[2021-11-04]. https://global.kyocera.com/news-archive/2015/1202_bvjd.html.
[64] Tabuchi H. Why Japan's cellphones haven't gone global[J]. English Digest, 2009.
[65] Rose F. Pocket Monster: How DoCoMo's wireless internet service went from fad to phenom - and turned Japan into the first post-PC nation[EB/OL]. (2001-09-09)[2019-07-21]. https://www.wired.com/2001/09/docomo/.
[66] Barnes S J, Huff S L. Rising sun: imode and the wireless internet[J]. Communications of the ACM, 2003, 46(46): 78-84.
[67] Anwar S T. NTT DoCoMo and m-commerce: a case study in market expansion and global strategy[J]. Thunderbird International Business Review, 2002, 44(1):139-164.
[68] Info Addicts Are All Thumbs: Crackberry Is the 2006 Word of the Year[EB/OL]. (2006-11-01)[2019-01-24]. http://crackerry.com/crackberry-2006-word-year.
[69] Obbayi S R. The nokia E series range of smartphones[EB/OL]. (2010-09-27)[2019-07-21]. https://www.brighthub.com/mobile/symbian-platform/articles/88522/.
[70] Schroeder S. Smartphones in 2009: symbian dominates, iPhone, RIM and Android rising fast[EB/OL]. (2010-02-23)[2019-07-21]. http://mashable.com/2010/02/23/gartner-smartphones/#rEcp0mbL85qm.
[71] Scott F, Novick G, Kocienda K, et al. Touch screen device, method, and graphical user interface for determining commands by applying heuristics: US, US 7479549 B2[P]. 2009-08-21.

[72] Ryan B. The iPhone is not a smartphone[EB/OL].(2007-01-09)[2019-07-21]. https://www.engadget.com/2007/01/09/the-iphone-is-not-a-smartphone/.

[73] Moor C. T-Mobile G1 event round-up[EB/OL]. (2008-10-22)[2019-07-21]. http://www.talkandroid.com/260-t-mobile-g1-details/.

[74] Kantar worldpanel comtech's smartphone OS market share data Q3 2012[EB/OL].[2019-07-21]. http://www.kantarworldpanel.com/dwl.php?sn=news_downloads&id=85.

[75] Bamburic B. It's official: Windows 10 mobile is irrelevant[EB/OL]. (2016-07-29)[2019-07-21]. https://betanews.com/2016/07/29/windows-10-mobile-is-officially-dead/.

[76] Ward J, Phillips M. Digitizer technology: performance characteristics and the effects on the user interface[J]. Computer Graphics & Applications IEEE, 1987, 7(4):31-44.

[77] Amadeo R. Google's iron grip on Android: controlling open source by any means necessary, Ars Technica[EB/OL]. (2013-10-21)[2019-07-21]. https://arstechnica.com/gadgets/2013/10/googles-iron-grip-on-android-controlling-open-source-by-any-means-necessary/.

[78] Cha B. All T-Mobile retail stores to carry G1[EB/OL]. (2009-01-23)[2019-07-21]. https://www.cnet.com/news/all-t-mobile-retail-stores-to-carry-g1/.

[79] Charles A. Android fragmentation 'worse than ever' – but OpenSignal says that's good[EB/OL]. (2013-06-30)[2019-07-21]. https://www.theguardian.com/technology/2013/jul/30/android-fragmentation-visualised-opensignal.

[80] Mike I. Android OS hack gives virtual early upgrade[EB/OL]. (2011-04-11)[2019-07-21]. https://www.wired.com/gadgetlab/2011/04/cyanogenmod-android/.

[81] Joshua K. Access denied: why Android's broken promise of unlocked bootloaders needs to be fixed[EB/OL]. (2012-11-20)[2019-07-21]. https://www.theverge.com/2012/11/20/3666668/access-denied-android-unlocked-bootloaders.

[82] Chnningham A. Amazon's ever-cheaper Fire Phone gets a belated KitKat update, Ars Technica[EB/OL]. (2015-05-08)[2019-07-21].https://arstechnica.com/gadgets/2015/05/amazons-ever-cheaper-fire-phone-gets-a-belated-kitkat-update/.

[83] Sascha S. How to run free Android Apps on the Kindle fire[EB/OL]. (2013-12-31)[2019-07-21]. https://www.pcmag.com/article2/0,2817,2396276,00.asp.

[84] Hachman M. Android leads, Windows Phones fade further in Gartner's smartphone sales report[EB/OL]. (2016-02-18)[2019-07-21]. https://www.pcworld.com/article/3035100/phones/android-leads-and-windows-phone-fades-in-gartners-smartphone-sales-report.html.

[85] Egham. Gartner says worldwide smartphone sales grew 3.9 percent in first quarter of 2016[EB/OL]. (2016-05-19)[2019-07-21]. https://www.gartner.com/newsroom/id/3323017.

[86] International data corporation. Top five smartphone vendors, shipments, market share and year-over-year growth, Q1 2016[EB/OL]. (2016-04-27)[2019-07-21]. https://www.idc.com/getdoc.jsp?containerId=prUS41216716.

[87] Vogelstein F. The day google had to 'start over' on Android[EB/OL]. (2013-12-18)[2019-07-21]. https://www.theatlantic.com/technology/archive/2013/12/the-day-google-had-to-start-over-on-android/282479/.

[88] Wingfield N, Bilton N. Apple shake-up could lead to design shift[EB/OL]. (2012-10-31)[2019-07-21]. https://www.nytimes.com/2012/11/01/technology/apple-shake-up-could-mean-end-to-real-world-images-in-software.html?pagewanted=all&_r=0.

[89] Yukari I K. Breaking apple's grip on the iPhone[EB/OL]. (2009-03-06)[2019-07-21]. https://www.theatlantic.com/technology/archive/2013/12/the-day-google-had-to-start-over-on-android/282479/.

[90] Farber D. When iPhone met world, 7 years ago today[EB/OL]. (2014-01-09)[2019-07-21]. https://www.cnet.com/news/when-iphone-met-world-7-years-ago-today/.

[91] Honan M. Apple unveils iPhone[EB/OL]. (2007-01-09)[2019-07-21]. https://www.macworld.com/article/1054769/smartphones/iphone.html.

[92] Apple's 'magical' iPhone unveiled[EB/OL]. (2007-01-09)[2019-07-21]. http://news.bbc.co.uk/2/hi/technology/6246063.stm.

[93] deAgonia M. The 5 best features in Apple's iOS 5[EB/OL]. (2011-06-09)[2019-07-21]. https://www.pcworld.com/article/229866/The_5_best_features_in_Apple_iOS_5.html.

[94] Keizer G. Windows comes up third in OS clash two years early[EB/OL]. (2016-04-01)[2019-07-21]. https://www.computerworld.com/article/3050931/microsoft-windows/windows-comes-up-third-in-os-clash-two-years-early.html.

[95] Satariano A. Apple overtakes exxon becoming World's Most Valuable Company[EB/OL]. (2011-08-09)[2019-07-21]. https://www.bloomberg.com/news/2011-08-09/apple-rises-from-near-bankruptcy-to-become-most-valuable-company.html.

[96] Warren T. Windows Phone is dead[EB/OL]. (2016-01-28)[2019-07-21]. https://www.theverge.com/2016/1/28/10864034/windows-phone-is-dead.

[97] Warren T. Windows Phone has a new app problem[EB/OL]. (2015-10-23)[2019-07-21]. https://www.theverge.com/2015/10/23/9602350/microsoft-windows-phone-app-removal-windows-store.

[98] Egham. Gartner says five of top 10 worldwide mobile phone vendors increased sales in second quarter of 2016[EB/OL]. (2016-08-19)[2019-07-21]. https://www.gartner.com/newsroom/id/3415117.

[99] Techradar. Samsung's wrist reboot: gear 2 and gear 2 Neo unveiled[EB/OL]. (2014-02-23)[2019-07-21]. http://www.techradar.com/au/news/portable-devices/samsung-s-tizen-smartwatch-to-drop-galaxy-branding-galaxy-gear-2-also-leaked-1227419.

[100] Russell J. Samsung launches its first Tizen-powered phone, the Z1, in India for $92[EB/OL]. (2015-01-14)[2019-07-21]. https://techcrunch.com/2015/01/14/finally-tizen/.

[101] McLaughlin K. BlackBerry users call for RIM to rethink service[EB/OL]. (2009-12-17)[2019-07-21]. http://www.crn.com/news/client-devices/222002587/blackberry-users-call-for-rim-to-rethink-service.htm.

[102] Arthur C. Ten things to know about BlackBerry—and how much trouble it is (or isn't) in[EB/OL]. (2014-09-29)[2019-07-21]. https://www.theguardian.com/technology/2014/sep/29/ten-things-to-know-blackberry-john-chen.

[103] O'Rourke P. BlackBerry has no plans to release new BB10 devices Mobilesyrup[EB/OL]. (2017-01-04)[2019-07-21]. https://mobilesyrup.com/2017/01/04/blackberry-has-no-plans-to-release-new-bb10-devices/.

[104] Bing B. Samsung waves away a million[EB/OL]. (2010-06-13)[2019-07-21]. https://www.theinquirer.net/inquirer/news/1722287/samsung-waves-away-million.

[105] 陈龙彪, 李石坚, 潘纲. 智能手机: 普适感知与应用[J]. 计算机学报, 2015, 38(2):423-438.

[106] 罗军舟, 吴文甲, 杨明. 移动互联网: 终端、网络与服务[J]. 计算机学报, 2011, 34(11):002029-2051.

[107] Djuknic G M, Richton R E. Geolocation and assisted GPS[J]. Computer, 2001, 34(2):123-125.

[108] Zhao Y L. Standardization of mobile phone positioning for 3G systems[J]. Communications Magazine IEEE, 2002, 40(7):108-116.

[109] Gustafsson F. Mobile positioning using wireless networks: possibilities and fundamental limitations based on available wireless network measurements[J]. Signal Processing Magazine IEEE, 2005, 22(4):41-53.

[110] Liu H, Darabi H, Banerjee P, et al. Survey of wireless indoor positioning techniques and systems[J]. IEEE Transactions on Systems Man & Cybernetics Part C Applications & Reviews, 2007, 37(6):1067-1080.

[111] Li X, Pahlavan K. Super-resolution TOA estimation with diversity for indoor geolocation[J]. Wireless Communications IEEE Transactions, 2004, 3(1):224-234.

[112] Pahlavan K, Li X, Makela J P. Indoor geolocation science and technology[J]. IEEE Communications Magazine, 2002, 40(2):112-118.

[113] Bahl P, Padmanabhan V N. RADAR: an in-building RF-based user location and tracking system[C]. Nineteenth Joint Conference of the IEEE Computer and Communications Societies, 2000:775-784.

[114] Yin J, Yang Q, Ni L M. Learning adaptive temporal radio maps for signal-strength-based location estimation[J]. IEEE Transactions on Mobile Computing, 2008, 7(6):869-883.

[115] Pradhan S. Semantic location[J]. Personal Technologies, 2000, 4(4):213-216.

[116] 赵冬青, 李健, 杨慧. 定位服务中的语义位置研究[J]. 测绘科学技术学报, 2010, 27(3):200-204.

[117] Azizyan M, Constandache I, Choudhury R R. SurroundSense:mobile phone localization via ambience fingerprinting[C]. Proceedings of the 15th Annual International Conference on Mobile Computing and Networking. ACM, 2009:261-272.

[118] Liu J H, Wolfson O, Yin H B. Extracting semantic location from outdoor positioning systems[C]. International Conference on Mobile Data Management, 2006:73.

[119] Lu H, Pan W, Lane N D, et al. SoundSense:scalable sound sensing for people-centric applications on mobile phones[C]. International Conference on Mobile Systems, Applications, and Services, 2009:165-178.

[120] Peltonen V, Tuomi J, Klapuri A, et al. Computational auditory scene recognition[C]. International Conference on Acoustics, Speech, and Signal Processing, 2001: 1941-1944.

[121] Pan G, Ren H, Hua W, et al. EasyPointer: what you pointing at is what you get[C]. CHI'11 Extended Abstracts on Human Factors in Computing Systems, 2011:499-502.

[122] 丁跃, 刘军发, 陈益强, 等. 基于手机手势识别的媒体控制界面[J]. 计算机工程, 2010, 36(23):152-154.

[123] Du Y, Ren H Y, Pan G, et al. Tilt & touch: mobile phone for 3D interaction[C]. International Conference on Ubiquitous Computing, 2011: 485-486.

[124] Choi E S, Bang W C, Cho S J, et al. Beatbox music phone: gesture-based interactive mobile phone using a tri-axis accelerometer[C]. International Conference on Industrial Technology, 2005:97-102.

[125] Cheng H T, Chen A M, Razdan A, et al. Contactless gesture recognition system using proximity sensors[C]. International Conference on Consumer Electronics, 2011:149-150.

[126] Rui F, Watanabe M, Gyota T, et al. Hand shape classification with a wrist contour sensor:development of a prototype device[C]. UBICOMP 2011: Ubiquitous Computing, International Conference, Beijing, China, 2011: 311-314.

[127] Gavrila D M. The visual analysis of human movement: a survey[J]. Computer Vision & Image Understanding, 1999, 73(1):82-98.

[128] Xia L, Chen C C, Aggarwal J K. Human detection using depth information by Kinect[C]. Computer Vision and Pattern Recognition Workshops, 2011:15-22.

[129] Norrie L, Murray-Smith R. Virtual sensors: rapid prototyping of ubiquitous interaction with a mobile phone and a Kinect[C]. Conference on Human-Computer Interaction with Mobile Devices and Services, Stockholm, Sweden, 2011:25-28.

[130] Baird J A, Baldwin D A. Making sense of human behavior: action parsing and intentional inference[J]. Intentions and Intentionality: Foundations of Social Cognition, 2001:193-206.

[131] Yang J. Toward physical activity diary:motion recognition using simple acceleration features with mobile phones[C]. Proceeding IMCE'09 Proceedings of the 1st International Workshop on Interactive Multimedia for Consumer Electronics, Beijing, China, 2009:1-10.

[132] Miluzzo E, Lane N D, Peterson R, et al. Sensing meets mobile social networks: the design, implementation and evaluation of the CenceMe application[C]. ACM Conference on Embedded Network Sensor Systems, 2008: 337-350.

[133] Kwapisz J R, Weiss G M, Moore S A. Activity recognition using cell phone accelerometers[J]. ACM SIGKDD Explorations Newsletter, 2011, 12(2):74-82.

[134] Brezmes T, Gorricho J L, Cotrina J. Activity recognition from accelerometer data on a mobile phone[C]. International Work-Conference on Artificial Neural Networks, 2009: 796-799.

[135] Györbíró N, Ákos Fábiá, Hományi G. An activity recognition system for mobile phones[J]. Mobile Networks & Applications, 2009, 14(1): 82-91.

[136] Pan G, Zhang Y, Wu Z. Accelerometer-based gait recognition via voting by signature points[J]. Electronics Letters, 2009, 45(22):1116-1118.

[137] Ling B, Intille S S. Activity recognition from user-annotated acceleration data[C]. Pervasive Computing, Second International Conference, PERVASIVE 2004, Vienna, Austria, 2004: 1-17.

[138] Pan W M, Jin J M, Shi G S, et al. A system for automatic chinese business card recognition[C]. International Conference on Document Analysis and Recognition, 2001: 577-581.

[139] Chen L B, Pan G, Li S J. Touch-driven interaction via an NFC-enabled smartphone[C]. International conference on Pervasive Computing and Communications Workshops, 2012:504-506.

[140] Jain A, Hong L, Pankanti S. Biometric identification[J]. Communications of the ACM, 2000, 43(2): 91-98.

[141] Chellappa R, Wilson C L, Sirohey S. Human and machine recognition of faces: a survey[J]. Proceedings of the IEEE, 1995, 83(5):705-741.

[142] Lu H, Brush A J B, Priyantha B, et al. SpeakerSense: energy efficient unobtrusive speaker identification on mobile phones[C]. Pervasive Computing-9th International Conference, Pervasive 2011, San Francisco, Ca, USA, 2011: 188-205.

[143] Ng C K, Savvides M, Khosla P K. Real-time face verification system on a cell-phone using advanced correlation filters[C]. IEEE Workshop on Automatic Identification Advanced Technologies, 2005:57-62.

[144] 张南, 张晓洲, 史元春. 基于声纹识别技术的麦克风阵列说话人实时定位[C]. 全国和谐人机环境联合学术大会, 2005.

[145] Han W, Cao Y, Lei C. Using a smart phone to strengthen password-based authentication[C]. Internet of Things, 2012:372-379.

[146] Shi W D, Yang J, Jiang Y F, et al. SenGuard: passive user identification on smartphones using multiple sensors[C]. International Conference on Wireless and Mobile Computing, Networking and Communications, 2011: 141-148.

[147] Steffen R, Preißinger J, Schöllermann T, et al. Near field communication (NFC) in an automotive environment[C]. International Workshop on Near Field Communication, 2010:15-20.

[148] Jovanov E, Milenkovic A, Otto C, et al. A wireless body area network of intelligent motion sensors for computer assisted physical rehabilitation[J]. Journal of Neuroengineering and Rehabilitation, 2005, 2(1):6.

[149] Mcduff D J, Poh M Z, Picard R W. Non-contact, automated cardiac pulse measurements using video imaging and blind source separation.[J]. Optics Express, 2010, 18(10):10762-74.

[150] Mcfarland D J, Wolpaw J R. Brain-computer interfaces for communication and control[J]. Supplements to Clinical Neurophysiology, 2011, 54(5):60.

[151] Crowley K, Sliney A, Pitt I, et al. Evaluating a brain-computer interface to categorise human emotional response[C]. International Conference on Advanced Learning Technologies, 2010:276-278.

[152] Campbell A, Choudhury T, Hu S, et al. NeuroPhone: brain-mobile phone interface using a wireless EEG headset[C]. ACM SIGCOMM Workshop on Networking, Systems, and Applications on Mobile Handhelds, 2010: 3-8.

[153] Linden D E. The P300: where in the brain is it produced and what does it tell us[J]. Neuroscientist, 2005, 11(6):563-576.

[154] 吴边, 苏煜, 张剑慧, 等. 基于 P300 电位的新型 BCI 中文输入虚拟键盘系统[J]. 电子学报, 2009, 37(8): 1733-1738.

[155] Arndt S, Antons J N, Schleicher R, et al. Perception of low-quality videos analyzed by means of electroencephalography[C]. International Workshop on Quality of Multimedia Experience, 2012:284-289.

[156] Picard R W. Toward computers that recognize and respond to user emotion[J]. IBM Systems Journal, 2000, 39(3.4):705-719.

[157] Rachuri K K, Musolesi M, Mascolo C, et al. EmotionSense: a mobile phones based adaptive platform for experimental social psychology research[C]. UbiComp 2010: Ubiquitous Computing, 12th International Conference, Copenhagen, Denmark, 2010.

[158] Schuller B, Vlasenko B, Eyben F, et al. Acoustic emotion recognition: a benchmark comparison of performances[C]. Automatic Speech Recognition & Understanding, 2010: 552-557.

[159] Mase K. Recognition of facial expression from optical flow[J]. IEICE Transactions on Information & Systems, 1991, 74(10):3474-3483.

[160] 安健, 桂小林, 张文东, 等. 物联网移动感知中的社会关系认知模型[J]. 计算机学报, 2012, 35(6):1164-1174.

[161] Kanhere S S. Participatory sensing: crowdsourcing data from mobile smartphones in urban spaces[C]. International Conference on Mobile Data Management, 2011.

[162] Miluzzo E, Lane N D, Eisenman S B, et al. CenceMe—injecting sensing presence into social networking applications[C]. Smart Sensing and Context, Second European Conference, EuroSSC 2007, Kendal, England, 2007: 1-28.

[163] Wyatt D, Bilmes J, Choudhury T, et al. Towards the automated social analysis of situated speech data[C]. International Conference on Ubiquitous Computing, 2008: 168-171.

[164] Aharony N, Pan W, Ip C, et al. Social fMRI: investigating and shaping social mechanisms in the real world[J]. Pervasive & Mobile Computing, 2011, 7(6): 643-659.

[165] 於志文, 於志勇, 周兴社. 社会感知计算:概念、问题及其研究进展[J]. 计算机学报, 2012, 35(1): 16-26.

[166] Fogg B J, Grudin J, Nielsen J, et al. Persuasive technology: using computers to change what we think and do[J]. Gerontechnology, 2006, 5(12):1168-1170.

[167] Chiu M C, Chang S P, Chang Y C, et al. Playful bottle: a mobile social persuasion system to motivate healthy water intake[C]. International Conference on Ubiquitous Computing, 2009: 185-194.

[168] Kadomura A, Li C Y, Chen Y C, et al. Sensing fork: eating behavior detection utensil and mobile persuasive game[C]. CHI '13 Extended Abstracts on Human Factors in Computing Systems, 2013: 1551-1556.

[169] Tsai C C, Lee G, Raab F, et al. Usability and feasibility of PmEB: a mobile phone application for monitoring real time caloric balance[J]. Mobile Networks & Applications, 2007, 12(2-3): 173-184.

[170] Consolvo S, Klasnja P, Mcdonald D W, et al. Flowers or a robot army? Encouraging awareness & activity with personal, mobile displays[C]. UBICOMP 2008: Ubiquitous Computing, International Conference, Seoul, Korea, 2008: 54-63.

[171] 吴信东, 叶毓全, 胡东辉, 等. 普适医疗信息管理与服务的关键技术与挑战[J]. 计算机学报, 2012, 35(5): 827-845.

[172] 张桂英, 周兴社, 倪红波, 等. 面向老年人的智能辅助环境下常识推理系统[C]. 全国普适计算学术会议, 2009.

[173] Dai J P, Bai X L, Yang Z M, et al. PerFallD: a pervasive fall detection system using mobile phones[C]. International Conference on Pervasive Computing and Communications Workshops, 2010:292-297.

[174] Gay V, Leijdekkers P, Barin E. A mobile rehabilitation application for the remote monitoring of cardiac patients after a heart attack or a coronary bypass surgery[C]. International Conference on Pervasive Technologies Related To Assistive Environments, Petra 2009, Corfu, Greece, 2009: 1-7.

[175] Wang M Y, Tsai P H, Liu J W S, et al. Wedjat: a mobile phone based medicine in-take reminder and monitor[C]. International Conference on Bioinformatics and Bioengineering, 2009:423-430.

[176] Scherr D, Zweiker R, Kollmann A, et al. Mobile phone-based surveillance of cardiac patients at home[J]. Journal of Telemedicine & Telecare, 2006, 12(5):255.

[177] 操端, 王海滨, 胡玉良. 基于智能手机的远程心电显示系统的设计与研究[J]. 西华大学学报(自然科学版), 2009, 28(4): 16-19.

[178] Lau S L, Konig I, David K, et al. Supporting patient monitoring using activity recognition with a smartphone[C]. International Symposium on Wireless Communication Systems, 2010: 810-814.

[179] Shi Y, Shi Y C, Wang X. Fall detection on mobile phones using features from a five-phase model[C]. International Conference on Ubiquitous Intelligence and Computing and International Conference on Autonomic and Trusted Computing, 2012:951-956.

[180] Anguita D, Ghio A, Oneto L, et al. Human activity recognition on smartphones using a multiclass hardware-friendly support vector machine[C]. International Workshop on Ambient Assisted Living ,2012, 7657: 216-223.

[181] Tang Y, Wang S Q, Chen Y Q, et al. PPCare: a personal and pervasive health care system for the elderly[C]. International Conference on Ubiquitous Intelligence and Computing and International Conference on Autonomic and Trusted Computing, 2012: 935-939.

[182] Harper R. Inside the smart home[M]. London: Springer, 2003.
[183] 陈益强, 刘军发, 潘纲, 等. 普适计算交互技术进展[R]. 中国计算机学会, 中国计算机科学技术发展报告 2011, 北京: 机械工业出版社, 2012.
[184] Das S R, Chita S, Peterson N, et al. Home automation and security for mobile devices[C]. International Conference on Pervasive Computing and Communications Workshops, 2011:141-146.
[185] Zhong Y, Suo Y, Xu W C, et al. Smart home on smart phone[C]. Ubiquitous Computing, International Conference, UBICOMP 2011, Beijing, China, 2011: 467-468.
[186] 张美琴, 龚卫国, 李正浩, 等. 基于智能手机的远程家电控制及安防监测系统的设计[J]. 测控技术, 2007, 26(8): 72-74.
[187] Wu J H, Pan G, Zhang D Q, et al. MagicPhone: pointing & interacting[C]. ACM International Conference Adjunct Papers on Ubiquitous Computing - Adjunct, 2010:451-452.
[188] Hsu J, Mohan P, Jiang X F, et al. HBCI:human-building-computer interaction[C]. Computer Society, 2010: 55-60.
[189] Chen L B, Li Y C, Zheng Z M, et al. WaterLady: a case study for connecting physical devices into social networks[C]. International Conference on Ubiquitous Intelligence and Computing and International Conference on Autonomic and Trusted Computing, 2012:930-934.
[190] Zhang J J, Chen L C, Cai X B, et al. iGreenhouse: a case study for connecting physical devices into mobile social networks[J]. International Journal of Smart Home, 2015, 9(6):163-172.
[191] Dang C W, Iwai M, Tobe Y, et al. A framework for pedestrian comfort navigation using multi-modal environmental sensors[J]. Pervasive & Mobile Computing, 2013, 9(3):421-436.
[192] Dang C W, Iwai M, Umeda K, et al. NaviComf: navigate pedestrians for comfort using multi-modal environmental sensors[C]. International Conference on Pervasive Computing and Communications, 2012:76-84.
[193] Raut P S. Smart traveler-effective and proficient taxi business application[J]. Internal Journal of Advanced Research in Computer Science Engineering and Information Technology, 2013, 5(3):384-394.
[194] Yuan N J, Zheng Y, Zhang L H, et al. T-Finder: a recommender system for finding passengers and vacant taxis[J]. IEEE Transactions on Knowledge & Data Engineering, 2013, 25(10): 2390-2403.
[195] 杨斯远, 彭海清. 基于GPS-手机定位在环境应急指挥车辆调度的应用[J]. 环境, 2012(z1): 100-101.
[196] Thiagarajan A, Ravindranath L, Lacurts K, et al. VTrack: accurate, energy-aware road traffic delay estimation using mobile phones[C]. ACM Conference on Embedded Networked Sensor Systems, 2009:85-98.
[197] Mathur S, Jin T, Kasturirangan N, et al. ParkNet:drive-by sensing of road-side parking statistics[C]. International Conference on Mobile Systems, Applications, and Services, 2010:123-136.
[198] Pan G, Xu Y Q, Wu Z H, et al. TaskShadow: toward seamless task migration across smart environments[J]. IEEE Intelligent Systems, 2011, 26(3):50-57.
[199] Fan M M, Li X, Zhong Y, et al. Surprise Grabber: a co-located tangible social game using phone hand gesture[C]. ACM 2011 Conference on Computer Supported Cooperative Work, 2011:625-628.
[200] Cheok A D, Sreekumar A, Lei C, et al. Capture the Flag: mixed-reality social gaming with smart phones[J]. IEEE Pervasive Computing, 2006, 5(2):62-69.
[201] Lai C L, Wang C L. Mobile edutainment with interactive augmented reality using adaptive marker tracking[C]. International Conference on Parallel and Distributed Systems, 2013:124-131.
[202] Santoso M, Wang F Y, Gook L B. Development of edutainment content for elementary school using mobile augmented reality[J]. International Proceedings of Computer Science & Information Tech, 2012, 39: 14.
[203] Suo Y, Miyata N, Morikawa H, et al. Open smart classroom: extensible and scalable learning system in smart space using web service technology[J]. IEEE Transactions on Knowledge & Data Engineering, 2009, 21(6):814-828.
[204] Yu Z W, Liang Y J, Xu B K, et al. Towards a smart campus with mobile social networking[C]. Internet of Things, 2012: 162-169.

[205] Kadadha M, Alali H, Mufti M A, et al. Opportunistic mobile social networks: challenges survey and application in smart campus[C]. International Conference on Wireless and Mobile Computing, Networking and Communications, 2016: 1-8.
[206] 陆承兆. 智能手机图书馆——基于3G的手机图书馆新发展[J]. 图书馆学研究, 2010(2):96-98.
[207] 白蕾. 基于Android智能手机的图书预约系统设计[J]. 电脑编程技巧与维护, 2016(12):55-56.
[208] 姚瑶. 手机安卓系统下图书借阅APP的研究与实现[D]. 呼和浩特:内蒙古大学, 2016.
[209] 范跃华. 基于智能手机APP的图书馆个性化信息推送服务[J]. 图书馆学刊, 2014(6):116-118.
[210] 刘一, 卢琰, 徐小平. 基于安卓手机的图书馆管理系统设计与实现[J]. 微型机与应用, 2014(10):92-94.
[211] Little G. Keeping moving: smart phone and mobile technologies in the academic library[J]. Journal of Academic Librarianship, 2011, 37(3):267-269.
[212] 师晓青, 谢军红. 基于3G的智能手机移动图书馆创新研究[J]. 图书馆建设, 2009(5):52-54.
[213] Yu Y, Zhao X F, Ou J P. A new idea: mobile structural health monitoring using smart phones[C]. Third International Conference on Intelligent Control and Information Processing, 2012:714-716.
[214] Morgenthal G. The application of smartphones in bridge inspection and monitoring[J]. Iabse Congress Report, 2012, 18(23):610-618.
[215] Höpfner H, Morgenthal G, Schirmer M, et al. On measuring mechanical oscillations using smartphone sensors: possibilities and limitation[J]. ACM Sigmobile Mobile Computing & Communications Review, 2013, 17(4):29-41.
[216] Morgenthal G, Höpfner H. The application of smartphones to measuring transient structural displacements[J]. Journal of Civil Structural Health Monitoring, 2012, 2(3-4):149-161.
[217] Kotsakos D, Sakkos P, Kalogeraki V, et al. SmartMonitor: using smart devices to perform structural health monitoring[J]. Journal Proceedings of the VLDB Endowment, 2014, 6(12):1282-1285.
[218] Reilly J, Dashti S, Ervasti M, et al. Mobile phones as seismologic sensors: automating data extraction for the iShake system[J]. IEEE Transactions on Automation Science & Engineering, 2013, 10(2):242-251.
[219] Sharma A, Gupta D. Smartphone as a real-time and participatory data collection tool for civil engineers[J]. International Journal of Modern Computer Science, 2014, 2(5):2320-7868.
[220] Cimellaro G P, Scura G, Renschler C S, et al. Rapid building damage assessment system using mobile phone technology[J]. Earthquake Engineering & Engineering Vibration, 2014, 13(3):519-533.
[221] Feng M Q, Fukuda Y, Mizuta M, et al. Citizen sensors for SHM: use of accelerometer data from smartphones[J]. Sensors, 2015, 15(2):2980-2998.
[222] Ozer E, Feng M Q, Feng D. Citizen sensors for SHM: towards a crowdsourcing platform[J]. Sensors, 2015, 15(6):14591-14614.
[223] Min J H, Gelo N J, Jo H. Real-time image processing for non-contact monitoring of dynamic displacements using smartphone technologies[C]. Proceedings of SPIE on Sensors and Smart Structures Technologies for Civil, Mechanical, and Aerospace System, 2016.
[224] Oraczewski T, Staszewski W J, Uhl T. Nonlinear acoustics for structural health monitoring using mobile, wireless and smartphone-based transducer platform[J]. Journal of Intelligent Material Systems & Structures, 2016, 27(6): 786-796.
[225] Tan H, Chen J. Experiment verification of mobile phones for vibration measurement[C]. Proceedings of the 7th International Conference on Structural Health Monitoring of Intelligent Infrastructure, Torino, Italy, 2015.
[226] Ozer E, Feng M Q. Synthesizing spatiotemporally sparse smartphone sensor data for bridge modal identification[J]. Smart Materials & Structures, 2016, 25(8):085007.
[227] Ozer E, Feng M Q. Direction-sensitive smart monitoring of structures using heterogeneous smartphone sensor data and coordinate system transformation[J]. Smart Materials & Structures, 2017, 26(4): 1-17.
[228] Zhao X F, Han R C, Ding Y, et al. Portable and convenient cable force measurement using smartphone[J]. Journal of Civil Structural Health Monitoring, 2015, 5(4):481-491.

[229] Han R C, Zhao X F, Yu Y, et al. A cyber-physical system for girder hoisting monitoring based on smartphones[J]. Sensors, 2016, 16(7):1048.

[230] Zhao X F, Liu H, Yu Y, et al. Displacement monitoring technique using a smartphone based on the laser projection-sensing method[J]. Sensors & Actuators a Physical, 2016, 246: 35-47.

[231] Han R C, Zhao X F, Yu Y, et al. Emergency communication and quick seismic damage investigation based on smartphone[J]. Advances in Materials Science and Engineering, 2016(2): 1-15.

[232] Astrom K J, Hagglund T. Automatic tuning of simple regulators with specifications on phase and amplitude margins[J]. Automatica, 1984, 20(5): 645-651.

[233] Hinton G E, Salakhutdinov R R. Reducing the dimensionality of data with neural networks[J]. Science, 2006, 313(5786): 504-507.

[234] LeCun Y, Bengio Y, Hinton G. Deep learning[J]. Nature, 2015, 521(7553): 436.

[235] LeCun Y, Bengio Y. Convolutional networks for images, speech, and time series[J]. The Handbook of Brain Theory and Neural Networks, 1995, 3361(10): 1-14.

第 2 章　基于智能手机的传感技术

智能手机传感技术是实现智能手机云监测的必要手段，而智能手机内置各种传感器，其传感特性是保证监测成败和监测效率的重要性能。本章从智能手机主要传感器出发，对其监测特点、精度、范围等方面进行研究，并着重研究了加速度传感技术、位移传感技术、倾角传感技术和外接测试模块传感技术，从采集系统的实现到实验验证都做了详细论述。

2.1　手机主要传感器

2.1.1　手机传感器综述

目前智能手机已内置了种类繁多的传感器，如第 1 章所述，共有 15 种内置传感器，表 2-1-1 给出了常见的智能手机传感器的原理和基本应用，有助于读者更清楚地知道我们使用的智能手机的功能都是通过什么传感器来实现的，对内置传感器有更直观的了解。

表 2-1-1　智能手机主要传感器

传感器类型	原理	基本应用
加速度传感器	通过集成在硅晶片上的微机电系统（micro electro mechanical system，MEMS）测量 x、y、z 三轴的加速度值；静止时会测到 $1g$ 的重力加速度	自动旋转屏幕方向；翻转手机自动静音；晃动手机切换音乐；重力感应操控游戏
磁力传感器	利用霍尔效应，通过集成在硅晶片上各向异性磁致电阻（anisotropic magneto resistance，AMR）测量 x、y、z 三轴的环境磁场强度和方向	电子罗盘指示方向；探测周围金属物体；辅助 GPS 定位
陀螺仪	利用陀螺仪的定轴性，通过集成在硅晶片上的微机电系统测量空间三轴的角速度	手势识别；精准游戏方向控制
GPS	通过 GPS 芯片接收定位卫星信号，从而计算出手机所处的经纬度和高度	室外定位；路线导航；手机追踪
接近传感器	利用一对红外线或其他电磁波的发射-接收装置，检测接近手机周围特定区域的物体	通话时自动关闭屏幕

续表

传感器类型	原理	基本应用
环境光传感器	利用光敏元件输出电流、电压随光照强度变化的原理,计算出环境光强度	自动调节屏幕亮度
摄像头	利用CCD(charge coupled device,电荷耦合器件)或CMOS(complementary metal oxide semiconductor,互补金属氧化物半导体)等感光器件将镜头捕捉的光线转变为电信号,并经由DSP(digital signal processor,数字信号处理器)处理后形成图像	拍照和录制视频; 人脸解锁; 二维码识别; 视频通话
麦克风	利用薄膜式电容将空气振动转换为电信号,并经由数模转换芯片处理后形成数字音频信号	采集和录制声音; 识别说话内容
Wi-Fi	根据IEEE 802.11标准,由无线接入点(wireless access points, WAP)和客户端(client)设备形成无线局域网,也允许两个设备直接形成 ad hoc 网络	数据传输; 室内定位
蓝牙	根据IEEE 802.11标准,通过近距离无线设备之间的查找、配对和连接形成数据传输链路	数据交换; 身份识别
近场通信	基于无线电频率认证(radio frequency identification, RFID)技术,使用设备相互激发的电磁场进行近距离数据交换	近距离数据交换; 身份认证; 移动支付
气压传感器	通过一个对压强很敏感的薄膜元件工作,薄膜连接了一个柔性电阻,当大气压变化时候,就会导致电阻阻值产生变化	检测大气压; 检测高度; 辅助GPS定位
半导体指纹识别传感器	在一块集成有多种半导体器件的"平板"上,由于手指平面凸凹不平,凹凸点处接触平板的实际距离不同导致形成的电容/电感数值不同	指纹采集; 手机解锁

如表 2-1-1 所示,加速度传感器、磁力传感器和陀螺仪等微机电芯片 MEMS[1]的广泛应用,为感知智能手机的姿态、朝向和运动状态提供了丰富的途径。其中,加速度传感器可以感知手机受到的加速度大小,从而确定手机的运动方向和速度,但无法确定手机在空间中的南北朝向;磁力传感器可以借助地磁场获得手机在三维空间中的方向,但容易受到磁场干扰;陀螺仪则通过测量角加速度来获得智能手机的转动角度,从而根据初始方向来计算实时方向,但需要对角加速度进行积分运算,使得结果经常存在漂移和误差[2]。因此,在实际应用中,往往需要综合使用以上传感器进行数据补齐、校正和融合。

麦克风可以认为是智能手机上最普适的传感器之一[3]。根据麦克风采集到的声音特征,可以区分不同的声音来源和类型,例如语音、音乐和背景噪声等。在此基础上,可以提取语音信号的声学特征,例如音量、音高和音色以及过零率和频率倒谱系数等。这些声学特征被广泛应用在音频分析、语音识别等应用中[4-6]。

值得注意的是，为了提高通话质量，很多智能手机带有去除背景噪声功能[7]，因此对环境声音的检测效果较差。

近场通信（NFC）[8]是一种较为新兴的近距离高频无线通信技术，可用距离约为 10cm，可以实现电子身份识别或者数据传输，比如信用卡、门禁卡等功能。在智能手机上，可以用于感知智能手机接触范围内的信息。智能手机内置的 NFC 芯片有卡模式、点对点模式和读卡器模式 3 种工作状态[9]。在有卡模式下，智能手机的 NFC 芯片可以充当电子标签使用，被其他 NFC 读卡器读取；在点对点模式下，两台具有 NFC 芯片的智能手机可以建立短距离双向通信，进行信息交换、蓝牙配对等任务；在读卡器模式下，智能手机的 NFC 芯片可以充当读卡器读取接触范围内的 NFC 标签，并对标签内容进行改写。

综上所述，智能手机内置的传感器种类已较为丰富，但是其感知范围、数据精度和能耗等方面还存在一些问题，限制了这些传感器的应用。而外接式传感装置通过独立的传感装置，能提供更广泛的感知手段和更高的数据精度。

随着传感技术的进步，越来越多的微型可穿戴传感装置不断涌现，这些传感装置在用户行为感知、健康护理和自然人机交互方面具有很强的优势，能有效弥补智能手机内置传感器的不足。但是这些外接设备受大小和能耗的限制，往往不具备独立的计算能力和复杂的交互界面；另外，智能手机的硬件平台具有很强的可连接性，外接设备可以通过蓝牙、数据线、音频[10]甚至充电口接口与智能手机相连接。因此，越来越多的外接传感器装置通过与智能手机进行连接，以提供更加友好的人机交互界面、数据存储和云服务访问。表 2-1-2 列举了一些常见的外接传感设备的原理及代表性产品。

表 2-1-2 外接式传感装置

传感类型	原理	代表性产品
脑电感知装置	通过头皮表面放置的电极，记录脑部生物电活动的波形图，从而检测人脑兴奋程度	NeuroSkyMindWave 头箍；Emotive 头箍
手势感知装置	通过红外感应器跟踪和识别手指运动；通过检测手势变化时的肌肉放电特征来识别手势和动作	LeapMotion 手势控制器；MYO 臂带
姿态感知装置	结合彩色摄像头和红外摄像头建立人体三维模型，从而捕捉肢体动作；使用加速度传感器感知肢体运动	Kinect 体感控制器；Amigo 腕带
行为感知装置	监测运动行为，估计运动量，从而给出健康建议	FitBit 腕带；Nike FuelBand 腕带
生理感知装置	通过生理传感器感知用户的心率、血压、体温等数据，进而监测睡眠质量等健康信号	Basis Band 手表；Larklife 腕带

利用上述传感器和传感设备，智能手机可以感知到各种各样的信号，为上层应用提供丰富的情境信息。第 1 章对智能手机的可感知内容以及应用已进行了详细介绍，土木工程的基础设施同样是智能手机的可感知内容。

对于结构健康监测，智能手机可感知参数是非常重要的，如结构的振动加速度、层间位移、裂纹、结构损伤图片等参量都是对结构安全进行判断的重要特征。基于智能手机内置传感器，可以对这些参量进行感知并上传。土木工程基础设施包括各种结构，各类结构可能发生的安全隐患和表现特征都不同。针对不同的结构，以及可能面临的安全隐患、表现特征、智能手机可感知内容以及可能使用的感知方式，将其汇总如表 2-1-3 所示。

表 2-1-3　手机可感知安全隐患

基础设施类别	可能发生的破坏	特征	手机可监测的物理量	手机监测方法
边坡、岩体、垃圾填埋/渣土容纳场等地质岩土工程	边坡 滑坡	滑坡前缘出现横向及纵向放射状裂缝；前缘体出现隆起现象；后缘裂缝急剧加长加宽，新裂缝不断产生；滑体后部快速下降；四周土体松弛；小型坍滑或者周边区域有沉陷；摩擦错动出声；裂缝中冒出气体；动植物有异常	裂缝；隆起；沉陷；土体松弛；摩擦错动出声；气体；生物异常	视频；图片；裂纹识别；问卷；振动
	泥石流	沟槽断流；沟水变浑并夹有较多的柴草、树木；上游山谷中传来巨石撞击产生的沉闷声音；有轻微的振动感；上游出现异常气味；动物有异常	沟槽断流；沟水变浑；上游异常声音；振动感；上游异常气味；生物异常；应急联络	视频；图片；问卷；振动；应急通信
	岩体 崩塌	基岩裸露，岩体破碎严重；坡面出现新的破裂变形；小崩小塌现象；土体滚落，土石脱落；岩石崩塌前有时可听到摩擦声、撕裂声、错碎声；动植物有异常，如家禽惊恐乱窜、树林枯萎或歪斜等现象	岩体破碎；坡面破裂变形；小崩小塌现象；土体滚落；土石脱落；异常声音；生物异常	视频；图片；裂纹识别；问卷

续表

基础设施类别		可能发生的破坏	特征	手机可监测的物理量	手机监测方法
边坡、岩体、垃圾填埋/渣土容纳场等地质岩土工程	垃圾填埋/渣土容纳场	沼气爆炸	垃圾层表面有凸起； 地面的小型荧火	表面凸起； 地面荧火	视频； 图片； 问卷
		堆体失稳	超高超量，坡度较陡； 发生可见沉降，出现微小裂缝； 挡土坝产生位移（<30mm）； 地面产生振动； 堆填土体出现多处裂缝； 发生鼓包，并且鼓包不断移动； 底部土壤含水量过高或出现涌水	超高超量； 坡度较陡； 可见沉降； 微小裂缝； 挡土坝位移； 地面产生振动； 地面鼓包； 地面涌水	倾角； 视频； 图片； 裂纹识别； 问卷； 振动
		地陷	地面不均匀沉降； 地面涌水； 周围建筑墙体发生垂直地面裂缝； 地下有异常响声； 井、泉水位骤升或骤降，突然浑浊或翻沙、冒气； 局部出现地鼓； 出现地裂缝、塌陷坑	地面沉降； 地面涌水； 墙体裂缝； 异常响声； 水体异常； 局部地鼓； 地裂缝、塌陷坑	视频； 图片； 裂纹识别； 问卷
城市道路、地铁隧道与高架轨道等交通基础设施	城市道路	路面病害	裂缝（线裂缝、块裂缝、龟裂缝）； 坑洞；车辙；沉陷；拥包； 剥落；坑槽；啃边；唧浆； 路框差；修补；井盖丢失	裂缝（线裂缝、块裂缝、龟裂缝）； 坑洞；车辙；沉陷；拥包； 剥落；坑槽；啃边；唧浆； 路框差；修补；井盖丢失	图片； 视频； 问卷； 裂纹识别
	地铁隧道	结构及构件隐患	隧道接缝张开； 钩护螺栓超限； 轨道不均匀沉降、变形； 联合零件松动、折断、缺少、锈蚀等	不均匀沉降、变形； 隧道接缝张开； 联合零件松动、折断、缺少、锈蚀	倾角； 图片； 视频； 问卷； 裂纹识别
		火灾隐患	防火安全设施损坏（自动淋水灭火装置、除烟设备和紧急照明灯等）； 列车上电暖空调过热，保护装置失灵等	设施完整性	问卷； 图片； 视频
	高架轨道	结构及构件隐患	接缝张开； 钩护螺栓超限； 轨道不均匀沉降、变形； 联合零件松动、折断、缺少、锈蚀等	不均匀沉降、变形、裂缝； 联合零件松动、折断、缺少、锈蚀	倾角； 图片； 视频； 问卷； 裂纹识别

续表

基础设施类别		可能发生的破坏	特征	手机可监测的物理量	手机监测方法
城市桥梁、隧道等地面交通基础设施	跨海特大型桥梁、城市路面交通网	结构安全隐患	钢筋腐蚀；梁体滑移；伸缩缝异常；混凝土保护层剥落；桥梁损伤和裂缝开展	裂缝；保护层脱落；滑移	倾角；图片；视频；问卷；裂纹识别
	城市景观桥梁和人行天桥		步行板失效（木质严重腐朽、混凝土板漏筋、钢筋严重锈蚀、严重裂损、搭接长度不足等）；裂缝；栏杆、托架严重锈蚀；不均匀沉降等	裂缝；锈蚀；不均匀沉降	倾角；图片；视频；问卷；裂纹识别
机场、车站和客运码头等交通枢纽工程	机场、车站、码头	结构坍塌破坏	顶棚松动；结构围护体系出现裂缝；屋顶变形，有塌落趋势；构件锈蚀；螺栓被剪断或者出现裂纹；杆件脱落；屋顶被掀起；一般出现异常气味	顶棚松动；结构裂缝；屋顶变形；构件锈蚀；螺栓被剪断或者出现裂纹；杆件脱落；屋顶被掀起；异常气味	视频；图片；裂纹识别；问卷；振动
		火灾隐患	防火安全设施损坏（自动淋水灭火装置、除烟设备和紧急照明灯等）	设施完整性	问卷；图片；视频；应急通信
地下给排水、燃气管网与供配电网络等生命线工程	地下给排水	排水系统引发内涝	内涝、水浸，造成溺亡，引起触电	安全隐患排查	图片；问卷；视频
		排水管道爆裂引起内涝	腐蚀，老化管网堵塞	—	图片；问卷；视频
	燃气管网	管道使用不当引起的隐患	管道接口松动，螺栓失效产生泄露，螺栓未进行防腐	—	图片；问卷；视频
		管道腐蚀	内腐蚀、外腐蚀，老化剥离	—	图片；问卷；视频

续表

基础设施类别		可能发生的破坏	特征	手机可监测的物理量	手机监测方法
地下给排水、燃气管网与供配电网络等生命线工程	供配电网	设备安全隐患	设备老化；供配电管网的破裂；设备高负荷运行；防雷接地工作不当；铁塔和电杆因混凝土脱落或外力伤害产生的隐患	铁塔和电杆因混凝土脱落或外力伤害产生的隐患	图片；问卷；视频
		操作、管理不当	操作及施工未按照规范进行；设计不合理；管理不及时等	—	图片；问卷；视频
		线路安全隐患	绝缘子表面积污；杆塔上标号标记模糊；保护开关的调试值与实际负荷不符等		图片；问卷；视频
体育场馆、会展中心等大型公共建筑	体育场馆、会展中心	强风破坏	屋盖板被掀开、撕裂、揭顶以致被风吹跑的覆面破坏	结构局部破坏	图片；问卷；振动；倾角；视频
		火灾隐患	火势蔓延快，扑救难度大，易造成人员伤亡，建筑易坍塌，无人工照明，疏散障碍多	火灾隐患；应急联络	图片；报警；应急通信；问卷；视频
"城中村"等建筑工程	"城中村"等建筑工程	建筑结构形式不合理	下部商铺，上部居住，头重脚轻；纵横梁沿平面无法对齐；砖混楼层太高，缺少构造措施	结构形式	问卷；图片；视频
		先天性缺陷（无勘查、无设计、无正规企业施工）	整体性、延性、抗倒塌等方面存在隐患	房屋结构；建造等方面	图片；问卷；视频
		抗震能力差、地基不均匀沉降	地基不均匀沉降及沙土液化现象突出，房屋开裂、倾斜现象发生	地基不均匀沉降；沙土液化；房屋开裂、倾斜	图片；裂纹识别；问卷；倾角；视频；振动
		抗火能力差	火灾下逃生困难，难以应对紧急情况	消防通道	视频；图片；问卷
		结构老化	漏雨、环境差	房屋使用状态	图片；问卷

续表

基础设施类别		可能发生的破坏	特征	手机可监测的物理量	手机监测方法
近海、填海及水利基础设施	港口和海堤	海堤坍塌	挡墙裂缝扩大	裂缝；围挡设施	图片；问卷
		挡土墙安全隐患	挡土墙沉降、倾斜甚至倒塌	沉降；倾斜	位移；倾角；图片；视频
		结构承载力降低	裂缝	裂缝	裂纹识别；图片；问卷；视频
		钢筋锈蚀	结构混凝土表面出现露石、蜂窝麻面甚至混凝土剥落	锈蚀	图片；问卷；视频
	水库和大坝	坝体滑坡	挡墙裂缝增大变形；排水沟挤压严重；堤坝坍塌	裂缝；变形；近坝区岩土变形	图片；视频；裂纹识别；问卷
		结构不安全	坝体断面不足；坝坡偏陡，抗滑稳定性不足；护坡破损	坝坡陡缓度	倾角；图片；问卷；视频
		渗流不安全	坝体或坝基渗漏；管涌、流土、接触冲刷等渗透破坏	坝体渗漏；裂缝	问卷；裂纹识别；图片；视频
		输水及泄洪,建筑不安全	裂缝、露筋、剥离、冲蚀、漏水	剥离；冲蚀	图片；视频；问卷
		金属结构和机电设备不安全	老化锈蚀严重	老化锈蚀	问卷；图片；视频
		管理设备不安全	—	—	问卷

表 2-1-3 汇总了不同的土木工程设施可能出现的安全隐患，以及对应的隐患特征。为此，智能手机可以利用内置传感器并发展对应的监测方式，感知安全隐患表现出的多种特征，使智能手机传感技术成为有效的监测方式。

2.1.2 CPU

CPU 是一块超大规模的集成电路，是一台计算机或者智能手机的运算核心（core）和控制核心（control unit），对智能手机的顺畅运行起着关键作用。

龙珠（Dragon ball EZ）16MHz CPU 是第一款在智能手机上运用的处理器，虽然只有 16MHz，但它为以后的智能手机处理器奠定了基础，有着里程碑的意义。而之所以大家都认为诺基亚 7650 是第一款智能手机，是因为它是世界上首部 2.5G 基于 Symbian OS 操作系统的智能手机，并首次将摄像功能置于其身，该手机采用了 ARM 的处理器，主频为 104Hz，在当时速度飞快，此后诺基亚的主要智能机型也一直沿用的是 ARM 处理器。

从第一款智能手机面世，手机 CPU 高速发展，主频从当初的 16MHz 上升到如今的 4Hz，CPU 种类也更加多元化。最初的 Intel Xscale、ARM、TI OMAP、高通、Marvell、英伟达等，都是其中的佼佼者，到现在安卓系统发展迅速，随之 CPU 也发展迅速，如华为的麒麟系列，高通公司的骁龙系列是最为广泛应用且性能不断改善进步的 CPU 型号。下边将以 2016~2017 年市场上的主要 CPU 为例，详细介绍各型号的 CPU 性能特征以及代表机型，汇总如表 2-1-4 所示。

表 2-1-4　2016~2017 年的主要 CPU 及其性能特征与代表机型[11,12]

处理器型号	制造工艺	CPU 架构	核心频率	GPU	内存	基带	出货时间	代表机型
MT6737/6737M/6737T	28nm	四核 A53	1.3/1.1/1.5 GHz	Mali-T860 MP1 400MHz	单通道 LPDDR3-533	LTE Cat.4 VoLTE	2016 年 Q2	联想 Moto E4、魅蓝 A5
MT6750	28nm HPC+	八核 A53	1.5GHz	Mali-T860 MP2 400MHz	单通道 LPDDR3-667	LTE Cat.6 双载波聚合/VoLTE	2016 年 Q2	魅族魅蓝 3/魅蓝 3S/魅蓝 5、华为畅享 6、华硕 ZenFone 飞马 3、中兴 Blade V8 Lite、nubia M2 青春版/N2
Helio P20 MT6757	16nm FFC	八核 A53	2.3GHz	Mali-T880 MP2 900MHz	双通道 LPDDR4X-1600	LTE Cat.6 双载波聚合	2016 年 Q3	魅族魅蓝 X/魅蓝 E2、Elephone P20、优米 UMI Plus E
Helio P23	16nm FFC	八核 A53	2.3+1.65 GHz	Mali-G71 MP2 770MHz	单通道 LPDDR3-933 双通道 LPDDR4X-1600	LTE Cat.6/7 双载波聚合	2017 年 Q3	—

续表

处理器型号	制造工艺	CPU 架构	核心频率	GPU	内存	基带	出货时间	代表机型
Helio P25 MT6767CD	16nm FFC	八核 A53	2.6+1.6 GHz	Mali-T880 MP2 900MHz	单通道 LPDDR3-933 双通道 LPDDR4X-1600	LTE Cat.6 双载波聚合	2017 年 Q2	金立 S10、魅族 PRO 7、联想 K8/K8 Plus
Helio P30	16nm FFC	八核 A53	八核 A53	Mali-G71 MP2 950MHz	双通道 LPDDR4X-1600	LTE Cat.6/7 双载波聚合	2017 年 Q3	—
Helio X20 MT6797	20nm	双核 A72+ 四核 A53+ 四核 A53	2.1+1.85+ 1.4GHz	Mali-T880 MP4 780MHz	双通道 LPDDR3-800	LTE Cat.6 双载波聚合	2017 年 Q1	乐 Pro3 双摄 AI 版标准版
Helio X25 MT6797T	20nm	双核 A72+ 四核 A53+ 四核 A53	2.5+2+ 1.55GHz	Mali-T880 MP4 850MHz	双通道 LPDDR3-800	LTE Cat.6 双载波聚合	2016 年 Q1	魅族 PRO 6/PRO 6s、乐视乐 2 Pro（高配版）、小米红米 Pro 高配版/尊享版
Helio X27 MT6797X	20nm	双核 A72+ 四核 A53+ 四核 A53	2.6+2.0+ 1.6GHz	Mali-T880 MP4 875MHz	双通道 LPDDR3-800	LTE Cat.6 双载波聚合	2017 年 Q1	乐 Pro3 双摄 AI 版高配版
Helio X30	10nm	双核 A73+ 四核 A53+ 四核 A35	2.8+2.3+2.0 GHz	PowerVR 7XTP MP4 820MHz	LPDDR4-1866 8GB	LTE Cat.10 三载波聚合	2017 年 Q1	魅族 PRO 7/PRO 7 Plus
Exynos 8890	14nm LPP	四核 M1+ 四核 A53	2.6+1.5 GHz	Mali-T880 MP12 650MHz	64-bit 双通道 LPDDR4-1800	LTE Cat.12（下载）/ Cat.13（上传）	2016 年 3 月	Galaxy S7、Galaxy S7 Edge/Galaxy Note 7、魅族 PRO 6 Plus
Exynos 8895	10nm FinFET	四核 M2+ 四核 A53	2.5+1.7 GHz	Mali-G71 MP20	LPDDR4X	LTE Cat.16（下载）/ Cat.13（上传）	2017 年 Q1	Galaxy S8/S8+
麒麟 955	16nm FF+	四核 A72+ 四核 A53	2.5+1.8 GHz	Mali-T880 MP4 900MHz	64 位双通道 LPDDR4	双卡 LTE Cat.6	2016 年 Q1	华为 P9/P9 Plus、荣耀 V8 64GB、荣耀 Note 8

续表

处理器型号	制造工艺	CPU 架构	核心频率	GPU	内存	基带	出货时间	代表机型
麒麟 960	16nm FF+	四核 A73+ 四核 A53	2.4+1.8 GHz	Mali-G71 MP8	64 位双通道 LPDDR4	双卡 LTE Cat.12/13	2016 年 Q4	华为 Mate 9/Mate 9 Pro/Mate 9 保时捷设计、荣耀 V9、荣耀 9、华为 P10/P10 Plus
麒麟 970	10nm	四核 A73+ 四核 A53	2.4+1.8 GHz	Mali-G72 MP12	四通道 LPDDR4X	4.5G LTE Cat.18	2017 年 Q4	华为 Mate 10
麒麟 650	16nm FF+	四核 A53+ 四核 A53	2.0+1.7 GHz	Mali-T830 MP2	64 位双通道 LPDDR3	双卡 LTE Cat.7 全网通	2016 年 Q2	华为 P8 青春版、荣耀 4X/4C、G Play Mini
麒麟 655	16nm FF+	四核 A53+ 四核 A53	2.1+1.7 GHz	Mali-T830 MP2	64 位双通道 LPDDR3	双卡 LTE Cat.7 全网通	2016 年 Q3	荣耀畅玩 6X、荣耀 8 青春版、华为 P10 青春版
麒麟 658	16nm FF+	四核 A53+ 四核 A53	2.36+1.7 GHz	Mali-T830 MP2	64 位双通道 LPDDR3	双卡 LTE Cat.7 全网通	2017 年 Q1	华为 nova 青春版
麒麟 659	16nm FF+	四核 A53+ 四核 A53	2.36+1.7 GHz	Mali-T830 MP2	64 位双通道 LPDDR3	双卡 LTE Cat.7 全网通	2017 年 Q2	华为 nova 2、nova 2 Plus
骁龙 821（MSM8996 Pro）	14nm FinFET	双核 Kyro+ 双核 Kyro	2.34+2.19 GHz	Adreno 530 653MHz	双通道 LPDDR4-1866	LTE Cat.12（下载）/ Cat.13（上传）	2016 年 Q3	华硕 ZenFone 3 Deluxe、乐视乐 Pro 3、小米 5S（2.15+2.0GHz 降频版）/5S Plus/Note 2/MIX、Google Pixel/Pixel XL（2.15+1.65GHz 降频版）、锤子 M1/M1L、一加 3T、ZUK Edge、华硕 ZenFone AR、LG G6

续表

处理器型号	制造工艺	CPU 架构	核心频率	GPU	内存	基带	出货时间	代表机型
骁龙 835（MSM8998）	10nm FinFET	四核 Kyro 280+四核 Kyro 280	2.45+1.9 GHz	Adreno 540	双通道 LPDDR4X-1866	LTE Cat.16（下载）/Cat.13（上传）	2017 年 Q1	三星 Galaxy S8/S8+、小米 6、索尼 XZ Premium、一加 5、nubia Z17、Essential Phone、HTC U11、联想 Moto Z2/Z2 Force、诺基亚 8、华硕 ZenFone 4 Pro、LG V30
骁龙 625（MSM8953）	14nm LPP	八核 A53	2.0GHz	Adreno 506	单通道 LPDDR3-933	X9 LTE Cat.7	2016 年 Q3	华硕 ZenFone 3、三星 Galaxy C7/On7（2016）、华为麦芒 5/nova/nova Plus、联想 Moto Z Play/P2、OPPO R9s、中国移动 N2、360 N4S 骁龙版、小米红米 4（高配版）/红米 Note 4X 标准版/小米 Max 2/小米 5X、vivo X9、华硕 ZenFone 3 Zoom、联想 Moto G5 Plus/G5S Plus、中兴 Blade V8 Pro、nubia M2、锤子坚果 Pro（低配版）
骁龙 626（MSM8953 Pro）	14nm LPP1	八核 A53	2.2GHz	Adreno 506	单通道 LPDDR3-933	X9 LTE Cat.7	2016 年 Q4	三星 Galaxy C7/C5 Pro、锤子坚果 Pro（中配/高配版）、联想 Moto Z2 Play
骁龙 630	14nm LPP	四核 A53+四核 A53	2.2+1.8 GHz	Adreno 508	双通道 LPDDR4-1333	X12 LTE Cat.12/13	2017 年 Q2	—

续表

处理器型号	制造工艺	CPU 架构	核心频率	GPU	内存	基带	出货时间	代表机型
骁龙 653（MSM8976 Pro）	28nm HPM	四核 A72＋四核 A53	1.95+1.44 GHz	Adreno 510	双通道 LPDDR3-933	X9 LTE Cat.7/13	2016 年 Q4	OPPO R9s Plus、三星 Galaxy C9、vivo X9 Plus/X9s Plus、金立 M2017、360 N5、nubia Z17 mini 高配版、酷派酷玩 6
骁龙 660	14nm LPP	四核 Kyro 260＋四核 Kyro 260	2.2+1.8 GHz	Adreno 512	双通道 LPDDR4-1866	X12 LTE Cat.12/13	2017 年 Q2	OPPO R11、联想 Moto X4
骁龙 430（MSM8937）	28nm LP	八核 A53	1.2GHz	Adreno 505	LPDDR3-800	X6 LTE Cat.4	2016 年	ivvi i3、小米红米 3S/红米 3X/红米 4（标准版）、联想 K6/K6 Power/K6 Note、诺基亚 6、联想 Moto G5/G5S、荣耀畅玩 6A
骁龙 435（MSM8940）	28nm LP	八核 A53	1.4GHz	Adreno 505	LPDDR3-800	X8 LTE Cat.7	2016 年	华为畅享 6S/7 Plus、红米 4X、中兴 Blade V8/Blade V8 Mini
A10 Fusion	16nm FinFET	四核（2+2）	2.34+1.05 GHz	PowerVR	64 位双通道 LPDDR4-3200	—	2016 年 9 月	iPhone 7、iPhone 7 Plus
澎湃 S1	28nm HPC	四核 A53+四核 A53	2.2+1.4 GHz	Mali-T880 MP4	双通道 LPDDR3-933	五模 LTE Cat.4	2017 年 Q1	小米 5c
A11 仿生	10nm	六核（4+2）	2.45+2.06 GHz	—	—	—	2017 年 9 月	iPhone X、iPhone 8、iPhone 8 Plus

  根据资料显示[12]，以近年来的几款 CPU 为例，芯片的性能天梯图如图 2-1-1 所示[13]。

  图 2-1-1 总结了 CPU 的性能对比。由表 2-1-4 和图 2-1-1 可以看出，市面上各种型号的手机对应着各种型号的 CPU，且 CPU 性能的不断提升直接影响着智能手机性能的提高。例如，苹果在 iPhone 6s 上采用了 A9 处理器，其性能相较 A8 处理器提升 70%，而 A10 Fusion 处理器性能较 A9 提升了 40%，是 A8 的 2 倍，是 iPhone 一代处理器的 120 倍。A10 Fusion 处理器拥有四个核心，其中有两个高性能核心，另外两个核心则用于对 CPU 资源要求较低的应用，全新的控制器将接管 CPU 的调用。A10 Fusion 处理器的性能提升并没有以功耗的提升为代价，相反，

通过不同核心之间的合理切换，A10 Fusion 处理器还帮助 iPhone 7 系列延长了电池续航时间，相比 iPhone 6s 两款手机，iPhone 7 续航提升 2 小时，iPhone 7 Plus 续航提升 1 小时。而 iPhone 8 和 iPhone X 搭载的 A11 Bionic 处理器采用了六核心设计，由两个高性能核心与四个高能效核心组成。相比 A10 Fusion，其中两个性能核心的速度提升了 25%，四个能效核心的速度提升了 70%，性能与能效表现更加出众。关键是，苹果还准备了第二代性能控制器，因此可以同时发挥六个核心的全部威力，性能提升最高可达 70%，以应对多线程工作负载。

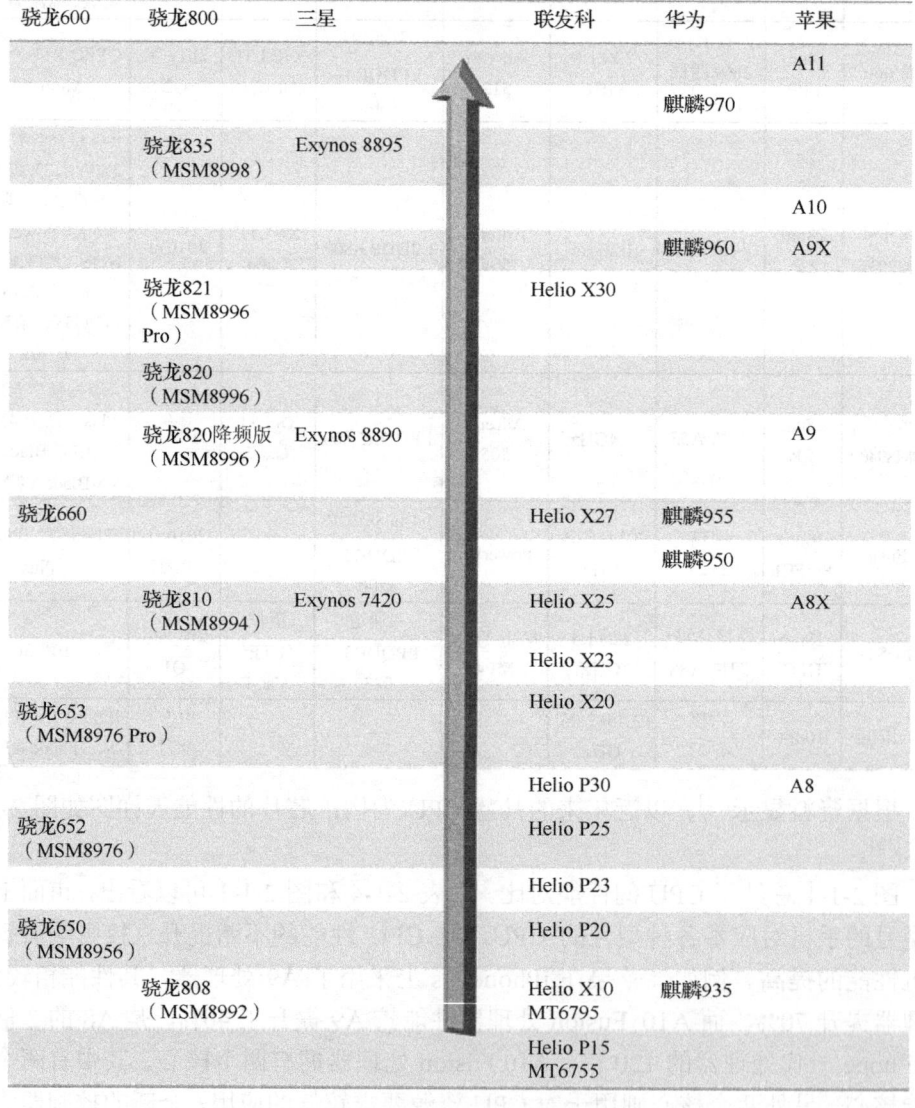

图 2-1-1　智能手机 CPU 性能天梯图

麒麟960为国产芯片，是海思半导体公司推出的新一代移动设备，相比上一代，同样CPU能效提升15%（单核10%、多核18%）。同时，图形处理性能提升180%，GPU能效提升20%，存储方面支持LPDDR4和UFS2.1，号称DDR性能提升90%，文件加密读写性能提升150%。而麒麟970芯片是华为海思推出的采用了台积电10nm工艺的新一代芯片[14]，是全球首款内置独立NPU（神经网络单元）的智能手机AI计算平台。麒麟970芯片最大的特征是设立了一个专门的AI硬件处理单元——NPU（neural network processing unit，神经元网络），用来处理海量的AI数据。

骁龙835是高通骁龙处理器，该处理器支持Quick Charge 4.0快速充电技术，是基于三星10nm制造工艺打造的，相比上一代性能提升25%。

随着CPU技术的持续发展，智能手机的性能势必会逐步提升，必将会给智能手机在结构健康监测中的应用带来更多的机会，促进其在监测领域中的应用。

2.1.3 加速度传感器

智能手机内置加速度传感器的传感性能直接影响对加速度采集的精度，不同型号手机的内置加速度传感器也不相同。表2-1-5总结了不同智能手机内置加速度传感器的型号。

表2-1-5 不同智能手机内置加速度传感器的型号

iPhone 7[15]	三星S7	iPhone 6s
InvenSense ICM-20600	LSM6DS3	InvenSense MP67B

InvenSense ICM-20600是六轴运动感测追踪设备，包括三轴陀螺仪和三轴加速度计，封装在一个2.5mm×3mm×0.91mm的套件中。主要有以下性能规格[16]。

（1）陀螺仪灵敏度误差：±1%；

（2）陀螺仪噪声：$\pm 4 mdps/\sqrt{Hz}$；

（3）加速度计噪声：$100\times 10^{-6}g/\sqrt{Hz}$。

串行总线接口上包括1KB FIFO（first in first out）存储器，通过允许系统处理器释放读取传感器数据然后进入低功率模式来减少流量和能量消耗。

InvenSense ICM-20600包括芯片上16字节的ADC、可编程的数字滤波器、嵌入的温度传感器，以及可编程的阻断。工作电压低至1.71V，通信接口为10Hz的I^2C（inter-integrated circuit，集成电路总线）和SPI（serial peripheral interface，串行外设接口）。表2-1-6给出了ICM-20600加速度传感器的机械性能。

表 2-1-6 ICM-20600 加速度传感器的机械性能

	参数	条件	最小	典型值	最大
加速度传感器灵敏度	测量范围	AFS_SEL=0	—	±2g	—
		AFS_SEL=1		±4g	
		AFS_SEL=2		±8g	
		AFS_SEL=3		±16g	
	ADC 字长	两种完整格式输出	—	16 字节	—
	灵敏度系数	AFS_SEL=0		16384LSB/g	
		AFS_SEL=1		8192LSB/g	
		AFS_SEL=2		4096LSB/g	
		AFS_SEL=3		2048LSB/g	
	灵敏度系数初始容差	组件级		±1%	
	灵敏度随温度的改变	−40～85℃		±2%	
	非线性	最佳线性		±3%	
	轴间耦合灵敏度	—		±1%	
零重力输出	初始容差	组件-级别, 所有轴		±25	
		芯片-级别, 所有轴		$±40×10^{-3}g$	
	零重力随温度的改变	x&y 轴 (−40～85℃)		$±0.5×10^{-3}g/℃$	
		z 轴 (−40～85℃)		$±1×10^{-3}g/℃$	
噪声特性	功率谱密度	@10Hz		$100×10^{-6}g/\sqrt{Hz}$	
	RMS 噪声	带宽=100Hz		$1.0×10^{-3}g$	
	低通滤波器响应	可编程的范围	5Hz	—	218Hz
	加速度计启动时间	从睡眠模式到有用数据采集	—	10ms	20ms
	数据输出频率	低噪声模式	3.91Hz		4000Hz
		低功率模式	3.91Hz		500Hz

注：LSB 为最低有效位（least significant bit），下同。

三星 S7 内置意法半导体公司的 LSM6DS3 六轴传感器，包括三个轴的加速度传感器和三个轴的陀螺仪。主要有以下几个特点[17]。

(1) 功率消耗：正常模式 0.9mA，1.6kHz 的高性能模式 1.25mA；

(2) 对"always on"模式有低功率消耗；

(3) 最高 8 字节的智能 FIFO 模式；

(4) 与安卓 K 和 L 兼容；

(5) 模拟供电电压：1.71~3.6V；

(6) 独立操作系统供电电压：1.62V；

(7) 较小体积：2.5mm×3mm×0.83mm；

（8）串行接口：SPI/I^{2}C，主处理器数据同步特征；
（9）嵌入式温度传感器。

表 2-1-7 给出了 LSM6DS3 加速度传感器的机械性能。

表 2-1-7　LSM6DS3 加速度传感器的机械性能

参数		条件	最小	典型值	最大
加速度传感器灵敏度	测量范围	—	—	±2g	—
		—	—	±4g	—
		—	—	±8g	—
		—	—	±16g	—
	ADC 字长	两种完整格式输出		16 字节	
	灵敏度系数	测量范围：±2g	—	$0.061×10^{-3}$g/LSB	—
		测量范围：±4g	—	$0.122×10^{-3}$g/LSB	—
		测量范围：±8g	—	$0.244×10^{-3}$g/LSB	—
		测量范围：±16g	—	$0.488×10^{-3}$g/LSB	—
	灵敏度随温度的改变	$-40～85℃$		±1%	
零重力输出	零重力偏移精度	$-40～85℃$		$±40×10^{-3}$g	—
	零重力随温度的改变	$-40～85℃$		$±0.5×10^{-3}$g/℃	—
噪声特性	高性能模式加速度噪声功率谱密度	测量范围：±2g	—	$90×10^{-6}g/\sqrt{Hz}$	—
		测量范围：±4g	—	$90×10^{-6}g/\sqrt{Hz}$	—
		测量范围：±8g	—	$110×10^{-6}g/\sqrt{Hz}$	—
		测量范围：±16g	—	$118×10^{-6}g/\sqrt{Hz}$	—
	正常/低功率模式 RMS 噪声	测量范围：±2g		$1.7×10^{-3}$g	
		测量范围：±4g		2.0	
		测量范围：±8g		2.7	
		测量范围：±16g		4.4	
	数据输出频率	低噪声模式	12.5Hz	—	6664Hz

表 2-1-8 给出了江苏联能电子技术有限公司压电式加速度传感器的一些基本参数。

表 2-1-8　压电式加速度传感器 CA-YD-103 基本参数[18]

灵敏度	测量范围	最大横向灵敏度
20pC/g	2000g	≤5%
频率响应（±5 %）	安装谐振频率	工作温度范围
1～12000Hz	40000Hz	$-20～120℃$
瞬态温度	磁灵敏度	敏感材料
0.5g/℃	2g/T	电容

由以上表格可以看出，智能手机内置加速度传感器和结构监测通用传感器性能各有千秋，甚至有过之而无不及，可基本满足结构健康监测的需要，在实际应用中，两种传感技术可以通用、融合，共同为结构健康监测中的振动参数监测服务。

2.1.4 陀螺仪

依旧以 iPhone 7 和三星 S7 智能手机内置传感器为例，介绍一下陀螺仪的机械性能。陀螺仪和加速度传感器为同一个传感器，iPhone 7 内置陀螺仪 InvenSense ICM-20600 的机械性能如表 2-1-9 所示，三星 S7 内置意法半导体公司的陀螺仪 LSM6DS3 的机械性能如表 2-1-10 所示。

表 2-1-9 iPhone 7 内置陀螺仪 InvenSense ICM-20600 机械性能

参数		条件	最小	典型值	最大
陀螺仪灵敏度	测量范围	AFS_SEL=0	—	±250dps	—
		AFS_SEL=1	—	±500dps	—
		AFS_SEL=2	—	±1000dps	—
		AFS_SEL=3	—	±2000dps	—
	ADC 字长	两种完整格式输出	—	16 字节	—
	灵敏度系数	AFS_SEL=0	—	131LSB/g	—
		AFS_SEL=1	—	65.5LSB/g	—
		AFS_SEL=2	—	32.8LSB/g	—
		AFS_SEL=3	—	16.4LSB/g	—
	灵敏度系数初始容差	25℃	—	±1%	—
	灵敏度随温度的改变	−40～85℃	—	±2%	—
	非线性	最佳线性；25℃	—	±0.1%	—
	轴间耦合灵敏度	—	—	±1%	—
零速率输出	初始容差	25℃	—	±1dps	—
	零速率随温度的改变	−40～85℃	—	±0.01dps/℃	—
噪声特性	速率功率谱密度	@10Hz	—	0.004dps/$\sqrt{Hz}$	—
	总 RMS 噪声	带宽=100Hz	—	0.04kHz	—
	机械频率	—	25Hz	27Hz	29Hz
	低通滤波器响应	可编程的范围	5ms	—	250ms
	陀螺仪启动时间	从睡眠模式到准备开始	—	35Hz	100Hz
	数据输出频率	低噪声模式	3.91Hz	—	8000Hz
		低功率模式	3.91Hz	—	333.33Hz

表 2-1-10　三星 S7 内置陀螺仪 LSM6DS3 机械性能

参数		条件	最小	典型值	最大
陀螺仪灵敏度	测量范围	—	—	±125dps	
				±245dps	
				±500dps	
				±1000dps	
				±2000dps	
	ADC 字长	两种完整格式输出		16 字节	
	灵敏度系数	测量范围：±125dps	—	4.375mdps/LSB	—
		测量范围：±245dps	—	8.75mdps/LSB	—
		测量范围：±500dps	—	17.50mdps/LSB	—
		测量范围：±1000dps	—	35mdps/LSB	—
		测量范围：±2000dps	—	75mdps/LSB	—
	灵敏度随温度的改变	−40～85℃		±1.5%	
零速率输出	零重力偏移精度	−40～85℃		±10dps	
	零速率随温度的改变	−40～85℃		±0.05dps/℃	
噪声特性	数据输出频率	低噪声模式	12.5Hz	—	1666Hz

2.1.5　摄像头

手机的摄像头可以进行静态图片或短片拍摄，手机摄像头的原理主要是 CPU 集成了视频处理系统和摄像头驱动等，CPU 和摄像头数据信号有 8～10 个，是根据 CPU 型号和摄像头本身来定的，当手机系统进入拍照或摄像状态，由电源提供一个 2.8V 电压，由 CPU 送出的复位信号使摄像头进行复位，数据开始传送，同时摄像头进入工作状态。分辨率（像素）是衡量摄像头性能的重要参数之一，分辨率主要由图像传感器决定，分辨率越高，图像就越细腻，效果也越好，但图像所占存储空间更大。随着摄像头像素的提高，其拍摄效果也越来越接近传统卡片相机甚至低端单反相机。传输速率（帧数）也是另外一个衡量指标，该参数主要由数字信号处理芯片决定，该参数主要对连拍和摄像有影响。一般传输速率越高，视频越流畅。常见的传输速率有 15fps、30fps、60fps、120fps 等（fps：帧/秒）。传输速率与图像的分辨率有关，图像分辨率越低，传输速率越高，例如某摄像头在 CIF（common intermediate format，通用影像传输格式）（352×288）分辨率下可实现 30fps 传输速率，则在 VGA（video graphics array，视频图形阵列）（640×480）分辨率下就只有 10fps 左右，因此当商家说传输速率时一定要清楚对应的分辨率。一般 30fps 的流畅度已经足够了，关键看此时对应的分辨率有多高。

当前手机数码相机的核心成像部件有两种：一种是广泛使用的CCD；另一种是CMOS。CCD使用一种高感光度的半导体材料制成，能把光线转变成电荷，通过模数转换器芯片转换成数字信号，数字信号经过压缩以后由相机内部的闪速存储器或内置硬盘卡保存，因而可以轻而易举地把数据传输给计算机，并借助于计算机的处理手段，根据需要和想象来修改图像。CCD由许多感光单位组成，通常以百万像素为单位。当CCD表面受到光线照射时，每个感光单位会将电荷反映在组件上，所有的感光单位所产生的信号加在一起，就构成了一幅完整的画面。CCD和传统底片相比，CCD更接近于人眼对视觉的工作方式。只不过人眼的视网膜是由负责光强度感应的杆细胞和色彩感应的锥细胞，分工合作组成视觉感应。CCD经过长达35年的发展，大致的形状和运作方式都已经定型。CCD的组成主要是由一个类似马赛克的网格、聚光镜片以及垫于最底下的电子线路矩阵所组成。CMOS和CCD一样同为在数码相机中可记录光线变化的半导体。CMOS的制造技术和一般计算机芯片没什么差别，主要是利用硅和锗这两种元素所做成的半导体，使其在CMOS上共存着带N（带负电）和P（带正电）级的半导体，这两个互补效应所产生的电流即可被处理芯片纪录和解读成影像。然而，CMOS的缺点是太容易出现杂点，这主要是因为早期的设计使CMOS在处理快速变化的影像时，由于电流变化过于频繁而会产生过热的现象。

当前手机发展迅速，版本更新换代速度更是非常之快，每个新的手机版本的发布，在硬件性能方面都有一定的更新，手机摄像头也不例外，其性能也在不断提升，分辨率也越来越高。表2-1-11给出了当前一些主流手机的摄像头参数。

表2-1-11 主流手机摄像头参数

	iPhone X[19]		iPhone 7 Plus		华为 Mate 10[20]		三星 S8[21]	
	后置摄像头	前置摄像头	后置摄像头（双摄像头）	前置摄像头	后置摄像头	前置摄像头	后置摄像头	前置摄像头
镜头	广角及长焦双镜头摄像头	—	广角镜头+长焦镜头	—	徕卡镜头	徕卡镜头	索尼IMX333	索尼IMX320
像素	1200万像素	700万像素	1200万像素+1200万像素	700万像素	2000万像素（黑白）+1200万像素（彩色）	800万像素	全双核1200万像素	800万像素
OIS光学防抖	支持	支持	支持	不支持	支持	不支持	支持	不支持
光圈	f/1.8光圈+f/2.4光圈	f/2.2光圈	f/1.8大光圈+f/2.8光圈	f/2.2光圈	f/2.2光圈	f/2.0光圈	f/1.7光圈	f/1.7光圈
变焦	最高可达10倍数码变焦	—	5倍变焦、最大10倍变焦	—	2倍双摄变焦	—	2倍双摄变焦	—

续表

	iPhone X[19]		iPhone 7 Plus		华为 Mate 10[20]		三星 S8[21]	
	后置摄像头	前置摄像头	后置摄像头（双摄像头）	前置摄像头	后置摄像头	前置摄像头	后置摄像头	前置摄像头
闪光灯	支持慢速同步的 4-LED 原彩闪光灯	视网膜屏闪光灯	4-LED 原彩闪光灯	Retina 闪光灯	双 LED（light emitting diode，发光二极管）闪光灯	2 倍双摄变焦	LED 补光灯	—
自动对焦	Focus Pixels 自动对焦 Focus Pixels 轻点对焦	—	Focus Pixels 自动对焦 Focus Pixels 轻点对焦	—	支持 PDAF+激光+深度+CAF 混合对焦	不支持	支持自动对焦	智能对焦
视频拍摄	4K 视频拍摄 24fps、30fps 或 60fps 1080P 高清视频拍摄，30fps 或 60fps 720P 高清视频拍摄	1080p 高清视频拍摄	4K/30fps、1080P/60fps、720P/30fps 的标准视频和 1080P/120fps、720P/240fps 的慢动作视频	1080P 高清视频拍摄	最大可支持 4K（3840×2160）30fps，1080P 120fps/720P 120fps 慢动作摄像	最大支持全高清（1920×1080）30fps	4K（3840×2160，30fps）视频录制	—

注：ƒ 为光圈值，表示光圈与镜头的长度比值。

2.1.6 数据传输性能

数据传输能力依赖于智能手机的通信能力，从智能手机出现发展至今，网络通信方式也在不断发展，主要经历了以下几个阶段。

（1）1G[22]，模拟制式的移动通信系统，得益于 20 世纪 70 年代的两项关键突破：微处理器的发明和交换及控制链路的数字化。AMPS（advanced mobile phone system，高级移动通信系统）是美国推出的世界上第一个 1G 移动通信系统，充分利用了 FDMA（frequency division multiple access，频分多址）技术实现国内范围的语音通信。1G 无线系统在设计上只能传输语音流量，并受到网络容量的限制。1G 手机最令人印象深刻的应该是"大哥大"的称谓，现在 1G 通信网络已经被淘汰，"大哥大"也成为历史。

（2）2G[23]，第 2 代（2G）蜂窝移动通信技术，典型代表是 GSM 技术，由欧洲电信标准组织制定，采用数字技术和蜂窝技术，1G 和 2G 最主要的区别是 1G 的无线电信号为模拟信号，2G 网络的无线信号为数字信号。2G 为蜂窝网络，也就是说移动电话要连接到它能搜索到的最近的蜂窝单元区域。蜂窝半径根据天线高度、增益和传播条件可以从百米以上至数十公里，GSM 规范支持实际使用的最长距离为 35 公里。另外还有扩展蜂窝，蜂窝半径可以增加一倍甚至更多。扩展蜂窝具有通话语音清晰、安全性好、频谱效率高、网络容量大等特点，非常适合语音通话。GSM 移动通信网的传输速率为 9.6kbit/s，难以满足手机高速上网等数据业务需要。

（3）3G[24,25]，3G 是第三代移动通信技术，是指支持高速数据传输的蜂窝移动通信技术。3G 服务能够同时传送声音及数据信息，速率一般在几百千比特每秒以上。3G 是指将无线通信与国际互联网等多媒体通信结合的新一代移动通信系统，目前 3G 存在 3 种标准：CDMA2000、WCDMA、TD-SCDMA。3G 下行速率峰值理论可达 3.6Mbit/s，上行速度峰值也可达 384kbit/s。3G 系统致力于为用户提供更好的语音、文本和数据服务。3G 技术的主要优点是能极大地增加系统容量、提高通信质量和数据传输速率。此外利用在不同网络间的无缝漫游技术，可将无线通信系统和 Internet 连接起来，从而可对移动终端用户提供更多更高级的服务。

（4）4G[26,27]，第四代移动电话行动通信标准，指的是第四代移动通信技术，可称为广带（broadband）接入和分布网络，具有非对称的超过 2Mbit/s 的数据传输能力，数据率超过 UMTS（universal mobile telecommunications system，通用移动通信系统），是支持高速数据率（2~20Mbit/s）连接的理想模式，上网速度从 2Mbit/s 提高到 100Mbit/s，具有不同速率间的自动切换能力。4G 手机系统下行速率为 100Mbit/s，上行速率为 30Mbit/s。4G 是集 3G 与 WLAN 于一体，并能够快速传输数据、音频、视频和图像等。4G 能够以 100Mbit/s 以上的速度下载，比目前的家用宽带 ADSL（asymmetric digital subscriber line，不对称数字用户线）（4兆）快 25 倍，并几乎能够满足所有用户对无线服务的要求。此外，4G 可以在 DSL（digital subscriber line，数字用户线）和有线电视调制解调器没有覆盖的地方部署，然后再扩展到整个地区。4G 具有通信速度快、网络频谱宽、通信灵活、智能性能高、兼容性好、高质量通信、频率效率高等优势。

（5）蓝牙[28,29]，是一种无线技术标准，可实现固定设备、移动设备和楼宇个人域网之间的短距离数据交换[使用 2.4~2.485GHz 的 ISM 频段的 UHF（ultra high frequency，特高频）无线电波]。这是全球范围内无须取得执照（但并非无管制的）的工业、科学和医疗用 ISM 频段的 2.4GHz 短距离无线电频段。蓝牙技术最初由电信巨头爱立信公司于 1994 年创制[30,31]，当时是作为 RS232 数据线的替代方案。蓝牙可连接多个设备，克服了数据同步的难题。蓝牙短距离无线电技术，采用分散式网络结构以及快跳频和短包技术，支持点对点及点对多点通信，工作在全球通用的 2.4GHz ISM 频段，其数据速率为 1Mbit/s，采用时分双工传输方案实现全双工传输。蓝牙主设备最多可与一个微微网（一个采用蓝牙技术的临时计算机网络）中的七个设备通信，当然并不是所有设备都能够达到这一最大量。设备之间可通过协议转换角色，从设备也可转换为主设备。例如，一个头戴式耳机如果向手机发起连接请求，它作为连接的发起者，自然就是主设备，但是随后也许会作为从设备运行。

（6）Wi-Fi[32]，Wi-Fi 是一种允许电子设备连接到一个无线局域网（WLAN）的技术，通常使用 2.4G UHF 或 5G SHF ISM 射频频段。连接到无线局域网通常是有密码保护的；但也可是开放的，这样就允许任何在 WLAN 范围内的设备可以连接上。创建于 IEEE 802.11 标准的无线局域网技术，Wi-Fi 的传输速率与无线网络、无线网卡、所采用的无线网络标准及网络环境都有关系，另外还与信号强度有很大关系，通常所说的 IEEE 802.11a 是 54M 及 802.11b 是 11M 等。这都是理论上的最高传输速率。无线网络上网可以简单地理解为无线上网，几乎所有智能手机、平板电脑和笔记本电脑都支持 Wi-Fi 上网，是当今使用最广的一种无线网络传输技术。实际上就是把有线网络信号转换成无线信号。

1995 年问世的第一代模拟制式手机（1G）只能进行语音通话。1996~1997 年出现的第二代 GSM、CDMA 等数字制式手机（2G）增加了接收数据的功能，如接收电子邮件或网页。3G 与 2G 的主要区别是在传输声音和数据的速度上的提升，它能够在全球范围内更好地实现无线漫游，并处理图像、音乐、视频流等多种媒体形式，提供包括网页浏览、电话会议、电子商务等多种信息服务，同时也要考虑与已有第二代系统的良好兼容性。为了提供这种服务，无线网络必须能够支持不同的数据传输速率，也就是说在室内、室外和行车的环境中能够分别支持至少 2Mbit/s、384kbit/s 以及 144kbit/s 的传输速率（此数值根据网络环境会发生变化）。第二代数字移动通信克服了模拟移动通信系统的弱点，话音质量、保密性得到了很大提高，并可进行省内、省际自动漫游。但由于第二代数字移动通信系统带宽有限，限制了数据业务的应用，也无法实现移动的多媒体业务。同时，由于各国第二代数字移动通信系统标准不统一，因而无法进行全球漫游。比如，采用日本的 PHS（personal handyphone system，个人手持电话系统）的手机用户，只有在日本国内使用，而中国 GSM 手机用户到美国旅行时，手机就无法使用了。而且 2G 的 GSM 的信号覆盖盲区也较多，一般高楼、偏远地方都会信号较差，都是通过加装蜂信通手机信号放大器来解决的。

与第一代模拟移动通信和第二代数字移动通信相比，第三代移动通信是覆盖全球的多媒体移动通信。它的主要特点是可实现全球漫游，使任意时间、任意地点、任意人之间的交流成为可能。也就是说，每个用户都有一个个通信号码，带着手机，走到世界任何一个国家，人们都可以找到你，而反过来，你走到世界任何一个地方，都可以很方便地与国内用户或他国用户通信，与在国内通信时毫无区别。能够实现高速数据传输和宽带多媒体服务是第三代移动通信的另一个主要特点。这就是说，用第三代手机除了可以进行普通的寻呼和通话外，还可以上网读报纸、查信息、下载文件和图片；由于带宽的提高，第三代移动通信系统还可以传输图像，提供可视电话业务。

第四代移动通信系统是多功能集成的宽带移动通信系统，在业务、功能、频带方面都与第三代系统不同，会在不同的固定和无线平台及跨越不同频带的网络运行中提供无线服务，比第三代移动通信更接近于个人通信。第四代移动通信技术可把上网速度提高到超过第三代移动技术 50 倍，可实现三维图像高质量传输。

4G 移动通信技术的信息传输级数要比 3G 移动通信技术的信息传输级数高一个等级。对无线频率的使用效率比第二代和第三代系统都高得多，且抗扰信号衰落性能更好，其最大的传输速率会是"i-Mode"服务的 10000 倍。除了高速信息传输技术外，它还包括高速移动无线信息存取系统、移动平台的拉技术、安全密码技术以及终端间通信技术等，具有极高的安全性，4G 终端还可用作诸如定位、告警等。第四代移动电话不仅音质清晰，而且能进行高清晰度的图像传输，用途十分广泛。在容量方面，可在 FDMA、TDMA（time division multiple access，时分多址）、CDMA 的基础上引入 SDMA（space division multiple access，空分多址），容量达到 3G 的 5~10 倍。另外，可以在任何地址宽带接入互联网，包含卫星通信，能提供信息通信之外的定位定时、数据采集、远程控制等综合功能。它包括广带无线固定接入、广带无线局域网、移动广带系统和互操作的广播网络（基于地面和卫星系统）。

4G 网络的下行速率能达到 100~150Mbit/s，比 3G 快 20~30 倍，上传的速率也能达到 20~40Mbit/s。这种速率能满足几乎所有用户对于无线服务的要求。有人曾这样比较 3G 和 4G 的网速，3G 的网速相当于"高速公路"，4G 的网速相当于"磁悬浮"。

通过以上分析可以看出，网络传输速率越来越快，目前市面上大多数的新一代智能手机都为 4G 网络，传输速率非常之快，对结构健康监测的数据传输方面，可以为其服务，满足传输速率的要求。

2.1.7 数据存储功能

数据存储性能对智能手机的数据管理等都有非常重要的影响。智能手机存储可包括手机存储和网络存储。

手机存储可分为运行内存（random access memory，RAM）和存储内存（read only memory，ROM）[33]。

运行内存（RAM）：即随机存储器，在工作状态时可以随机读写数据，断电以后数据会丢失，相当于电脑上的内存条，简单地讲就是支持手机的各种软件以及系统本身运行的一个临时存储区，只要软件停止运行，这一部分空间就会被释放掉。RAM 空间越大，可以同时运行的软件就越多，手机越流畅。通常所说的 1G、2G 运行内存就是指 RAM，数字代表标称容量，实际容量由于算法不同会比标称容量要小，后期使用的时候系统本身要占用很大一部分，剩下的分配给用户软件使用。

存储内存（ROM）：该空间是可以用来存储数据的，手机断电之后数据仍然保留，相当于电脑的硬盘，通常买手机常说的 16G、32G、64G、128G 等就是指存储内存，实际容量也是没有这么多的。

手机存储还分为内部存储空间和外部存储空间，手机自带的存储就是内部存储空间，外部的一般指 SD（secure digital，安全数码）卡之类的存储。

对于网络存储，主要是将数据上传至服务器和相关网站进行数据存储。一些网上存储软件已经可以在智能手机上存储安装，如百度云、网易云等，只要有网络存在，就可以实现数据共享，并如实际存储一样可进行数据分类、命名等操作。另外还有各种软件自带的存储空间等，如 QQ 可以上传相册进行图片存储。

表 2-1-12 给出了几款智能手机典型机的运行内存和存储内存一览表。

表 2-1-12 智能手机典型机内存一览表

机型	运行内存	存储内存
iPhone X	3GB	64GB/256GB
iPhone 7	2GB	32GB/128GB/256GB
iPhone 7 Plus	3GB	32GB/128GB/256GB
三星 S8	4GB	64GB/128GB
华为 P10	4GB	64GB/128GB
华为 Mate 10	4GB	64GB/128GB
小米 6	6GB	64GB/128GB
vivo X9	4GB	64GB/128GB
魅族 Pro 7	4GB	64GB/128GB

由表 2-1-12 可以看出，目前智能手机内存已高达 256GB 且都为可扩展内存，已经满足数据存储的需要。且由 2.1.6 节所述数据传输功能可知，数据也可通过运营商网络或者 Wi-Fi 上传至服务器实现同步与共享。

2.2 加速度传感技术

2.2.1 手机加速度采集软件系统实现

以 iPhone 为例，采集程序可以采集加速度、倾角、位置等信息，通过调用智能手机内置加速度传感器进行加速度采集。采集到的数据将存储到 iPhone 或上传到指定的服务器上以便之后的分析。在 iPhone 4s 上的加速度采集界面如图 2-2-1 所示。

如图 2-2-1 所示，智能手机可以采集得到 x 轴、y 轴和 z 轴三个轴的加速度值。x 轴、y 轴和 z 轴的正方向如图 2-2-2 所示，本软件的采样频率为 100Hz。

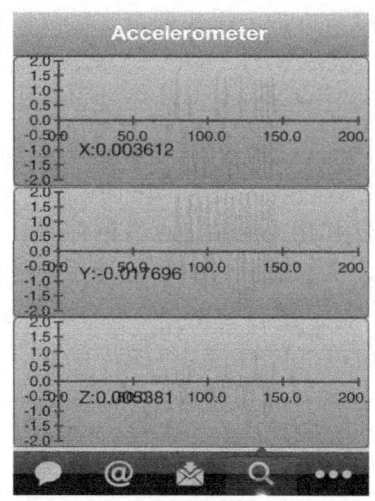
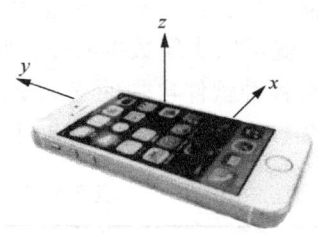

图 2-2-1　iPhone 4s 加速度采集界面　　　　图 2-2-2　加速度方向示意图

2.2.2　振动台对比实验验证

为了验证智能手机内置加速度传感器的精度,将智能手机与传统的监测方式应用于振动台的振动测试。iPhone 内置传感器与有线传输设备和无线采集模块同时固定于振动台的三层框架模型上。三层框架模型如图 2-2-3 所示。

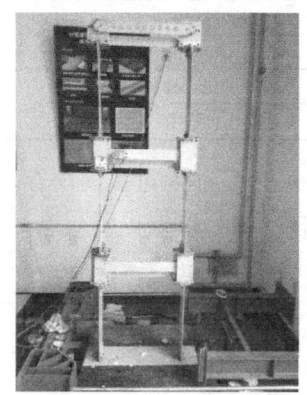

三层框架的质量为 50.3kg,框架每层的长×宽×高为 50cm×15cm×53cm,框架柱的板厚为 5mm。传感器都固定于框架结构的第二层上,一共有四种传感器,分别为 iPhone 4s 的内置加速度传感器、智能手机外接板(将会在 2.5 节详细介绍)、无线采集设备连接的传感器以及有线采集设备所连接的加速度传感器。振动台沿 x 轴方向振动,振动台分别输入三组不同的激励,每组激励下的实验重复三次。振动台输入信息如表 2-2-1 所示。

图 2-2-3　三层框架模型

表 2-2-1　振动台输入参数

	波形	频率/Hz	幅值/cm
第一组	正弦	0.5	2.0
第二组	正弦	0.8	2.0
第三组	正弦	1.0	1.5

第 2 章 基于智能手机的传感技术

选取第三组激励下各个传感器得到的加速度时程数据和频谱图进行数据对比，四种传感器取得的频谱图如图 2-2-4 所示。

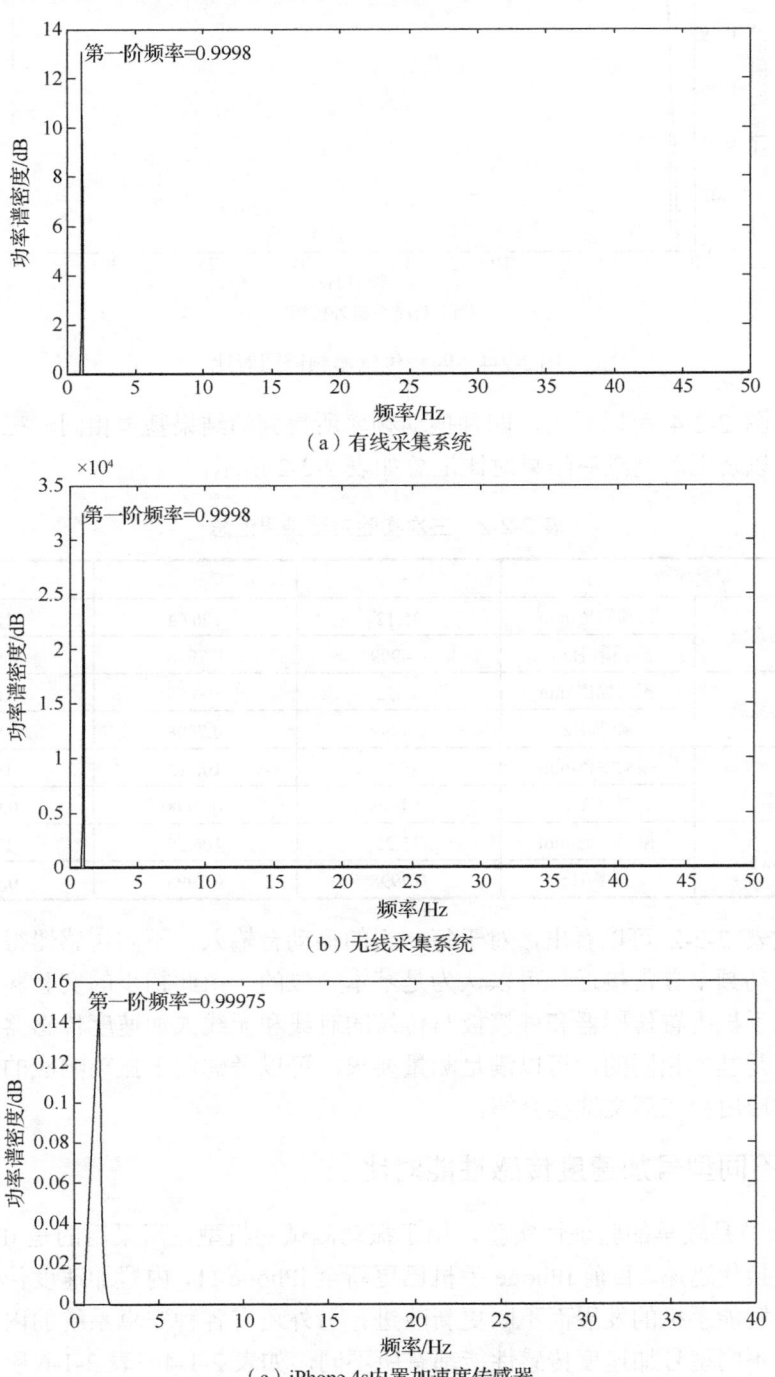

（a）有线采集系统

（b）无线采集系统

（c）iPhone 4s 内置加速度传感器

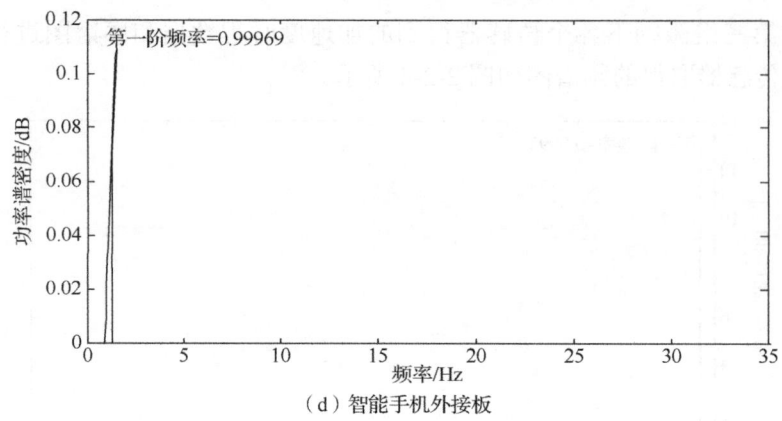

(d)智能手机外接板

图 2-2-4　四种传感器频谱图对比

通过图 2-2-4 可以看出，四种振动频率所得到的结果基本相同。三次实验的振动幅值以及振动高频率结果对比汇总如表 2-2-2 所示。

表 2-2-2　三次实验对比结果汇总

采集次数		第一组	第二组	第三组
有线采集系统	振动幅值/mm	35.12	106.64	169.6
	频率/Hz	0.4999	0.7998	0.9998
无线采集系统	振动幅值/mm	35.22	106.58	169.1
	频率/Hz	0.4999	0.7998	0.9998
手机内置加速度传感器	振动幅值/mm	35.37	106.13	168.9
	频率/Hz	0.4998	0.7998	0.9997
手机外接板	振动幅值/mm	35.25	106.39	170.8
	频率/Hz	0.4998	0.7995	0.9997

通过表 2-2-2 可以看出，对于每一组的振动台输入，不同传感器得到的振动幅值和振动频率非常接近，可以认为是基本一致的。由此初步的实验验证可以看出，智能手机内置传感器和外接板与传统的有线和无线式加速度传感器对振动响应的监测是基本相同的，可以满足测量要求，可以考虑用于振动响应的测试中，其更多的应用会在后文继续介绍。

2.2.3　不同型号加速度传感性能对比

2.2.2 节是较早的验证性实验，用于振动测试的机型，所采用的是 iPhone 4s。手机更新换代迅速，目前 iPhone 手机已更新至 iPhone 11，内置加速度传感器型号也在随着智能手机的发展而不断更新改进。另外还有各种安卓系统的内置加速度传感器。不同型号加速度传感性能都有所不同，如表 2-1-4～表 2-1-6 所示。在实际应用中,我们开发的加速度采集软件的采样频率设置为 100Hz,所得数据文件为 txt 文件,可以存储于智能手机上,也可以导出手机。txt 文件中的数据共 9 列,数据样例如图 2-2-5 所示,该 9 列数据代表的意义分别为年、月、日、时、分、秒、x 轴加速度数据、y 轴加速度数据、z 轴加速度数据。每一行的数据都有对应的时间,便于数据存储、查询与共享,如第一行就代表 2015 年 5 月 8 日 9 时 35 分 21.198 秒采集得到的 x 轴、y 轴和 z 轴的加速度数据分别为 $0.054472g$、$-0.044613g$ 和 $-0.064194g$。

年	月	日	时	分	秒	x 轴数据	y 轴数据	z 轴数据
2015	05	08	09	35	21.198	0.054472	-0.044613	-0.064194
2015	05	08	09	35	21.199	0.031395	0.000799	-0.122168
2015	05	08	09	35	21.215	0.010230	0.005038	-0.077699
2015	05	08	09	35	21.237	0.024910	0.004417	-0.040085
2015	05	08	09	35	21.259	0.054999	0.007854	-0.045837
2015	05	08	09	35	21.280	0.066126	0.022147	-0.096459
2015	05	08	09	35	21.302	0.058107	-0.014158	-0.059496
2015	05	08	09	35	21.324	0.023352	-0.008824	-0.053735
2015	05	08	09	35	21.345	0.025968	0.024268	-0.075112
2015	05	08	09	35	21.370	0.048458	-0.032762	-0.129994
2015	05	08	09	35	21.388	0.002192	-0.007504	-0.168686
2015	05	08	09	35	21.410	0.073097	0.016877	0.100622
2015	05	08	09	35	21.431	0.061245	0.049757	-0.041643
2015	05	08	09	35	21.453	0.085085	-0.029669	-0.111290
2015	05	08	09	35	21.474	0.021568	0.030742	-0.027581
2015	05	08	09	35	21.496	0.058295	-0.008923	-0.113807
2015	05	08	09	35	21.518	0.083383	-0.063671	-0.064392
2015	05	08	09	35	21.539	0.080189	-0.018564	-0.108899
2015	05	08	09	35	21.560	0.036683	-0.060751	-0.259351
2015	05	08	09	35	21.583	-0.026974	-0.013203	-0.198262
2015	05	08	09	35	21.604	0.000577	-0.016524	-0.062457

图 2-2-5 采集数据样例

1. 不同的手机品牌之间的采集稳定性对比

加速度的传感性能在前几个代表性机型中有所介绍,在此选取几个品牌中的几个机型,对其采集到的加速度数据进行时间间隔分析。四台用以对比的智能手机分别为 iPhone 5s、华为 P6、三星 A5 以及魅族 MX4。考虑在两种采样频率情况下的时间间隔大小,分别为 100Hz 和 50Hz。当设定采样频率为 100Hz 时,每秒可采集 100 组数据,如果采集稳定,每相邻两次采集时间间隔应为 0.01s。相邻两次采集的时间间隔是判别手机采集稳定性的参数,因为会保证采集数据的精确性,防止一些极值点未被采集的情况,同时也会进一步影响频谱分析结果。当设定采样频率为 50Hz 时,每秒可采集 50 组数据,如果采集稳定,每相邻两次采集时间间隔应为 0.02s。

经过测试,采样时间间隔都在理论采样间隔附近波动,但是不同的智能手机不同。首先是 iPhone 5s,iPhone 5s 每两次采样的时间间隔都接近于 0.01s,表现出了较好的稳定性,但也有一些偶然的突变值,比如第某个数据的间隔时间达到了 0.03s，说明其中有两次正常的数据未被正常采集。其次是魅族 MX4，它的波动大于 iPhone，最大的时间间隔约为 0.04s，当时间间隔达到 0.04s 时，说明其中有三个正常的数据未被监测到，最小的采集时间间隔接近 0，即同一个时间内可能采集到了两次数据。然后是三星 A5，波动数值最大约为 0.075s，最小接近 0 的时间间隔有所增加。最后是华为 P6 手机，该手机时间间隔波动最严重，最大的采样时间间隔可以达到 0.09s，且有很多连续的采集时间间隔保持在很高或很低的水平。综上可以看出，当采样频率设置为 100Hz 时，四种智能手机加速度采集数据的稳定性排名为 iPhone 5s>魅族 MX4>三星 A5>华为 P6。同理，观察 50Hz 采样频率下四种智能手机的采集稳定性可以得到相同的结论，即 iPhone 加速度采集的稳定性最好，华为加速度采集的稳定性最差。

2. 同一品牌不同型号间智能手机采集稳定性分析

前面观察了不同手机品牌间的智能手机采集稳定性，可以发现 iPhone 的采集性能最为稳定。考虑后期加速度传感测试多集中使用 iPhone，因此在这里对 iPhone 手机不同的型号间采集稳定性进行对比。使用三种机型的 iPhone 手机，即 iPhone 4s、iPhone 5s 和 iPhone 6。三台智能手机的采样频率都设置为 100Hz，即理论上每秒都可采集得到 100 组数据，每相邻两次采集的时间间隔为 0.01s。采集结果发现，iPhone 6 的实际采样频率为 100Hz，iPhone 5s 的采样频率为 96Hz，iPhone 4s 的采样频率为 109Hz，不能严格满足所设置的采样频率，且三种机型的不同采样频率不仅限于其中一组样本，对所有数据都进行了观察，采样频率结果都是如此。选取 iPhone 4s、iPhone 5s 和 iPhone 6 各其中一组采集结果为样本，以其中连续 200 个数据为例，观察三种机型加速度采集的时间间隔，三种机型的时间间隔对比图如图 2-2-6 所示。其中图 2-2-6（a）为 200 个连续数据的采样时间间隔，图 2-2-6（b）为局部的细节比较，只选取了第 270~280 共 10 个数据点。

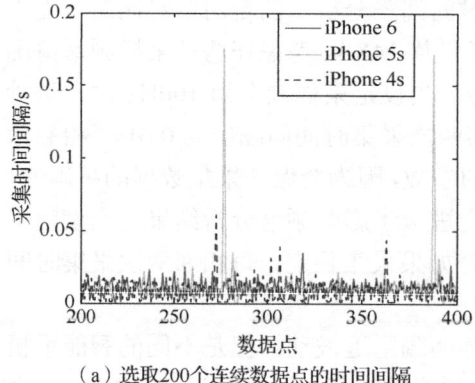
（a）选取200个连续数据点的时间间隔

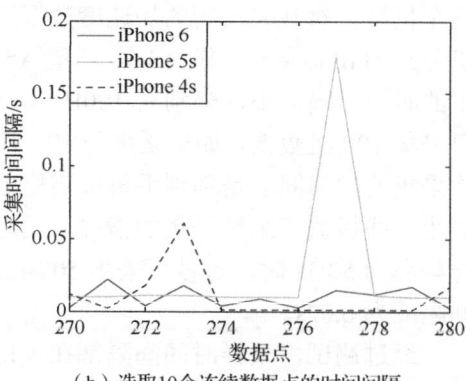
（b）选取10个连续数据点的时间间隔

图 2-2-6　三种机型采集时间间隔图

图 2-2-6 显示了相邻两个数据之间的采样间隔,在采集稳定情况下,时间间隔应为沿着 0.01 的一条直线,但是从总体上看,三种机型的智能手机的数据间隔都在 0.01s 上下波动,iPhone 5s 的时间间隔大多都集中于 0.01s,但是有一些极值点严重超过了正常范围,甚至达到了 0.18s,也就是在 0.18s 的时间只采集了一次数据,中间可能会错过 17 次数据的正常采集。iPhone 4s 的波动最为严重,超越 0.01s 轴的数据较多,超过 0.01s 的数值也较大,且有很多时间间隔连续为 0,说明在同一个时刻采集到了多个数据,比如图 2-2-6(b)中显示的从第 274 到 279 连续 5 个数据间隔时间都为 0,即同样的时间内得到了 5 个数值,造成数据冗余和数据错误。iPhone 6 的采集数据时间间隔虽然也在 0.01s 轴上下波动,但是与前两者相比相对更加稳定一些,没有过大或过小的时间间隔出现。总体来说,三种机型的智能手机在采集数据稳定性方面排名为:iPhone 6>iPhone 5s>iPhone 4s。由此可以看出,随着智能手机的不断发展,版本越来越高,智能手机采集也越来越稳定。

2.2.4 加速度采集稳定性对比

另外一个考察加速度采集稳定性的方法是观察其在稳定状态下,即没有外界激励下,加速度采集的稳定性。用 iPhone 4s 和 iPhone 5s 两台手机进行连续多个小时的数据采集,观察其加速度是否有偏移或者突变的情况。因为晚上的时间手机一般不会被打扰,所以选择在晚上将两台智能手机固定于桌面上(屏幕朝上),具体的采集时间为 2014 年 9 月 4 日晚上 11:23 一直持续到次日早晨 7:17。图 2-2-7 给出了 iPhone 4s 和 iPhone 5s 三个轴的加速度在连续采集的情况下的加速度时程曲线。

由图 2-2-7 可以看到,对于 x 轴和 y 轴的加速度数据,一直都很稳定,没有出现较大波动,在 0 值上下进行浮动。对于 x 轴的加速度数据,iPhone 4s 的噪声值达到 0.01g 左右,iPhone 5s 的噪声值在 0.005g 左右,小于 iPhone 4s 的噪声值。对于 y 轴的加速度数据,iPhone 4s 的噪声值依旧达到了 0.01g 左右,iPhone 5s 的噪声值不足 0.005g,同样小于 iPhone 4s 的噪声值。对于 z 轴的加速度数据,能看出来有稍微的偏移,iPhone 4s 从-0.02g 偏移到-0.005g 左右,发生了 0.015g 的偏移量,iPhone 5s 从 0 左右偏移至 0.005g 左右,发生了 0.005g 的偏移量,且 iPhone 4s 的偏移量要大于 iPhone 5s 的偏移量。z 轴为垂直于手机屏幕,本身是有重力加速度的影响,但是在软件中做了消除重力影响的计算,因此给该运算造成了一定的误差。

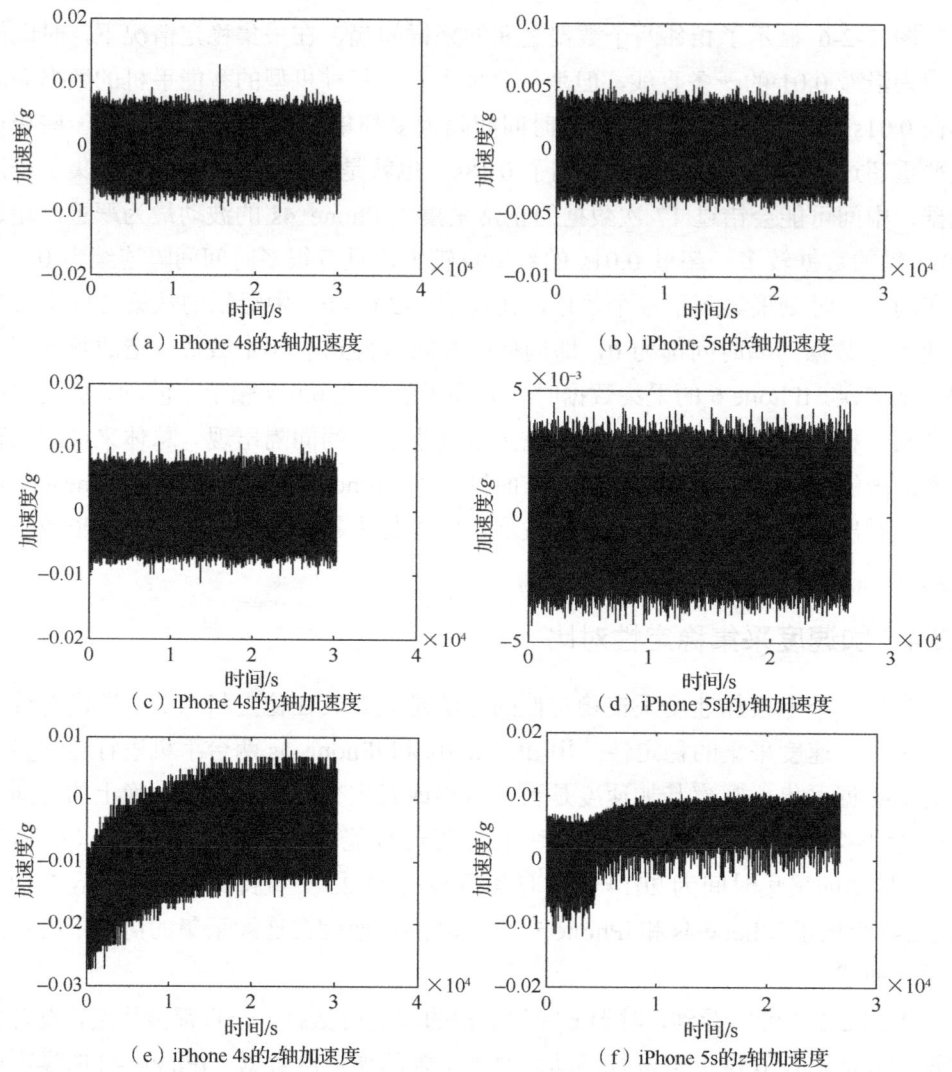

图 2-2-7 连续采集情况下两台手机的加速度时程曲线

2.3 位移传感技术

目前较为常用的结构位移监测方法主要有以下几种。

1. 位移传感器和加速度传感器[34,35]

位移传感器使用起来简单方便,而且价格相对便宜,但是不适合用来测量结构上不易接近的点。

加速度传感器体积小,重量轻,因此对结构振动的影响非常小。但这种测量方法常用于振动响应比较快的结构,对低频静态位移的监测效果较差,所以对于桥梁结构来说不能准确测定其位移。另外,为了得到结构的位移需要对监测到的加速度数据进行两次积分,使得这种方法测得的结构位移误差比较大,精度难以达到要求。

2. 激光多普勒测振仪系统

激光多普勒测振仪系统[36,37]是利用激光干涉仪发射激光到布置在目标点上的棱镜上,进而测定激光干涉仪到棱镜之间的距离的变化,其精度通常可达 1μm,采样频率最高可达 2000Hz。激光多普勒测振仪系统作为一种非接触且非破坏性的测量桥梁振动和位移的方法,已被证明可以提供准确的监测结果。然而,这个系统不适合进行长期不间断的桥梁位移监测,因为它通常放置在桥面下的地面上,需要有人一直进行值守。

3. GPS 测量方法

全球定位系统(GPS)测量方法[38,39]的主要优点是它适用于全天候连续监测,可以自动完成监测、记录和计算。但这种高科技方法在大型结构监测时也有局限性,例如对天线的放置环境要求严格,采样频率较低、花费较高,而且需要专业人员进行操作。

4. 测量机器人[40-42]

测量机器人是在全站仪的基础上发展起来的,这种方法具有高精度、自动化和可以实现三维坐标测量等优势,现已广泛应用在工程变形监测中。测量机器人通过程序控制马达驱动与全站仪结合的 CCD、通信及激光手段对目标进行测量。这种方法不但可以实现自动搜寻目标,还能自动完成测量,基本可以实现自动化测量。但是,测量机器人对于多目标任务无法在较短的时间完成。此外,由于其较低的测量频率,也不能满足动态测量的要求。

5. 三维激光扫描技术[43-45]

该方法可以快速构建复杂、不规则的三维可视化场景模型,具有快速、高密度和工作距离范围较大等特点。然而,这种方法的单点监测精度很低而且对大量监测数据的后处理较为复杂,不适合对桥梁位移进行监测。

6. 应变传感器[46,47]

该方法通过在具有 $n+1$ 个支撑的桥梁上使用 $6n$ 个应变传感器,可以准确地测得桥梁全长各个界面的竖向变形,还可以测量框架的变形等。但这种方法不适合测量大跨度桥梁的跨中位移。

目前运用比较广泛的工程结构位移监测方法都或多或少地存在着一些限制,不易实现对结构位移长期实时的动态监测。近年来,人们研究了基于激光投射传感技术的结构位移监测方法,相对于上述几种监测方法,它具有很多优势:

(1) 精度高,成本低;
(2) 图像采样频率高,可以完整地反映出结构动态位移的变化;
(3) 图像处理的效率高,满足实时采集、实时处理、位移曲线实时显示的要求;
(4) 满足针对采集得到的数据进行扩展性数据分析的要求;
(5) 便于技术升级。

目前为止,基于激光投射传感技术的结构位移监测方法已经取得了一定的研究进展,并且在不同的领域中取得了一定的成果。

2009 年,中国的张奔牛等[48]研究了激光投射式位移传感技术,并将其应用于河耳沟大桥的位移监测。程序设定为每 20min 自动采集一次数据,并与精密水准仪的测量数据做对比。实验结果表明,激光投射式位移传感技术的操作性和精度都高于精密水准仪,此种方法尤其适用于大跨度桥梁。张奔牛等[49]随后又研究了一种抗干扰能力强,精度高的激光光斑定位算法。

2010 年,日本的 Member 等[50]用一个激光器以及一个光电晶体管(photoelectric transistor,PT)阵列组成了层间位移监测传感器。将激光器固定在天花板上,光电晶体管阵列固定在地板上。当激光器随着天花板移动时,投射激光光斑到地板上的光电晶体管阵列上。天花板和地板之间的相对位移由光电晶体管阵列上输出电压的分布来计算获得。此方法测量的精度为 0.11mm,动态测量的范围为 70mm,采样率为 200Hz。

2011 年,Jeon 等[51]研究了成对视觉伺服系统用于建筑结构的六自由度的位移测量。这个研究提出了一种使用第一帧捕捉到的图像来抵消初始位移的校准方法以及新设计的二维机械手,该机械手由视觉控制,可以防止激光光斑离开屏幕。

2012 年,Jeon 等[52]提出了成对的视觉伺服结构光系统。该系统是由彼此相对的两面组成,每面都有一个摄像头、一个屏幕和一个或两个由具有两个自由度的机械手来控制的激光器组成。在此系统中,双方之间的相对平移和旋转位移可以通过计算激光束投射在屏幕上的位置和机械手的旋转角度来获得。

2013 年,Schumacher 等[53]提出了一种虚拟视觉传感器(virtual vision sensor,VVS)的方法来测量结构的振动。使用这种方法可以精确地计算出单自由度系统振动的基频,并且在一个视频中可以区分多个独立的振动元素并分别计算它们的基频。

通过总结前人的工作,可以看出基于激光投射传感技术的位移监测方法已逐渐得到广泛的重视和利用。基于激光投射传感原理,我们提出了两种使用智能手机进行结构位移监测的方法,并编写了一款基于安卓平台的位移监测软件 D-Viewer。通过 D-Viewer 调用智能手机的摄像头对激光光斑或黑色圆形进行位移识别,来达到监测物体位移的目的。

2.3.1 基本原理

1. 激光光斑的识别方法

为了成功监测激光光斑的形心坐标,首先要将激光光斑与周围的环境背景分离开来,这需要对工业相机监测到的图像先进行两步操作,即灰度化和二值化。得到二值化图像后,再通过手机软件扫描二值化图像,得到图像中激光光斑的形心坐标。得到激光光斑的二值化图像以后,使用形心坐标公式来计算二值化图像中激光光斑的像素坐标:

$$x_0 = \frac{\sum A_i \times x_i}{A}, \quad y_0 = \frac{\sum A_i \times y_i}{A} \quad (2\text{-}3\text{-}1)$$

式中,A 为图像中激光光斑总面积,$A = \sum A_i$;x_i,y_i 为二值化图像中激光光斑每个像素点的坐标。

为了得到激光光斑形心连续的坐标值,首先需要计算出图像中实际尺寸和像素尺寸的比例 K 以及手机画面中第一帧画面里激光光斑形心的像素坐标,并将其重新设定为坐标原点。即第一帧画面中激光光斑的形心坐标为 (0,0),然后再依次计算每一帧画面里的激光光斑的形心的像素坐标 X_i,进而由 $L_i = X_i \times K$ 得到光斑形心的实际坐标 L_i,由此得到激光光斑形心的位移变化的过程。当以黑色圆形作为标记物监测结构位移时,手机识别黑色圆形圆心的原理与识别激光光斑的原理相同,在此不再赘述。

2. 实验原理

首先,将激光器固定在被测物体上,使其光路方向与物体运动方向垂直,然后调整激光光斑投射板角度使其和光路方向成 30°角。测量时,激光器发射激光束在投射板上形成光斑,使用手机正对着光斑拍摄。当被测物体从位置 1 移动到位置 2 时,激光器也会跟随着发生位移,使得投射板上的激光光斑也会成比例的发生位移。通过 D-Viewer 监测激光光斑形心的坐标从而直观地反映物体的位移变化。实验原理示意图如图 2-3-1 所示。

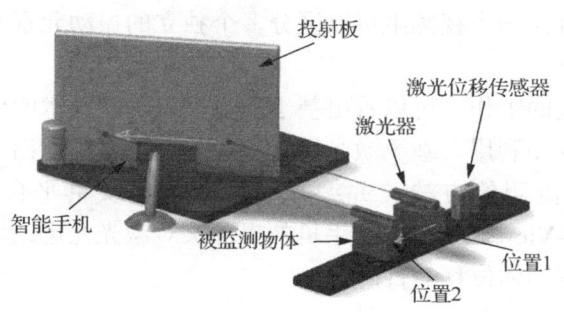

图 2-3-1 实验原理示意图

在实验过程中,选择激光位移传感器对运动物体进行跟踪,来监测物体的精确位移。当投射板和光路成 30°时,由几何关系知,此种情况下投射板上激光光斑的位移值是当投射板和光路成 90°时的两倍,因此增加了精度识别的灵敏性。

2.3.2 D-Viewer 软件介绍

D-Viewer 是在手机安卓系统平台上由 Java 语言编写的,调用了 OpenCv 里的 CV-BGR2GRAY 函数进行图像灰度化处理和 CvThreshold 函数进行灰度图像的二值化处理,二值化图像中光斑形心的像素坐标值由式(2-3-1)计算获得。

为了得到光斑的形心坐标,需要进行以下两个操作步骤:标定、坐标采集。D-Viewer 采用一个黑色圆形进行标定,使标定过程更加自动化。

1. 标定

将打印有黑色圆形的白色复印纸粘贴于投射板上,黑色圆形的直径可以在打印时自行设定,如 25mm。

(1)点击 D-Viewer 图标进入软件,出现如图 2-3-2 所示设置界面。在此界面右上角第一行输入黑色圆形的直径,单位为毫米。第二行输入监测区域的长宽,单位为毫米。设定监测区域后,D-Viewer 只扫描监测区域以内的像素点,进行光斑坐标的识别。相比于全屏扫描,将监测区域缩小可以减少每帧图片的处理时间,从而提高采样频率。第三行可以选择使用手机的前置或是后置摄像头,如图 2-3-3 所示。第四行可输入像素扫描间隔行数,也就是并不对监测区域以内的每一行像素点都进行扫描,而是隔几行扫描一行。这样也可以减少每帧图片的处理时间,提高采样频率,但会降低监测的精度(默认为 0)。

第四行还可以选择单点监测模式(single spot)或两点监测模式(two spot,两点监测模式将在 2.3.3 节中讲解)。

 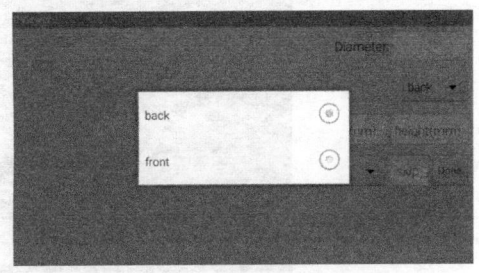

图 2-3-2　D-Viewer 设置界面　　　　图 2-3-3　摄像头选择界面

（2）在设置界面中点击"Done"按钮进入标定界面。首先固定手机位置，使其正对着黑色圆形拍摄，然后点击标定界面右上角按钮一，调整标定界面的阈值，使画面可以清楚地把黑色圆形和白色背景分离开来。标定界面如图 2-3-4 所示。

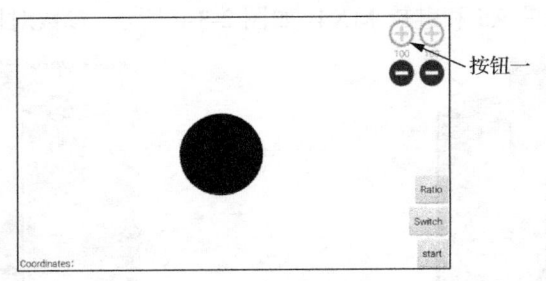

图 2-3-4　标定界面

（3）点击标定界面中的"Ratio"按钮，D-Viewer 扫描并记录图像中黑色像素点数量最多的那一行的黑色像素点数目，即黑色圆形直径所占像素点数目，并与在图 2-3-2 中输入的黑色圆形的直径作对比，得到视频画面中实际距离和像素距离的比例 K。然后在接下来弹出的界面中选择"Laser spot"模式。

2. 坐标采集

（1）移走投射板上的白色复印纸，使光斑直接投射在黑色投射板上。保持手机位置不动，点击程序里的"Switch"按钮，转换到监测界面，如图 2-3-5 所示。

（2）点击监测界面右上角按钮二，调整识别界面的二值化阈值，使激光光斑和黑色的投射板背景清晰地分离出来。

（3）点击"start"按钮，D-Viewer 开始监测光斑的形心坐标，并在界面下方显示光斑形心在 x 和 y 方向的实时坐标值。点击"stop"按钮，结束一次监测，D-Viewer 存储此次监测数据为 .txt 格式的文件。文件中第一列为帧数，第二列为实验的年-月-日，第三列为小时，第四列为分钟，第五列为秒数，第六列为光斑 x 方向坐标值，第七列为光斑 y 方向坐标值。

· 84 ·　　　　　　　　　结构智能手机云监测

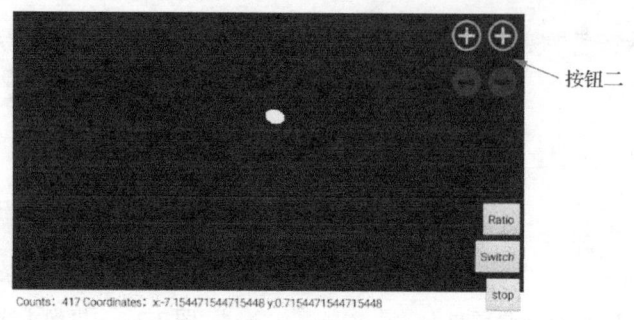

图 2-3-5　监测界面

2.3.3　静态实验

本小节分别用两款智能手机做了一系列的静态和动态位移监测实验。两款手机的型号分别是三星 A5 和魅族 MX4，如图 2-3-6 所示，参数对比如表 2-3-1 所示。

（a）三星 A5

（b）魅族 MX4

图 2-3-6　实验所用手机

表 2-3-1　三星 A5 和魅族 MX4 参数表

型号	系统版本	CPU 核心数	CPU 主频	GPU	摄像头像素
三星 A5	4.4.4	4	1.2GHz	MSM8916	1300 万
魅族 MX4	4.4.2	8	2.2GHz+1.7GHz	MT6596	2070 万

实验一：平面内位移监测

实验所用仪器有位移加载器、激光器、智能手机、A4 纸、光斑投射板、计算机、激光位移传感器。

1. 静态实验布置

将激光器固定于位移加载器台座上，转动台座上的旋钮，使台座带动激光器移动,用激光位移传感器来监测台座左右方向的精确位移。激光器射出激光至投射板上形成光斑,用智能手机来监测投射板上光斑的位移,投射板和激光器之间的距离为3m。旋钮每转动一圈为0.35mm。实验示意图如图2-3-7所示,实验现场照片如图2-3-8所示。

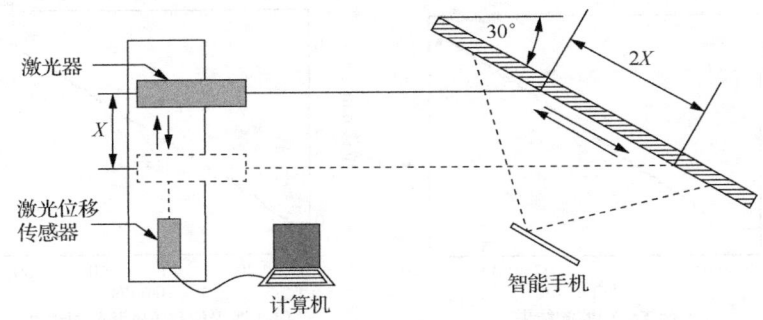

图2-3-7 静态实验示意图

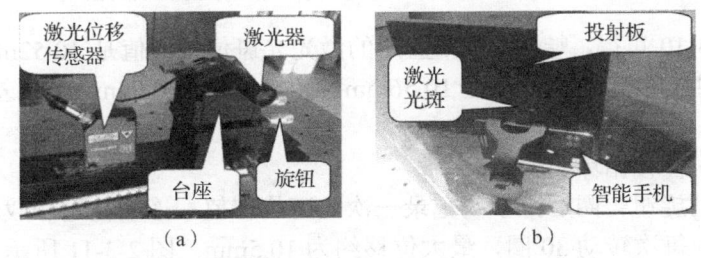

图2-3-8 静态实验现场照片

2. 单向加载实验

第一组:连续转动位移加载器旋钮30圈,总位移约为10.5mm。
三星A5和激光位移传感器的单向加载实验结果如图2-3-9所示。

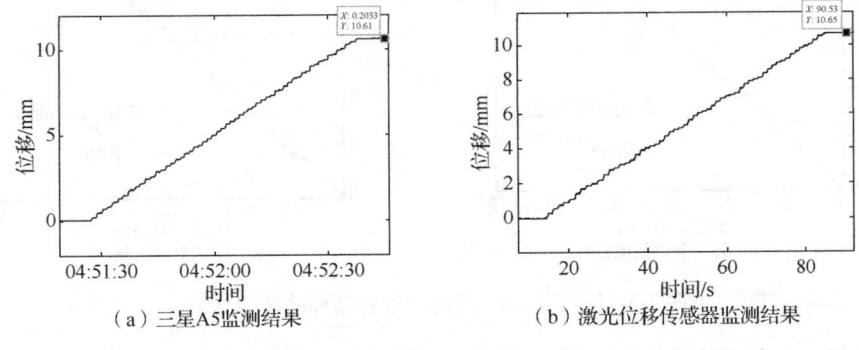

图2-3-9 三星A5和激光位移传感器的单向加载实验结果

由图 2-3-9 可得，三星 A5 监测的激光光斑位移终值是 10.61mm，激光位移传感器记录的台座位移终值是 10.65mm，两者的差值为 0.04mm，误差为 0.37%，都非常小。

魅族 MX4 和激光位移传感器的单向加载实验结果如图 2-3-10 所示。

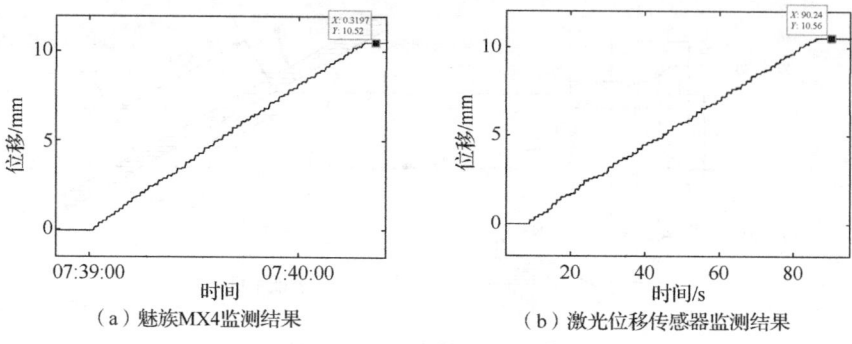

（a）魅族MX4监测结果　　　　（b）激光位移传感器监测结果

图 2-3-10　魅族 MX4 和激光位移传感器的单向加载实验结果

由图 2-3-10 可得，魅族 MX4 监测的激光光斑位移终值是 10.52mm，激光位移传感器监测的台座位移终值是 10.56mm，两者差值为 0.04mm，误差为 0.38%，也都非常小。

第二组：位移循环实验。

当每转动旋钮一圈后，手动记录一次光斑位移值，连续往返加载四次，即两个位移循环，每次转动 30 圈，最大位移约为 10.5mm。图 2-3-11 所示为每一个位移循环的点画线，其中横轴为台座的实际位移，纵轴为监测得到的位移（分别为激光位移传感器监测的数据和智能手机监测的数据）。

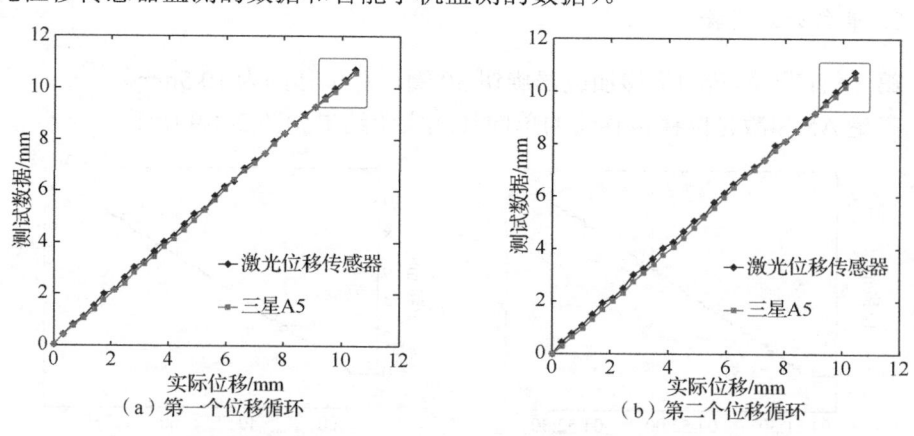

（a）第一个位移循环　　　　（b）第二个位移循环

图 2-3-11　三星 A5 的两个位移循环的实验结果

三星 A5 实验结果如图 2-3-11 所示，选取每个位移循环的最后四个点，共七个数据，来比较激光位移传感器监测的数据和三星 A5 监测的数据，结果如表 2-3-2 所示。

表 2-3-2 三星 A5 和激光位移传感器的数据对比

第一个位移循环				第二个位移循环			
三星 A5/mm	激光位移传感器/mm	差值/mm	误差/%	三星 A5/mm	激光位移传感器/mm	差值/mm	误差/%
9.552	9.69	0.138	1.42	9.552	9.69	0.138	1.42
9.888	10.03	0.142	1.42	9.888	10.02	0.132	1.32
10.22	10.37	0.15	1.45	10.22	10.37	0.15	1.45
10.56	10.73	0.17	1.58	10.56	10.73	0.17	1.58
10.22	10.37	0.15	1.45	10.18	10.37	0.19	1.83
9.84	10.02	0.18	1.80	9.84	10.06	0.22	2.19
9.552	9.69	0.138	1.42	9.552	9.69	0.138	1.42

魅族 MX4 实验结果如图 2-3-12 所示。

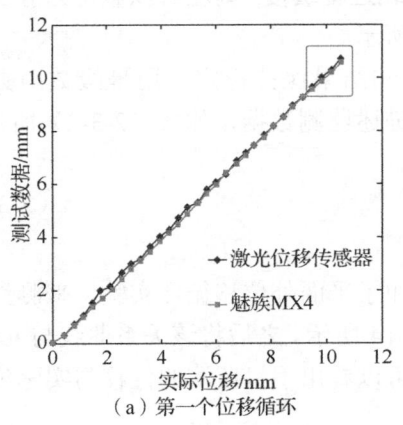 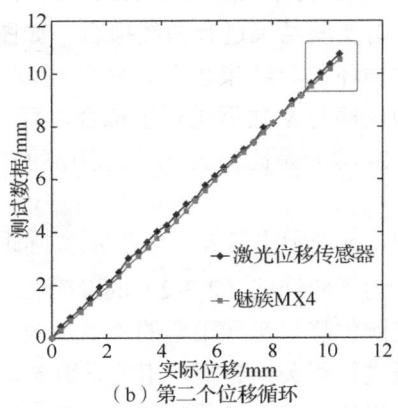

（a）第一个位移循环　　　　　　　　（b）第二个位移循环

图 2-3-12 魅族 MX4 的两个位移循环的实验结果

选取每个位移循环的最后四个点，共七个数据，来比较激光位移传感器监测的数据和魅族 MX4 监测的数据，结果如表 2-3-3 所示。

表 2-3-3 魅族 MX4 和激光位移传感器的数据对比

第一个位移循环				第二个位移循环			
魅族 MX4/mm	激光位移传感器/mm	差值/mm	误差/%	魅族 MX4/mm	激光位移传感器/mm	差值/mm	误差/%
9.563	9.69	0.127	1.31	9.529	9.69	0.161	1.66
9.901	10.03	0.129	1.29	9.901	10.02	0.119	1.19
10.24	10.37	0.13	1.25	10.24	10.37	0.13	1.25
10.58	10.73	0.15	1.45	10.58	10.73	0.15	1.40
10.21	10.37	0.16	1.54	10.21	10.37	0.16	1.54
9.901	10.02	0.119	1.19	9.901	10.06	0.159	1.58
9.529	9.69	0.161	1.66	9.529	9.69	0.161	1.66

由图 2-3-11 和图 2-3-12 可以看出，在两个位移循环中，三星 A5 和魅族 MX4 监测得到的数据的稳定性非常好，成线性关系，且与激光位移传感器的监测结果差值很小。由表 2-3-2 和表 2-3-3 可得，智能手机和激光位移传感器监测得到的数据的误差都在 2.19%以内，十分微小。

实验二：平面外位移监测

本实验所用仪器为位移加载装置（包括基座和滑动导轨）、iPhone 6、白板、A4 纸。首先，将打印有黑色圆（直径为 30mm）的 A4 纸粘贴在白板上，并将导轨固定到桌面上，同时固定手机在基座上，这样手机和基座就可以被看作一个整体。移动基座，使基座按照 2mm 的间隔进行移动，基座能够带动手机从初始 100mm 移动至 350mm，之后反向加载，整个循环过程加载两次。移动过程中，手机 D-Viewer 软件记录比值 Ratio 的值。位移加载过程缓慢，基座可以假定为静止。之后对实验结果进行曲线拟合，如图 2-3-13 所示。

循环实验结果表明，实验过程中位移监测结果保持稳定。用幂级数函数对实验位移与 K 数据进行了拟合，可以准确地描述监测数据，如式（2-3-2）所示。式（2-3-2）是比值 K 与实际距离的校准方程。

$$y = 7.9733x^{-0.966} \tag{2-3-2}$$

式中，x 表示比值 K；y 表示实际距离。

为了验证式（2-3-2）的准确性，本书增加了平面外位移循环实验，来测量手机监测位移与实际距离的关系曲线，如图 2-3-14 所示。之后将该关系曲线与 $y = x$ 直线进行相关性分析，相关系数 $R = 0.998$，可以看出手机监测的位移与实际位移吻合很好，用手机监测位移效果是可行的。

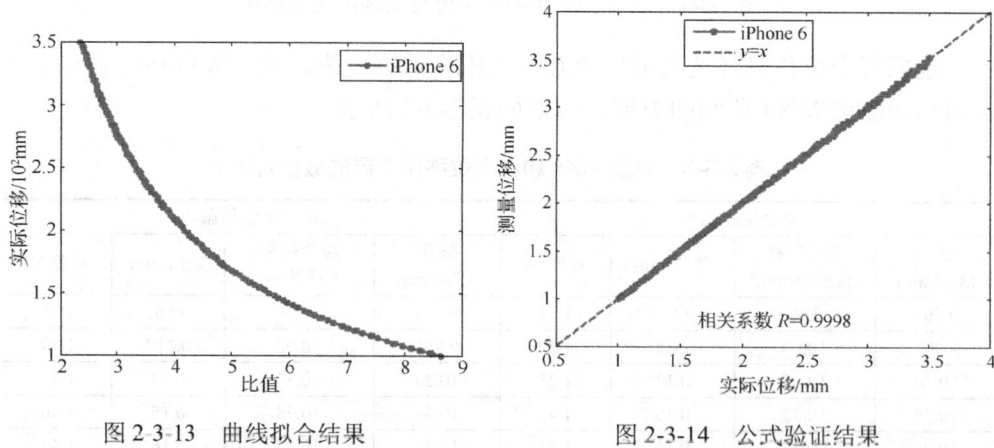

图 2-3-13　曲线拟合结果　　　　　图 2-3-14　公式验证结果

2.3.4 振动台动态实验

实验一：平面内位移监测

实验所用仪器有振动台、激光器、智能手机、A4 纸、光斑投射板、激光位移传感器。

1. 动态实验布置

将激光器固定于振动台上，使激光器随着振动台一起运动，用激光位移传感器来监测振动台的精确位移作为参考。

我们做了一系列的动态位移实验，包括振幅为 10mm 正弦波振动实验，频率由 0.1Hz，0.2Hz 变至 1.5Hz 以及 EI Centro 和 Northridge 两种地震波模拟振动实验。实验示意图如图 2-3-15 所示，实验现场照片如图 2-3-16 所示。

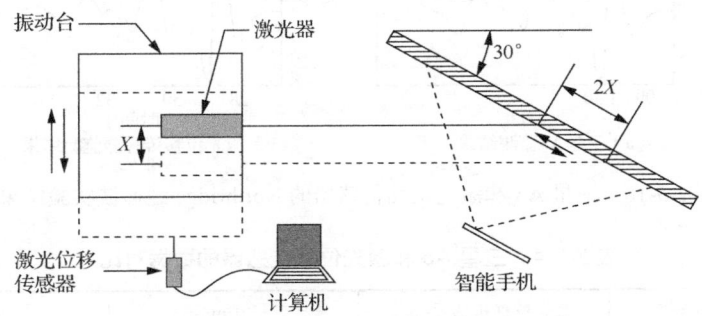

图 2-3-15 动态实验示意图

图 2-3-16 动态实验现场照片

2. 动态实验结果

第一组：振动台模拟 EI Centro 和 Northridge 两种地震波振动的实验结果如图 2-3-17、图 2-3-18 所示。

如图 2-3-17、图 2-3-18 所示，选取六个峰值点，来比较三星 A5 监测的数据和激光位移传感器监测的数据，结果如表 2-3-4 所示。

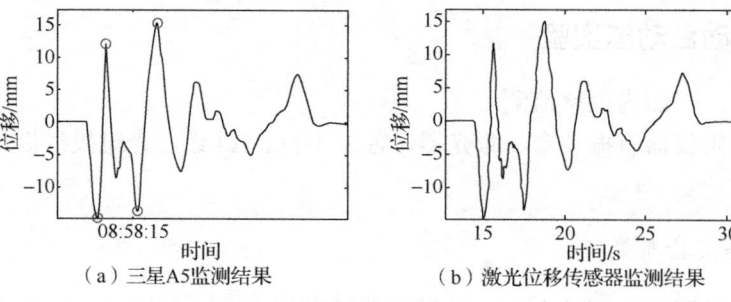

图 2-3-17　三星 A5 和激光位移传感器的 EI Centro 地震波实验结果

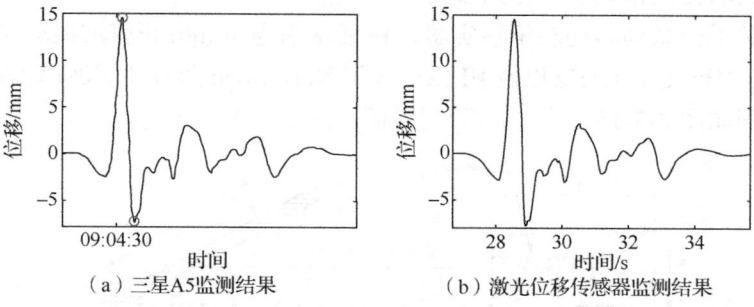

图 2-3-18　三星 A5 和激光位移传感器的 Northridge 地震波实验结果

表 2-3-4　三星 A5 和激光位移传感器的数据对比

三星 A5/mm	激光位移传感器/mm	差值/mm	误差/%
−14.85	−15.07	0.22	1.46
12.12	11.65	0.47	4.03
−13.86	−13.89	0.03	0.22
15.38	15.17	0.21	1.38
14.96	14.62	0.34	2.33
−7.45	−7.805	0.355	4.55

魅族 MX4 和激光位移传感器的实验结果如图 2-3-19、图 2-3-20 所示。

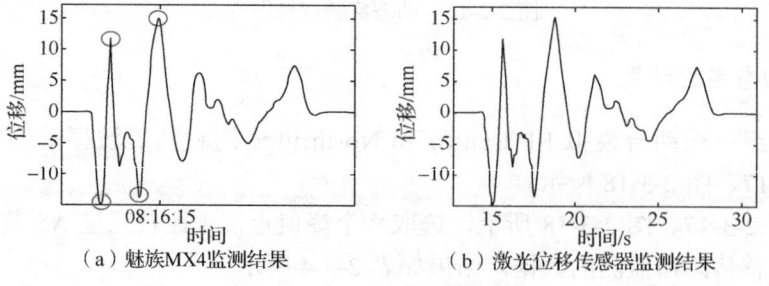

图 2-3-19　魅族 MX4 和激光位移传感器的 EI Centro 地震波实验结果

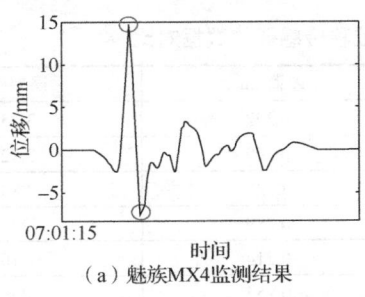
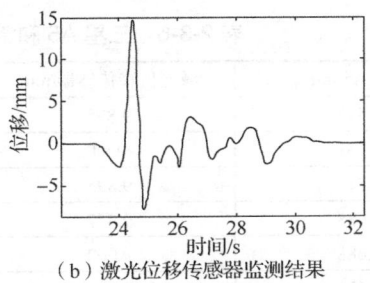

(a) 魅族MX4监测结果 (b) 激光位移传感器监测结果

图 2-3-20　魅族 MX4 和激光位移传感器的 Northridge 地震波实验结果

如图 2-3-19、图 2-3-20 所示，选取六个峰值点，来比较魅族 MX4 监测的数据和激光位移传感器监测的数据，结果如表 2-3-5 所示。

表 2-3-5　魅族 MX4 和激光位移传感器的数据对比

魅族 MX4/mm	激光位移传感器/mm	差值/mm	误差/%
−14.57	−14.8	0.23	1.55
11.47	12.01	0.54	4.49
−13.43	−13.58	0.15	1.1
14.61	15.52	0.91	5.86
15.06	14.73	0.33	2.24
−7.72	−7.767	0.047	0.61

由第一组实验结果可知，在振动毫无规律的振动台模拟地震波实验中，三星 A5 和激光位移传感器监测到的峰值点数据的差值非常小，误差在 5.86% 以内。而魅族 MX4 和激光位移传感器监测到的峰值点数据的差值也非常小，误差在 4.49% 以内。两部智能手机都可以准确、完整地监测到振动台的位移变化。

第二组：振动台模拟振幅为 10mm 的正弦波振动的实验结果如下。

频率为 1.1Hz 时三星 A5 和激光位移传感器的实验结果如图 2-3-21 所示。

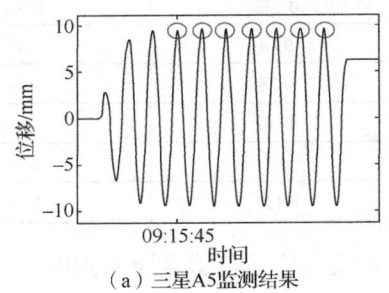
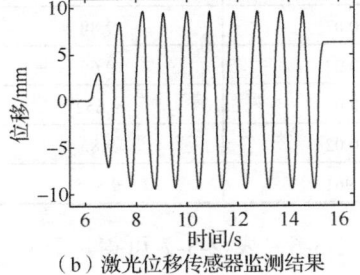

(a) 三星A5监测结果 (b) 激光位移传感器监测结果

图 2-3-21　1.1Hz 时三星 A5 和激光位移传感器的实验结果

如图 2-3-21 所示，选取七个峰值点，来比较激光位移传感器监测的数据和三星 A5 监测的数据，结果如表 2-3-6 所示。

表 2-3-6　三星 A5 和激光位移传感器的数据对比

三星 A5/mm	激光位移传感器/mm	差值/mm	误差/%
9.573	9.895	0.322	3.25
9.631	9.84	0.209	2.12
9.515	9.895	0.38	3.84
9.688	9.977	0.289	2.9
9.688	9.902	0.214	2.16
9.631	9.888	0.257	2.6
9.688	9.895	0.207	2.09

频率为 1.2Hz 时三星 A5 和激光位移传感器的实验结果如图 2-3-22 所示。

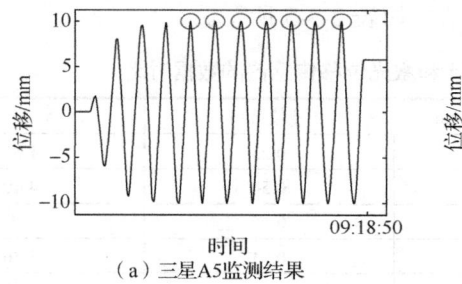 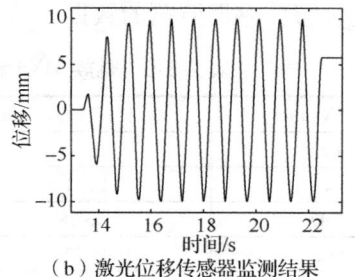

（a）三星A5监测结果　　　　　　（b）激光位移传感器监测结果

图 2-3-22　1.2Hz 时三星 A5 和激光位移传感器的实验结果

如图 2-3-22 所示，选取七个峰值点，来比较激光位移传感器监测的数据和三星 A5 监测的数据，结果如表 2-3-7 所示。

表 2-3-7　三星 A5 和激光位移传感器的数据对比

三星 A5/mm	激光位移传感器/mm	差值/mm	误差/%
9.961	9.873	0.088	0.89
10.02	9.987	0.033	0.33
10.02	9.88	0.14	1.42
10.02	9.66	0.36	3.73
10.02	9.652	0.368	3.81
10.02	9.82	0.2	2.04
9.961	9.835	0.126	1.28

由表 2-3-6、表 2-3-7 可得，三星 A5 和激光位移传感器监测到的各个峰值点数据的差值都很小，误差在 3.84%以内。

实验二：平面外位移监测

实验所用仪器有 iPhone 6、振动台、激光发射器、黑色光屏、印有标定物的 A4 纸、激光位移传感器和计算机。

(1) 实验布置。

手机和激光位移传感器固定在振动台振动方向，距离振动台 135mm 处，分别施加 0.5 增益的 Cape Mendocino 和 Northridge 地震波，手机的采样率限制在 30fps 或 30Hz，而激光位移传感器的采样率为 100Hz。

(2) iPhone 6 和激光位移传感器的实验结果如下。

方案 I：0.5 增益的 Northridge 地震波，最大位移 15 mm，结果如图 2-3-23 所示。

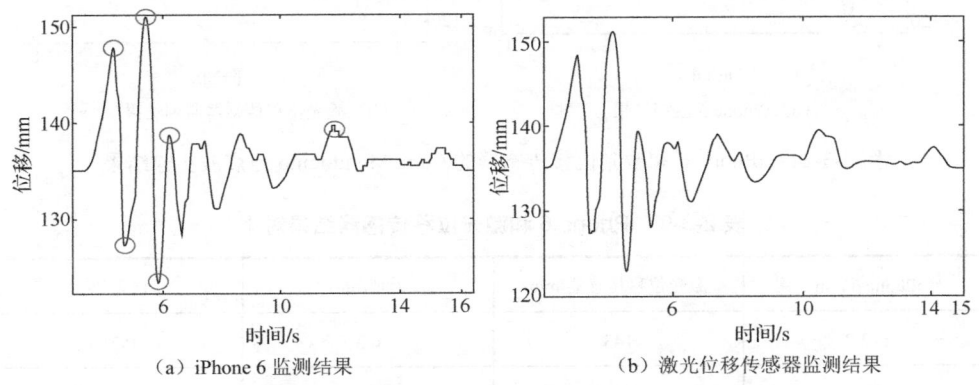

(a) iPhone 6 监测结果　　　　　　(b) 激光位移传感器监测结果

图 2-3-23　iPhone 6 和激光位移传感器的 Northridge 地震波实验结果

如图 2-3-23 所示，选择六个位移峰值点作对比，对比结果如表 2-3-8 所示。

表 2-3-8　iPhone 6 和激光位移传感器结果对比

iPhone 6/mm	激光位移传感器/mm	差值/mm	误差/%
147.8	148.4	0.6	0.4
127.2	127.1	0.1	0.079
151	151.3	0.3	0.2
123.3	122.7	0.6	0.49
138.8	139.4	0.6	0.43
139.7	139.5	0.2	0.14

方案 II：0.5 增益的 Cape Mendocino 地震波，最大位移为 15mm，结果如图 2-3-24 所示。

如图 2-3-24 所示，选择六个位移峰值点作对比，对比结果如表 2-3-9 所示。

从图 2-3-23 和图 2-3-24 可以看出，当振动台发生随机振动时，iPhone 6 和激光位移传感器之间的峰值数据差异很小。iPhone 6 的最大差值和误差分别为 0.6mm 和 0.49%。振动台的位移变化可以通过 iPhone 6 进行准确、完整的监测。

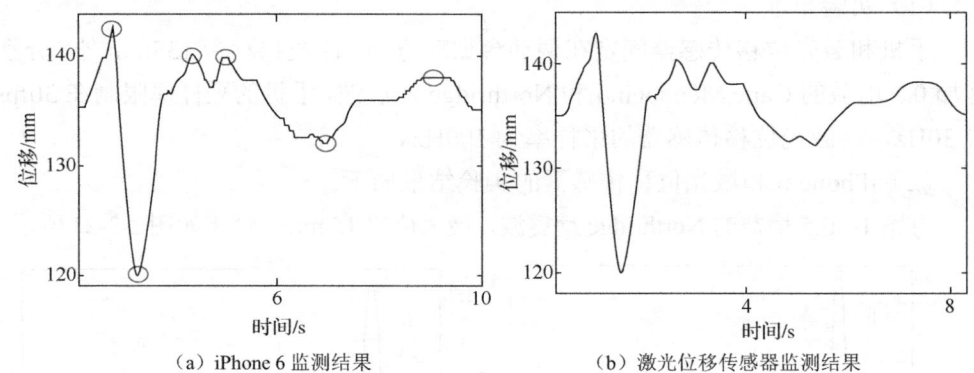

图 2-3-24　iPhone 6 和激光位移传感器的 Cape Mendocino 地震波实验结果

表 2-3-9　iPhone 6 和激光位移传感器结果对比

iPhone 6/mm	激光位移传感器/mm	差值/mm	误差/%
142.7	143	0.3	0.21
120.1	119.8	0.3	0.25
140.2	140.5	0.3	0.21
139.9	140.1	0.2	0.14
132	132.3	0.3	0.23
138.1	138.3	0.2	0.14

2.4　倾角传感技术

2.4.1　手机倾角采集软件系统实现

手机倾角监测系统与加速度监测系统原理相同，都通过编写软件调用智能手机内置陀螺仪进行角加速度的采集，因为陀螺仪采集到的是角加速度，因此需要对角加速度进行两次积分得到角度。调用陀螺仪进而进行角度采集的手机界面如图 2-4-1 所示，可以采集三个方向的角度，三个方向的角度分别为绕 x 轴、y 轴和 z 轴的转动，分别称为 pitch、roll 和 yaw。角度的正方向设置如图 2-4-2 所示。

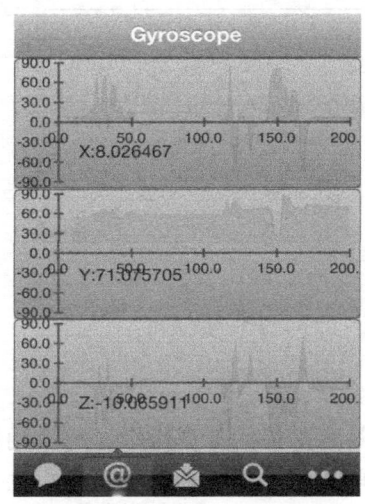
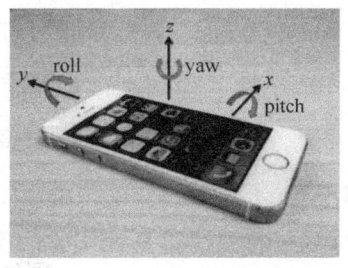

图 2-4-1 陀螺仪采集界面　　　　　图 2-4-2 角度正方向示意图

2.4.2 实验室静态标定实验

为了验证角度采集的精确性，采用旋转式角度仪器进行静态角度测试，该角度仪通过旋转侧方旋钮改变角度，改变角度的数值可以通过角度仪上的刻度读取，角度仪角度的改变类似于螺旋测微器的读法，可精确到 0.01°。实验室静态标定实验示意图如图 2-4-3 所示。

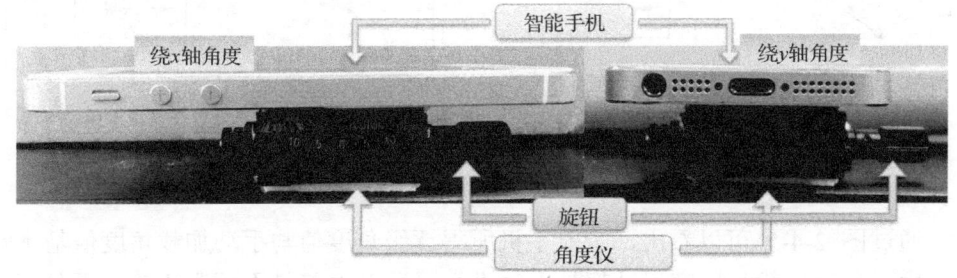

图 2-4-3 实验室角度静态标定示意图

角度仪使用双面胶固定于台面上，旋钮的扭动带动角度仪台面的倾斜，智能手机（iPhone 5s）固定于角度仪台面上，与台面一起发生左右旋转，因此角度随着台面的倾斜而发生变化。使用智能手机软件采集得到倾斜角度。实验中，采用逐级加载方法改变角度，即手动旋转旋钮，使角度仪保持在一定的刻度，停止加载保持一段时间，然后继续进行加载，在加载的过程中，手机陀螺仪保持采集状态。对绕 x 轴和 y 轴旋转的两个方向都分别进行三次重复性实验，每次加载刻度为 1°，选取其中一组的智能手机数据，其加载时程曲线如图 2-4-4 所示。

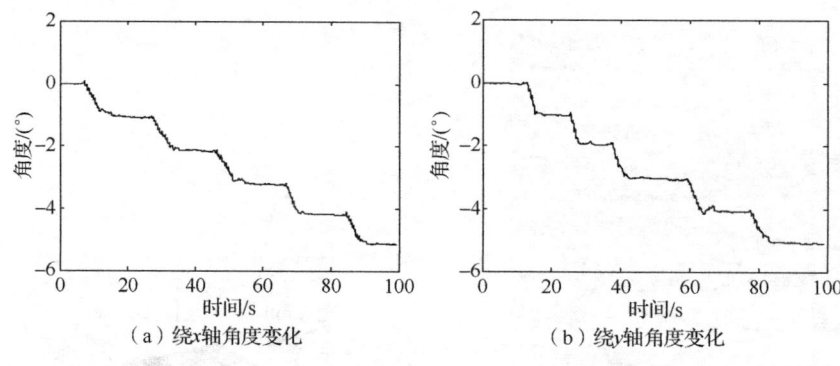

图 2-4-4　逐级加载下绕 x 轴、y 轴角度变化

由图 2-4-4 可以看出角度随阶梯形改变，具有明显的加载阶段，每次角度改变量为 1°。将三次重复性实验的实验数据都提取出来，也就是在智能手机角度时程曲线中选取每个阶梯的角度值，与使用角度仪逐级角度加载值进行比较，x 轴和 y 轴的角度改变值如图 2-4-5 所示。

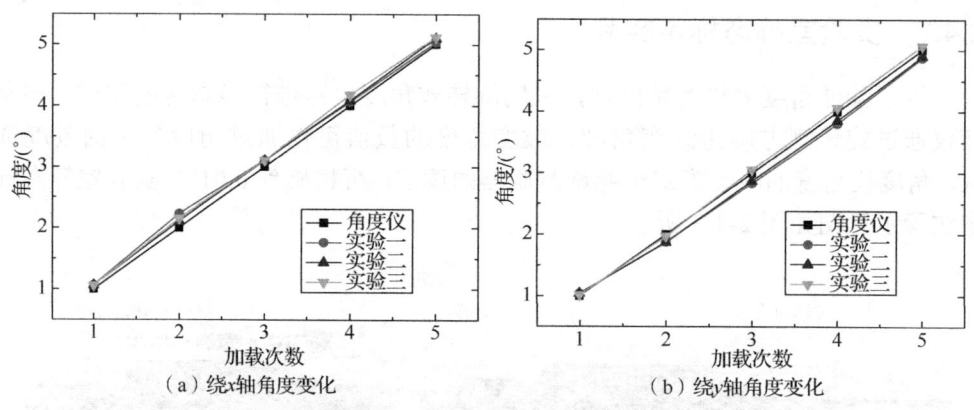

图 2-4-5　智能手机角度采集结果与角度仪逐级角度对比

通过图 2-4-5 可以看出，智能手机所得逐级角度值与手动加载角度值基本吻合。由于角度加载和角度记录都是手动进行，所以误差是不可避免的。而且每组加载也是有手动的区别，所以同样不能保证各组结果保持完全一致。但是通过以上数据已经可以证明，智能手机内置陀螺仪进行角度采集的可行性。接下来将会通过动态实验对智能手机内置陀螺仪进行实验验证。

2.4.3　实验室动态标定实验

为了进一步验证智能手机内置陀螺仪对于动态角度测量的可行性，我们利用 iPhone 4s 内置陀螺仪和无线式倾角仪在单摆上进行了倾角对比监测测试。具体测试情况如下所述。

图 2-4-6 是实验室单摆及在其上布置的传感器，iPhone 4s 和无线倾角仪固定在单摆下端吊篮的正中央，共同测试单摆摆动的角度。无线倾角仪将采集到的实时动态数据发送至基站存储，智能手机采集并存储数据于自身的内存中。

在实验中，单摆的吊篮首先设置在平衡位置，然后将智能手机和无线采集设备手动设置开始采集，之后将单摆拉高至一定高度释放，使其自由摆动。智能手机和无线倾角仪的采样频率都为 100Hz，直至单摆重回平衡位置停止采集。

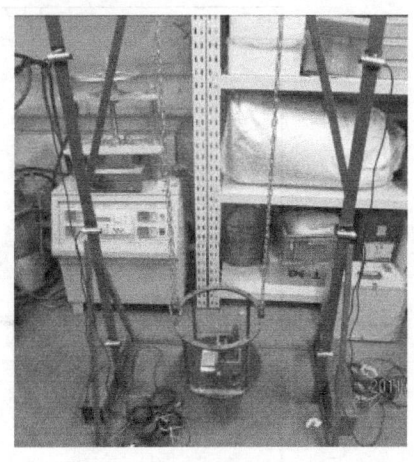

图 2-4-6 单摆测试实验装置图和手机采集界面

实验结果如图 2-4-7 所示，图 2-4-7（a）为两种传感器的时程曲线对比图，图 2-4-7（b）为频谱图。由图中可以看出，两种传感器的时程曲线吻合较好，且两种传感器频谱图中得到第一阶频率都为 0.515Hz，与单摆的自振频率相同。所以，通过该单摆的动态测试结果可以看出，智能手机内置陀螺仪与已有成熟倾角仪结果相差不大，可以满足动态角度测量要求。

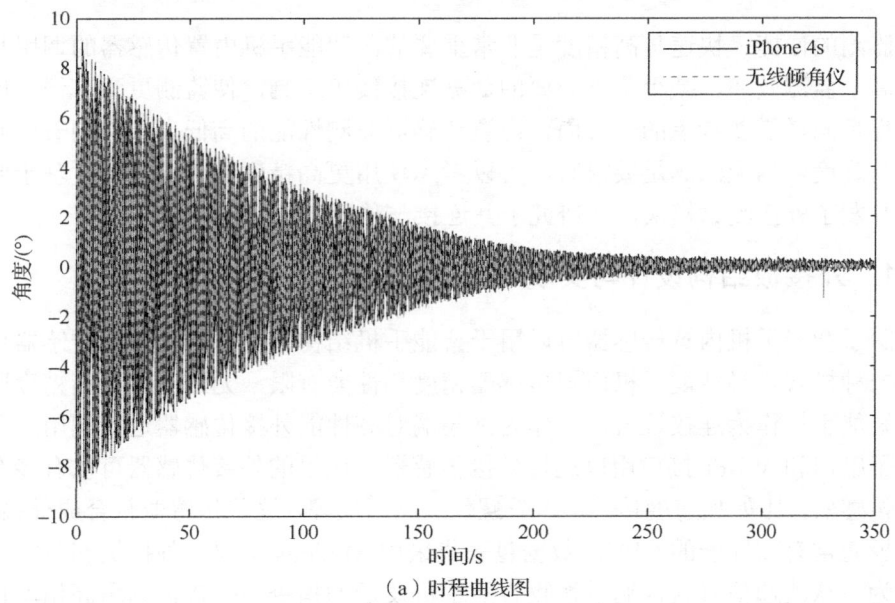

（a）时程曲线图

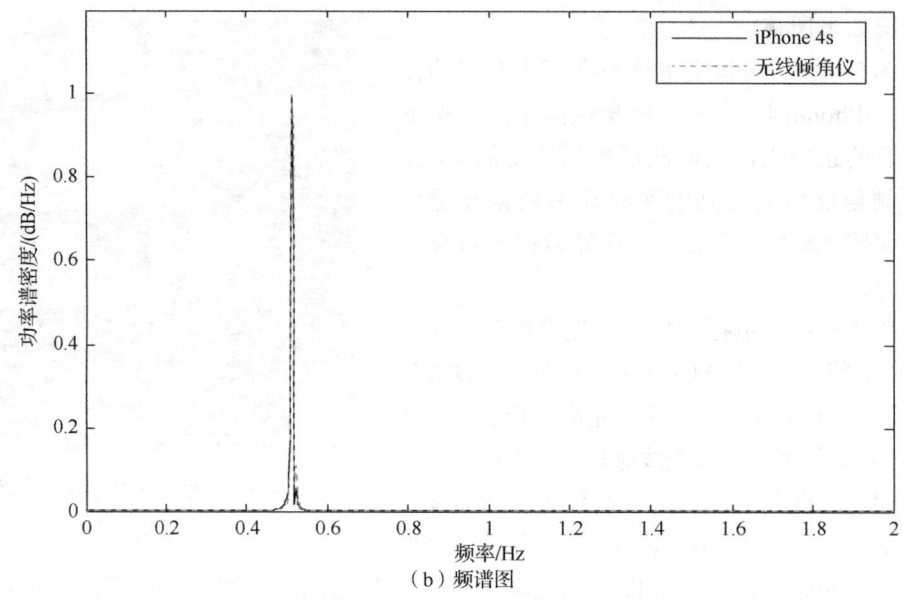

(b）频谱图

图 2-4-7　单摆动态角度测试结果

2.5　外接测试模块传感技术

监测的便捷、快速与高精度是非常重要的，智能手机内置传感器的调用与使用提高了监测效率，减少了不必要的数据连接线等工具，使监测更为方便。但是精度也是同样需要考虑的一方面，内置传感器监测性能的高低直接影响着监测结果的精确度，当无法满足要求时，可以考虑使用更高精度的外接设备，基于此，我们开发了外接测试模块，并研究了其连接与传感技术。

2.5.1　外接板结构设计与实现

除了智能手机内置传感器可以用于智能手机结构监测技术，外接传感器也是另外一种模式。当智能手机内置传感器精度和性能有限，无法满足更高精度监测时，智能手机作为连接设备，可作为采集端对高性能外接传感器进行调用。我们开发了串口和 Wi-Fi 接口用以连接外接传感器。这里的外接传感器可以有多个高精度传感器，比如加速度传感器、陀螺仪、风压仪等，这些传感器整合成外接板。外接板通常有高性能的 CPU，数据包采集采用 Modbus 协议，外接板和智能手机之间为主从式通信方式，通过接收智能手机发送的指令，外接板利用高精度传感器开始采集并存储数据。外接板原理示意图和实物图如图 2-5-1 所示，封装后的外接板与智能手机连接如图 2-5-2 所示。

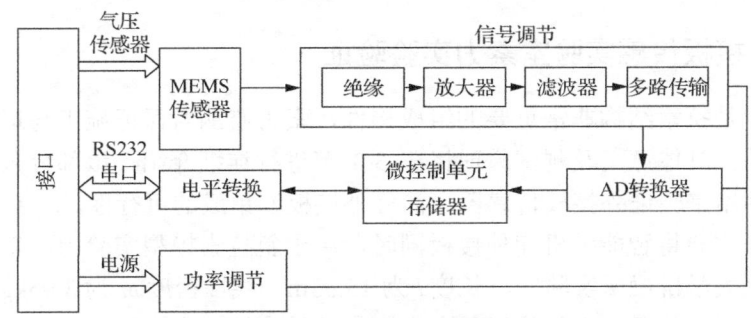

(a）外接板原理示意图

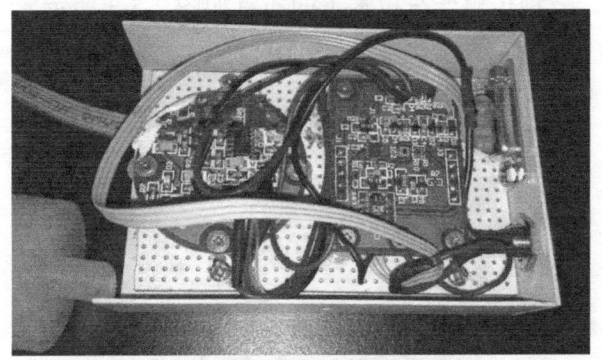

(b）外接板实物图

图 2-5-1　外接板内部组成

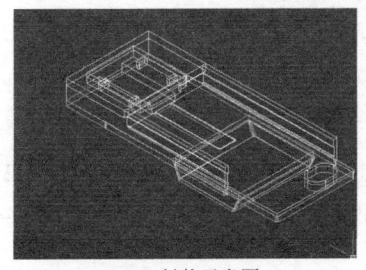 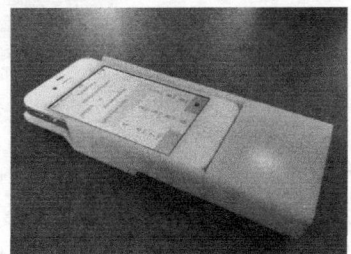

(a）封装示意图　　　　　　　　　　　　(b）封装实物图

图 2-5-2　外接板的封装与连接

2.5.2　外接板传感实验室振动台验证

如前文所述的智能手机内置加速度传感器验证部分，智能手机外接板已与传统成熟传感器以及内置加速度传感器完成比对，证明了其实现的可行性。因此该部分实验室振动台验证省略，具体可参考 2.2.2 节。以下着重强调实验室内部的索力实验验证。

2.5.3 外接板传感实验室索力实验验证

斜拉索是拉索结构非常重要的组成构件，索力监测对保证施工与运行安全是十分必要的。具体意义及测试原理将在 3.3 节进行详细介绍，该部分只给予外接板数据说明用来验证外接板传感器（简称外接板）集成的可行性。

本验证实验将智能手机和外接板同时应用于斜拉索模型实验中，斜拉索模型在大连理工大学桥梁所实验室，长度 l 为 15.53m，线性密度 m 为 3.95kg/m。

为了证明智能手机和外接板对索力测量的精确性，力平衡式加速度传感器用于进行数据对比。三种传感器在拉索上的布置如图 2-5-3 所示。

图 2-5-3　三种传感器在拉索上的布置图

给斜拉索以人工激励使其自由振动，共重复实验三次。使用三种传感器进行索振动的加速度采集，获取加速度时程数据。选取第一次实验结果为例，三种传感器的加速度时程曲线如图 2-5-4 所示。

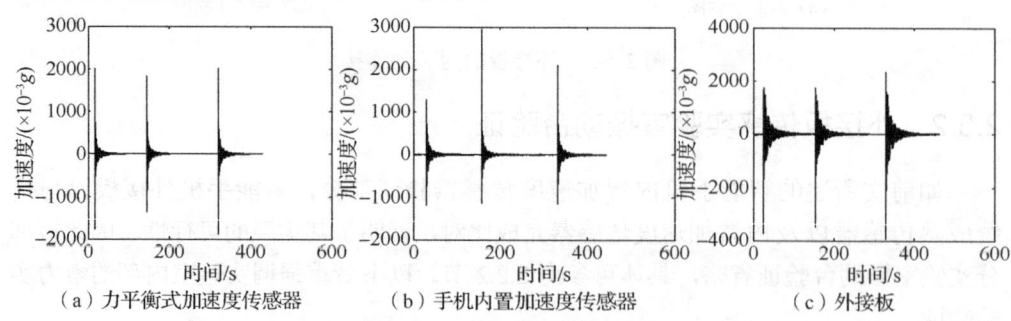

（a）力平衡式加速度传感器　　（b）手机内置加速度传感器　　（c）外接板

图 2-5-4　三种传感器加速度时程曲线

由图 2-5-4 可以看出，三种传感器都能表现出斜拉索受激励和衰减过程，峰值加速度出现了一定的差别，这是因为三种传感器的固定位置不同，对于一个柔性比较大的斜拉索，可能表现出不同的峰值加速度。为了更好地验证其振动测试特性，将加速度时程曲线进行傅里叶变换，其三种传感器的频谱图如图2-5-5所示。

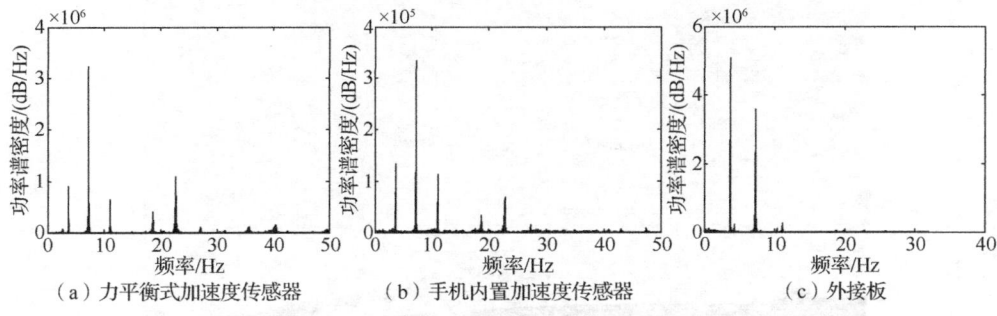

(a) 力平衡式加速度传感器　　(b) 手机内置加速度传感器　　(c) 外接板

图 2-5-5　测试一中三种传感器频谱图

从图 2-5-5 的频谱图可以通过峰值提取法获取索振动的前几阶频率，进而求得频差，得到索力。三次实验中三种加速度传感器所得的频差及其索力如表 2-5-1 所示。

表 2-5-1　外接板索力测试结果

		力平衡式加速度传感器	内置加速度传感器	外接板
实验一	频差/Hz	3.839	3.963	3.708
	索力/kN	56.16	59.85	52.40
实验二	频差/Hz	3.904	3.972	3.698
	索力/kN	58.08	60.12	52.11
实验三	频差/Hz	3.875	3.968	3.703
	索力/kN	57.22	60.00	52.25

由表 2-5-1 可以看出，在每一组实验中三种传感器得到的频差、索力误差都是比较小的，智能手机内置传感器和外接板的性能可以满足索力测试需要。同一种传感器在三组实验中得到的结果也是非常接近的，满足重复性要求，所以开发的外接板在振动测试中可以满足要求。

2.5.4　外接板传感现场测试验证

1. 桥梁简介

由 2.5.3 节可知，外接板可应用于室内索力的监测，以下将验证其在具体实际结构——金州湾跨海大桥中的应用情况。

该大桥是一桥塔两索面的斜拉索大桥，总长度为 900m，桥面宽度为 15.5～18.4m。

每个索面具有 13 根索，从最长的索到最短的索分别标号 1～13。该大桥的照片和立面图如图 2-5-6 所示。

(a) 大桥照片

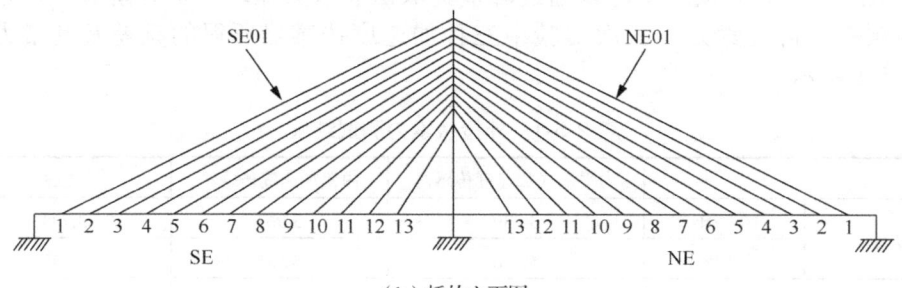

(b) 桥的立面图

图 2-5-6　金州湾跨海大桥

2. 索力测试

为了验证智能手机和外接板在实际桥梁应用中的可行性，将其应用在金州湾跨海大桥上，并使用无线式力平衡加速度传感器与之对比。实验安排如表 2-5-2 所示，智能手机内置传感器与力平衡式加速度传感器安装于索 1 上，外接板与力平衡式加速度传感器安装于索 2 上。以索 2 为例，现场测试图如图 2-5-7 所示。

表 2-5-2　对比实验的传感器安排

索号	传感器
1	手机内置加速度传感器、力平衡式加速度传感器
2	外接板、力平衡式加速度传感器

图 2-5-7　索 2 上的传感器

给索 1 敲击激励，使用上述的加速度传感器进行加速度采集，然后通过傅里叶变换获得加速度数据的频谱图。两根索上的频谱图如图 2-5-8 和图 2-5-9 所示。

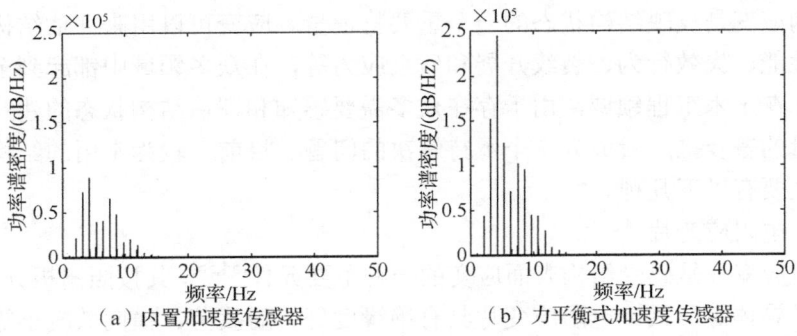

图 2-5-8　索 1 所得的频谱图

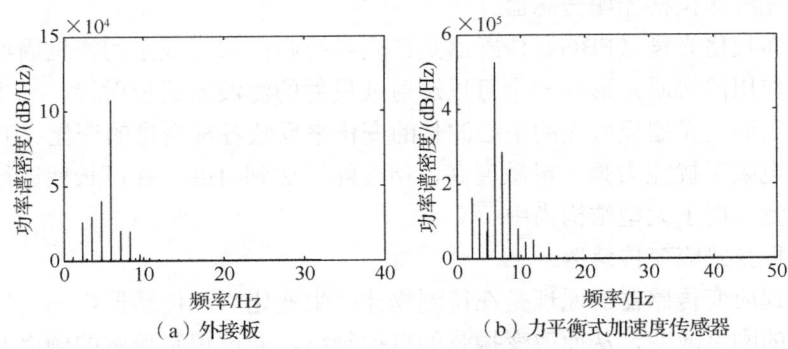

图 2-5-9　索 2 所得的频谱图

两根索得到的频差和索力由此可以计算得到，如表 2-5-3 所示。

表 2-5-3 两根索频差和索力计算结果

	SE01		SE02	
	频差/Hz	索力/kN	频差/Hz	索力/kN
智能手机内置加速度传感器	1.097	4292.25	—	
力平衡式加速度传感器	1.088	4225.86	1.197	3632.14
外接板	—		1.190	3589.78

从表 2-5-3 可以看出，内置加速度传感器、外接板与力平衡式加速度传感器所求得的频差和索力大致相同，差别不大，满足基本测量要求。所以在一定程度上说明智能手机内置传感器和外接板可以运用于实际结构的简单测量，对于更多更复杂的结构监测，接下来会进一步论述和验证。

2.6 应变传感技术

结构应变是反映结构状态的一个重要物理量。应变可以用来评估结构和材料的力学性能、失效行为、裂纹开展和残余应力等，在众多领域中都起到至关重要的作用。在土木工程领域，由于存在众多需要感知和评估结构状态的建筑结构，应变测量的普及推广就成为一个亟待解决的问题。目前，较为常用的结构应变监测方法主要有以下几种。

（1）电阻应变片

电阻应变片是感受结构表面应变的一种主要元件[54,55]，其按照栅极分为箔式、丝式、半导体等形式。电阻应变片具有绝缘度好、耐疲劳、横向效应小等特点，其测量灵敏度高、精度能达到 $1\mu\varepsilon$，具有极好的应用价值。

（2）光纤布拉格光栅传感器

光纤布拉格光栅（FBG）传感器是在光纤纤芯内部形成空间相位周期性分布光栅，其作用的实质是形成一个可以透射或反射的滤波器或反射镜，当光纤受到外部作用后通过光栅反射光的中心波长的变化来反映各种变量的变化。由于 FBG 传感器抗电磁干扰能力强、灵敏度高、精度能够达到 $1\mu\varepsilon$，并可长期进行监测，因此被广泛应用于大型结构当中[56]。

（3）振弦式应变传感器

振弦式应变传感器的原理是在待测物体产生变化后，传感器内部转换元件会使得振弦的刚度改变，从而改变振弦的自振频率，通过识别振弦的频率变化得到待测物体的应变[57,58]。振弦式应变传感器具有精度高、稳定性好的特点，信号不易受到外界干扰，可以长距离传输，且寿命较长。

(4) 光学测量技术

随着机器视觉的发展和相机像素的提高，基于图像处理的光学测量技术得到快速发展。光学测量技术以具有非接触、不破坏结构和全场测量等优势的数字图像相关（digital image correlation，DIC）技术[59]为主要代表。

上述几种方法都有各自的优点，但是受成本、专业程度、布线和环境的影响，较难做到大范围的推广应用。为了解决这些应变测量方法的不足，研究一种低成本、高精度、普及性强的应变传感方法是十分必要的，而普及率极高的智能手机结合配套的手机显微镜为实现这一目标带来了契机。智能手机结合手机显微镜具有操作简单、携带方便等特点，已经应用到各个领域当中[60-63]。基于此，本节提出了一种应用普及率极高的智能手机结合一个便携的手机显微镜来测量结构应变的方法，即显微图像应变传感（micro image strain sensing，MISS）方法。

2.6.1 MISS 方法基本原理

MISS 方法的基本步骤分为两个阶段：第一个阶段是利用智能手机结合一个便携的手机显微镜拍摄结构表面固定标记的微米级显微图像，如图 2-6-1 所示，此为硬件阶段也为图像获取阶段；第二个阶段是通过图像特征检测与匹配算法识别显微图像内固定标记所含特征点的微小位移，结合结构表面的测量距离即可计算得到此距离内结构表面的平均应变，此阶段为软件阶段也为结果运算阶段。

MISS 方法利用显微图像内两个标记点测量图像可移动目标相对于固定参考目标的相对位移变化，来消除由于相机焦点漂移造成的影响。其计算图像内两标记点相对移动位移的基本原理如图 2-6-2 所示。

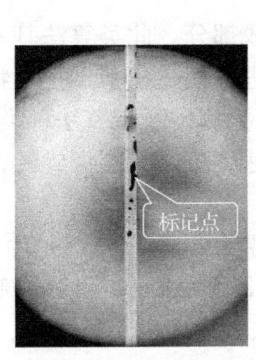

图 2-6-1 显微图像及内部标记点

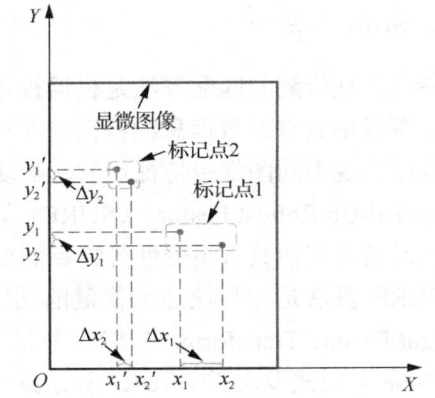

图 2-6-2 显微图像内标记点相对位移坐标示意

如图 2-6-2 所示，假设初始参考显微图像中可移动标记点 1 的平均坐标为 (x_1, y_1)，参考标记点 2 的平均坐标为 (x_2, y_2)，则参考图像中两点的相对距离为

$$\begin{cases}\Delta x_1 = x_2 - x_1\\ \Delta y_1 = y_2 - y_1\end{cases} \qquad (2\text{-}6\text{-}1)$$

式中，Δx_1 和 Δy_1 分别为可移动标记点与参考标记点的平均坐标在参考图像 X 轴和 Y 轴的距离，单位为像素。类似的，假设变形后显微图像中可移动标记点 1 的平均坐标为（x_1', y_1'），参考标记点 2 的平均坐标为（x_2', y_2'），则变形后显微图像中可移动标记点与参考标记点平均坐标的相对距离为

$$\begin{cases}\Delta x_2 = x_2' - x_1'\\ \Delta y_2 = y_2' - y_1'\end{cases} \qquad (2\text{-}6\text{-}2)$$

式中，Δx_2 和 Δy_2 分别为可移动标记点与参考标记点的平均坐标在变形图像 X 轴和 Y 轴的距离，单位为像素。将变形图像中两个标记点的相对距离减去参考图像中的相对距离并计算其欧氏距离，可得到结构变形前后引起的可移动标记点的移动距离 Δl，即

$$\begin{cases}\Delta x = \Delta x_2 - \Delta x_1\\ \Delta y = \Delta y_2 - \Delta y_1\end{cases}, \quad \Delta l = \sqrt{\Delta x^2 + \Delta y^2} \qquad (2\text{-}6\text{-}3)$$

式中，Δl 的单位为像素，将其与显微图像的像素大小标定值相乘并除以结构的测量距离，即可得到一定距离结构表面的平均应变。

通过以上内容可知，显微图像内标记点的识别效果是实现此方法的关键因素，而随着机器视觉的不断发展，成熟的图像特征检测与匹配算法多种多样，识别精度可达到亚像素级，为实现此方法提供了坚实的基础。

2.6.2 MISS 方法所用算法

1. SURF 算法

图像特征检测与匹配算法是机器视觉中的重要组成部分。此类算法基本思路是提取图像中具有有效信息的特征点并对此类特征点进行描述，基于描述特征的相似程度实现不同图像中特征点的匹配功能。图像特征检测与匹配算法种类众多，而 Speeded-Up Robust Feature（SURF）算法以其运算速度快，对图像旋转、尺度变化以及仿射变换具有不变性等特点而被广泛应用。

SURF 算法是一种快速而稳健的图像局部特征检测和匹配算法，是由 Scale Invariant Feature Transform（SIFT）算法[64]演变而来的，于 2006 年由 Bay 等提出并于 2008 年正式发表[65]。SURF 算法继承了 SIFT 算法对图像之间的平移、旋转、尺度变化的不变性特点，并应用积分图对 Hessian 矩阵和特征描述子进行降维，提高了算法的运算速度。因此，本节所述的 MISS 方法采用 SURF 算法对显微图像内的特征点进行提取和匹配。图 2-6-3 显示了两张显微图像运用 SURF 算法得到的匹配结果。

2. MSAC 算法

虽然 SURF 算法具有一系列的优点，并且 SURF 算法可以十分稳定地利用 Hessian 矩阵获取图像的特征点，但是在求取特征主方向阶段太过于依赖局部特征点区域像素的梯度方向，造成在特征点匹配阶段，主方向不大的偏差角度也可以造成错误的特征匹配，此特征匹配对称为特征点对的异常值，如图 2-6-4 所示的斜向线段匹配对。

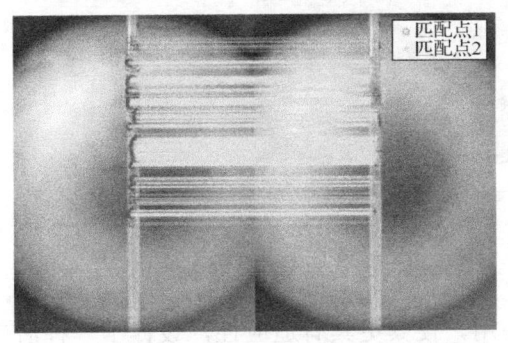 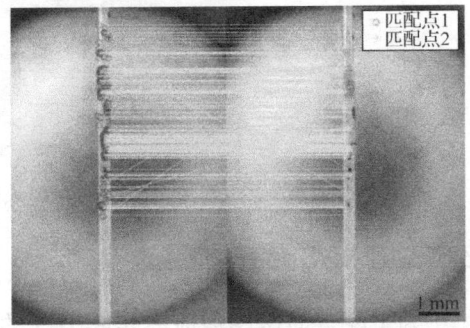

图 2-6-3 显微图像特征点匹配结果　　　　图 2-6-4 特征点匹配中的异常值

虽然可以通过制作对比更为明显特征点的方式来尽可能地减少匹配异常值，但是由于基于智能手机的 MISS 方法是通过计算显微图像内部众多特征点的平均位移从而得到物体的平均应变，匹配错误的特征点对势必会对结果引入不可控的误差，造成 MISS 方法测量的结构平均应变值缺乏稳定性，所以有必要对其进行剔除。

对于图像中匹配错误的特征点对，使用经典的参数估计技术，如最小二乘法等对数据进行拟合，由于没有检测和排除严重错误数据的内部机制而无法达到理想的剔除效果。当前，用于从匹配的特征中剔除异常值的方法主要以 Random Sample Consensus（RANSAC）[66]算法和基于 RANSAC 算法改进的 M-estimator Sample Consensus（MSAC）[67]算法为主。其中 RANSAC 算法和 MSAC 算法的思路基本一致，都是随机选取一部分粗糙结果匹配对，再利用其他算法诸如仿射变换或透射变换等反向推导模型并计算该模型对于所有粗糙匹配对的错误率，通过重复迭代，最终找到一个优化的模型，剔除所有不符合该模型的匹配对。RANSAC 算法的一大缺点在于其在选择模型过程中需要设置与问题相关的阈值并且对阈值的选择十分敏感，阈值过大则算法无效，阈值过小则模型不稳定。为了解决这一问题，MSAC 算法对这一影响做到了部分补偿。基于此，MISS 方法选用 MSAC 算法对 SURF 算法的异常匹配对进行剔除。运用 MSAC 算法对图 2-6-4 的数据进行异常值剔除后，可以得到图 2-6-5 所示的特征匹配图形。从图中可以看到，虽然经过 MSAC 算法运算后，两张图片内匹配的特征点对有所减少，但是 SURF 算法匹配错误的特征点对也被有效的剔除，提高了显微图像中特征匹配的准确性。

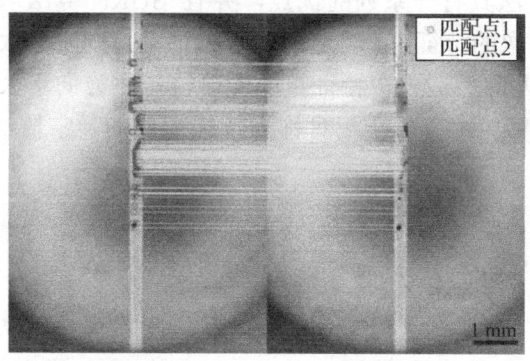

图 2-6-5　剔除匹配异常值的结果

2.6.3　MISS 传感器

为了配合显微图像应变传感方法的使用，使其更具有适应性，设计了一种活塞式应变传感器，简称 MISS 传感器，其主体构造如图 2-6-6 所示。

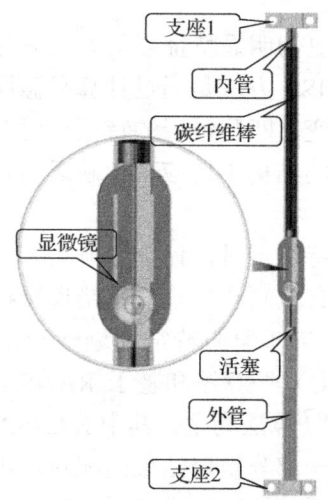

图 2-6-6　活塞式应变传感器的主体构造

从图 2-6-6 中可以看出，传感器主要由主体、显微镜和支座三部分构成。传感器的主体是两根不同直径的可以嵌套在一起的碳纤维管，两管分别称为内管和外管，两管内都有细部构造。传感器的两个支座分别与两根碳纤维管连接在一起，并且可以沿着管的轴向自由移动。传感器的外管中间部位安装有一个手机显微镜，此款显微镜具有质量轻、体积小、放大倍率高等特点，其独特的导光结构可以将智能手机的闪光灯灯光导向镜头部位进行补光,无须额外补光设备,极大地方便了使用,其具体性能参数如表 2-6-1 所示。

表 2-6-1 手机显微镜主要性能参数

性能参数	变化量
质量	3g
数值孔径	0.3
放大倍率	20~400 倍
视场直径	5mm
分辨率	2μm

传感器内管的内部固定有一根直径为 0.5mm 的碳纤维棒,此碳纤维棒的端部连接有活塞,可以随着与内管固定连接的支座一起沿着外管的内壁做轴向运动。显微镜的下方有一个半圆形支撑平台,此支撑平台固定于传感器的外管内部,用于支撑上表面的碳纤维棒,限制其竖直方向(即垂直于显微镜平面的方向)的自由度。此平台的材质为石英玻璃,具有耐高温、耐腐蚀、热膨胀系数小的特点。碳纤维棒上表面制作有用于特征识别的标记点,同时,位于碳纤维棒一侧的支撑平台上还布置一个直径为 1mm 的黑色圆点,用来对拍摄的显微图像中像素的实际大小进行标定。此黑色圆点是通过激光刻制而成的高精度菲林圆点尺,基底材料为透光合成树脂,这种材质具有良好的透明性和光泽度,刚性佳,强度高。传感器内部黑色圆点的上表面需要与碳纤维棒顶部的标记点处于同一平面,确保两者在显微图像中清晰可见,如图 2-6-7 所示。

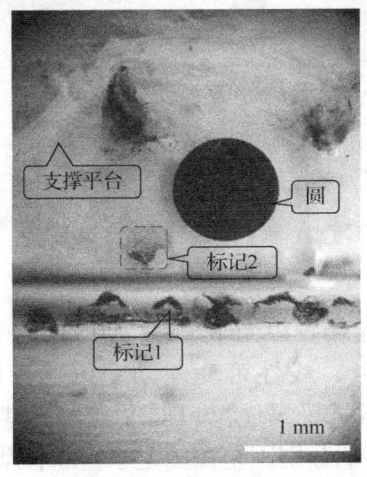

图 2-6-7 应变传感器内部显微图像

通过以上描述可知，传感器的支撑平台与外管固定连接，跟随与外管连接在一起的支座进行刚体平移，而传感器内的碳纤维棒与内管固定连接，跟随与内管连接在一起的支座进行刚体平移。当传感器受到外力作用使得两支座间发生移动时，碳纤维棒上的标记点 1 和固定平台上的标记点 2 发生相对位移，此位移可以通过 SURF 算法进行识别，结合黑色圆点标定的显微图像中每个像素的实际大小，可以得到两标记点的实际移动位移。将此位移除以两固定支座间的距离（即传感器测量距离），进而得到布置有传感器的结构表面的平均应变。

为了实现自动标定智能手机拍摄的显微图像内每个像素的实际大小，使用图像形态学中的开运算处理结合图像区域连通标记方法，识别传感器内部已知实际大小圆的像素半径，进而自动得到像素的实际大小。

2.6.4　静态与动态试验验证

为了验证 MISS 方法结合设计的 MISS 传感器测量结构表面应变的准确性和稳定性，利用 FBG 传感器设计了一个对比试验装置，模拟结构产生应变的过程，如图 2-6-8 所示。

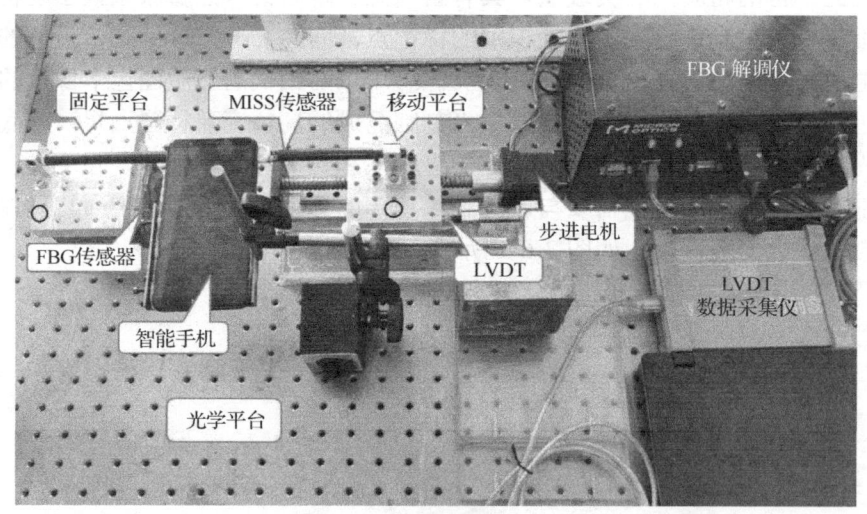

图 2-6-8　试验装置示意图

从图中可以看到，试验装置由光学平台、MISS 传感器、智能手机及支架、步进电机、固定和移动平台、线性可变差动变压器（linear variable differential transformer，LVDT）及其数据采集仪和 FBG 传感器及其解调仪组成。其中，MISS 传感器和 FBG 传感器的两端分别固定在固定平台和移动平台上，而移动平台与步进电机直线导轨模块连接在一起，通过步进电机直线导轨控制移动平台的移动，进而控制两种传感器发生纵向的变形。FBG 传感器的测量距离应与 MISS 传感器的一致，从而以 FBG 传感器测量的应变作为基准，验证 MISS 方法结合 MISS 传感器测量结构表面应变的准确性。然而，由于 FBG 传感器拉伸方向、测量长度误差的存在和两端粘贴后受力的不均匀，会造成 FBG 传感器测量数据与实际应变数据存在比例性的误差，所以为了减小这一误差的影响，试验过程中在移动平台的一侧添加了一个 LVDT 来测量移动平台的移动距离，进而计算得出此移动距离代表的应变，用此应变值与 FBG 传感器测量的数据进行对比，修正 FBG 传感器的测量长度和受力。

试验中为了使 FBG 传感器在收缩状态时也有应变响应，在试验加载前预先对 FBG 传感器进行预加载。试验分静态试验和动态试验两种，静态试验以步距的大小分为两种加载工况，等值步距分别为 5μm 和 10μm，每种工况的加载段和卸载段分为 10 级，即每种工况的最大移动距离分别为 0.05mm 和 0.1mm。动态试验的加载工况分别为峰值±0.05mm 和±0.1mm 的正弦波，每次加载重复 10 次波形。试验所用的传感器和 FBG 传感器的测量距离都为 305mm。此次静态试验选用智能手机的相机以百万像素（megapixels，MP）为单位，分别为 8MP 和 16MP 的智能手机(SP-8、SP-16)。动态试验中智能手机录制视频的帧速率分别为 30fps 和 60fps，视频分割生成图像的分辨率为 1920×1080 像素。为了验证传感器测量结果的可重复性，每种工况重复 5 次试验。具体试验工况如表 2-6-2 和表 2-6-3 所示。

表 2-6-2 静态试验工况

工况序号	试验类型	像素值/MP	步距/μm	试验次数
1	静态	8	5	5
2		8	10	5
3		16	5	5
4		16	10	5

表 2-6-3 动态试验工况

工况序号	试验类型	视频帧率/fps	正弦波峰值/mm	试验次数
1	动态	30	±0.05	5
2		30	±0.10	5
3		60	±0.05	5
4		60	±0.10	5

通过分析 MISS 方法结合 MISS 传感器测量的静态试验结果并与 FBG 传感器测量的数据进行对比，可以得到图 2-6-9 所示结果。

从图 2-6-9 可以看出，智能手机结合传感器测得的应变数据与 FBG 传感器测得的数据吻合良好。虽然从理论上讲，智能手机摄像头的像素数越大，测量应变的精度越高,但本书研究采用的亚像素级特征检测算法提高了低像素智能手机测量结果的精度。同时,考虑运算时间消耗,使用低像素智能手机进行图像采集更加适合静态应变测量任务。

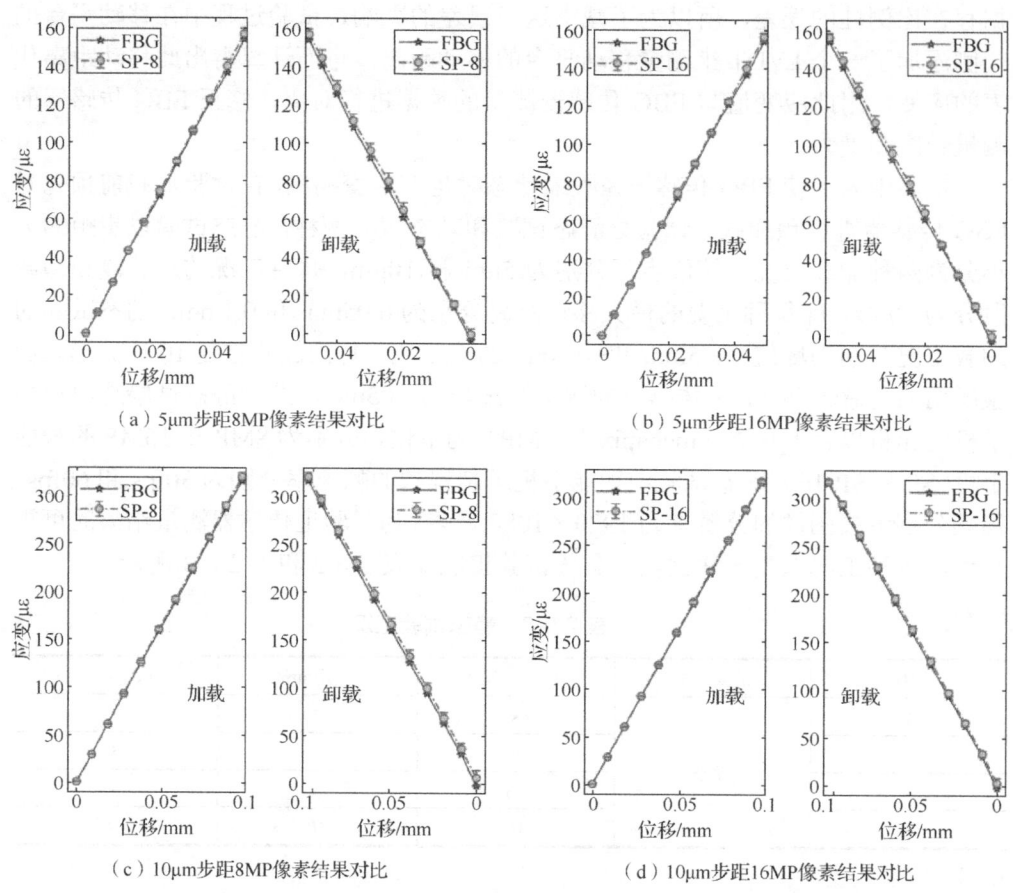

图 2-6-9　静态试验结果对比

通过分析 MISS 方法结合 MISS 传感器测量的动态试验结果并与 FBG 传感器测量的数据进行对比,可以得到图 2-6-10 所示结果。

从图 2-6-10 可以看出,不同工况的试验中,两种帧速率录制的视频所测量的动态应变均与 FBG 传感器采集的数据吻合良好,表明基于 MISS 方法结合 MISS 传感器可以很好地测量结构的动态应变。值得注意的是,MISS 传感器的动态应变采样频率等同于智能手机的视频帧率,本节的智能手机结合 MISS 传感器的采样频率分别为 30Hz 和 60Hz,满足一般结构的测量要求。

第2章 基于智能手机的传感技术 ·113·

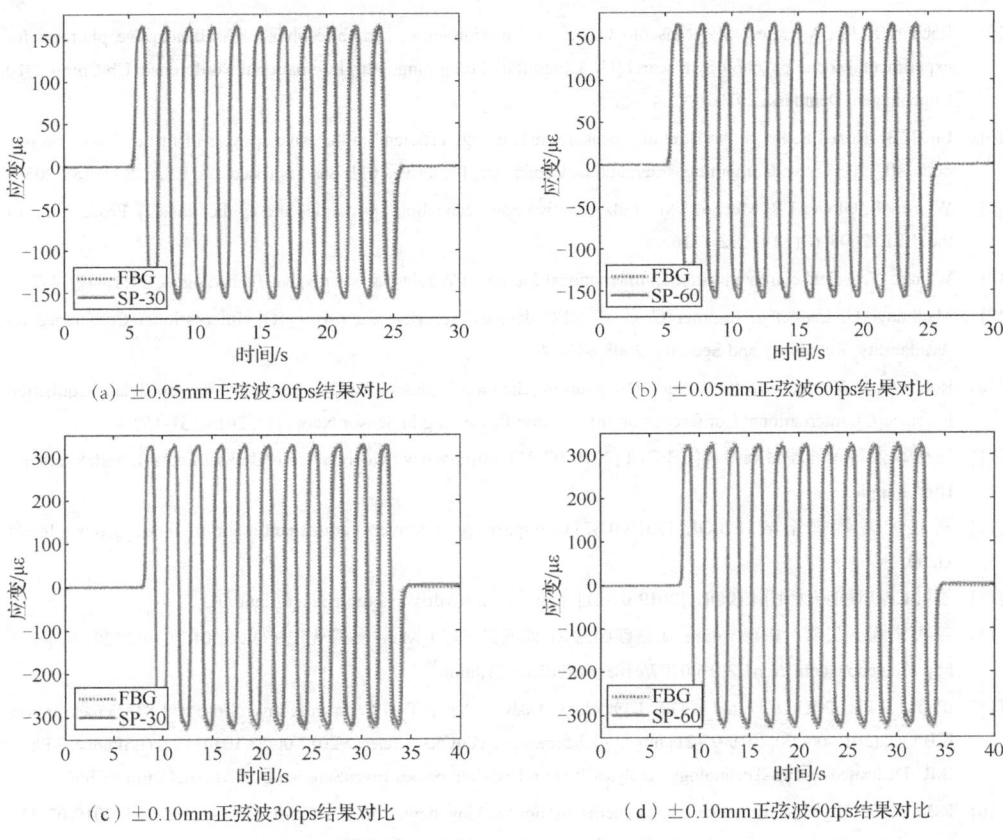

图 2-6-10 动态试验结果对比

通过分析 MISS 方法结合 MISS 传感器测量的静态与动态应变试验结果与 FBG 传感器测量数据的误差，可以得到 MISS 方法结合 MISS 传感器测量的结构静态应变数据与 FBG 传感器测量数据的平均误差小于 4με，平均值的标准误差为 1.9με；动态应变的平均误差小于 4.3με，平均值的标准误差为 5.4με，满足工程的需求。

参 考 文 献

[1] Gadelhak M. MEMS: introduction and fundamentals[M]. Boca Rcoton, State of Florida: CRC Press, 2005.
[2] Blum J R , Greencorn D G , Cooperstock J R . Smartphone sensor reliability for augmented reality applications[C]. International Conference on Mobile and Ubiquitous Systems: Computing, Networking, and Services, 2013.
[3] Lane N D, Miluzzo E, Lu H, et al. A survey of mobile phone sensing[J]. IEEE Communications Magazine, 2010, 48(9):140-150.
[4] Lu H, Pan W, Lane N D, et al. SoundSense:scalable sound sensing for people-centric applications on mobile phones[C]. International Conference on Mobile Systems, Applications, and Services, 2009:165-178.

[5] Rachuri K K, Musolesi M, Mascolo C, et al. EmotionSense: a mobile phones based adaptive platform for experimental social psychology research[C]. Ubiquitous Computing, 12th International Conference, UbiComp 2010, Copenhagen, Denmark, 2010.

[6] Lu H, Brush A J B, Priyantha B, et al. SpeakerSense: energy efficient unobtrusive speaker identification on mobile phones[C]. Pervasive Computing, International Conference, Pervasive 2011, San Francisco, Ca, USA, 2011: 188-205.

[7] Widrow B, Glover J R, Mccool J M, et al. Adaptive noise cancelling: principles and applications[J]. Proceedings of the IEEE, 2005, 63(12):1692-1716.

[8] Want R. Near field communication[J]. International Journal of Wireless & Microwave Technologies, 2011, 4(2): 4-7.

[9] Madlmayr G, Langer J, Kantner C, et al. NFC devices: security and privacy[C]. International Conference on Availability, Reliability and Security, 2008:642-647.

[10] Robinson A, Verma S, Dutta P. AudioDAQ:turning the mobile phone's headset port into a universal data acquisition interface[C]. International Conference on Information Processing in Sensor Networks, 2014:151-152.

[11] 三星/联发科等处理器规格表[EB/OL].[2019-07-21]. http://www.mydrivers.com/zhuanti/tianti/01/index_other. Html #apple.

[12] 高通处理器规格表[EB/OL].[2019-07-21]. http://www.mydrivers.com/zhuanti/tianti/01/index_gaotong.html#xl800.

[13] 手机CPU性能天梯图[EB/OL].[2019-07-21]. http://www.mydrivers.com/zhuanti/tianti/01/.

[14] 张歌,毕磊.人民网：搭载10nm工艺麒麟970处理器 华为Mate 9曝光[EB/OL].(2016-07-07)[2019-07-21]. http://tc.people.com.cn/n1/2016/0707/c183008-28533021.html.

[15] iPhone 7 Plus IMU Dedicated to OIS Technology Analysis Report-Two Companies-InvenSense and STMicroelectronics [EB/OL].(2017-06-28)[2019-07-21].https://globenewswire.com/news-release/2017/06/28/1030110/0/en/iPhone-7-Plus-IMU-Dedicated-to-OIS-Technology-Analysis-Report-Two-Companies-InvenSense-and-STMicroelectronics.html.

[16] ICM-20600 High performance 6-axis mems motiontracking device in 2.5*3mm package[EB/OL].[2019-07-21]. https://www. invensense.com/products/motion-tracking/6-axis/icm-20600/.

[17] LSM6DS3[EB/OL].[2019-07-21].http://www.stmicroelectronics.com.cn/content/st_com/zh/products/mems-and-sensors/inemo- inertial-modules/lsm6ds3.html.

[18] CA-YD-103 压电式加速度传感器[EB/OL].[2019-07-21]. http://www.china-yec.com/products_detail1/productId=85.html.

[19] iPhone X 技术规格[EB/OL].[2019-07-21]. https://www.apple.com/cn/iphone-x/specs/.

[20] Huawei Mate 10 技术规格[EB/OL].[2019-07-21]. http://consumer.huawei.com/cn/phones/mate10/specs.

[21] Samsung galaxy-S8 摄像头[EB/OL].[2019-07-21]. http://www.samsung.com/cn/smartphones/galaxy-s8/camera/.

[22] 1G、2G、3G、4G、5G网络的概念与历史[EB/OL].(2019-03-23)(2021-11-04). http://www.elecfans.com/d/889173.html.

[23] 高建涛，谭学广. 我国移动通信的发展概述[J]. 中国新通信, 2015, 17(10):6-7.

[24] Elsen I, Hartung F, Horn U, et al. Streaming technology in 3G mobile communication systems[J]. Computer, 2001, 34(9):46-52.

[25] Vergados D D, Liveris A D, Anagnostopoulos C N E, et al. New generation features for GSM systems: an overview of DECT technology in 3G mobile communication systems[C]. International Conference on Personal Wireless Communications, 2000:577-581.

[26] Zahariadis T, Kazakos D. (R)Evolution toward 4G mobile communication systems[J]. Wireless Communications IEEE, 2008, 10(4):6-7.

[27] Govil J, Govil J. 4G mobile communication systems: turns, trends and transition[C]. International Conference on Convergence Information Technology, 2007:13-18.

[28] Haartsen J C. The Bluetooth radio system[J]. Personal Communications IEEE, 2000, 7(1):28-36.

[29] Bisdikian C. An overview of the Bluetooth wireless technology[J]. IEEE Communications Magazine, 2001, 39(12):86-94.

[30] Salonidis T, Bhagwat P, Tassiulas L, et al. Distributed topology construction of bluetooth wireless personal area networks[J]. IEEE Journal on Selected Areas in Communications, 2005, 23(3): 633-643.

[31] Haartsen J C. The bluetooth radio system[J]. IEEE Personal Communications, 2000, 7(1):28-36.

[32] Lansford J, Stephens A, Nevo R. Wi-Fi (802.11b) and Bluetooth: enabling coexistence[J]. Network IEEE, 2001, 15(5):20-27.

[33] 陈春雷. 手机运行内存真的越大越好吗[J]. 大众用电, 2017(2): 1.

[34] 杨莹浩. 桥梁结构挠度测量方法研究[D]. 西安：长安大学, 2009.

[35] Park K T, Kim S H, Park H S, et al. The determination of bridge displacement using measured acceleration[J]. Engineering Structures, 2005, 27(3):371-378.

[36] 李东光, 张国雄. 高速精密激光干涉测量的研究现状及其关键技术[J]. 航空精密制造技术, 1998(6):30-35.

[37] Nassif H H, Gindy M, Davis J. Comparison of laser doppler vibrometer with contact sensors for monitoring bridge deflection and vibration[J]. NDT & E International, 2005, 38(3): 213-218.

[38] Lovse J W, Teskey W F, Lachapelle G, et al. Dynamic deformation monitoring of tall structure using GPS technology[J]. Journal of Surveying Engineering, 1995, 121(1): 35-40.

[39] Roberts G W, Meng X, Dodson A H. Integrating a global positioning system and accelerometers to monitor the deflection of bridges[J]. Journal of Surveying Engineering, 2004, 130(2):65-72.

[40] 梅文胜, 张正禄, 郭际明, 等. 测量机器人变形监测系统软件研究[J]. 武汉大学学报:信息科学版, 2002, 27(2): 165-171.

[41] Psimoulis P A, Stiros S C. Measurement of deflections and of oscillation frequencies of engineering structures using robotic theodolites (RTS)[J]. Engineering Structures, 2007, 29(12):3312-3324.

[42] Palazzo D, Friedmann R, Nadal C, et al. Dynamic monitoring of structures using a robotic total station[C]. Proceedings of the Shaping the Change XXIII FIG Congress, Munich, Germany, 2006: 813.

[43] 毛方儒, 王磊. 三维激光扫描测量技术[J]. 宇航计测技术, 2005, 25(2): 1-6.

[44] Gordon S J, Lichti D D. Modeling terrestrial laser scanner data for precise structural deformation measurement[J]. Journal of Surveying Engineering, 2007, 133(2):72-80.

[45] Park H S, Lee H M, Adeli H, et al. A new approach for health monitoring of structures: terrestrial laser scanning[J]. Computer-aided Civil and Infrastructure Engineering, 2007, 22(1):19-30.

[46] Vurpillot S, Inaudi D, Scano A. Mathematical model for the determination of the vertical displacement from internal horizontal measurements of a bridge[J]. Proceedings of SPIE - The International Society for Optical Engineering, 1996, 2719:46-53.

[47] Glisic B, Inaudi D, Nan C. Pile monitoring with fiber optic sensors during axial compression, pullout, and flexure tests[J]. Transportation Research Record Journal of the Transportation Research Board, 2002, 1808(1):11-20.

[48] 张奔牛, 李星星, 宋军, 等. 激光投射式位移传感技术在桥梁挠度检测中的应用研究[J]. 传感技术学报, 2009(5): 755-759.

[49] 张奔牛, 万红明, 毛成林. 基于差分光斑中心定位算法的位移传感技术研究[J]. 传感技术学报, 2011, 24(2): 215-219.

[50] Member K K, Member I M, Non-Member M S, et al. An experimental study on relative displacement sensing using phototransistor array for building structures[J]. IEEJ Transactions on Electrical & Electronic Engineering, 2010, 5(2):251-255.

[51] Jeon H, Bang Y, Myung H. A paired visual servoing system for 6-DOF displacement measurement of structures[J]. Smart Materials & Structures, 2011, 20(4):45019-45034.

[52] Jeon H, Shin J U, Myung H. ViSP: visually servoed paired structured light system for measuring structural displacement[J]. Proceedings of SPIE-the International Society for Optical Engineering, 2012, 8345(9):841-845.

[53] Schumacher T, Shariati A. Monitoring of structures and mechanical systems using virtual visual sensors for video analysis: fundamental concept and proof of feasibility[J]. Sensors, 2013, 13(12): 16551-16564.

[54] Chung D D L. Structural health monitoring by electrical resistance measurment[J]. Smart Materials and Structural, 2001, 10:624-636.

[55] Dos Reis J, Oliveira Costa C, Sa Da Costa J. Strain gauges debonding fault detection for structural health monitoring[J]. Structural Control and Health Monitoring, 2018, 25: e2264.

[56] Tondini N, Bursi O S, Bonelli A, et al. Capabilities of a fiber bragg grating sensor system to monitor the inelastic response of concrete sections in new tunnel linings subjected to earthquake loading[J]. Computer-Aided Civil and Infrastructure Engineering, 2015,30(8): 636-653.

[57] Xia Y, Ni Y Q, Zhang P, et al. Stress Development of a supertall structure during construction: field monitoring and numerical analysis[J]. Computer-Aided Civil and Infrastructure Engineering, 2011,26(7): 542-559.

[58] Lee H M, Choi S W, Jung D, et al. Analytical model for estimation of maximum normal stress in steel beam-columns based on wireless measurement of average strains from vibrating wire strain gages[J]. Computer-Aided Civil and Infrastructure Engineering, 2013,28(9): 707-717.

[59] Pan B, Yu L P, Zhang Q B. Review of single-camera stereo-digital image correlation techniques for full-field 3D shape and deformation measurement[J]. Science China Technological Sciences, 2018,61(1): 2-20.

[60] Tseng D, Mudanyali O, Oztoprak C, et al. Lensfree microscopy on a cellphone[J]. Lab on a Chip, 2010,10(14): 1787.

[61] Navruz I, Coskun A F, Wong J, et al. Smart-phone based computational microscopy using multi-frame contact imaging on a fiber-optic array[J]. Lab on a Chip, 2013,13(20): 4015.

[62] Wu Y, Shiledar A, Li Y, et al. Air quality monitoring using mobile microscopy and machine learning[J]. Light: Science & Applications, 2017,6(9): e17046.

[63] Kanakasabapathy M K, Sadasivam M, Singh A, et al. An automated smartphone-based diagnostic assay for point-of-care semen analysis[J]. Science Translational Medicine, 2017,9(382): i7863.

[64] Lowe D G. Distinctive image features from scale-invariant keypoints[J]. International Journal of Computer Vision, 2004,60(2): 91-110.

[65] Bay H, Ess A, Tuytelaars T, et al. Speeded-up robust features (SURF)[J]. Computer Vision and Image Understanding, 2008,110(3): 346-359.

[66] Fischler M A, Bolles R C. Random sample consensus: a paradigm for model fitting with applications to image analysis and automated cartography[J]. Communications of the ACM, 1981,24(6): 381-395.

[67] Nieto M, Salgado L. Non-linear optimization for robust estimation of vanishing points[C]. Proceedings of 2010 IEEE 17th International Conference on Image Processing, HongKong, 2010.

第3章　基于智能手机的便捷式桥梁监测与管养

作为交通系统的组成部分,桥梁在人类文明的发展和演化中起到了重要作用。随着现代科技的发展以及运输需求的不断增长,大型桥梁(如跨海大桥、大跨度桥梁)越来越多地出现在人们的视野中,这些桥梁造价动辄几亿甚至几十亿元,在交通、军事和社会生活等方面有着重要的战略意义。然而,桥梁在建造和使用过程中,由于受到环境、有害物质的侵蚀,车辆、风、地震、疲劳、人为因素等作用,以及材料自身性能的不断退化,导致结构各部分在远没有达到设计年限前就产生不同程度的损伤和劣化。这些损伤如果不能及时得到检测和维修,轻则影响行车安全和缩短桥梁使用寿命,重则导致桥梁突然破坏和倒塌。据统计,在美国近60万座桥梁中,性能不足和有功能缺陷的占28.6%。美国每年桥梁投资的90%用于更新维修旧桥,只有10%用于新建桥梁。所以桥梁结构一直是结构健康监测领域的重点研究对象,目前已有较为成熟的桥梁监测技术。当前结构健康监测的技术依赖于专业技术人员利用传感技术、通信技术、信号处理等技术对桥梁结构进行监测系统集成,这对造价与专业技术要求都较高,并没有适合普通大众的监测方式,而前两章所论述的智能手机的优势,能在一定程度上给桥梁结构的监测与管养带来便捷。因此,本章主要从以下几个方面进行介绍,首先给出智能手机便捷式桥梁健康监测系统的总框架,将其应用于跨海大桥的吊装监测中,实现实时控制与反馈;其次开发 APP 实现索力监测与计算技术,研究智能手机和激光投射技术的位移识别,并应用于桥梁模型中;然后研究基于视觉的索力监测技术;最后开发基于智能手机的桥梁管养系统。

3.1　智能手机便捷式桥梁监测系统

3.1.1　系统监测内容

智能手机便捷式桥梁监测系统主要包括如下几个方面:吊装监测与控制、索力监测与识别、桥梁位移监测、视觉索力以及桥梁管养。这些监测对象对应于桥梁结构的不同部位,主要监测内容如图 3-1-1 所示。

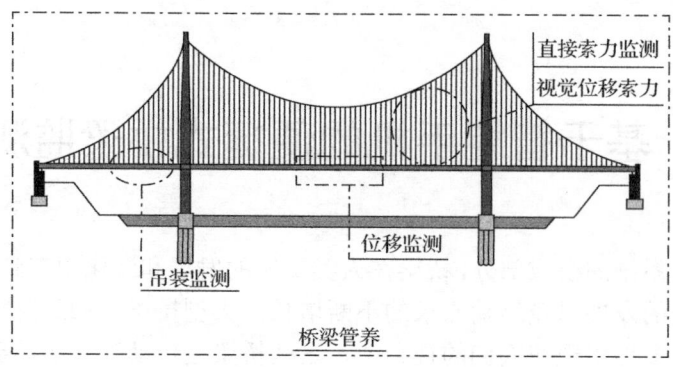

图 3-1-1　智能手机便捷式桥梁监测系统主要监测内容

3.1.2 系统实现

将智能手机内置加速度传感器、倾角仪、摄像头、网络传输等功能融合,对桥梁结构实现便捷式监测。针对上述主要监测内容,其实现方式如图 3-1-2 所示。

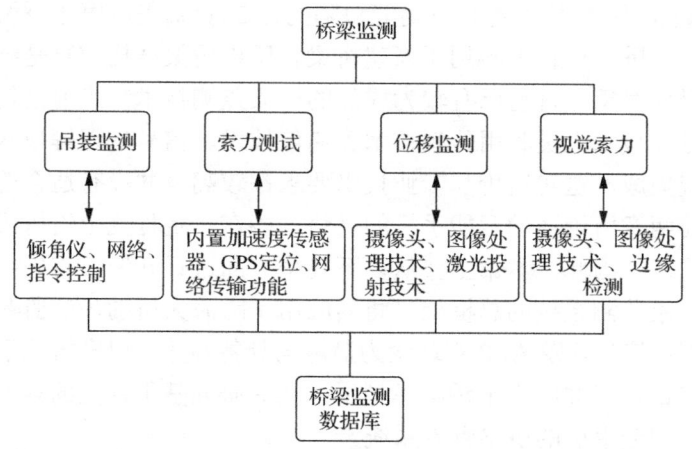

图 3-1-2　桥梁监测系统实现

吊装监测主要是为了保证施工过程的安全,通过指令控制等实现控制、监测与安全报警。索力测试可以利用智能手机内置加速度传感器针对成桥索力和桥梁运行过程索力进行直接监测,并结合索的参数实现在线监测与评定。位移监测可利用摄像头和激光投射技术实现跨中、边跨的位移监测,也可分布布置传感器,实现桥梁线型监测。视觉索力可不将手机固定于拉索上,直接使用摄像头对拉索的边缘进行检测,实现振动过程的位移分析。所有对结构部位的监测都可与桥梁信息和位置等一起上传至桥梁监测数据库,形成桥梁监测系统的监测大数据。接下来将从各个方面进行详细的介绍。

3.2 智能手机吊装监测

随着科技的发展，土木工程结构也越来越复杂，无论是结构形式、材料还是施工方面，都在不断突破，跨海大桥便是其中一种复杂结构形式。跨海大桥是指跨越海湾和海域的桥梁，它具有以下特点：①跨度大，大多数跨海大桥的跨度都在 5km 以上，有的甚至在 20km 或 30km 以上，这是一般内河大桥无法比拟的。②水动力状况复杂，这里是江流、海流的交汇处，风急、浪高、水深、潮大，喇叭口地段还容易形成涌潮。③施工难度大，技术要求高，正是因为上述两个特点，决定了跨海大桥的施工难度要远远大于内河桥梁。④投资总量大，建造一座跨海大桥，少则上亿元，多则上百亿元。因此，一个国家跨海大桥的建设水平往往代表着该国桥梁建设技术的最高水准。在跨海大桥的建设中，因其复杂的特点，每个环节都有很大的施工难度，特别是海上的吊装作业，被吊装结构物往往体积大、重量重，再加上起重船漂浮在海上，受海浪影响大，吊装作业的施工难度远远大于陆地，而吊装的顺利进行对整个项目的工程进度也具有决定性的影响，任何意外事故都会造成巨大的经济损失并影响到项目的整体施工进度[1]。为了保障吊装作业的顺利进行，对吊装过程中结构的姿态和运动情况进行实时监测并及时反馈信息，针对反馈信息采取相应的措施是十分必要的。传统的吊装监测方式主要是使用全站仪，但是全站仪使用受地形影响大，遮挡物致使有些地点难以被监测到。对于海上吊装，全站仪很难被固定在施工现场。所以开发一种受地形限制小，适用于现场工程人员的快速便捷监测技术，解决现场的实践监测问题是十分必要的。基于此，我们针对星海湾跨海大桥的主梁吊装，为了解决现场监测困难的情况，提出了基于智能手机的监测方案，并开展了一系列的研究。

3.2.1 星海湾跨海大桥介绍

大连星海湾大桥坐落在中国辽宁省大连市，是中国东北地区最长的跨海大桥工程。星海湾跨海大桥建成后，是大连市未来交通网"七纵七横"中的重要一横，也是大连环城快速路南环的重要组成部分，它的建设对完善城市路网结构、改善城市功能、提升城市景观发展和促进大连经济繁荣具有积极作用。它是我国首座双层桥面钢桁架柔性悬索桥，也是中国首座海上地锚式悬索跨海大桥。

主线起点处为单层双幅桥梁，两条线间距 55m，主线在海上逐渐过渡为双层桥梁。在经过星海广场时，线路垂直于广场中轴线，并将主桥主跨中心设于广场轴线上，使得游人可以在广场上获得最佳的观景角度。线路距离星海广场百年城雕的距离为 1000m。主桥为双塔三跨地锚式悬索桥，跨度布置为 180+460+180＝

820m，加劲梁为钢桁架结构，两端设混凝土重力式锚碇，桥塔采用混凝土结构，桥面板采用正交异性桥面板，车道双层布置。主桥两侧的大跨混凝土引桥跨主桥钢桁加劲梁由主桁架、主横梁和上、下平联组成，主桁架桁高 10m，标准节段长 10m。该跨海大桥的工程效果图如图 3-2-1 所示。

图 3-2-1　星海湾跨海大桥效果图

3.2.2　系统监测对象及内容

星海湾跨海大桥共有 43 个钢桁梁需要吊装，桁梁重量从 246.18t 到 527.19t 不等。边跨桁架梁使用浮吊进行吊装，主跨桁架梁使用横跨在两边主缆上的起重机进行吊装。吊装过程需要在海浪平静的天气下进行，吊装安全是一个需要考虑的重要因素，因此在施工过程中对其进行安全监控是非常有必要的。本章提出的吊装监测方案对保证吊装安全、实时监控和方便操作具有积极推动作用。图 3-2-2 为主桥立面图，本节进行吊装监测的桁梁为边跨的 3 号和主跨的 22 号。

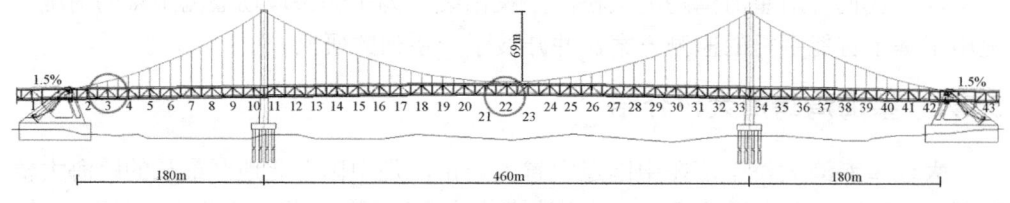

图 3-2-2　主桥立面图

3.2.3　系统组成构架

1. 监测系统的设计

监测系统包括安装在 iPhone 上的采集程序和安装在 iPhone 上的控制程序，以及用来接收和反馈数据的服务器。

控制端发送指令至采集端，并监测采集到的数据。采集端接收控制端发出的指令后，使用手机内置传感器进行实时监测。开始采集数据之前，可以对其中的变量进行设置，比如采样频率、采样时间、阈值、文件名等。开始采集时，根据之前的设置进行正常工作。采集数据每 20s 返回至控制端一次。在控制端设定阈值，加速度阈值为 $10m/s^2$，角度阈值为 $10°$。一旦所接收数据超过阈值，在控制端则会出现报警信息，否则继续正常监控。该系统总体框图如图 3-2-3 所示。采集端固定在待吊装结构物（钢桁架）上，实时监测钢桁架在吊装过程中的加速度、倾角等姿态情况。

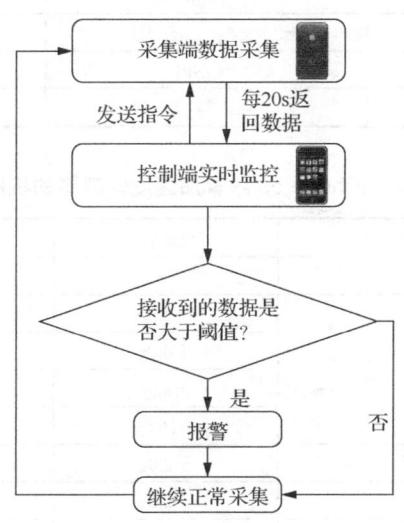

图 3-2-3　监测系统流程图

2. 传感器子系统

在吊装过程中，对钢桁架梁的监测主要考虑以下三个参数，分别是竖向加速度、钢桁架梁平面内的转动（绕两个轴）。因为竖向加速度考虑的是钢桁架梁在吊装过程中是否瞬间掉落，钢桁架梁平面内转动考虑的是吊装过程中在桁架梁四个角处的四根吊绳是否因长度的不同而造成太大的倾斜。对于加速度和倾角的数据，使用手机内置的加速度传感器和陀螺仪进行采集。第 2 章对最新几个版本的手机加速度传感器和陀螺仪已经进行了介绍。该部分进行验证性实验时进行数据采集时选用的还是较老版本的 iPhone 5s，因此在此对实验中用到的手机内置传感器进行介绍。iPhone 5s 手机内置加速度传感器为低功率高性能的三轴加速度计 BMA-220（博世，斯图加特，德国），是基于 MEMS 的一种传感器。iPhone 5s 用于采集角度的内置陀螺仪型号为 L3G4200D（意法半导体 ST，日内瓦，瑞士），也是基于 MEMS 的传感器。该传感器集成了可供用户选择带宽的低通和高通滤波器、嵌入式节电模式和睡眠模式、嵌入的温度传感器，具有嵌入的先入先出队列。

iPhone 5s 中加速度传感器和陀螺仪的基本特点如表 3-2-1 所示，加速度传感器和陀螺仪的机械性能分别如表 3-2-2 和表 3-2-3 所示。

表 3-2-1　iPhone 5s 内置加速度传感器 BMA-220 和内置陀螺仪 L3G4200D 主要特征

参数	加速度传感器（BMA-220）	陀螺仪（L3G4200D）
供电电压	1.62～1.98V	2.4～3.6V
iOS 兼容电压	1.8V	1.8V
数据输出	16bit	16bit
可选择测量范围	±2g/±4g/±8g, ±16g	250dps/500dps/2000dps
输出界面	I^2C/SPI	I^2C/SPI
耐振动性	是	是

表 3-2-2　iPhone 5s 内置加速度传感器的机械性能

参数	条件	典型值
测量范围	—	±2g, ±4g, ±8g, ±16g
灵敏度	±2.0g	16LSB/g
	±4.0g	8LSB/g
	±8.0g	4LSB/g
	±16.0g	2LSB/g
灵敏度随温度的改变	±2.0g	±0.01%/℃
零漂精度	±2.0g	$±95×10^{-3}$g
工作温度范围	—	−40～+85℃
零漂随温度的改变	−40～+85℃	$±2×10^{-3}$g/K
输出频率	—	32, 64, 125, 250, 500, 1000Hz

表 3-2-3　iPhone 5s 内置陀螺仪的机械性能

参数	测试条件	典型值
测量范围	—	±250, ±500, ±2000dps
灵敏度	±250dps	8.75mdps/digit
	±500dps	17.50mdps/digit
	±2000dps	70mdps/digit
灵敏度随温度的改变	−40～+85℃	±2%
零漂水平	±250dps	±10dps
	±500dps	±15dps
	±2000dps	+75dps
零漂水平随温度的改变	±250dps	±0.03dps/℃
	±2000dps	±0.04dps/℃
输出频率	—	100, 200, 400, 800Hz

由表 3-2-1~表 3-2-3 可知，iPhone 5s 内置加速度传感器和陀螺仪的基本性能稳定，可以满足实际工程监测的要求。具体测量正方向在前文中已有介绍，在此省略。

3. 控制端

控制端与服务器同时工作用以控制采集端的进程，并实时观察采集端传回的采集数据。控制端可以通过服务器将指令传送至采集端，采集端根据指令开始运行。共有三个指令，分别是开始采集、停止采集和上传数据。开始采集指令发出后，在线的采集端会自动开始采集数据；停止采集指令使采集进行中的采集端停止工作；上传数据指令发出后，采集端所获得的数据将会被上传至服务器中。设置控制端的一个好处是，当采集端放置在比较危险、不适合人现场操作的情况下，在安全固定以及人员撤离后，可以根据控制端的指令进入相应的程序，不需要手动点击开始采集等按钮，简单安全。控制端的主界面如图 3-2-4（a）所示。

控制端最重要的一个作用是能够实时监控采集端返回的数据，点击图 3-2-4（a）最下方的"Details"，便可观察采集端的数据，从进入的实时监控界面上可以看到采集端每 20s 返回的实时加速度信息和倾角监测信息。在控制端可以设定阈值，如果采集端所采数据超过了所给阈值，在控制端的监控界面上会马上变红给予报警提示。由于采集端不一定只有一部手机，在返回数据中可以看到当前返回数据的手机编号。实时监控界面如图 3-2-4（b）所示，图中最上一行为采集端的手机编号，下边分别为加速度和倾角的实时监测数据。

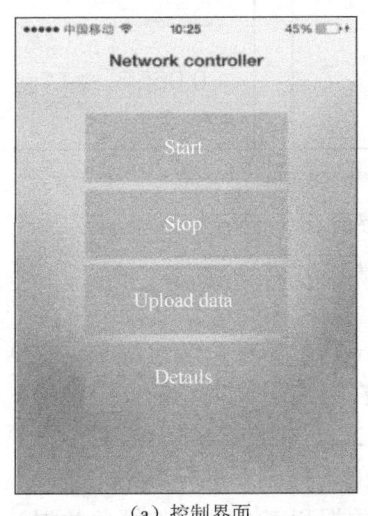 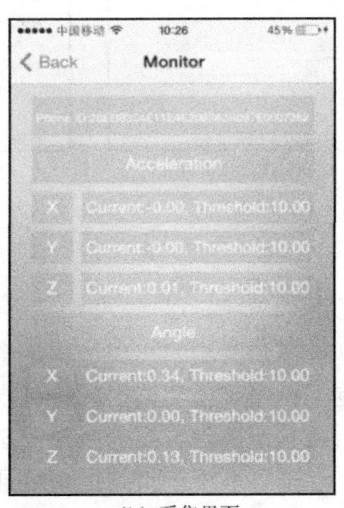

（a）控制界面　　　　　　　　　　（b）采集界面

图 3-2-4　控制端主要界面

4. 采集端

采集端调用内置加速度传感器、陀螺仪和 GPS 来采集加速度、倾角及 GPS 位置信息，当采集端接收控制端的指令后开始工作或停止。当然，采集端也有自己独立的开始或停止功能，它既可以单独工作，也可以与控制端协同工作。如果需要由采集端向控制端返回实时监测数据时，则必须与控制端协同工作，需要由控制端对其进行指令控制。此时，需要打开采集端的网络控制按钮，如图 3-2-5（a）所示，否则将不会接收控制端所发出的指令。当采集端独立工作时，关闭网络控制按钮，通过手动点击开始或停止按钮来进行工作。采集界面如图 3-2-5（b）、（c）所示。在主界面中可以查看进行监测的具体位置，如图 3-2-5（a）中大头针位置即为当前数据采集地点。

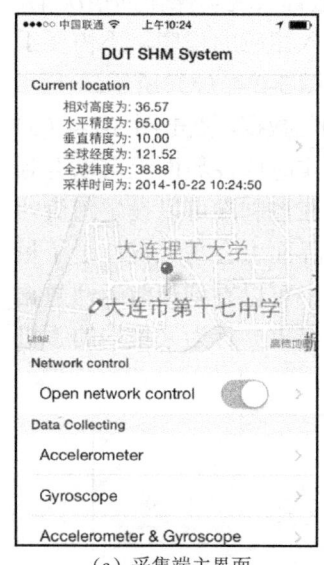
（a）采集端主界面

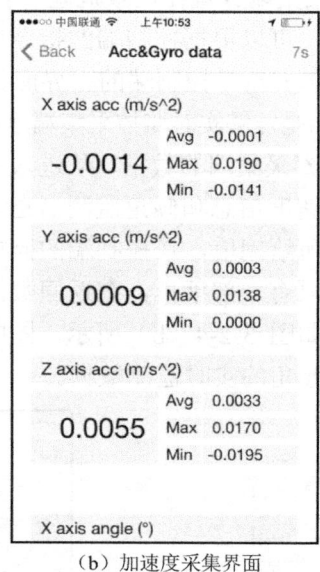
（b）加速度采集界面

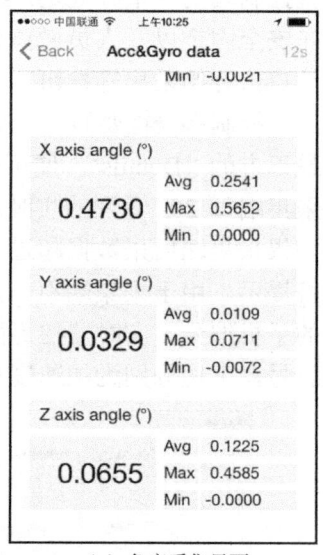
（c）角度采集界面

图 3-2-5　采集端界面

5. 现场吊装介绍

现场吊装监测的实现过程示意图如图 3-2-6 所示。在吊装过程中，数据采集端固定于待吊装桁架梁上，控制端由人操控，在远离吊装现场的安全地带，一般在船上或其他地点。控制系统发送指令，通过 2G、3G 或 4G 网络对采集系统进行控制，采集系统接收到指令后开始以 100Hz 的采样频率进行数据采集，然后每 20s 将采集到的数据（包括三个方向的加速度数据和三个方向的倾角数据）通过网络返回到控制端，由现场人员根据返回的数据进行判断。

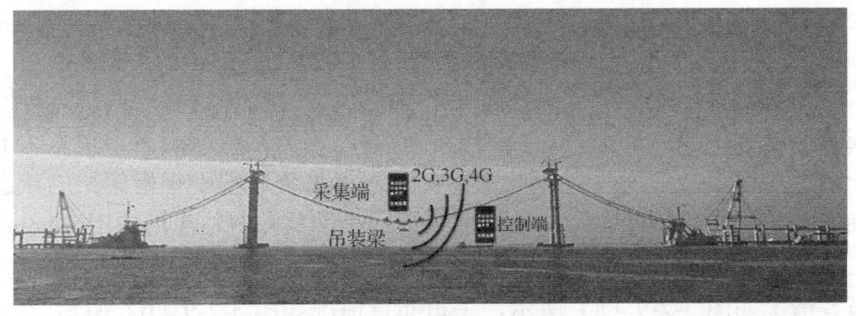

图 3-2-6　吊装监测实现过程

为了更好地描述桁架梁在吊装过程中的姿态，我们对桁架梁进行方向设定。设定其与手机 x、y 的方向一致，即在桁架梁平面内，垂直于长边为 x 轴，垂直于短边为 y 轴，也即沿桥梁走向方向为 x 方向，垂直于桥梁走向方向为 y 方向。具体方向如图 3-2-7 所示。

图 3-2-7　主梁方向规定

3.2.4　边跨主梁吊装姿态监测

星海湾大桥主梁为钢桁架结构，其重量大、体积大，对海上吊装是个很大的挑战。在吊装程序中，包括两种不同的吊装内容，分别是边跨吊装和中跨主梁吊装，两者采用的吊车是不相同的。对边跨的吊装，采用浮吊吊装和同步提升千斤顶吊装。本节使用智能手机对其进行监测，边跨 3 号梁为浮吊吊装，对 3 号节段，重 511.76t。3 号钢桁梁的位置如图 3-2-8 所示。

图 3-2-8　3 号钢桁梁位置

1. 监测过程介绍

边跨吊装时采用起重船，使用高强纤维钢拉索对被吊装梁的四周进行固定拉紧，在吊装过程中要注意梁在空中的姿态问题，避免左右或前后出现太大的倾角导致一端滑落等事故的发生。因此需要实时掌握吊装过程中钢桁架梁的状态，并给以操作人员判断。在对边跨 3 号钢桁梁进行吊装监测时，现场使用 iPhone 5s 作为采集端进行数据的采集，使用 iPhone 4s 作为控制端进行指令控制与数据接收。现场吊装情况如图 3-2-9（a）所示，手机布置情况如图 3-2-9（b）所示。

（a）现场吊装情况

（b）采集端布置（iPhone 5s）

图 3-2-9 边跨吊装监测现场图

如图 3-2-9（a）所示，在吊装过程中，采集端固定于钢桁梁上采集相关数据，控制端在锚锭上边进行现场监控，接收实时监测数据。由图 3-2-9（b）显示的传感器布置方向可以看出，$x1$、$y1$ 为规定的桁架梁 x、y 方向，$x2$、$y2$ 为手机本身数据采集得到的 x、y 正方向。因此，在现场监控时，需要注意关于桁架梁吊装过程中绕 x、y 轴的倾角数据，与监控界面上对应的 x、y 是相反的。

2. 相关算法

为了比较现场实时监控和采集端监测数据的对应性，相应算法如图 3-2-10 所示。数据使用 iPhone 5s 进行采集并存储，同时命名为相应的文件。数据文件可以被输出并通过 MATLAB 获取时程曲线。数据文件记录了采集时间，共包含 9 列数据，1~6 列代表了采集时间，分别是年、月、日、时、分、秒。在加速度数据文件中，第 7~9 列数据分别是 x、y、z 轴三个方向的加速度数据，以吊装监测更重要的是垂直于手机平面方向的数据，即 z 轴第 9 列数据。对于倾角数据，第 7~9 列为绕智能手机 x、y、z 轴的角度数据，即 roll、pitch、yaw。以陀螺仪采集到的原始数据为角加速度，通过软件内部积分为以弧度为单位的角度，为了符合我们习惯的角度认知，在数据处理中将其转换为角度制。如前所述的手机布置方向与桁架梁规定方向不同，所以需要注意在对桁架梁的转角判定中，对于已获得的转角文件中，第 7 列转角数据为桁架梁绕 y 轴的转角，而第 8 列数据为桁架梁绕 x 轴的转角。完成转换后，加速度时程曲线和倾角时程曲线可以得出，并与现场反馈记录进行对比。

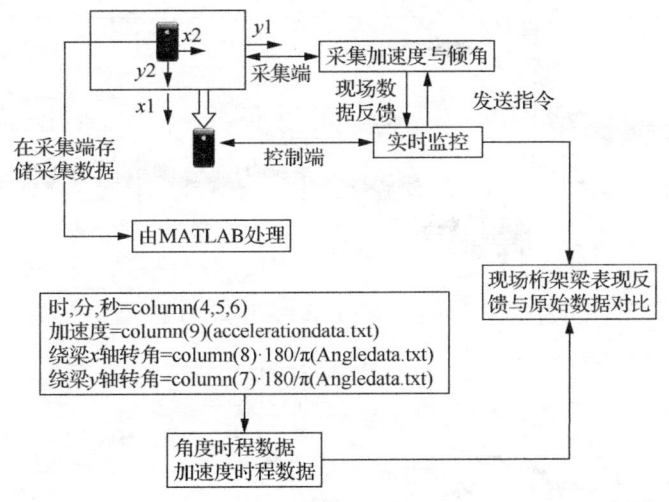

图 3-2-10　边跨吊装监测相应算法

3. 监测结果

整个吊装过程共持续 3 个小时，其中开始起吊时要保证整个桁架梁的四角同时升起，并保证桁架梁平面上在同一个水平面，需要通过对当前桁架梁倾角进行实时反馈，并做相应的操作。起吊过程中，监测竖向加速度和倾角情况更为重要。在本次的吊装过程中，竖向加速度时程曲线如图 3-2-11 所示。

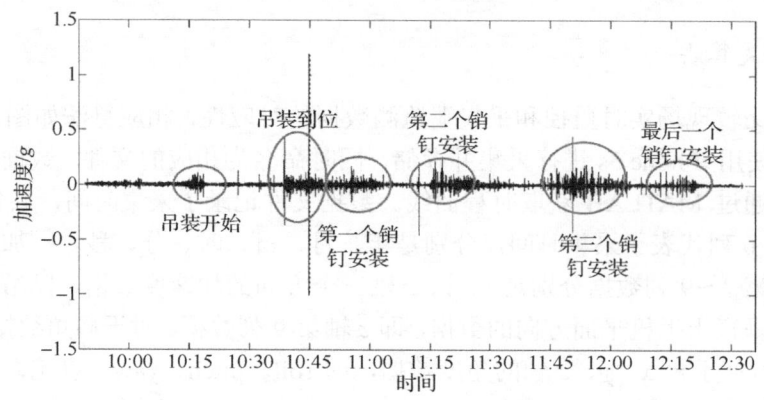

图 3-2-11　吊装过程中的竖向加速度时程数据

由图 3-2-11 可以看出,当吊装过程中状态改变时,竖向加速度在一定程度上会发生波动。最大的竖向加速度发生在吊装到位时,桁架梁与柱子的突然接触而产生较大的加速度。在每个销钉安装时,由于并不易安装,人为改变桁架梁的方向将会使桁架梁产生一定的加速度。桁架梁平面内倾角改变情况如图 3-2-12 所示。

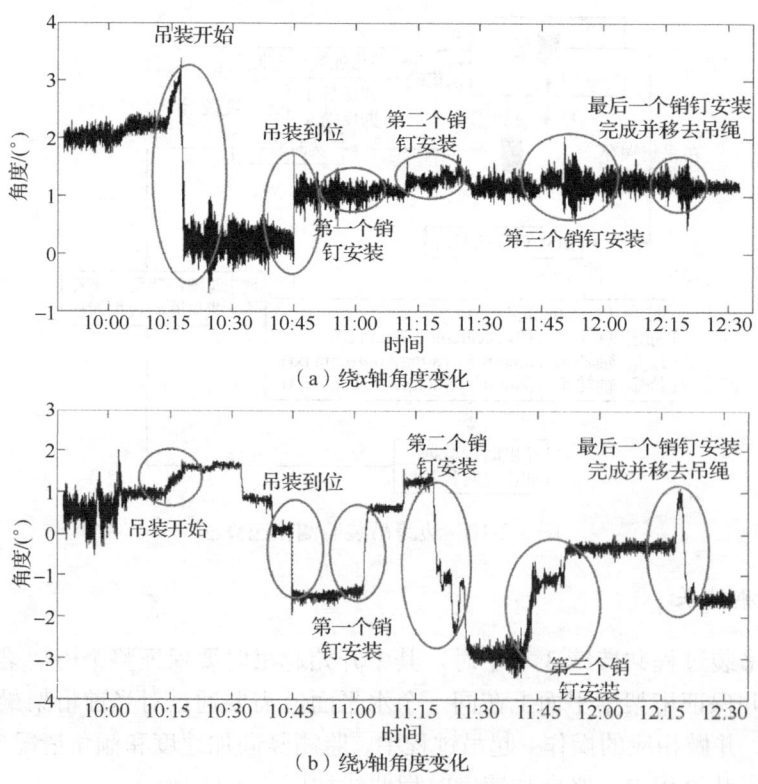

图 3-2-12　边跨吊装桁架梁平面内角度变化

根据现场工作人员记录，9:48 分开始数据采集，工作人员开始撤离桁架梁。10:14 分开始起吊，10:40 分桁架梁被提高到位。约 12:19 时，四个销钉安装到位，销钉即为拉索与桁架梁的固定部位，如图 3-2-13 所示。此时吊绳钩子被撤掉，主缆下降变形过大，吊钩荷载只有十几吨，此时造成的加速度和转角有一些波动，但并不是很大，依旧在可接受范围内。从图 3-2-11、图 3-2-12 可以看出，吊装过程的每个阶段由于工作人员操作干预，其转角都会发生变化。在各个销钉安装到位过程中，为了配合与螺栓孔位的完全贴合，此时会出现持续较大的波动以调整角度利于安装。但是整个吊装过程的桁架梁的竖向加速度和转角都在可接受范围内，桁架梁处于稳定状态，因此表现在控制端并未收到报警信号。

图 3-2-13 拉索与桁架梁连接的销钉

3.2.5 主缆吊机监测

1. 吊装过程介绍

桁架梁为图 3-2-2 中的 22 号梁，重为 372.22t。对于主缆吊装过程，采用的是跨栏吊机进行吊装，卷扬机是使用卷筒缠绕钢丝绳或链条提升或牵引重物的起重设备，在对主梁吊装时，将四台卷扬机固定在主缆上，对桁架梁的四角进行同时起吊，因为是四个卷扬机协同工作，更要保证同步以确保吊装安全。现场吊装情况如图 3-2-14 所示。

在对跨中主梁进行吊装过程监测时，采用一部 iPhone 5s 手机固定作为采集端进行监测并返回监测数据至控制端。控制端为 iPhone 4s，发送指令并接收监测数据进行实时监控。采集端固定于待起吊的桁架梁上，控制端在猫道上被操作人员操作。采集端的布置如图 3-2-15（a）所示，起吊刚开始时采集端与控制端的位置关系如图 3-2-15（b）所示，此时控制端在船上。当桁架梁起吊至离开船之后，控制端被控制人员带至猫道上，监控吊装过程并等待吊装完成。

图 3-2-14 主缆吊机现场吊装

（a）采集端布置

（b）采集端和控制端

图 3-2-15 主缆吊机监测采集端与控制端

如图 3-2-15（a）所示，采集端的方向布置与桁架梁的方向规定是一致的，所以从控制端的返回数据中可以直接按照其方向判定钢桁梁的转角情况。图 3-2-15（b）显示了该方法的便捷性，只需要两台手机便可完成获取吊装信息的需求。

2. 相关算法流程

图 3-2-16 给出了跨中吊机监测的算法流程。由于与边跨吊装监测算法一致，除了以下两方面，其他不再赘述。第一方面是，由于手机布置和桁架梁规定方向一致，所以第 7 列数据为绕 x 轴转动角度，第 8 列为绕 y 轴转动角度。第二方面是，考虑到桁架梁的尺寸和转角，桁架梁左右、前后的高差可以近似地得到。左右高差可以为操作人员在主缆两侧同步性方面提供更多的信息。吊装梁左右长度为 24m，前后宽度为 10m，基于此，可以得出吊装过程中的高差。

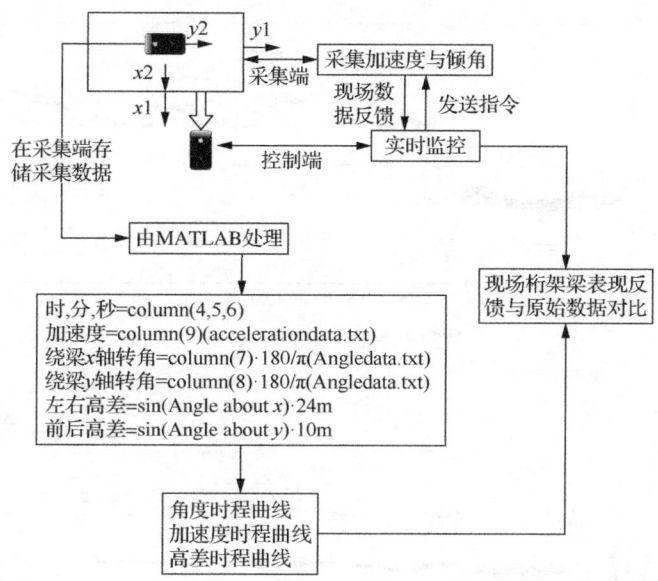

图 3-2-16 主缆吊机监测的相关算法流程图

3. 监测结果

人员撤离后,早上 8:59 开始发送采集指令使其开始采集,并于 18 点发送停止采集指令使其停止采集,整个吊装过程持续了 9 个小时,现场采集时间之长这对于任何一种无线监测方式都是难以做到的,但是手机只需要一个电源就可以进行全程的实时监测和数据反馈。竖向加速度的结果如图 3-2-17(a)所示,桁架梁平面内的转动(绕 x 轴)如图 3-2-17(b)所示,绕 y 轴转动如图 3-2-17(c)所示。桁架梁左右尺寸为 24m,前后尺寸为 10m,根据平面内角度情况,可近似得到桁架梁左右、前后的高差,如图 3-2-17(d)和(e)所示。

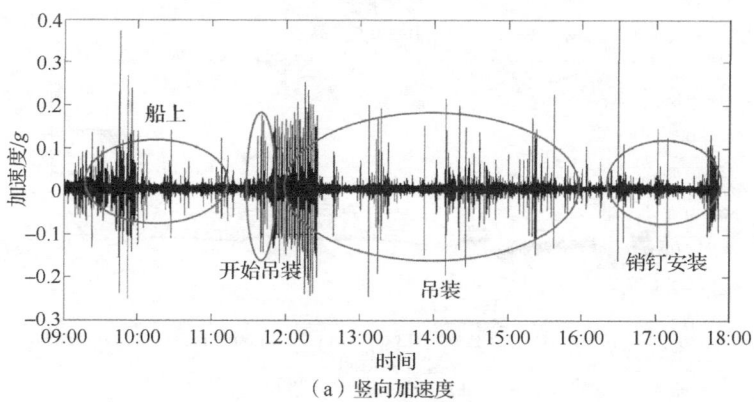

(a)竖向加速度

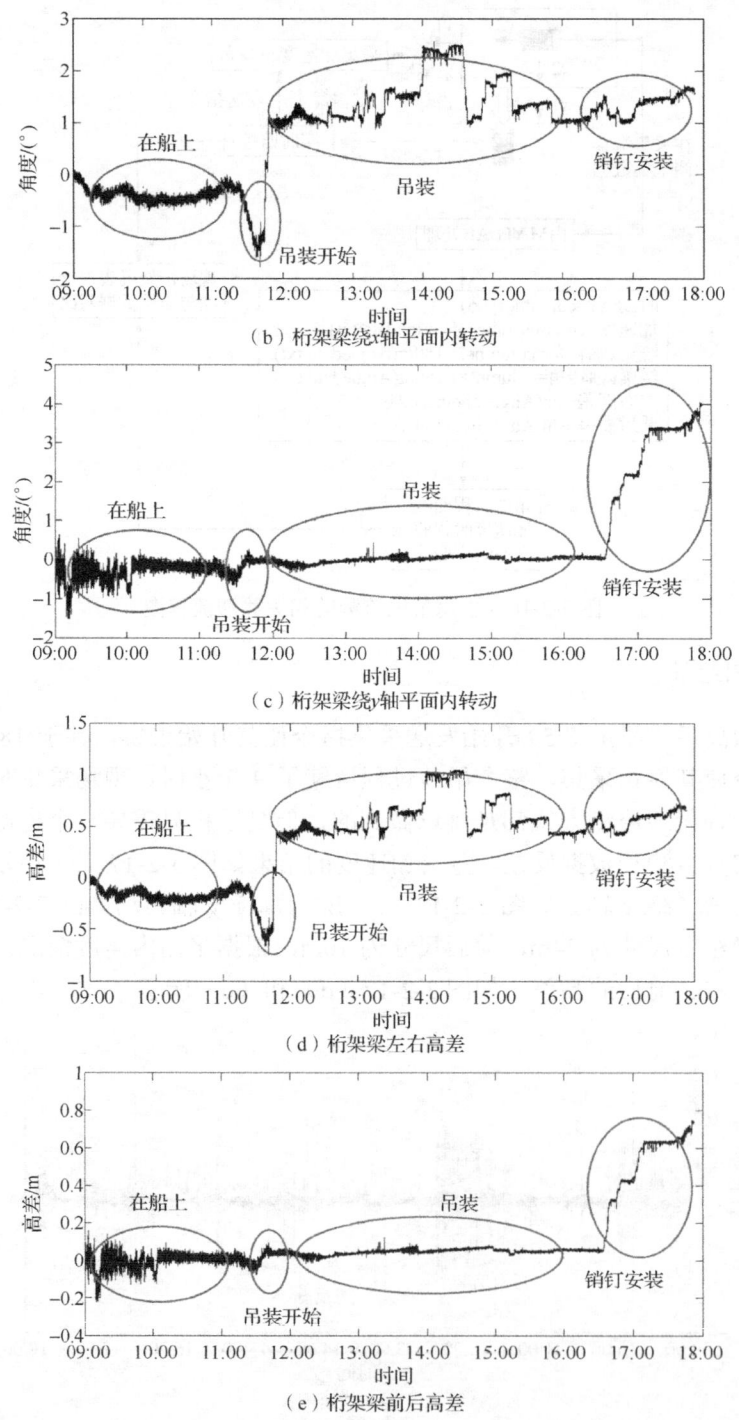

图 3-2-17 主缆吊机监测结果

本次监测，从 8:59 开始采集数据，11:31 开始起吊，从以上结果中可以看出，11:31 分左右绕 x、y 方向都发生了一定的转角，期间吊机一直在争取做到同步吊装，所以绕 x 轴的角度波动一直比绕 y 轴大，左右高差变化也较大。16:10 其中一个吊杆销子打入，之后开始改变绕 y 轴的角度以配合其他三根吊杆的安装，从图中可以看出剩余三根吊杆安装过程中绕 y 轴的角度一直在改变。当天吊装结束时，后方高于前方 0.7m 左右，是为了配合第二天的吊装梁到位后的连接做准备。吊装过程中，控制端能够接收采集端的数据信息，能实时反映出桁架梁在吊装过程中的加速度和倾角变化，能给操作人员提供两面缆索吊机的同步协调信息。桁架梁在吊装过程中没有出现意外或吊装不同步问题。

该实时监测与控制系统在边跨吊装与跨中主缆吊机监测中的现场监测证明了手机监测的方便和实用性，测试结果证明智能手机的数据采集端可以比较精确地采集加速度和倾角数据，控制端在发送指令和实时监控方面也能满足现场监测的需求。虽然在该监测项目中并没有出现太大的转角和加速度，但是从现场控制端所接收反馈信息的实时性来看，该监测系统能够及时给予操作人员以指导和预警。该监测系统所采用的智能手机是非常常见的工具，且安装方便，数据存储功能强大，是一种可以推广的监测工具，其内置传感器也可以在监测方面提供更多的应用。

3.3 智能手机索力监测技术

索结构作为一种能够高效承受拉力的结构构件，被广泛应用于斜拉桥、悬索桥、拱桥、塔桅结构、张拉屋顶等大跨和高耸结构中，其中斜拉索是斜拉桥的重要组成部分，直接承载着桥梁的荷载，控制着整个结构的内力和线型。索结构在施工过程中，必须准确测量拉索张力，以保证工程安全和施工控制的顺利进行。在工程结构使用过程中，拉索往往会因为腐蚀和振动等原因而受到损害，导致拉索的索力松弛。作为张拉结构的重要构件，拉索的损害将会给结构带来灾难性的后果，受到损坏的拉索，索力将发生变化，而变化的索力会影响结构内力分布和结构线型，因此索力可以作为结构健康状态评估的重要指标。所以，在整个工程施工和使用期限内，都必须准确地了解索力的状况[2,3]。

3.3.1 振动法测索力原理

1. 拉索索力测量方法

拉索索力测量的方法有多种，在工程应用中常用的测量方法有油压表读数法、传感器读数法、磁通量法以及振动频率法[4]，具体比较如表 3-3-1 所示。由于前两种方法一般仅适用于拉索张拉时的索力测定，而对已张拉完成后的拉索索力很难再进行复测，应用受到限制；磁通量法是利用电磁传感器测定拉索磁导率的变化来反映索力变化的，因为其成本相对较高，在国内的应用相对较少；而振动频率法则能很好地适用于多种工况，设备可重复使用，且测量精度能够满足工程应用要求，因此在桥梁索力测试中被广泛应用。但是传统的索力测量仪器一般开发周期长，且不能提供良好的人机交互界面，同时仪器多采用有线通信方式，现场安装布线不方便，工作效率低[5]。

表 3-3-1 常规索力测试方法

测试方法	原理	特点	适用范围
油压表读数法[6-8]	拉索使用千斤顶张拉时，通过精密压力表或液压传感器测定油缸的液压而求得索力	简单易行，但对于已经张拉好的拉索不再适用	拉索张拉过程中的索力控制
传感器读数法[6-8]	在拉索张拉时，千斤顶张拉力通过连接杆传到拉索锚具，在连接杆上套一穿心式压力传感器，得到千斤顶张拉力，若长期监测，则要在拉索锚固端垫装一穿心式压力传感器	测试精度由压力传感器决定，成本太高	一般只在特定场合下使用
磁通量法[9,10]	利用被固定于拉索上的电磁传感器磁通量在外界作用下的改变来测量索力	每根拉索都必须事先标定索力与温度、磁通量的关系，相对成本高	在国内应用较少
振动频率法[11,12]	利用精密的拾振仪器，获取拉索在外界激励下的加速度振动信号，经过滤波放大和频谱分析处理后获得频谱图，再根据频谱图中的峰值点位来确定拉索的自振频率，然后根据自振频率与索力之间的关系，确定拉索索力	测试方便，适应多种工况，设备可重复使用	在工程中广泛应用

2. 振动频率法的基本原理

振动测试是应用在斜拉桥索力测试、监测和状态评估的一种最广泛的方法。在这种方法中，以环境振动或者强迫激励拉索，传感器记录下时程数据，并由此识别出索的振动频率。斜拉索的振动频率与所受到的拉力存在相应的关系，振动频率法往往是通过获取拉索振动时的频率再来推算索力大小。拉索振动时的无阻尼自由振动拉索的振动方程为[13]

$$EI\frac{\partial^4 y(x,t)}{\partial x^4} + m\frac{\partial^2 y(x,t)}{\partial t^2} - T\frac{\partial^2 y(x,t)}{\partial x^2} - h(t)\frac{\partial^2 y(x,t)}{\partial x^2} = 0 \quad (3\text{-}3\text{-}1)$$

式中，x 为沿索向的坐标；$y(x,t)$ 为拉索在 t 时刻垂直于索向（即 y 方向）的振幅；EI 为斜拉索的抗弯刚度；T 为索力；$h(t)$ 为附加索力；m 为单位长度的质量。

忽略垂度对索力的影响，则式（3-3-1）变为[14,15]

$$EI\frac{\partial^4 y(x,t)}{\partial x^4} + m\frac{\partial^2 y(x,t)}{\partial t^2} - T\frac{\partial^2 y(x,t)}{\partial x^2} = 0 \quad (3\text{-}3\text{-}2)$$

假定拉索两端铰支,则相应的边界条件为

$$u(0,t) = u(l,t) = 0, \quad \frac{\partial^2 u(0,t)}{\partial x^2} = \frac{\partial^2 u(l,t)}{\partial x^2} = 0 \tag{3-3-3}$$

采用分离变量法对上式进行求解,得到拉索两端铰支时索力与频率间关系如下:

$$T = \frac{4ml^2 f_n^2}{n^2} - EI\frac{n^2\pi^2}{l^2} \quad (n=1,2,\cdots) \tag{3-3-4}$$

式中,n 为拉索自振频率的阶数;f_n 为索的第 n 阶自振频率;l 为索长。

当忽略抗弯刚度的影响时,拉索振动模型就可以简化为弦振动模型,如图 3-3-1 所示,则式(3-3-4)简化为

$$T = 4ml^2 f_1^2 \tag{3-3-5}$$

式中,f_1 为拉索的基频。

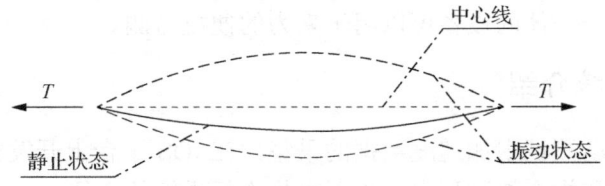

图 3-3-1　弦振动模型

研究表明[16],对于 60m 以上的长索,用式(3-3-5)进行索力计算即能获得工程上满意的结果,故式(3-3-5)通常作为振动频率法测定索力的简化计算公式。

但是在振动过程中,由于激振方式、传感器灵敏度、安放位置及其他一些原因使得在频谱或功率谱在低频区域峰值不明显,实际中往往无法直接获得基频的值。根据弦振动理论,测得的拉索各阶峰值频率应是基频的整数倍。为此,在工程中常以两相邻峰值频率间的频差作为基频,通常是取连续多个低阶的峰值频率来计算频差,如式(3-3-6)所示:

$$f_1 = \Delta f = f_n - f_{n-1} \quad (n=2,3,4,\cdots) \tag{3-3-6}$$

则式(3-3-5)又可写成如下形式:

$$T = 4ml^2(\Delta f)^2 \tag{3-3-7}$$

在测出频率后,应尽量采用低阶频率来计算频差 Δf 和索力 T,当主频阶次采用 10 阶以下时,索力的测量误差较小[17]。

功率谱密度是用离散的傅里叶变换将实测的加速度数据转换到频域后直接求得[18,19]。通过拾取功率谱密度图上的峰值,频率即可简单确定。用峰值法识别基频,即通过拾取功率谱上的第一个峰值来确定基频。但是,如上文所述,通常遇到的情况是环境振动功率谱中低频部分较差,基频对应的峰值往往不明显,但是由弦理论可知,索力一定时,高阶频率是基频的整数倍,在功率谱图上则表现为会出现一系列等间距的峰值,峰值的间距就是基频。通过拾取峰值,求相邻峰值

的间距作为平均,作为所求基频,这便是功率谱频差法的原理。求出频差之后便可以使用式(3-3-7)来确定。

常规的振动测试方法主要应用无线或有线式加速度传感器对索的振动进行识别。对有线式加速度传感系统,连接线必须使用以用来传输传感器数据至采集设备。但是数据线会增加实施的困难[20],因此开发无线式振动采集设备是非常必要的。作为一种新型的传感技术,无线传感网络已经被广泛研究和应用于振动测试,如索力测试和模态测试。它具有诸如低能耗、廉价、多种用途等优点[21]。它集成了传感技术、数据处理技术以及其他技术,相比有线传感技术,可更高效和方便地应用于振动测试上[22]。但是无线传输中节点和基站之间的数据可靠性需要更加完善,因为可能会造成较大的数据包丢失,而且基站与节点的连接可能会经常不稳定。因此研发一种新技术,使监测更为便捷是十分必要的。智能手机作为传感、数据传输与存储于一体的设备可以用于索力的便捷监测。

3.3.2 软件系统介绍

为了实现振动测试中加速度数据的采集,在 iOS 平台上开发相应的软件,主要包括采集程序和指令控制程序。接下来将进行详细的介绍。

1. 采集程序

采集程序可以采集加速度、倾角、位置等信息。采集到的数据将存储到 iPhone 或上传到指定的服务器上以便之后的分析。采集程序有两种采集模式:独立采集和协同采集。在独立采集模式下,iPhone 可以独立完成数据采集和存储,而在协同采集的模式下,一个采集组集合多个 iPhone 共同执行数据采集。

在协同采集模式中,同一个采集组中的 iPhone 利用指令控制程序根据采集指令共同工作。要完成一个完整的采集过程,在采集程序中,需要有以下四个步骤:"准备采集""开始采集""停止采集"和"上传数据"。每一台 iPhone 可以把采集到的结果生成一个新的数据文件。因此,基于以上想法和步骤,有必要设计一种同步上传机制。具体见后文中的网络存储设计。

2. 指令控制程序

指令控制的功能主要是针对协同采集模式,同步实时控制同一个 iPhone 组中的各台 iPhone。此时指令控制需要和采集程序同时进行。协同采集模式的采集被指令控制的命令所控制。对于采集的过程,相应的有四个采集指令控制采集程序,这四个采集指令是"准备采集""开始采集""停止采集"和"上传数据"。

在我们的系统中,有两种类型的终端,一个是安装了指令程序的控制终端,另一个是安装了采集程序的采集终端。我们利用"推送功能"从控制终端传输指令到采集终端。在数据采集的过程中，控制终端首先发送指令到私有服务器上，然后私有服务器发送请求到 APNS（Apple push notification service，苹果推送通知服务）服务器，通过 APNS 发送以上所有的指令到采集终端上。苹果公司规定 iPhone 上的推送都须经过它的推送服务器，因此目前的推送流程是严格按照苹果公司的推送规范来设计的。图 3-3-2 表示苹果 iOS 系统推送功能注册和采集指令推送的流程。

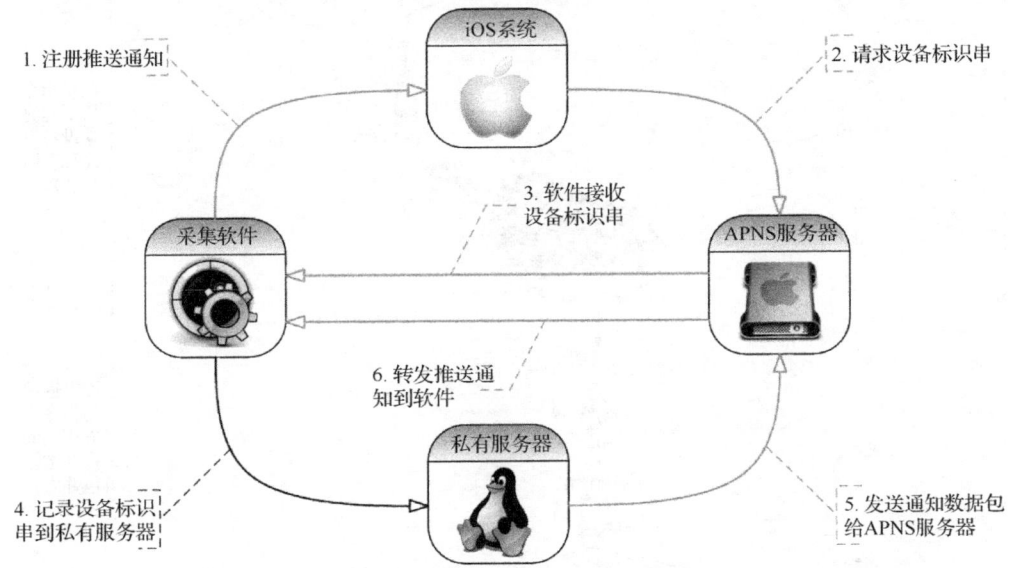

图 3-3-2　苹果 iOS 系统推送功能注册和采集指令推送流程

由图 3-3-2 的流程可以看出，每台 iPhone 上安装的采集软件都须先从苹果公司的推送服务器上获取该手机的设备标识串，然后将其发送到开发者的私有服务器上，该设备标识串会在苹果公司的推送服务器和开发者的私有服务器上同时记录着。然后控制终端发送一个包含标识串的指令，统一数据文件名和命令标识被发送到私有服务器上。接收指令后，私有服务器从 APNS 服务器请求相应的推送服务来控制组里的采集终端，最后，采集终端（iPhone）根据 APNS 的指令进行采集。实际上，推送功能是异步的，也就是说推送通知不能同时到达各个采集终端。所以我们需要使用统一的时间来初始化所有的采集终端，并且将时间数据也存储到数据文件中，然后在接下来的数据分析中，可以得到一个同步的时间点。

当主控制程序需要往某个组的 iPhone 发送采集指令时，那么它会将其组号、存储文件名称、指令类型等信息发往私有服务器。私有服务器根据组号，对属于该组的 iPhone 同时推送来自主控制程序的控制信息。推送信息的实时性取决于苹果公司的推送服务器与各台 iPhone 的交互情况。采集指令的详细传输流程如

图 3-3-3 所示。控制终端可以是智能手机、平板电脑或者电脑。主控制终端的手机界面如图 3-3-4 所示,可以看到共有"准备采集""开始采集""停止采集"和"上传数据"四个指令。

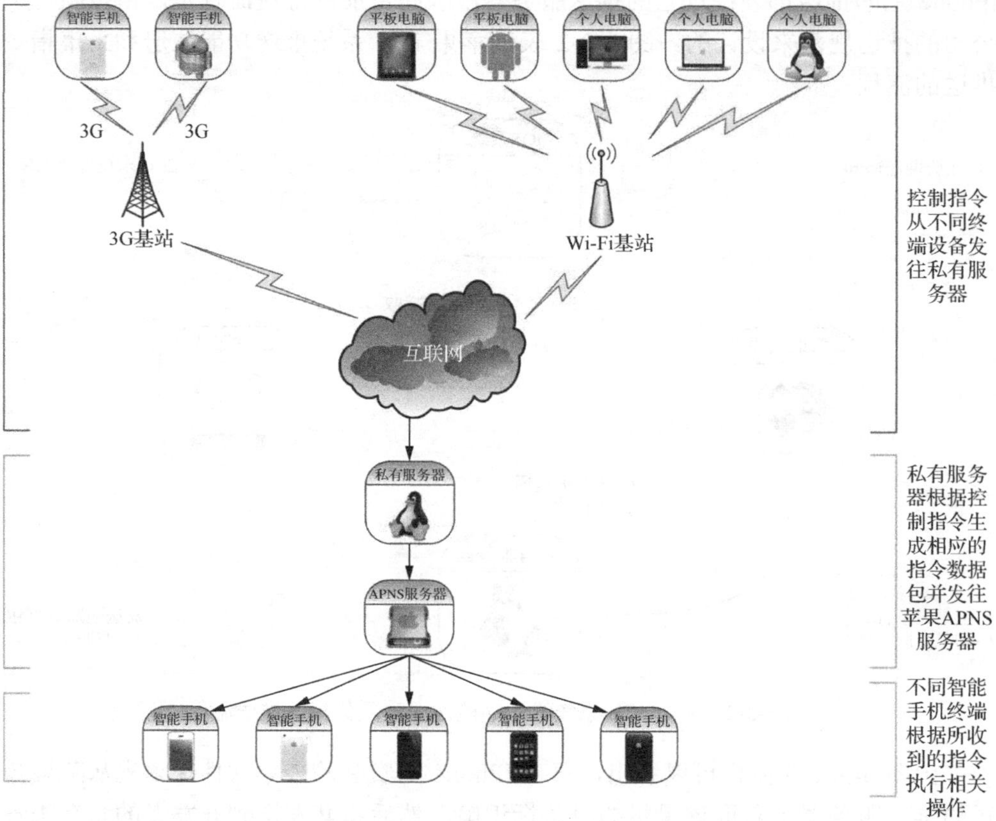

图 3-3-3 采集指令的详细传输流程

图 3-3-4 主控制终端界面

3. 网络存储设计

在每次数据采集结束后,每台 iPhone 上会新增一个数据文件,为了便于对同时采集的数据进行统一的处理,需要设计一种同步上传机制,将各台 iPhone 上的数据文件上传到指定的服务器上。因此,在主控制软件和采集软件里,增加了协调各台 iPhone 同步上传数据的控制接口,对应的控制指令是"上传数据指令"。各台参与采集数据的 iPhone 在收到"上传数据指令"后,将刚生成的采集文件进行压缩,然后向同一个服务器上传刚刚生成的压缩数据,在私有服务器端对从每台 iPhone 所接收到的压缩数据流存储到同一个文件夹中,该文件夹的命名是根据当前的同时采集实例而唯一确定。通过 FTP 客户端来将私有服务器上的采集数据下载到 PC 上,进行统一的数据解压缩和分析。

4. 软件系统索力测试实验室验证

(1) 索的模型介绍与实验介绍。

室内实验模型是大连理工大学原智能结构实验室的斜拉索,各项参数是已知的,具体如下:索的横截面积 A 为 0.0001374m^2,单位长度质量 m 为 1.01kg/m,索长 l 为 11.3m,索与水平面的夹角为 $19.47°$,弹性模量 E 为 $1.95\times10^{11}\text{Pa}$。实验室索的模型如图 3-3-5 所示。

图 3-3-5　实验室索的模型

我们通过在这根索上固定加速度传感器和两个 iPhone 并使用振动法测试,来得到索的加速度时程曲线并通过傅里叶变换得出频谱图,通过识别频谱图上的峰值得到频差,再由索力计算公式求出索力。我们使用动态数据采集系统对加速度传感器进行采集，通过主控制软件对两个 iPhone 进行控制采集，并进行数据上传。通过两种传感器的结果对比，验证智能手机在索力振动测试中的可行性。

（2）数据采集系统介绍。

该实验中的加速度传感器是压电式加速度传感器，信号需要使用采集仪进行采集。实验采用的有线采集仪是江苏联能生产的基于 USB 总线的动态数据采集系统。该系统可与带 USB 接口的各种台式机、笔记本电脑、工控机等连接构成高性能的数据采集测量系统。在我们的实验中，采集仪使用 USB 插口连接到电脑上，使用 USB 供电进行工作，压电式加速度传感器的信号线与采集仪连接进行采集。采集仪的原理图如 3-3-6 所示，采集仪的实物和各个连接口如图 3-3-7 所示。

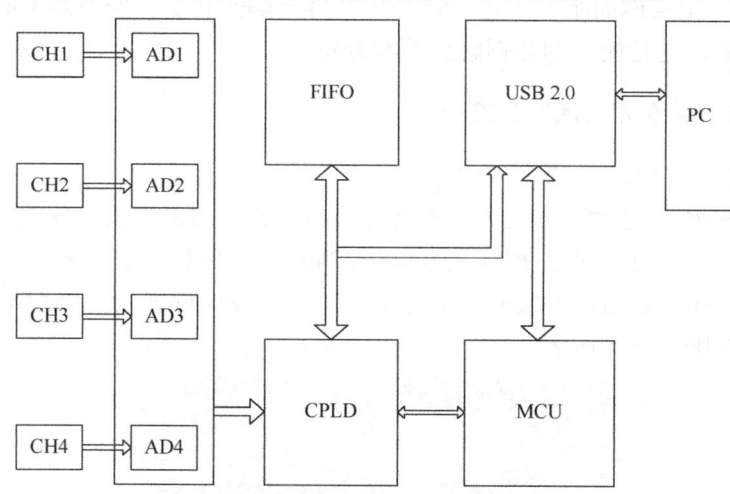

图 3-3-6 采集仪原理示意图

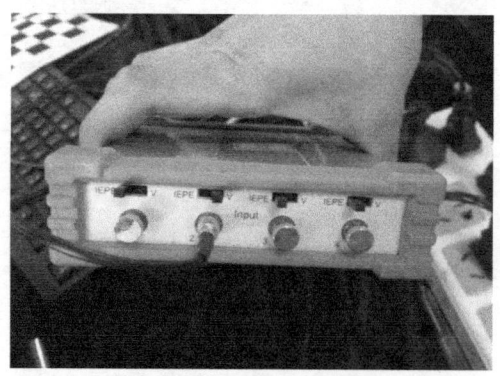

图 3-3-7 采集仪实物图

该采集系统采用高精度 24 位 $\Delta\Sigma$ 方式的 AD 转换器，结合最新的 CPLD（complex programmable logic device，复杂可编程逻辑器件）逻辑控制和 USB 2.0

接口技术，具有 100dB 动态范围（典型值），可以进行多通道、96K 高速的并行采集。每个通道均有电压和 IEPE（integral electronic piezoelectric，压电集成电路）两种输入方式可选。频响范围分别是：电压输入，DC-30kHz；IEPE 输入，0.3Hz～30kHz。系统具有高精度（优于 0.5%满量程）、低失真、低噪声等特点。此套系统包含四个通道、四个压电式加速度传感器，因此可以同时进行多次测量，对加速度传感器的采集选用 IEPE 式。

（3）传感器布置。

将传感器进行编号，将四个压电式加速度传感器按照顺序布置在索上，因为索径比较小，故通过橡皮泥和胶带进行黏结。又因为索的高度问题，只能将传感器布置在索的靠下部分（对于斜拉索索力测试中的传感器布置，最好布置在稍靠上位置）。其布置示意图如图 3-3-8 所示，其中 1～4 分别代表 1～4 号压电式加速度传感器，IB（iPhone black）代表黑色 iPhone，IW（iPhone white）代表白色 iPhone。

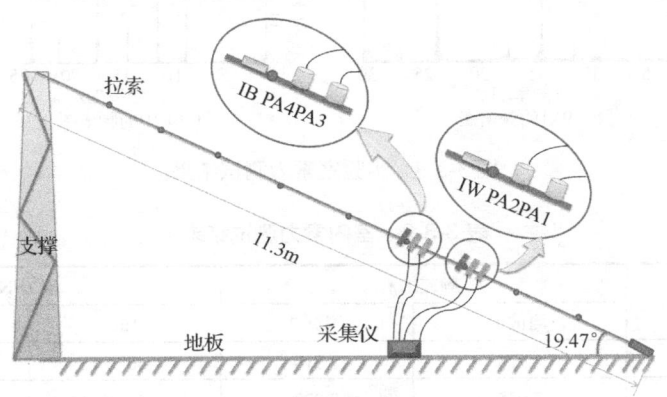

图 3-3-8　传感器布置图

（4）实验结果对比与分析。

给索以人工激励，索振动的加速度数据可以由各个传感器监测得到。共进行两次测试，激励不同，以第一次测试的 PA1 和 IB 为例，两种传感器的加速度时程曲线如图 3-3-9（a）、(b) 所示，从图中可以看出，两种传感器所表现出来索的衰减过程基本上是一致的，但是两种传感器的峰值加速度有差别，这是由于两种传感器的固定位置不同引起的。同时，将加速度时程数据进行傅里叶变换得到频谱图，PA1 和 IB 的频谱图分别如图 3-3-9（c）、（d）所示。由频谱图获得的频差以及索力值如表 3-3-2 所示。由于实验室中该索并没有参考索力值，所以智能手机 IB 和 IW 对索力监测的可行性通过与参考加速度传感器即压电式加速度传感器 PA 的结果进行对比来验证。

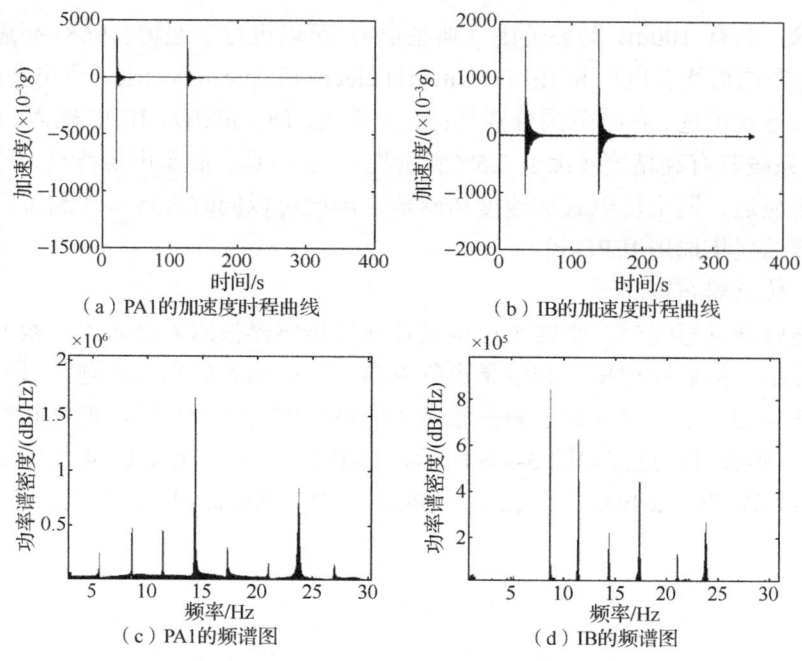

图 3-3-9　实验室索力测试结果

表 3-3-2　室内索力测试结果

传感器	频差/Hz		索力/N	
	测试 1	测试 2	测试 1	测试 2
PA1	2.923	2.918	4407.54	4392.47
PA2	2.925	2.920	4413.57	4398.49
PA3	2.920	2.920	4398.49	4398.49
PA4	2.921	2.920	4401.51	4398.49
IB	2.888	2.923	4302.62	4407.54
IW	2.923	2.923	4407.54	4407.54

由表 3-3-2 可以看出，智能手机与压电式加速度传感器获得的索力值大致相同，最大索力误差发生在第一次实验的 PA2 和 IB 之间，为 2.51%。产生该误差可能有以下几个方面的原因：一是采样频率分辨率的影响，正常设置采样频率为 100Hz，每两个采样点之间的时间间隔应为 0.01s，但是实际采样点之间的间隔会在 0.01s 附近波动，若严格按照 100Hz 进行频谱分析，会对频差值以及索力值产生影响；二是采样时间的影响，采样时间影响采样点是否充足，会在一定程度上影响频率识别结果；三是传感器安装的影响，不同传感器固定于索的位置，会引起不同的识别效果。另外传感器安装效果也会影响识别结果，传感器应紧贴斜拉索，固定牢固，但是也许在安装过程中会出现稍许松动而导致产生误差。通过对

比可以发现，不同传感器之间的误差在可接受范围内，可以满足工程监测精度的需求。另外，对于同一种传感器，在不同的测试中所得的结果非常相近，表现了一定的稳定性和重复性。总之，实验结果显示了智能手机在索力监测中是稳定和可靠的，所以智能手机在索力监测的实际应用中是可行的。

3.3.3 Orion-CC 软件介绍

由 3.3.2 节的实验室实验中可以看出，智能手机内置加速度传感器所获取的加速度数据可以应用于索力测试中，为了使软件更为便捷，可将数据采集、索力计算与数据上传集成于一体。基于此想法，我们开发了 Orion-CC（orion-cloud cell，猎户座-云细胞）软件，希望每台手机都可以作为一个监测云细胞，可以感知结构物的多种响应，包括加速度、倾角、位移、图像、位置等信息，那么在公众参与的情况下，有望形成监测大数据。目前该软件已成功上架至苹果应用商店供免费下载，在 iPhone 平台 iOS 7.0 以上的系统上可以免费安装，下面将对该软件进行详细介绍。

1. Orion-CC 登录介绍

Orion-CC 与下文即将介绍的智能手机云监测平台是可以配套使用的。Orion-CC 上的监测数据可以通过网络上传至网站。基于此，我们鼓励用户进行用户注册和登录，共享自己的数据，所以在软件中，设置了登录界面，如图 3-3-10 所示，通过邮箱和密码验证进行注册和登录，在登录情况下，监测完毕可以通过网络实现数据上传。除此之外，也可选择使用本地版本，在该种模式下，采集数据不可以上传至网站，只能保存至手机上供个人使用。

2. 主界面介绍

由图 3-3-10 进入软件后，会进入如图 3-3-11 的主界面。从主界面中可以看到有地图定位、我的项目以及测试样例。该软件通过 GPS 调用高德地图进行当前监测位置的定位，当前位置如图中大头针所示。

"我的项目"可以对项目进行管理，进入"我的项目"后，可以看到罗列的所有项目列表，在这里可以查看所有的项目和采集的数据。点击其中一个项目后，可以在已有项目中建立新的子项目，也可以在子项目中建立新的采集文件。当然根据需要可以通过点击项目列表右上角的"+"重新建立相应的主项目和子项目，主项目可以为一座桥梁的名称，也可以是采集日期的记录，包括项目简介都可以由用户自己输入。子项目为主项目目录下一级别，为一个项目中的子监测，可以是索号的记录，也可以是采集次数的记录，都可以根据用户喜好进行设定，在建立项目时，Orion-CC 可自动记录监测时间。新建项目和新建子项目如图 3-3-12（a）和（b）所示。

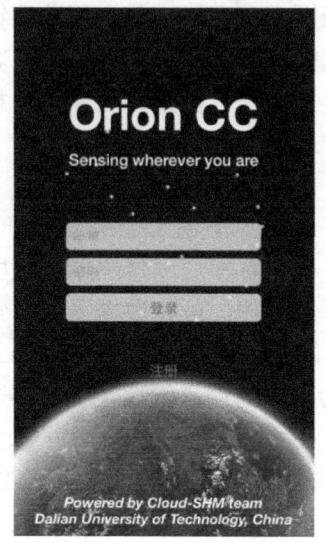

图 3-3-10　Orion-CC 登录界面

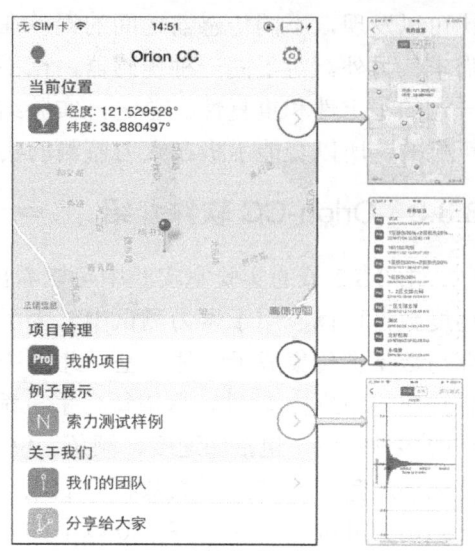

图 3-3-11　Orion-CC 主界面

（a）新建项目

（b）新建子项目

图 3-3-12　新建项目

接下来是"索力测试样例"，在该项中，有已完成的一次索力测试时程数据、频谱数据、峰值提取及索力计算样例。该功能主要目的是为非专业技术人员提供专业实例，相当于提供样例和操作说明，以便让使用该软件的用户较快掌握索力测试与索力计算流程，也使 Orion-CC 更容易被大众接受。

3. 数据采集

在如图 3-3-12（b）所示建立完子项目之后，便可点击下部"新建&马上采集数据"，这时候便进入选择采集数据类型的界面，如图 3-3-13 所示，共有四种数据类型，分别为"加速度数据""角度数据""加速度数据&角度数据"和"图像"。相应的箭头对应了相应监测数据的设置界面。

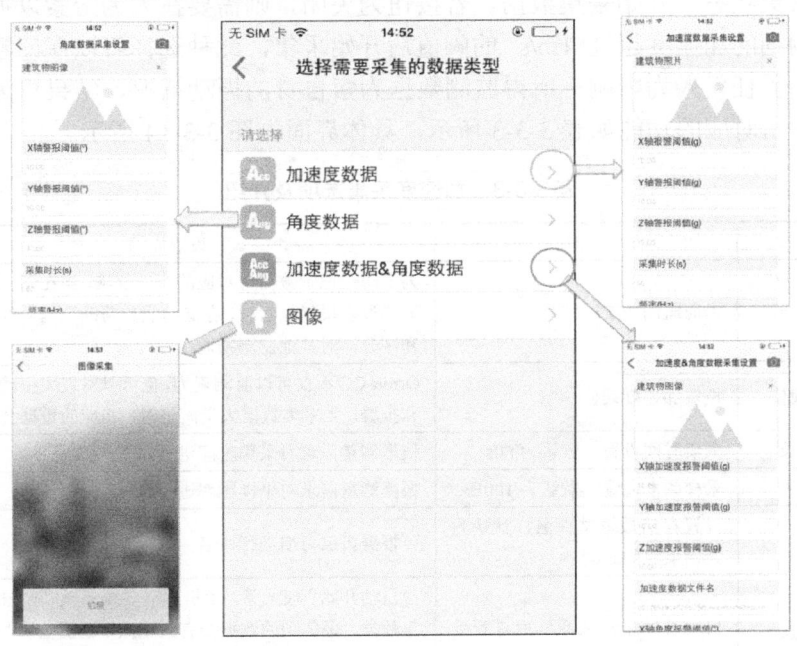

图 3-3-13　数据类型选择界面

以加速度数据采集为例对加速度采集进行详细介绍。目前振动法是索力测试最常用的方法，需要加速度数据对其做傅里叶变换进而进行索力分析。结合傅里叶功能及准确性需求，在该应用程序的数据采集功能方面，可与现场测量实际情况相结合，提供如下多种设置需求。进入加速度的采集功能，如图 3-3-14 所示，可以看到加速度采集的设置界面，在该界面中，首先是具有拍照功能的按钮，当监测杆件数量较多时，如果需要更准确的记录监测杆件的索力情况，照片可与后期所采集数据共同存储在本地，以防数据混淆，若不需要则可不使用拍照功能。然后是三轴加速度数据的阈值设定，由于该软件不仅可以用来监测索力，还可以用来监测振动加速度数据，因此阈值设定可帮助了解大振动的极值情况，若超过设定阈值，数据采集则会提示报警信息，默认阈值设定为 $10m/s^2$。接下来为采集时长的设定，现场监测时，不方便在振动过程结束后关掉采集程序，此设定可以在采集一段时间后程序自动停止，另外可以减少人为对振动的干预，默认采样时间为 60s，也可以手动修改。然后是采样频率的设置，即规定每秒钟的采样点数，默认为 100Hz，可手动对其设置。接下来，是关于采集名称命名的设置，可以根据个人喜好或命名习惯对其进行输入，也可以按照默认名称自动记录，默认文件名为开始采集的时间，精确到秒。最后是自动开始采集，是进行自动开始采集或在激励后开始采集的选项。当按钮为打开时，点击最下方的"开始采集"，系统便会进入采集状态，开始采集数据。若按钮为关闭，则需要在人为给索以振动后，手机监测到的加速度超过 $1m/s^2$ 的阈值后开始采集，此种选择可以保证整个采集过程中不受任何人为影响，所得监测数据为索自身的振动情况，结果更为精确。具体按钮所对应的功能如表 3-3-3 所示，具体界面如图 3-3-14 所示。

表 3-3-3　加速度采集选项及介绍

选项	功能	设置原因
建筑物照片	当前监测的实时照片	为了防止记录数据与对应的拉索混淆，当在同一段时期内监测到多根斜拉索时，存储的照片帮助数据文件进行分类和区分。对其他监测物通用
加速度阈值	设置加速度阈值	Orion-CC 不仅可以监测索力，也可以对较大振动进行监测和报警。当采集数据大于阈值时，相应的数据会变红报警
采集时长	采集时间设置，默认为 60s	根据测量需求对采集时间进行设置
采样频率	采样频率设置，默认为 100Hz	根据测量需求对采样频率进行设置
文件名	设置存储数据文件名，默认为开始采集的时间	可根据自己习惯进行命名
自动开始	自动开始采集或激励后进行数据采集	"自动开始"模式下，手机不需要振动激励便自动开始采集数据，采集到的数据会有人工激励的影响。"激励后采集"模式下，不会自动开始采集，会在索被激励后开始采集数据，可以消除人工激励影响，采集数据为索的振动

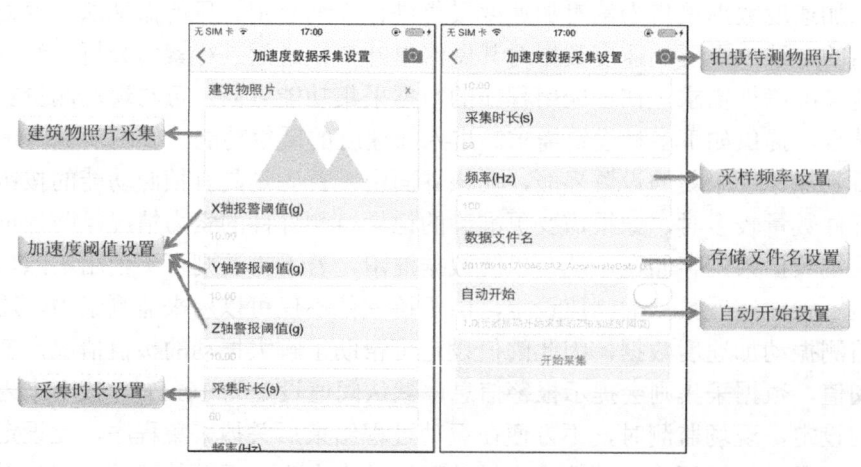

图 3-3-14　数据采集设置界面

如图 3-3-14 所示，若自动按钮为打开状态，点击"开始采集"之后，会进入采集界面并自动开始采集加速度数据，如图 3-3-15（a）所示。若此按钮为关闭状态，则会跳到如图 3-3-15（b）的界面，在受到人工激振后，开始记录加速度数据，这时记录到的数据为索的自由振动数据，不会记录到人工的猛然敲击，消除了人为作用对索振动的影响。

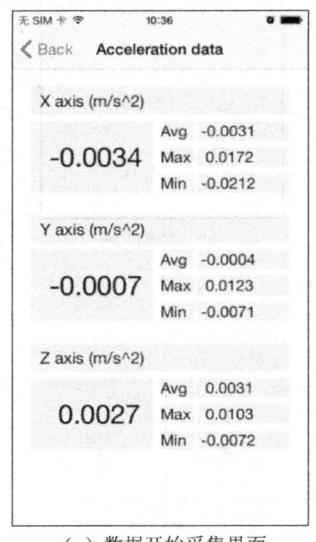

（a）数据开始采集界面

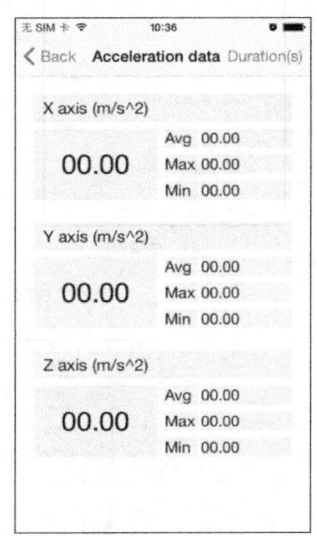

（b）等待人工激励界面

图 3-3-15　数据采集界面

4. 数据计算

在子项目中，最下边为已采集的数据，会显示有几个数据文件，如图 3-3-16（a）所示，子项目 "1" 的创建时间为 2017 年 1 月 20 日 10 点 03 分 27.513 秒，该子项目中共有三个数据文件。从数据文件中可以打开查看采集到的哪些数据，如图 3-3-16（b）所示，共有加速度、倾角和地理位置信息三个文件。点击其中的加速度数据，便可以进行时域、频域分析及其索力计算。

接下来进入在线索力计算，如图 3-3-17 所示，主要步骤如下。

（1）选择需要计算索力的斜拉索测量数据，如图 3-3-16（b）中的加速度数据。

（2）选择后可在手机界面上看到其加速度时程曲线。

（3）选择屏幕上方的"频域"，手机内置算法则会将加速度数据进行快速傅里叶变换，值得注意的是，虽然加速度采集设置采样频率为 100Hz，但是由于智能手机内置加速度传感器的性能问题，导致实际的加速度采样频率可能不是精确的 100Hz。程序将自动识别本组数据的实际采样频率，并根据实际采样频率进行傅里叶变换，并将频谱图显示在手机界面中。

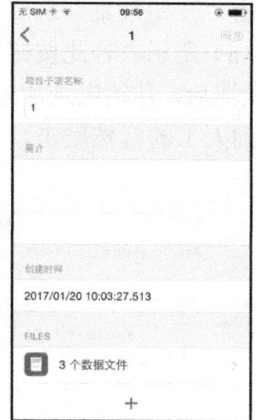
（a）子项目

（b）数据文件

图 3-3-16　计算前数据准备

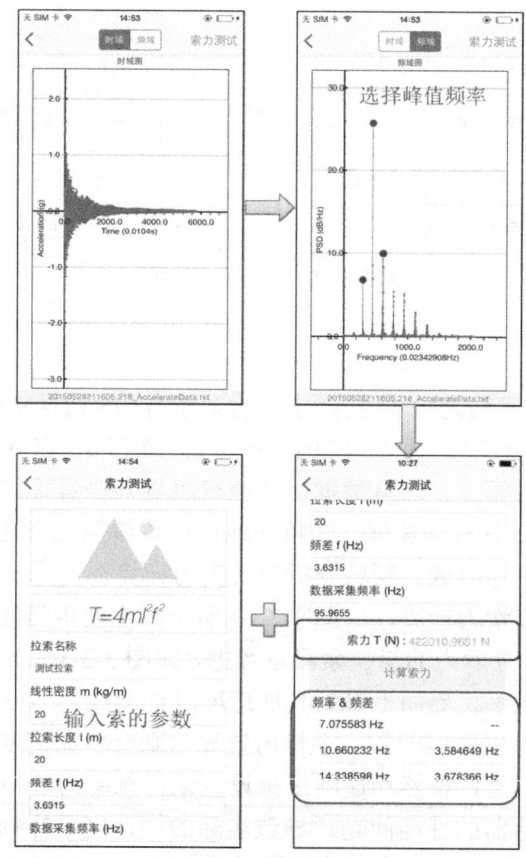

图 3-3-17　数据分析界面

（4）在手机屏幕上进行手机触屏选择，选择所需要的频率峰值所对应的频率值，在手机界面上可以通过红色圆点判断该阶频率是否被选中。选择频率结束，可以点击右上角"索力测试"进入下一个界面。

（5）步骤（4）所选择的频率阶次及相应的频差都会呈现于界面中，如图 3-3-17 所示。在阶次不是很明显的情况下，可以参照频差值的一致性返回上个步骤，重新选择频率阶次。界面中可以看到确定的最后频差，其为几个频差的平均值。在频差下方还可以看到有数据采样频率 95.9665，此数值即为步骤（3）中提到的采样频率问题中的实际采样频率。

（6）确定频差后可在界面中输入索的基本参数，包括索长及线密度。点击"计算索力"便可通过索力计算公式 $T=4ml^2f^2$ 求得索力值。如图 3-3-17 计算得到的索力值为 422010.9681N。

（7）现场记录已得索力值，可以存储至手机，也可上传至网站（该网站将在下文介绍）。

3.3.4 网站介绍

3.3.3 节对 Orion-CC 进行了详细的介绍，它作为一个高效且便捷的健康监测信息采集和传输平台，同时具备数据处理和网络上传等功能。用户可将采集到的数据通过网络上传至服务器终端，即结构云监测数据共享平台，网址为 www.cloudshm.com，为后期结构健康监测提供数据支持，同时也因该系统具有公众可参与性强的特点，为应急状态下的大区域结构安全快速监测提供了可能。

结构云监测数据共享平台是一个开放的用户平台，通过访问网站，可以查看是否有感兴趣的桥梁信息，但是若需要查看监测数据，则要求必须登录。该网站支持用户注册和登录，账户与 Orion-CC 的账户通用，都是通过邮箱验证和密码登录。

在 Orion-CC 上的用户在数据处理后可以选择网络同步功能来上传相应的监测数据，完成数据上传后，所上传的信息便可通过网站进行位置呈现，当然用户可以自由选择数据开放或者隐私，若选择公开，其他注册用户便可登录进行查看，若选择隐私，则可以不被查看，上传的数据仅作个人云存储使用。该平台目前支持图像信息、地理位置信息以及软件后处理数据信息的网络上传。用户只需登录结构云监测数据共享平台即可对个人监测信息进行管理，如图 3-3-18 所示。从图中可以看到个人所上传的所有桥梁的监测项目，通过下拉菜单也可以看到子项目的监测内容，同时，可以下载数据进行后期数据分析或者删除不必要的数据。在数据上方有"共享"选项，如果选择共享，则登录网站的其他用户就可以查看并使用监测数据。

图 3-3-18 监测数据联网管理界面

  Orion-CC 友好的手机操作界面不仅为专业的工程技术人员提供了方便节约了成本，同时也因其高效、便捷、易操作等优点而使其更易于被公众接受，使公众主动参与到结构健康监测活动中，在应急情况下则为大区域的结构安全快速健康评估提供了可能。这是常规的结构健康监测系统无法实现的。所有使用 Orion-CC 的用户只要进行了监测并上传，该结构云监测数据共享平台可以将用户采集作业时的地理位置信息和相应的项目名称显示在地图中，且在地图上显示为相应的气球，中国已使用该软件并建立了项目。同样国外也已有使用该软件并进行数据上传的用户，该软件拥有遍及亚洲、美洲、欧洲等的十余个国家的 1 万余用户。

  该结构云监测数据共享平台，不仅为用户提供了数据的在线管理，同时也为公众参与结构健康监测提供了交流和信息共享的平台，对实现大区域内结构安全快速评估提供了数据支持和可能。

3.3.5 实验室索力对比实验验证

1. 对比实验

  该对比实验的索模型在大连理工大学桥梁实验室。索的基本参数为：索长 l 为 15.53m，线密度 m 为 3.93kg/m。为了验证智能手机索力监测软件 Orion-CC 的可行性与精度，选用无线式力平衡加速度传感器与手机监测结果进行对比。传感器布置示意图如图 3-3-19（a）所示，现场测试图如图 3-3-19（b）所示。

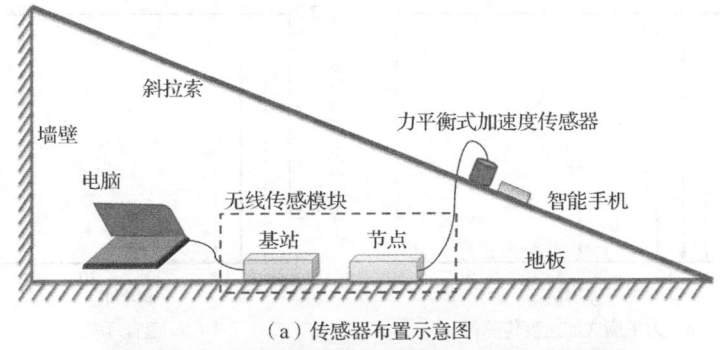

（a）传感器布置示意图

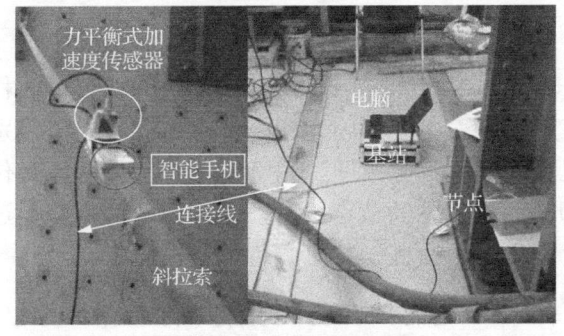

（b）对比实验现场测试图

图 3-3-19　对比实验

通过图 3-3-19 可以看出，尽管无线式采集系统已经比有线式采集系统方便，可以不必受现场测试时传输线的限制，只要在节点传输有限范围内便可。但是基站、节点以及相应连接线都还是必需的。智能手机却不需要任何的连接线，本身的数据采集、传输以及数据存储可以实现传统无线式采集设备的功能。通过给以人工激励，两种传感器的加速度时程曲线如图 3-3-20 所示。同样地，进行快速傅里叶变换，两者的频谱图如图 3-3-21 所示。

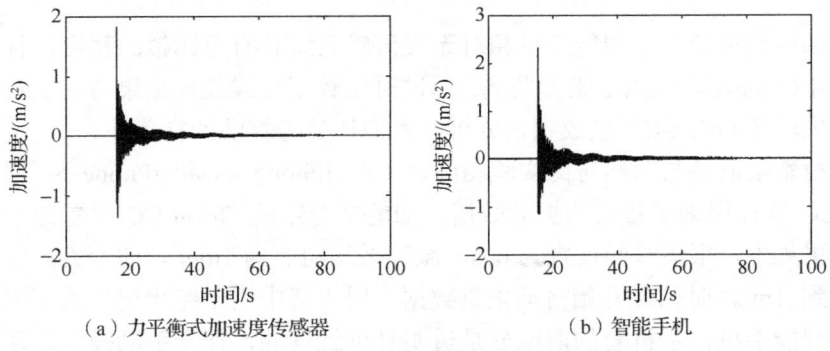

（a）力平衡式加速度传感器　　　　（b）智能手机

图 3-3-20　加速度时程曲线

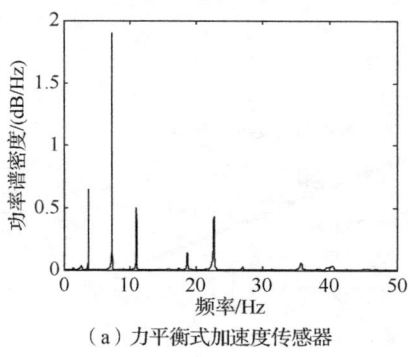 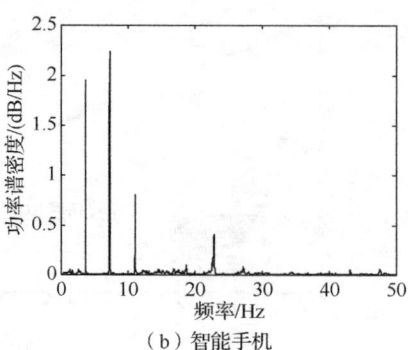

(a) 力平衡式加速度传感器　　　　(b) 智能手机

图 3-3-21　频谱图

从图 3-3-20 和图 3-3-21 可以看出，两种传感器的加速度时程曲线衰减情况一致，峰值加速度有所差别，主要是因为两个传感器固定位置差别引起的。频谱图峰值明显，频差几乎相同，除了第四阶的峰值不够明显，因为传感器可能布置到索的 1/4 位置，即第四阶模态的节点位置，导致四阶频率峰值过小。两种传感器所计算的频差和索力值对比如表 3-3-4 所示。

表 3-3-4　智能手机和力平衡加速度传感器结果对比

项目	频差	索力
无线	3.675Hz	51.465kN
iPhone	3.695Hz	52.027kN
误差	0.54%	1.09%

从表 3-3-4 可以看出，通过两种传感器求得的频差误差只有 0.54%，可以满足工程监测需要。但是智能手机比无线传感系统更为方便快捷，所以智能手机的使用相对无线传感设备具有一定的优势。

2. 智能手机算法验证

上部分已经验证了智能手机相对无线传感系统具有可比拟的精度，且使用方便。现将 Orion-CC 应用于索力监测，通过对比数据在线处理结果与后期数据处理结果，来验证 Orion-CC 集成频谱分析、索力计算等算法的精确性。

斜拉索依旧是与前述对比实验相同。一台 iPhone 4s 和 iPhone 5s 都安装有 Orion-CC 软件用来采集索的振动数据。如前文介绍的 Orion-CC 设置部分，在这次数据采集中，采集时间设置为 60s，激励采集阈值为 $1m/s^2$，即给索激励后，加速度达到 $1m/s^2$ 时软件开始自动采集数据。用生活中用于跑步记步的便捷手机套来固定智能手机，手机套的前部分是透明且可触屏的，便于手动操作。现场固定图片如图 3-3-22 所示。

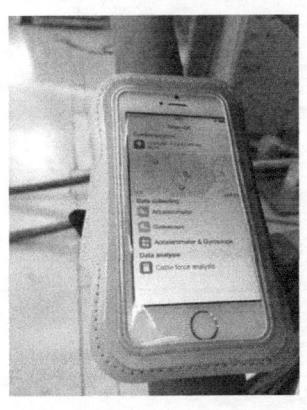

图 3-3-22　数据采集设备（iPhone 5s 和手机套）

共进行了 7 组振动实验，分别获得 7 组数据。将数据存储至手机并上传电脑使用 MATLAB 处理，获得两台手机测试的频差值（FD_4s_MAT，FD_5s_MAT）和索力值（CF_4s_MAT，CF_5s_MAT）。同时，使用 Orion-CC 在线对数据进行分析，获得频差值（FD_4s_SP，FD_5s_SP）和索力值（CF_4s_SP，CF_5s_SP）。为了在同等情况下比较两种数据处理方法，选择同样的阶次进行对比。但是在本次实验中，低频部分很难提取峰值，所以将第二～第五阶频率提取出来用以计算频差和索力。图 3-3-23 和表 3-3-5 给出了斜拉索在 7 次实验中的各阶频率与频差误差分析。

从图 3-3-23 可以看出，对于 iPhone 5s 和 iPhone 4s，无论是智能手机作为数据采集器使用 MATLAB 求得索力，还是使用 Orion-CC 直接作为索力传感器得到索力，实验的重复性是非常好的。第二～第五阶频率都在 7.10Hz、10.65Hz、14.25Hz 和 18Hz 左右。但是 iPhone 5s 所画出来的拟合直线比 iPhone 4s 的拟合直线更加细一些，说明 iPhone 5s 更加稳定一些，这与智能手机的内置加速度传感性能相关。

表 3-3-5 给出了桥索模型使用不同手机利用不同算法得到的频差对比，表 3-3-6 给出了桥索模型在不同测试方式下的索力对比。从两个表中可以看出，iPhone 4s 和 iPhone 5s 的差别较小，频差误差约为 0.54%，索力误差约为 1.04%。而且两个表格也显示了智能手机 Orion-CC 内置算法所得结果与数据后处理所得结果是几乎相同的，可以证实该软件内置算法的准确性，Orion-CC 可以直接作为索力传感器。另外，Orion-CC 所得频差和索力在 7 组实验中相差很小，其方差和标准差都很小，所以 Orion-CC 的监测具有可重复性。7 次实验中，频差和索力的最大误差都发生在 iPhone 4s 上，分别为 2.348%和 4.711%，而 iPhone 5s 的频差误差和索力误差最大值分别为 0.224%和 0.448%。相比图 3-3-23，更能证明 iPhone 5s 比 iPhone 4s 更加稳定和可靠，所以建议使用更高版本的智能手机进行索力监测，以获得更准确的结果。

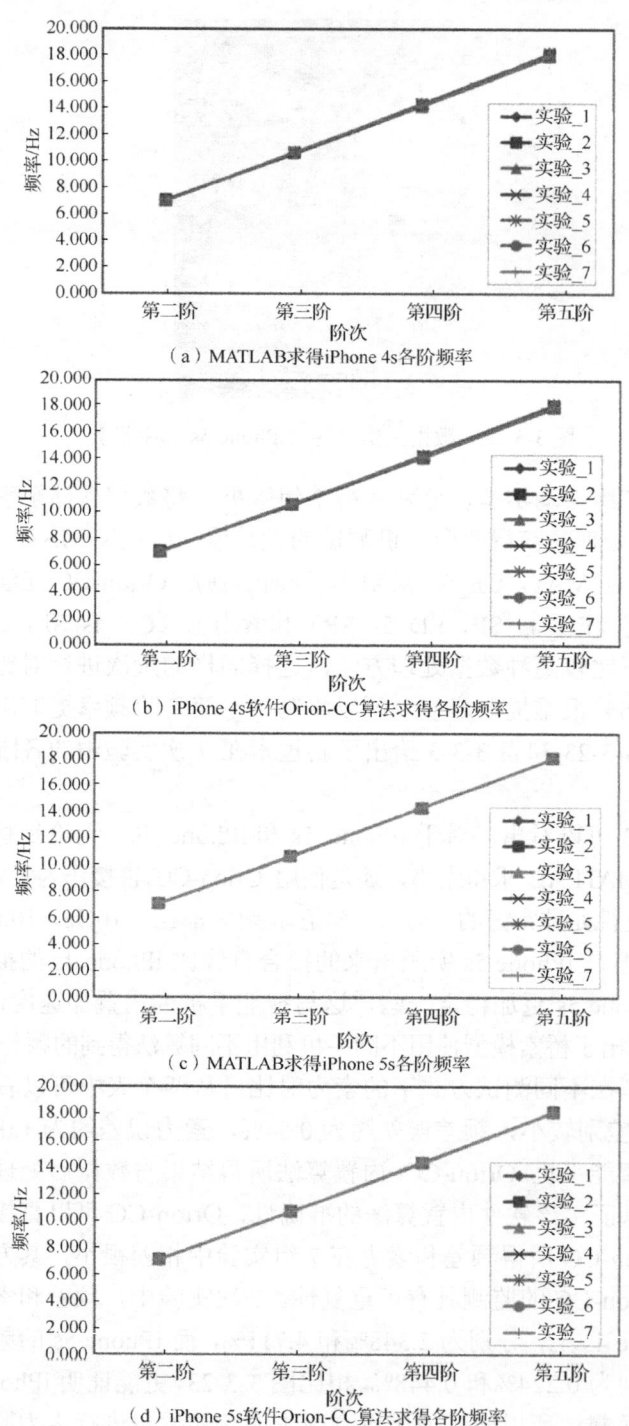

图 3-3-23 7 组实验获得的各阶频率

表 3-3-5　频差误差分析

项目	测试次数	FD_4s_MAT	FD_4s_SP	FD_5s_MAT	FD_5s_SP
频差/Hz	1	3.643	3.637	3.682	3.686
	2	3.661	3.669	3.682	3.686
	3	3.632	3.634	3.682	3.686
	4	3.668	3.671	3.682	3.678
	5	3.718	3.718	3.688	3.686
	6	3.662	3.664	3.685	3.686
	7	3.656	3.664	3.686	3.687
平均值/Hz		3.663	3.665	3.684	3.685
方差		7.5×10^{-4}	7.7×10^{-4}	7.1×10^{-6}	8.7×10^{-6}
标准差		0.02732	0.02775	0.002665	0.002949
最大误差/%		2.348	2.294	0.172	0.224

表 3-3-6　索力误差分析

项目	测试次数	CF_4s_MAT	CF_4s_SP	CF_5s_MAT	CF_5s_SP
索力/kN	1	50.308	50.142	51.391	51.512
	2	50.815	51.038	51.400	51.517
	3	50.013	50.058	51.400	51.517
	4	51.010	51.104	51.400	51.300
	5	52.410	52.401	51.577	51.512
	6	50.843	50.899	51.484	51.530
	7	50.677	50.908	51.521	51.486
平均值/kN		50.868	50.936	51.453	51.486
方差		0.580	0.598	0.00554	0.00678
标准差		0.762	0.773	0.0745	0.0823
最大误差/%		4.711	4.600	0.344	0.448

3.3.6　现场工程应用一

1. 桥梁介绍

在实验室拉索桥实验上证明智能手机索力监测可行性之后，运用至实际桥梁星海湾跨海大桥的索力测试中。此大桥的具体情况在吊装监测中已有详细描述，在此省略大桥介绍。关于吊杆信息，主桥每边共有 84 组吊杆，每组吊杆包括两根。大桥立面图和 Orion-CC 所做测量的吊杆如图 3-3-24 所示。

图 3-3-24 星海湾跨海大桥立面图

2. 测试描述

当天测试温度低至-8℃,海上风力高达 8～9 级,是一个极端恶劣的测试条件,使用传统的测试设备是很困难的,因为需要考虑连接线稳定性、传感器稳定性等问题。但是当天的测试使用一台手机便可实现。

当天使用 Orion-CC 测试了图 3-3-24 中的第 15～18 号吊杆。15～17 号吊杆中每组测试一根,18 号吊杆测试两根。以 18 号吊杆其中一根为例,现场测试图如图 3-3-25 所示。只需要一个手机套便可将智能手机固定于吊杆上,操作方便快捷。图 3-3-26 给出了现场人员操作的示意图,手机固定使用的手机套装置使用尼龙扣搭接绑定,且手机套前边为透明软胶体,可直接对手机进行触屏操作,简单方便,不再需要电脑、连接线、数据采集仪、传感器等装置的联合使用。

(a) 远景

(b) 近景

图 3-3-25 18 号吊杆现场测试图

图 3-3-26 现场操作图

进行测试的 15～18 号吊杆参数，包括线密度以及索长如表 3-3-7 所示。

表 3-3-7　15～18 号吊杆的参数

索号	线密度 m/(kg/m)	索长 l/m
15	24.2	56.088
16	24.2	61.871
17	24.2	67.918
18	24.2	68.18

3. 测试结果

索的振动由两种方式给予，一是自然激励，二是人工激励。自然激励由风力所致，人工激励由人员给予冲击力所致。以 18 号吊杆在自然激励下的振动为例，Orion-CC 的结果如图 3-3-27 所示，MATLAB 所得时程图与频谱图如图 3-3-28 所示。

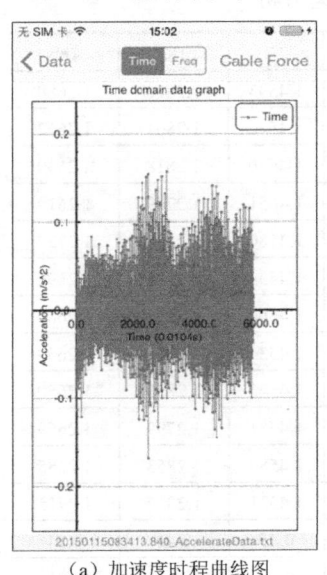 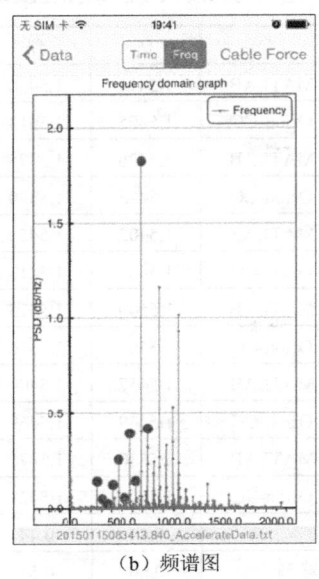 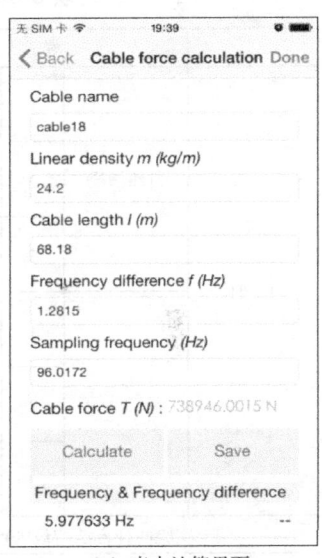

（a）加速度时程曲线图　　　　（b）频谱图　　　　（c）索力计算界面

图 3-3-27　Orion-CC 测试结果

从图 3-3-27（c）可以看出，Orion-CC 获得的频差值为 1.2815Hz，结合表 3-3-7 给出的吊杆参数，输入至 Orion-CC 中，可以通过软件计算获得索力为 738946.0015N。MATLAB 后期处理得到的频差为 1.2819Hz，索力为 739430.9866N。两种算法得到的索力误差仅为 0.066%，是一个很低的误差水平。

对 5 根吊索都分别进行人工激励和自然激励，每种激励采集三次数据。将测试中 5 根吊杆的测试结果汇总，包括自然激励和人工激励下 Orion-CC 自身所计算所得的频差,MATLAB 后期处理所得的频差,以及两种方法之间的误差分析,如表 3-3-8 所示。

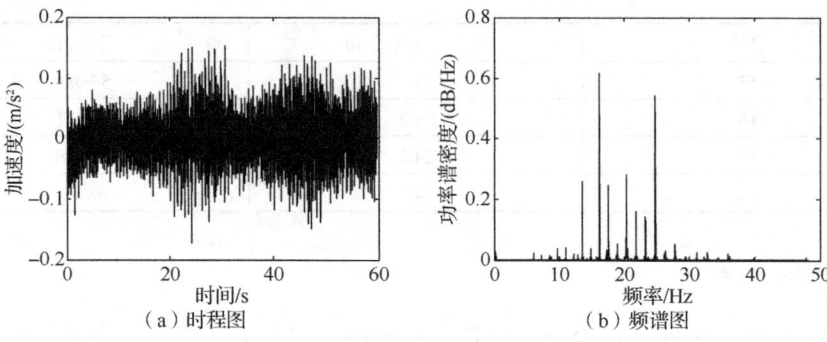

图 3-3-28　MATLAB 后期处理结果

表 3-3-8　星海湾跨海大桥测试频差及误差分析

	测试次数		15	16	17	18a	18b
频差/Hz	自然激励	1 MATLAB	1.5411	1.5450	1.4533	1.2810	1.2680
		1 Orion-CC	1.5405	1.5413	1.4536	1.2801	1.2612
		2 MATLAB	1.5426	1.5375	1.4600	1.2818	1.2630
		2 Orion-CC	1.5425	1.5390	1.4651	1.2799	1.2619
		3 MATLAB	1.5402	1.5450	1.4580	1.2818	1.2722
		3 Orion-CC	1.5469	1.5413	1.4534	1.2815	1.2698
	人工激励	1 MATLAB	1.5500	1.5475	1.4500	1.2853	1.2680
		1 Orion-CC	1.5508	1.5416	1.4534	1.2815	1.2659
		2 MATLAB	1.5457	1.5400	1.4540	1.2853	1.2650
		2 Orion-CC	1.5469	1.5469	1.4581	1.2799	1.2659
		3 MATLAB	1.5530	1.5475	1.4580	1.2853	1.2685
		3 Orion-CC	1.5508	1.5420	1.4531	1.2812	1.2715
同一实验两种方法的最大误差/%			0.44	0.44	0.35	0.42	0.54
Orion-CC 在不同实验的最大误差/%			0.66	0.51	0.82	0.12	0.81
后期处理在不同实验的最大误差/%			0.82	0.65	0.68	0.33	0.57

由表 3-3-8 可以看出,同一实验中使用 Orion-CC 内部计算程序与后期处理所得结果误差非常小,最大误差不超过 1%,在一定程度上又一次证明了 Orion-CC 内嵌算法的准确性。另外,通过 6 次实验使用 Orion-CC 进行计算的误差对比分析可知,最大误差不超过 1%,显示了使用 Orion-CC 较好的重复性。总结以上数据可以看出,Orion-CC 稳定性较好,可以成功地应用于实际桥梁的索力测试中。相比其他监测方法,便捷、快速为最大的优势。

3.3.7 现场工程应用二

以上所有的室内实验和实际桥梁监测实验都是基于传统传感器和智能手机的对比,以往监测所呈报告数据或者更有说服力的数据还未呈现。本节基于文献[23]中索的索力数据,使用智能手机进行本次测量,测量过程中也有传统的加速度数据对比情况。通过三者数据的对比,更好地说明智能手机进行索力监测的可行性与精确性。

1. 哈尔滨四方台大桥基本情况介绍

四方台大桥是哈尔滨环城过境高速公路的一座特大型桥梁,是黑龙江省"OK"型公路网的重要组成部分,也是哈尔滨市"三环"及"四环"城市快速通道路过江的唯一通道。四方台大桥桥型为 5 跨式双塔双索面组合梁斜拉桥,跨径组合为 44+136+336+136+44m,桥塔采用门式塔,塔高 110m,桥面以上塔高 90m,桥面全宽为 30.5m,主梁为钢梁加预应力混凝土桥面板组成的组合梁结构体系。斜拉索呈空间扇形索面,每索面由 26 根斜拉索组成。大桥立面图如图 3-3-29 所示。

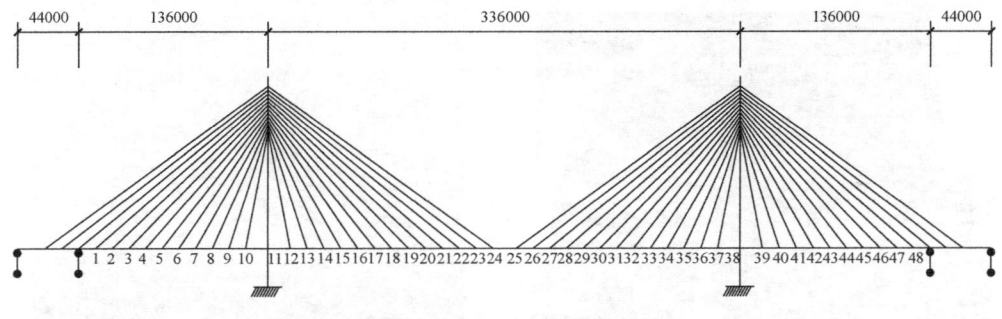

图 3-3-29　哈尔滨四方台大桥立面图(单位:mm)

2. 传感器布置情况

本次四方台实验的传感器采用压电式加速度传感器与 iPhone 进行同时测量,布置在如立面图上的 25～37 号索上,因为传感器数量有限,所以对于这 13 根索的测量不能同时进行,而且由于哈尔滨天气寒冷,采集仪所需笔记本电脑的电源问题,时间不足以保证有线采集系统对索的完全测量。但是对于这座桥已有完整的资料和使用其他加速度传感器所做的监测,故我们可以拿本次的实验数据与已有的资料[23]进行对比,看它在实际结构中是否可行。在 13 根索上传感器的布置情况以及 13 根索的基本参数如表 3-3-9 所示,IB 为黑色 iPhone,IW 为白色 iPhone。以 25 号索布置为例的现场照片如图 3-3-30 所示。

表 3-3-9　索的基本参数与传感器布置情况

索号	索长/m	索单位质量/(kg/m)	传感器布设
25	178.2774	120.40	2号压电，IB，IW
26	166.7715	109.89	1号压电，IB，IW
27	155.3733	99.11	IB
28	144.0474	87.23	IW
29	132.9089	78.68	IB
30	121.9836	78.68	IW
31	111.2954	78.68	IB
32	100.9109	78.68	IW
33	90.8342	61.37	IB
34	81.3345	61.37	IW
35	72.3655	54.08	IB
36	64.1423	54.08	IW
37	55.3646	54.08	IB

（a）黑色iPhone和2号加速度传感器

（b）黑色iPhone和白色iPhone

图 3-3-30　25号索传感器现场布置情况

3. 结果对比与分析

首先选取25号与26号斜拉索的实验数据进行对比，在25和26号索上都使用了三个传感器，分别为两台iPhone和一个压电式加速度传感器，虽然不是同时测量，但是可以通过处理后的数据比较得到的频差值，以此得出索力值。25号索三个传感器的数据采集与处理结果如图3-3-31所示，26号索上三个传感器的数据采集和处理结果如图3-3-32所示。

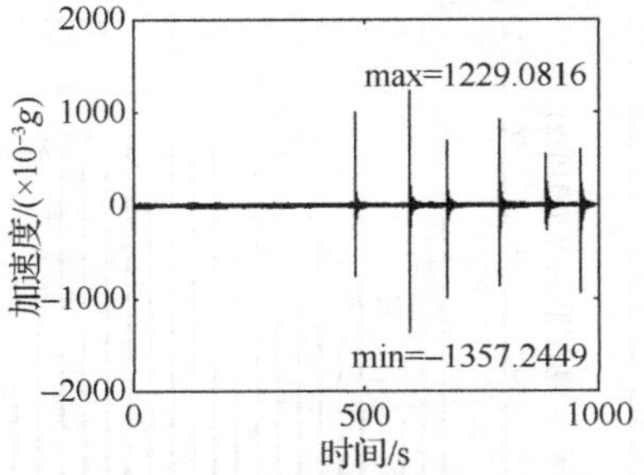

（a）2号压电加速度时程曲线图 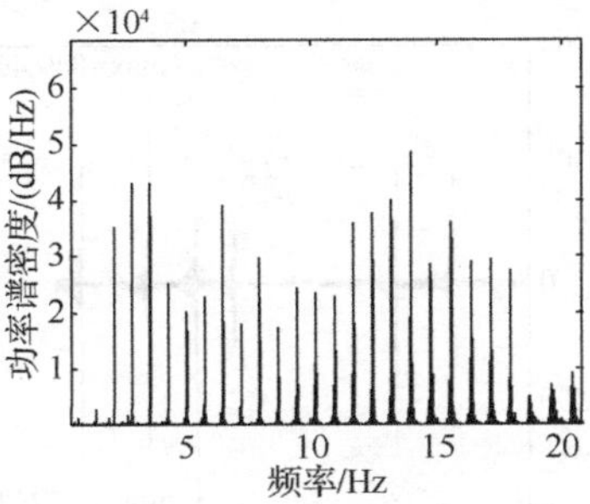　　　　（b）2号压电频谱图

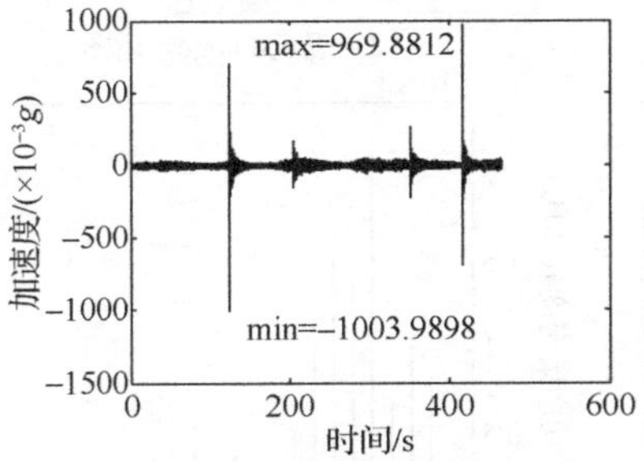

（c）白色iPhone加速度时程曲线图 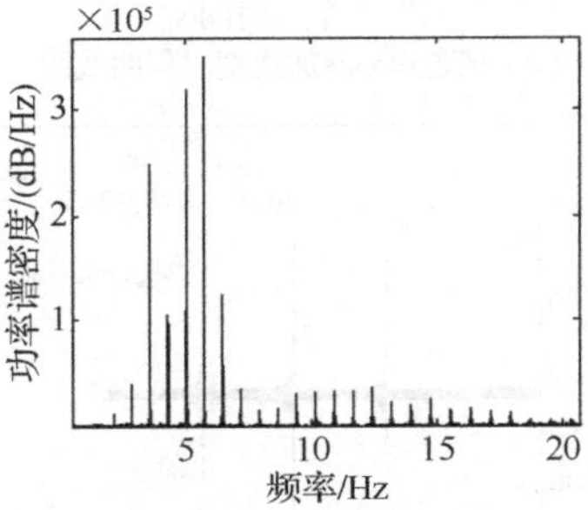　　　（d）白色iPhone频谱图

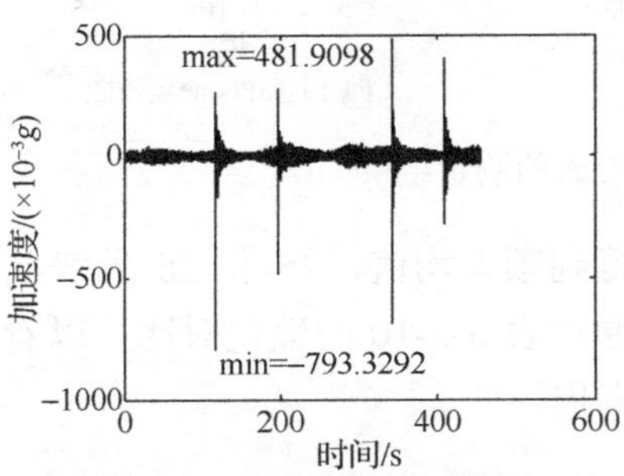

（e）黑色iPhone加速度时程曲线图 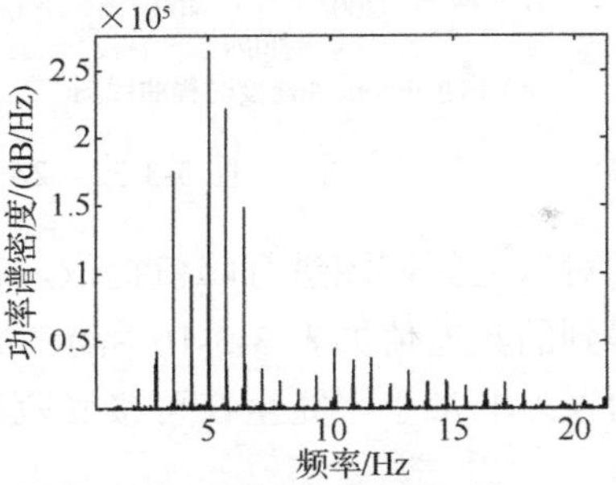　　　（f）黑色iPhone频谱图

图 3-3-31　25 号索的测量结果

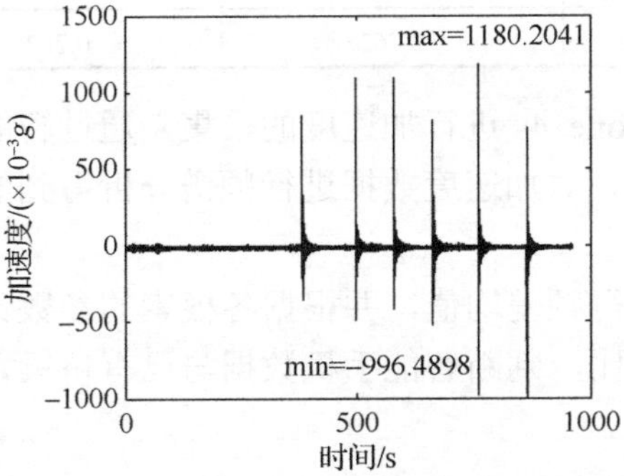

（a）1号压电加速度时程曲线图 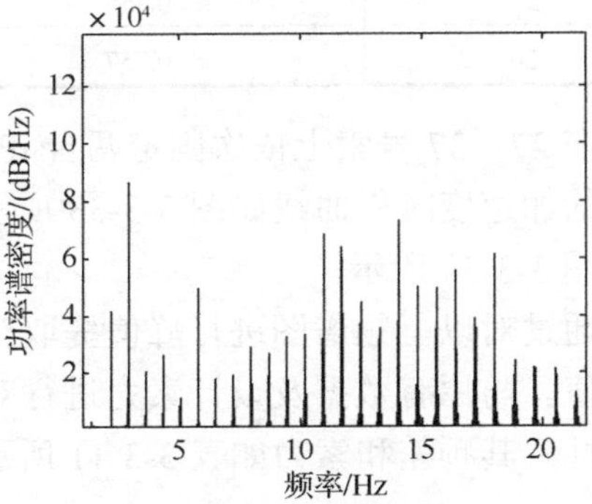　　　　（b）1号压电频谱图

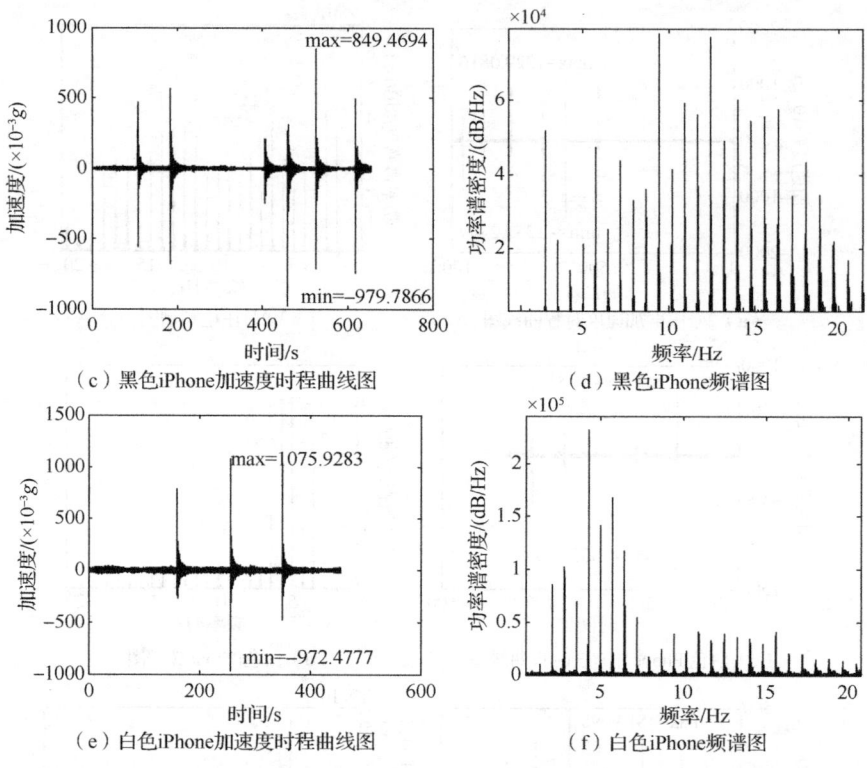

图 3-3-32　26 号索的测量结果

通过对以上频谱图进行峰值提取，得到频差均值，25 和 26 号索上使用三种传感器得到的频差值如表 3-3-10 所示。通过表 3-3-10 的数值对比可以看出，三种传感器的误差非常小，完全在可接受范围内。

表 3-3-10　25/26 号索三种传感器的频差值对比　　　　　　　　单位：Hz

索号	压电	IW	IB
25	0.755	0.756	0.755
26	0.757	0.762	0.762

在 27～37 号索上依次固定两台 iPhone 4s 进行加速度的采集，通过智能手机得到的加速度时程曲线如图 3-3-33 所示，对加速度数据进行频谱分析得到的频谱图如图 3-3-34 所示。

通过对以上频谱图进行峰值提取获得频差均值，并根据各根索的参数计算出索力值。与原有数据及设计索力进行对比，判断智能手机数据与已有桥梁数据的吻合性。其频差和索力如表 3-3-11 所示。

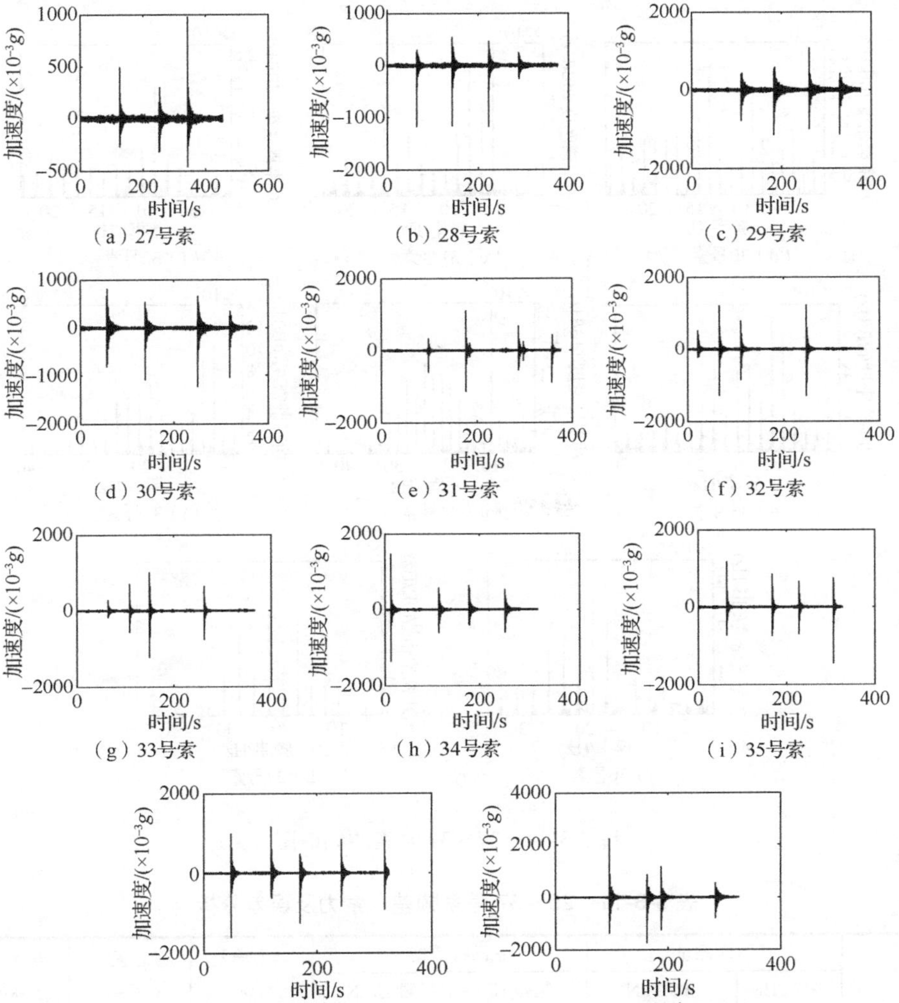

第3章 基于智能手机的便捷式桥梁监测与管养

图 3-3-33 27～37 号索的加速度时程曲线图

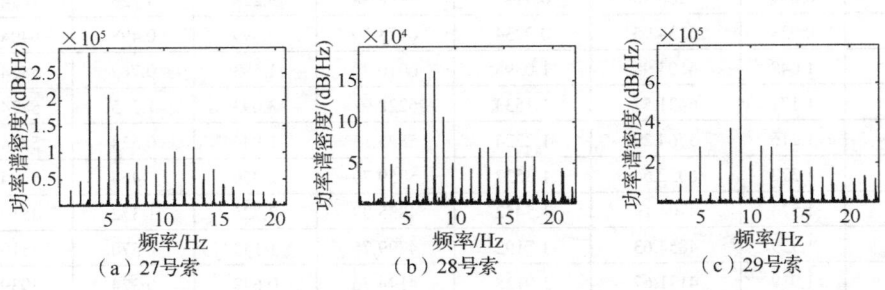
（a）27号索　　（b）28号索　　（c）29号索

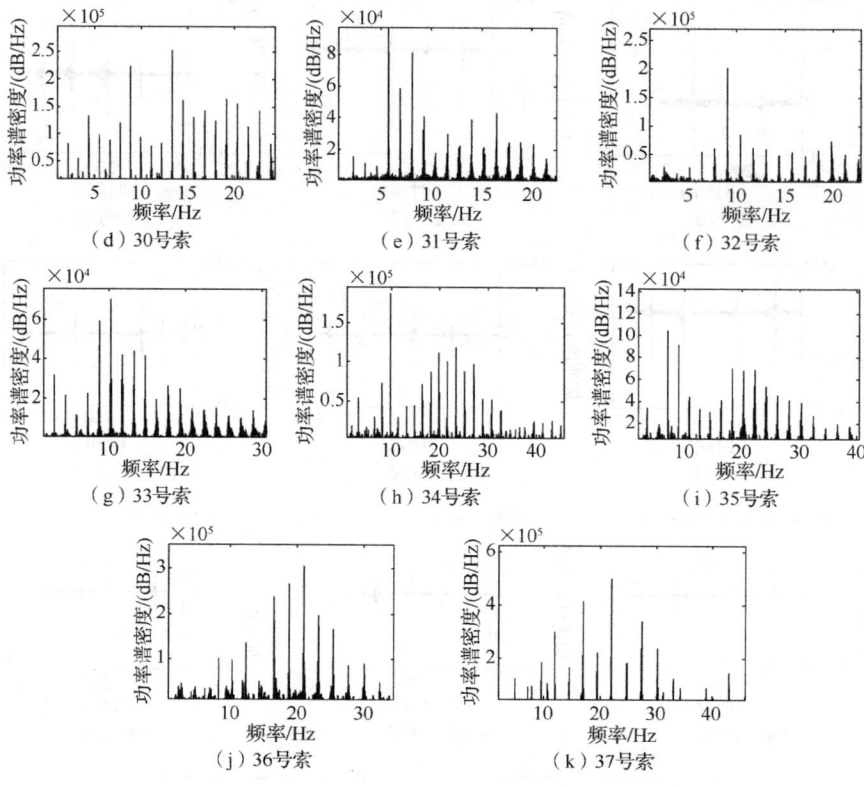

图 3-3-34 27~37 号索的频谱图

表 3-3-11 25~37 号索频差、索力及误差分析

索号	本次测量		已有数据		索力误差 /%	频差误差 /%	设计索力 /kN
	频差/Hz	索力/kN	频差/Hz	索力/kN			
25	0.755	8725.15	0.7587	8810.87	0.973	0.488	8869.9
26	0.762	7098.58	0.7627	7111.63	0.183	0.092	8144.8
27	0.871	7260.50	0.9142	7998.58	9.228	4.725	7274.8
28	0.928	6234.95	0.9234	6173.29	0.999	0.498	6404.4
29	1.048	6105.98	1.0398	6010.80	1.583	0.789	5824.4
30	1.171	6421.57	1.1533	6228.91	3.093	1.535	5824.4
31	1.216	5764.29	1.2224	5825.13	1.044	0.524	5824.4
32	1.372	6032.66	1.3522	5859.79	2.950	1.464	5824.4
33	1.524	4704.19	1.5452	4835.98	2.725	1.372	4519.6
34	1.729	4854.63	1.7192	4799.75	1.143	0.570	4519.6
35	1.919	4171.67	1.9128	4144.76	0.649	0.324	3939.6
36	2.190	4268.49	2.1549	4132.76	3.284	1.629	3939.6
37	2.547	4301.49	2.5595	4343.81	0.974	0.488	3939.6

表 3-3-11 给出了两次测量的频差和索力的具体数值,以下各图直观地给出了使用智能手机进行监测的结果与原有数据的对比情况。其中图 3-3-35 是本次 iPhone 的测量数据与已有资料测量数据的频差对比图,图 3-3-36 为本次 iPhone 测量所得索力、已有测量所得索力与该四方台大桥的设计索力的对比图,图 3-3-37 为两次测量索力误差和频差误差的量化对比图。

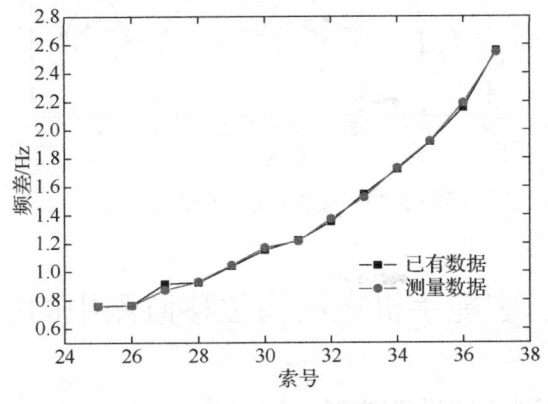

图 3-3-35　频差对比图

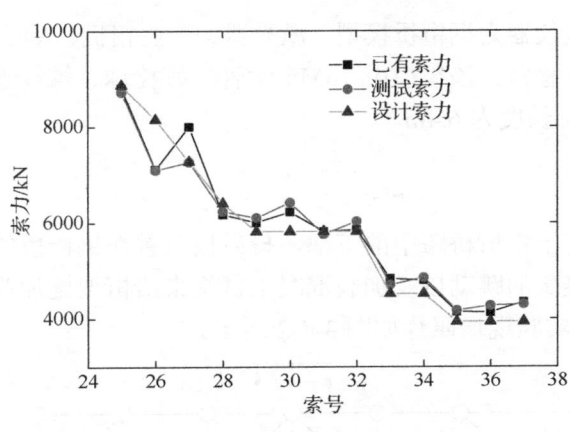

图 3-3-36　索力对比图

通过以上数据对比可以知道,两次实验数据是非常接近的,已有数据相比本次测量早了 6 年,所得索力的最大误差值也不到 10%,而对于 iPhone 的使用更加方便实用,不再需要采集仪也不需要过多的连接线,得到的结果也是可靠的。以上结果可以看出,iPhone 是可以应用于结构健康监测中的,这将会给以后的应用带来很大的方便,这给我们使用智能手机进行云监测提供了可行性的证据,给我们应用它进行监测提升了极大的信心。而且我们也在开发手机中更多的性能,使其能全面应用到结构的健康监测中。

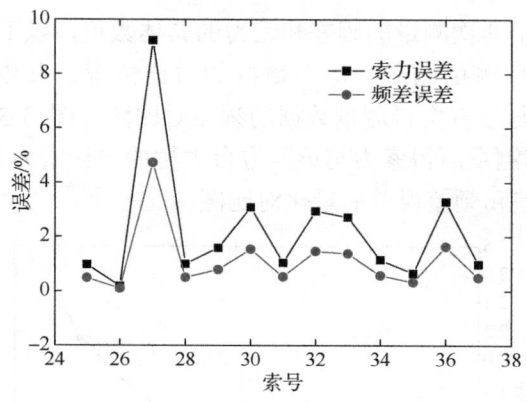

图 3-3-37 频差与索力的误差情况

3.4 智能手机在结构位移监测中的应用

3.4.1 钢桁桥模型位移监测实验

本节所用实验仪器为钢桁桥模型、激光器、工业相机、A4 纸、投射板、计算机以及激光位移传感器。该模型由 16Mn 钢管、螺栓球、螺栓连接而成，每根钢管长 0.4m，模型总长度为 6.4m。

1. 实验布置

将激光器固定于钢桁桥跨中的下部，投射板放置在钢桁桥的端部，然后分别由人在桁架跨中轻微的跳动以及加载混凝土试块来给桁架施加荷载。实验示意图如图 3-4-1 所示，实验现场照片如图 3-4-2 所示。

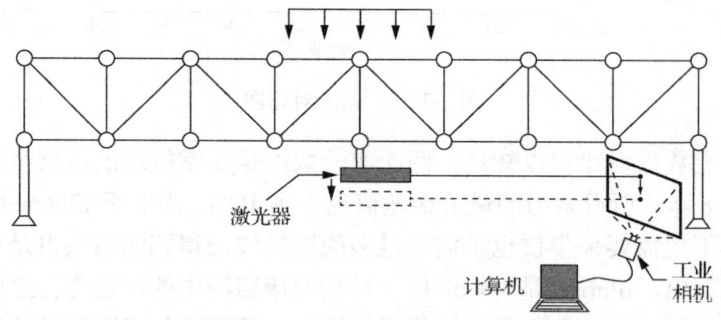

图 3-4-1 钢桁桥模型实验示意图

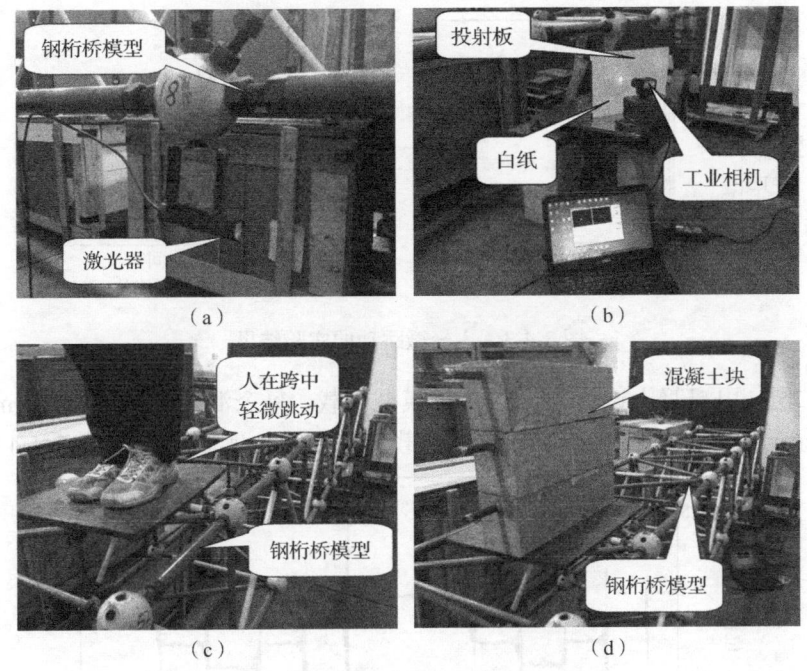

图 3-4-2 钢桁桥模型实验现场照片

2. 实验结果

第一组:由人站在钢桁桥模型跨中轻微跳动来施加荷载,人重约 75kg。实验结果如图 3-4-3 所示。

由图 3-4-3 可以看出,振动时钢桁桥模型的最大位移只有 2.6mm,十分微小,但该套设备却可以很好地监测钢桁桥模型振动时位移的衰减趋势,监测结果比较理想。

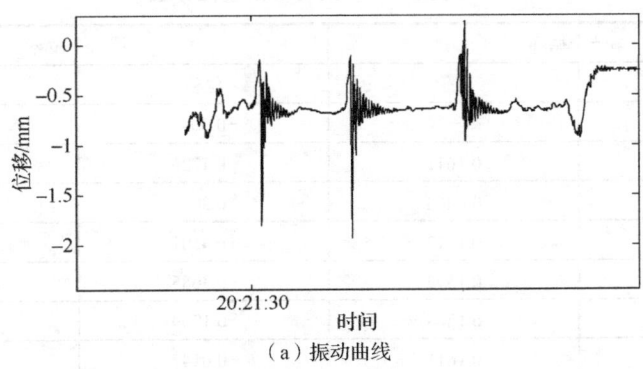

(a)振动曲线

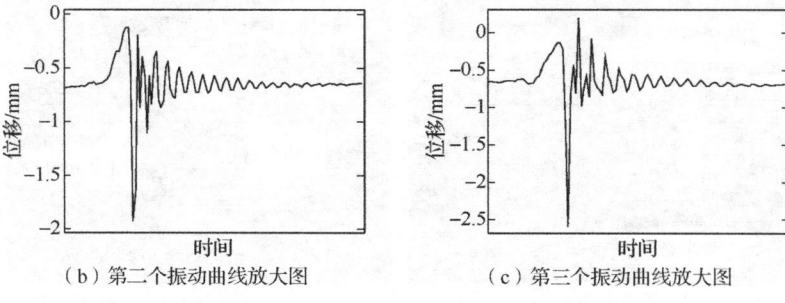

(b) 第二个振动曲线放大图　　　(c) 第三个振动曲线放大图

图 3-4-3　人轻微跳动的实验结果

第二组：用混凝土试块来给钢桁桥模型加载，每个混凝土试块长 50cm，截面积为 15cm×15cm，共加载三块，重复加载卸载两次，实验结果如图 3-4-4 所示。

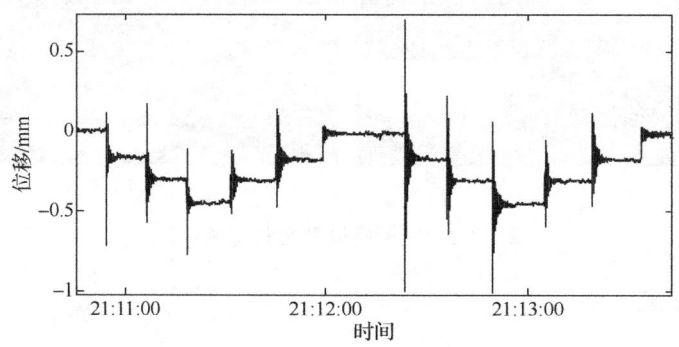

图 3-4-4　加载混凝土试块的实验结果

由图 3-4-4 可以看出，在每次加载或者卸载一块混凝土试块后，都能很明显地监测钢桁桥模型跨中位移的改变与振动，位移台阶如表 3-4-1 所示。

表 3-4-1　钢桁桥模型位移值　　　　　　　　　　单位：mm

第一个循环		第二个循环	
位移	差值	位移	差值
0	—	-0.0097	—
-0.1611	0.1611	-0.1726	0.1629
-0.3014	0.1403	-0.3072	0.1346
-0.4448	0.1413	-0.4501	0.1429
-0.3056	0.1392	-0.3085	0.1416
-0.1708	0.1348	-0.1749	0.1336
-0.0097	0.1611	-0.0147	0.1602

由表 3-4-1 可得，在加载第一块或卸载最后一块混凝土试块时，钢桁桥模型跨中的位移变化最大，约为 0.1610mm。其他情况时每增加或减少一个试块，钢桁桥模型跨中位移变化近乎一致，约为 0.1400mm。

在钢桁桥跨中位移监测的实验中，尽管其最大振幅只有 2.6mm，但本套监测系统能明显监测到其振动的衰减曲线，而且加载混凝土试块时，监测到的跨中位移重复性也很好。由此可见，基于激光投射传感技术的位移监测方法具有构造简单、操作简便、性价比高、较高的测量精度等优点，可以作为一种可行的桥梁位移监测方式。可以预见的是，将来如果使用一种高功率的长距离准直激光器，那么可以实现大跨度桥梁和其他大型建筑的位移监测；而如果使用一种像素更高、帧率更高的工业相机，则可以监测到物体更大范围的位移变化和物体更快速的振动。

3.4.2 索桥模型位移监测

实验一：平面内单点静态监测实验

本实验采用混凝土自锚式悬索桥模型，原桥位于中国的庄河市区，跨径布置为 70+200+70=340m，桥面宽 27m，主梁为钢筋混凝土箱梁。实验模型采用 1∶28 比例尺，跨径布置为 2.5+7.14+2.5=12.14m，主梁采用实体断面，主缆和吊索采用钢丝绳制作，桥塔及桥台处采用 5mm 厚橡胶板。实验所用仪器有激光器、智能手机、白纸、光斑投射板、计算机和激光位移传感器。

1. 实验布置

将激光器固定在边跨的支撑上，投射板安放在主跨跨中，激光位移传感器安放在主跨跨中的桥面板下部。因为此桥为混凝土悬索桥，所以桥面板的压缩性为零，因此桥面板上部位移和下部位移是一致的。通过智能手机来监测桥面板的上部位移，并用激光位移传感器来监测桥面板的下部位移，然后将两个数据进行对比即可验证本套系统在实际工程中的适用性。

通过在跨中加载铁块来给桥面施加荷载，一共 6 块铁块，每块重 25kg，重复加卸载两次，两个位移循环。实验示意图如图 3-4-5 所示，实验现场照片如图 3-4-6 所示。

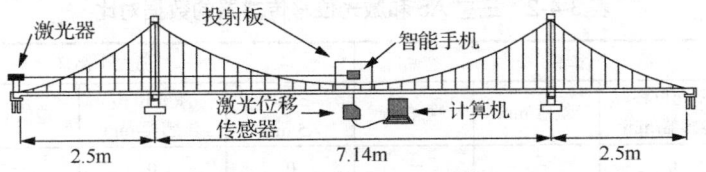

图 3-4-5 悬索桥模型实验示意图

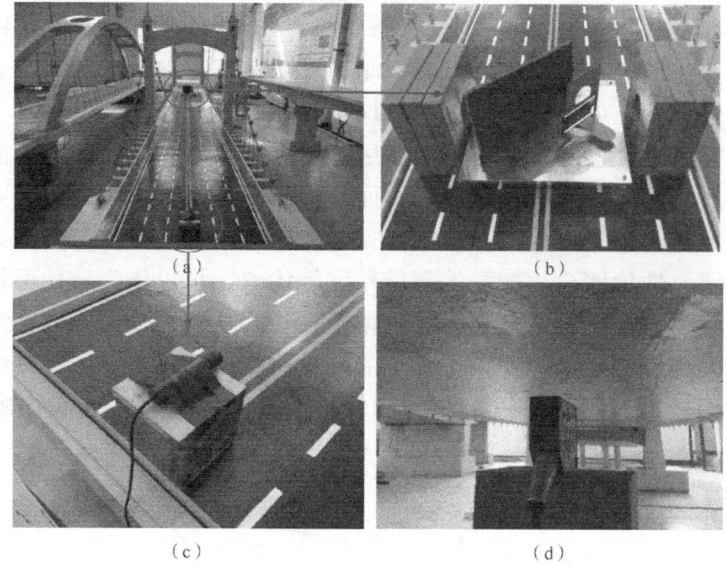

图 3-4-6 悬索桥模型实验现场照片

2. 实验结果

三星 A5 和激光位移传感器的实验结果如图 3-4-7 所示。

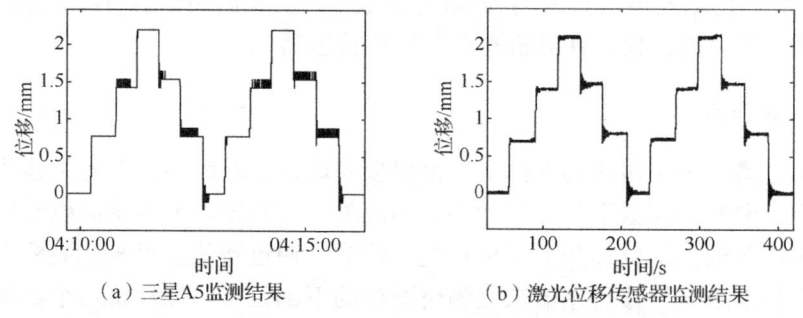

（a）三星A5监测结果　　　　　　（b）激光位移传感器监测结果

图 3-4-7　三星 A5 和激光位移传感器的实验结果

由图 3-4-7 可得，在每次加载或者卸载两块铁块后，三星 A5 和激光位移传感器都能很清晰地监测到悬索桥模型跨中位移的改变，位移台阶如表 3-4-2 所示。

表 3-4-2　三星 A5 和激光位移传感器的数据对比

第一个循环				第二个循环			
三星 A5/mm	激光位移传感器/mm	差值/mm	误差/%	三星 A5/mm	激光位移传感器/mm	差值/mm	误差/%
0	0	—	—	0	0	—	—
0.7709	0.725	0.0459	6.33	0.7709	0.7325	0.0384	5.24

续表

第一个循环				第二个循环			
三星 A5/mm	激光位移传感器/mm	差值/mm	误差/%	三星 A5/mm	激光位移传感器/mm	差值/mm	误差/%
1.432	1.405	0.027	1.92	1.432	1.435	0.003	2.09
2.203	2.105	0.098	4.66	2.203	2.138	0.065	3.04
1.542	1.473	0.069	4.68	1.542	1.488	0.054	3.63
0.7709	0.8175	0.0466	5.7	0.7709	0.8025	0.0316	3.94
0	0	—	—	0	0	—	—

魅族 MX4 和激光位移传感器的实验结果如图 3-4-8 所示。

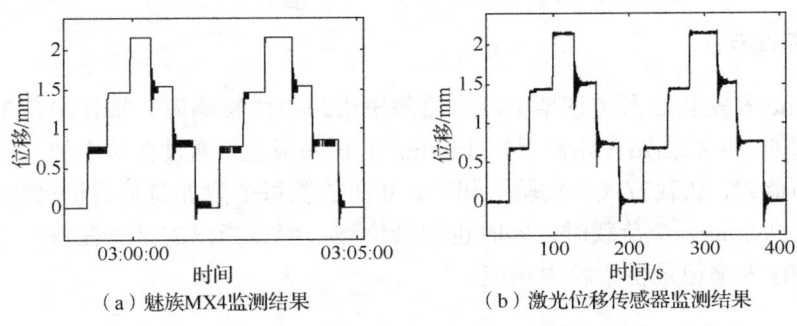

(a) 魅族MX4监测结果　　　(b) 激光位移传感器监测结果

图 3-4-8　魅族 MX4 和激光位移传感器的实验结果

由图 3-4-8 可得，在每次加载或者卸载两块铁块后，魅族 MX4 和激光位移传感器也都能很清晰地监测到悬索桥模型跨中位移的改变，位移台阶如表 3-4-3 所示。

表 3-4-3　魅族 MX4 和激光位移传感器的数据对比

第一个循环				第二个循环			
魅族 MX4/mm	激光位移传感器/mm	差值/mm	误差/%	魅族 MX4/mm	激光位移传感器/mm	差值/mm	误差/%
0	0	—	—	0	0	—	—
0.6944	0.685	0.0866	1.37	0.6944	0.6775	0.0169	2.49
1.466	1.447	0.019	1.31	1.466	1.447	0.019	1.31
2.16	2.142	0.018	0.84	2.16	2.157	0.003	1.39
1.543	1.517	0.026	1.71	1.543	1.525	0.018	1.18
0.7716	0.7325	0.0391	5.34	0.716	0.7625	0.0091	1.19
0	0	—	—	0	0	—	—

由表 3-4-2 可知，三星 A5 的监测数据和激光位移传感器的监测数据差值非常小，误差范围在 1.92%～6.33%。由表 3-4-3 可知，魅族 MX4 的监测数据和激光位移传感器的监测数据差值也非常小，误差范围在 0.84%～5.34%。两部智能手机的监测结果都十分理想。

当在实际应用时,将光斑投射板安装在桥面板的下部,并将激光器固定在桥墩上,这样既能精确监测跨中位移,也不影响桥梁的使用。

在悬索桥模型位移监测实验中,虽然跨中的最大位移只有 2.2mm,但两部手机的监测误差在 6.33%以内,监测结果非常理想。由此可见,使用智能手机进行结构位移监测,是一种切实可行的方法。此方法既适用于监测小型桥梁的位移,也适用于监测高层建筑的层间位移。

实验二:平面外单点静态监测实验

实验所用仪器有悬索桥模型、激光器、智能手机 iPhone 6、白纸、计算机和激光位移传感器。

1. 实验布置

iPhone 6 安装在参考钢架上,来监测桥梁跨中位移响应。将打印有 30mm 直径黑色圆的 A4 纸粘贴在距离手机 150mm 的桥面板上,通过在跨中加载铁块来给桥面施加荷载,加载方式和实验一相同。并在放置每个附加荷载后记录跨中位移。在从桥上卸下每一个荷载时,同时也记录位移。应该指出的是,在每一个加载和卸载的 20s 内来记录桥梁跨中响应。

2. 实验结果

iPhone 6 和激光位移传感器的实验结果如图 3-4-9 所示。

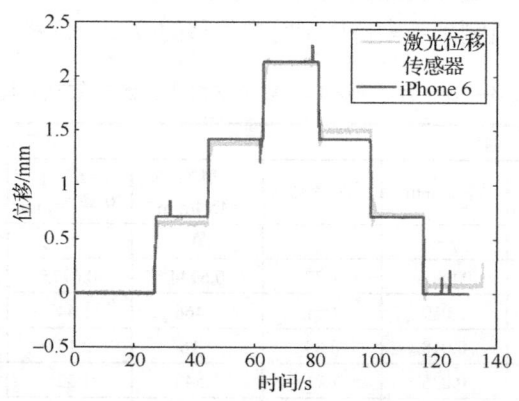

图 3-4-9 桥梁位移监测结果

图 3-4-9 是 iPhone 6 和激光位移传感器的桥梁跨中位移监测结果,表 3-4-4 显示了智能手机和激光位移传感器的数据比较。实验包括三次加载和三次卸载,以监测桥梁跨中位移变化。

图 3-4-9 显示,在每次加载和卸载后,可以通过 iPhone 6 和激光位移传感器

清楚地监测悬索桥的位移变化。表 3-4-4 显示 iPhone 6 和传感器之间的数据差异非常小，误差范围介于 0.85%～7.0%。因此，在悬索桥模型的位移监测实验中，iPhone 6 给出了令人满意的结果。

表 3-4-4　iPhone 6 和激光位移传感器的数据对比

	第一次加载	第二次加载	第三次加载	第一次卸载	第二次卸载	第三次卸载
iPhone 6/mm	0.7069	1.421	2.141	1.421	0.7069	0
激光位移传感器/mm	0.6605	1.386	2.123	1.491	0.724	0.057
差值/mm	0.0464	0.035	0.018	0.07	0.0171	—
误差/%	7.0	2.52	0.85	4.69	2.36	—

实验三：平面内多点静态监测实验

由于本节的位移监测方法主要针对桥梁工程，故在静荷载的作用下桥梁的变形情况必须能够通过 D-Viewer 准确测定出来。因此，实验三建立了两组桥梁模型静力实验，第一组是在跨中加载的情况下桥梁整体变形曲线的测定，第二组是跨中位移影响线的测定。实验使用的仪器有 1 台 iPhone 6 Plus、4 台 iPhone 6、5 支激光发射器、若干加载砝码、1 辆铁质小车、5 个黑色光屏、印有标定物的 A4 纸、5 个百分表。

1. 实验布置

第一组实验：本组实验用来测定桥梁模型跨中加载作用下主跨的变形情况及变形曲线，在主跨区布置相邻间距为 1.07m 的 5 个测点，其中 3 号测点处于跨中位置，在每个测点的桥面上固定光屏和智能手机，3 号测点使用 iPhone 6 Plus，其余测点使用 iPhone 6。模型两端外侧架设激光发射器，一侧架设 3 支，另一侧架设 2 支，每支激光发射器对应一个测点处的光屏。整个实验的过程中所有激光发射器是静止不动的，当测点处桥面发生变形时光屏和智能手机会随之发生相同的位移，此时由于激光发射器静止不动，故光屏上的激光点会相对于光屏发生反方向的位移。因此，将 D-Viewer 测得的竖向位移取负之后便得到测点桥面的实际位移值。与此同时，所有测点桥下均布置百分表，以验证 D-Viewer 对变形情况监测的准确性。

实验采用质量为 18kg 的砝码进行分级加载，为防止加载后出现沿道路两侧变形不均的情况，每一级加载时在道路两侧同时加载一个砝码，实验流程为加载—加载—卸载—卸载，相邻加载或卸载之间间隔一定的时间以保证模型变形的稳定。实验原理图和现场照片如图 3-4-10 所示。

第二组实验：本组实验用来测定跨中的位移影响线。使用 iPhone 6 Plus，并且只设置跨中一个测点，其布置方式与第一组实验跨中测点布置方式完全相同。

由于对称性，仅需测定半边的位移影响线即可。将 60kg 的铁质小车置于桥墩处的桥面上，将其缓慢向跨中处移动，每移动 17cm 记录一次 D-Viewer 和百分表测得的竖向位移数据，共记录 20 次。实验原理图和现场照片如图 3-4-11 所示。

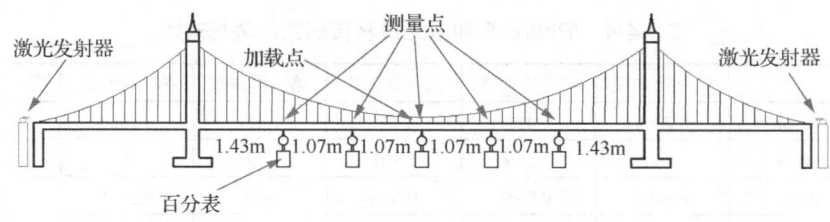

（a）实验原理图

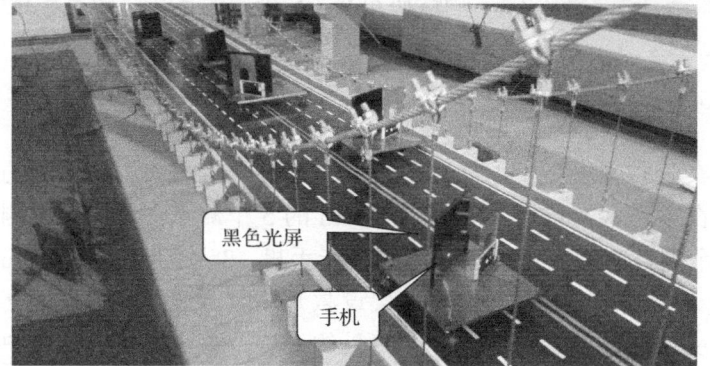

（b）实验现场照片

图 3-4-10 实验原理图及现场照片

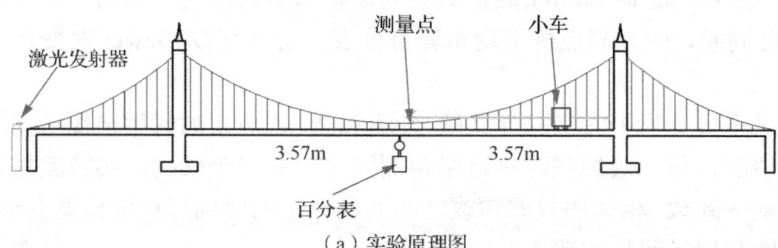

（a）实验原理图

第 3 章 基于智能手机的便捷式桥梁监测与管养

（b）实验现场照片

图 3-4-11 实验原理图及现场照片

2. 实验结果

第一组实验：实验结果如表 3-4-5 和图 3-4-12 所示。

表 3-4-5 D-Viewer 和百分表的数据对比

测量点 1	初始值	第一次加载	第二次加载	第一次卸载	第二次卸载
D-Viewer/mm	0	0.237	0.396	0.259	0.010
百分表/mm	0	0.232	0.380	0.250	0.010
误差/%	—	2.16	4.21	3.60	0
测量点 2	初始值	第一次加载	第二次加载	第一次卸载	第二次卸载
D-Viewer/mm	0	0.536	1.070	0.596	0.046
百分表/mm	0	0.515	1.040	0.580	0.045
误差/%	—	4.08	2.88	2.76	2.22
测量点 3	初始值	第一次加载	第二次加载	第一次卸载	第二次卸载
D-Viewer/mm	0	0.739	1.486	0.850	0.069
百分表/mm	0	0.715	1.440	0.815	0.065
误差/%	—	3.36	3.28	4.29	6.15
测量点 4	初始值	第一次加载	第二次加载	第一次卸载	第二次卸载
D-Viewer/mm	0	0.506	1.026	0.578	0.057
百分表/mm	0	0.500	1.010	0.560	0.055
误差/%	—	1.20	1.58	3.21	3.63
测量点 5	初始值	第一次加载	第二次加载	第一次卸载	第二次卸载
D-Viewer/mm	0	0.229	0.455	0.244	0.031
百分表/mm	0	0.220	0.440	0.240	0.030
误差/%	—	4.09	3.41	1.67	3.33

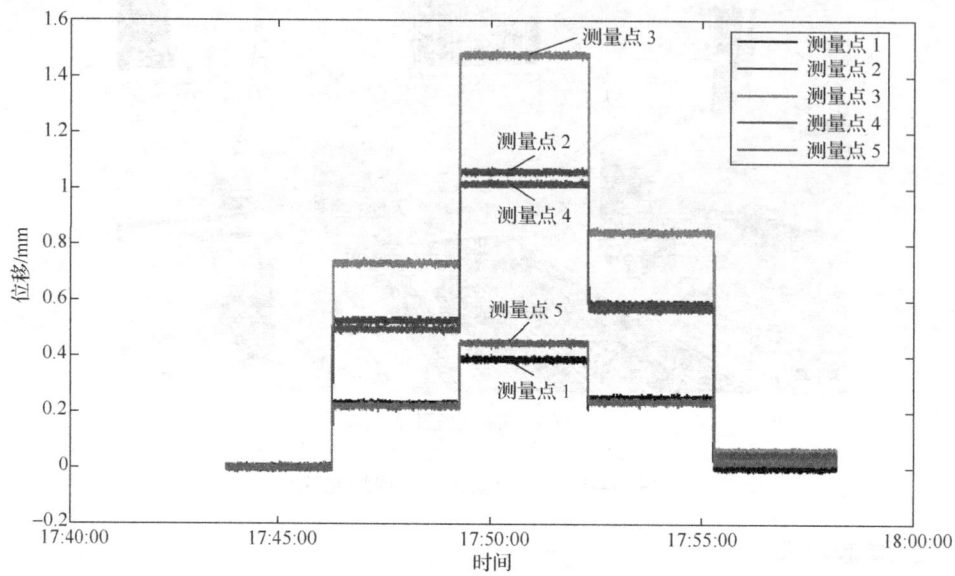

图 3-4-12 D-Viewer 所有测量点的结果

从实验结果来看，D-Viewer 测得的数据同百分表相比最大误差为 6.15%，其余误差全部控制在 5% 以内。同时，从 D-Viewer 测得的各测点位移随时间变化图来看，位移变化同步性很好，并且数据较为稳定。根据 D-Viewer 测得的位移数据可以得到以跨中桥面处为原点的桥梁模型的变形曲线，如图 3-4-13 所示。

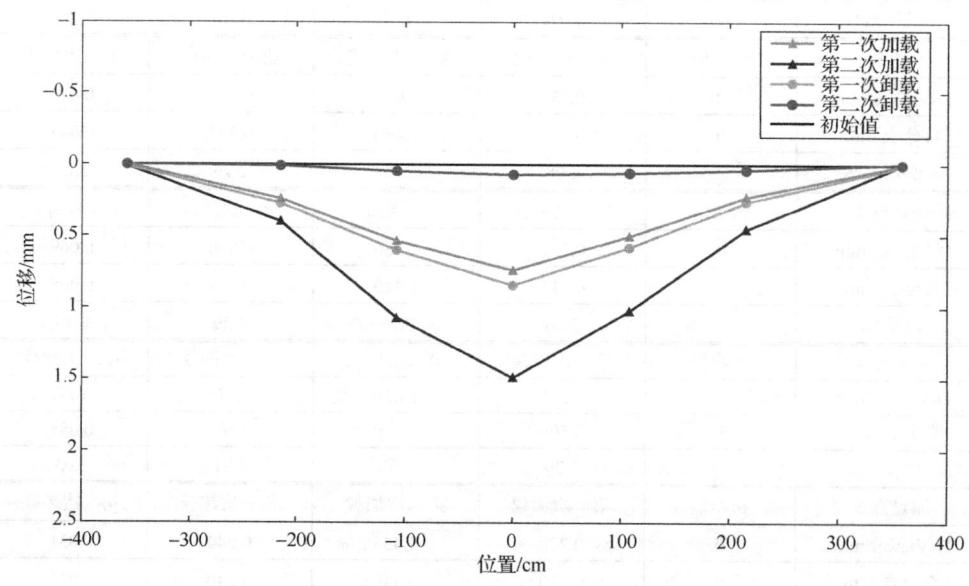

图 3-4-13 桥梁模型的变形曲线

第二组实验：以右侧桥墩为坐标原点，得到 D-Viewer 和百分表测得随加载位置变化的跨中位移值，从而得到相应的跨中位移影响线，如表 3-4-6 和图 3-4-14 所示。

表 3-4-6　D-Viewer 和百分表的数据对比

位置/cm	D-Viewer/mm	百分表/mm	误差/%
0	0	0	—
17	0.0999	0.10	0.09
34	0.1988	0.20	0.60
51	0.2965	0.30	0.37
68	0.3913	0.39	0.80
85	0.4800	0.49	1.89
102	0.5804	0.58	0.16
119	0.6586	0.67	1.77
136	0.7411	0.76	1.96
153	0.8234	0.84	1.65
170	0.8926	0.91	2.33
187	0.9590	0.99	2.68
204	1.0170	1.05	3.26
221	1.0613	1.11	4.47
238	1.1248	1.16	3.36
255	1.1615	1.21	3.98
272	1.1963	1.25	4.11
289	1.2144	1.28	4.93
306	1.2290	1.30	5.34
323	1.2431	1.31	5.11

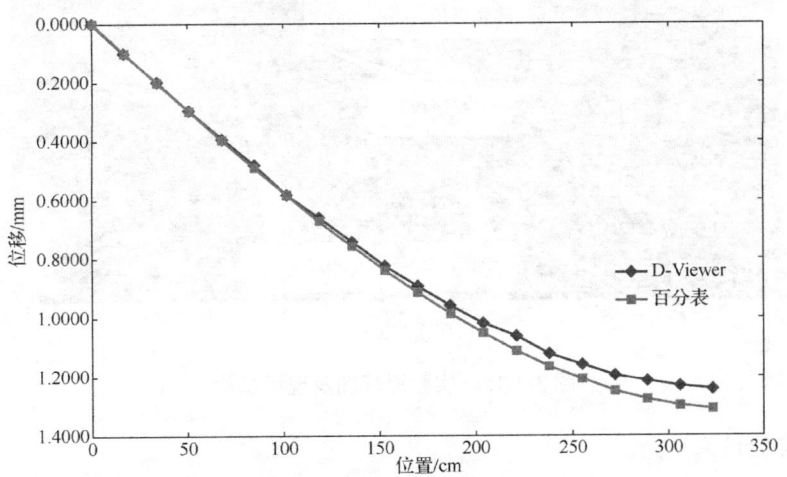

图 3-4-14　跨中位移影响线

从实验结果来看，D-Viewer 与百分表测得的影响线能够较好地吻合，测得的位移误差不超过 6%。可以认为本节的位移监测方法在静态荷载下具有较高的准确性和可行性。

实验四：平面内多点动态监测实验

1. 实验布置

本实验旨在模拟桥梁的动态位移监测，使用 D-Viewer 测定跨中击震下桥梁整体实时变形曲线。实验使用的仪器有 1 台 iPhone 6 Plus，4 台 iPhone 6，5 支激光发射器，1 个击震所用砝码，5 个黑色光屏，印有标定物的 A4 纸，1 台激光位移传感器。

本实验的测点位置、激光发射器、智能手机和光屏的布置与实验一静态实验布置方式完全相同。由于百分表无法实时捕捉桥梁模型的动态位移情况，故本实验取消百分表的设置。与此同时，本实验完全采用 D-Viewer 测定桥梁的整体变形情况，只在跨中处布置 1 个激光位移传感器，用以监测跨中处的位移情况。

本实验使用重 18kg 的砝码对模型 3 号测点右侧的桥面进行单次击震。实验原理图和现场照片如图 3-4-15 所示。

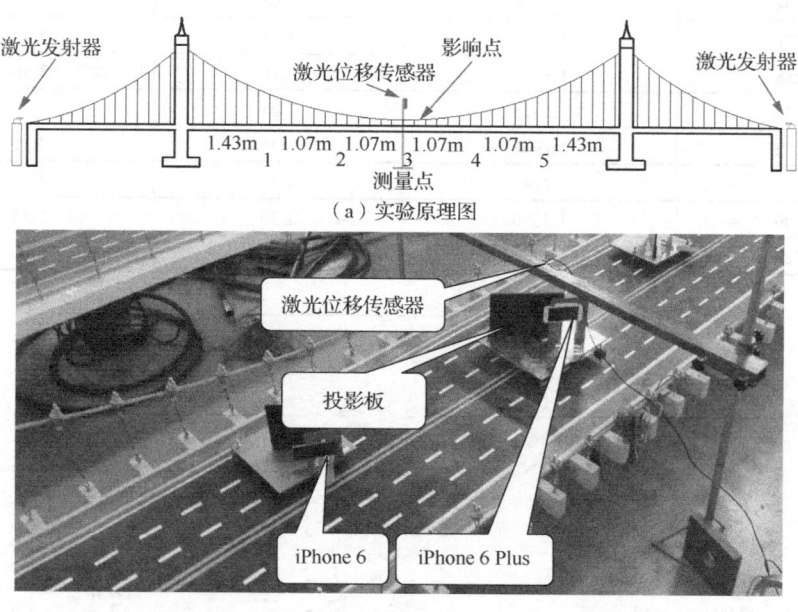

图 3-4-15 实验原理图及现场照片

2. 实验结果

实验结果如图 3-4-16 所示。

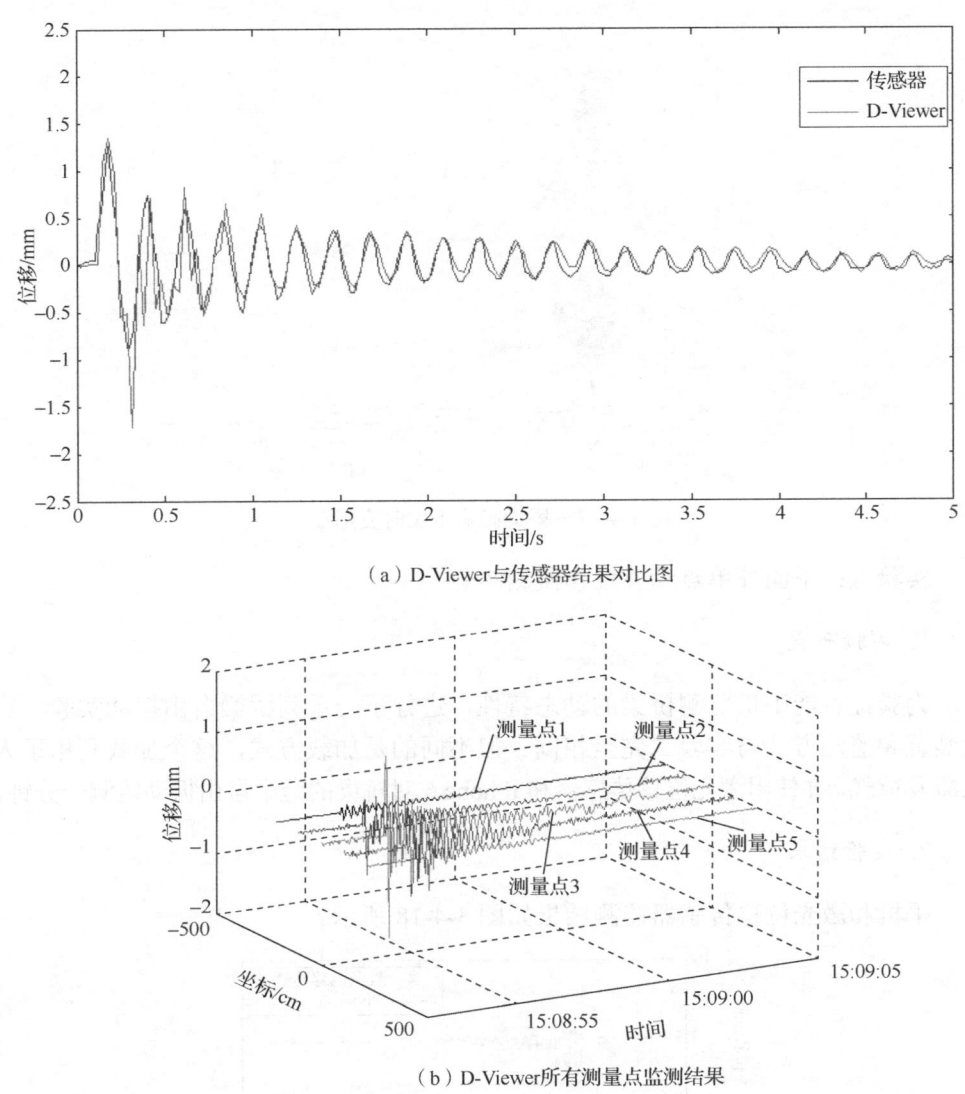

(a) D-Viewer与传感器结果对比图

(b) D-Viewer所有测量点监测结果

图 3-4-16 桥梁动态位移监测结果

从实验结果来看，D-Viewer 各测点测得的位移同步性很好。但是，由于击震处距离跨中测点的手机和投影板较近，导致实验仪器会受到一定的冲击影响，再加上手机的固定效果不是很完美，从而使 D-Viewer 第一秒内测得的数据不太稳定，如图 3-4-16（a）所示。在今后的工作中针对这一问题会进行进一步的研究，从而将其解决。但是目前从整体来看，二者测得的位移曲线还是能够较好吻合，说明 D-Viewer 对于实际桥梁动态位移监测是具有一定可行性的。由 D-Viewer 测得的桥梁模型单次击震作用下实时变形图如图 3-4-17 所示。

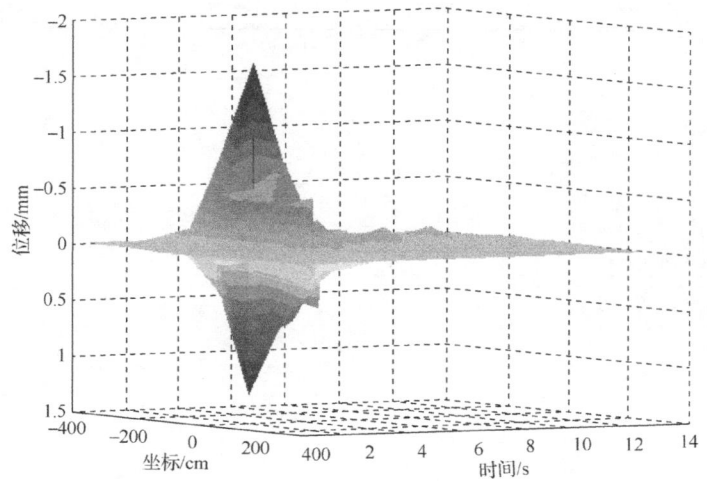

图 3-4-17　桥梁影响下实时变形图

实验五：平面外单点动态位移监测实验

1. 实验布置

为验证智能手机监测桥梁的动态特性，进行了一系列桥梁自由振动实验。实验装置和监测方法与实验二完全相同。但不同的是加载方式，这个加载利用了人工激发荷载，并使用激光位移传感器和 iPhone 6 对桥梁的跨中自由振动监测一分钟。

2. 实验结果

手机和激光位移传感器监测结果如图 3-4-18 所示。

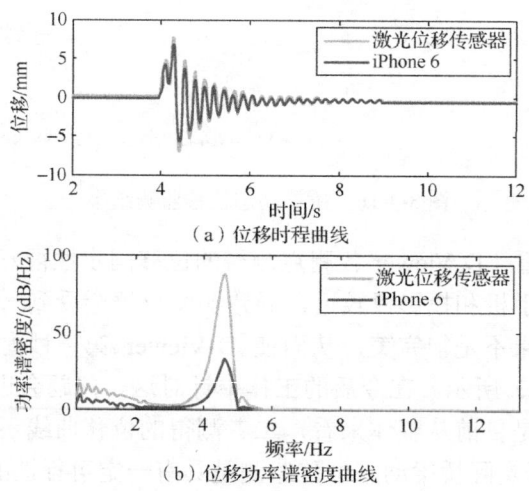

（a）位移时程曲线

（b）位移功率谱密度曲线

图 3-4-18　桥梁模型的动态测试

图 3-4-18（a）是智能手机和激光位移传感器监测的位移时程曲线，图 3-4-18（b）显示了相应的功率谱密度曲线。显然，手机监测桥梁振动的结果和激光位移传感器监测结果是非常一致的。同时手机和激光位移传感器得到的位移时程曲线相关系数为 0.9641，两者的功率谱曲线相关系数为 0.8368。从图 3-4-18（b）可以看出，由激光位移传感器和手机监测得到的桥梁第一阶频率分别为 4.612Hz 和 4.615Hz，两者差值为 0.003Hz，误差为 0.065%，可以看出两者误差是非常小的。此外，桥梁模型固有频率的数值结果为 5.42Hz（数据来源于大连理工大学桥梁和隧道安全技术工程实验室）。桥梁模型建于 4 年前左右，桥梁的固有频率由于自重、实验冲击荷载和其他活载等因素的影响而减小。因此，智能手机监测的桥梁动态激励测试结果是合理的。

在现场实现中，如何找到固定的参考点来安装智能手机是一个非常重要的问题。然而，随着小型无人机的发展，无人机悬停技术可能是解决这一问题的关键。无人机航空摄影技术已在许多地方得到应用，无人机空中摄影对桥梁位移的监测可能是位移监测领域的一个突破。

3.4.3 模拟监测裂缝实验

本实验用到的仪器主要有位移加载器、智能手机、A4 纸、泡沫板、计算机、激光位移传感器。

1. 实验过程

首先，在手机的初始设置界面选择"Two Spot"模式，如图 3-4-19 所示。然后使用 1 号圆形来获得标定比例 K，标定完成以后，将 2 号圆形粘贴到位移加载器的台座上，如图 3-4-20 所示。转动台座上的旋钮，使台座带动 2 号圆形移动。通过 D-Viewer 监测两个圆形形心的坐标差的变化来达到监测裂缝宽度变化的目的。同样使用激光位移传感器来监测台座的精确位移，由于 1 号圆形是固定不动的，所以台座的位移值就是两个圆形形心的坐标差变化值。

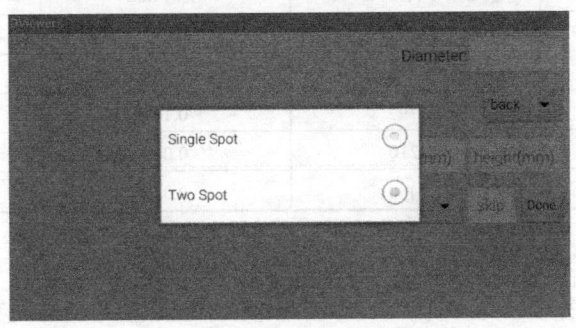

图 3-4-19 监测模式选择界面

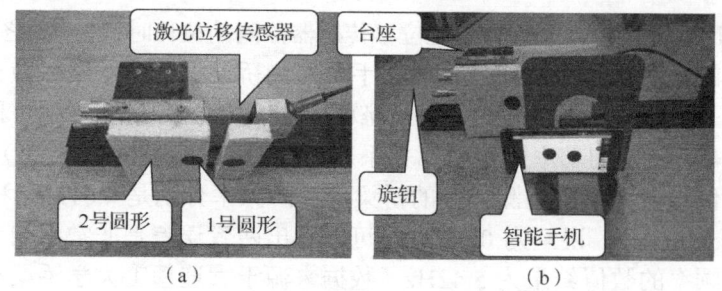

图 3-4-20 实验现场照片

2. 实验结果

连续转动旋钮三十圈，每转动一次记录一下位移监测值，总位移约为 10.5mm。三星 A5 和激光位移传感器的实验结果如图 3-4-21 所示。

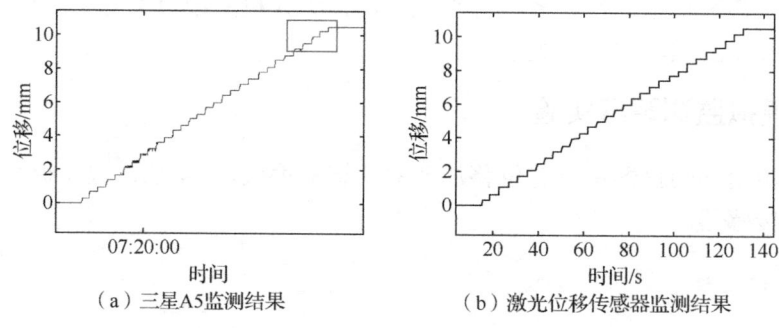

图 3-4-21 三星 A5 和激光位移传感器的实验结果

如图 3-4-21 所示，选取最后 5 个位移值来比较三星 A5 监测的数据和激光位移传感器监测的数据，结果如表 3-4-7 所示。

表 3-4-7 三星 A5 和激光位移传感器的数据对比

三星 A5/mm	激光位移传感器/mm	差值/mm	误差/%
9.218	9.132	0.086	0.94
9.497	9.392	0.105	1.12
9.916	9.797	0.119	1.21
10.200	10.210	0.010	0.10
10.470	10.460	0.010	0.10

魅族 MX4 和激光位移传感器的实验结果如图 3-4-22 所示。

如图 3-4-22 所示，选取最后 5 个位移值来比较魅族 MX4 监测的数据和激光位移传感器监测的数据，结果如表 3-4-8 所示。

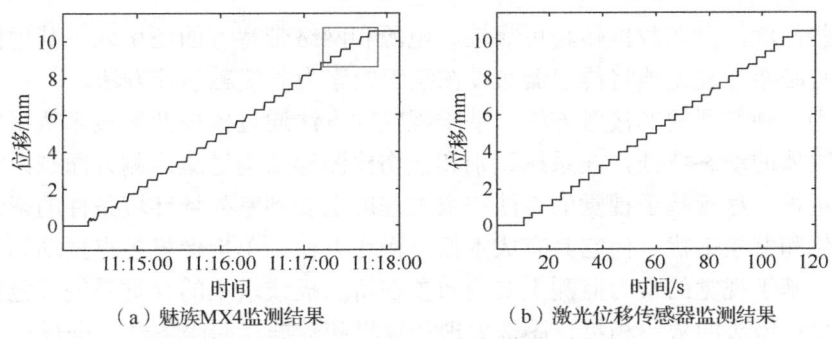

图 3-4-22 魅族 MX4 和激光位移传感器的实验结果

表 3-4-8 魅族 MX4 和激光位移传感器的数据对比

魅族 MX4/mm	激光位移传感器/mm	差值/mm	误差/%
9.173	9.147	0.026	0.28
9.535	9.438	0.097	1.03
9.807	9.827	0.02	0.2
10.17	10.22	0.05	0.49
10.53	10.49	0.04	0.38

从表 3-4-7 和表 3-4-8 可以看出，使用智能手机进行模拟监测裂缝的结果非常理想，监测误差在 1.21%以内。当在建筑物表面进行裂缝监测时，将两个黑色圆形分别粘贴在裂缝的两侧。当裂缝宽度变化时，两个黑色圆形的位置也会发生相应的变化，用智能手机监测两个黑色圆形形心位移的差值即可监测裂缝宽度的变化。

3.5 视觉索力监测

拉索是保证斜拉桥整体结构完整性和安全性的主要因素，准确的索力测量在桥梁健康监测中具有十分重要的现实意义。本节对斜拉桥在施工过程中的索力进行监测，并根据服役阶段的损伤和退化引起的索力变化对桥梁健康状态进行评价。尤其在台风、地震等重大事件后，索力的方便快捷评估对地震灾害的初步评估、交通网络安全保障、恢复计划制订起着极其重要的作用。

目前，振动法因其简单、快速而被广泛应用于索力的估算。在振动法中，索力是从拉索的固有频率间接估计出来的，通常是由安装在拉索上的加速度传感器测量的加速度响应中提取出来的。然而，振动法要求每个加速度传感器都要通过拉索与数据采集系统连接，安装费时费力。虽然最近出现了无线传感器来克服其中的一些问题，但在数据传输可靠性、电源和网络带宽方面还引入了其他问题。因此，有必要开发无须将传感器布设在拉索的索力非接触估计方法。

作为一种典型的非接触方法，基于视觉的方法通过模板匹配技术从视频图像中提取物体的动态特征，在系统识别和损伤检测等结构健康监测方面越来越受到人们的重视。尽管基于视觉的方法在很大程度上受到室外场环境条件的影响，如光照变化和背景干扰，但它具有成本低、操作方便、单摄像机多点振动测量等显著优点。基于视觉的索力监测主要由布置在桥面板或塔上的视觉系统（包括装有高质量变焦镜头的数码相机、图像处理计算机和数据存储服务器）进行。

近年来随着智能手机的迅速发展和普及，无处不在的智能手机以其独特的功能吸引了越来越多的关注。利用智能手机进行索力测量可方便快捷评估斜拉桥的初始损伤和安全状况，具有安装方便、成本低、使用方便等特点。尽管基于智能手机内置加速度计的索力估算既方便又易于安装，但桥梁拉索与智能手机之间存在耦合作用，影响桥梁的振动测量，要求智能手机必须用手机套固定在拉索上，但有时手机套难以固定，导致无法使用智能手机进行桥梁索力的测量。因此，有必要研制一种无须任何目标和三脚架的便携式智能手机索力估计方法，作者提出了一种适用于智能手机手持拍摄的无标志非接触索力快速评估方法。

3.5.1 视觉索力监测原理

1. 图像处理方法

根据当前智能手机的数据处理性能，为了将拉索在平面上的二维振动转换为一维振动[24]，首先需要确定在图像平面上由拉索边界位置决定的旋转变换的拉索倾角。对于斜拉索倾角识别及采样区域选择的拉索边界由霍夫变换（Hough transform，HT）在智能手机摄像头拍摄的第一场景的图像可检测到[25,26]。霍夫变换是可检测图像中直线的一种有效工具，具有良好的鲁棒性和抗干扰能力，在许多领域得到了应用。霍夫变换的基本思路：首先采用基于高斯低通滤波器的Canny边缘检测算法对灰度图像中的所有边缘进行识别[27]，得到一幅二值图像，然后用式（3-5-1）在图像空间和参数空间之间建立对偶变换：

$$\rho = x\cos\theta + y\sin\theta \tag{3-5-1}$$

式中，ρ为从原点到直线的垂直距离；θ为直线垂线与水平轴之间的夹角。在对偶变换过程中所产生的累加器(ρ,θ)的最大累积值小格为图像空间中直线的参数。拉索的边界与采样区域如图3-5-1所示。

由于斜拉索振动的振幅与智能手机摄像头和拉索之间的距离相比是比较小的，在三维空间的拉索的实际运动与在二维图像平面上相应的运动是线性相关的，因而它们具有从傅里叶变换可得到的相同频率内容。此外，由于索力估算只需要拉索的振动响应（即频率），不需要确定像素坐标振动和物理坐标振动的变换比例因子（单位：毫米/像素），根据拉索边界位置在采样区域的变化可以提取拉索的动态特性。在采样区域中拉索的边界代表两个图像区域之间的边缘。

假设中心为 x_{edge} 的一个理想负边缘轮廓，在采样区域的边缘像素强度可以表示为

$$\text{edge}(x) = \begin{cases} A_{\max}, & x < x_{\text{edge}} \\ A_{\min}, & x \geqslant x_{\text{edge}} \end{cases} \quad (3\text{-}5\text{-}2)$$

式中，$A_{\max}$ 和 $A_{\min}$ 为像素的最大和最小强度。由函数 $\text{edge}(x)$ 与零均值和标准差的高斯函数 σ_{edge} 可得到图像像素轮廓 $y(x)$，如式（3-5-3b）所示。

$$y(x) = \int_{-\infty}^{+\infty} \text{edge}(x-\xi) \cdot G(0, \sigma_{\text{edge}}, \xi) \mathrm{d}\xi \quad (3\text{-}5\text{-}3\text{a})$$

$$G(0, \sigma_{\text{edge}}, x) = \frac{1}{\sqrt{2\pi}} \mathrm{e}^{-\frac{x^2}{2\sigma_{\text{edge}}^2}} \quad (3\text{-}5\text{-}3\text{b})$$

利用图像强度分布函数的一阶导数可检测到在采样区域的拉索边缘，即在采样区域中的拉索边界位置被确定为每个帧中最大一阶有限差分的位置。由于一点的像素强度不足以确定拉索边界的精确位置，因此利用采样区域像素强度的总和可估计拉索的动态特性。在采样区域像素和的峰值位置如图 3-5-2 所示。

2. 滑动平均法

在不使用三脚架的情况下，为了利用智能手机手持拍摄得到拉索的动态特性，必须在测量过程中减少与智能手机相机抖动有关的噪声。一般来说，确定摄像机位置和方向的过程如同步定位与绘制（simultaneous localization and mapping，SLAM）或视觉里程计（visual odometry），需要使用 GPU 进行计算，计算成本高，不适合当前智能手机的应用。当智能手机的抖动与拉索的振动相比相对较弱时，滑动平均法可以从位移时程中解耦智能手机的抖动部分。通常，频域中的高质量滤波器会在时域上造成最坏的质量，反之亦然。虽然滑动平均法不足以对一条频带进行分类，但它被认为是数字信号处理器中最常用的滤波器，因为它不仅易于理解和使用，而且在时域上具有很好的性能[28,29]。滑动平均法的基本思想就是根据时间序列数据，依次计算包括一定样本数的时间序列平均值，以反映数据隐含的长期趋势的方法。其表达式为

$$y(i) = \frac{1}{n} \sum_{j=0}^{n-1} x(i+j) \quad (3\text{-}5\text{-}4)$$

式中，n 为滑动窗口的宽度；x 为输入数据；y 为输出数据。在傅里叶变换之前，通过滑动平均法去除智能手机的抖动部分，可得拉索动态特性的更精确的位移时程。

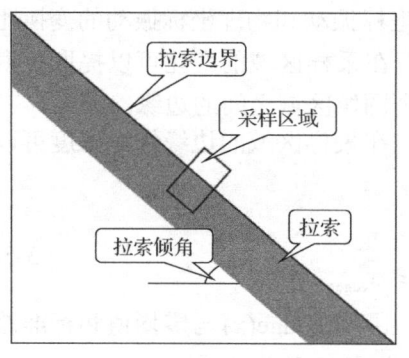
图 3-5-1　拉索的边界与采样区域

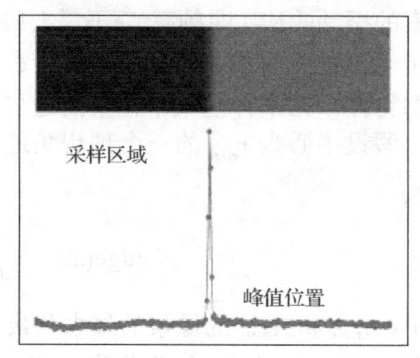
图 3-5-2　在采样区域像素和的峰值位置

3. 算法综述

使用智能手机相机进行索力估计的算法如图 3-5-3 所示。无标志非接触性拉索索力测量方法的基本思路：首先采用智能手机相机采集动态视频并对其进行分帧，并对分帧后连续静态图像进行预处理，包括灰度处理和二值图像处理。通过霍夫变换可得拉索的倾角，并在拉索边界附近中心可选采样区域进行对于拉索倾角的图像旋转。通过定位一阶有限差分的峰值可得拉索边界的整数像素位置，并利用一阶泰勒（Taylor）级数近似在初始峰值附近可识别出小于一个像素的精确位置。根据其位置峰值的变化，可得拉索边界的位移时程，然后用滑动平均法可消除智能手机抖动产生的噪声。由位移响应的快速傅里叶变换（fast Fourier transform，FFT）可得功率谱（power spectral density，PSD），利用频域中的峰值法可提取每个模态的固有频率。最后用如前所述的频差和索力之间的关系来估计索力。

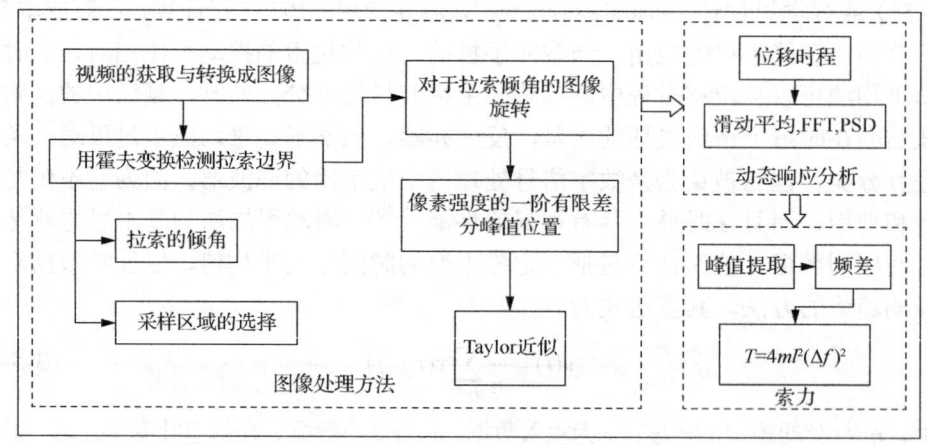
图 3-5-3　基于视觉的索力测量框架

3.5.2 视觉索力监测应用

以某一工程为例，给出上述方法识别拉索索力的精度和鲁棒性。我国某座一塔两跨人行天桥，两边跨各 30m，共有斜拉索 6 根。选择在塔的一侧最长的拉索进行索力测试。拉索的长度为 21m，直径为 75mm，质量密度为 18.5kg/m。有关桥梁结构信息如图 3-5-4 所示。

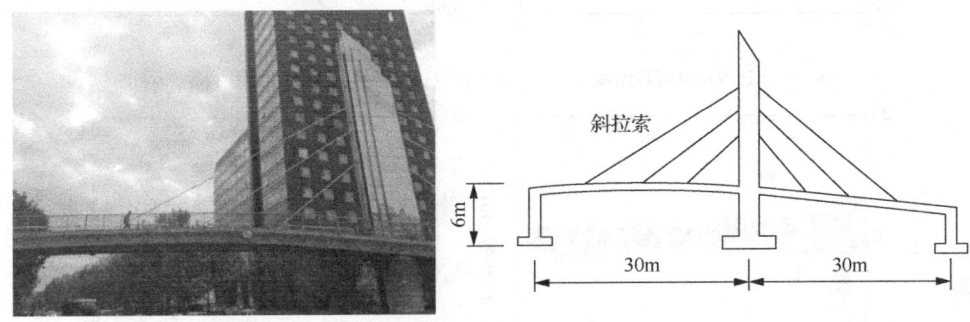

图 3-5-4　我国某座斜拉桥及其立面图

为了确保智能手机拍摄视野，在从拉索 30cm 左右的距离拍摄拉索振动。智能手机摄像头的分辨率为 30 帧，采样率 1920×1080 像素，测量时间设定为 30s。在人工敲击激励下，有一位参与者尽可能保持一个稳定的姿势拍摄拉索振动。

图 3-5-5 显示了在智能手机拍摄的第一场景图像中通过霍夫变换检测到的拉索边界、选定的采样区域和其旋转。由图可知，虽然图像的背景也非常复杂，但可以通过霍夫变换精确地检测出对于采样区设定和图像旋转的拉索边界。

图 3-5-5　图像处理方法示例

拉索边界位移时程曲线如图 3-5-6（a）所示，在测量时间 5～7s 将拉索边界位移时程放大的曲线如图 3-5-6（b）所示，滑动平均后位移时程和其功率谱曲线如图 3-5-6（c）和图 3-5-6（d）所示。从图 3-5-6（d）中可以看出，滑动平均法对于消除智能手机在测量过程中的抖动具有良好性能。由图 3-5-6（b）可知，上述方法可以准确地获得拉索动力特性，即固有频率，也具有很好的识别精度。

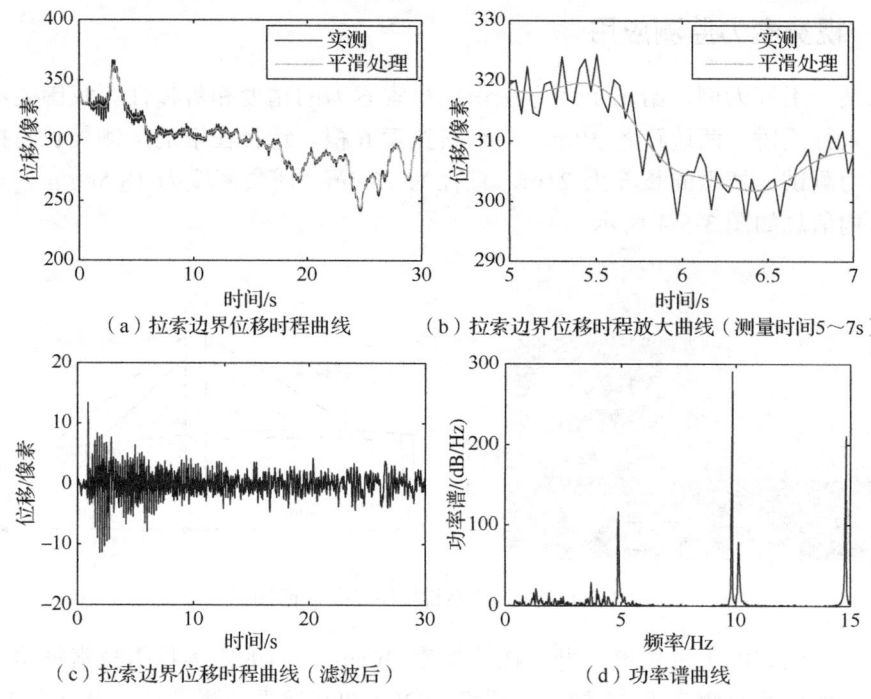

图 3-5-6 基于智能手机的拉索动力位移响应

图 3-5-7 为根据上述算法开发的智能手机应用软件的拉索索力测量屏幕截图。由图可知,上述的手机手持拉索索力测量方法与传统的测量方法相比具有方便、易操作、快速等优点。

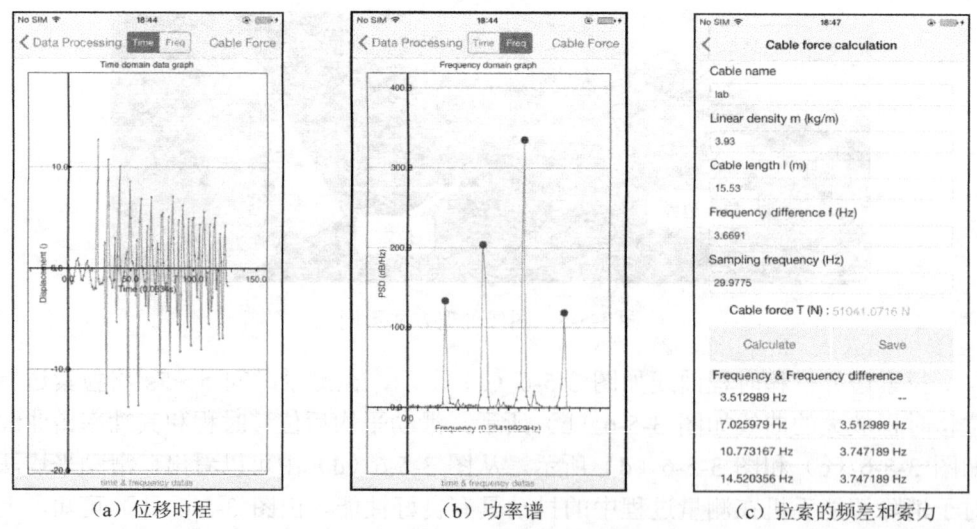

(a) 位移时程　　　　　　(b) 功率谱　　　　　　(c) 拉索的频差和索力

图 3-5-7 智能手机拉索索力测量屏幕截图

3.6 基于智能手机的桥梁管养系统

3.6.1 桥梁管养的现状与不足

近些年来，随着计算机科学的快速发展以及桥梁管理与养护工作受到的广泛重视，桥梁管理与养护体系日趋完善，世界各国的相关部门和单位也相继开发出了针对区域性桥梁群的桥梁管理系统（bridge management system, BMS）和针对单座桥梁的桥梁巡检养护系统（bridge inspection and maintenance system, BIMS）。路网级的桥梁管理系统主要面向所在辖区范围内所有桥梁的检测、养护与管理，需要路网区域内桥梁管养预算和决策制定的最优化，从而使桥梁的使用效益最大化。而桥梁巡检养护系统则更多地关注于单座桥梁的技术状况，能够更为准确、全面地检测和评估大型或者复杂桥梁结构[30]。

1. 国外桥梁巡检养护系统

1967年12月15日，连接美国Ohio与West Virginia的Silver Bridge垮塌事件引起美国联邦公路局（Federal Highway Administration, FHWA）对桥梁管理与养护工作的重视，并于1968年建立了美国国家桥梁档案（National Bridge Inventory, NBI）数据库，用于对全美各州桥梁信息的整理和归档工作，同时制定了《全国桥梁检测标准》（National Bridge Inspection Standards, NBIS），规定每两年对全美桥梁进行一次检查[31]。这一般被认为是世界上桥梁管理系统的雏形，而早期的NBI仅具备初级的数据管理和辅助功能。同时，国外其他国家也依据本国国情研发了相应的桥梁管养系统[32-36]，其中仍以美国所研发的Pontis系统[32]和BRIDGIT系统[35]最为杰出。Pontis系统的显著特点是将桥梁中的每一个构件都从桥梁中分解出来，对单一构件单元进行状态评估，然后再对桥梁的整体状态进行评定。Pontis系统已经大体勾勒出了现代桥梁管理系统的基本框架。

与美国相比，欧洲的桥梁管理系统发展相对偏晚，但是发展却很迅速，其中以丹麦的道路管理部门在1987年开发的DANBRO系统较为典型。DANBRO系统主要功能一般包括：桥梁基本信息登记文件、常规检查、特殊检查、价格书、最优化控制、经验反馈、预算和管理、长期预算、承载能力评估以及养护工作等[37]。DANBRO系统在后期的实践中不断地完善和更新，从而在世界范围内得以推广应用。除丹麦外，欧洲的其他一些国家也相应地开发了自己的桥梁养护管理系统，如英国的NATS、法国的Edouard和挪威的Brutus等[38]。

在亚洲范围内，各国也开展了相应的桥梁管养系统的开发和设计工作，比如日本开发了相应的道路桥梁的维护与管理的 JH-BMS 系统[39]，可以实现对桥梁的技术状况评定、使用寿命预测，以及提供养护加固成本的最优和质量最佳方案比选；1995 年，韩国营建与运输部（Ministry of Construction and Transportation, MOCT）与韩国建筑技术研究所（Korea Institute of Construction Technology, KICT）联合开发了 KOBMS 系统[40]。

2. 国内桥梁巡检养护系统

我国关于桥梁管理系统的研究起步相对较晚，自 20 世纪 90 年代国内各地的研究机构相继开发了不同的桥梁管理系统[41-43]，其中具有代表性的当数中国交通部公路科学研究所于 1993 年研发的中国公路桥梁管理系统（China bridge management system, CBMS）。该系统具有先进性、科学性、实用性、规范性和网络化等特点，已被我国的交通运输部应用为全国桥梁数据的收集和分析处理平台，同时也在全国得到了广泛的应用。

3. 我国现行的桥梁管养体系

桥梁巡检养护系统的研发必须结合国内相关的规范和现行的桥梁管理体系。当前，我国现行的公路桥梁管理体制是在统筹规划的要求下，按照"统一领导与分级管理"的基本原则建立的。我国的公路桥梁养护管理体系主要包括三个层面：交通运输部公路局，县级以上的地方政府相应的交通运输主管部门，以及交通运输主管部门设置的公路养护管理机构、收费经营管理单位等。传统的桥梁管养方式存在一定的局限，不利于快速开展桥梁健康状态的评估。目前我国桥梁管养工作受多方面因素的桎梏，主要表现在如下几个方面[44-46]。

（1）需要消耗大量的人力、物力和财力，尤其是对专业技术人员和专业设备的依赖性比较大，且技术人员培训投入大。

（2）相比于国内规模庞大的桥梁结构，我国的桥梁管养技术人员相对匮乏。

（3）桥梁评估往往依赖于检测人的主观判断，对工程经验要求相对较高。

（4）传统的数据采集方式往往是通过纸质填写调查结果，采集任务完成后还需要转化为电子版留存在电脑中，这一方面增加了工作量，另外，期间可能会出现人为的数据登录失误，且纸质文件相对不易长久保存和存档。

（5）不能及时提供检测现场相应的图片信息，即使获得了相应的图像信息，但是后期桥梁病害信息匹配也相对麻烦。

（6）在信息化时代，纸质版的桥梁评估数据不便于后期数据的查询、管理和实时调用。

（7）受限于专业的技术人员和检测设备，不利于区域内桥梁的快速评估，尤其对于灾后的桥梁急需进行健康状态评定时更是捉襟见肘。

（8）桥梁管养工作往往针对大型或者重要的桥梁结构，对于中小型或者重要等级不高的桥梁，有关部门重视程度不够。

（9）对于农村或者偏远山区等经济相对落后的区域，桥梁管养工作比较欠缺。

3.6.2 基于手机客户端的桥梁管养软件设计

在桥梁养护工程管理实践中，桥梁技术状况评定方法往往是基于权重的理念发展的。常用的桥梁技术状况评定方法[47,48]包括主观权重评定法、客观权重评定法以及混合分析方法。但无论是主观的还是客观的评定方法都有其相应的偏向性和优缺点，工程实践中往往采用混合分析的评定方法，即在避免以上两种方法缺点的前提下，综合主观和客观评定方法的优势[49]。

1. 背景介绍

常规的桥梁管养技术手段往往是依靠专业的工程技术人员或者经过先期培训的志愿者在工程现场进行目视巡查来完成，期间需要根据个人经验对桥梁结构病害情况进行纸质版的调查和评分，并对特殊病害或者复杂情况进行拍照记录存档。在日益智能化的现代生活中，这从某种程度上限制了桥梁管养工作的发展，为此，本章提出了一种基于智能手机终端的桥梁日常巡检方法，意欲使桥梁的常规检查工作高效化和便捷化，同时，尽量使软件设计简洁化，以便于该软件在后期的推广应用。详细的软件设计参见以下介绍。

2. 软件设计介绍

（1）用户注册。

为了进一步明确参与者的身份，同时也为便于后期数据整理和分析工作的开展，该软件需要用户进行账号登录，如图 3-6-1 所示为该软件的登录界面。

若并未注册账户时，用户只能以"游客模式"进入系统，在后续的软件操作中受到限制，所以推荐用户注册账号。注册界面也较为简单，如图 3-6-2 所示。注册时需要设置个人用户名、登录密码、注册邮箱以及手机号码和用户身份选择。其中用户身份中主要包括桥梁检测技术人员、桥梁专家、普通大众三个选项可供选择。注册用户选择的身份不同将会对后期桥梁检查数据的可信度有所联系。当个人账号密码遗忘时可以通过输入注册时使用的邮箱或者手机号码进行账号找回。

（2）项目管理与查看。

手机端账号登录后，用户可以根据个人实际需求选择对已有工程项目的管理与查看或者新建新的桥梁检查工程项目。

当选择已有工程项目查看时，用户可在手机端浏览到先前该手机账户所参与的桥梁日常检查管理项目列表，用户可选择列表中的相应工程项目进行删除、编辑或者查看。其中，为了便于对项目的管理和识别，项目按照"编号_所在城市_桥梁名称_检测类型_项目名称"的格式命名，如"1-大连市_星海湾跨海大桥_日常巡检_三月检测"。

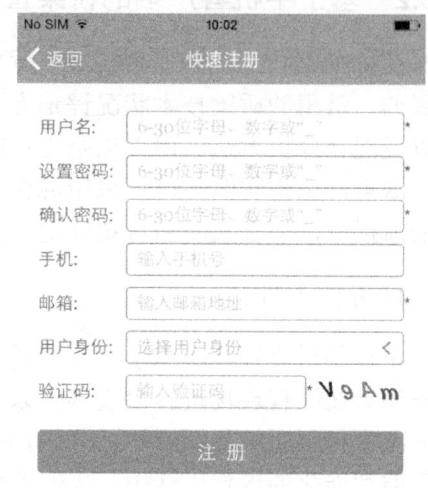

图 3-6-1 手机登录界面　　　　　图 3-6-2 账户注册

选择相应的工程项目可以对其进行查看，如图 3-6-3 所示。查看信息包括项目创建的时间、检测桥梁名称、桥梁类型、桥梁项目评定的最终得分和桥梁等级，同时也可以查看详细的检测报告。

（3）项目新建。

当账号登录后选择工程项目新建，或者在查看已有项目列表时点击"新建"选项则可以建立新的工程检测项目。

在工程项目新建界面，我们需要确定待测桥梁的基本信息，如图 3-6-4 所示，如确定桥梁所在的行政区域以及桥梁名称、桥梁当前位置定位、桥梁检查类型选择以及待测桥型的选择。对于行政区域和桥梁信息不能准确获得的可以通过手机端人工输入，从而弥补桥梁基础信息数据库的缺漏。桥梁检测类型包括初始巡检、日常巡检、定期巡检、特殊巡检以及专项巡检等巡检类型。而待测桥型则包括梁式桥、拱式桥、悬索桥和斜拉桥等不同桥型。

在确定桥梁基本信息后，还需要对新建工程的基本信息进行输入，如新建项目的名称、项目简介、桥梁基本信息的获取以及桥梁全貌图片的添加等，如图 3-6-5 所示。参与桥梁人工调查的用户可以根据实际情况对执行的项目进行简单介绍，如介绍参与人员、工作任务、气候条件等备注资料。在桥梁信息获取时，可以选择手机端扫描二维码获取信息，或者人工选择手机中的桥梁基本信息文件并添加。为了能够了解桥梁的整体状况，需要用户提供待检桥梁的全貌图像，该图像可以通过手机端进行拍照获取，或者选择手机中的相关图像进行添加。

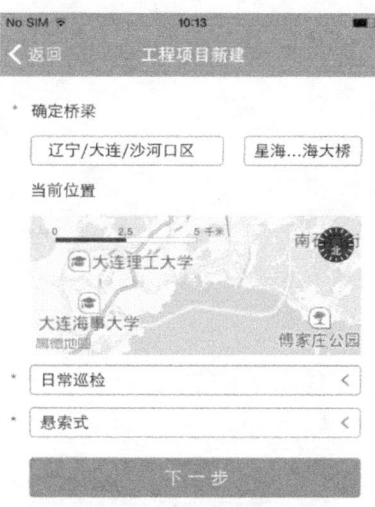

图 3-6-3　项目查看

图 3-6-4　新建项目工程：
桥梁基本信息确定

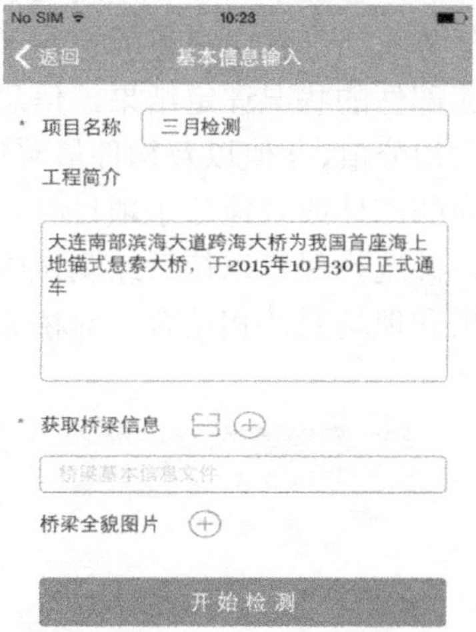

图 3-6-5　新建项目工程：桥梁基本信息输入

（4）检测任务主界面。

在项目新建完成后即进入桥梁检测界面，如图 3-6-6 所示。检测时需先确定待检的桥梁部位，如选择上部结构；而后选择相应的部件，如选择"上部结构—加劲梁"，其中各部位中的部件是根据用户选择的桥型而定的；部件选择后再依次对相应的构件和待检测子项目进行选取，如最终选取"上部结构—加劲梁—钢桁架加劲梁—构件变形"的检测子项目，如图 3-6-7 所示。

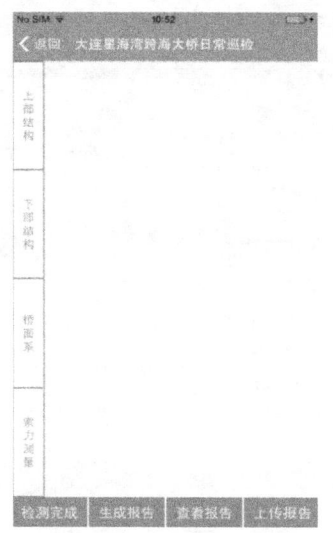

图 3-6-6　检测任务主界面

图 3-6-7　待检测项选取

同时，在选取待测部件后，会显示对已有检测记录的删除、查询和编辑等功能，也可以添加新的检测任务。当部件中所有的检测子项目都已经检测完毕，可选择部件评分查询显示相应部件的状况评定结果，信息包括：部件名称、构件总数量、构件平均得分、最大扣分值、t 值以及构件最终得分等。

对于选项中不存在相应的部件或者检测子项目时，用户可以根据实际情况进行人工添加相应的待测项，并选择保存以待后续测试中调用。添加的检测子项目往往以用户描述的目测结果和现场照片相结合，对桥梁总体评估起到辅助作用，如图 3-6-8 所示。

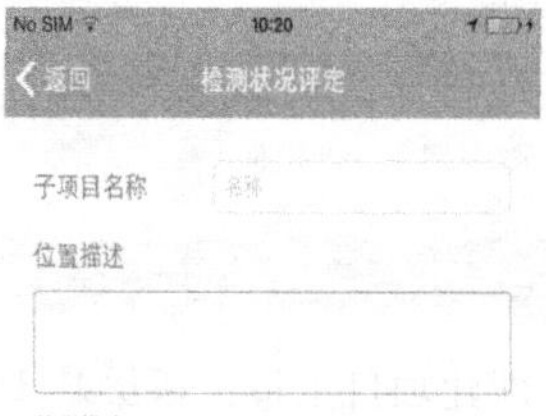

图 3-6-8　检测子项目添加

在检测任务的主界面中，分成四个部分来进行检测工作，其中上部结构、下部结构以及桥面系是桥梁三个部位的技术评估部分，是全桥结果评定的主要依据。而对于索式结构桥梁，桥梁拉索内力大小也在很大程度上反映桥梁的整体健康状况。为此，在有条件的情况下可对全桥的索力进行测量，这也为全桥的健康状况评定提供了很好的客观数据支持。当单个部件结束后可以选择查看部件评分，当所有部件检测完成后，用户可以选择生成和查看此次工程项目的检测报告，并提供对数据的上传功能。

（5）检测子项目评定。

在建立相应的检测子项目后，例如选择"完好"，即可开始具体的桥梁调查工作，如图 3-6-9 所示。调查的评分标准参考《公路桥梁技术状况评定标准》（JTG/T H21—2011），用户根据相应检测子项目的状况选择对应的评定标度，当用户不确定标度选取正确与否时，可选择相应的定量标准参考（图 3-6-10），并根据需要对现场情况进行图像采集，同时也可以将现场具体情况添加到备注信息中。

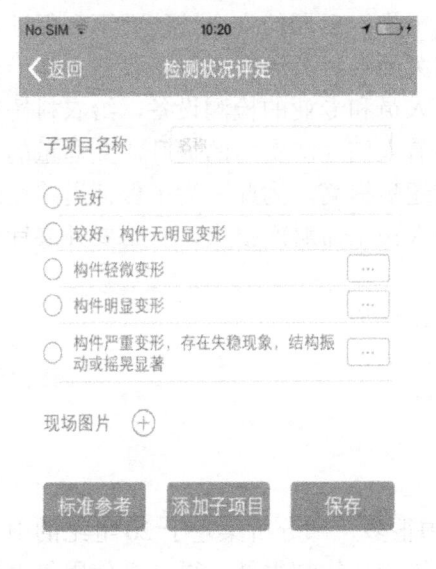

图 3-6-9　检测子项目评定

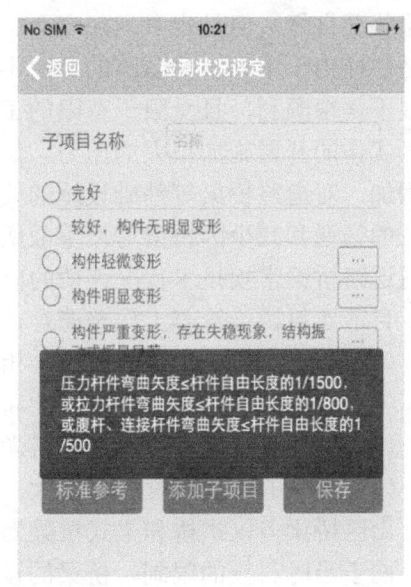

图 3-6-10　评估标准参考（定量描述）

常规的桥梁检测手段往往受限于人、财、物等多方面影响，工作效率低下，数据的整合和处理相对烦琐，为此，本章提出了基于智能手机终端的桥梁检测方法，以期规避常规检测方法的不足，可通过现场检测数据上传实现桥梁检测内、外业联合高效协作。同时尽可能地将操作界面设计得简洁清晰，意欲为公众参与日常的桥梁调查提供可能。

3.6.3 公众参与式灾后桥梁快速评估

截至 2016 年年底，全国公路桥梁 80.53 万座、4916.97 万 m，其中特大桥梁 4257 座、753.54 万米，大桥 86178 座、2251.50 万 m，经过简单计算不难发现，中小型桥梁在我国桥梁中所占的比重尤为重要，尤其是在数量规模上更是占据了 89%，这些中小型的桥梁大多位于农村和山区等经济相对不发达的地区，且以混凝土的梁式桥梁为主。而我国现有的桥梁管养体系受限于有限的专业技术人员和设备，桥梁监测/检测工作往往是针对特大型和大型桥梁开展的，对中小型桥梁的重视程度有待提高。而农村、山区等经济相对落后的地区桥梁往往老化和损坏较为严重，危及人民的生命和财产安全，为此，有必要提高对中小型桥梁管养工作的重视。

目前农村依然存在大量的老旧桥梁，这些桥梁多为技术等级和设计标准都较低的石砌墩台简支梁桥和石拱桥。老桥往往年久失修，多已成为危桥，即使现在桥梁状况良好，但是也多为超寿命、超荷载工作，后期的安全性能得不到保证。但是往往由于用于农村公路的经费不足，相关的农村公路桥梁专项管养工作一直开展不是很顺利，且受限于有限的工程技术人员和专业的检测设备，给农村桥梁管养工作的开展施加很大的压力。然而，随着人们经济实力的提升，交通量的日益增加，对道路桥梁等基础设施的要求也在逐步提高，为此，为了保证道路交通系统的畅通和减少因桥梁垮塌事故所造成的人民生命财产损失，有必要开展针对农村道路桥梁常规技术状况评估的研究。

目前农村桥梁管养工作普遍存在以下问题[50-53]：

（1）用于农村桥梁管养的资金相对短缺；

（2）桥梁管养的专业技术人才和设备短缺；

（3）缺乏系统的资料管理和科学规划；

（4）桥梁的维修难度相对较大。

山区桥梁多以拱桥和梁式桥梁为主，其中很多一部分桥梁建于 20 世纪的中后期。囿于当时科技的限制，桥梁的设计荷载等级往往都很低，再加之使用年限较长，桥梁病害较为常见。尽管我国现在强调建养并举，但是地方部门往往为了提高业绩水平，重建设而轻养护现象依然很严重。

我国目前在山区的公路桥梁管理方面所存在的问题一般可概括如下：

（1）桥梁管养重视力度不够；

（2）专业的技术人才和设备短缺；

（3）日常检查不足；

（4）技术档案资料缺失严重；

（5）道路路线不易管理；

(6) 严重的车辆超载。

1. 基于智能手机的灾后桥梁快速评估方法

桥梁是公路交通系统中的关键性节点,同时,桥梁往往也是受灾后较易受破坏的建筑结构,它的损坏程度甚至会直接影响所在路段或区域的通行能力。以地震灾害为例,它作为一种突发性的自然灾害,具有发生时间短、波及面广、造成灾害程度严重等特点,往往会给公路桥梁造成巨大损伤,致使交通阻断或危及交通安全,更是影响后续救援工作的顺利和快速开展。

灾害发生后,对遭受灾害损伤的桥梁进行快速检测、评估及根据现场灾害情况的应急抢通、保通是抢险救灾工作的重要内容和关键环节,各国也都建立了相应的灾后应急处置体系。在我国,虽然灾害频发,但是由于灾害多发生在偏远、人口密度小的地区,因此对灾后桥梁快速健康状况评定的研究和相应的资料相对匮乏。直到 1976 年的唐山大地震、2008 年 5 月 12 日的汶川大地震和 2010 年 4 月 14 日发生的青海玉树地震,这些突如其来的灾难使交通系统瘫痪严重,致使震后救灾工作受阻,救援行动得不到及时的开展,暴露了我国在灾后公路桥梁快速检测评估及应急处置方面的严重不足,图 3-6-11 为灾后一般应急响应流程。

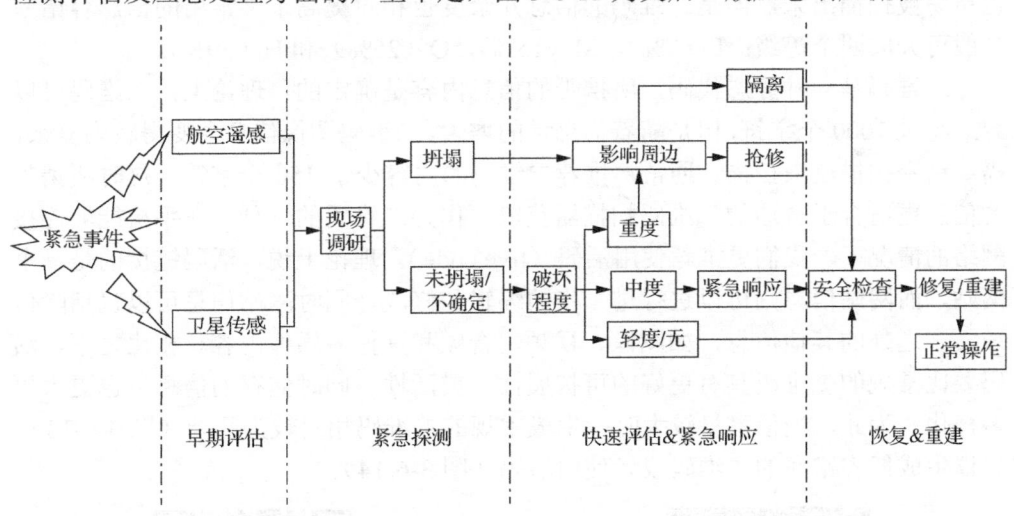

图 3-6-11　灾后一般应急响应流程

二维条码/二维码(2-dimensional bar code),又被称为快速响应码(quick response, QR),是由日本 Denso-Wave 公司发明和应用的,主要是通过图像输入设备或光电扫描设备自动识读图像中所蕴含的信息以实现信息自动获取和处理[54]。二维码常用的有四种标准化的编码模式:数字、字母、字节/二进制的数字和汉字[55],以及它们的混合体。只要手机中安装或内置了二维码阅读器,当我们用手机扫描二维码时，二维码中的信息便可以被直接获取出来，如图 3-6-12 所示。所以，二维码作为一种存储信息的二维条形码，可以通过使用智能手机实现便捷的信息访问。

图 3-6-12　手机扫描获取二维码信息

二维码有容错功能，即当二维码其中一部分的图像被遮盖或者变得模糊时，二维码中的信息仍然可以被扫描出来。容错率越高，二维码图像在被部分遮盖时也更易被扫描出来，但是二维码的信息冗余度也相对提高了。常用的信息容错率一般可分成四个等级：L（7%），M（15%），Q（25%）和 H（30%）。

二维码是一种静态代码，所携带的信息内容是确定的。理论上，二维码可以容纳超过 1000 个字符，但是随着信息量的增大，二维码图像信息会变得较为复杂，需要精密扫描仪来扫描。通常，推荐二维码的内容少于 150 个字符，这时所携带的信息更适合于普通的二维码扫描器获取。作为二维码的一种，在手机能够连接网络的情况下，我们更推荐使用活码（live code）。理论上说，活码链接的是一个网站，而网站信息则可以进行进一步的编辑和修改，同时网站信息可以包括除传统文字之外的其他信息，如图像、视频、音频和其他多媒体内容。相比之下，活码要比常规的二维码具有更好的可扩展性、灵活性，同时储存的信息量也更大更多样化。为此，当信息量较大时，生成常规的二维码相对较为冗杂（图 3-6-13），建议生成低容错率的二维码或者使用活码（图 3-6-14）。

图 3-6-13　H 容错率的二维码　　　　　　图 3-6-14　H 容错率的活码

本章采用二维码来存储桥梁的基本信息，并将二维码放置在桥梁的显著位置处。公众可通过使用智能手机扫描桥梁上相应的二维码来获取桥梁的相关信息，如进行索力测试时，通过扫描斜拉索上的二维码信息即可获取桥梁拉索的基本信息，如图 3-6-12 所示。这种方法为公众参与到桥梁检测/监测中来提供了很好的信息支持，普通群众可以更容易地获得桥梁基本信息资料，然后利用本章提出的日常桥梁检测方法对桥梁进行健康状况评定，并可把检测到的数据结果上传到服务器终端，以便于内业工作的专家对区域内桥梁进行综合分析和处理。

2. 公众可参与的灾后桥梁快速评定体系

在灾害发生后的很短时间内，需要对区域内的所有桥梁进行简单而又快速的应急评估，常规的方法往往是通过专业的工程技术人员和经过培训的志愿者参与桥梁的现场调查，但是我国桥梁规模众多，仅依靠有限的人力往往是不够的，工作难度相对较大。随着智能手机应用的普及，本节提出了基于手机终端的公众可参与式的灾后桥梁快速评定体系，如图 3-6-15 所示。

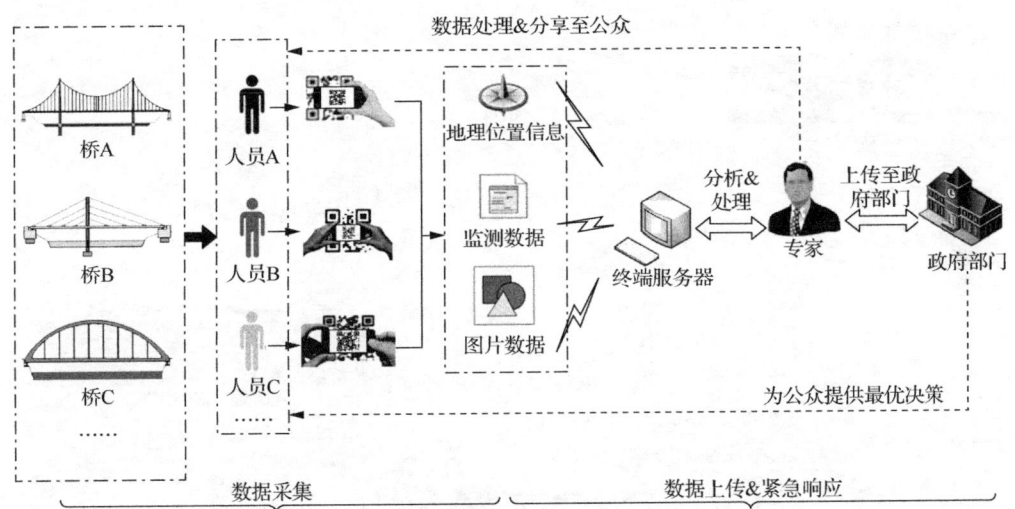

图 3-6-15　公众可参与的灾后桥梁应急响应机制

当灾害发生后，区域内的群众可以利用自己的智能手机对附近的桥梁结构进行简单的桥梁检查工作，而相关的数据通过网络上传后被数据收集服务器所接收，并由内业的专家对收集到的灾后桥梁调查数据进行提取、处理和分析，以便于快速了解灾后区域内的实际交通情况和及时制定相应应急处置措施。专家分析处理后的数据信息一方面可以反馈到手机用户个人账户中，使公众了解自身所处的交通状况和实时信息；另一方面，相关信息可提交给相应的政府部门，为政府机构开展应急工作和灾后的受损评估与重建工作提供很好的数据支持。

其中，桥梁信息应事先以二维码的形式张贴于桥梁的显著位置处，以便于公众及时获取桥梁的基本信息。在获取桥梁信息后，公众即可利用手机端的检查软件开展桥梁快递调查工作，与桥梁有关的病害信息、地理位置信息、图像信息、备注信息以及拉索结构桥梁的索力测试数据等众多反映桥梁健康状况的信息即可上传到网络，实现数据的共享。

用户也可以在网络终端登录个人账户对所采集的数据和所参与的检测工程进行管理。当数据共享后，将会在桥梁检测信息数据共享平台显示相应的点位，其他用户也可以访问到被共享后的数据信息。

依托于公众的力量，本系统实现某一区域的数据快速采集（如图3-6-16所示范例），并由内业工作人员数据处理分析后可快速掌握灾后现场情况，为灾后工作开展制定最佳决策提供支持，从而规避了因技术人员短缺而造成灾后评估时间过长的不足。

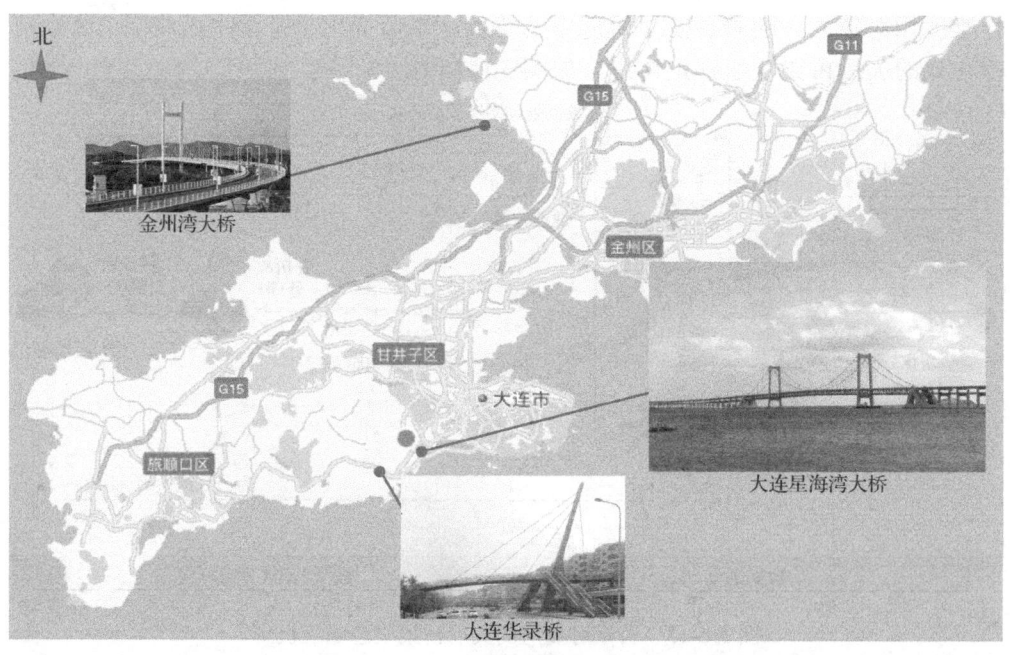

图 3-6-16　大连区域的桥梁调查

农村和山区等经济相对欠发达的地区往往囿于多种原因对桥梁管养工作落实不到位，重视程度也不高，而我国很大一部分桥梁集中在农村和山区等地。为此，本节首先对农村和山区的桥梁管养现状及不足进行了分析，并结合实际情况提出了基于智能手机的桥梁管养方法，该方法为公众参与提供了可能，可以利用群众的参与实现农村、山区等地的桥梁日常巡检和数据上传等，从而对我国中小型桥梁检测工作的开展起到很好的帮助作用。

同时,世界各国都备受自然灾害的影响,而桥梁又是公路交通系统中重要的组成部分,对其灾后快速评定将直接关系到灾后救援工作的开展。本节公众参与式灾后桥梁快速评估首先对桥梁管养工作中存在的问题进行概括,然后对常规的灾后桥梁快速评估方法进行分析。接下来提出了基于公众可参与的桥梁灾后快速评定方法,以期对灾后桥梁的快速健康评定工作有所帮助。

参 考 文 献

[1] Sun L M, Dan D H, Sun Z, et al. Health monitoring system for a cross-sea bridge in Shanghai[C]. IABSE Symposium Report, 2006.
[2] 吴康雄, 刘克明, 杨金喜. 基于频率法的索力测量系统[J]. 中国公路学报, 2006, 19(2): 62-66.
[3] 淡丹辉, 赵一鸣, 陈艳阳. 拉索-阻尼器体系振动索力测量法研究[J]. 振动与冲击, 2013, 32(16): 123-127.
[4] 方志, 张智勇. 斜拉桥的索力测试[J]. 中国公路学报, 1997, 10(1): 51-58.
[5] 张志君, 吴康雄. 基于 Android 平板电脑的无线索力测量系统终端设计[J]. 计算机系统应用, 2013, 22(8): 165-168.
[6] 段波, 曾德荣, 卢江. 关于斜拉桥索力测定的分析[J]. 重庆交通大学学报(自然科学版), 2005, 24(4):6-8.
[7] 林元培. 斜拉桥[M]. 北京: 人民交通出版社, 2004.
[8] 陈鲁, 张其林, 吴明儿. 索结构中拉索张力测量的原理与方法[J]. 工业建筑, 2006, 36(s1):368-371.
[9] 孙志远, 杨学山, 石文勇. 基于磁弹效应的索力传感器研究[J]. 地震工程与工程振动, 2008, 28(1):182-186.
[10] 郝超, 裴岷山. 斜拉桥索力测试新方法——磁通量法[J]. 公路, 2000(11):30-31.
[11] 魏建东. 索力测定常用公式精度分析[J]. 公路交通科技, 2004, 21(2):53-56.
[12] 陈楠, 韩玉林. 结构健康监测中基于振动法的拉索索力测试方法综述[J]. 江苏现代计量, 2008(4): 37-41.
[13] Irvine H M. Cable structures[M]. Cambridge: MIT Press, 1981:48-114.
[14] 陈得民, 储伟伟, 王亚涛. 一种新型桥梁索力测试系统及方法[J]. 传感器世界, 2013(3):21-25.
[15] 陈彦江, 程建旗, 闫维明, 等. 基于参数灵敏度分析的吊杆索力识别方法[J]. 振动与冲击, 2011, 30(7):256-260.
[16] 乔陶鹏, 严普强, 邓焱, 等. 斜拉索索力估算中振动信号处理方法的改进[J]. 清华大学学报(自然科学版), 2003, 43(5):644-647.
[17] 周先雁, 王智丰, 冯新. 基于频率法的斜拉索索力测试研究[J]. 中南林业科技大学学报, 2009, 29(2):102-106.
[18] Triantafyllou M S. The dynamics of taut inclined cables[J]. Quarterly Journal of Mechanics & Applied Mathematics, 1984, 37(3):421-440.
[19] Triantafyllou M S, Grinfogel L. Natural frequencies and modes of inclined cables[J]. Journal of Structural Engineering, 1986, 112(1):139-148.
[20] Kim S, Pakzad S, Culler D, et al. Health monitoring of civil infrastructures using wireless sensor networks[C]. International Symposium on Information Processing in Sensor Networks, 2007:254-263.
[21] Bao Y Q, Yu Y, Li H, et al. Compressive sensing-based lost data recovery of fast-moving wireless sensing for structural health monitoring[J]. Structural Control & Health Monitoring, 2015, 22(3):433-448.
[22] Bao Y Q, Wu F. A mobile wireless sensor-based structural health monitoring technique[C]. Proceedings of Civil Structural Health Monitoring Workshop (CSHM-4), 2012.
[23] 侯立群, 欧进萍, 赵雪峰, 等. 哈尔滨四方台斜拉桥模态参数和索力识别[J]. 振动与冲击, 2009, 28(5): 106-110.
[24] Zhao X F, Ri K, Wang N N. Experimental verification for cable force estimation using handheld shooting of smartphones[J]. Journal of Sensors, 2017(6): 1-13.

[25] Fernandes L A F, Oliveira M M. Real-time line detection through an improved Hough transform voting scheme[J]. Pattern Recogn, 2008, 41(1):299-314.

[26] Aggarwal N, Karl W C. Line detection in images through regularized Hough transform[J]. IEEE Transactions on Image Processing, 2006, 15:582-591.

[27] Canny J. A computational approach to edge detection[J]. IEEE Transactions on Pattern analysis and Machine Intelligence, 1986, 8: 679-698.

[28] Marques O. Practical Image and Video Processing Using MATLAB[M]. New Jersey: John Wiley & Sons Inc., 2011: 335-364.

[29] Jain R, Kasturi R, Schunck B G. Machine Vision[M]. New York: McGraw-Hill Inc., 1995:140-185.

[30] 王可尧. 路网级与项目级相结合的桥梁巡检养护系统研究与开发[D]. 西安: 长安大学, 2015.

[31] Czepiel E. Bridge management systems literature review and search[R]. USA, Technical Report 11, Infrastructure Technology Institute, Northwestern University, 1995.

[32] Thompson P D, Small E P, Johnson M, et al. The pontis bridge management system[J]. Structural Engineering International, 1998, 8(4): 303-308.

[33] Söderqvist M K, Veijola M. The Finnish bridge management system[J]. Structural Engineering International, 1998, 8(4): 315-319.

[34] Lauridsen J, Lassen B. The Danish Bridge Management System (DANBRO)[M]. London: Thomas Telford Publishing, 1999.

[35] Hawk H, Small E P. The BRIDGIT bridge management system[J]. Structural Engineering International, 1998, 8(4): 309-314.

[36] Hammad A, Yan J, Mostofi B. Recent development of bridge management systems in Canada[C]. Conference & Exhibition of the Transportation Association of Canada: Transportation-an Economic Enabler, 2007.

[37] 欧智菁. 简介丹麦桥梁管理系统[J]. 福建建筑高等专科学校学报, 2001, 3(1): 47-49.

[38] 陈天官. 桥梁管理系统的发展[J]. 中国市政工程, 2006(5): 48-50.

[39] Miyamoto A. Development of a bridge management system (J-BMS) in Japan[J]. Life Cycle Cost Analysis and Design of Civil Infrastructure Systems, 2001: 179-222.

[40] Korea Institute of Construction Technology. Current status of bridge management system[C]. Workshop on Maintenance System of Public Facilities, Korea, 1996.

[41] 李昌铸.公路桥梁管理系统(CBMS2000)的开发与应用[J]. 公路交通科技, 2003(3): 84-90.

[42] 单德山, 李乔. 基于智能客户端的桥梁管理系统[J]. 交通与计算机, 2007, 25(6): 120-124.

[43] 贾丽君, 郭瑞, 许俊, 等. 城市桥梁信息管理系统(2.0版)的研究与开发[J]. 同济大学学报(自然科学版), 2004(1): 24-26.

[44] 聂功武, 孙利民. 桥梁养护巡检与健康监测系统信息的融合[J].上海交通大学学报, 2011, 45(S1):104-108.

[45] 陈艾荣, 潘玥, 王达磊, 等. 大数据时代的桥梁维护与安全[J].上海公路, 2014(1):17-23.

[46] 刘敏, 廖军. 普通干线公路桥梁智能巡查系统开发及应用[J]. 公路交通科技(应用技术版), 2014(4):14-16.

[47] 尹创.在役桥梁技术状况评定决策研究[D].天津：天津大学, 2011.

[48] 陈栋梁.桥梁技术状况评定方法比较研究[D].重庆：重庆交通大学, 2013.

[49] Melhem H G, Aturaliya S. Bridge condition rating using an eigenvector of priority settings[J]. Computer-aided Civil and Infrastructure Engineering, 1996, 11(6): 421-432.

[50] 李果, 杨博渊, 时宗斌. 农村公路桥梁安全现状调查与分析[J].公路, 2014(4): 74-77.

[51] 王勇军, 高辉.农村公路桥梁现状分析及管养措施[J].山东交通科技, 2010(5): 70-72.

[52] 任长斌.辽宁地区农村公路桥梁病害及养护评价指标的研究[J].北方交通, 2008(6): 159-161.

[53] 王晓玲.辽宁省农村公路桥梁评价与养护对策分析研究[D].沈阳:沈阳建筑大学, 2009.

[54] 二维码的概念与分类[EB/OL].[2019-08-15]. http://www.netofthings.cn/ErWeiMa/2013-11/106.html.

[55] What is a QR code?[EB/OL]. (2016-04-15)[2019-08-15]. http://www.qrcode.com/en/about/.

第 4 章 基于智能手机的深度学习结构损伤检测

近年来，人工智能与机器学习已经成为许多研究者的研究热点，并且已经逐渐在各个领域被运用到实践中。在每年的 ImageNet 图像分类比赛中，基于深度学习的图像分类方法也在不断地刷新纪录。除此之外，语音理解、无人驾驶、视频分析等领域也因为深度学习而取得了重要的突破。对于结构损伤的检测来说，其原理与图像分类相同。利用深度学习方法检测结构损伤时，首先要建立相应损伤的数据库（图片或语音），然后设计模型并让这个模型学习这个数据库中图片或语音的特征（即模型训练），最后再通过利用这个训练好的模型来预测新样本的分类来识别结构的损伤。基于人工智能与智能手机的结构损伤检测的模式，可以调动公众来收集混凝土裂纹图片大数据，充分利用智能手机与人工智能技术的优势来实现结构的损伤检测。

4.1 基于深度学习的相关理论方法

深度学习在广泛研究的基础上，它的应用也推动着各行各业的发展。由于深度学习的应用需要一定的计算机及编程基础，但是各个学科之间的隔离，让其他专业领域的研究者在应用深度学习方法解决实际问题时往往举步维艰。幸运的是，除了众多学术界专家不断进行的理论研究之外，一些工业界的研究者也对深度学习的应用做出了很大的贡献。他们将深度学习理论的研究成果转换成可以应用到实际问题的代码，从而降低了跨专业学习与应用深度学习的门槛，大大提高了深度学习在解决实际问题时的效率。

4.1.1 深度学习技术的发展

人工智能，也就是让计算机具有像人一样的意识，是人类一直以来的梦想之一。让计算机能够具有人的意识起源于著名的图灵测试（Turing testing）问题的产生，由"计算机科学之父"及"人工智能之父"英国数学家阿兰·图灵在 1950 年的一篇著名论文《机器会思考吗？》里提出图灵测试的设想。图灵测试即指测试者与被测试者（一个人和一台机器）隔开的情况下，通过一些装置（如键盘）向被测试者随意提问。进行多次测试后，如果有超过 30% 的测试者不能确定出被测试者是人还是机器，那么这台机器就通过了测试，并被认为具有人类智能[1]。图灵预言，在20世纪末，一定会有电脑通过"图灵测试"。但是半个多世纪过去了，人工智能的进展，远远没有达到图灵测试的标准。这不仅让多年翘首以待的人们心灰意冷，认为人工智能是忽悠，相关领域是"伪科学"。直到深度学习（deep learning）的出现，让人们看到了一丝曙光。至少，图灵测试已不再是那么遥不可及了。2013年4月，《麻省理工学院技术评论》杂志也将深度学习列为2013年十大突破性技术之首。中国科技日报报道，2014年6月7日在英国皇家学会举行的"2014图灵测试"大会上，举办方英国雷丁大学发布新闻稿，宣称俄罗斯人弗拉基米尔·维西罗夫（Vladimir Veselov）创立的人工智能软件尤金·古斯特曼（Eugene Goostman）通过了图灵测试。虽然"尤金"软件还远不能"思考"，但也是人工智能乃至于计算机史上的一个标志性事件。

深度学习的概念源于人工神经网络的研究，而人工神经网络的研究可以追溯到20世纪40年代。发展到现在，人工神经网络已经是一个多领域、多学科交叉的学科领域。神经网络中最基本的组成部分是神经元，它模拟生物神经网络中对外界刺激的反应。1943年，这种模拟被抽象化为简单的神经元计算模型，从数学计算的角度描述了神经元模型的结构[2]。"感知器"的提出，让逻辑与、或、非这些线性可分运算很容易地实现，但是对于异或这样的非线性可分问题则束手无策[3]。要解决非线性可分的问题，需要用多层神经元，即在神经网络中需要包含一个或多个隐层。为了让多层神经网络能够进行学习，需要强大的学习算法。误差反向传播（BP）算法是目前应用最广泛的神经网络学习算法[4]。结合了BP算法的神经网络称为BP神经网络，BP神经网路模型中采用反向传播算法所带来的问题是：基于局部梯度下降对权值进行调整容易出现梯度弥散（gradient diffusion）现象，根源在于非凸目标代价函数导致求解陷入局部最优，而不是全局最优。而且，随着网络层数的增多，这种情况会越来越严重。这一问题的产生制约了神经网络的发展。1989年，LeCun等在人工神经网络的基础上进一步提出了卷积神经网络，其研究结果也被成功应用到手写邮政编码的识别任务中[5]。直到现在，卷积神经网络依然被广泛应用在图像和视频分类领域。

直至2006年，加拿大多伦多大学Hinton教授对深度学习的提出以及模型训练方法的改进打破了BP神经网络发展的瓶颈；Hinton教授基于深度置信网络（DBN）提出无监督的逐层训练算法，为解决深层结构相关的优化难题带来希望[6]。深度学习是机器学习研究中的一个新的领域，它是一种通过建立、模拟人脑的机制来构建并进行分析学习的神经网络。深度学习是机器学习中一种基于对数据特征进行自动学习的方法。深度学习与传统神经网络相比，其优点在于深度学习方法可以通过无监督或半监督式的学习来自动进行特征学习，而无须进行特征的手工获取。

深度学习相关的研究，受到世界各国相关领域研究人员和高科技公司的重视。就目前来看，语音、图像和自然语言处理是深度学习算法应用最广泛的三个主要研究领域。在图像识别领域，深度学习利用卷积神经网络来进行图像分类识别。通常一个卷积神经网络架构包含两个可以通过训练产生的非线性卷积层，两个固定的子采样层和一个全连接层，隐层的数量一般至少在 5 个以上。卷积神经网络的架构设计是受到生物学家 Hube 和 Wiesel 的动物视觉模型启发而发明的，尤其是模拟动物视觉皮层的 V1 层和 V2 层中简单细胞和复杂细胞在视觉系统的功能。起初卷积神经网络在小规模的问题上取得了当时世界最好成果，但是在很长一段时间里一直没有取得重大突破。主要原因是卷积神经网络应用在大尺寸图像上一直不能取得理想结果，比如对于像素数很大的自然图像内容的理解，这使得它没有引起计算机视觉研究领域足够的重视。直到 2012 年 10 月，Hinton 教授以及他的学生采用更深的卷神经网络模型在著名的 ILSVRC（imageNet large scale visual recognition challenge）比赛中一举夺得图像分类与目标定位两个项目的冠军，远远拉开了与使用传统计算机视觉的第二名之间成绩的差距。这一成绩使得深度学习名声大振，也使得对于图像识别的领域研究更进了一步。

在硬件方面，GPU 加速技术的发展，使得在训练过程中可以产生更多的训练数据，使网络能够更好地拟合训练数据。同时，众多的深度学习工具，如 Caffe、TensorFlow、CNTK、Theano、Torch、Keras、MXNet 等，也让深度学习在不同的场景下能够方便地使用。

4.1.2 深度学习相关理论

随着深度学习的发展，深度学习技术也不断成熟。其中的卷积神经网络在图像和语音识别领域更是起到了举足轻重的作用。

卷积神经网络是一种前馈神经网络，它的人工神经元可以响应一部分覆盖范围内的周围单元，对于大型图像处理有出色表现。卷积神经网络也包括正向传播和反向传播两个过程。正向传播，信号从输入层输入，经过若干个隐层，最后从输出层输出。紧接着，从输出层输出的信号会与期望信号进行比较，得到的误差信号将根据误差反向传播算法进行反向传播，同时利用随机梯度下降法调整网络中各层的权重和其他相关参数，这个调整权重和相关参数的过程也就是卷积神经网络训练的过程。

卷积神经网络有三个主要的特性，第一种特性称为局部连接。一般认为人对外界的认知是从局部到全局的，而图像的空间联系也是局部的像素联系较为紧密，而距离较远的像素相关性则较弱。因而，每个神经元其实没有必要对全局图像进行感知，只需要对局部进行感知，然后在更高层将局部的信息综合起来就得到了全局的信息。在卷积神经网络中，可以用同一个卷积核对图像的所有区域分别进行卷积。通过局部连接，不但能够更好地抽象出图像的局部特征，还减少了网络参数，从而提高了运算速度。

卷积神经网络的第二个特性是权值共享。为了进一步减少训练时的参数数目，卷积神经网络应用了权值共享的策略。也就是说，可以利用一个卷积核对输入图像进行卷积操作，来生成对应的一个特征图，这一个特征图代表了输入图像的一种特征。这其中隐含的原理则是：图像的一部分的统计特性与其他部分是一样的。这也意味着我们在这一部分学习的特征也能用在另一部分上，所以对于这个图像上的所有位置，都能使用同样的学习特征。权值共享也大大减少了卷积神经网络在训练时的参数数目，在减小网络学习难度的同时还可以实现卷积神经网络的并行训练。

卷积神经网络的第三个特性是多卷积核。权值共享策略中提到，每一个卷积核可以学习到图像中的一种特征。显然，特征提取是不充分的。为了学习图像中更多的特征，需要使用多个不同的卷积核。每一个卷积核在输入图像上进行卷积运算后都会生成一幅特征图像，这些图像对应着图像的不同通道。

卷积神经网络区别于普通人工神经网络的两个主要操作是卷积和池化。卷积是卷积神经网络中较为核心的操作，它是指将输入图像中的像素在小区域中进行加权平均，然后在对应的位置输出，这个小区域称为卷积核或者滤波器。卷积核的大小决定了进行卷积操作时的区域大小，卷积核中的参数称为权值，权值大小决定了卷积核覆盖的图像区域对应的像素点对卷积结果的贡献大小，权值越大，贡献越大。图 4-1-1 表示了输入图像大小为 5×5，卷积核大小为 3×3，步长为 1，偏置为 0 的一个卷积过程。

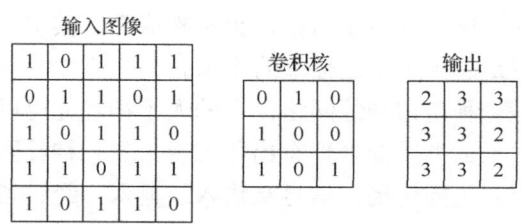

图 4-1-1　图像卷积过程

关于池化操作，输入的图像经过卷积操作以及激活函数之后，输出图像的每一个像素点都包括了对应的原始输入图像的一部分区域的信息，这使得信息产生冗余，也增加了计算量。为了提高算法性能，减少运算数据量，需要对卷积结果进行池化操作，来降低维度，保留有效信息，也在一定程度上避免了过拟合。图 4-1-2 表示池化操作时输入的图像大小为 6×6，池化区域大小为 2×2，采用最大区域池化策略，进行无重叠区域池化，即滑动步长为 2 的一个池化过程。

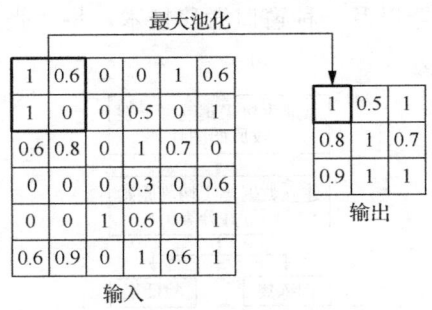

图 4-1-2　池化过程

4.2　混凝土结构裂纹深度学习识别技术

近年来，伴随着互联网技术的不断提高以及相关硬件的支持，人工智能技术得以快速发展，也为大数据处理和应用提供了基础。同时，智能手机的普及也为大数据收集提供了极大的便利。因此，可以将人工智能与智能手机相结合，利用智能手机进行混凝土裂纹图片收集，再利用人工智能深度学习中的卷积神经网络进行图片中的裂纹识别和定位，达到裂纹检测的目的。

4.2.1　混凝土裂纹识别概述

在混凝土结构的服役过程中，裂纹是一种常见的损伤形态[7]。目前，在实际工程中，混凝土裂纹主要还是依靠专业人员定期到现场进行人工测量，费时费力。因此，发展基于裂纹图片处理的裂纹损伤检测方法是十分必要的。国内外许多学者也进行了相关研究，主要是利用了图像处理的方法，主要的研究结果可以分为两类，一类是对于图片中的裂纹进行识别，即将图片中的裂纹从背景中分离出来，这需要较好的图片预处理技术[8]，有的则利用边缘检测等技术[9-11]，也在真实混凝土上面进行了验证[12]，无人机也被应用于混凝土裂纹照片的采集[13]。另一类是对图片中裂纹宽度、角度等特征进行提取，这些方法有的是全自动的[14-17]，有的则需要人工参与来完成。这些方法都是利用特定的技术，对特定的图片背景中的混凝土裂纹进行识别和特征提取。然而，由图像处理方法是针对图像像素的操作，图片中的背景，尤其是光照和噪声的干扰，将会很大程度上影响裂纹的识别效果，因此，发展其他的混凝土裂纹检测方法十分必要。

在利用卷积神经网络进行混凝土裂纹检测时的流程图如图 4-2-1 所示。首先对智能手机收集到的原始图片进行人工分割，将分割之后的小图片分为无裂纹和有裂纹两类，将这些分好类的小图片作为训练样本，来训练卷积神经网络模型，之后利用训练好的分类器以及一种窗口滑移技术，将一张大的混凝土表面图片中的裂纹识别并定位出来。

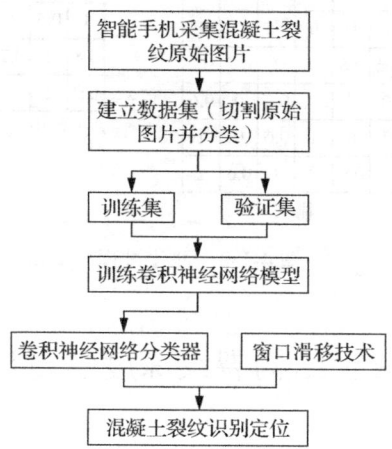

图 4-2-1　利用卷积神经网络进行混凝土裂纹检测流程

4.2.2　训练用于混凝土裂纹识别的 CNN 图片分类器

1. 图片准备

本节智能手机拍摄的混凝土裂纹图片的像素大小为 4160×3120，将智能手机拍摄的混凝土裂纹照片切割成 256×256 像素大小，并对这些图片按照有裂纹和无裂纹两种情形进行分类并设置标签，如图 4-2-2 所示。将它们分为训练集和验证集两部分，由于切割后的小图片中无裂纹的图片数量远远多于有裂纹的图片，因此人工随机删除一些无裂纹的图片，使得有裂纹图片数量与无裂纹图片数量的比例为 1∶1。最终训练集图片共 21000 张，其中有裂纹图片 10500 张，无裂纹图片 10500 张；验证集图片共 4200 张，其中有裂纹图片 2100 张，无裂纹图片 2100 张。此外还计算了所有训练集图片的平均值，所有图片的每个像素都减去这个平均值。

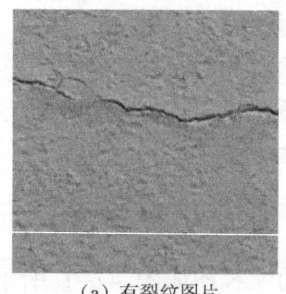
（a）有裂纹图片

（b）无裂纹图片

图 4-2-2　用于训练的图片示例（256×256 像素）

2. 模型训练

本次裂纹检测模型的训练应用经典的深度学习框架 Caffe[18],采用了 Caffe 中的 AlexNet 模型[19],对其进行微调,修改输出类别数,将训练分类结果改为两类。

图 4-2-3 为混凝土裂纹检测的卷积神经网络的细节,修改后的模型共有 8 层,前 5 层是卷积层,后 3 层是全连接层。模型中选用了非线性激活函数 ReLU,池化操作时采用最大池化(max pooling),同时进行了局部响应归一化(local response normalization,LRN)操作以及避免过拟合的 Dropout 技术。卷积层中的 1、2 层依次进行了卷积、池化以及归一化操作,3、4 卷积层则只进行了卷积操作,第 5 个卷积层进行了卷积和池化操作,第 6、7 层在全连接后进行了 Dropout 操作,第 8 层进行全连接,然后输出为融合了分类标签的 Softmax。

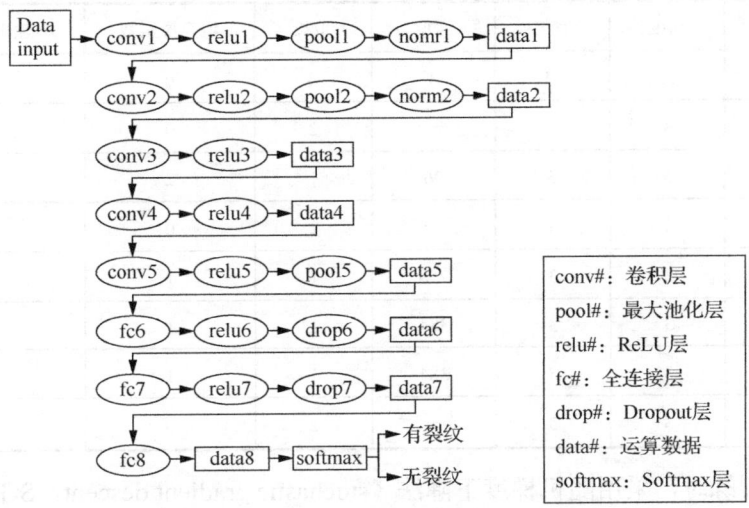

图 4-2-3　混凝土裂纹检测卷积神经网络细节

卷积神经网络在训练时,输入图片经过卷积、池化等一系列操作后,数据的尺寸也会发生变化,在训练时,设置 Caffe 中的 crop_size 为 227,将图片进行裁剪后作为模型的输入数据。表 4-2-1 列出了输入数据在本节的卷积神经网络中训练时的尺寸变化,表 4-2-2 给出了各层卷积、池化时的操作参数。

表 4-2-1　模型训练时的数据尺寸

数据	高度	宽度	深度
Data input	227	227	3
data1	27	27	96
data2	13	13	256

续表

数据	高度	宽度	深度
data3	13	13	384
data4	13	13	384
data5	6	6	256
data6	1	1	4096
data7	1	1	4096
data8	1	1	2

表 4-2-2　各层卷积和池化操作参数

操作	高度	宽度	深度	步长	填充像素数	输出通道数
conv1	11	11	3	4	0	96
pool1	3	3	—	2	0	—
conv2	5	5	96	1	2	256
pool2	3	3	—	2	0	—
conv3	3	3	256	1	1	384
conv4	3	3	384	1	1	384
conv5	3	3	384	1	1	256
pool5	3	3	—	2	0	—

模型训练时，采用随机梯度下降法（stochastic gradient descent，SGD），设置基础学习率为 0.001，学习策略为"step"，批处理大小为 64，动量为 0.9，权重衰减为 0.0005，过拟合丢弃率为 0.5。总迭代次数设置为 10000 次，图 4-2-4 为训练损失（loss）与迭代次数的关系曲线，图 4-2-5 为测试精度与迭代次数的关系。

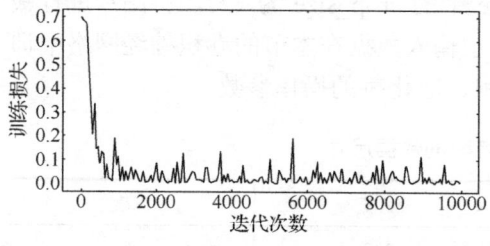

图 4-2-4　训练损失-迭代次数曲线

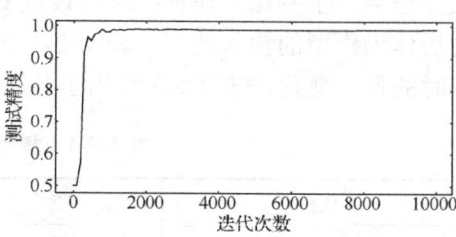

图 4-2-5　测试精度-迭代次数曲线

图 4-2-4、图 4-2-5 为卷积神经网络的训练结果，随着训练迭代次数的增加，loss 快速减小，最终接近于 0，而精度也快速提高，最高精度为 98.9048%，为第 1700 次迭代的训练结果，最终精度稳定在 98.6667%，选取精度稳定后的第 10000 次的训练结果作为本节后期应用的混凝土裂纹检测模型。

3. 模型测试

由于图片中的裂纹分布位置随机，所以无法对图片中的裂纹进行定位扫描。本节采用一种窗口技术[20]，如图 4-2-6 所示。对于一张如图 4-2-7（a）所示的 4120×3160 像素大小的手机照片，窗口大小设置为 128×128 像素，水平方向和竖直方向的滑动步长均设置为 64，从图片的左上角开始，窗口从左到右、从上到下进行扫描，当扫描到一个位置时，先对这个位置的小图片放大到 227×227 像素大小，同时利用前文得到的模型训练结果对窗口所在位置的小图片进行分类，保留分类结果为有裂纹的小图片，直至扫描完成整张手机图片，扫描结果如图 4-2-7（b）所示。

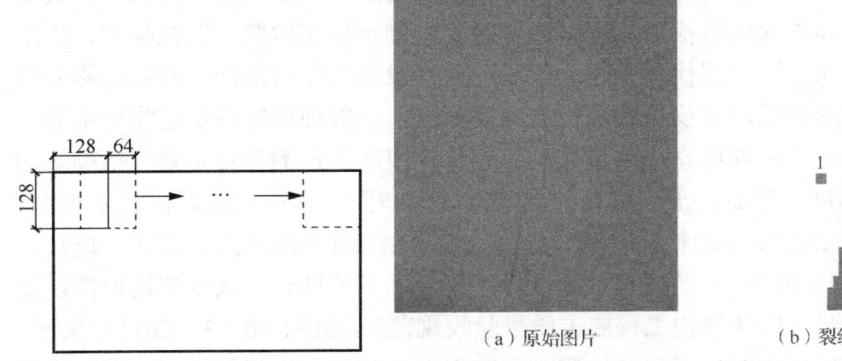
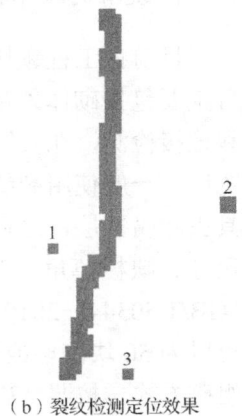

图 4-2-6　窗口滑移技术示意图　　图 4-2-7　利用窗口滑移技术进行混凝土裂纹检测定位
　　　　　（单位：像素）　　　　　　　　　　（图片大小均为 4120×3160 像素）

从图 4-2-7 可以看出，经过窗口滑移技术扫描之后的图片，去掉了图片中的无裂纹部分，达到了混凝土表面裂纹检测定位的目的。此外，在图 4-2-7（b）中还可以看出，在窗口滑移进行混凝土裂纹检测的过程中，有三个位置的小窗口图片被错误分类，本来是属于无裂纹的类，被分类成了有裂纹，并保留了下来。图 4-2-8 中将这三个位置的图片放大，可以看出这三个位置的小图片中的混凝土表面均存在小孔洞瑕疵，因此训练好的分类器误认为它们是有裂纹的图片而将它们保留了下来，这种情况可以采用扩大模型训练数据集的方法来解决。

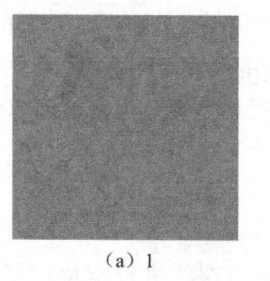 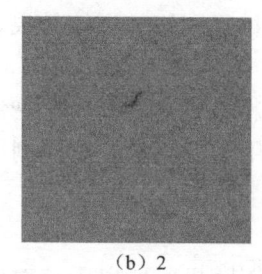 

(a) 1　　　　　　　　(b) 2　　　　　　　　(c) 3

图 4-2-8　图 4-2-7（b）中错误分类图片

4.3　基于机器视觉的古建筑砌体评定方法

4.3.1　基于机器视觉的古建筑砌体评定方法概述

1. 现有的砌体损伤识别方法

目前在工程领域，砌体结构表层损伤识别主要采取缺陷检测的方式。此类项目主要包括砌体外观质量检测、砌筑质量检测、砌筑损伤检测、腐蚀检测、构造和连接检测，在实际工程检测中除了最后一项一般均采用目测法。若需检测裂缝宽度，一般使用裂缝测宽仪；若需检测腐蚀深度，一般使用锤或铲这类简单的工具去除腐蚀层，之后使用直尺测量深度。砌体外观质量检测项目主要包括砌块的尺寸、缺棱掉角、弯曲、平整度和外观色泽等，按照《建筑结构检测技术标准》（GB/T 50344—2019）中的抽样检测时检测批的合格判定规定执行，首次抽样数目可以为 50 块砌块或砖。砌筑质量检测项目主要包括灰缝砂浆饱满度和均匀性以及组砌方式，按照《砌体结构工程施工质量验收规范》（GB/T 50203—2011）执行。砌筑损伤检测项目主要包括裂缝检测、灾害损伤检测和人为损伤检测，同时应测绘损伤的面积及分布情况。腐蚀检测项目主要包括剥落、风化、疏松等。对于一些长期暴露在潮湿等环境中的砌体结构来说，受到腐蚀的情况往往较其他砌体结构严重很多，例如很常见的泛碱现象。"泛碱"现象指建筑材料中的可溶盐和碱随着湿度的变化溶出并结晶，聚集于结构的表面，若不及时处理，腐蚀部位将逐渐变软并脱落，严重影响外观甚至安全性。

随着近年来数字信号处理技术的飞速发展，以图像处理技术为主的机器视觉方法在无损检测领域中已占有较大的比重。对于结构的表层损伤检测来说，图像处理技术的应用尤为广泛，因为几乎所有此类的损伤，例如裂缝和腐蚀，都是可以在像素中直接辨识出来的。通过对结构表面进行拍摄，将获得的数字图像进行分析处理，从而得出检测结果。

图像处理技术在结构表层损伤检测中的应用主要包括边缘检测技术、变换技术以及特征统计技术。边缘检测技术是图像处理应用于结构表层损伤检测最为广泛的技术，主要分为图像滤波、图形增强、图像检测和图像定位四个步骤。滤波的作用是提高边缘检测中对于噪声相对敏感部分的性能，增强算法是用于获得相邻像素点的数值变化，此算法可用来检测像素值变化明显的区域。在实际检测的过程中，由于物体投影到二维平面过程中信息的丢失，边缘点可能无法直接精确地检测出来。然而图像中的边缘具有方向性，即像素沿着边缘方向变化较为缓慢，垂直边缘方向变化相对显著。利用边缘的这种方向性，通过微分算子便可以将其检测出来。常见的算子有 Sobel 算子、Robert 算子、Prewitt 算子和 Canny 算子。其中 Sobel 算子、Robert 算子、Prewitt 算子均属于一阶微分的边缘检测算子，在检测的过程中使用不同大小的卷积模板与图像的像素做卷积运算，根据特定的阈值将边缘点提取出来。Canny 算子的处理方式与前几种算子有些不同，首先对图像应用高斯滤波器进行去噪和平滑处理，之后使用有限差分法（一阶偏导）得到梯度的方向和幅值，接着利用梯度的方向抑制幅值的非极大值，最后采用双阈值的方式确定边缘。

变换技术主要包括 Haar 小波变换和傅里叶变换。美国学者 Abdel-Qader 等曾使用这两种变换方式以及前面提到的 Canny 算子和 Sobel 算子来检测混凝土裂缝[21]，他们通过实验验证，认为 Haar 变换是最佳的方式。特征统计技术是通过计算图像每一个小区域的局部特征来分析图像灰度值的空间分布，从而得到图像局部特征的统计分布。

2. 当前研究现状

近年来，将图像处理技术应用于结构表层损伤检测的研究不断发展。2007 年，Corr 等[22]利用数字图像技术分析了钢筋混凝土界面脱粘和碎裂情况。2007 年，Falsone 等[23]开发了一项基于图像处理的砌体结构表层随机特征分析技术。2009 年，Kabir 等[24]利用大量的图像处理技术对混凝土大坝的表层损伤进行检测和研究。2013 年，Ghiassi 等[25]应用数字图像相关法，成功分析了砌块和纤维增强复合材料的黏接性能。2014 年，Gencturk 等[26]应用类似的方法对预应力混凝土结构全尺寸的检测进行了一系列的研究。2013 年，Cavalagli 等[27]通过图像处理技术对砌体结构表面的砌块和砂浆的几何参数进行统计分析，获得其概率分布并识别纹理类型。2015 年，Nejad 等[28]利用图像处理方法提取了沥青混凝土的表面特征，并开发了一个应用于特征识别和检测的算法。2015 年，Mahal 等[29]应用数字图像相关法对钢筋混凝土梁的疲劳特性进行了研究。2016 年，Hamrat 等[30]利用数字图像技术研究了纤维混凝土的弯曲开裂情况。

进入 21 世纪以来，人工智能领域持续升温。作为人工智能的核心，机器学习技术及其下属的各个方向均在不断地发展。简单地说，机器学习就是研究如何使计算机能够像人类一样从数据中进行学习，从而获得分析和预测数据的能力。按学习的形式主要分为监督学习、无监督学习和半监督学习。目前的研究与应用尚以监督学习为主，监督学习的主要任务是分类和回归，即分析和预测数据。本章内容均属于监督学习。

机器学习应用到结构表层损伤检测的研究有很多，主要应用的相关技术包括人工神经网络、SVM 和 k 近邻算法等。但机器学习的应用主要是现有无损检测技术的一个附属工具，即先收集各个传感器的信号，之后利用机器学习技术判定检测信号是否能够表明结构的损伤以及损伤情况。例如，2002 年，Liu 等[31]利用神经网络技术对混凝土无损检测结果进行分析，实现了裂缝类型、位置和长度的检测；2007 年，Jiang 等[32]基于小波神经网络提出了一种叫作"伪谱"的损伤检测技术，他们使用一个 38 层混凝土结构模型的数据进行分析和验证，实现了利用少量的传感数据就可以检测出损伤的目的；2013 年，Sipos 等[33]应用神经网络和主成分分析技术提出了一种可以预测框架砌体结构单元抗震性能的方法；2014 年，Butcher 等[34]基于随机神经网络对钢筋混凝土表层损伤检测进行了深入研究，应用了一种叫作"极限学习机"的算法，检测效果较传统方式提高很多。

与此同时，许多对于结构表层损伤的研究将机器学习技术与图像处理技术结合在一起，即先由图像处理技术提取特征，再由机器学习技术进行分类。例如，2010 年，Kabir[35]应用灰度共生矩阵特征分析和人工神经网络分类器对混凝土碱骨料反应诱发的裂缝进行了检测；2011 年，Moon 等[36]应用滤波技术和反向传播（BP）神经网络对混凝土裂缝进行检测，达到了很好的精度；2013 年，Jahanshahi 等[37]基于三维场景重建、图像处理、神经网络和 SVM 技术实现了混凝土裂缝的检测和量化；2013 年，O'Byrne 等[38]基于灰度共生矩阵和 SVM 提出了一种半自动的增强纹理分割方法，用来检测和分类基础设施结构的表层损伤；2014 年，Plevris 等[39]应用神经网络对砌体结构在双轴压应力作用下产生的表面损伤进行了建模分析；O'Byrne 等[40]基于 Sobel 边缘检测和 SVM 提出了一种区域增强多相分割技术，用来检测基础设施的多种表层损伤；Wu 等[41]结合图像处理技术和人工神经网络分类器，提出了一种叫作"MorphLink-C"的技术，用于裂缝特征片段的聚类和连接，大大提高了检测精度。

4.3.2 基于 CNN 的古建筑砌体评定方法概述

1. 数据集的建立

训练一个分类器所需要的所有样本的集合称为数据集，完整的数据集分为训练集、验证集和测试集三部分。训练集即作为样本输入，来调节网络的学习参数，从而实现分类器的初步建立；验证集则为检验分类器效果的数据，但并不是待分类器完全调节好再进行检验,而是在训练的过程中以一定的时间间隔(迭代次数)使用验证集进行检验,即在训练的过程中通过验证集可以得到分类器的准确率变化,其本身不参与网络的迭代;测试集则是当分类器完全训练好(验证准确率达到满意值或已经进行了特定的迭代次数)之后,用分类器来执行分类任务工作的样本。对于本节来说,训练集和验证集在外观和形式上并无差别,仅仅是用途上的区分。

本节用于实验的数据集全部来自于中国北京故宫博物院古建部提供的故宫某一段像素分辨率为 57780×11400 的城墙的整体正投影图像。

训练集采取人工的方式从整体图像中截取出 5145 个砖块图像并进行损伤分类,经过与专业人员的讨论与鉴定,将这 5145 个砖块分成 4 类:其中 1466 块砖定义为"未损伤",1830 块砖定义为"剥落",865 块砖定义为"裂缝",984 块砖定义为"酥碱",每种类别的示例如图 4-3-1 所示。

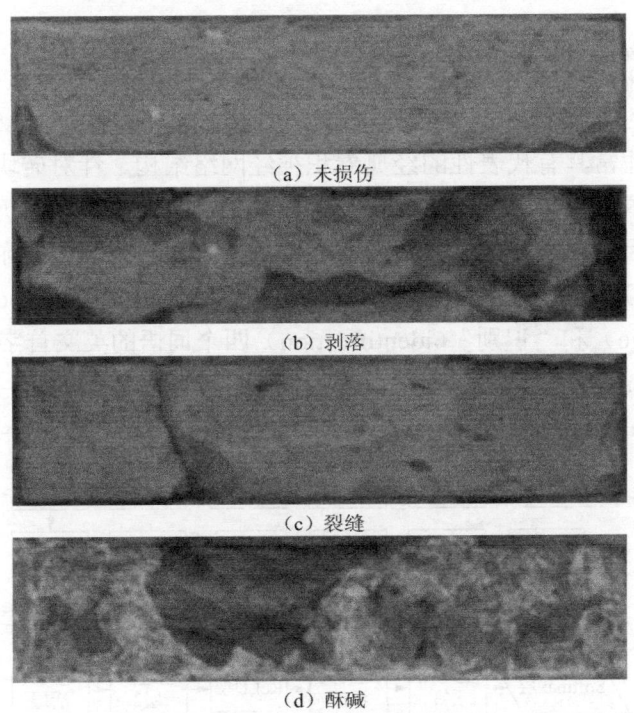

图 4-3-1　每类样本图像示例

验证集为另截取的 2000 块砖块图像,上述每一类别 500 块。测试集为远离训练集和验证集截取位置的 5 张像素分辨率为 1860×1260 的故宫城墙表层图像,每张图像包含 60 个完整的砖块。

由于深度学习需要庞大的数据量,仅仅 5000 多个训练样本对于四分类的任务显然是不够的。因此,本节对训练集进行数据增强操作。所谓的数据增强,就是对样本通过多种几何或亮度变换来成倍地扩充其数量。需要说明的是,数据增强并非单纯的变相复制。很多研究已经证明,其确实能够起到增加样本的作用,并且可以解决如本节类别数量不平衡的问题。事实上,AlexNet 中也运用了这个技巧[42]。直观上解释,例如旋转图像,对于人眼来说类别是不会有任何变化的,损伤不会因为旋转就成了未损伤,然而对于计算机来说,旋转后是一个完全不同的三维矩阵,训练时也不可能获得完全相同的学习参数。本节对训练集进行了 90°、180°和 270°旋转、水平及竖直镜像、对比度变换以及它们的组合。对于类别数目较少的裂缝和酥碱样本进行相对较多的增强,对于其他类别进行相对较少的增强,最终扩充为一个每类 10000,共 40000 个样本的训练集。验证集、测试集不进行数据增强操作。

2. 模型训练基于 AlexNet

本节采用的第一个 CNN 模型是 8 层的 AlexNet,AlexNet 是 ILSVRC-2012 的冠军模型,是非常具有代表性的经典卷积神经网络结构。针对砖块损伤的特定图像分类问题,本章对 AlexNet 的某些超参数做了细微的调整,但仍然保留了基本的网络架构。因此,为尊重原作者,本章调整过的网络在下文中称为 AlexNet for HMDI,HMDI 为"古建筑"(historic buildings)、"砌体结构"(masonry structure)、"损伤"(damage)和"识别"(identification)四个词语的英文首字母。

AlexNet for HMDI 由卷积层、汇聚层、全连接层、ReLU 层、LRN 层、随机失活层和 Softmax 层共 7 种结构层组合而成,其网络架构如图 4-3-2 所示。

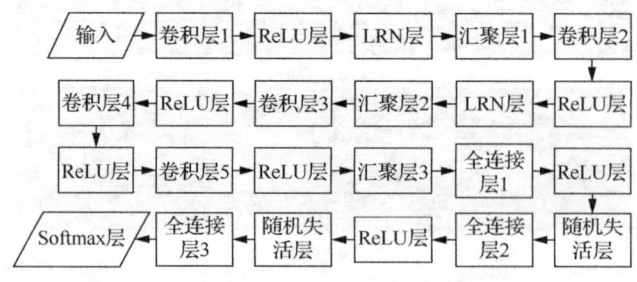

图 4-3-2 AlexNet for HMDI 网络架构

所有输入图像的尺寸为 227×227 像素,在 LRN 层 n、α 和 β 的值分别是 5、0.0001、0.75,所有层的随机失活率为 0.5;全连接层 1、全连接层 2 和全连接层 3 输出的个数分别是 4096、4096 和 4。卷积层和汇聚层的超参数如表 4-3-1 所示。

表 4-3-1 AlexNet for HMDI 模型中卷积层和汇聚层的超参数表

结构层	卷积核或汇聚区域				
	边长	深度	步长	零填充	个数
卷积层 1	11	3	4	0	96
汇聚层 1	3	—	2	0	—
卷积层 2	5	96	1	2	256
汇聚层 2	3	—	2	0	—
卷积层 3	3	256	1	1	384
卷积层 4	3	384	1	1	384
卷积层 5	3	384	1	1	256
汇聚层 3	3	—	2	0	—

（1）基于少样本的四分类实验（AlexNet for HMDI）。

从原始未经数据增强的 5145 个训练样本中取出未损伤、裂缝、酥碱、剥落样本各 500 个，组成一个样本总数为 2000 的训练集。2000 个验证样本中每一类取出 50 个，组成一个样本总数为 200 的验证集。

将模型文件中最后的全连接层神经元数目改回 4，求解器文件中验证 batch 数目设置为 4，动量系数设置为 0.9，正则化系数设置为 0.0005，训练每迭代 20 次显示一次损失值，500 次进行一次验证，最大迭代次数为 100000。基本学习率为 0.001；学习速率衰减系数为 0.1；衰减步长为 5000。

训练耗时 9 小时 25 分 11 秒，实验结果如图 4-3-3 所示。

由实验结果可知，训练损失值从 1.4 左右开始迅速下降，在 10000 次左右的迭代后趋于平缓。验证准确率从 25% 迅速上升，在 4000 次左右的迭代后开始波动，到第 20000 次左右稳定于 76.5%。

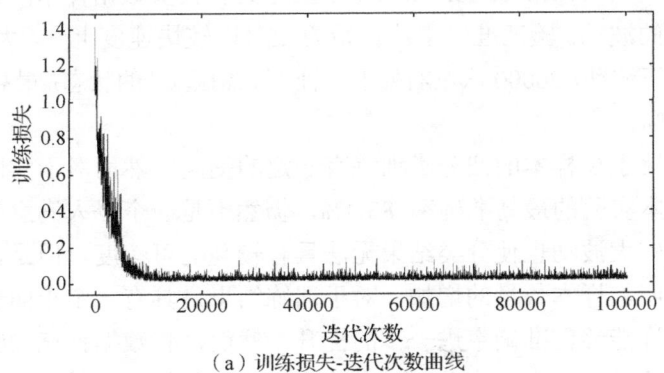

（a）训练损失-迭代次数曲线

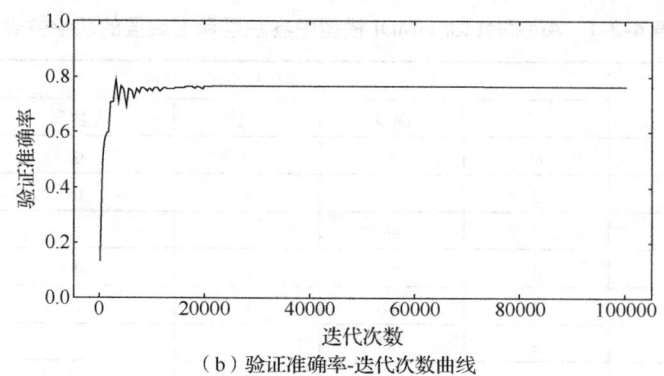

（b）验证准确率-迭代次数曲线

图 4-3-3　基于少样本的四分类实验结果（AlexNet for HMDI）

对于损伤识别来说，这个准确率显然是不够的，而且相比于二分类的识别效果下降很多，说明在分类的过程中，不同损伤类型的识别较是否损伤的识别难度更大。在接下来的实验中，在保持网络结构不变的情况下，采取增大数据量的方式对识别准确率进行提升。

（2）基于多样本的四分类实验（AlexNet for HMDI）。

这个实验使用全部的训练样本和验证样本，即训练集包含未损伤、裂缝、酥碱、剥落样本各 10000 个；验证集包含四类样本各 500 个，基于上一个实验，将求解器文件中的 batch 数目改为 40。

训练耗时 10 小时 2 分 16 秒，实验结果如图 4-3-4 所示。

由图 4-3-4 中的曲线可知，训练损失值从 1.4 左右迅速下降，在 5000 次左右的迭代后速度急剧下降，在 10000 次左右开始在 0.2 上下波动且幅度相对较大。对比图 4-3-3 可知，AlexNet for HMDI 在执行具有较多数据样本的训练时损失会出现相对较大的波动。验证准确率从初始的 25%以较快速度上升，大约 4000 次迭代后出现了上下波动，20000 次左右处于一种"等幅振动"的状态：最高点为 83.4%，最低点为 80.9%。

此结果相比于少样本的四分类训练有一定的提高。然而对于实际的损伤识别任务，即使取本实验的最高准确率 83.4%，仍然不是一个令人满意的结果，并且最终准确率的较大波动也使分类结果无法具有较高的可信度。但是，通过这个实验确实可以说明，样本数量的增加，对于训练结果是具有一定正面影响的。进一步增加数据也许能够使准确率进一步的提升，然而，将数据扩充 20 倍仅仅提高了大约 6 个百分点。因此，本节对于准确率进一步的提升暂时不再采取更多的数据扩充，而是应用更深的网络模型，即 GoogLeNet for HMDI。

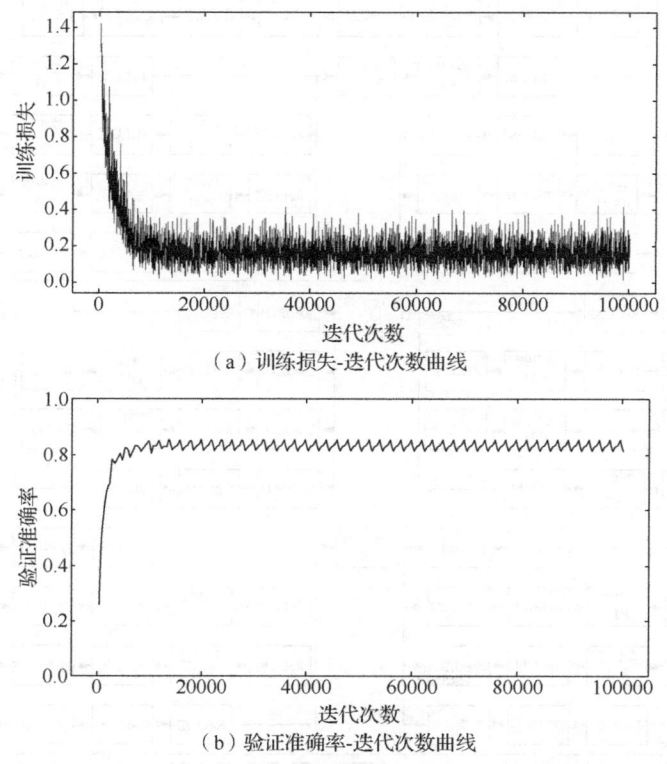

图 4-3-4　基于多样本的四分类实验结果（AlexNet for HMDI）

3. 模型训练基于 GoogLeNet

本节采用的第二个 CNN 模型是 22 层的 GoogLeNet，GoogLeNet 是 2014 年模型训练的冠军模型。同时对 GoogLeNet 的某些超参数也做了细微的调整，调整过的网络在下文中称为 GoogLeNet for HMDI。

与 AlexNet 相比，GoogLeNet 除了深度的增加外，还提出了一种称为"Inception"的结构。在 Inception 结构中，将具有不同尺寸卷积核的卷积层并联，这种连接方式实现了网络同时对多种尺度范围特征的提取。为了防止参数太多造成过拟合，Inception 结构中在较大尺寸的卷积核前面以及汇聚层后面分别加入了 1×1 的卷积核进行降维，同时也起到了修正线性的作用。最后设置深度汇聚层，即将几个分支在深度方向进行组合并输出。此外，GoogLeNet 在最后的全连接层前设置了一个全局平均汇聚层，再次有效降低了参数数量。同时，为了防止由网络过深造成的梯度消失现象，GoogLeNet 在网络中间增加了两个辅助的 Softmax 层（L1、L2），用于反向传播时增加前层的梯度。GoogLeNet for HMDI 网络架构如图 4-3-5 所示。

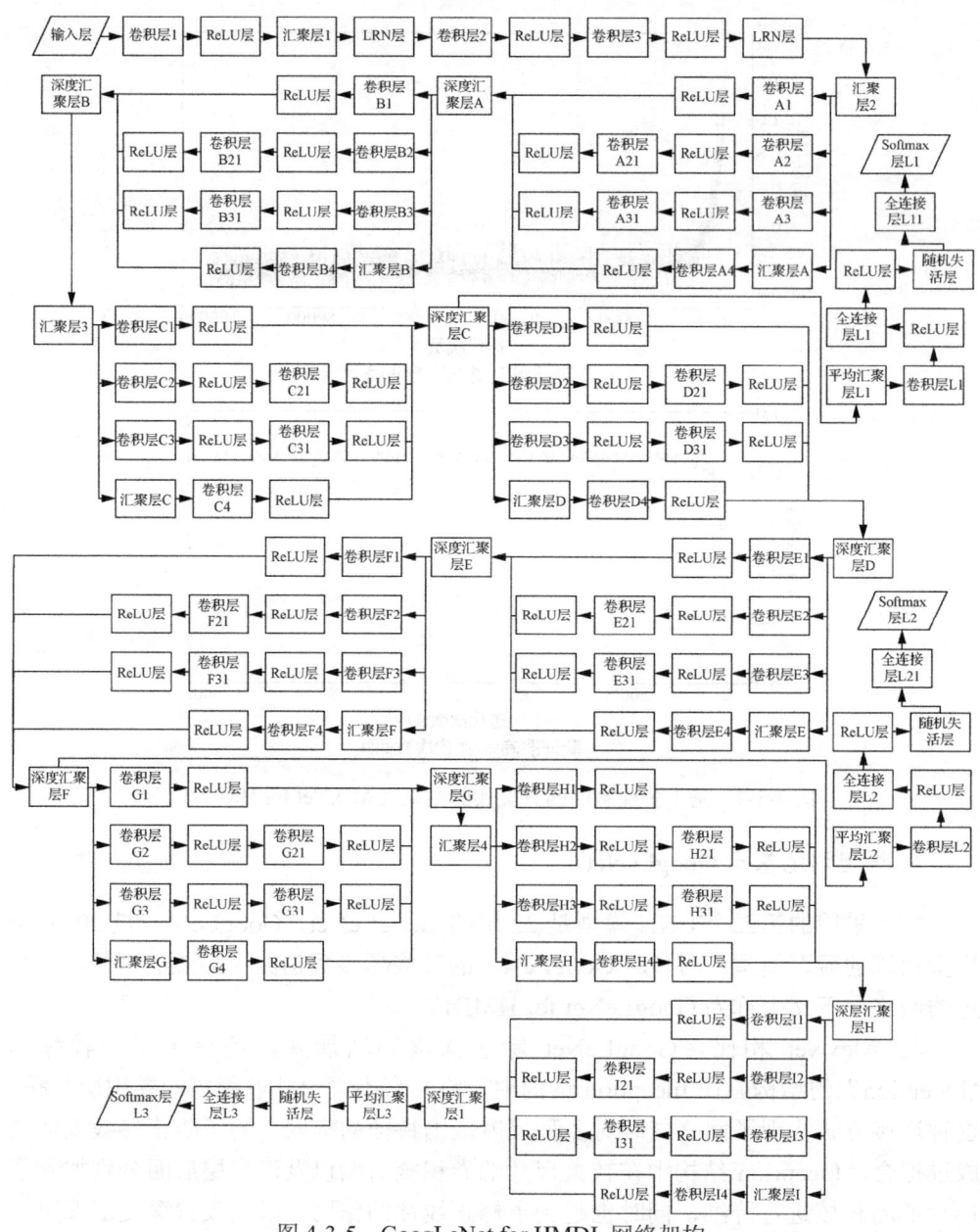

图 4-3-5　GoogLeNet for HMDI 网络架构

所有输入的图像尺寸是 224×224 像素。在 LRN 层 n，α 和 β 的取值分别是 5，0.0001 和 0.75；Softmax L1 和 Softmax L2 前的随机失活层的失活率为 0.7，Softmax L3 前的随机失活层的失活率为 0.4。卷积层、汇聚层和全连接层的超参数设置如表 4-3-2 所示。

表 4-3-2 GoogLeNet for HMDI 卷积层、汇聚层、全连接层超参数表

结构层		卷积核或汇聚区域				
		边长	深度	步长	零填充	个数
卷积层 1		7	3	2	3	64
汇聚层 1		3	—	2	0	—
卷积层 2		1	64	1	0	64
卷积层 3		3	64	1	1	192
汇聚层 2		3	—	2	0	—
Inception A	卷积层 A1	1	192	1	0	64
	卷积层 A2	1	192	1	0	96
	卷积层 A21	3	96	1	1	128
	卷积层 A3	1	192	1	0	16
	卷积层 A31	5	16	1	2	32
	汇聚层 A	3	—	1	1	—
	卷积层 A4	1	192	1	0	32
	深度汇聚层 A	—	—	—	—	—
Inception B	卷积层 B1	1	256	1	0	128
	卷积层 B2	1	28	1	0	128
	卷积层 B21	3	256	3	1	192
	卷积层 B3	1	256	1	0	32
	卷积层 B31	5	32	1	2	96
	汇聚层 B	3	—	1	1	—
	卷积层 B4	1	256	1	0	64
	深度汇聚层 B	—	—	—	—	—
汇聚层 3		3	—	2	0	—
Inception C	卷积层 C1	1	480	1	0	192
	卷积层 C2	1	480	1	0	96
	卷积层 C21	3	96	1	1	208
	卷积层 C3	1	480	1	0	16
	卷积层 C31	5	16	1	2	48
	汇聚层 C	3	—	1	1	—
	卷积层 C4	1	480	1	0	64
	深度汇聚层 C	—	—	—	—	—
L1 输出	汇聚层 L1	5	—	3	0	—
	卷积层 L1	1	—	1	0	128
	全连接层 L1	—	—	—	—	—
	全连接层 L11	—	—	—	—	—

续表

结构层		卷积核或汇聚区域				
		边长	深度	步长	零填充	个数
Inception D	卷积层 D1	1	512	1	0	160
	卷积层 D2	1	512	1	0	112
	卷积层 D21	3	112	1	1	224
	卷积层 D3	1	512	1	0	24
	卷积层 D31	5	24	1	2	64
	汇聚层 D	3	—	1	1	—
	卷积层 D4	1	512	1	0	64
	深度汇聚层 D	—	—	—	—	—
Inception E	卷积层 E1	1	512	1	0	128
	卷积层 E2	1	512	1	0	128
	卷积层 E21	3	125	1	1	256
	卷积层 E3	1	512	1	0	24
	卷积层 E31	5	24	1	2	64
	汇聚层 E	3	—	1	1	—
	卷积层 E4	1	512	1	0	64
	深度汇聚层 E	—	—	—	—	—
Inception F	卷积层 F1	1	512	1	0	112
	卷积层 F2	1	512	1	0	144
	卷积层 F21	3	144	1	1	288
	卷积层 F3	1	512	1	0	32
	卷积层 F31	5	32	1	2	64
	汇聚层 F	3	—	1	1	—
	卷积层 F4	1	512	1	0	64
	深度汇聚层 F	—	—	—	—	—
L2 输出	汇聚层 L1	5	—	3	0	—
	卷积层 L1	1	—	1	0	128
	全连接层 L1	—	—	—	—	—
	全连接层 L11	—	—	—	—	—
Inception G	卷积层 G1	1	528	1	0	256
	卷积层 G2	1	528	1	0	160
	卷积层 G21	3	160	1	1	320
	卷积层 G3	1	528	1	0	32
	卷积层 G31	5	32	1	2	128
	汇聚层 G	3	—	1	1	—
	卷积层 G4	1	528	1	0	128
	深度汇聚层 G	—	—	—	—	—

续表

结构层		卷积核或汇聚区域				
		边长	深度	步长	零填充	个数
汇聚层 4		3	—	2	0	—
Inception H	卷积层 H1	1	823	1	0	256
	卷积层 H2	1	823	1	0	160
	卷积层 H21	3	160	1	1	320
	卷积层 H3	1	832	1	0	32
	卷积层 H31	5	32	1	2	128
	汇聚层 H	3	—	1	1	—
	卷积层 H4	1	832	1	0	128
	深度汇聚层 H	—	—	—	—	—
Inception I	卷积层 I1	1	832	1	0	384
	卷积层 I2	1	832	1	0	192
	卷积层 I21	3	192	1	1	384
	卷积层 I3	1	832	1	0	48
	卷积层 I31	5	48	1	2	128
	汇聚层 I	3	—	1	1	—
	卷积层 I4	1	832	1	0	128
	深度汇聚层 I	—	—	—	—	—
L3 输出	汇聚层 L3	7	—	1	0	—
	全连接层 L3	—	—	—	—	—

(1) 基于少样本的四分类实验（GoogLeNet for HMDI）。

为了研究网络深度对于训练效果的影响并进一步提升分类器的准确率，在这一部分的实验中使用 GoogLeNet for HMDI 进行四分类的实验。本实验使用的训练集和验证集与 AlexNet for HMDI 小样本测试部分完全相同。

求解器文件中验证 batch 数目设置为 4，动量系数设置为 0.9，正则化系数设置为 0.0002，训练每迭代 40 次显示一次损失值，200 次进行一次验证，最大迭代次数为 100000。

训练耗时 16 小时 21 分 25 秒，实验结果如图 4-3-6 所示。

由图 4-3-6 中的曲线可知，训练损失从 1.6 附近迅速下降，下降的过程中有较大的波动，在第 20000 次左右迭代时趋于平缓。验证准确率从 25%开始上升，在第 20000 次左右迭代前波动较大，20000 次左右迭代后波动较小，可以认为处于稳定状态。最终的平均验证准确率为 77.0%，显然这又是一个无法令人满意的结果，并且相对于使用同样数据样本的 AlexNet for HMDI 仅仅提高了 0.5 个百分点。因此在样本数量不够的情况下，网络的加深对识别准确率的提升效果并不是很明显。

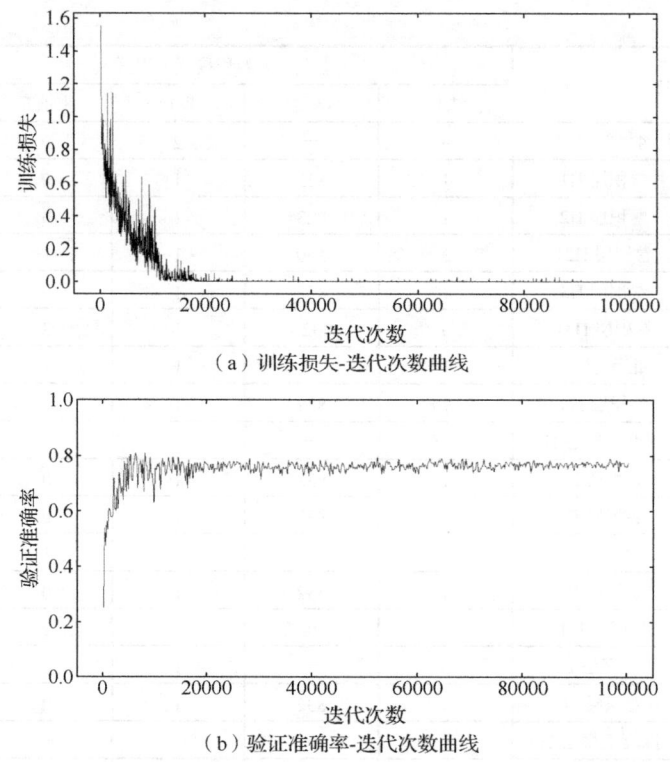

图 4-3-6　基于少样本的四分类实验结果（GoogLeNet for HMDI）

(2) 基于多样本的四分类实验（GoogLeNet for HMDI）。

这个实验使用全部的训练样本和验证样本，即训练集和验证集与 AlexNet for HMDI 多样本测试部分完全相同。基于上一个实验，将求解器文件中的 batch 数目改为 40。

训练耗时 10 小时 2 分 16 秒，实验结果如图 4-3-7 所示。

由实验结果可知，网络的收敛与前几个实验相比较慢，因为无论是网络深度还是数据量的大小，这个实验都是最复杂的。训练损失从 1.6 附近开始下降，第 5000 次左右迭代后波动较大，到第 40000 次左右基本稳定。验证准确率从 25% 开始上升，第 5000 左右迭代后准确率提高速度立刻变慢且有些波动，到第 40000 次左右后波动微弱，可视为训练结果已经稳定。最终的平均验证准确率为 90.9%，对于四分类的损伤识别可以认为是一个合理的结果。

从以上所有的实验可知，任何情况下，数据量的增加对于识别效果的提升均具有很大的促进作用；在数据量充足的情况下，网络越深，识别效果越好。

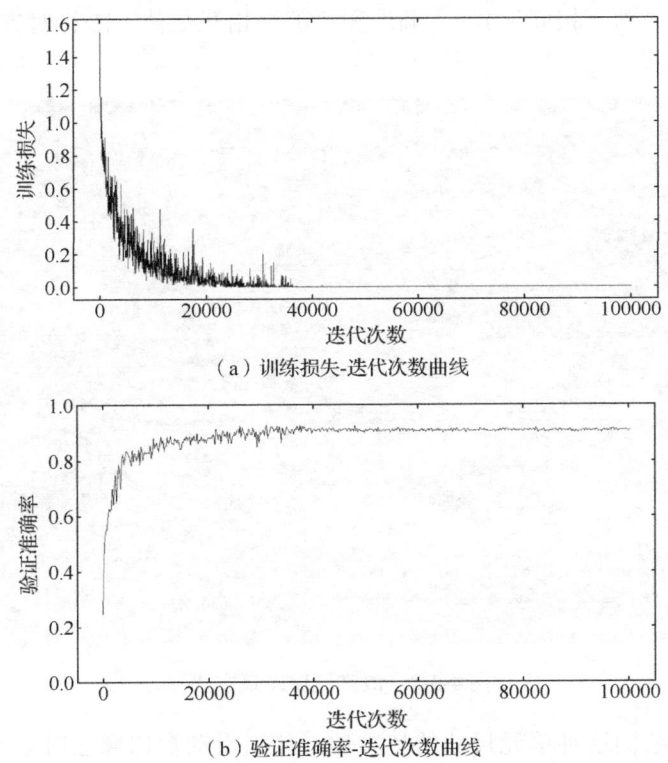

(a) 训练损失-迭代次数曲线

(b) 验证准确率-迭代次数曲线

图 4-3-7 基于多样本的四分类实验结果（GoogLeNet for HMDI）

4. 模型测试

（1）滑动窗口算法。

模型训练部分为损伤识别技术的实现，然而在实际的工程中，仅仅识别是不够的，还要对不同的损伤进行定位，以便为后续的维修工作做指导。为了实现这一任务，在本节中采用滑动窗口算法完成定位工作。

所谓的滑动窗口算法，即采取若干较小尺寸的"滑窗"对输入图像进行等步长或变步长扫描。滑窗每停留在一个位置，便将该位置的部分图像提取并输入训练好的分类器。每次测试选取一个损伤类别作为识别对象，若该位置的图像被分类器识别为这一类别（即结果为阳性），那么保留该位置的图像；若识别为其他类别（即结果为阴性），那么将该位置填充为白色。因此，最终的测试结果为白色背景上显示检测出的阳性区域，即完成了定位工作。

古建筑砌体结构表面的砖块一般由"顺"和"丁"组成，"顺"表示砖块的长边方向暴露在结构表面；"丁"表示砖块的短边方向暴露于结构表面。常见的砌筑方式有一顺一丁式、多顺一丁式、全顺式、顺丁相间式等。本节实验中用到的故宫城墙样本为"顺丁相间"式:"顺"和"丁"相互交替,隔行对齐,如图 4-3-8 所示。

图 4-3-8　故宫城墙砌筑方式

由于砌体结构这种单元尺寸的特殊性,使用滑动窗口算法时采取两种不同尺寸的"滑窗",即"顺"使用一种尺寸,"丁"使用一种尺寸。具体的数值根据实际的像素尺寸进行调节,并根据不同的砌筑方式采用不同的滑动策略,以达到全部扫描的目的。

对于本节的实验对象,即测试样本,采取每种窗口二次扫描的策略。由于砖块是顺丁交错且隔行对齐的,故扫描的过程中每次移动水平方向跨过一个砖块,竖直方向跨过一行。例如,图 4-3-8 实际上为测试集中的一个样本,其像素分辨率为 1860×1260,"顺"滑窗尺寸为 480×105,"丁"滑窗尺寸为 210×105。"顺"滑窗第一次扫描 x、y 方向起始位置均设为 1;第二次扫描 y 方向起始位置为第二行,x 方向起始位置为该行第一个完整的"顺"的左上角,由数学关系可得,x 方向设为 480-(480-210)/2+1=346,y 方向设为 105+1=106。"丁"滑窗第一次扫描 y 方向起始位置为 1,x 方向起始位置需跨过一个"顺",即 480+1=481;第二次扫描 y 方向起始位置为第二行,x 方向起始位置为该行第一个完整的"丁"的左上角,由数学关系可得,x 方向设为 (480-210)/2+1=136,y 方向设为 105+1=106。无论是"顺"滑窗或是"丁"滑窗,其每次 x 方向移动均为二者的 x 方向尺寸之和,即 480+210=690,y 方向移动均为二者该方向的尺寸,即 210,因此两种滑窗的移动步长均为 x 方向 690,y 方向 210,扫描策略如图 4-3-9 所示。

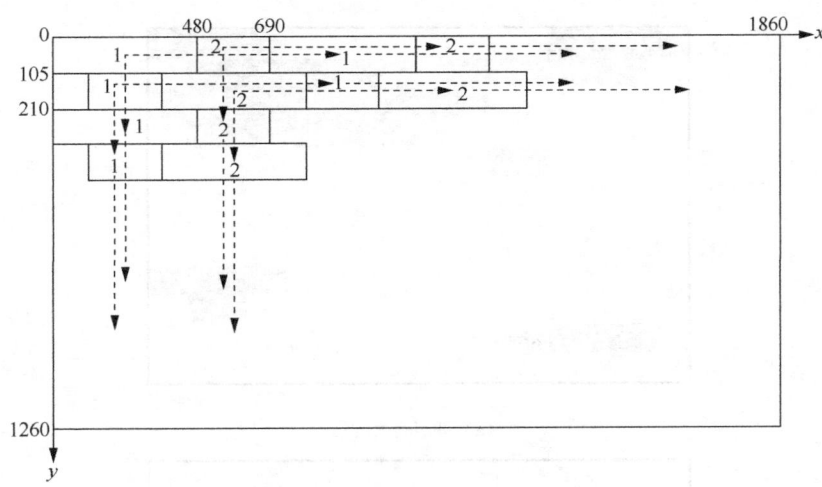

图 4-3-9　滑动窗口扫描策略实例

（2）测试结果。

按照上述的滑动窗口算法，利用模型测试中识别准确率最高的训练好的四分类模型 GoogLeNet for HMDI（91%）对测试集的 5 张图像进行扫描。为实现高效的可视化，测试结果采取分开显示的方式，即每一类损伤的识别结果单独显示于一张图像上。由于本节的研究为四分类，三种损伤，故最终每次的测试结果分开显示于 3 张独立的图像上。

对于每一类损伤的识别定位，将该类别定义为阳性，其他类别（包括未损伤）定义为阴性。根据测试结果，若某一砖块为阳性且被检测到，则称之为"真阳性"；若为阴性却被检测为阳性，则称之为"假阳性"；若为阴性且判断正确，则称之为"真阴性"；若为阳性却并未检测到，则称之为"假阴性"。

对于机器学习领域，常使用"准确率""精确率"和"召回率"三个指标来评价分类器的性能。首先，准确率很简单，即所有样本被正确分类的概率，反映了对整个测试集的样本识别能力，其表达式为：准确率=（真阳性+真阴性）/（阳性+阴性）。精确率为识别出的损伤中真正损伤所占的比重，反映了分类器能否精准识别的性能，其表达式为：精确率=真阳性/（真阳性+假阳性）。召回率为所有损伤中成功识别所占的比重，反映了分类器能否找出全部目标类别的性能，其表达式为：召回率=真阳性/（真阳性+假阴性）。

以一个测试样本（图 4-3-8）为例，该样本具有 20 个剥落砖块，7 个裂缝砖块和 1 个酥碱砖块，其余 32 个砖块未损伤，其实验结果如图 4-3-10 所示。

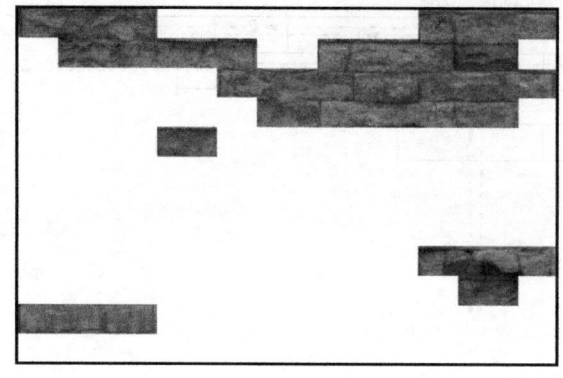

（a）剥落测试结果

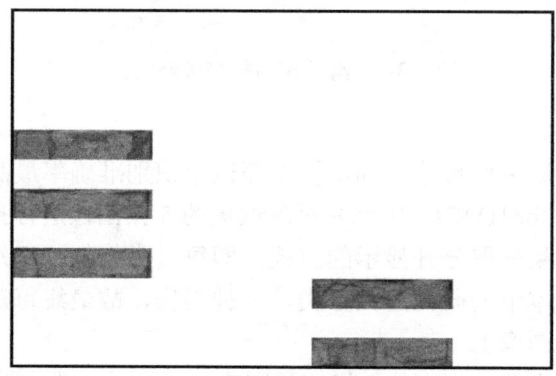

（b）裂缝测试结果

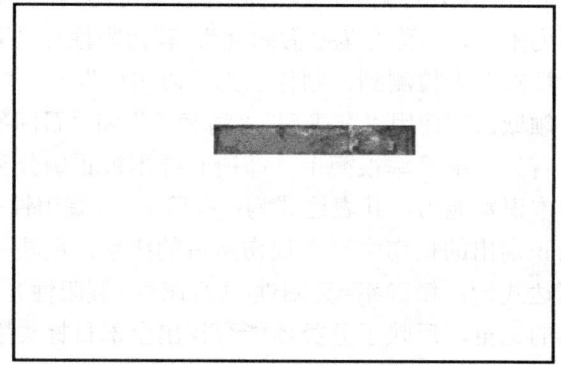

（c）酥碱测试结果

图 4-3-10 测试样本 1 实验结果

从实验结果可以看出，测试定位效果较好，能够直接显示损伤砖块的位置。关于识别结果，对于剥落损伤，4 块没有识别出来，其中 1 块误判成了裂缝，且有 1 块未损伤的砖块误判成了剥落；对于裂缝损伤，1 块没有识别出来，该砖块误判成了酥碱,且有 1 块剥落误判成了裂缝;对于只有 2 块的酥碱损伤,分类器成功将其识别,但是有 1 块裂缝误判成了酥碱。整体识别准确率为 90.0%,其中每一类的识别准确率为 91.7%、96.7%和 98.3%。

该测试样本的错误分类绝大部分或者损伤程度较轻,或者具有少量另一类损伤特征,仅有一处错误分类为噪声干扰,其表面有一些深色的物质,被误判成了剥落。

尽管识别准确率仅达 90.0%,但是对于图 4-3-8 如此复杂的实际情况,分类器依然能够成功识别大部分的损伤区域。并且图像中很多砖块颜色差异较大,砖块边缘有时并不是很整齐,光照也并非严格均匀,这些均构成了噪声干扰。然而 60 个砖块中仅有 1 块是由噪声造成的分类错误,说明此方法的鲁棒性较高。

所有样本的测试结果见表 4-3-3。

表 4-3-3 样本测试结果

测试样本	整体准确率/%	损伤类别	阳性	阴性	真阳性	真阴性	假阳性	假阴性	准确率/%	精确率/%	召回率/%	备注
样本 1	90.0 (54/60)	剥落	20	40	16	39	1	4	91.7	94.1	80.0	图 4-3-10(a)
		裂缝	6	54	5	53	1	1	96.7	83.3	83.3	图 4-3-10(b)
		酥碱	1	59	1	58	1	0	98.3	50.0	100	图 4-3-10(c)
样本 2	95.0 (57/60)	剥落	6	54	5	53	1	1	96.7	83.3	83.3	—
		裂缝	3	57	2	57	0	1	98.3	100	66.7	—
		酥碱	5	55	5	54	1	0	98.3	83.3	100	—
样本 3	91.7 (55/60)	剥落	27	33	24	33	0	3	95.0	100	88.9	—
		裂缝	7	53	6	51	2	1	95.0	75.0	85.7	—
		酥碱	3	57	3	56	1	0	98.3	75.0	100	—
样本 4	91.7 (55/60)	剥落	18	52	16	50	2	2	94.3	88.9	88.9	—
		裂缝	4	56	2	55	2	1	95.0	66.7	50.0	—
		酥碱	4	56	3	56	0	1	98.3	100	75.0	—
样本 5	93.3 (56/60)	剥落	12	48	9	48	0	3	95.0	100	75.0	—
		裂缝	1	59	1	58	0	1	98.3	50.0	100	—
		酥碱	3	57	3	56	1	0	98.3	75.0	100	—

由测试结果可知,所有测试样本损伤识别的整体准确率均在 90%以上,每一类的损伤识别准确率也均高于 90%,且大部分超过了 95%。同时,对于实际情况下的损伤识别定位工作,此方法具备很好的准确性和实用性。由于某些样本中的某类损伤较少,例如样本 1 中的酥碱损伤,样本 2 中的裂缝损伤等,这些损伤一旦出现少量的分类错误,便会使精确率或召回率造成很大的下降,例如样本 1、4、5 中的某些指标最低达到了 50%。同基数增大的原理类似,当测试样本中该类别较多时这个问题将得以解决。

诚然，此方法仍具有一些局限性，例如样本中砖块并不是严格的整齐排列，一旦样本尺寸很大，这个问题便不能够忽略，此时有可能需一边进行滑动窗口，一边进行基线校准，并实施变步长微调。另外，若砖块尺寸有变，还应增加不同滑窗的数量；若结构的砌筑方式在某处发生变化，则又须对滑动策略进行调整。然而，对于古建筑来说，其表层绝大部分还是均匀整齐的，可以将整个结构图像进行分区处理，即将较大的图像拆分成相对较小的区域以便滑窗算法的实施。同时，对于特殊的部位（极其不规则的区域），可采用人工处理的方式，这样依然可以很大程度上提高效率，节约成本。

5. 与数字图像处理方法的对比研究

数字图像处理仍是最常见的视觉方法，其主要依靠边缘检测算法提取特征，而不是通过大量样本的训练自动提取。本书 4.3.1 节已经大致说明了主要的数字图像处理方法及其基本原理，在这一部分中，使用几个最常用且经典的边缘检测算法对图 4-3-10 的测试样本进行处理，并对其结果进行分析。

本节使用 Sobel、Robert、Prewitt 和 Canny 四种算子分别对样本进行处理，结果如图 4-3-11 所示。

(a) Sobel 边缘检测结果（阈值取 0.4）

(b) Robert 边缘检测结果（阈值取 0.09）

(c) Prewitt 边缘检测结果（阈值取 0.3）

(d) Canny 边缘检测结果（阈值取 0.3）

图 4-3-11　采用四种边缘检测算法处理测试样本

　　四种边缘检测算法均使用 MATLAB 自带的函数实现，阈值参数的取值通过实验的最优效果得到。由图 4-3-11 可以看出，Sobel、Robert 和 Prewitt 三种算法效果类似，且对噪声相对敏感。这三种算法均能区分砖块的完整轮廓，以及损伤较为严重的部位，如大块的剥落。然而对于细裂缝等小范围损伤，这三种算法均无法给出有效的识别信息，即无法从噪声中有效提取特征。由于材质和光照的影响，这三种算法处理后的图像的上半部分干扰因素很多，其中 Sobel 算法相对好一些，但鲁棒性均不高。Canny 算法相比于上述其他三种算法效果较好，其采用高斯滤波有效降低了噪声的干扰，且在识别裂缝损伤时显示了较好的性能。然而 Canny 算法仍然无法区分材质上的噪声干扰因素，且无法判定"酥碱"这一类别，即对于损伤的分类，仍达不到合理的检测要求。

　　对比图 4-3-10 和图 4-3-11，基于深度学习方法的损伤检测相比于单纯的图像处理显示了巨大的优越性。在卷积神经网络的训练中，分类器会自动地学习图像特征，极大地提高了效率。并且，若没有精细参数化的方法，使用图像处理技术找到的也许并非某一类别的损伤,甚至仅仅是噪声干扰。相比之下,深度学习方法是从大量图像中学习其不变的特征,若某样本分类错误,仅需将该样本加入到训练集继续进行网络训练,从而使分类器的性能越来越强,这些属性使得此方法具有很高的准确性和鲁棒性。

4.3.3 基于 Faster R-CNN 的古建筑砌体评定方法概述

1. R-CNN 和 Fast R-CNN

由前文可知,单独的卷积神经网络只能解决分类问题。对于目标的定位和提取,仍需要借助一些如滑动窗口算法的额外手段完成工作。例如本节的损伤识别,若使用滑动窗口算法需要对每一块砖块进行扫描,对于不同的组砌方式,不同的单位像素尺寸,以及不规则的区域位置,还需实施不同的扫描策略,设计不同的算法,对于特别大尺寸的结构表层图像来说还需以人工的方式对样本进行预处理,这些问题都不可避免地限制了深度学习方法的效率和实用性。因此,本章进行初步的研究和实验,应用基于候选区域目标的深度学习算法来尝试解决上述问题。

所谓的候选区域目标,就是在对损伤进行识别时,根据目标类别在整体图像中的局部特征体现,直接提前找出该类别目标可能出现的区域,即"候选区域"。对这些区域实施进一步的处理并输入卷积神经网络,成功识别后对目标范围框实施回归算法,更加精确地完成定位任务。

目标检测的第一个算法是 2014 年由 Girshick 等[43]提出的 R-CNN(region-convolutional neural network,区域卷积神经网络)算法。该算法首次将目标区域的定位任务集成于深度学习当中,是深度学习检测领域的开山经典之作,目前几乎所有的目标检测算法都继承和发展了 R-CNN 的思想。R-CNN 算法分为 3 个步骤:第一步使用选择性搜索(selective search)算法[44]获得候选区域;第二步与卷积神经网络的分类任务相同,即将候选区域输入训练好的卷积神经网络模型计算类别评分的向量,并利用 SVM 进行分类;第三步使用回归算法对目标边框进行进一步的修正(平移、缩放),从而精确地完成目标类别的定位任务。

这里说明一下第一步。选择性搜索算法在前期使用 Felzenszwalb 和 Huttenlocher[45]提出的图像分割算法将原始输入图像进行区域分割,即以像素作为区域的"顶点",根据相邻像素之间关系确定区域的"边",应用一定的边缘判别方式(阈值函数)从而初步将整个图像分割成大量较小的区域。初步获得分割区域后基于颜色、纹理、尺寸等特征计算相邻区域之间的相似度,将两两最大相似度的区域合并成一个新的区域并再次计算相邻相似度,如此循环,直至将整张图像合并成一个区域,在这个过程中,所有曾经出现过的区域即为候选区域。

需要注意的一点是,在分类后为了消除多余的目标选框,R-CNN 算法采取非极大值抑制的方法,其使用了检测评价函数(intersection-over-union,IOU),它表示了两个目标选框的交集占并集的比例,如图 4-3-12 所示。

则 IOU 表示如下:

$$\text{IOU} = \frac{S2}{S1+S2+S3} \qquad (4\text{-}3\text{-}1)$$

例如,对故宫城墙样本的某一部分图像进行表层损伤检测任务,假设经过卷积神经网络评分后具有 5 个相互重叠的目标选框 A、B、C、D、E,如图 4-3-13 所示。

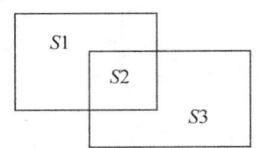
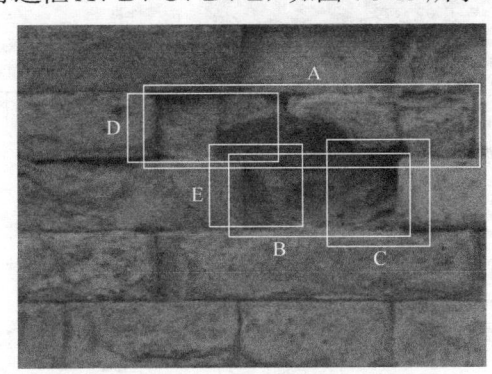

图 4-3-12　两个具有重叠部分的目标选框　　图 4-3-13　多余目标选框消除示例

若 5 个目标选框的损伤类别评分由大至小的顺序排列为 A>B>C>D>E。从类别评分最大的 A 选框开始,评分小于 A 的选框中,D 与 A 的 IOU 值超过了设定的阈值,因此将 D 删除。继续使用这个方法分析类别评分第二大的 B 选框,评分小于 B 的选框中,C 与 B、E 与 B 的 IOU 值超过了设定的阈值,因此将 C 和 E 删除。继续分析,此时已无其他目标选框,因此,A 和 B 即为目标结果。

然而 R-CNN,包括之后针对 R-CNN 只能输入特定尺寸图像问题而改进的 SPP-Net[46],都具有三个缺陷。第一,训练效率较低:R-CNN 的三个步骤(获取候选区域、分类、回归)属于三个阶段,即训练时必须首先运用选择性搜索算法得到候选目标,然后输入卷积神经网络进行训练,最后完成回归任务。这三个阶段必须先后进行,耗费大量的训练时间。第二,训练数据占用空间过大:由于分类任务和回归任务先后独立进行,因此需要两个卷积神经网络进行训练,图像特征占用的存储空间增加了一倍。第三,测试(检测)效率较低,原因与第一个缺陷相同,同样需要三个步骤先后分开执行。

针对上述问题,Girshick[47]提出了 Fast R-CNN 算法,即较快版本的 R-CNN。Fast R-CNN 在很大程度上克服了 R-CNN 和 SPP-Net 的三个缺陷。首先,它在最后一个卷积层的后面加入了一个叫作感兴趣区域(region of interest,ROI)汇聚层。ROI 实际上就是 R-CNN 第一步使用选择性搜索算法得到的候选目标坐标在卷积后特征图上的映射,即与 R-CNN 将候选区域输入卷积神经网络不同,Fast R-CNN

将整张图像以及候选区域的坐标作为输入，经过最后的卷积之后将候选区域映射在特征图上再进行提取，从而节约了大量的训练和测试时间。同时，Fast R-CNN将 R-CNN 中的 SVM 用 Softmax 进行替代，并将分类任务和回归任务融合在一起，使用承担两个任务的损失函数从而共享一套卷积神经网络进行训练，大大节约了图像特征存储空间，其算法架构如图 4-3-14 所示。

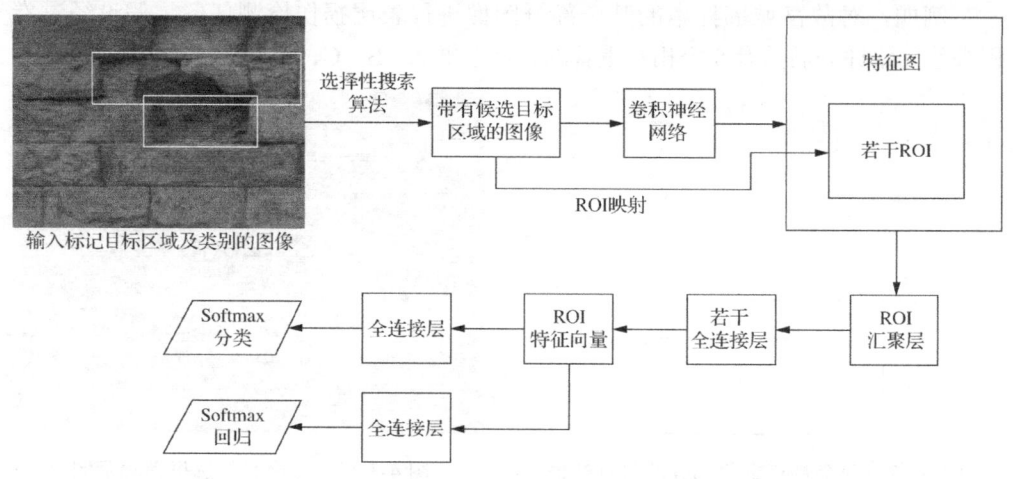

图 4-3-14 Fast R-CNN 算法架构

Fast R-CNN 很大程度上解决了 R-CNN 和 SPP-Net 中存在的问题。然而，Fast R-CNN 中的候选目标的提取，即选择性搜索算法与卷积神经网络的训练和测试仍然是分开进行的,而实施选择性算法所使用的时间占用了训练过程的绝大部分（通常候选特征的提取时间是分类回归所用时间的好几倍[47]），将这一步骤加入到卷积神经网络中实现直接点对点的训练和测试是解决此问题的关键，下一部分的 Faster R-CNN[48]，即更快版本的 R-CNN，成功实现了这一目的。

2. Faster R-CNN

Faster R-CNN 是 2015 年由任少卿在微软亚洲研究院实习期间与何凯明、Girshick 和孙剑共同开发的目标检测算法[48]，它成功地在 Fast R-CNN 的基础上，将候选区域的获取集成在了卷积神经网络中，实现了点对点的训练与测试功能，效率成倍提高，几乎达到了实时检测的水准。直到现在，综合考虑其速度和准确性，Faster R-CNN 仍是目标检测领域应用最广泛、最被认可的算法。

Faster R-CNN 的技术核心是一个称为"候选区域网络"（region proposal network，RPN）的结构，该结构属于卷积神经网络的一部分，承担着提取候选区域的任务，取代了 R-CNN 和 Fast R-CNN 中的选择性搜索算法。不同于 R-CNN 和 Fast R-CNN，Faster R-CNN 并不是先提取候选区域再输入卷积神经网络，而是直接将整张图像输入到卷积神经网络中，经过一系列的卷积和汇聚操作得到该图像的特征图。之后才加入 RPN，即通过对特征图的操作处理来获取 ROI。

RPN 中提出了一个称为"锚"的概念。所谓的锚，是若干在原图上具有特定尺寸和宽高比的矩形区域框，在 RPN 中，锚的种类数量 k 以及各个种类的尺寸和宽高比是可以改变的超参数。在文献[47]中，作者将锚只定义了三个宽高比：1∶1、2∶1 和 1∶2，其中每个比例具有三个不同的像素尺寸，这样锚的种类 k 即为 9。对于特征图上的每一个点，必然会在原图上具有映射，假定以该点的映射为中心，构造上述 9 种类型的矩形框，那么这 9 个矩形框即为该点的锚。例如图 4-3-15，若特征图的尺寸为 6×6，那么输入图像中锚的个数即为 6×6×9=324 个。

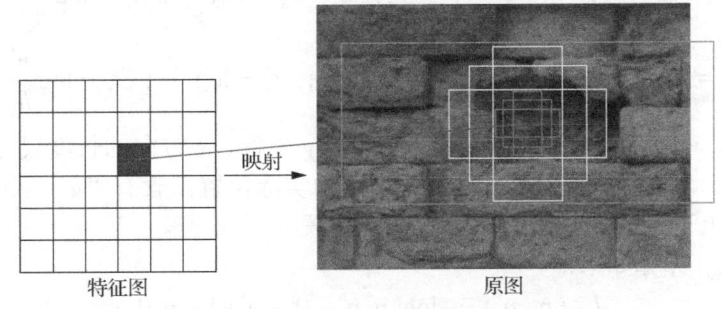

图 4-3-15　特征图中某一点对应原图的 9 个锚

根据不同的检测任务以及目标的尺寸，需合理地选择锚的尺寸和比例，一般来说，1∶1、2∶1 和 1∶2 这三个比例几乎能够满足任何目标检测的要求，根据目标在原图中的可能大小，选择合适的锚的尺寸即可，即使某些目标的比例和尺寸不在锚的范围内，RPN 中的边框回归也能够轻松地解决问题。

需要说明的是，并不是所有的锚均参与 RPN 的训练。RPN 的目标是获取候选区域，而在训练中很多锚与实际的目标并没有交集，因此为了提高训练效率，需对锚进行进一步的筛选。RPN 中将所有目标类别合并为一类；背景算作另外一类。对于所有的没有超出图像边界的锚，计算其每一个与训练样本中标记的目标选框的 IOU，若 IOU>0.7，则判定为"目标"；若 IOU<0.3，则判定为"背景"，其余的锚全部舍弃。

经过筛选的锚便可以进行训练，将锚在特征图上的对应点进行卷积运算。具体方式为使用一个 3×3 的卷积核，其中心为锚的对应点，这样，卷积核每停留在一个位置便会输出一个神经元个数为特征图深度方向尺寸的特征向量。例如，当卷积神经网络使用 ZF-Net 时，特征向量的尺寸即为 256×1。同一点的每个参加训练的锚的特征向量相同，对于分类损失，该向量与一个 2×1 的向量全连接，其分量表示"目标"和"背景"；对于回归损失，该向量同时与一个 4×1 的向量全连接，其分量表示"x 方向平移""y 方向平移""x 方向缩放"和"y 方向缩放"。

因此，RPN 的损失函数如下：

$$L = \frac{1}{N_{cls}} \sum_i L_{cls}(p_i, p_i^*) + \lambda \frac{1}{N_{reg}} \sum_i p_i L_{reg}(t_i, t_i^*) \qquad (4\text{-}3\text{-}2)$$

该损失函数包含两部分：cls 表示分类，reg 表示回归。N_{cls} 为参加训练的锚的总数，N_{reg} 为锚的位置信息总数，L_{cls} 为目标类别的对数损失，L_{reg} 为回归损失。λ 为平衡系数，是一个超参数，目的是令分类损失和回归损失所占的比重大致相等。p_i 为第 i 个锚为"目标"的概率（Softmax 计算），p_i^* 为该锚经 IOU 判定后的实际类别："目标"的 p_i^* 值为 1；"背景"的 p_i^* 值为 0。t_i 和 t_i^* 各分为 4 部分（两个方向的平移和缩放），计算如下：

$$t_x = (x - x_a)/w_a; \quad t_y = (y - y_a)/h_a; \quad t_w = \log\frac{w}{w_a}; \quad t_h = \log\frac{h}{h_a} \qquad (4\text{-}3\text{-}3)$$

$$t_x^* = (x^* - x_a)/w_a; \quad t_y^* = (y^* - y_a)/h_a; \quad t_w^* = \log\frac{w^*}{w_a}; \quad t_h^* = \log\frac{h^*}{h_a} \qquad (4\text{-}3\text{-}4)$$

式中，x、y、w、h 分别表示中心的 x 坐标、y 坐标、x 方向的长度尺寸和 y 方向的长度尺寸。含有"*"上标的为最近目标的实际位置；含有"a"下标的为锚的位置；不含上下标的为预测位置（即训练位置）。

L_{cls} 和 L_{reg} 计算如下：

$$L_{cls}(p_i, p_i^*) = -\log[p_i^* p_i + (1 - p_i^*)(1 - p_i)] \qquad (4\text{-}3\text{-}5)$$

$$L_{reg}(t_i, t_i^*) = \begin{cases} 0.5(t_i - t_i^*)^2, & |x| < 1 \\ |x| - 0.5, & |x| \geqslant 1 \end{cases} \qquad (4\text{-}3\text{-}6)$$

RPN 训练完成后便获得了 ROI，接下来的步骤和 Fast R-CNN 完全相同，即 Faster R-CNN 相当于 RPN 与 Fast R-CNN 的组合。其算法架构如图 4-3-16 所示。

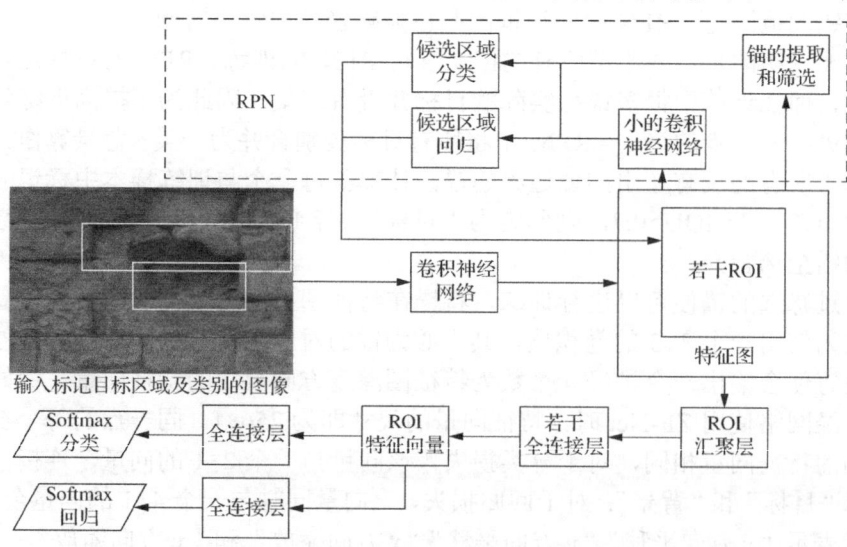

图 4-3-16 Faster R-CNN 算法架构

3. 基于 Faster R-CNN 的损伤检测实验

这一部分基于 Faster R-CNN 算法，应用 4.3.2 节建立的数据集，使用其配置好的训练工具和环境，对北京故宫城墙采用全新的深度学习方法进行损伤检测实验。

训练及测试环境仍然使用搭建好的 Caffe 框架，只是由于将识别和定位任务结合在一起，需要在测试时直接对结果进行可视化处理，因此为了方便，实验使用 Caffe 的 MATLAB 接口。Faster R-CNN MATLAB 版本的源代码在 Github 上取得[49]，并在工作站上进行调整和编译。

首先，将数据集制作成 PASCAL VOC 格式[50,51]便于网络的训练，将 260 个样本统一命名为连续的数字，并使用 Github 上的 labelImg 工具[52]对样本进行损伤标注，生成.xml 格式文件。最后随机从这 260 个样本中提取 30 个作为验证样本，30 个作为测试样本，其余 200 个作为训练样本，将训练集、验证集、测试集各自样本的文件名保存于各自的文本文件中。至此，数据集的准备全部完成。将 Faster R-CNN 按照工作站的软硬件条件进行调节和编译，并配置所有的文件路径和超参数。由于训练样本较少，故 Faster R-CNN 中的卷积神经网络模型选用 ZF-Net[53]，其相比于 AlexNet 层数没有变化，只是基于 AlexNet 进行了一些微调。由于本实验并不区分损伤的类别，因此可以认为只是一个"目标"与"背景"的二分类问题，从而需修改源代码中有关结构层的输出神经元个数。求解器文件中基础学习率设置为 0.001，学习率衰减系数设置为 0.1，衰减步长设置为 30000，动量系数设置为 0.9，正则化系数设置为 0.0005，最大迭代次数为 40000。

所有准备工作就绪后，开始训练。训练耗时 7 小时 34 分钟，成功获得用于损伤检测的 Faster R-CNN 模型，测试集的精确率与召回率关系曲线如图 4-3-17 所示。

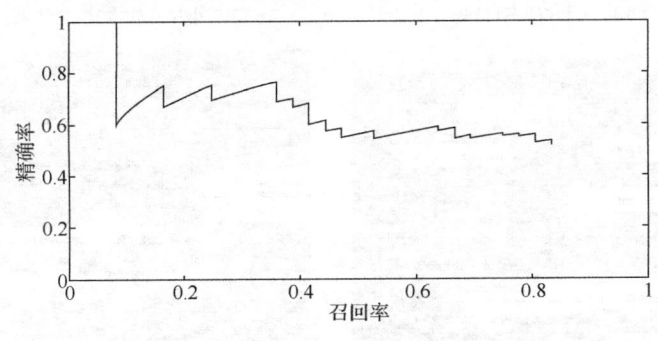

图 4-3-17　测试集精确率-召回率曲线

通过自动调节网络中的阈值，获得一组不同的精确率和召回率的值。对于包括深度学习在内的机器学习训练，二者的值越接近于 1 越好。然而实际情况下，精确率和召回率往往此消彼长，即精确率提高，则召回率降低，反之亦然。在召回率较高的情况下（80%左右），精确率仅在 58%左右。对于本节特定的损伤检测任务，由于要尽可能地"找全"，即使有时检测到的可能并不是损伤，也好于真正的损伤没有被检测到。因此，对于本节来说，"召回率"更加重要一些。

导致精确率不是很高的最主要原因就是训练样本太少，一般来说，PASCAL VOC 和 ImageNet 等数据集的样本数都是以万为单位的，尽管这些数据集的分类数目也很多，但是扩充样本是提高本实验识别效果的最大可能的方式，在未来的研究中，将会继续完成这一工作。

提取训练好的 Faster R-CNN 模型，判定阈值设为 0.7，并从原始城墙图像样本中另截取 6 个不同于实验使用过的数据集区域的图像样本。其中 3 个样本和实验数据样本所用的尺寸相同，为 760×700 像素；另外 3 个样本尺寸比实验数据样本大，为 1250×1250 像素。每张图像的检测时间均在 0.05s 左右，检测结果如图 4-3-18 所示。

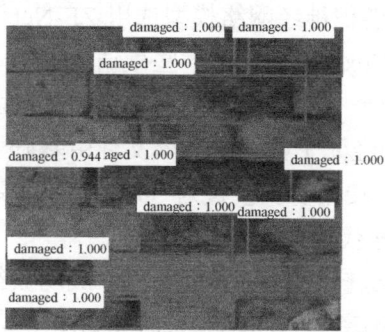

（a）小尺寸样本1检测结果

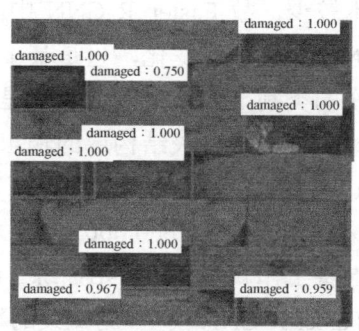

（b）小尺寸样本2检测结果

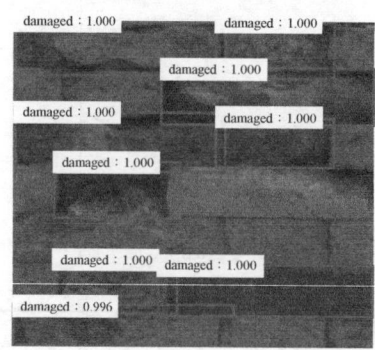

（c）小尺寸样本3检测结果

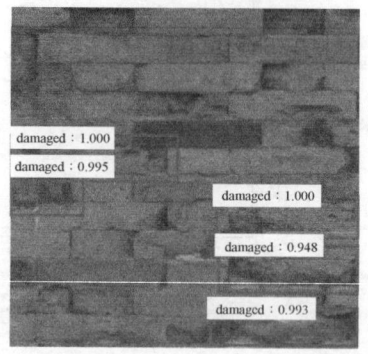

（d）大尺寸样本1检测结果

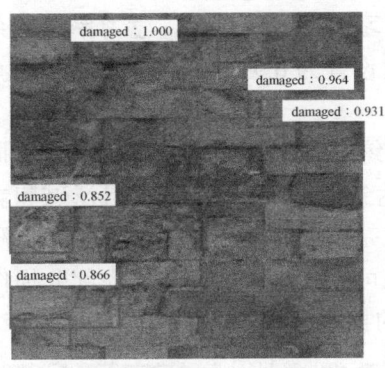 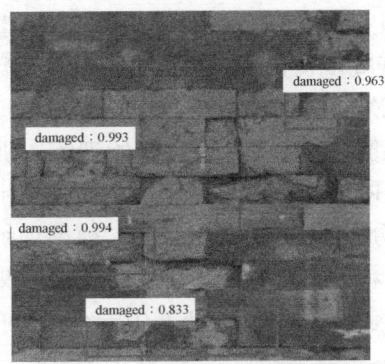

（e）大尺寸样本2检测结果　　　　　（f）大尺寸样本3检测结果

图 4-3-18　样本检测结果

4.3.4　基于智能手机的古建筑砌体评定方法概述

随着深度学习技术的发展，目前涌现出许多基于智能手机的深度学习探测模型，使基于智能手机进行目标移动检测成为可能。本节基于 4.3.3 节建立的砖砌体数据集，基于先进的 ResNet 101 框架的 Faster R-CNN 网络模型，从而训练出高精度的古建筑砌体结构损伤分类器，可以成功识别砖砌体剥落和泛碱损伤，并借助谷歌发布的 TensorFlow 目标检测 API（application program interface，应用程序接口），将训练后的高精度模型成功移植到手机移动端，实现古建筑砌体结构实时损伤检测。

本节选择 ResNet 101 模型进行训练。ResNet 101 的框架结构如图 4-3-19 所示。

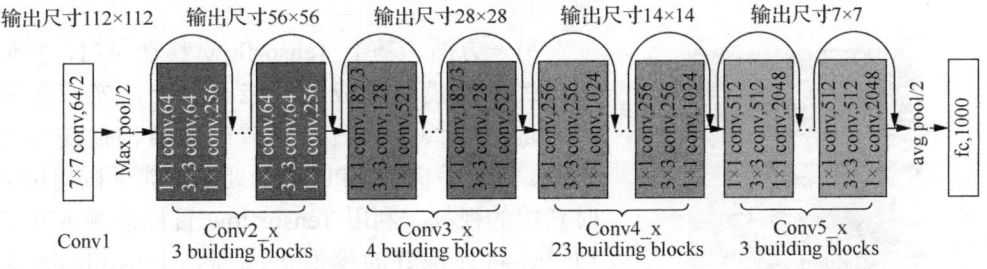

图 4-3-19　ResNet 101 的框架结构

如图 4-3-19 所示，ResNet 101 网络分为 5 个部分，分别为：Conv1，Conv2_x，Conv3_x，Conv4_x，Conv5_x。Conv1 是卷积层；Conv2_x 包括 3 个构建块（building blocks），每个构建块具有 3 个卷积层；Conv3_x 包含 4 个构建块；Conv4_x 包括 23 个构建块；Conv5_x 包含 3 个构建块；最后一层为用于分类的全连接层（fully connected，FC）。

模型进行训练时求解器文件中基础学习率设置为 0.001,学习率衰减系数设置为 0.1,衰减步长设置为 30000,动量系数设置为 0.9,正则化系数设置为 0.0005,最大迭代次数为 10000。

所有准备工作就绪后,开始训练。训练耗时 50min,成功获得用于损伤检测的 Faster R-CNN 模型,模型的 mAP 值达到最高(0.950),并且泛碱和剥落损伤的 AP 值分别为 0.999 和 0.900。模型训练完成后,我们对模型性能进行测试,损伤检测结果如图 4-3-20 所示。从检测结果可以看出,砖砌体中大部分损伤已被成功检测,除了图 4-3-20(b)中一个剥落的损伤未被检测到。

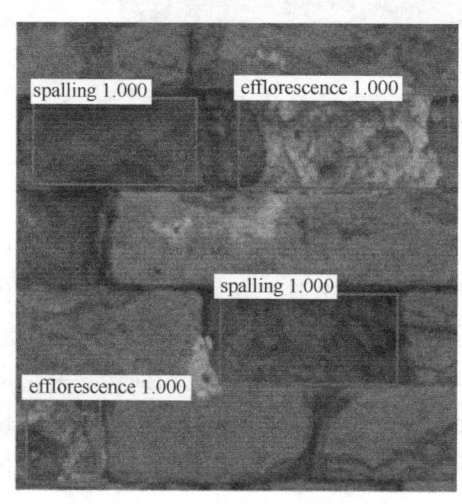 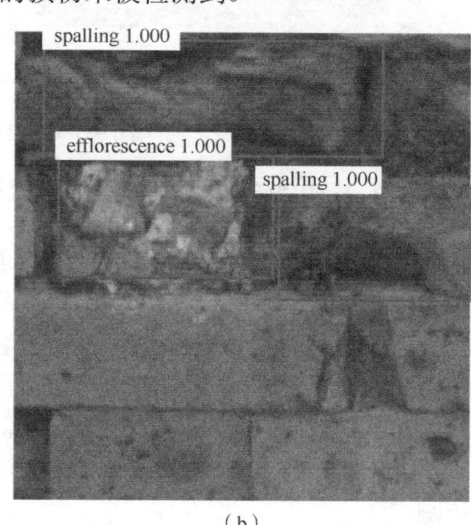

(a)　　　　　　　　　　　　　　　(b)

图 4-3-20　砖砌体损伤检测结果

图 4-3-21　故宫城墙现场检测图像

另一方面,基于 Tensorflow 移动 API,我们将训练好的模型集成到智能手机上,实现了基于智能手机终端的古建筑砖砌体结构损伤实时检测。智能手机的 CPU 用于处理智能手机相机实时获得的视频。利用 Tensorflow 目标检测 API 接口[54],将训练好的模型集成到基于 Android 系统的移动终端上。最后,通过故宫城墙检测验证了智能移动终端的检测性能。现场检测的图像如图 4-3-21 所示。

图 4-3-22 为智能手机对故宫城墙损伤现场检测结果。从图 4-3-22 可以看出,基于深度学习技术的移动终端检测模型可以识别和定位砌体结构的

泛碱和剥落损伤。在图 4-3-22（a）和（b）中有两个泛碱的砖块，并且这两个损伤的砖块都被成功地识别和定位出来了。此外，图 4-3-22（c）和（d）中的一个剥落砖块也被成功地检测到了。结果表明，基于智能手机的深度学习损伤检测方法不仅具有较高的识别准确率，而且具有较高的召回率。因此，基于深度学习技术的移动终端目标检测方法是故宫城墙砖砌体结构损伤检测的有效方法。并且基于智能手机的古建筑砌体结构损伤检测模型，可以满足古建筑砌体结构维修检测的实际需要，为古建筑早期损伤预警提供必要的依据。

（a）手机检测截屏Ⅰ　　（b）现场检测Ⅰ　　（c）手机检测截屏Ⅱ　　（d）现场检测Ⅱ

图 4-3-22　故宫城墙检测结果

4.4　基于机器视觉的路面损伤识别技术

4.4.1　基于机器视觉的路面损伤识别方法概述

现如今，公路（图 4-4-1）已经不仅仅是一种现代化的运输通道，也是促进区域经济协同发展的纽带，是国家综合实力的象征。作为城镇基础设施最重要的环节，道路的通畅、安全、耐久直接影响民众的出行。其中，沥青路面以其施工工期短、养护维修成本低、行车舒适、可再生利用等优点成为国内外公路的主要形式，得到了广泛的应用。

图 4-4-1　典型公路表现形式

然而，随着路面使用时间的增加，由于长期车辆荷载作用、外部环境侵蚀和自身材料老化等各种原因，不论是水泥路面还是沥青路面，其表面会不可避免地陆续出现各种损坏、变形和其他缺陷。严重的路面损伤往往由轻微的损伤逐渐发展而成，如果有关部门忽略这一问题，待路面完全破坏，导致其过早退出服役期，不仅会造成交通拥堵，也会带来极其严重的安全隐患。

大量经验事实表明，行之有效的道路管养体系是非常有必要的。为此，众多国内外学者和工程师也开展了关于路面损伤检测等内容的研究，并提出了多种检测方法。例如，Haghighattalab 等[55]提出了采用高分辨率卫星图像评估道路损伤的方法。近年来，类似的通过高分辨率图像识别灾后道路损伤的研究也不断完善，代表性的文献有 Wang 等[56]、Zhang 等[57]、Wang 等[58]。对于道路表面裂缝的检测，也有学者提出了多种方法，比如 Benedetto 等[59]使用了雷达技术检测了路面损伤；Yamada 等[60]介绍了一种使用配备了 2D 激光扫描仪的移动机器人的道路裂缝检测方法；Zalama 等[61]提出了一种基于仪表的车辆检测方案，通过车载的网络摄像头以及 Gabor 滤波器的方法检测横向裂缝和纵向裂缝。相对于雷达检测和激光扫描，直接基于图像的处理方案可以更加直观，Kil 等[62]在文章中陈述了一种两步算法的道路损伤检测方法，并且获得了不错的精度。随着技术的进步和发展，基于图像的裂缝识别已经变得更加高效而且快捷，Sun 等[63]、Chu 等[64]以及 Huang 等[65]的研究都印证了这一点。

上述检测方法和设备促进了此领域的发展并且取得了比较不错的效果，但是大多数技术在便携性和实用性方面受到了一定限制，这是因为它们往往需要配备专业的检测人员，这样不利于人员的优化配置，而且有些设备往往造价高昂，并不能做到经济和大规模投产，因此如图 4-4-2 所示的传统人工记录巡检仍然是当前主要的检测方式。一些直观性更强的基于机器视觉的损伤检测方法，虽然在早期的研究中大多数使用了人工神经网络（artificial neural network, ANN）或支持向量机（support vector machine, SVM）等算法，也能够达到比较高的精度，但是效率不高，检测速度较慢。

随着深度学习技术的迅速发展，诸如翻译、医疗、金融、物流等多个领域已经因为人工智能逐渐发生显著改变，将其应用到路面损伤的检测中，必将会有很大的实际效益。基于深度学习的目标检测是人工智能的一个重要应用，该技术目前在一定程度上也被应用到了桥梁及建筑物的损伤识别中。在道路交通领域中，车辆车牌识别、行人识别、交通拥堵状况识别也大量应用了深度学习技术。近年来，基于深度学习技术的路面损伤识别研究也开始逐渐展开。Zhang 等[66]采集了500 张路面裂缝图片，随后使用了深度卷积神经网络（deep convolutional neural network, DCNN）进行训练，相比于 SVM 和 Boosting 等传统机器学习算法，精度有较为明显的提升，可以达到 86.9%，表明了 DCNN 可以很好地应用到路面损伤的检测中。Eisenbach 等[67]使用 STIER 系统采集了 1969 张包含各类损伤的图片（包括裂缝、坑洞、补丁等，如图 4-4-3 所示），该数据被免费向大众公开，并取得了良好的训练效果（平均精度可达 90%以上）。Ma 等[68]使用了大约 700000 张谷歌街景图片，路面状况被分为三类（差、中等、良好），使用深度学习算法后精度可达 59.2%。Zhang 等[69]提出了一种用于自动检测路面裂缝的深度卷积神经网络 CrackNet，与传统的 CNN 不同，CrackNet 中没有用来缩小维度的池化层，使用 1800 张路面图片用于训练，展现了很好的裂缝检测性能，精度可达 90.13%。Gopalakrishnan 等[70]使用了一个带迁移学习的预训练 DCNN 模型用于路面裂缝检测，数据集共包含 1056 张图片，共被分为两类（裂缝和没有裂缝），经测试后精度可达 90%。Maeda 等[71]在日本的七个城市采集了 9053 张路面损伤图片，损伤被分为多个类别，包括纵向裂纹、横向裂纹、坑洞和斑马线模糊等，经过 SSD（single shot multibox detector）神经网络训练后检测效果较好，平均精度可以达到 75%。Zhang 等[72]对分辨率为 2000×4000 的 800 张图片使用深度卷积神经网络进行训练，用来识别裂缝与隐藏裂缝等，分类效果比较理想，精度可以达到 84.7%。Li 等[73]将路面裂纹划分为 4 类（分别为纵向裂缝、横向裂纹、网状裂纹、块状裂纹），采用了 4 种不同的卷积神经网络算法进行分类训练，分类的精度可以达到 90%以上。

图 4-4-2　传统人工检测方式

图 4-4-3　STIER 系统和数据集

从上述的研究中，我们可以看到深度学习技术为路面损伤检测带来了全新的思路和解决方案，而且在一定程度上取得了比较满意的结果。但是当前大多数的数据集仍然只涵盖路面裂缝，对其他容易引起路面安全隐患的损伤类型并没有加以足够的重视。而且采集图片的角度和距离也比较单一，大多都为与路面垂直方向进行照片采集，对于日常的图片收集和检测工作并不实用，而一些专业设备的加入也加大了大规模投入使用的难度。

4.4.2　基于 MobileNet 的路面损伤评定方法

1. 数据集

如前所述，使用基于深度学习的目标检测技术进行路面损伤识别是可靠的途径。关于路面的损伤数据集，学者也在不断完善，而且也提出了不同的图片采集方式。不过，大多数的数据集里只包含了路面裂缝，而且外部环境也比较单一，这就导致了实际测试时会遇到困难与阻碍。举例说明，作为同样重要的路面基础市政设施，城市井盖由于自身的施工原因、材料原因、长期的车辆荷载作用等原因导致其周边路面出现开裂和破损现象，进而降低道路的使用功能和承载能力。而且，对于此类损伤类型的忽略也会增加重大事故和经济损失发生的风险。然而，类似的损伤类别并没有在任何一项已有的研究中提及过。在本章中，作者持 iPhone 7 Plus 在采集了 5966 张包含各类路面损伤的图片，这个数据集中包括了不同的天气和光线条件，而且为了进一步提升损伤识别的精确度和稳定性，对一些路面破损从不同距离和不同的角度采集了不同的图片。数据集中更加关注能够真正降低路面功能的损伤类别，如图 4-4-4 所示，分别为横向裂纹（DMG1）、纵向裂纹（DMG2）、坑洞和剥离（DMG3）、网状裂纹（DMG4）、周围无裂纹的井盖（DMG5）、周围有裂纹的井盖（DMG6）。其中，需要指出的是，DMG5 并不是真正的损伤，设置此类的"damage"主要是为了与 DMG6 作区分。因为如果只设定一个类别，在实际的检测中，有可能会将两者混淆。因为只是用来做区分，所以包含 DMG5 的图片数量也相对较少，只有 320 张，约占数据集总量的 5%。在训练之前，对不同损伤类别的图片进行标注。

图 4-4-4 路面损伤数据集

2. SSD MobileNet 算法

一般来说，一张 RGB 彩色图像可以由一个 $m \times n \times 3$ 的 3D 矩阵表示，m 和 n 分别表示图片的长和宽。如果使用传统的全连接神经网络处理这类图片，则会出现参数过多的问题，而且有可能会由于参数的增多而导致过拟合的现象，进而降低目标检测的精度。神经网络由神经元组成，且通常包含输入层、隐层和输出层，相邻两层之间的神经元互相连接，同一层内部的神经元之间没有连接。每个节点的输入值与权重相乘后传递到隐层，经过激活函数处理后输出，直至最终由输出层得到结果。卷积神经网络在这种全连接神经网络的基础上做出了改进，大大减少了参数的规模，降低了模型的训练复杂度，同时卷积操作也保留了图像的空间信息，具有平移不变性和一定的旋转、尺度不变性。卷积神经网络目前已经广泛地应用到了语音识别、图像识别等问题中。而且随着深度学习技术的进步，不断有新的卷积神经网络模型出现，比如 LeNet、AlexNet、GoogLeNet、VGG 等。

SSD 模型以 LeCun 提出的 VGG16 为基础[74]，在此基础上 SSD 网络增加了新的卷积层以获得更多的特征表达，SSD 采取了其中的前五层，然后将第六层和第七层的全连接网络转换为两个卷积层，然后额外增加了三个卷积层和一个池化层。如图 4-4-5 所示，在训练过程中，首先要做的是将图像大小调整为 300×300，随后在新的卷积层中生成了不同尺寸的特征图，并设计了具有不同纵横比的默认框，不同卷积层生成的特征图用来与默认框进行比对并预测各类别的置信得分，最后通过非极大值抑制来得到检测结果。新增加的卷积层特征图大小差别很大，允许在不同尺度上检测对象：较低层次的特征图感受野较小，较高层次的感受野较大。SSD 删除了全连接层，每层的输出只会感觉到目标周围的信息。

随着卷积神经网络的不断发展，更深和更复杂的网络不断被研究出来用以获得图像目标检测更高的精度，但是这种做法的网络结构在模型大小和检测运行速度上并没有优势。比如本书所要应用的智能手机的设备硬件资源和计算性能有限，就需要一种轻量级、低延迟的网络模型。因此在本节中，使用了 SSD MobileNet 网络模型。MobileNet 最核心的部分就是使用了一种称之为 deep-wise 的卷积方式来替代原有的传统 3D 卷积，减少了卷积核的冗余表达[75]。在计算量和参数数量明显下降之后，卷积网络可以应用在更多的移动端平台。传统的 3D 卷积如图 4-4-6（a）所示，M 为输入的通道数，D_K 为卷积核的宽和高，D_F 为输入的宽和高，则这一个卷积层的计算量即为 $D_K \times D_K \times N \times M \times D_F \times D_F$。如图 4-4-6（b）和图 4-4-6（c）所示，一组和输入通道数相同的 2D 卷积核的运算量为 $D_K \times D_K \times M \times D_F \times D_F$，3D 的 1×1 卷积核的计算量为 $N \times M \times D_F \times D_F$，因此采用这种组合方式的一个卷积层的计算量为 $D_K \times D_K \times M \times D_F \times D_F + N \times M \times D_F \times D_F$。举一个更为具体的例子，在 VGG16 中，输入一个 224×224×3 的 RGB 图像，第二个卷积层所输入的特征图尺寸为

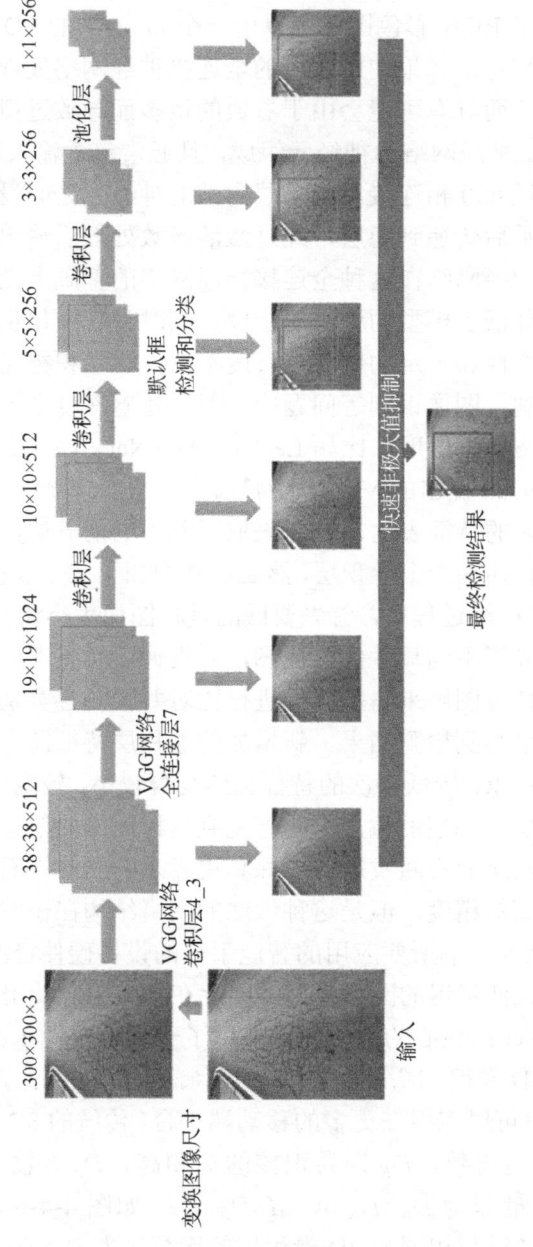

图 4-4-5 SSD 网络结构

112×112×64，卷积核尺寸为 3，卷积核个数为 128 个，采用传统卷积的运算量为 3×3×128×64×112×112=924844032。而 MobileNet 所采用的卷积方式的计算量为 3×3×64×112×112+128×64×112×112=109985792。可见，在这一层的卷积操作中，运算量明显降低。随后更新的新二代 MobileNet 网络，即 V2 做出了两点改进[76]：去掉了小维度输出层后面的非线性激活层，从而保证模型的表达能力，该结构和传统残差网络中先缩减维度再扩张正好相反，先扩张特征图通道数再将其压缩。

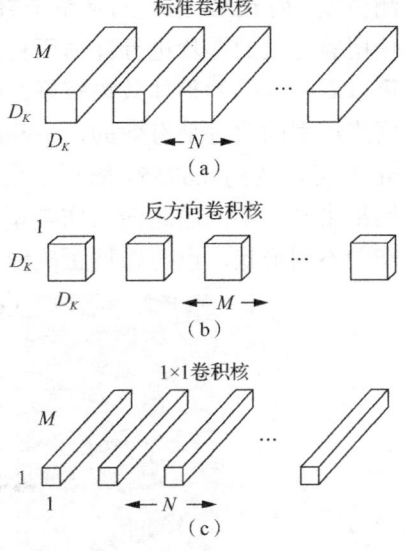

图 4-4-6　MobileNet 卷积原理

3. 基于 MobileNet 的路面损伤检测模型

本章节的数据集共包含了 5966 张图片。在该数据集中，由于某些图片内部包含了不止一种损伤类型，所以在实际统计时，如同表 4-4-1 所示，每一个类别的损伤标签的数量要稍微大于图片的数量，而数据集中总的损伤标签的数量为 6266 个。采用卷积神经网络 MobileNet 模型训练时，80%数量的图片用作训练集，余下的 20%用作验证集。训练在一个运行了 Ubuntu 16.04 操作系统的 Ubuntu 工作站上进行，使用了 Tensorflow 平台。Batch size 设置为 1，学习率为 0.003。在训练时，模型的精度会随着迭代次数的增加而增高，然而过高的迭代次数也会导致过拟合的问题。考虑到本节数据集的图片数量过多，设置迭代次数时，定为 200000 次。

表 4-4-1　训练结果

	DMG1	DMG2	DMG3	DMG4	DMG5	DMG6
NI	1421	1283	1240	946	320	888
NDB	1446	1316	1273	966	359	906
APV1	0.9363	0.7976	0.7986	0.8896	0.7938	0.9108
APV2	0.9439	0.8142	0.8398	0.9044	0.8321	0.9190
TNDB	6266					
mAPV1	0.8554					
mAPV2	0.8755					

注：NI-图片数量，NDB-损伤标记数量，TNDB-标记数量合计，APV1-MobileNet V1 精度，mAPV1-MobileNet V1 平均精度，APV2-MobileNet V2 精度，mAPV2-MobileNet V2 平均精度

AP（average precision，精度）和 mAP（mean average precision，平均精度）是评价深度学习训练模型最常见的指标，其中 AP 指代的是每一个类别的目标检

测精度，而 mAP 指代的是整个数据集的平均识别精度。这两个指标由训练完成后使用验证集的图片进行评估而得到，经过训练后得到的 AP 和 mAP 列于表 4-4-1，可以看到训练的整体效果较好，MobileNet V2 的训练效果略好于 V1，说明对原有网络模型的改进是有效的，最高的分类精度可达 0.9439，对于整个数据集而言，mAP 可以达到 0.8755。随后选用 12 张图片进行进一步的测试，从图 4-4-7 的测试结果来看，不同的路面损伤类型可以用不同的颜色方框标识出来，对于同一种损伤的不同形状，也可以被正确地检测出来。

图 4-4-7 路面损伤检测模型测试结果

在当前大多数研究所提出的数据集中,裂缝识别占据绝大多数,此外识别裂缝或其他损伤的角度也非常单一。所训练出的路面损伤检测网络模型要是想在实际使用中取得良好的效果,就需要有比较好的稳定性,因此就需要在不同的距离和角度进行验证。在本节中,对一些路面损伤从多个距离采集了图片,并将其定义为"Far""Middle"和"Close",其中"Far"比较接近于车载采集的角度,而"Middle"和"Close"比较接近于手持采集的角度,图 4-4-8 以 DMG3、DMG4 和 DMG6 为例对其进行了说明,可以看到距离的向前推进或者是角度的轻微变化,对该训练模型识别路面损伤的精度和稳定性并没有带来影响。

图 4-4-8　不同距离的路面损伤识别测试

4. 基于智能手机的路面损伤识别

自 2007 年 iPhone 问世以来,智能手机产业发展迅速。现如今,随着智能手机的 CPU、GPU、摄像头等部件的功能越来越强大,智能手机在结构健康监测领域也发挥了越来越多的作用,从而可以摆脱人力物力的约束。本节使用了价格仅为 1999 元的小米 Note 3 手机进行现场测试。首先将基于深度学习的路面损伤检测网络模型编译到手机中,然后以摄像头为采集设备,以 CPU 和 GPU 为计算单元进行识别。如图 4-4-9 所示,当使用手机摄像头对准损伤位置时,识别结果会快速地直接显示在屏幕上。

图 4-4-9 使用智能手机的测试结果

参 考 文 献

[1] Turing A M. Computing machinery and intelligence[J]. Mind, 1950, 49(236): 433-460.
[2] Mcculloch W S, Pitts W. A logical calculus of the ideas immanent in nervous activity[J]. The Bulletin of Mathematical Biophysics, 1943, 5(4):115-133.
[3] Minsky M, Papert S. Perceptrons[M]. Cambridge: MIT Press, 1969.
[4] Rumelhart D E, Hinton G E, Williams R J. Learning representations by back-propagating errors[J]. Cognitive Modeling, 1988, 5(3): 1.
[5] LeCun Y, Boser B, Denker J S, et al. Backpropagation applied to handwritten zip code recognition[J]. Neural Computation, 1989, 1(4): 541-551.
[6] Hinton G E, Salakhutdinov R R. Reducing the dimensionality of data with neural networks[J]. Science, 2006, 313(5786):504-507.
[7] Bažant Z P, Xiang Y. Crack growth and lifetime of concrete under long time loading[J]. Journal of Engineering Mechanics, 1997, 123(4): 350-358.
[8] Fujita Y, Mitani Y, Hamamoto Y. A method for crack detection on a concrete structure[C]. International Conference on Recognition, 2006.
[9] Abdel-Qader I, Abudayyeh O, Kelly M E. Analysis of edge-detection techniques for crack identification in bridges[J]. Journal of Computing in Civil Engineering, 2003, 17(4): 255-263.
[10] Nishikawa T, Yoshida J, Sugiyama T, et al. Concrete crack detection by multiple sequential image filtering[J]. Computer-Aided Civil and Infrastructure Engineering, 2012, 27(1): 29-47.
[11] Yamaguchi T, Hashimoto S. Fast crack detection method for large-size concrete surface images using percolation-based image processing[J]. Machine Vision and Applications, 2010, 21(5): 797-809.
[12] Yamaguchi T, Nakamura S, Saegusa R, et al. Image-based crack detection for real concrete surfaces[J]. IEEE Transactions on Electrical and Electronic Engineering, 2008, 3(1): 128-135.
[13] Kim J W, Kim S B, Park J C, et al. Development of crack detection system with unmanned aerial vehicles and digital image processing[C]. The 2015 World Congress on Advances in Structural Engineering and Mechanics (ASEM15), Incheon, Korea, August 25-29, 2015.
[14] Fujita Y, Hamamoto Y. A robust automatic crack detection method from noisy concrete surfaces[J]. Machine Vision and Applications, 2011, 22(2): 245-254.
[15] Ito A, Aoki Y, Hashimoto S. Accurate extraction and measurement of fine cracks from concrete block surface image[C]. IEEE 2002 28th Annual Conference of the Industrial Electronics Society, 2002, 3: 2202-2207.
[16] Sohn H G, Lim Y M, Yun K H, et al. Monitoring crack changes in concrete structures[J]. Computer-Aided Civil and Infrastructure Engineering, 2005, 20(1): 52-61.
[17] Lee B Y, Kim Y Y, Yi S T, et al. Automated image processing technique for detecting and analysing concrete surface cracks[J]. Structure and Infrastructure Engineering, 2013, 9(6): 567-577.
[18] Jia Y, Shelhamer E, Donahue J, et al. Caffe: convolutional architecture for fast feature embedding[C]. Proceedings of the 22nd ACM International Conference on Multimedia, 2014: 675-678.
[19] Krizhevsky A, Sutskever I, Hinton G E. Imagenet classification with deep convolutional neural networks[C]. Advances in Neural Information Processing Systems, 2012: 1097-1105.
[20] Cha Y J, Choi W, Buyukozturk O. Deep learning-based crack damage detection using convolutional neural network[J]. Computer-Aided Civil and Infrastructure Engineering, 2017, 32(3): 2013-2014.
[21] Abdel-Qader I, Abudayyeh O, Kelly M E. Analysis of edge-detection techniques for crack identification in bridges[J]. Journal of Computing in Civil Engineering, 2003, 17(4):255-263.

[22] Corr D, Accardi M, Graham-Brady L, et al. Digital image correlation analysis of interfacial debonding properties and fracture behavior in concrete[J]. Engineering Fracture Mechanics, 2007, 74(1): 109-121.

[23] Falsone G, Lombardo M. Stochastic representation of the mechanical properties of irregular masonry structures[J]. International Journal of Solids and Structures, 2007, 44(25): 8600-8612.

[24] Kabir S, Rivard P, He D C, et al. Damage assessment for concrete structure using image processing techniques on acoustic borehole imagery[J]. Construction & Building Materials, 2009, 23(10):3166-3174.

[25] Ghiassi B, Xavier J, Oliveira D V, et al. Application of digital image correlation in investigating the bond between FRP and masonry[J]. Composite Structures, 2013, 106: 340-349.

[26] Gencturk B, Hossain K, Kapadia A, et al. Use of digital image correlation technique in full-scale testing of prestressed concrete structures[J]. Measurement, 2014, 47: 505-515.

[27] Cavalagli N, Cluni F, Gusella V. Evaluation of a statistically equivalent periodic unit cell for a quasi-periodic masonry[J]. International Journal of Solids and Structures, 2013, 50(25): 4226-4240.

[28] Nejad F M, Motekhases F Z, Zakeri H, et al. An image processing approach to asphalt concrete feature extraction[J]. Journal of Industrial and Intelligent Information, 2015, 3(1): 54-60.

[29] Mahal M, Blanksvärd T, Täljsten B, et al. Using digital image correlation to evaluate fatigue behavior of strengthened reinforced concrete beams[J]. Engineering Structures, 2015, 105: 277-288.

[30] Hamrat M, Boulekbache B, Chemrouk M, et al. Flexural cracking behavior of normal strength, high strength and high strength fiber concrete beams, using digital image correlation technique[J]. Construction and Building Materials, 2016, 106: 678-692.

[31] Liu S W, Huang J H, Sung J C, et al. Detection of cracks using neural networks and computational mechanics[J]. Computer Methods in Applied Mechanics and Engineering, 2002, 191(25): 2831-2845.

[32] Jiang X, Adeli H. Pseudospectra, MUSIC, and dynamic wavelet neural network for damage detection of highrise buildings[J]. International Journal for Numerical Methods in Engineering, 2007, 71(5): 606-629.

[33] Sipos T K, Sigmund V, Hadzima-Nyarko M. Earthquake performance of infilled frames using neural networks and experimental database[J]. Engineering Structures, 2013, 51: 113-127.

[34] Butcher J B, Day C R, Austin J C, et al. Defect detection in reinforced concrete using random neural architectures[J]. Computer-Aided Civil and Infrastructure Engineering, 2014, 29(3): 191-207.

[35] Kabir S. Imaging-based detection of AAR induced map-crack damage in concrete structure[J]. NDT & E International, 2010, 43(6): 461-469.

[36] Moon H, Kim J. Intelligent crack detecting algorithm on the concrete crack image using neural network[C]. Proceedings of the 28th ISARC, 2011: 1461-1467.

[37] Jahanshahi M R, Masri S F, Padgett C W, et al. An innovative methodology for detection and quantification of cracks through incorporation of depth perception[J]. Machine Vision and Applications, 2013, 24(2): 227-241.

[38] O' Byrne M, Schoefs F, Ghosh B, et al. Texture analysis based damage detection of ageing infrastructural elements[J]. Computer-Aided Civil and Infrastructure Engineering, 2013, 28(3): 162-177.

[39] Plevris V, Asteris P G. Modeling of masonry failure surface under biaxial compressive stress using Neural Networks[J]. Construction and Building Materials, 2014, 55: 447-461.

[40] O' Byrne M, Ghosh B, Schoefs F, et al. Regionally enhanced multiphase segmentation technique for damaged surfaces[J]. Computer-Aided Civil and Infrastructure Engineering, 2014, 29(9): 644-658.

[41] Wu L, Mokhtari S, Nazef A, et al. Improvement of crack-detection accuracy using a novel crack defragmentation technique in image-based road assessment[J]. Journal of Computing in Civil Engineering, 2014, 30(1): 04014118.

[42] Krizhevsky A, Sutskever I, Hinton G E. ImageNet classification with deep convolutional neural networks[C]. International Conference on Neural Information Processing Systems, 2012:1097-1105.

[43] Girshick R, Donahue J, Darrell T, et al. Rich feature hierarchies for accurate object detection and semantic segmentation[C]. Proceedings of the IEEE Conference on Computer Vision and Pattern Recognition, 2014: 580-587.

[44] Uijlings J R R, van de Sande K E A, Gevers T, et al. Selective search for object recognition[J]. International Journal of Computer Vision, 2013, 104(2): 154-171.
[45] Felzenszwalb P F, Huttenlocher D P. Efficient graph-based image segmentation[J]. International Journal of Computer Vision, 2004, 59(2): 167-181.
[46] He K, Zhang X, Ren S, et al. Spatial pyramid pooling in deep convolutional networks for visual recognition[C]. European Conference on Computer Vision, 2014: 346-361.
[47] Girshick R. Fast R-CNN[C]. Proceedings of the IEEE International Conference on Computer Vision, 2015: 1440-1448.
[48] Ren S Q, He K M, Girshick R, et al. Faster R-CNN: towards real-time object detection with region proposal networks[C]. Advances in Neural Information Processing Systems, 2015: 91-99.
[49] GitHub. ShaoqingRen/faster_rcnn[CP/OL].[2019-05-18]. https://github.com/ShaoqingRen/faster_rcnn.
[50] Everingham M, van Gool L, Williams C K I, et al. The PASCAL Visual Object Classes Homepage[EB/OL].[2017-05-18]. http://host.robots.ox.ac.uk/pascal/VOC/.
[51] Everingham M, van Gool L, Williams C K I, et al. The PASCAL visual object classes (VOC) challenge[J]. International journal of computer vision, 2010, 88(2): 303-338.
[52] GitHub. tzutalin/labelImg[CP/OL].[2019-05-18]. https://github.com/tzutalin/labelImg.
[53] Zeiler M D, Fergus R. Visualizing and understanding convolutional networks[C]. European Conference on Computer Vision, 2014: 818-833.
[54] Abadi M, Agarwal A, Barham P, et al. Tensorflow: large-scale machine learning on heterogeneous distributed systems[J]. Computer Science, 2016,1603(2): 1-19.
[55] Haghighattalab A, Mohammadzadeh A, Zoej M J V, et al. Post-earthquake road damage assessment using region-based algorithms from high-resolution satellite images[C]. Image and Signal Processing for Remote Sensing XVI, International Society for Optics and Photonics, 2010.
[56] Wang Y, Wang Y, Da Y, et al. An object-oriented method for road damage detection from high resolution remote sensing images[C]. International Conference on Geoinformatics, 2011:1-5.
[57] Zhang X, Chen Y, Jia M, et al. The study of road damage detection based on high-resolution SAR image[C]. Geoscience & Remote Sensing Symposium, 2014.
[58] Wang J H, Qin Q M, Zhao J H, et al. A knowledge-based method for road damage detection using high-resolution remote sensing image[C]. Geoscience & Remote Sensing Symposium, 2015:3564-3567.
[59] Benedetto A, Benedetto F, de Blasiis M R, et al. Reliability of radar inspection for detection of pavement damage[J]. Road Materials and Pavement Design, 2004, 5(1):93-110.
[60] Yamada T, Ito T, Ohya A. Detection of road surface damage using mobile robot equipped with 2D laser scanner[C]. 2013 IEEE/SICE International Symposium on System Integration (SII), 2013:250-256.
[61] Zalama E, Gómez-García-Bermejo J, Medina R, et al. Road crack detection using visual features extracted by Gabor filters[J].Computer-Aided Civil and Infrastructure Engineering, 2014, 29(5):342-358.
[62] Kil D, Shin F. Automatic road-distress identification using a combination of hierarchical classifiers and expert systems-object processing[C]. International Conference on Image Processing, 1997:414-417.
[63] Sun Y, Salari E, Chou E. Automated pavement distress detection using advanced image processing techniques[C]. Electro/Information Technology, 2009: 373-377.
[64] Chu Y. Algorithm study on thinning and keeping connectivity of bituminous pavement crack images[C]. Information Science & Management Engineering, 2010: 550-553.
[65] Huang W, Zhang N. A novel road crack detection and identification method using digital image processing techniques[C]. International Conference on Computing and Convergence Technology, 2012: 397-400.
[66] Zhang L, Yang F, Zhang D, et al. Road crack detection using deep convolutional neural network[C]. International Conference on Image Processing (ICIP 2016), 2016: 3708-3712.

[67] Eisenbach M, Stricker R, Seichter D, et al. How to get pavement distress detection ready for deep learning? A systematic approach[C]. International Joint Conference on Neural Networks, 2017: 2039-2047.

[68] Ma K, Hoai M, Samaras D. Large-scale continual road inspection: visual infrastructure assessment in the wild[C]. In Proceedings of the British Machine Vision Conference, London, UK, 2017: 4-7.

[69] Zhang A, Wang K C P, Li B, et al. Automated pixel-level pavement crack detection on 3D asphalt surfaces using a deep-learning network[J]. Computer-Aided Civil & Infrastructure Engineering, 2017, 32(10):805-819.

[70] Gopalakrishnan K, Khaitan S K, Choudhary A, et al. Deep convolutional neural networks with transfer learning for computer vision-based data-driven pavement distress detection[J]. Construction and Building Materials, 2017, 157: 322-330.

[71] Maeda H, Sekimoto Y, Seto T, et al. Road damage detection using deep neural networks with images captured through a smartphone[J]. Computer Science, 2018, 2: 1-14.

[72] Zhang K, Cheng H D, Zhang B. Unified approach to pavement crack and sealed crack detection using preclassification based on transfer learning[J]. Journal of Computing in Civil Engineering, 2018, 32(2): 04018001.

[73] Li B, Wang K C, Zhang A, et al. Automatic classification of pavement crack using deep convolutional neural network[J]. International Journal of Pavement Engineering, 2018:1-7.

[74] Liu W, Anguelov D, Erhan D, et al. SSD: single shot multiBox detector[C]. European Conference on Computer Vision, 2016.

[75] Howard A G, Zhu M, Chen B, et al. MobileNets: efficient convolutional neural networks for mobile vision applications[J]. Computer Vision and Pattern Recognition, 2017, 17: 1-9.

[76] Sandler M, Howard A, Zhu M, et al. Inverted residuals and linear bottlenecks: mobile networks for classification, detection and segmentation[J]. Computer Vision and Pattern Recognition, 2018:1801.

第 5 章　基于智能手机的施工安全监测技术

本章主要讲述基于智能手机的施工安全监测技术。首先利用智能手机对工人行为的自动样本采集和行为识别/动作捕捉，实现远程、实时、自动的施工行为管理的目的，为有效规避由于工人危险行为造成的工程事故，降低施工风险管控的成本，为实现自动化管理提供有力的技术支持。然后利用智能手机实现对工人活跃状态的评估，基于手机传感器的监测数据提出活跃度的概念指标，量化工人的活跃状态，为施工效率评估和管理提供数据支持。最后充实基于智能手机和机器视觉的位移监测的研究内容，并设计简易装置，通过某连续剪力墙浇筑项目，完成对剪力墙模板的位移监测，验证其思路的可行性并不断改进，使之实用性和适用性更强。

5.1　基于智能手机的施工行为识别

监控工人的不安全行为可以有效地避免施工现场发生事故。为了解决传统施工管理中控制行为安全的现有缺陷，我们提出构建基于智能手机的活动识别和运动捕捉系统。基于智能手机自动获取的运动数据，运用机器学习的分类器算法，构建动作识别模型，实现对施工现场工人动作的智能识别和捕捉任务。

5.1.1　基于行为的施工安全研究概况

建筑施工过程伤亡事故频发，安全生产形势十分严峻。从世界范围来看，建筑业是最危险的行业之一，事故率远远高于其他行业的平均水平。2012 年美国建筑业死亡 775 人，远高于制造业等其他行业[1]。在英国，建筑业的从业人数仅占总从业人数的 5%，但死亡事故却占到整体的 27%。据我国国家安监总局统计，2012 年我国建筑业死亡人数高达 2437 人，已超过煤炭行业成为工矿商贸死亡人数最多的行业[2]。近年来各国政府和业界不断加大对建筑施工安全的管理和投入力度，但方法上没有突破，效果上也无明显改善。这种状况与相关的基础研究工作不扎实不充分有重要关系。因此，必须采用新思路和新技术，对建筑施工过程中伤亡事故的规律进行深入研究，为采取合理有效的措施改善建筑施工安全打好基础。

Heinrich[3]指出，物（工作环境）的不安全状态和人的不安全行为及其相互作用是导致事故的直接原因。而建筑施工过程中临时结构和设施设备多、现场条件变化大，物（工作环境）的不安全状态的产生绝大部分也是人特别是管理者的不安全行为造成的，如不安全的结构施工方案、不合理的安全管理方法或不到位的安全防护措施等。Haslam 等[4]对 100 起建筑施工事故进行分析后表明工人或班组的因素与 70%的事故有关；Suraji 等[5]在分析了英国健康和安全委员会调查的 500 起建筑施工事故后得出，88%的事故都包含不恰当的施工操作。从对建筑施工项目的行为观察上看，工人的不安全行为非常普遍。Sa 等[6]对建筑项目工人采取防高处坠落装备的情况进行调查后发现，多于三分之一的工人不使用安全装备；Lipscomb 等[7]的研究表明在住宅建设过程中工人使用防高处坠落装备的情况很不普遍；Fang 等[8]对新加坡两处施工现场的工人行为进行了观察，发现近三分之一的操作行为是不安全的。因此，对于工人危险行为的监测和研究是十分有必要的。

为了减少事故和改善安全管理，绝对必须加强对行为的管理和控制，消除个人的不安全行为，这是基于行为的安全研究（behavior-based safety, BBS）所关注的。建筑 BBS 的详细评论可以在 Zhang 等[9]、Li[10]等的研究论文中找到。典型的 BBS 包含以下步骤：首先，列出相关的不安全行为；然后，观察工人的行为，并记录其频率，这些往往需要密切注意现场情况才能办到，在某些特殊场合或者室内也可以借助辅助设备，如摄像头等；最后，给出反馈意见并采取干预策略来纠正不安全行为。

从文献检索的数量（图 5-1-1）可以看出，基于行为的安全研究正逐渐引起国内外研究者的关注。

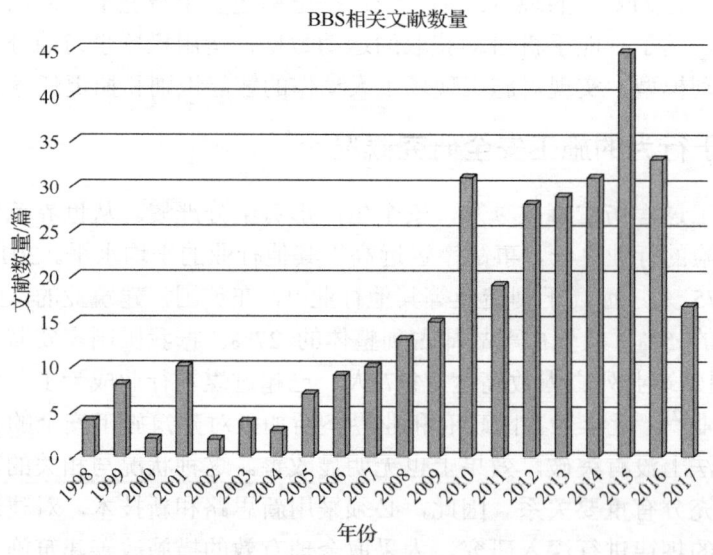

图 5-1-1　BBS 相关文献数量（web of science）（截至 2017.10）

通过统计，目前的主要研究重点如下：
(1) 管理制度影响个人行为的机制；
(2) 安全行为原因的认知分析与建模；
(3) 安全行为的特征和规律研究；
(4) 控制对策和预警系统研究。

事实上，基于 BBS 的研究成果已经在某些项目中得到实施，例如 1999 年 Krause 等[11]和 2014 年 Yeow 等[12]在论文中提及的实验项目。但是目前仍存在诸多不足，例如过度依赖工人观察，巨大的金钱和时间成本，难以对不充分的样本进行不安全行为的验证，以及工人的被动参与等。因此将监控或者验证的过程自动化是非常有必要的。近年来，随着图像处理技术的发展，越来越多的研究者根据施工现场安装的摄像头获取施工机械或者工人的活动信息，以此来进行行为识别或者风险管控，避免危险事故发生。2009 年，Kim 等[13]和 Peddi[14]等使用数码摄像头确定建筑工人身份。同年，Teizer 等[15]开发摄像头序列构建工人的骨架结构来进行活动识别，同时设计静态和动态移动的摄像头来追踪施工现场工人的活动轨迹。2010 年，逐渐发展的机器视觉技术和分类器算法使得基于摄像头自动识别监督和识别工人行为的方法变得越来越成熟[16]。然而，所有基于视觉的技术都需要一定的成本投入，在现场安装多个价格相对比较昂贵的摄像头。同时图像处理技术对于光线和背景的变化十分敏感，复杂的现场环境给图片信息的处理过程增加了相当大的难度[17]。需要注意的是，并不是所有的施工现场或者工作现场都适合安装摄像头，例如某些临时建筑或者附属设施，而且很难保证摄像头覆盖全部的工作面。这些因素使得这一方法没有得到广泛普及。

相对而言，利用可穿戴设备（例如智能手机）的内置传感器来进行工人运动信息采集可以有效地规避以上不足。以智能手机为例，不需要额外增加成本，同时内置传感器的稳定性要比图像传感器更强，精度和功耗更合理。同时手机强大的存储、传输和数据处理的功能[18-20]更是为工作识别自动化增添了巨大的优势。

5.1.2 基于智能手机的工人行为识别系统设计

本节设计了一个建筑工人不安全行为智能识别系统（intelligent recognition system of unsafe behaviors, IRSUB），该系统的运行机制包括以下三个阶段。

（1）模型建设阶段：将智能手机固定在工作人员的腰部，使用高度集成的传感器收集工人在操作过程中的速度和角度信息。通过采集大量工作人员的运动样本，基于机器学习分类器算法（本节采用支持向量机和 BP 神经网络），构建行为识别或者动作捕捉模型并保存在智能手机中，如图 5-1-2 所示的步骤①、②。

（2）应用实施阶段：智能手机调用嵌入在手机中的识别模块，分析工人的运动信号，然后将其标记为"安全"或"不安全"。根据识别结果，工人和管理中心收到通知或者发出警告。一旦出现不安全的行为，手机会向两者发出警报。工人根据提示进行正确的操作，管理人员根据施工现场的反馈情况评估 BBS 风险，制定薄弱环节管理策略，如图 5-1-2 所示的步骤③～⑤。

（3）模型更新阶段：通过丰富应用阶段数据，将典型误差引入训练样本数据库，然后更新分类模型，逐步实现最优化，如图 5-1-2 所示的步骤⑥。

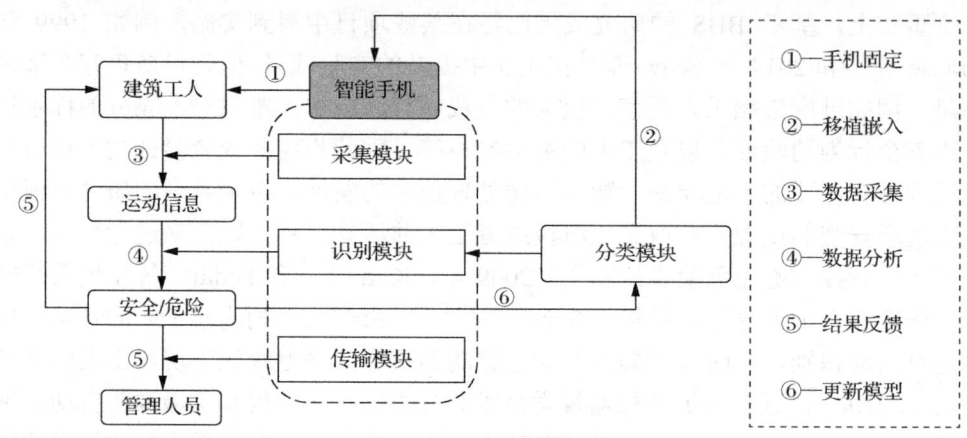

图 5-1-2　工人不安全行为智能识别系统

该系统的主要特点：

（1）移植"众包"概念，解决传统 BBS 的采样问题。"众包"指的是通过网络发布某项任务，由大众协同完成，通常伴有一定的奖励机制[21]。基于智能手机的在线传输功能（移动、局域网或蓝牙）使得每个具有智能手机的施工人员都可以提供带有标签的训练样本，从而建立大型训练样本数据库。反过来，施工人员可以随时从服务器下载模型到手机，实现模型共享。

（2）充分利用智能手机进行数据采集和实时监控，实现低成本自动化。

（3）该方法可扩展性强，可以推广到类似的情景或领域，例如在施工过程中的检测或监测人员，结构和机械的施工状态。

5.1.3　实验验证：安全带的使用状态识别

在众多施工现场安全事故中，工人高空坠落尤其是脚手架工人死亡的比例较高[22]。鉴于此，本节以研究不同工作条件下工人是否正确使用安全带为例，实现对基于智能手机识别工人危险动作的可行性验证。

本节实验验证分为两部分：行为识别和动作捕捉。这里行为识别主要根据工人的运动信息分辨工人在操作过程中是否正确使用安全带，并标记"危险"或者"安全"；动作捕捉目的在于根据运动信息从工人一系列的操作行为中捕捉特定的动作。

实验所选取的情景和设备信息如表 5-1-1 所示。

表 5-1-1 安全带使用状态识别实验设定信息

研究主题	定义	工况选择	设备与软件
行为识别	危险动作识别：判别是否正确使用安全带	竖直攀爬	双挂点安全带（图 5-1-3）
		水平移动	APP：Orion-CC
动作捕捉	目标动作捕捉：捕捉悬挂固定挂点的动作	任意动作	单挂点安全带（图 5-1-4）APP：Orion-CC

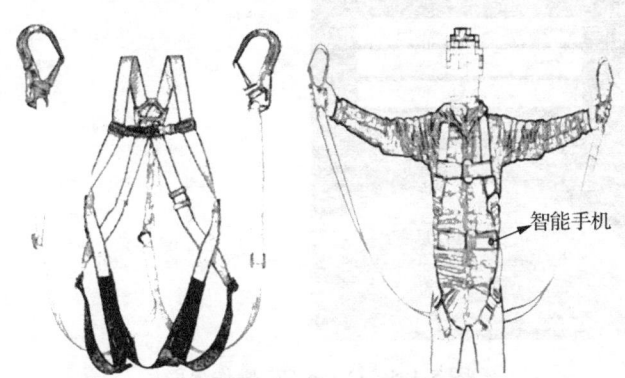

图 5-1-3 双挂点安全带及手机安装示意图

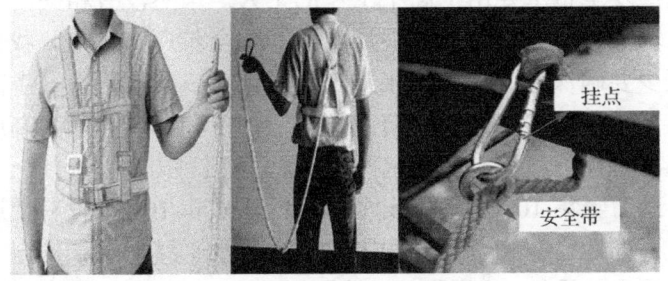

图 5-1-4 单挂点安全带示意图

1. 行为识别实验验证及结果

智能手机设定：本节采用的是作者研究组自行开发的名为 Orion-CC 的应用程序[23]，其操作界面如图 5-1-5 所示。它可以提供三轴线性加速度和角度的监测结果，共六组信号[24]。需要说明的是，虽然记录的线性加速度和角度信号分别针对不同的坐标系，前者为附属于手机上的坐标系，后者为惯性参考系，但是对于后期的数据分析并没有影响。考虑到腰部位置接近身体的重心以及舒适性[25]，我们将智能手机连接到工作人员的腰部。Bouten 等[26]已经证明，腰部水平的人体加速度的幅度在-6g~6g 范围内，并且所选择的智能手机的传感器可以完全覆盖该范围。传感器的采样频率设置为50Hz，大于40Hz，这是基于Lyons等[27]研究的符合奈奎斯特准则的最低频率。

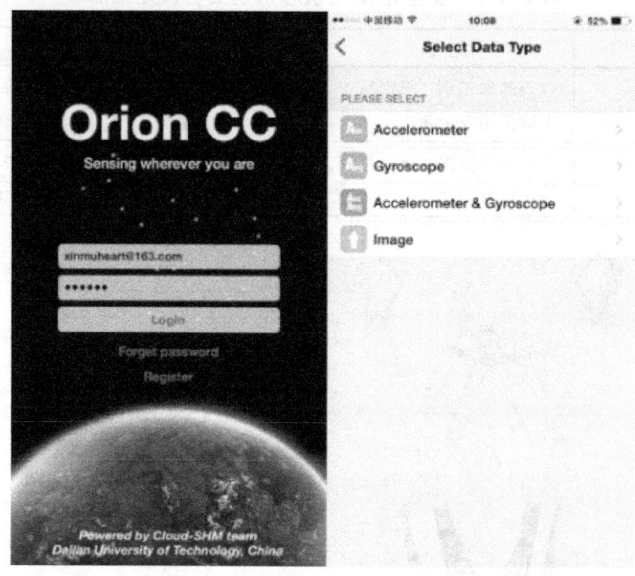

图 5-1-5　Orion-CC 操作界面

数据采集：安全带主要用于高空工作的工人。虽然没有相关的具体的国家操作标准或要求，但通过与有经验的现场主管和安全带厂商咨询，我们得知在高空作业过程中至少要确保一个挂点连接到固定设施上，防止工人发生高空坠落等安全事故。竖直攀爬过程中工人根据自己的舒适程度和梯子的间隔高度，在爬升的过程中选择每次将挂点移动1~2个梯子间隔。以这种方式，选择一个测试对象进行竖直攀爬，最后收集100个使用安全带攀爬样本和101个没有使用安全带直接攀爬的样本。同样地，在脚手架结构工作平台上水平移动时，安全带的挂点仍需要沿脚手架栅格交替悬挂，共收集108个佩戴安全带水平移动样本和98个未佩戴安全带水平移动样本。

数据分析：图5-1-6为其中两个不同样本的加速度和角度信息。"正向"样本指的是实验参与者使用安全带垂直爬上梯子的运动信息，而"负向"样本则代表没有使用安全带的运动信息。从时程曲线看，很难得到规则或特征来区分正的样本和负的样本。因此仍需提取一些信号特征来揭示本质上的差异。

特征提取：在这项研究中，我们提取了6种信号的21种特征，即总共135个属性值，如表5-1-2所示。这里将一个信号的每种特征都视为"属性"，而具有相同定义的属性属于一种特征。例如，将x轴上的加速度信号的最大值作为属性，而沿着不同轴的加速度或角度信号的最大值被认为属于特征"最大值"。

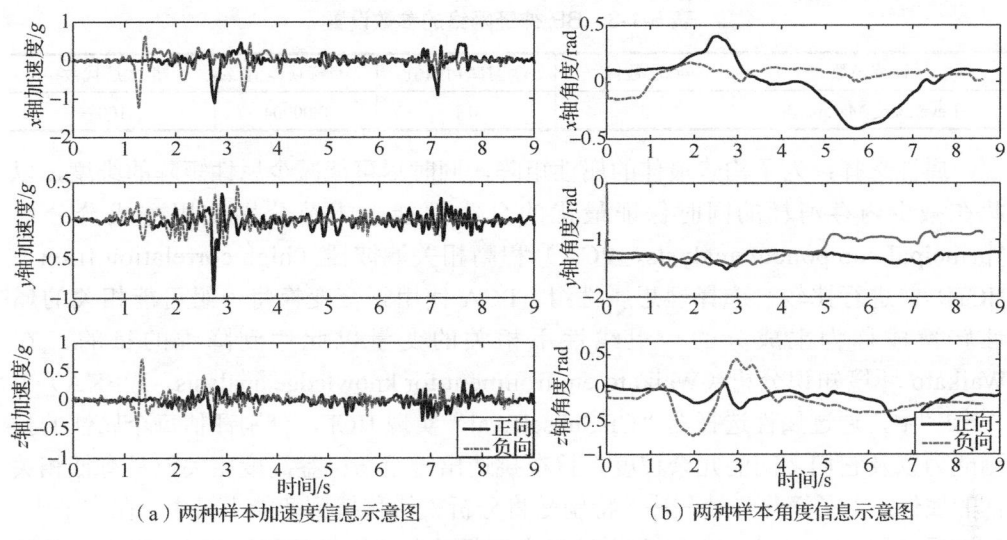

(a) 两种样本加速度信息示意图　　(b) 两种样本角度信息示意图

图 5-1-6　两种样本的运动信息示意图

表 5-1-2　特征提取种类和序号列表

序号	数量	特征	序号	数量	特征
1～15	15	相关系数	70～75	6	峰值
16～21	6	平均功率	76～81	6	方差
22～27	6	信号熵	82～87	6	标准差
28～33	6	低通滤波后平均功率（5Hz）	88～93	6	有效值
			94～99	6	方根幅值
34～39	6	峰值频率	100～105	6	斜度
40～45	6	最大值	106～111	6	峭度
46～51	6	最小值	112～117	6	波形因子
52～57	6	平均值	118～123	6	峰值因子
58～63	6	绝对平均值	124～129	6	脉冲指标
64～69	6	绝对峰值	130～135	6	裕度指标

分类算法：本节选择 BP 神经网络和 SVM 作为识别算法。BP 神经网络是一种按照误差逆向传播算法训练的多层前馈神经网络，是目前应用最广泛的神经网络。由于目前 iOS 提供的 Core ML 尚未成熟，我们使用 MATLAB 平台建立并训练分类模型。相关参数如表 5-1-3 所示。同样，作为有监督的机器学习分类器算法，支持向量机（support vector machine，SVM）旨在找到一个分离两个类别的超平面，最大化每个类最近点与超平面的距离。LIBSVM（a library for support vector machines）是一种简单易用的支持向量机集成算法包，由 Chang 和 Lin[28]编写，这里使用的是其中默认设置的 SVM 模型。

表 5-1-3　BP 神经网络的参数设置

训练函数	隐层数目	学习率初始值	目标误差值	最大迭代数
Levenberg-Marquardt	5	0.1	0.00004	100

属性选择：为了构建最佳的属性矩阵，同时尽可能减少属性矩阵的维度，以此在减少内存消耗的同时保证最优的分类性能，本节分别使用主成分分析（principal component analysis，PCA）和高相关滤波器（high correlation filter，HCF）并进行比较，选择理想属性组。PCA 使用正交变换将一组可能相关的属性转换成称为主成分的一组线性不相关的变量以此达到降维的目的。在 Waikato 环境知识分析（Waikato environment for knowledge analysis，WEKA）工作台[29]中，通过属性选择器"CfsSubsetEval"实现 HCF，分别评估每个属性的预测能力以及它们之间的冗余程度，旨在挑选出一组与标签高度相关但具有低相关性的属性。为了简化后续程序，特别是将分析模块移植到智能手机中，在本节中，我们通过比较 CfsSubsetEval 分析结果中选择的各种属性的使用频率，建立了几种特征组合，称为"最佳特征"组合（best features，BF）。图 5-1-7 给出了由属性选择器选择的最佳特征的频率分布。鉴于此，我们提出了 4 种组合作为选择，如表 5-1-4 所示。

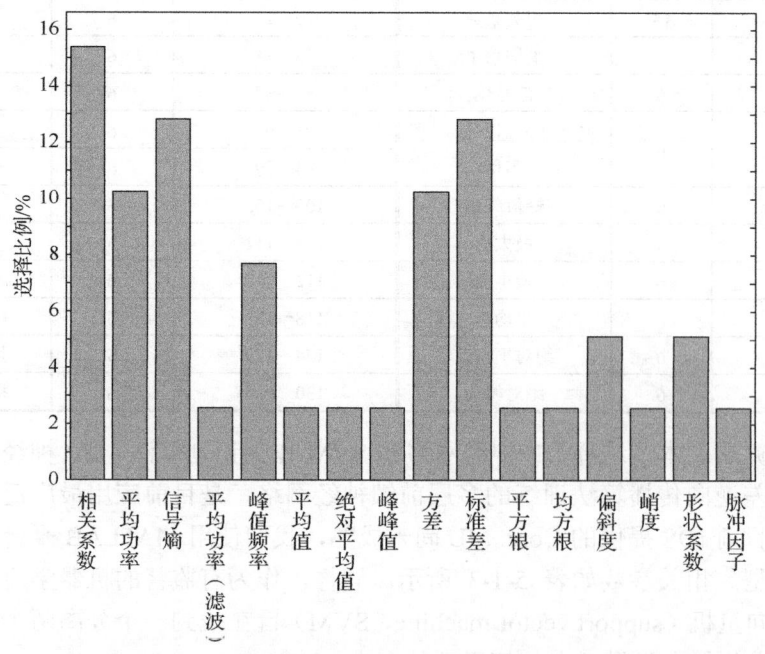

图 5-1-7　属性选择器选择的最佳特征的频率分布

表 5-1-4　最佳特征组合

组合名称	特征	包含属性值数目
BF15	相关系数	15
BF27	相关系数，信号熵，标准差	27
BF39	相关系数，信号熵，标准差，平均功率，方差	39
BF45	相关系数，信号熵，标准差，平均功率，方差，峰值频率	45

模型评估：本节选取五个指标，10 倍交叉验证的平均准确率、AUC[即接收机操作特征（receiver operating characteristics，ROC）曲线下的面积]、F-measure 值、运行时间和内存消耗，来评估不同的模型。AUC 给出真阳性率（正确识别的阳性样本的比例）和假阳性率（错误地标识为阳性样本的阴性样本的比例）之间的权衡。类似地，F-measure 值是精度（即真阳性样本占预测阳性的比例）和召回率（即正确识别的阳性样本占实际阳性的比例）的调和平均值。需要说明的是，平均准确率是指 10 倍交叉验证 10 次获得准确率的平均值，运行时间是使用具有 8GB RAM 的 2.7 GHz 英特尔核心 i5 CPU 所需的总时间。理论上，平均准确率越高、AUC 和 F-measure 值更接近 1.0、运行时间和消耗内存越少，该分类模型的性能越好。

分析结果如图 5-1-8 所示。

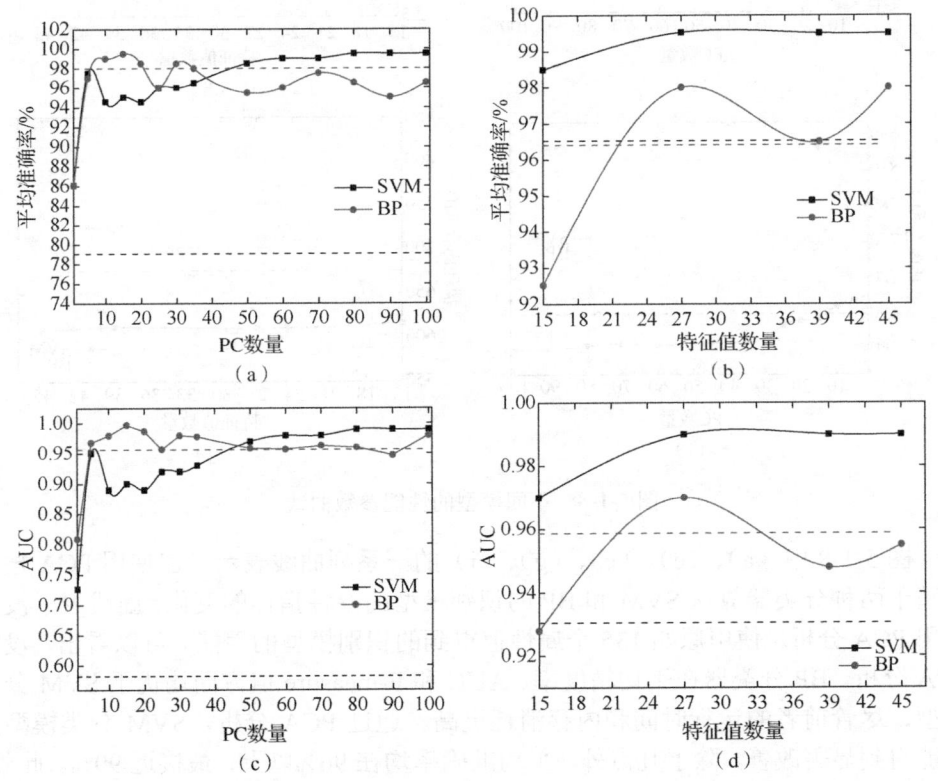

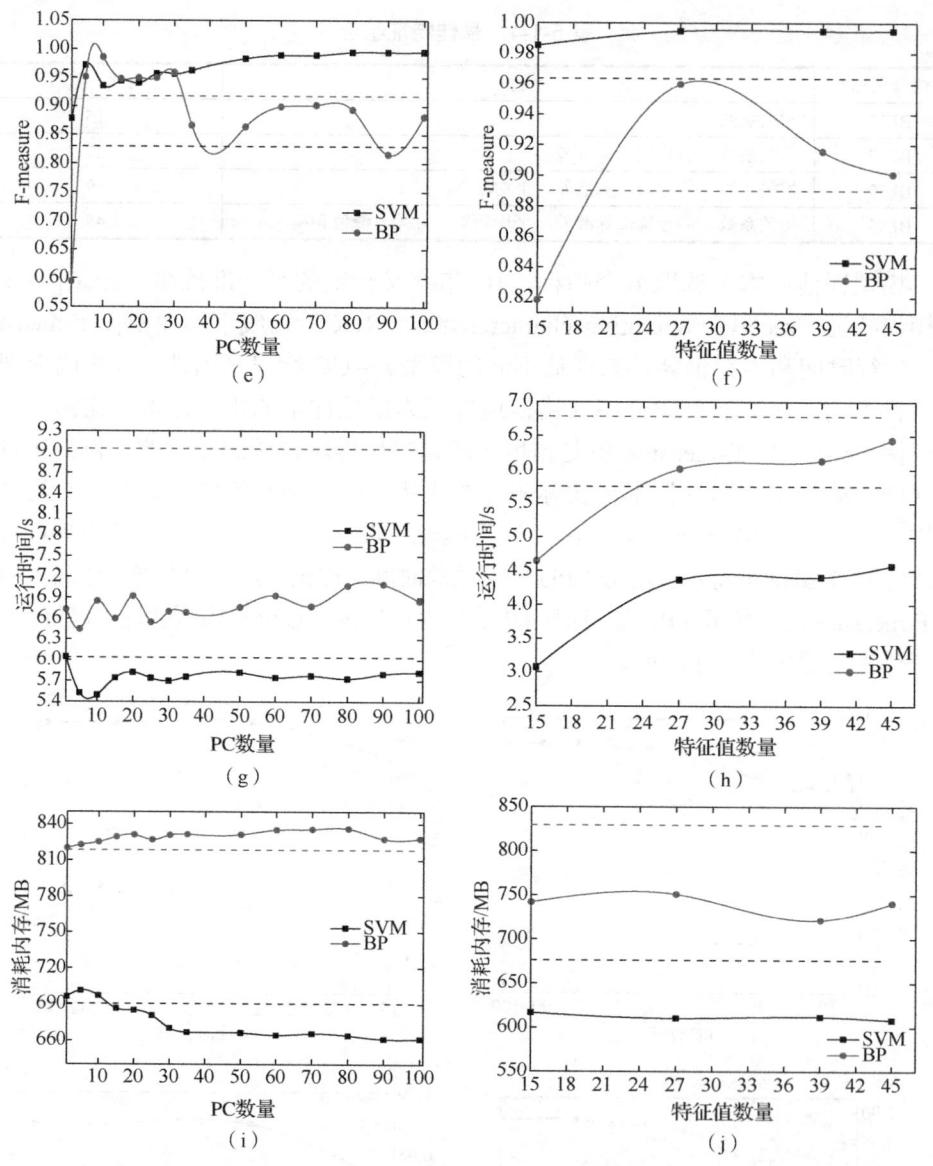

图 5-1-8 不同模型的性能参数曲线

图 5-1-8 中（a）、（c）、（e）、（g）、（i）的一系列曲线表示了在使用 PCA 技术时基于两种分类器算法 SVM 和 BP 的识别模型的各种指标的变化。虚线表示没有使用 PCA 分析，使用原始 135 个属性值得到的识别模型的性能。可以看出，没有 PCA 分析，BP 分类器在平均精度率、AUC 和 F-measure 值方面均优于 SVM 分类模型，尽管前者的运行时间和内存消耗更高。通过 PCA 分析，SVM 分类模型的性能得到显著改善，除了几点外，平均准确率均在 96% 以上，最接近 99%。此外，

其 AUC 和 F-measure 值均不小于 0.87，与 BP 分类模型相当，SVM 分类模型仍然有低消耗时间和内存的优点。

同样地，图 5-1-8（b）、（d）、（f）、（h）、（j）的一系列曲线是通过选择不同的 BF 组合来构建不同模型的识别结果，其中虚线表示经 PCA 分析后的 SVM 和 BP 分类模型的性能平均水平。这些数据表明，与 PCA 分析结果相比，基于 BF 组合和 SVM 算法的分类模型对五个指标有显著改善。对于 BP 分类器，只有基于 BF27 属性组合的分类模型在所有五个指标中得到增强，而其他分类模型难以判断。

显而易见，各种模型的指标随着所选择的属性矩阵的维度变化而呈现非线性变化。因此，为了更直观、更全面地评估所有分类模型的性能，我们提出了一个综合指数。在这项研究中，我们假设五个指标具有相同的权重。为了消除不同指标的计量单位影响，需要通过将数据归一化来实现可比性，如式（5-1-1）：

$$X^* = \frac{X - X_{\min}}{X_{\max} - X_{\min}} \tag{5-1-1}$$

式中，X 是原始性能指标值；X^* 是归一化的性能值。通过式（5-1-1），所有的性能指标值均被映射为 0~1 范围内，接下来构造综合评价指标，如式（5-1-2）：

综合评价指标=归一化的平均精度率+归一化的 AUC+归一化的 F-measure*
+归一化的运行时间+归一化的消耗内存 （5-1-2）

根据该方法，对竖直攀爬实验中各分类模型的综合评价指标进行了计算，结果如图 5-1-9 所示。可以看出，基于 BF 组合的 SVM 分类模型具有较好的性能，其中使用第一个特性组合（BF15）的模型综合性能最好。

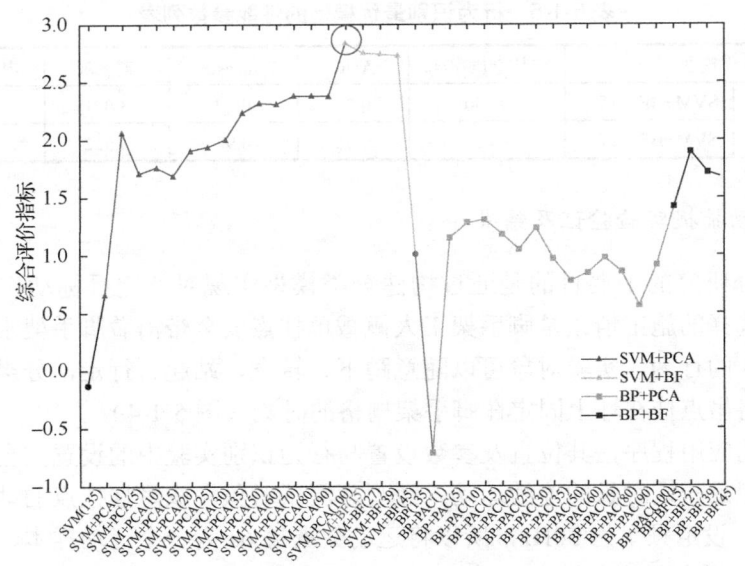

图 5-1-9 竖直攀爬实验中各分类模型的综合指标计算结果

与竖直攀爬实验类似，完成对水平运动实验分类模型的构建和综合评价指标的计算，结果如图 5-1-10 所示。

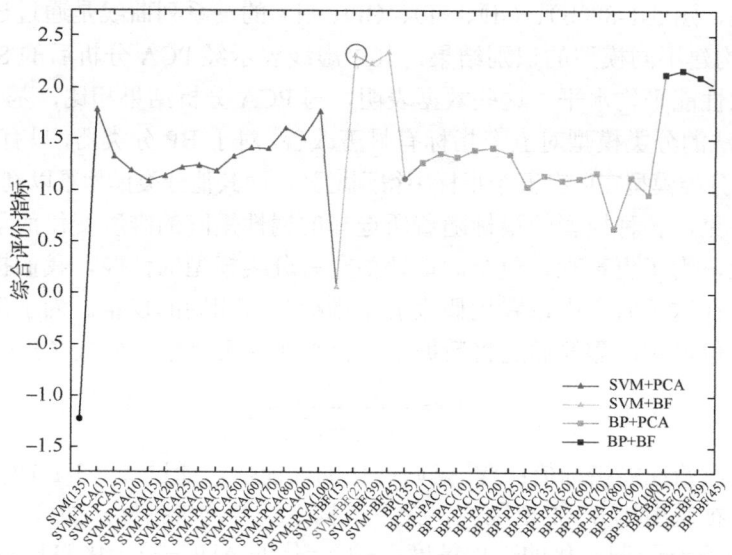

图 5-1-10　水平运动实验中不同分类模型的综合指标计算结果

最终选取分别针对竖直攀爬和水平运动的行为识别最优模型，其性能参数总结如表 5-1-5 所示。

表 5-1-5　行为识别最优模型的性能参数列表

最优模型		平均准确率/%	AUC	F-measure	时间/s	内存消耗/MB
竖直攀爬	SVM+BF（15）	98.50	0.97	0.99	3.071	616.63
水平运动	SVM+BF（27）	98.24	0.96	0.98	5.522	833.09

2. 运动捕捉实验验证及结果

该部分研究的主要目的是通过构建分类模型实现对特定目标动作片段的捕捉。这里选择的施工情景是脚手架工人佩戴单挂点安全带沿着脚手架水平移动。不限制工人的行为，实验对象可以随意蹲下、转身、站起、行走，分类模型旨在捕捉工人将吊点挂在环上固定在脚手架栅格的时刻（图 5-1-4）。

使用的应用程序，其位置及参数设置与行为识别实验中的设置完全相同。通过摄像机记录一定时长的连续运动，经观察测试对象完成悬挂挂点的动作需要约 6s 的时间，设定频率为 50Hz，所以将运动数据每 6s 为一个运动样本，样本间隔设定为 1s，样本覆盖率达 83%。按照这种方式，我们得到 1388 个运动片段作为训练样本，包括 420 个目标片段和 968 个非目标片段。

使用与行为识别实验中相同的方法找到最佳分类模型，不同模型的综合指标如图 5-1-11 所示。

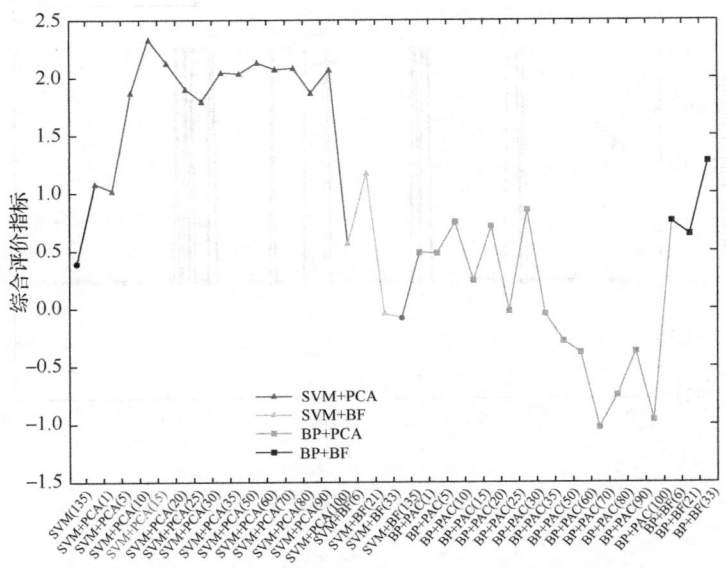

图 5-1-11　运动捕捉实验分类模型的综合指标计算结果

最终选择基于主成分分析前 15 个主成分组成属性矩阵训练得到的 SVM 分类模型为最优模型，其中 5 个指标值如表 5-1-6 所示。

表 5-1-6　动作捕捉实验的最优模型的性能参数列表

最优模型	平均准确率/%	AUC	F-measure	时间/s	内存消耗/MB
SVM+PCA（15）	85.15	0.72	0.83	3.16	973.59

为了验证其适用性，我们使用该分类模型扫描一段约 200s 的新数据样本，包括 6 个目标悬挂动作（图 5-1-12 中纵坐标数值为 1）。结果表明，总体平均准确率可以达到 80%，目标动作的捕获率达到 2/3，如图 5-1-12 所示。

综合以上两部分研究结果，说明了基于智能手机完成对工人不安全行为监测的可行性。在初步研究中，行为识别部分得到的分类模型的性能满足客观要求，结果令人较为满意。相对而言，动作捕捉部分的应用结果差强人意，推测是由训练样本库正负样本的比例严重失衡导致的。但总体来说，我们提出的基于智能手机进行工人不安全行为监测的思路有效地解决了部分传统 BBS 的问题，实现了样本收集和识别的自动化，大大减少了施工风险管控的成本和效率。

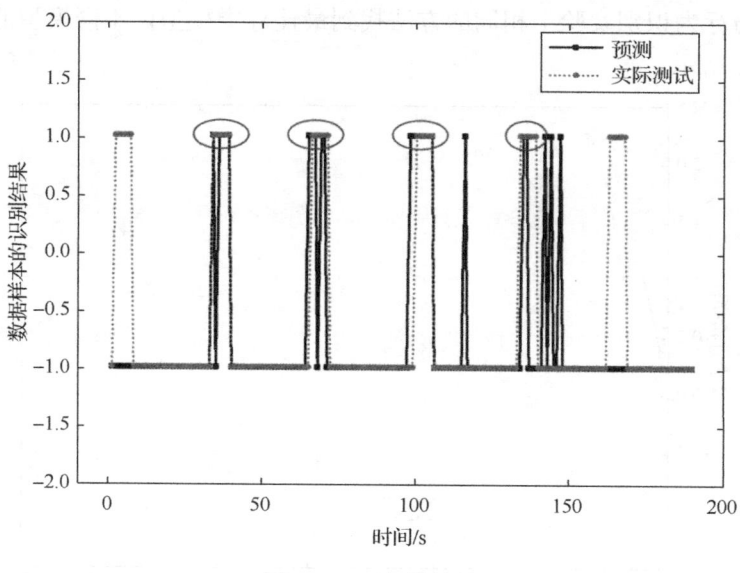

图 5-1-12 扫描结果

5.2 基于智能手机的工人活跃度的状态识别

随着建筑业的发展，施工人员由于身体状态不好而导致的安全事故数量正在逐年提升。施工人员的工作状态实时监控的问题越来越受到重视，然而现在依然没有一个行之有效的方法可以实时地量化施工人员的工作状态。为解决这个问题，本节提出施工人员活跃度的概念，并给出活跃度评价指标。同时，本节指出此方法具有普适性，借助智能手机内置传感器就可以很好地对活跃度进行数据采集。

5.2.1 现场施工安全概况

建筑业随着我国改革开放以来经济市场的发展，不断地发展前进，其市场规模也不断扩大，成为带动我国 GDP 增长的驱动力量。据国家统计局统计，截至 2015 年，我国建筑业房屋的建筑施工面积已经上升至 1239717.64 万 m^2，建筑行业的总产值为 180757.47 亿元[30]，是国内生产总值中不可分割的一部分。生产力的飞速发展带来巨大的投资潜力，企业数量和从业人数也不断地增加，2015 年，建筑业企业单位达 80911 个，建筑业从业人数达五千万余人，占全社会就业人员总数的 6.46%。然而，经济发展的同时，建筑业也面临着更多的挑战，尤其是在建筑安全管理方面[31]。建筑项目具有建设周期长、人员流动性大、技术程序复杂、参与方多等特点，而我国建筑业发展初期存在问题颇多：施工人员未经过合格的安全生产技能培训、自我保护安全意识薄弱、企业安全保护措施不够等，所以建筑业一度成为安全事故多发、人员伤亡和财产损失严重的行业，仅次于采矿业。

近年来，国家意识到了问题的严重性，不断完善相应的法律法规，以法律的形式约束不合格操作行为。各大行业协会纷纷成立，积极响应国家号召，自觉遵守规范，增强了建筑行业各利益方的安全意识。众多高校学者也投入了大量精力研究新的管理方法以保证施工现场安全。各界的努力带来了一定的成果。资料显示，近年来，建筑安全事故发生的频率降低，由于安全事故导致的死亡人数也得到了减少（如图 5-2-1～图 5-2-3 所示）。但尽管如此，在中国刚开始关注这个问题时，其他国家已经取得了很大的成果，据其他发达国家的研究报告显示，国外早在数年前就着手于控制建筑行业事故频率和死亡人数，如英国早在 1991 年就将年度死亡人数控制在 90 人以下。可见，相较于国外而言我国建筑安全整体形势依旧严峻，安全问题仍不容忽视。

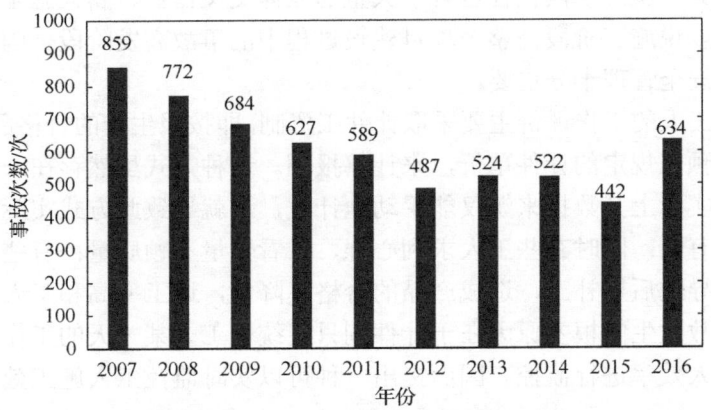

图 5-2-1　2007～2016 年我国建筑施工事故次数年度分布图

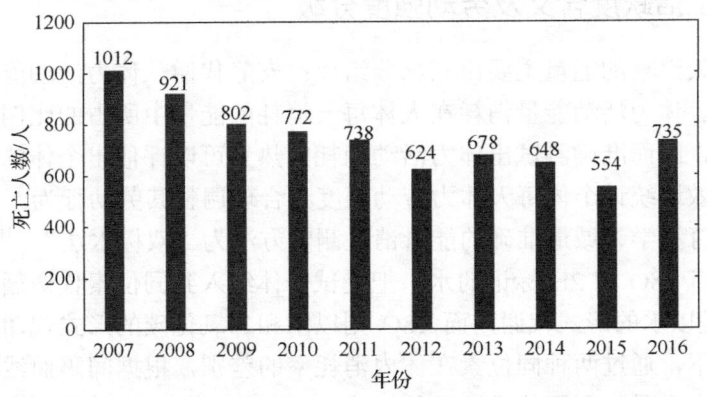

图 5-2-2　2007～2016 年我国建筑施工事故死亡人数年度分布图

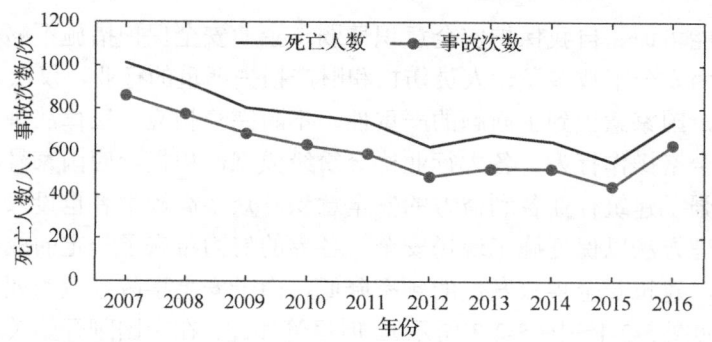

图 5-2-3　2007~2016 年我国建筑施工事故次数与死亡人数趋势图

建筑项目生命周期一般很长，可按工作内容的不同分为不同的阶段。目前我国工程项目建设阶段主要包括以下几个部分：立项阶段、设计阶段、施工阶段和交付阶段。其中施工阶段往往包含了大量的立体交叉作业、露天施工等具有危险的活动，可以说施工阶段是整个项目建设过程中的事故高发阶段。因此，做好对施工现场的安全管理十分重要。

我国对工人的工作评价主要采取计件工资制，即按照生产的合格品的数量（或作业量）和预先规定的计件单价，来计算报酬。这种方式虽然存在一定优势，但是这种方式实际上其数据来源仅能手动地计数，这就导致此方式实际上能够获取的数据十分有限；同时有些工人求利心强，只看数量不顾质量；有些工人由于前期的懈怠而导致后期补工，造成产品的合格率降低，返工率高和工人自身疲劳施工。这种事故发生的根本原因在于计件制只能统计工人某一天的工作量，而无法实时地对工人效率进行监控。因而提出一种可以实时监控工人施工效率的方式势在必行[32]。

5.2.2　施工活跃度含义及劳动强度分级

人体每天消耗的能量主要由三部分组成：安静代谢、体力活动能量消耗、食物生热效应。体力活动能量消耗在人体每天消耗的能量中所占的比例反映出体力活动的多少，因而准确测试出体力活动消耗的热量可以评估出个体的劳动特征，可以科学有效地统计个体每天体力劳动强度和合理调整其劳动行为。

目前体育科学领域最准确的能量消耗测定方法为"双标水法"[33]，这种方法通过摄入含有 18O 和 2H 标记的水，把受试个体纳入到同位素代谢循环中，其中 2H 在体内是以水的形式代谢，而 18O 则以水和二氧化碳的形式代谢。这样，在特定的稳态下，通过两种同位素在体内消耗率的差别，根据间隔曲线精确计算出二氧化碳的产出量，利用热量计算的间接法即可得出与二氧化碳产出量等价的机体能耗量，然而这种方法由于其实现的困难性，只能在实验室完成。现在最方便实现且具有权威性的测量能量消耗的方法是以加速度计为工具的间接法。Freedson通过间接法测试了50名志愿者能量耗散量并将某一段时间间隔的数字信号数值相加来得到加速度计数的值，身体运动加速度对时间的积分与能量消耗或耗氧量呈线性关系，故测量出身体加速度绝对值的积分，即可对能耗进行较好的评估[34]。能量消耗会引起疲劳[35,36]，然而国内外很多学者对施工现场建筑工人作业疲劳的研究成果很少[37]。我们将加速度计测量能量消耗的方法引入到施工人员工作强度计算中，得出施工活跃度值可由式（5-2-1）确定：

$$A = 1.439 + 0.000795 \times A_c$$
$$A_c = \int_0^t a_\omega \mathrm{d}t \tag{5-2-1}$$

式中，A 代表施工工人活跃度（单位为千焦耳，$1A$=1MET）；A_c 代表计算 a_ω 对时间积分求得的加速度计数；a_ω 代表某一时刻测量得到的与地平面垂直方向加速度值。其中MET（metabolic equivalent of energy）指能量代谢当量，音译为梅脱，是以安静、坐位时的能量消耗为基础，表达各种活动时相对能量代谢水平的常用指标。每公斤体重从事1分钟活动，消耗3.5毫升的氧气，这样的运动强度为1MET。

Freedson给出了能量代谢当量与活动强度的对照表，如表5-2-1所示[34]。

表 5-2-1　能量代谢当量与活动强度对照表

活跃度值	活跃性	工人疲劳程度
小于3	活跃性低	较轻
3～6	活跃性中	稍累
6～9	活跃性高强	累
大于9	活跃性极高	很累

在中国，根据体力劳动能量消耗的多少，相关部门制定了符合我国劳动人民身体素质的中华人民共和国国家标准《工作场所物理因素测量第10部分：体力劳动强度分级》（GBZ/T 189.10—2007），本标准适用于以体力活动为主的劳动，是中国制定的劳动保护工作科学管理的一项基础标准，是确定体力劳动强度大小的根据。表5-2-2为体力劳动强度等级和能量消耗对照表。

表 5-2-2　体力劳动强度等级和能量消耗对照表

劳动强度等级	能量消耗
Ⅰ级体力劳动	8小时工作日平均耗能值为3558.8百焦耳/人，劳动时间率为61%，即净劳动时间为293分钟，相当于轻强度劳动
Ⅱ级体力劳动	8小时工作日平均耗能值为5560.1千焦耳/人，劳动时间率为67%，即净劳动时间为320分钟，相当于中等强度劳动
Ⅲ级体力劳动	8小时工作日平均耗能值为7310.2千焦耳/人，劳动时间率为73%，即净劳动时间为350分钟，相当于重强度劳动
Ⅳ级体力劳动	8小时工作日平均耗能值为11304.4千焦耳/人，劳动时间率为77%，即净劳动时间为370分钟，相当于"很重"强度劳动

5.2.3 施工现场工人活跃度采集

现在常用的在施工现场对工人动作检测的方法有两种，分别是视频识别和传感器识别。视频识别的研究重点多集中于选择或开发特定算法，实现照片和视频信息的识别、读取及理解。当前，已有算法可以实现人员的轮廓提取、姿态辨识，并据此自动评估和划分施工人员的工作效率。但是，此类信息处理算法的复杂程度相当高，一些关键功能的实现都依赖庞大的计算量，同时，用摄像头来进行行为的感知有诸多局限性。例如摄像头的使用受到光照条件、安装位置和角度、遮挡等诸多因素的限制，使得视频识别技术在建筑工地的应用受到了极大的制约。传感器可以解决视频识别中的很多问题，应用于建筑施工领域的传感器主要包括温度传感器、位移传感器、光（波）传感器、光纤传感器及压力传感器等，其在建筑物、构筑物及结构构件的实时监测和检测中发挥着不可或缺的作用，然而由于工人动作的复杂性，往往布设的传感器会出现设备数量多、硬件成本高、系统可能出现兼容性差、鲁棒性差等问题，因而在实际工程中的应用寥寥无几。

智能手机的价格越来越低，普及率越来越高。国内第三方数据服务提供商 TalkingData 发布了《2016 年移动互联网行业发展报告》。报告显示，截至 2016 年 12 月，国内移动智能终端规模突破 13.7 亿台。同时智能手机具有采集、计算、存储等功能，能够处理计算功能，以小米 4 手机为例，配置有高通骁龙 801 处理器，运行内存 3GB，存储内存 64GB，载有重力感应器、光感应器、电子罗盘、气压计、陀螺仪、距离感应器、霍尔感应器、红外传感器，相当于一部小型电脑。采用手机作为采集设备不会给施工人员带来动作的负担，同时可以解决安全监测工人行为，提高工人施工效率的问题。由于智能手机的快速发展，现在许多学者将目光投向智能手机，例如，Nath 等[38]利用分别固定在胳膊和腰上的三轴加速度传感器采集关节加速度的变化来判断施工人员施工时的动作；Akhavian 等[39]利用固定在手臂上的手机和智能算法相结合区分木工的施工动作。由此可见，手机可以满足施工活跃度大数据的采集工作，也可以作为处理工具对数据进行计算、统计。

文献资料显示，为了获得有效的测量结果，佩戴加速度计最合适的位置是腰髋部位，这是因为其更接近人体的质心，能够监测到整体运动姿态的人体运动参数，避免局部运动导致的身体活动能耗监测失真现象。

由此佩戴在腰部的智能手机可以有效采集施工工人工作时的加速度计数，进而统计出工人实时消耗的能量。为后期明确工人体力劳动强度的重点工种或工序，减轻工人的体力劳动强度，提高劳动生产率提供数据基础。

5.3 基于智能手机的施工过程位移监测

本节的主要研究内容是利用智能手机摄像头和激光投射技术完成结构施工过程中某些位移的监测。首先讲述现有结构施工过程中可能用到的位移监测手段，然后讲解基于智能手机的位移监测系统的原理和装置，最后通过某现场实验验证该系统的可行性。

5.3.1 基于智能手机的位移监测系统

结构位移的监测一直是结构健康监测的重要内容，为结构损伤识别、灾害预测、提高结构的安全性、适用性和使用寿命提供依据。现有的监测手段有很多，主要如图 5-3-1 所示，它们各有利弊，但是总体说来要求专业性较高，成本较为昂贵。

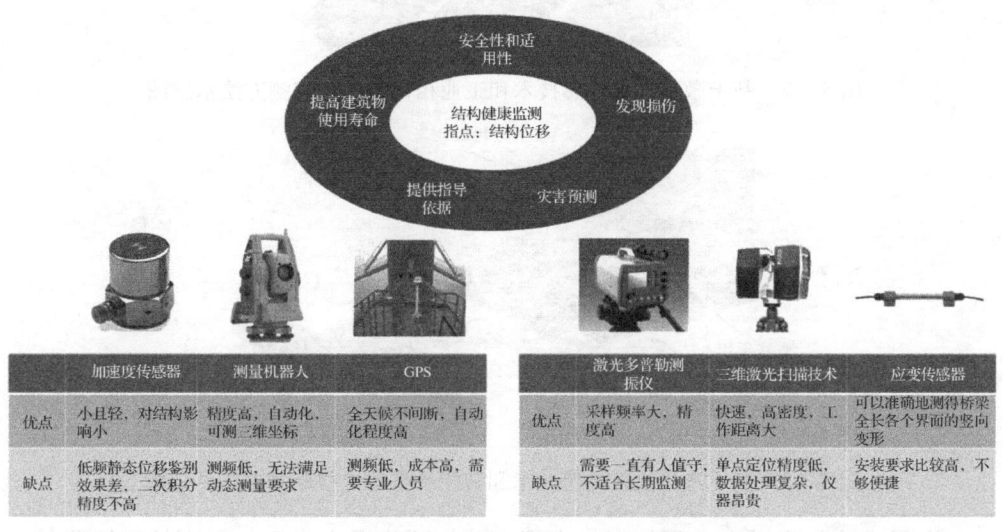

图 5-3-1 现有结构位移监测仪器的优劣势列表

本书第 2 章提出基于激光投射传感技术和工业相机的位移监测方法，原理如图 5-3-2 所示。为了充分利用手机的存储、传输和计算功能，将工业相机改为智能手机，原理如图 5-3-3 所示。整个系统主要包括：激光发射器、激光投射屏幕、图像采集模块、数据传输系统以及数据处理系统。将投射屏幕与摄像头置于固定位置，激光器安装在测点。当进行监测时，激光器发射的激光束在投射屏幕上形成光斑。使用摄像头对光斑进行拍摄，并输出视频信号到计算机上。当测点的位置发生移动时，激光器也会跟随着发生位移，使光斑在投射屏幕上也会发生相应的位移。通过摄像头拍摄投射屏幕上的激光光斑并输出视频信号到计算机上，然后由计算机软件计算出每一帧图片中激光光斑形心的坐标，从而直观地反映被测物体的位移变化。

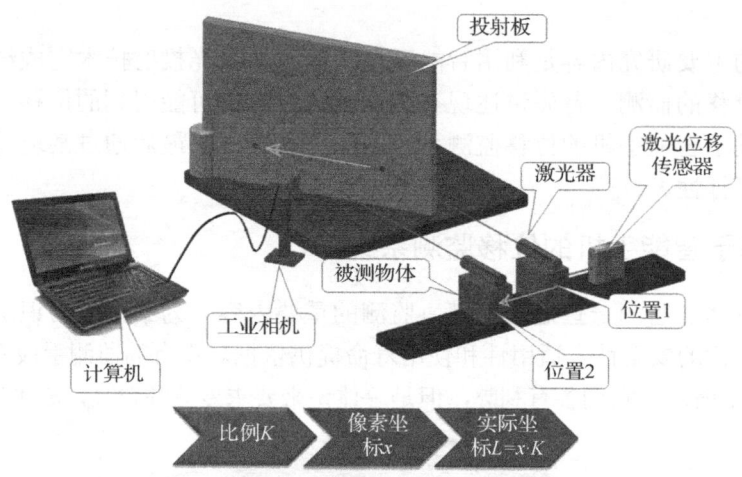

图 5-3-2 基于激光投射传感技术和工业相机的位移监测方法示意图

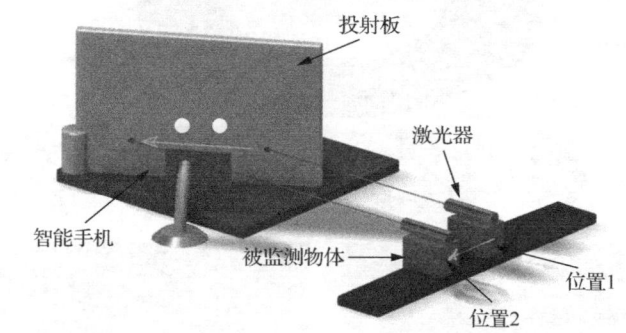

图 5-3-3 基于激光投射传感技术和智能手机的位移监测方法示意图

为了成功监测激光光斑的形心坐标，首先要将激光光斑与周围的环境背景分离开来，这需要对工业相机监测到的图像先进行两步操作，即灰度化和二值化。得到二值化图像后，再通过计算机软件扫描二值化图像得到图像中激光光斑的形心坐标。

为了得到激光光斑形心连续的坐标值，首先需要计算出视频中实际尺寸和像素尺寸的比例 K，为此在屏幕板事先设定两个已知半径的白色圆，计算已知圆形的实际尺寸与像素尺寸的比值并记录存储。同时以两个圆形的圆心连线为基准建立平面参考系，计算并存储每一帧中激光点光斑的形心坐标。

在 MATLAB 平台上设计初步的操作界面如图 5-3-4 所示。

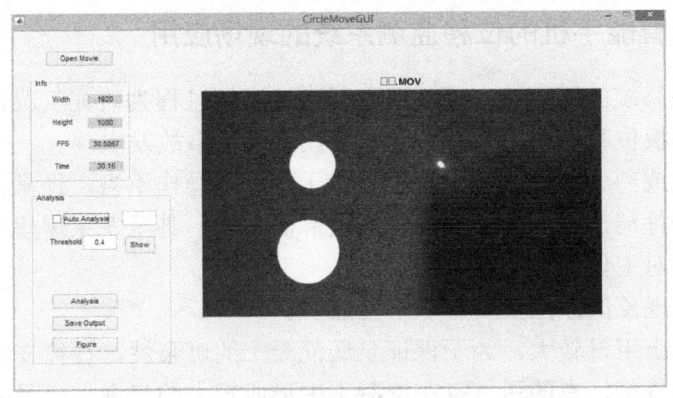

图 5-3-4 基于智能手机的施工位移监测界面

二值化阈值可以由系统推荐或者根据二值化的结果（图 5-3-5）手动调整。

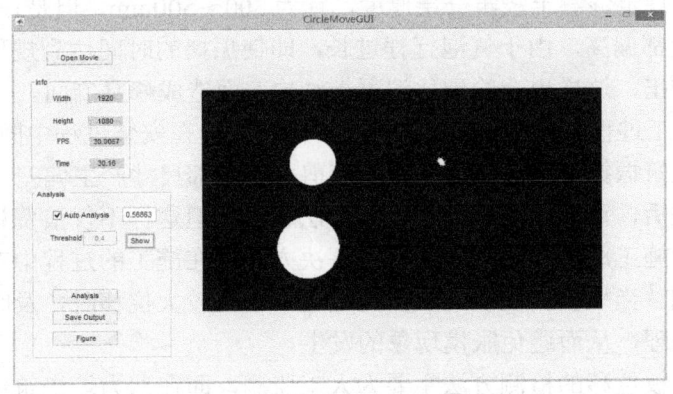

图 5-3-5 图像二值化示意图

点击"Analysis"按钮后可以观看位移变化过程并存储数据，如图 5-3-6 所示。

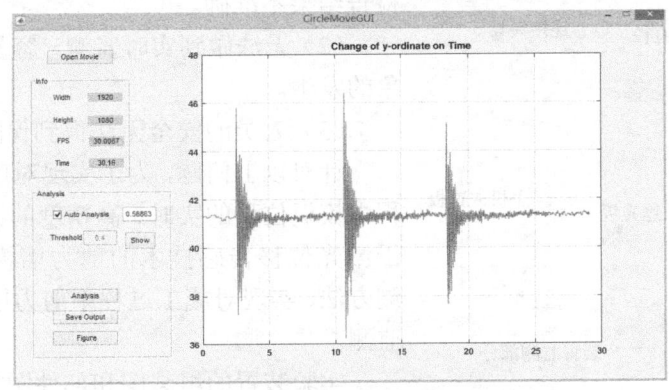

图 5-3-6 位移计算结果示意图

5.3.2 基于智能手机的位移监测系统的现场应用

为验证该系统的可行性，本节选取剪力墙浇筑过程为研究工况，以有效监测浇筑过程中模板位移为目的，有效预防胀模和爆模事故发生。

在现浇筑或剪力墙的施工工程中，由于管理或操作不当，经常会出现胀模现象，导致现浇件局部厚度增加或出现蜂窝麻面现象，甚至发生爆模事故，使施工成本增加甚至对主体结构产生影响。

产生胀模现象的原因主要有以下几点[40]。

（1）混凝土用量较大，为了保证泵送混凝土的可泵性，往往在泵送混凝土中加入适量的引气剂，有的引气剂在混凝土中形成较大的气泡，而且表面能较低，很容易形成联通性大气泡，如果再加上振动不合理，大气泡不能完全排出，会给硬化混凝土结构表面造成蜂窝麻面。

（2）规范规定混凝土浇筑分层厚度，宜为300～500mm，但是在实际施工时，往往浇筑厚度都偏高，由于气泡行程过长，即使振捣的时间达到规程要求，气泡也不能完全排出，这样也会给硬化混凝土结构表面造成蜂窝麻面。

（3）在施工过程中，通常使用木模板，由于模板在安装过程中固定的不牢靠，导致模板在浇筑振捣过程中发生偏移，使剪力墙局部尺寸产生偏差。

胀模发生后，可以通过人工凿平的方法解决，但这样不仅浪费材料，而且施工烦琐，增加施工成本。所以，最好的解决方法是在施工的过程中对模板的位移进行实时监测。当模板在浇筑混凝土的过程中发生较大位移时，及时停止浇筑并对模板进行处理，从而避免胀模现象的发生。

目前，模板位移的检测方法主要为人工监测，即在剪力墙浇筑过程中，检测人员到模板位置处进行检查。但这种检测方式存在以下几种问题。

（1）人为检测只能检查模板的固定是否牢固，无法观察到模板的微小位移，检查结果不准确。

（2）无法做到实时监测，容易错过胀模现象的发生。

（3）人员的安全无法得到保障。

针对以上问题，为了实现对剪力墙浇筑过程中模板位移的实时、高精度的检测，使用基于激光位移传感技术的剪力墙模板位移的监测方法，实现对施工过程中剪力墙模板位移的监测。

实验装置的组装图和部件图如图5-3-7所示，考虑到强度要求和质量要求，这里的主要

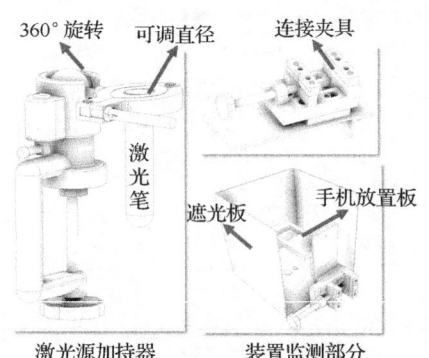

图5-3-7 装置的组装图和部件图

材料是铁、铝和亚克力板,部分采用尼龙材料。

我们在大连某污水处理池的剪力墙浇筑过程中进行了多次实测。图 5-3-8 显示的是其中一次。装置的上下两部分分别安装在约 2m 处和 0.5m 处,浇筑的时间为 5 月 27 日下午 13:59 至 15:18,时长约为 79 分钟,浇筑段为墙体 3~5m,浇筑振捣全部过程。由于现场条件不允许,没办法进行对照实验,所以只能定性地分析监测结果是符合实际的。

图 5-3-8 现场实测图形

图 5-3-9 为垂直于模板平面向外激光点坐标变化,图 5-3-10 为位移净变化量与施工过程的匹配图。

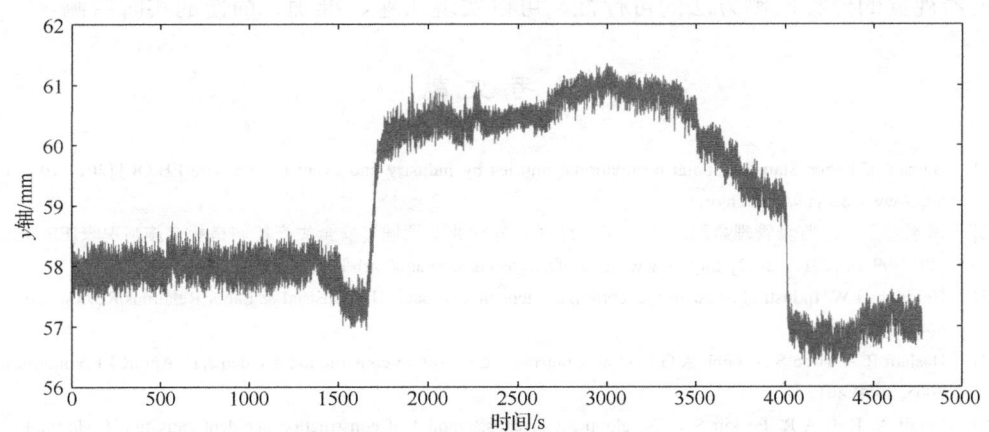

图 5-3-9 激光点坐标变化曲线

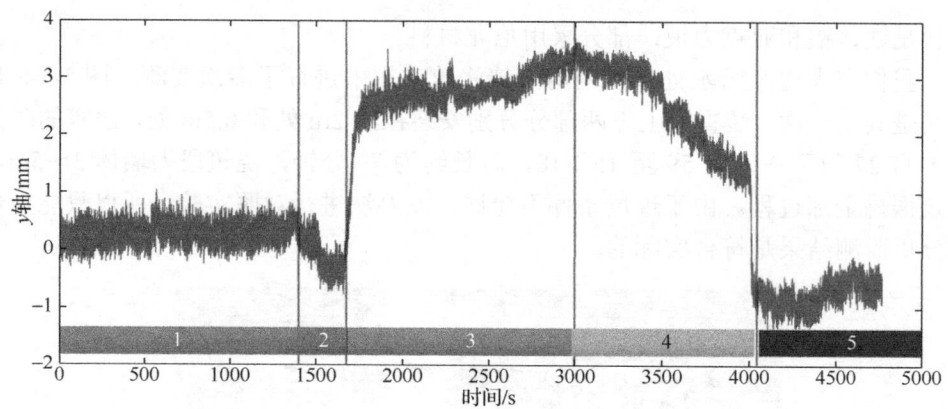

图 5-3-10　位移净变化量与施工过程匹配图

数据与浇筑过程的对应关系：
过程 1——远离装置端的浇筑和振捣过程；
过程 2——靠近装置端的振捣过程；
过程 3——靠近装置端的浇筑过程；
过程 4——靠近装置端的振捣过程；
过程 5——远离装置端的振捣过程。

可以明显看出：
（1）装置远端的施工过程对于装置安装处的影响较小，可忽略不计（过程 1）；
（2）装置安装处上部进行浇筑及振捣的位移变化一般均为先增加然后回降至 10~13mm 左右。

综上，以剪力墙浇筑过程模板位移的监测为研究对象验证了基于智能手机和机器视觉的位移监测方法的可行性，可以实现快速、准确、简便的实时监测。

参 考 文 献

[1] Bureau of Labor Statistics. Fatal occupational injuries by industry and event or exposure[EB/OL].[2017-10-22]. http://www.bls.gov/home.htm.
[2] 国家安全生产监督管理总局. 2012 年各地区、各行业（领域）安全生产控制指标实施情况表[EB/OL]. (2013-09-24)[2017-12-22]. http://www.chinasafety.gov.cn/newpage/kzzb/kzzb.htm.
[3] Heinrich H W. Industrial accident prevention: a scientific approach[J]. Industrial & Labor Relations Review, 2011, 4(4):609.
[4] Haslam R A, Hide S A, Gibb A G F, et al. Contributing factors in construction accidents[J]. Applied Ergonomics, 2005, 36(4):401.
[5] Suraji A, Duff A R, Peckitt S J. Development of causal model of construction accident causation[J]. Journal of Construction Engineering & Management, 2001, 127(4):337-344.

[6] Sa J, Seo D C, Choi S D. Comparison of risk factors for falls from height between commercial and residential roofers[J]. Journal of Safety Research, 2009, 40(1):1-6.
[7] Lipscomb H J, Dale A M, Kaskutas V, et al. Challenges in residential fall prevention: insight from apprentice carpenters[J]. American Journal of Industrial Medicine, 2010, 51(1):60-68.
[8] Fang D P, Wu H J. Safety culture for construction project[C]. The CIB W99 International Conference on Safety and Health in Construction, Singapore, 2012.
[9] Zhang M Z, Fang D P. A continuous behavior-based safety strategy for persistent safety improvement in construction industry[J]. Automation in Construction, 2013, 34(34):101-107.
[10] Li H, Lu M J, Hsu S C, et al. Proactive behavior-based safety management for construction safety improvement[J]. Safety Science, 2015, 75(6):107-117.
[11] Krause T R, Seymour K J, Sloat K C M. Long-term evaluation of a behavior-based method for improving safety performance: a meta-analysis of 73 interrupted time-series replications[J]. Safety Science, 1999, 32(1):1-18.
[12] Yeow P H P, Goomas D T. Outcome-and-behavior-based safety incentive program to reduce accidents: a case study of a fluid manufacturing plant[J]. Safety Science, 2014, 70:429-437.
[13] Kim S, Bai Y, Huan L, et al. Measuring construction productivity using the write system[C]. Proceedings of 2009 Construction Research Congress, ASCE, Reston, Virginia, 2009:131-140.
[14] Peddi A, Huan L, Bai Y, et al. Development of human pose analyzing algorithms for the determination of construction productivity[C]. Proceedings of 2009 Construction Research Congress, ASCE, Reston, Virginia, 2009:11-20.
[15] Teizer J, Vela P A. Personnel tracking on construction sites using video cameras[J]. Advanced Engineering Informatics, 2009, 23(4):452-462.
[16] Yang J, Arif O, Vela P A, et al. Tracking multiple workers on construction sites using video cameras[J]. Advanced Engineering Informatics, 2010, 24(4):428-434.
[17] Gong J, Caldas C H. Computer vision-based video interpretation model for automated productivity analysis of construction operations[J]. Journal of Computing in Civil Engineering, 2010, 24(3):252-263.
[18] Yu Y, Han R C, Zhao X F, et al. Initial validation of mobile-structural health monitoring method using smartphones[J]. International Journal of Distributed Sensor Networks, 2015, 2015:1-14.
[19] Zhao X F, Liu H, Yu Y, et al. Displacement monitoring technique using a smartphone based on the laser projection-sensing method[J]. Sensors & Actuators A Physical, 2016, 246:35-47.
[20] Peng D L, Zhao X F, Zhao Q G, et al. Smartphone based public participant emergency rescue information platform for earthquake zone — "E-Explorer"[C]. Vibroengineering Procedia, Nanjing, 2015,5: 436-439.
[21] Liu K. Crowdsourcing construction activity analysis from jobsite video streams[J]. Journal of Construction Engineering & Management, 2014, 141(11):04015035.
[22] Korea Occupational Safety and Health Agency. Analysis of Industrial Disaster[EB/OL].[2017-10-22]. http://www.kosha.or. kr/board.
[23] Zhao X F, Yu Y, Li M C, et al. Cloud-structural health monitoring based on smartphone[C]. Vibroengineering Procedia, Nanjing, 2015, 5:241-246.
[24] Zhao X F, Han R C, Ding Y, et al. Portable and convenient cable force measurement using smartphone[J]. Journal of Civil Structural Health Monitoring, 2015, 5(4):481-491.
[25] Joshua L, Varghese K. Accelerometer-based activity recognition in construction[J]. Journal of Computing in Civil Engineering, 2010, 25(5):370-379.
[26] Bouten C V C, Koekkoek K T M, Verduin M, et al. A triaxial accelerometer and portable data processing unit for the assessment of daily physical activity[J]. IEEE Transactions on Bio-medical Engineering, 1997, 44(3):136-147.
[27] Lyons G M, Culhane K M, Hilton D, et al. A description of an accelerometer-based mobility monitoring technique[J]. Medical Engineering & Physics, 2005, 27(6):497.

[28] Chang C C, Lin C J . LIBSVM: a library for support vector machines[J]. ACM Transactions on Intelligent Systems and Technology, 2011, 2(3):1-27.
[29] Witten I H, Frank E. Data mining - practical machine learning tools and techniques with JAVA implementations[J]. ACM Sigmod Record, 2011, 31(1):76-77.
[30] 国家统计局, 中国统计年鉴[M]. 北京: 中国统计出版社, 2016.
[31] 汪涛, 廖彬超, 马昕, 等. 基于贝叶斯网络的施工安全风险概率评估方法[C]. 2010中国(北京)国际建筑科技大会, 北京, 2010:384-391.
[32] Lingard H, Rowlinson S. Behaviour-based safety management in Hong Kong's construction industry: the results of a field study[J]. Journal of Safety Research, 1998, 16(4):481-488.
[33] 朱琳, 陈佩杰. 能量消耗测量方法及其应用[J]. 中国运动医学杂志, 2011, 30(6):577-582.
[34] John D, Freedson P. ActiGraph and Artical physical activity monitors: a peek under the hood[J]. Medicine & Science in Sports & Exercise, 2012, 44(1): s86-s89.
[35] 李月香, 李美俊, 范小芹. 基于步态加速度特征的人体疲劳检测[J]. 计算机工程, 2012, 38(11):271-273.
[36] 张铭宗. 建筑工人疲劳与安全绩效的关系[D]. 北京: 清华大学, 2014.
[37] 尚耀华, 楼雪娘. 施工现场建筑工人作业疲劳评价研究[J]. 建筑经济, 2014, 35(12):130-133.
[38] Nath N D, Akhavian R, Behzadan A H. Ergonomic analysis of construction worker's body postures using wearable mobile sensors[J]. Applied Ergonomics, 2017, 62:107-117.
[39] Akhavian R, Behzadan A H. Smartphone-based construction workers' activity recognition and classification[J]. Automation in Construction, 2016, 71:198-209.
[40] 许洪春, 赵山. 剪力墙模板胀模现象的原因分析及解决对策[J]. 山西建筑, 2005, 31(11):106-107.

第6章 基于智能手机的特种结构安全监测

6.1 基于智能手机的电梯舒适度监测与评定

6.1.1 电梯舒适度监测及舒适度评价标准的发展

随着城市规模的不断扩大，电梯作为高层建筑内的主要交通工具得到了迅猛发展。当人们在享受电梯带来的便利时，对电梯的安全性和舒适性也提出了新的要求[1,2]。振动是影响电梯安全性和舒适性的主要因素之一，不仅妨碍电梯的运行，甚至还会造成安全事故。电梯的振动主要包括垂直振动和水平振动。当电梯在曳引机的作用下提升或下降时，垂直方向上的振动十分明显[3-5]，而且由于加速度的存在，会让人有明显的失重和超重感。在低中速电梯中，其水平振动对电梯舒适度和安全性的影响不大，因此一般不对水平振动进行监测分析。然而随着建筑楼层的不断增加，出现了大量的高速电梯，例如我国台湾101大楼内的电梯运行时速最快可达60.6km[6]。水平振动随着速度的增加而变得异常剧烈，一般是低中速电梯水平振动的几倍，严重影响电梯运行的舒适度，因此电梯的水平振动也开始逐渐受到人们的重视，需要同时对电梯三个方向的加速度进行监测才能保证电梯的舒适度[7,8]。但是这些电梯的维护检测工作主要利用加速度计对电梯进行定时检修，费时费力，同时又无法及时排除电梯故障。为解决实时监测的问题，许多研究人员将互联网与电梯运营结合在一起，提出了电梯远程监控系统[9-11]，对电梯安全状态进行实时监测，通过调度系统优化电梯运行效率[12]，缩短乘客等待时间[13]等。将监测系统与网络结合在一起是健康监测发展的重要方向。

近年来随着智能手机的快速发展，在质量和数量上都有了质的飞跃。智能手机内置了十余种高精度传感器，具有强大的数据处理和信息传输能力，是集采集模块、传输模块、显示模块和计算模块为一体的综合监测系统。因智能手机强大的功能，其被广泛应用在人体健康监测[14,15]、远程医疗服务[16]、交通信息获取[17]、汽车位置、状态监测[18]和物理教学实验[19,20]中。2012年，赵雪峰等将智能手机应用在结构健康监测领域[21-25]，利用智能手机内置的传感器对结构进行定量监测，他们的实验结果显示该方法稳定可靠，精度符合工程需要。这些应用将监测与智能手机结合在一起，让更多的人共同参与到监测中，将传统的定点定时监测变为大规模公众参与式监测，测量数据更为全面，信息共享更为便利。

电梯舒适度是对电梯性能更高的要求。舒适度是指人体在暴露的振动环境下的主观感受，包括身体和心理上的扰乱和不安程度。在外界振动影响下，舒适度应该控制在一个范围内，以减少人体的不舒适甚至损害健康的程度。目前对人体振动舒适度的评价尚无统一的标准。加速度是描述人体全身振动环境强度的基本量，因此各类舒适度评价标准均以加速度信息为依据进行舒适度评价。其中应用最为广泛的舒适度评价标准为 ISO 2631—1997，该标准通过计算频率加权加速度均方根值对电梯舒适度进行评价。有关频率加权加速度均方根值的计算方法有很多。由于电梯运行过程的时间较短，一般小于 120s，因此本节将某一时域信号的均方根值表示为其功率谱密度函数在整个频率范围内积分的开方值。即对监测的加速度时间历程进行频谱分析得到功率谱密度函数，再通过下式计算加权加速度均方根值[26]。

$$a_w = \left[\int_{0.5}^{80} w(f)^2 \cdot G_a(f) \mathrm{d}f \right]^{1/2} \quad (6\text{-}1\text{-}1)$$

$$w_k(f) = \begin{cases} 0.5 & (0.5 \leqslant f < 2) \\ \dfrac{f}{4} & (2 \leqslant f < 4) \\ 1 & (4 \leqslant f < 12.5) \\ \dfrac{1.25}{f} & (12.5 \leqslant f < 80) \end{cases} \quad (6\text{-}1\text{-}2)$$

由式（6-1-1）和式（6-1-2）可以得到单轴向的加权加速度均方根值，虽然电梯的振动以垂直方向为主，但是随着高速电梯的发展，其水平振动也不容忽视。现用 a_{xw}、a_{yw} 和 a_{zw} 表示某测点左右方向（即 x 方向）、前后方向（即 y 方向）和垂直方向（即 z 方向）振动的单轴向的加权加速度均方根值，考虑三个方向总加权加速度均方根值的计算公式如下：

$$a_{wo} = \sqrt{(1.4a_{xw})^2 + (1.4a_{yw})^2 + a_{zw}^2} \quad (6\text{-}1\text{-}3)$$

根据 ISO 2631—1997 评价标准[26]中所列出的加权加速度均方根值与人体主观感受之间的关系如表 6-1-1 所示，对电梯舒适度进行评价。

表 6-1-1　加权加速度均方根值 a_w 与人体主观感受之间的关系

加权加速度均方根值 a_w /(m/s^2)	人体主观感受
<0.315	没有不舒服
0.315~0.63	有一些不舒服
0.5~1.0	比较不舒服

续表

加权加速度均方根值 a_w /(m/s^2)	人体主观感受
0.8~1.6	不舒服
1.25~2.5	很不舒服
>2.0	极不舒服

6.1.2　基于智能手机的电梯舒适度监测系统

为了实现通过调用智能手机内置传感器对电梯舒适度的监测，一款监测软件 Orion-CC 被设计和开发完成。该软件支持账号登录和本地登录，可将采集数据上传至结构健康监测网站，采集的三种数据类型分为：加速度数据、倾角数据和加速度倾角数据。该软件的基本信息和采集数据的性能已经在前面几章介绍了，在此章节不再赘述。

6.1.3　多种运行模式下的电梯舒适度监测与评定

电梯在日常运行过程中，其运行模式大致分为三类：单层运行、多层运行和全层运行。由于运行距离不同，电梯的运行状态也会有所不同，进而导致电梯产生不同的振动特性。因此，我们选择 A 楼内的电梯分别在单层、多层和全层运行模式下进行舒适度监测。其中在多层运行模式下，我们选择的目标楼层为四层。无论采用哪种运行方式，电梯都从一层启动，至目标楼层时制动，然后原路返回至一层后停止。为了对比运行模式对电梯舒适度的影响，电梯的荷载均取为中度荷载。传感器的安放位置如图 6-1-1 所示。

 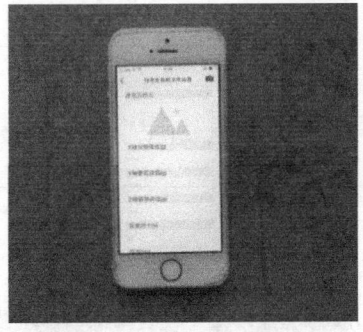

图 6-1-1　传感器的安置

图 6-1-2、图 6-1-3 和图 6-1-4 分别为 A 楼电梯在中度荷载下全层运行模式时各个方向的加速度曲线。由图 6-1-2 可以看出，电梯在上升和下降过程中的振动特性相同，只是由于运行方向的不同，造成加速度方向正好相反。在上升过程中，电梯启动后，加速度迅速增加至 0.06g 左右，并保持这一值做匀加速运动；

达到额定速度时，加速度值迅速降为 0，并保持该值做匀速运动；即将达到目标楼层时，加速度值反向增加至-0.07g 左右，并保持该值做匀减速运动；速度即将为 0 时，加速度迅速降为 0，同时电梯停止运行。电梯在 9～30s 内处于上升阶段，40～61s 内处于下降阶段，其他时间均处于静止阶段，其中在 30～40s 内处于上升结束后、下降开始前的静止阶段。

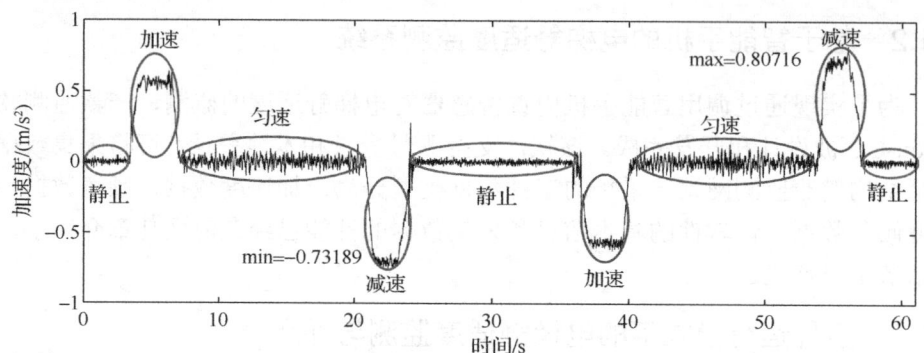

图 6-1-2　全层运行模式下 z 轴方向的加速度曲线

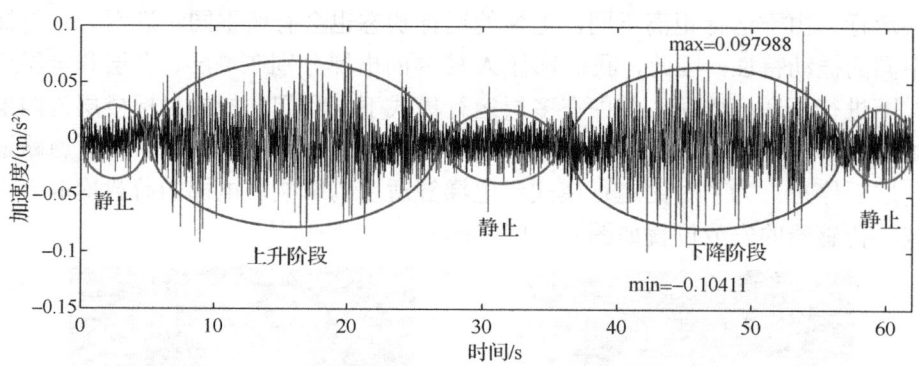

图 6-1-3　全层运行模式下 y 轴方向的加速度曲线

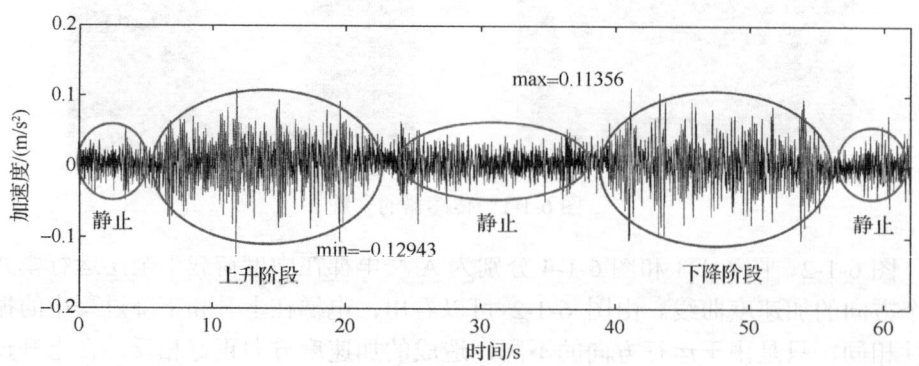

图 6-1-4　全层运行模式下 x 轴方向的加速度曲线

由图 6-1-3 和图 6-1-4 可知，在电梯处于上升和下降阶段时，即 9～30s 和 30～40s 两个时间段内，水平方向上的振动与静止阶段的振动相比非常明显。这是因为水平方向上的振动与电梯的导轨平顺等有关。当电梯处于运行阶段时，电梯的水平方向就会出现振动，并且随着速度的增加，其振动效果愈加明显。基于智能手机的电梯舒适度监测方法可以同时对电梯三个方向上的振动进行监测，而且从监测数据来看，完全符合电梯运行过程中的振动特性，所以利用该方法对电梯舒适度进行监测真实可靠。

本节对电梯舒适度的评价主要以各个方向上的加权加速度均方根值为主，首先利用上文中提到的加权加速度计算方法进行计算。本节只列出 A 楼电梯中度荷载下单层和多层运行方式时的 z 轴加速度曲线，如图 6-1-5 和图 6-1-6 所示。

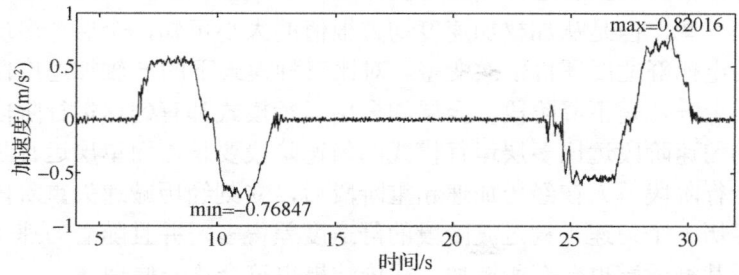

图 6-1-5 单层运行模式下 z 轴方向的加速度曲线

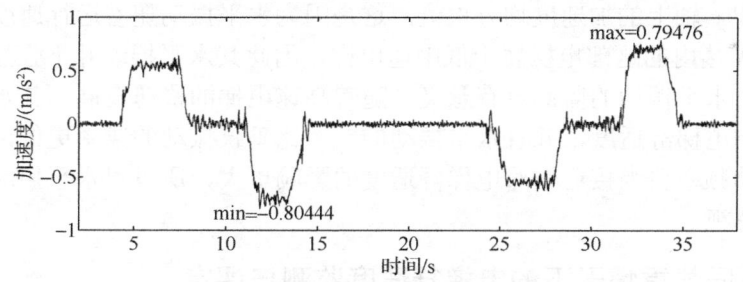

图 6-1-6 多层运行模式下 z 轴方向的加速度曲线

根据 z 轴的加速度曲线可知，在监测过程中电梯依次处于三个阶段：上升阶段、静止阶段、下降阶段。在静止阶段电梯没有运行，应剔除此阶段的数据。而且对于电梯在日常生活中的使用情况而言，每一次都只会使用上升阶段或者下降阶段，几乎不存在连续使用上升阶段和下降阶段的情况。因此我们采取对上升阶段和下降阶段分别进行舒适度评价并取平均值的做法，具体计算数据如表 6-1-2 所示。

表 6-1-2　各运行模式下的加权加速度均方根值　　　　　　　单位：m/s^2

运行模式类型		a_{xw}	a_{yw}	a_{zw}	a_{w0}	平均值	评定
单层	上升	0.0880	0.0764	0.4494	0.4781	0.5053	比较不舒服
	下降	0.0785	0.0905	0.5055	0.5326		
多层	上升	0.1280	0.1068	0.3864	0.4514	0.4644	有一些不舒服
	下降	0.1541	0.1209	0.3907	0.4773		
全层	上升	0.1403	0.1228	0.2638	0.3711	0.3810	有一些不舒服
	下降	0.1477	0.1240	0.2827	0.3909		

根据上文中提到的评价标准对三种不同运行状态下的电梯舒适度进行评价，尽管多层运行模式和全层运行模式均被评为"有一些不舒服"，比单层运行模式下的评价稍高一些，但是从加权加速度均方根值的大小可知，全层、多层和单层运行模式下的电梯舒适度评价依次变差。对比三种模式下的 z 轴加速度曲线，可以发现无论是上升还是下降阶段，全层和多层运行模式都有匀速运行阶段，且全层运行模式的匀速阶段远比多层运行模式的匀速阶段要长，而单层运行阶段几乎不存在匀速运行阶段。人在经历加速超重阶段后，立刻经历减速失重阶段的舒适度远比中间经历一个匀速平稳过渡阶段的舒适度差得多，并且随着匀速平稳过渡阶段的增加，其舒适感也会有所增加，评价结果也符合这一原理。

此外，从表 6-1-2 中的数据还可以看出，z 轴方向上的加权加速度均方根值远大于 x 轴和 y 轴上的加速度均方根值，这是因为水平振动随着运行速度的增加而增加，而 A 楼内的这部电梯属于低中速电梯，因此其水平振动并不强烈，但这并不意味着对水平振动的监测没有意义。随着高速电梯的快速发展，其水平振动也会严重影响电梯舒适度，并且水平振动的频率比垂直振动的频率更低，与人可感受到的振动频率更为接近，对电梯舒适度的影响更大，所以对水平振动的监测和评价不可忽视。

6.1.4　不同载重情形下的电梯舒适度监测与评定

在电梯运行过程中，不同荷载对电梯振动的影响也不容忽视，因此我们利用 A 楼内的电梯设计了一个不同荷载下的电梯舒适度监测实验。首先，将不同的荷载状况划分为：$0<P\leqslant 0.3Q$ 对应的荷载为轻度荷载；$0.3Q<P\leqslant 0.7Q$ 对应的荷载为中度荷载；$0.7Q<P\leqslant Q$ 对应的荷载为重度荷载；其中 Q 为电梯的额定荷载，P 为电梯的实际荷载，A 楼电梯的额定荷载 Q 为 1000kg。其次，为了更真实地模拟电梯实际的运行状态，我们采用人作为电梯的荷载，按照荷载的划分情况，选取两个人共 130kg 作为轻度荷载；选取 6 个人共 405kg 作为轻度荷载；为了安全以及预留一定的操作空间，我们只选取了 11 个人共 625kg 作为重度荷载。三类荷载如图 6-1-7 所示，分别在这三种荷载作用下，对电梯进行舒适度监测。

(a) 轻度荷载　　　　　　　(b) 中度荷载　　　　　　　(c) 重度荷载

图 6-1-7　三种荷载类型

我们选择了 A 楼内电梯在多层运行方式下不同荷载时的监测数据，因为不同荷载下同一种运行方式下的电梯振动特性曲线走势是一样的，因此在此只列出了电梯在重度荷载时的 z 轴加速度曲线如图 6-1-8 所示，并将电梯运行过程中最大加速度值列在表 6-1-3 中。由表中数据可知，不同荷载下电梯运行过程中的最大加速度差别不大，说明荷载的不同对电梯的动力性能影响不大。

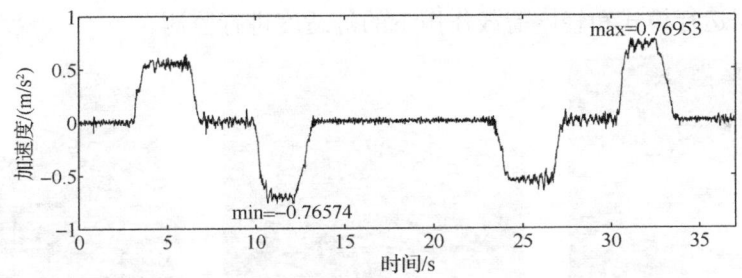

图 6-1-8　重度荷载下的 z 轴方向上的加速度曲线

表 6-1-3　不同荷载下电梯的最大加速度值　　　　　　单位：m/s^2

荷载类型	上升阶段	下降阶段
轻度荷载	−0.893231	0.779022
中度荷载	−0.804443	0.794760
重度荷载	−0.765743	0.769535

利用上述所提到的舒适度评价方法对不同荷载下的电梯舒适度进行评价，具体数据如表 6-1-4 所示。不同载重下的电梯舒适度评级均为"有一些不舒服"，但从加权加速度均方根值可知随着荷载的不断增加，电梯舒适度越来越好。这是因为随着电梯载重的不断增加，电梯的稳定性越好，受到振动的影响越小，因此为

了保证电梯的舒适度，可以适当增加电梯的自重。

表 6-1-4　加权加速度均方根值　　　　　　　　　单位：m/s^2

荷载类型		a_{wo}	平均值	评定
轻度荷载	上升	0.4774	0.4947	有一些不舒服
	下降	0.5120		
中度荷载	上升	0.4534	0.4680	有一些不舒服
	下降	0.4826		
重度荷载	上升	0.4195	0.4215	有一些不舒服
	下降	0.4234		

6.1.5　工程应用

上述实验研究了同一部电梯在不同状态下的电梯舒适度监测与评价，本实验主要针对三栋不同建筑内的电梯进行舒适度监测。A 楼为一栋局部 9 层的教学楼，B 楼为一栋 5 层的办公楼，C 楼为一栋 12 层的公寓楼，这三栋楼内的电梯额定荷载均为 1000kg。这三栋建筑如图 6-1-9 所示。由于三栋建筑的楼层数量差别较大，由上述实验可知，电梯的运行模式和载重都对电梯舒适度有影响。因此统一对电梯处于单层运行模式和轻度荷载作用下的舒适度进行监测。

A 楼

B 楼

C 楼

图 6-1-9　三栋建筑

图 6-1-10 为三栋建筑内电梯 z 轴方向上的加速度曲线，由图 6-1-10 可以看出，在三部电梯中，B 楼内电梯运行时的最大加速度最小，加速度增长率也最小。在电梯加速和减速阶段之间，B 楼电梯有明显的匀速过渡阶段；而 A 楼电梯无过渡阶段，且在加减衔接处有明显的波动；C 楼电梯则过渡得十分平滑。表 6-1-5 为三部电梯在运行过程中各阶段的最大加速度值，B 楼和 C 楼内电梯各阶段的最大加速度值比较稳定，而 A 楼中启动加速阶段的最大加速度值明显比制动减速阶段的最大加速度值要小。

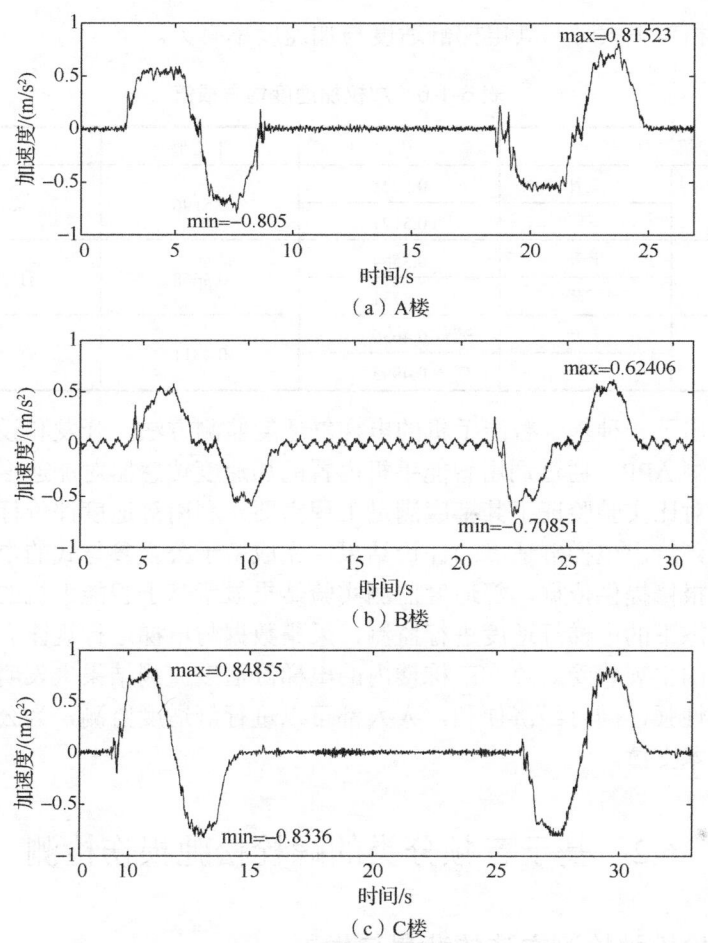

图 6-1-10 三栋建筑内电梯 z 轴方向上的加速度曲线

表 6-1-5 电梯在不同阶段的最大加速度值　　　　单位：m/s^2

建筑类型	上升阶段		下降阶段	
	加速	减速	加速	减速
A	0.60201	-0.80497	-0.60505	0.81526
B	0.58143	-0.60662	-0.70844	0.62406
C	0.84858	-0.83359	-0.81330	0.84848

根据上述所提到的评价体系，对不同建筑内的电梯舒适度进行评价，评价结果如表 6-1-6 所示。A 楼内的电梯被评为"比较不舒服"，B 楼和 C 楼内的电梯被评为"有一些不舒服"。从各个电梯的加权加速度均方根值可知 B 楼内电梯舒适度最好，C 楼次之，A 楼最差。根据评价结果发现，电梯运行过程中的最大加速度值对电梯舒适度有着很大的影响，最大加速度值越小，电梯舒适度越好，当最

大加速度值相差不大时，其电梯舒适度与加速度率有关。

表 6-1-6　加权加速度均方根值　　　　　　　　单位：m/s²

建筑类型		a_{wo}	平均值	评定
A	上升	0.5221	0.5196	比较不舒服
	下降	0.5171		
B	上升	0.3584	0.3668	有一些不舒服
	下降	0.3751		
C	上升	0.4630	0.4811	有一些不舒服
	下降	0.4993		

本节提出了一种基于智能手机的电梯舒适度监测方法，开发和设计了一款电梯舒适度监测 APP，通过调用智能手机内置的加速度传感器对加速度信息进行采集，并通过对比实验验证了其精度满足工程需要。利用舒适度评价标准对采集数据进行计算，给出电梯舒适度的评价结果，完成基于公众参与式的电梯检测，为电梯检修、报修提供依据。舒适度监测实验结果显示基于智能手机的监测方法可以对不同状态下的电梯舒适度进行监测，采集数据与电梯运行规律完全符合，评价结果与人的主观感受一致。三栋楼内的电梯舒适度监测结果也表明该方法稳定性好，适用性强，同时经济便利，人人都可以进行舒适度监测，为公众参与式监测提供了技术支撑。

6.2　基于音频分类的螺栓松弛损伤检测

6.2.1　螺栓松弛检测方法的背景与发展

螺栓联结作为钢构件中最为常用的连接方式，被广泛地应用到土木、机械、化工、航天等行业里的各类大型钢性设备和结构中。螺栓联结构件的可靠性和强度会随着预紧力的增加而增大，因此在设备的安装和使用前，对螺栓预紧力都有严格的要求，使螺栓按照规定处于拧紧状态。而后随着设备在使用过程中受到环境因素和使用状况的影响，螺栓会出现不同程度的松弛情况，进而导致设备结构的刚度和可靠性都大大降低，严重妨碍了设备的安全作业，甚至会导致安全事故的发生。因此对各行各业来说，快速检测螺栓的松弛情况都是很有必要的。螺栓构件预紧力的施加方式主要分为经验法、扳手力矩法、螺栓转角控制法以及螺栓伸长量法等。螺栓松弛识别实质上就是对螺栓构件预紧力剩余量进行监测识别。针对预紧力施加方法的不同，现存的检测手段主要分为基于结构振动信号的识别方法[27]、基于声发射信号的识别方法[28-31]以及基于图片识别螺栓转角和螺栓伸长量的方法[32-35]。结构振动信号主要依赖结构的振动特性，当结构受到激励作用时，提取结构的振动信号进而分析结构中螺栓松弛情况。声发射信号的频率响应更宽，所包含的信息量更大，故障特征更为明显，易于识别且参数稳定性好[36]。但是这两种方法都需要专业的采集系统，因此目前还未在现场进行大规模使用。基于图片的识别方法研究近几年才开始出现，还处于初步研究阶段，且识别范围太小。鉴于此，本节提出了基于音频分类识别的螺栓松弛检测方法。

基于音频分类识别的机器学习检测技术已经被广泛应用在医疗[37,38]、电器故障检测[39]、语音分析[40]等领域中，而在结构健康监测领域还未得到充分的发展。虽然针对螺栓松弛的检测方法有很多，但是受到专业仪器的限制，巡检人员最常用的方法还是用小锤敲击螺栓，通过声音来判断螺栓是否松弛，然而新入职的检测人员受到经验的制约，不能准确地通过敲击声来判断螺栓的松弛程度。机器学习算法的出现可以极大地改变这一现状。随着计算机性能的大幅度提升，机器学习算法的地位越发凸显，其中支持向量机在小样本训练集上能够得到比其他算法好得多的结果，同时具有优秀的泛化能力[41]，因此在数据分类[42]、文本分类[43]、图像检索[44]等领域都有应用。

此外，随着智能手机的快速发展，其内置了多种高精度的传感器，具有强大的数据传输和处理能力。2012年，赵雪峰等提出了将智能手机应用到结构健康监测领域的设想，他们的一系列实验证明了智能手机内部高精度的传感器可以满足工程的需要[45,46]。因此，本节将螺栓松弛检测与智能手机相结合，打破专业仪器的制约，去除检测过程中经验因素的障碍，使普通人员利用人手一部的智能手机就可以完成螺栓松弛的检测过程。本节利用智能手机的录音功能实现了对敲击声的音频数据采集，减少了额外器材的购买，任何一款带有录音功能的智能手机都可以作为采集设备。

本节提出了一种基于音频分类识别的螺栓松弛检测方法，首先，利用智能手机对小锤敲击螺栓产生的声音进行采集，其次利用支持向量机算法对螺栓处于不同松弛程度下的敲击声进行分类训练得到分类模型，从而实现对新采集的敲击声进行分类识别。第一，一个验证性实验被设计完成，分别对某螺栓处于 20N·M 和松弛状态（0N·M）时进行音频数据采集，利用支持向量机算法进行分类识别，结果显示该算法能够准确地对螺栓的两种状态进行识别。此外，为了证明该方法的抗噪性好，对上述采集的音频数据分别添加 5%和 10%的高斯白噪声，识别结果显示该方法即便处于噪声情况下依然有着较高的识别精度。第二，为了进一步判断该方法的多分类识别情况，我们选取了某螺栓分别处于 0、10、20、30、40、50、60N·M 状态时进行音频数据采集。分类结果表明该方法不但可以识别分类出间距为 10N·M 的扭矩，还可以实现螺栓多分类状态的识别；最后，根据实验中的九颗螺栓，采集螺栓位于不同预紧力的情况下的音频数据，得到样本库，然后针对不同螺栓的松弛情况进行分类识别，结果显示该方法在多螺栓检测实验中的识别精度虽然没有其他两个部分的实验结果好，但能够满足工程的需要，同样实现了对螺栓松弛的定量识别。因此，基于音频识别分类的螺栓松弛检测方法可以利用支持向量机对不同松弛情况下的螺栓进行高精度的识别检测，而且不需要任何专业的采集仪器，满足更多人的使用，更加经济便捷。

6.2.2 一种新的螺栓松弛检测方法

本节提出的一种新的螺栓松弛检测方法，流程如图 6-2-1 所示，首先，利用人手一部的智能手机完成对敲击声的采集；其次，利用端点检测算法完成对样本的提取；然后，对样本数据提取 20 个主成分作为时域参数，提取 24 个 MFCC（Mel-frequency cepstral coefficients，梅尔频率倒谱系数）作为频域参数，这些参数与标签值构成了数据集；最后，利用支持向量机对数据集进行训练，得出检测分类模型，实现螺栓松弛的检测。

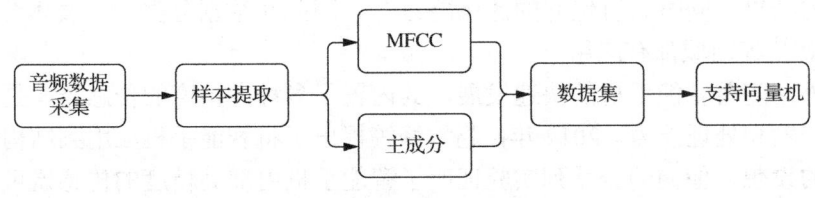

图 6-2-1 检测方法流程

1. 音频数据采集

随着智能手机的快速发展，其具有的功能也越来越多。录音作为智能手机的主要功能之一，其性能也越来越好，对于普通用户而言完全可以代替专业的录音笔。目前，几乎任何一款智能手机都具备了录音功能，如图 6-2-2 所示。因此该检测方法利用智能手机作为采集设备，减少经济支出，提高便捷性。本节选择智能手机 iPhone 6 作为采集设备，该款手机的录音性能如表 6-2-1 所示。

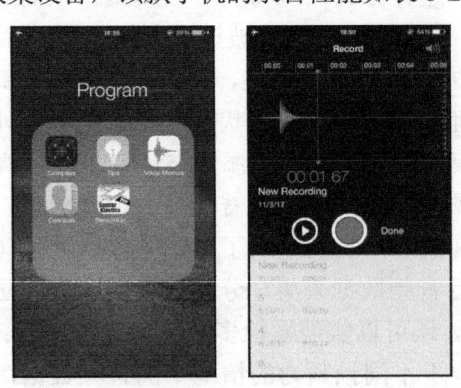

图 6-2-2 录音功能

表 6-2-1　iPhone 6 录音功能参数

参数	录音
频率响应	20Hz～10kHz
采样频率	44.1kHz
比特率	16bit
信噪比	>90dB
储存格式	M4A

iPhone 6 录音后的文件格式为 M4A，这种格式比常见的 WAV 格式所占内存更少。通过对比发现，同等时长的音频数据，在相同的比特率和采样频率下 M4A 格式只需要 2.53MB，而 WAV 格式却需要 55.7MB，几乎是前者的 22 倍。因此，iPhone 6 与一般的录音笔相比可以存储的时长更大，在音频存储方面也有着极大的优势。

2. 样本提取

图 6-2-3 是利用智能手机所采集到的一组音频数据，敲击一次产生的音频数据作为一个样本，为了采集数据的便利性，我们一次性采集了几百个样本数据在一个音频文件里。因此，需要使用端点检测法将每个样本都准确地提取出来。端点检测法是语音处理和语音识别的基础，可以将语音部分和噪声部分分离开[47]。本节采用了基于短时能量和过零率的双门限检测方法，分别为短时能量和过零率确定两个门限，一个是比较低的门限值，对信号比较敏感，容易超过，一个是比较高的门限值，不易被超过。只有当高门限值被超过，其后的信号均超过低门限值时，才被认定为信号。该方法利用能量门限来确定语音信号的起止点，利用过零率得到精确的起止点。

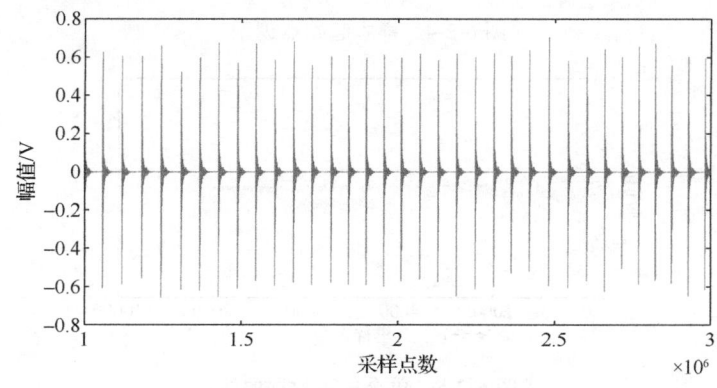

图 6-2-3　采集到的样本数据

第 n 帧语音信号 $x_n(m)$ 的短时能量 E_n 定义为

$$E_n = \sum_{m=0}^{N-1} x^2(m) \tag{6-2-1}$$

式中，N 为帧长。

第 n 帧语音信号 $x_n(m)$ 的短时平均过零率定义为

$$Z_n = \frac{1}{2} \sum_{m=0}^{N-1} \left| \operatorname{sgn}[x_n(m)] - \operatorname{sgn}[x_n(m-1)] \right| \tag{6-2-2}$$

其中，

$$\operatorname{sgn}[x] = \begin{cases} 1, & x \geq 0 \\ -1, & x < 0 \end{cases} \tag{6-2-3}$$

图 6-2-4 是经过端点检测法处理后的数据图，竖向直线所在位置是每个样本的起始点。通过对每个样本的分析发现每个声音样本从起始点开始至 10000 个点时就已经消减为 0 了。因此，将每个样本大小设定为 10000 个点，并根据起始点的位置将每个样本都提取出来，如图 6-2-5 所示。

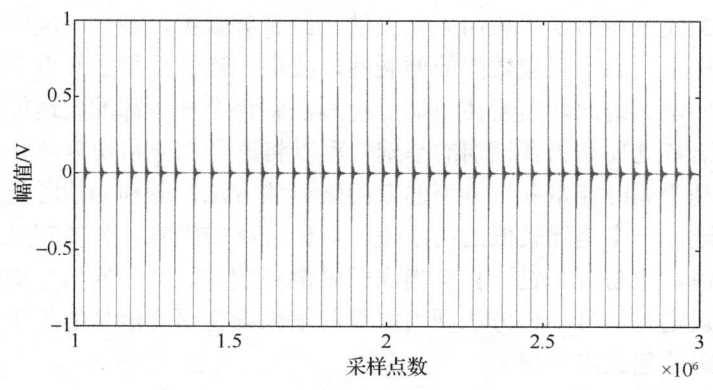

图 6-2-4　样本起始点识别

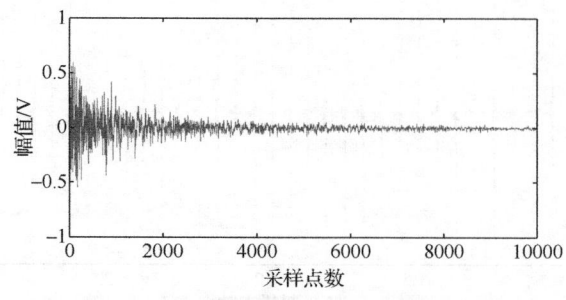

图 6-2-5　单个样本数据曲线

3. 数据集

根据提取出来的声音样本数据，可以从频域和时域两个方面来分析。在频域方面，人的听觉对频率是有选择性的，虽然语音信号大部分功率包含在低频分量中，但是它们对清晰度的贡献并不大。人耳听到声音的高低与声音频率不成线性关系，而是与该声音频率的对数近似成线性正比关系。根据这一特性，构造 Mel 频率尺度和 Mel 滤波器组，要求中心频率在 Mel 频率域内呈线性分布，每一个滤波器的带宽在其临界带宽之内。线性频率和 Mel 频率之间的转化关系如下[48]：

$$\text{Mel}(f)=2595\log_{10}(1+f/700) \quad (6\text{-}2\text{-}4)$$

将提取出来的样本数据进行预加重处理，主要是对声音的高频部分进行加重，增强声音高频部分的分辨率，一般是通过传递函数为 $H(Z)=1-0.98Z^{-1}$ 的滤波器来实现的。然后进行加窗处理，平滑声音帧。然后进行 FFT 变换，得到能量谱，并用一组三角 Mel 带通滤波器对能量谱进行带通滤波。将每个滤波器的输出取对数，得到相应的对数功率谱函数，并进行反离散余弦变化，得到 MFCC 特征参数，计算流程如图 6-2-6 所示。

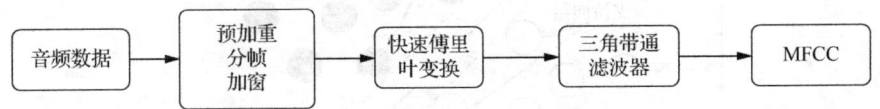

图 6-2-6　MFCC 计算流程图

MFCC 主要反映声音的静态特征，即每一帧的特征。但声音是连续变化的，每一帧都不是孤立的。而差分 MFCC 能够反映声音信号的动态信息，将静态信息和动态信息结合在一起作为特征参数，能够很大程度上提高系统的识别性能。本节选择一般最常用的一阶差分 MFCC 作为动态信息。最终提取的特征向量有 24 维，1～12 维是 MFCC，13～24 维是一阶差分 MFCC 参数。

梅尔频率倒频谱系数是将音频信号从频率的角度提取信息特征，而音频信号的时域信息也非常重要，为了更大程度上提高系统的识别性能，本节引入了主成分分析法，将多维的音频时域信号提取出 20 个主成分作为分类识别的特征参数。利用 MATLAB 中的 PRINCOMP 函数对音频数据进行主成分分析。最终该方法一共提取了 20 个主成分、12 个 MFCC 特征参数、12 个一阶差分 MFCC 特征参数和一个标签值组成了样本数据集。

4. 支持向量机

支持向量机作为机器学习中一种监督学习模型，在 1995 年被 Corinna Cortes 和 Vapnik 提出，它在小样本学习条件下，通过选择适当的模型（最优划分平面）以保持置信范围的固定，从而使经验风险最小化[49]。

支持向量机是从线性可分情况下的最优划分平面发展而成的，其基本思想就是如图 6-2-7 所示的两类线性可分问题：图中空心点和实心点分别表示两类的训练样本，H 是把这两类全部正确区分的分类线，H_1、H_2 分别为各类样本中离分类线最近且平行于分类线的直线，而 H_1 和 H_2 之间的距离就是两类样本的分类间隔，并将 H_1、H_2 上的训练样本点称作支持向量。该最优划分平面不但能将两类样本无错误地分开，而且要使分类间隔最大。前者保证经验风险最小，而后者使推广性的界中的置信范围最小，从而使问题的真实风险最小。推广至线性不可分情况，为了描述分类超平面，并考虑到存在不能被分类超平面正确分类的样本，引入了松弛变量 $\varepsilon_i \geqslant 0$，此时超平面的约束条件为

$$y_i[(w \cdot x_i)+b]-1+\varepsilon_i \geqslant 0 \tag{6-2-5}$$

式中，w 为超平面法线方向；b 为常数。

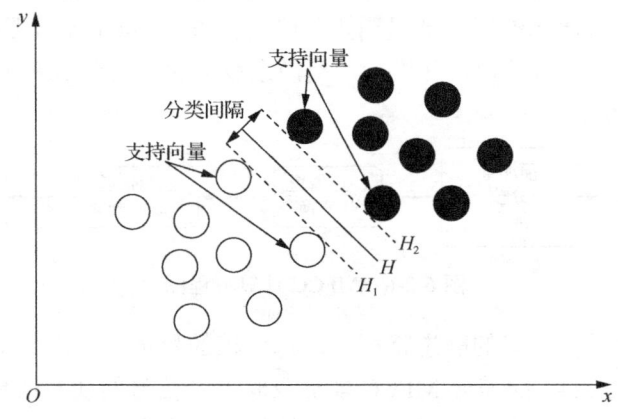

图 6-2-7　支持向量和最优划分平面

再经过进一步的简化，在线性不可分的情况下，广义最优划分平面问题可转化为

$$\Phi(w,\varepsilon)=\frac{1}{2}(w \cdot w)+C\left(\sum_{i=1}^{n}\varepsilon_i\right) \tag{6-2-6}$$

式中，C 为某个指定的常数，控制错分样本惩罚的程度，本节中选用默认值 1。

SVM 的关键在于核函数。低维空间向量集通常难于划分，解决的方法是将它们映射到高维空间。但这个办法带来的困难就是计算复杂度的增加，而核函数正好巧妙地解决了这个问题。也就是说，只要选用适当的核函数，就可以得到高维空间的分类函数。SVM 常用的核函数包括线性核函数、多项式核函数、高斯径向基核函数（radial basis function，RBF）和 Sigmoid 核函数。在本节的分类识别中，我们对这四种核函数的识别效果进行了对比，得到了适合螺栓松弛监测系统的最佳核函数。

在本节的螺栓松弛检测系统中，需要实现音频数据样本的二分类和多分类。我们选择了我国台湾大学林智仁（Lin Chih-Jen）教授等设计开发的 SVM 工具包[50]，也就是 LIBSVM。LIBSVM 是一个通用的 SVM 软件包，可以解决分类、回归以及分布估计等问题，它提供了常用的几种核函数可以选择，并且具有不平衡样本加权和多类分类等功能。

6.2.3 验证性实验

1. 实验介绍

首先，一个简易的实验结构被设计完成，这个结构由三块铁板构成，其中两块铁板作为支座，将第三块铁板支撑起来，并在平面铁板上安装 9 个型号为 M28 的螺栓。该结构长 400mm，宽 240mm，高 60mm，厚 10mm，详细的尺寸如图 6-2-8 所示。另外还使用了扳手、锤子、智能手机和数显扭矩扳手，实验过程如图 6-2-9 所示。

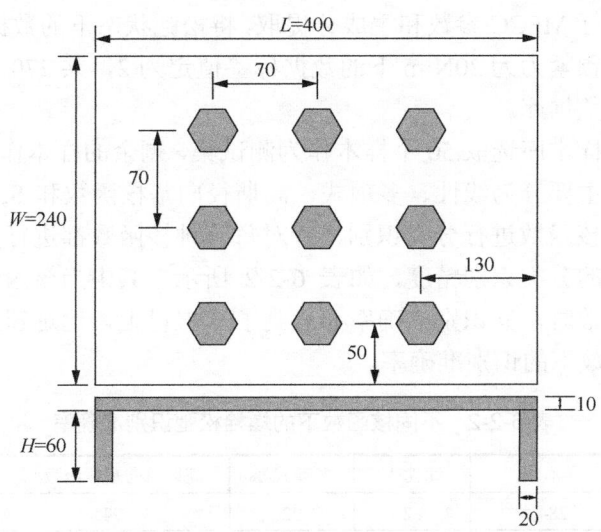

图 6-2-8 实验装置的主要尺寸（单位：mm）

为了验证基于音频分类识别的螺栓松弛检测方法的可行性，使一个螺栓分别处于松弛和预紧力为 20N·m 时，对其进行敲击实验，利用智能手机采集敲击声，将两个样本数据经过处理之后，进行支持向量机分类识别，并对多个核函数进行对比，得到适合于该方法的最优核函数。此外，为了进一步证明该检测方法的稳定性和抗干扰能力，将采集到的音频数据进行加噪处理，分别添加信噪比为 5% 和 10% 的高斯白噪声，然后对处理后的数据进行分类识别。

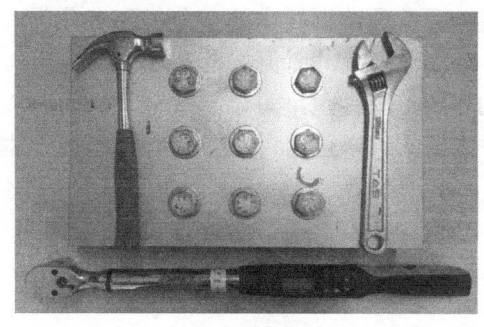

(a)   (b)

图 6-2-9 实验照片

2. 分类识别

将采集到的两类音频数据，经过短时能量和过零率分析后进行样本提取。随后将每个样本进行 MFCC 参数和主成分提取，将松弛状态下的数据标签值定为 1，共 284 个样本；预紧力为 20N·m 下的数据标签值定为 2，共 270 个样本，将这些数据集组成样本数据库。

将处理后的样本库选取 50 个样本作为测试集，剩余的样本作为训练集。支持向量机的核函数主要分为线性、多项式、高斯径向基核函数和 Sigmoid 核函数，为了选定合适的核函数进行分类识别，针对每一种核函数都进行分类处理，得出了不同核函数下的分类识别精度，如表 6-2-2 所示。其中当核函数选为多项式和高斯径向基核函数时，其识别准确率都达到了 92%以上，远远超过了线性核函数和 Sigmoid 核函数下的识别准确率。

表 6-2-2 不同核函数下的螺栓松弛识别准确率

类别	样本数	线性/%	多项式/%	高斯径向基核函数/%	Sigmoid 核函数/%
松弛	284	82	92	94	28
20N·m	270	68	100	100	0

在上一部分经过提取后的样本数据，分别添加 5%和 10%的高斯白噪声，加噪后的样本数据如图 6-2-10 所示。然后对加噪后的样本数据进行参数提取和标签分类，最后对处理后的样本库进行识别分类，分类结果如表 6-2-3 所示。虽然在数据中添加了不同程度的噪声，但是对其识别准确率几乎没有任何影响，因此基于音频识别分类的螺栓松弛检测方法的抗噪性好，稳定性好，能够满足工程的需要。

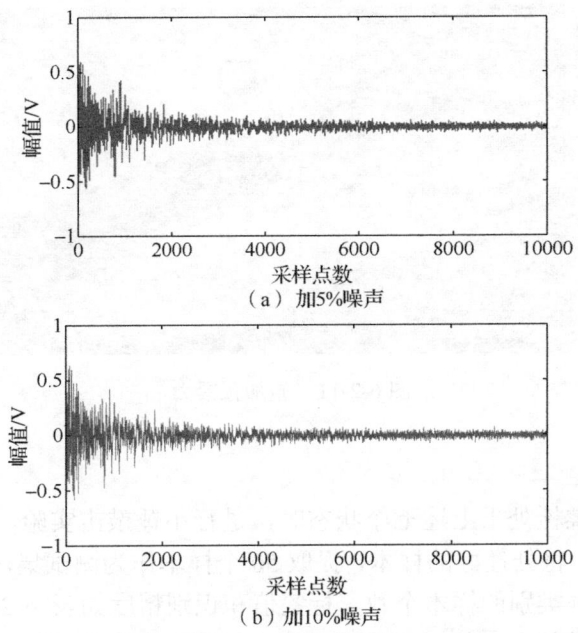

图 6-2-10 加噪后样本数据曲线

表 6-2-3 加噪后不同核函数下的螺栓松弛识别准确率

噪声	类别	线性/%	多项式/%	高斯径向基核函数/%	Sigmoid 核函数/%
5%	松弛	82	96	96	46
	20N·m	84	100	100	2
10%	松弛	83	98	98	24
	20N·m	64	97	98	37

6.2.4 单螺栓多分类识别

1. 实验介绍

在 6.2.3 节已经验证了基于音频的螺栓松弛检测方法的可行性和稳定性,同时得出了识别结果准确度比较高的两类核函数。但是上述实验只对螺栓松弛状态进行了二分类识别实验,为了进一步判断螺栓在多种松弛状态下的多分类识别情况,选取一颗螺栓,利用扭矩扳手,分别施加预紧力为 10、20、30、40、50、60N·m 和完全松弛一共七个状态。由于扭矩扳手施加扭矩的范围是 10~200N·m,而螺栓预紧力完全凭借人工手动施加,误差范围在 1~3N·m,因此为了增加各状态之间的区分度,采取以 10N·m 为步长,直至达到人工施加预紧力的最大值即 60N·m。施加预紧力的过程如图 6-2-11 所示。

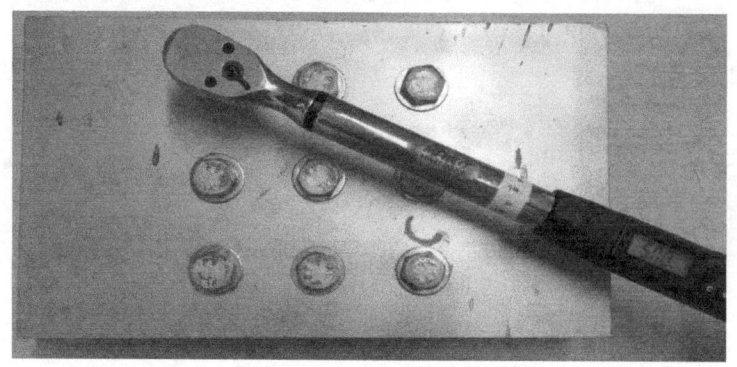

图 6-2-11 施加预紧力

2. 分类识别

分别对一个螺栓处于上述七个状态时，进行小锤敲击实验，并用智能手机对敲击声进行采集。将处理好的样本，提取 50 个样本作为测试集，其余样本全部作为训练集。每一种类别的样本个数、标签值和识别精度如表 6-2-4 所示。结果发现螺栓处于这七种状态下的识别精度很高，特别是在多项式核函数下每一种状态的识别精度都在 92%以上。虽然高斯径向基核函数的识别精度没有多项式核函数的高，但是高斯径向基核函数是将低维数据映射到高维空间中，更利于小样本下的分类划分。因此该检测方法选择高斯径向基核函数作为支持向量机分类识别中的核函数。

表 6-2-4　螺栓松弛识别结果准确率

类别	样本数	标签值	多项式/%	高斯径向基核函数/%
完全松弛	284	7	96	96
10N·m	239	1	92	92
20N·m	270	2	100	100
30N·m	286	3	94	90
40N·m	276	4	92	92
50N·m	283	5	92	88
60N·m	298	6	92	92

6.2.5　多螺栓多分类识别

1. 实验介绍

以上两个部分都是基于单颗螺栓所做的松弛损伤分类识别，虽然识别精度都很高，但是并不适用于工程实践的应用，为了证明该方法的扩展性好，对 9 颗螺栓的不同松弛状态分别进行采集，建立螺栓松弛损伤样本库，将这些样本库作为训练集。首先，将 9 颗螺栓全部依次施加预紧力至上述的七种状态，然后利用智能手机采集 9 颗螺栓处于某状态时的声音数据。这些数据组成了样本库，本节所使用的样本库中各种类别样本的数量如表 6-2-5 所示。

表 6-2-5 样本库中各类样本的数量

类别	标签值	组数
0	7	450
10	1	430
20	2	448
30	3	448
40	4	449
50	5	440
60	6	450

2. 识别结果

针对 9 颗不同的螺栓，将这些螺栓分别处于上述七个状态时（图 6-2-12），利用智能手机进行数据采集，从每个螺栓采集的数据中均提取出 50 个样本作为测试集，即共 450 个样本。各螺栓的识别准确率如表 6-2-6 所示，其中有 5 个螺栓的识别准确率达到了 90%以上，最差的 3 号螺栓识别准确率也已经达到了 82%。这 9 个螺栓的综合识别准确率达到了 89.78%，测试集样本一共 450 个，错误识别 46 个，其中有 16 个样本被错误识别为相邻类别，

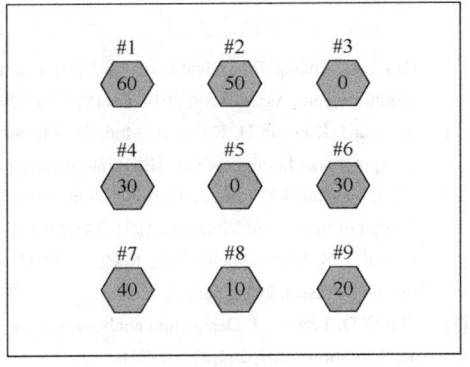

图 6-2-12 螺栓的编号和各自施加的预紧力

例如一个属于 20N·m 的样本被错误识别为了 10N·m 或者 30N·m。在实际的螺栓松弛检测中并不需要这么高的识别度，因此在放宽检测要求的情况下，只有 30 个样本出现了较大错误识别的情况，此时螺栓松弛检测的综合准确率能够达到 93.3%，完全能够满足工程检测的要求。

表 6-2-6 螺栓松弛识别结果准确率

螺栓标号	正确样本数	正确率/%
1	48	96
2	42	84
3	41	82
4	42	84

续表

螺栓标号	正确样本数	正确率/%
5	46	92
6	48	96
7	45	90
8	48	96
9	44	88

本节提出了一种基于音频分类识别的螺栓松弛检测方法,通过智能手机采集小锤敲击螺栓的声音,进而利用支持向量机对不同类别的声音数据进行分类识别,达到实现螺栓松弛损伤分类识别的目的。通过一系列实验结果显示该方法能够很好地识别螺栓不同的松弛状态,而且抗噪性能好。本节引入了支持向量机作为识别手段,极大地减弱了对专业人员经验的要求,并将螺栓松弛损伤的检测由定性检测变为了定量检测,可以更好地保障具有较多螺栓结构的安全。

参 考 文 献

[1] Hsu C S, Huang D J. Evaluation and improvement of air quality in school public elevator[J]. Environmental Monitoring and Assessment, 2014, 186(5): 2941-2948.

[2] Seppala J, Koivisto H, Koivo H. Modeling elevator dynamics using neural networks[C]. IEEE World Congress on Computational Intelligence the IEEE International Joint Conference on Neural Networks, 1998, 3(3):2419-2424.

[3] Chi R M, Shu H T. Longitudinal vibration of a hoist rope coupled with the vertical vibration of an elevator car[J]. Journal of Sound and Vibration, 1991, 148(1): 154-159.

[4] Franco R S, Marranghello G F, Rocha F S. Measuring the acceleration of an elevator[J]. Revista Brasileira de Ensino de FÍsica, 2016, 38(1).

[5] Zhu W D, Teppo L J. Design and analysis of a scaled model of a high-rise, high-speed elevator[J]. Journal of Sound and Vibration, 2003, 264(3):707-731.

[6] Choi S H, Kim J S, Kim T S, et al. Design and implementation of an elevator vibration measuring system using 3-Axis acceleration sensor[J]. Journal of Korea Multimedia Society, 2013, 16(2): 226-233.

[7] Mutoh N, Kagomiya K, Kurosawa T, et al. Horizontal vibration suppression method suitable for super-high-speed elevators[J]. Electrical Engineering in Japan, 1999, 129(1):59-73.

[8] Tse W L, So A T P, Chan W L. Building automation systems on the Internet[J]. Facilities, 1997, 15(5/6):125-133.

[9] Blakeley F, Argüello B, Cao B, et al. Optimizing periodic maintenance operations for Schindler Elevator Corporation[J]. Interfaces, 2003, 33(1): 67-79.

[10] Huseinbegovic S, Kreso S, Tanovic O. Design and implementation of the CAN based elevator control system[C]. XXII International Symposium on Information, Communication and Automation Technologies, 2009:1-6.

[11] Kim C B, Seong K A, Lee-Kwang H, et al. Design and implementation of a fuzzy elevator group control system[J]. IEEE Transactions on Systems Man & Cybernetics Part A: Systems & Humans, 1998, 28(3):277-287.

[12] Mahir Dursun. Estimation of passenger waiting time in elevator systems with artificial neural network[J]. Intelligent Automation & Soft Computing, 2010, 16(1):101-110.

[13] Lee Y M, Kang J K, Sul S K. Acceleration feedback control strategy for improving riding quality of elevator system[C]. IEEE Industry Applications Conference, 1999:1375-1379.

[14] Song W B, Yu H, Liang C, et al. Body monitoring system design based on android smartphone[C]. Information and Communication Technologies, 2012:1147-1151.
[15] Natale V, Drejak M, Erbacci A, et al. Monitoring sleep with a smartphone accelerometer[J]. Sleep and Biological Rhythms, 2012, 10(4):287-292.
[16] Lau S L, Konig I, David K, et al. Supporting patient monitoring using activity recognition with a smartphone[C]. International Symposium on Wireless Communication Systems, 2010: 810-814.
[17] Handel P, Ohlsson J, Ohlsson M, et al. Smartphone-based measurement systems for road vehicle traffic monitoring and usage-based insurance[J]. IEEE Systems Journal, 2014, 8(4):1238-1248.
[18] Wang Y, Chen Y J, Yang J, et al. Determining driver phone use by exploiting smartphone integrated sensors[J]. IEEE Transactions on Mobile Computing, 2016:1965-1981.
[19] Kuhn J, Vogt P. Smartphones as experimental tools: different methods to determine the gravitational acceleration in classroom physics by using everyday devices[J]. European Journal of Physics Education, 2013, 4:16-27.
[20] Monteiro M, Cabeza C, Martí A C. Exploring phase space using smartphone acceleration and rotation sensors simultaneously[J]. European Journal of Physics, 2014, 35(4):366-367.
[21] Yu Y, Zhao X F, Ou J P. A new idea: mobile structural health monitoring using smart phones[C]. 2012 Third International Conference on Intelligent Control and Information Processing (ICICIP), 2012:714-716.
[22] Zhao X F, Liu H, Yu Y, et al. Bridge displacement monitoring method based on laser projection-sensing technology[J]. Sensors, 2015, 15(4):8444-8463.
[23] Han R C, Zhao X F, Yu Y, et al. A cyber-physical system for girder hoisting monitoring based on smartphones[J]. Sensors, 2016, 16(7): 1048.
[24] Zhao X F, Han R C, Ding Y B, et al. Portable and convenient cable force measurement using smartphone[J]. Journal of Civil Structural Health Monitoring, 2015, 5(4): 481-491.
[25] Han R C, Zhao X F, Yu Y, et al. Emergency communication and quick seismic damage investigation based on smartphone[C]. Advances in Materials Science and Engineering, 2016.
[26] Organization I S. Mechanical vibration and shock—Evaluation of human exposure to whole-body vibration—Part 1- General Requirements: ISO 2631-1[S]. 1997.
[27] Guarino J, Hamilton R. Stethoscope-based detection of detorqued bolts using impact-induced acoustic emissions[C]. Proceedings of Meetings on Acoustics, 2014, 22(1): 065001.
[28] Liang D, Yuan S F. Decision fusion system for bolted joint monitoring[J]. Shock & Vibration, 2015, 2015:1-11.
[29] Yang J, Chang F K. Detection of bolt loosening in C-C composite thermal protection panels: I. Diagnostic principle[J]. Smart Materials & Structures, 2006, 15(2):581.
[30] Ritdumrongkul S, Abe M, Fujino Y, et al. Quantitative health monitoring of bolted joints using piezoceramic actuator-sensor[J]. Smart Materials & Structures, 2003, 13(1):20.
[31] Ding X, Wu X, Wang Y. Bolt axial stress measurement based on a mode-converted ultrasound method using an electromagnetic acoustic transducer[J]. Ultrasonics, 2014, 54(3): 914-920.
[32] Cha Y J, You K, Choi W. Vision-based detection of loosened bolts using the Hough transform and support vector machines[J]. Automation in Construction, 2016, 71:181-188.
[33] Park J H, Huynh T C, Choi S H, et al. Vision-based technique for bolt-loosening detection in wind turbine tower[J]. Wind & Structures an International Journal, 2015, 21(6):709-726.
[34] Park J H, Kim T H, Kim J T. Image-based bolt-loosening detection technique of bolt joint in steel bridges[C]. 6th International Conference on Advances in Experimental Structural Engineering, University of Illinois, Urbana-Champaign, 2015.
[35] Wu J, Cui X, Xu Y. A novel RFID-based sensing method for low-cost bolt loosening monitoring[J]. Sensors, 2016, 16(2):168.
[36] Heylen W, Lammens S, Sas P. Modal analysis theory and testing[J]. Communications Magazine IEEE, 1997, 22(5):64-70.

[37] Palaniappan R, Sundaraj K, Ahamed N U. Machine learning in lung sound analysis: a systematic review[J]. Biocybernetics & Biomedical Engineering, 2013, 33(3):129-135.

[38] Collado-Villaverde A, R-Moreno M D, Barrero D F, et al. Machine learning approach to detect falls on elderly people using sound[C]. International Conference on Industrial, Engineering and Other Applications of Applied Intelligent Systems, 2017:149-159.

[39] Saucedo-Espinosa M A, Escalante H J, Berrones A. Detection of defective embedded bearings by sound analysis: a machine learning approach[J]. Journal of Intelligent Manufacturing, 2017, 28:1-12.

[40] Shin J W, Chang J H, Kim N S. Voice activity detection based on statistical models and machine learning approaches[J]. Computer Speech & Language, 2010, 24(3):515-530.

[41] Hua Z, Wang Y, Xu X, et al. Predicting corporate financial distress based on integration of support vector machine and logistic regression[J]. Expert Systems with Applications, 2007, 33(2):434-440.

[42] Zhao X F, Li W J, Zhou L, et al. Application of support vector machine for pattern classification of active thermometry‐based pipeline scour monitoring[J]. Structural Control and Health Monitoring, 2015, 22(6): 903-918.

[43] Tong S, Koller D. Support vector machine active learning with applications to text classification[J]. Journal of Machine Learning Research, 2002, 2(1):45-66.

[44] Tong S. Support vector machine active learning for image retrieval[C]. ACM International Conference on Multimedia, 2001:107-118.

[45] Yu Y, Han R C, Zhao X F, et al. Initial validation of mobile-structural health monitoring method using smartphones[J]. International Journal of Distributed Sensor Networks, 2015, 11(2): 274391.

[46] Zhao X F, Han R C, Yu Y, et al. Smartphone-based mobile testing technique for quick bridge cable–force measurement[J]. Journal of Bridge Engineering, 2016, 22(4): 06016012.

[47] Wu B F, Wang K C. Robust endpoint detection algorithm based on the adaptive band-partitioning spectral entropy in adverse environments[J]. IEEE Transactions on Speech and Audio Processing, 2005, 13(5): 762-775.

[48] Xu G, Tong B, He X W. Robust endpoint detection in mandarin based on MFCC and short-time correlation coefficient[C]. Second International Conference on Intelligent Computation Technology and Automation, 2009:336-339.

[49] Amari S, Wu S. Improving support vector machine classifiers by modifying kernel functions[J]. Neural Networks the Official Journal of the International Neural Network Society, 1999, 12(6):783.

[50] Chang C C, Lin C J. LIBSVM: a library for support vector machines[J]. ACM Transactions on Intelligent Systems & Technology, 2011, 2(3):1-27.

第 7 章　地震作用下智能手机结构响应监测

7.1　当前结构地震监测与评估现状

7.1.1　当前地震响应监测与安全评定研究进展

地震是所有自然灾害中对人类社会造成损失最大的一种灾害。破坏性地震，往往在没有预兆的情况下突然发生，大地震撼，地裂房塌，甚至摧毁整个城市。如 2006 年印尼中爪哇省 6.2 级地震，造成至少 6000 人死亡，约 2 万人受伤，20 万人无家可归。2008 年中国汶川 8.0 级地震，造成约 6.9 万人遇难，逾 37 万人受伤，直接经济损失 8451 亿元人民币，民房和城市居民住房的损失占总损失的 27.4%，包括学校、医院和其他非住宅用房的损失占总损失的 20.4%。2010 年海地 7.3 级地震，造成 27 万人死亡，48 万多人流离失所，370 多万人受灾，其中太子港 6.1 级地震为最大余震，太子港的大多数建筑均在地震中遭到损毁。2011 年东日本 9.0 级大地震，造成 11004 人死亡，17339 人失踪，地震损失总额概算高达 16 兆 9000 亿日元，约合 1.36 万亿人民币，其中建筑物方面的损失最大，为 10 兆 4000 亿日元。上述灾害损失数据触目惊心。

我国《国家中长期科学和技术发展规划纲要（2006—2020）》[1]着重指出："加强对突发公共事件快速反应和应急处置的技术支持。重点研究开发地震、台风灾害等监测、预警和应急处置关键技术。"其中地震灾害应急监测与评定技术是防震减灾重要环节之一，是评价、减轻城市地震灾害的重要需求。地震灾害的监测主要涉及如下两个方面：一方面，突发地震作用、地震承灾载体（人、结构）。结构地震响应监测与安全评定对于掌握结构在地震灾害的主震、余震序列影响下的结构损伤发展、安全状态，减少人民生命财产损失是十分重要的。该项工作同时也是基于地震激励的实体结构原型观测，对于处于地震小烈度影响区的结构安全评价、抗震理论验证等防灾减灾研究也具有重要意义。另一方面，随着科技的进步，如能实现某次地震中，对受灾区城市内数量众多的结构响应的应急集群监测，其获得的数据对于结构在主震、余震序列影响下的应急损伤评估将具有重要里程碑式的意义。然而目前距离上述目标仍然任重道远。

目前地震的监测主要是针对地震动的地震台网监测，最近几十年做了大量工作。一般均为各国政府牵头,定点在某些位置建立地震台网阵列。当地震发生时,利用不同位置采集的地震响应数据获得地震震级等灾害信息。现在各国对地震的监测都在逐步完善。当地震发生时,震级和烈度分布图的更新速度也越来越快。中国国家地震台网中心能够实时汇集145个国家数字地震台、2个小孔径台阵、6个火山台网连续波形数据,准实时汇集792个区域数字地震台站的数据,并从美国地质调查局地震信息中心准实时汇集全球地震台网77个台站的地震波形数据[2]。

针对地震过程中的结构响应监测,一方面主要基于强震观测的扩展监测,另一方面结构健康监测的快速发展也为地震结构响应监测提供了途径。目前国际范围内,有较为丰富的响应监测数据报道。例如美国加利福尼亚州某54层建筑内的监测系统,自1992年以来,连续监测了7次地震中该结构的加速度响应[3]。日本处于地震多发地带,因而许多建筑都安装了结构监测系统[4-7]。如在2011年发生的东日本大地震,几乎所有的结构监测系统都收录了其结构在该地震下的响应[8-10]。中国在深圳地王大厦[11]、云南抗震培训中心等均建立了强震观测点[12],且在多次大地震中对建筑结构的响应数据进行了收集和记录[13,14]。再如中国汶川地震后,在当地汶川小学教学楼、映秀安置房等重建房建立了地震实时监测系统,在其监测系统建立满一年的时间内,监测了汶川地区多次地震的房屋结构响应超过7次,取得了建筑结构的基础、屋面等在地震激励下的三向加速度数据[15]。我们收集了来自美国、日本和中国的36条结构响应记录,如表7-1-1所示。从世界范围来看,目前针对地震结构响应的监测主要是依赖于建筑结构本身既有的监测系统进行监测,如地震监测部门所建立的地震监测台阵,其主要趋势还是"守株待兔"式的被动式监测,且监测收集的数据多是加速度信息,收集的数据过于单一,不利于地震下结构的安全评定。同时,基于成本问题,很多监测系统的主要目的在于获取地震波资料,对于其他大多数的建筑结构来说,针对地震中建筑结构响应的监测系统则无法"飞入寻常百姓家"。表7-1-1中,只有在青川地震中,中国地震局工程力学研究所对某办公楼内余震激励下的结构响应进行了主动监测[2],但依然只是收集加速度信息,无法对结构的应急安全评定做出快速反应。因此我们提出了基于智能手机的框架结构余震响应集群监测与安全评定。

表 7-1-1　已有研究中对地震响应监测汇总

序号	时间	地震名称	建筑	距震中距离/km	监测量	是否既有
1[3]	2003	Tokachi	某办公楼	84.2	加速度	是
2[3]	2003	Tokachi	某办公楼	136.2		是
3[3]	2003	Tokachi	某市政厅	258.5		是
4[3]	2003	Tokachi	某市政厅	258.6		是
5[3]	2003	Tokachi	某大学	266.3		是

续表

序号	时间	地震名称	建筑	距震中距离/km	监测量	是否既有
6[3]	2003	Tokachi	某部门	276.9	加速度	是
7[3]	2003	Tokachi	城市政厅	297.5	加速度	是
8[3]	2003	Tokachi	某办公室	329.5	加速度	是
9[3]	2003	Tokachi	某大学	479.4	加速度	是
10[4]	2005	Fukuoka	某办公室	无	加速度	是
11[4]	2005	Fukuoka	某医院	无	加速度	是
12[4]	2005	Fukuoka	计算中心	无	加速度	是
13[5]	2011	东日本大地震	核电站某建筑	0	加速度	是
14[6]	1971	圣费南多	喜来登旅馆	19	加速度	是
15[6]	1994	加州北岭	喜来登旅馆	19	加速度，速度，位移	是
16[7]	1992	Landers	56层建筑	1	加速度	是
17[7]	1992	Big Bear	56层建筑	10	加速度	是
18[7]	1994	Northridge	56层建筑	19	加速度	是
19[7]	1999	Hector Mine	56层建筑	6	加速度	是
20[7]	2008	Chino Hills	56层建筑	14	加速度	是
21[7]	2010	Whittier Narrows	56层建筑	18	加速度	是
22[7]	2010	Calexico	56层建筑	32	加速度	是
23[8]	2011	东北地方太平洋地震	神奈川某建筑	无	加速度	是
24[9]	2003	腾冲地震	钏路市某建筑物	无	加速度	是
25[10]	2011	东日本大地震	21层某建筑	无	加速度	是
26[10]	2011	东日本大地震	43层某建筑	无	加速度，相对相位	是
27[11]	2011	东日本大地震	54层某建筑	无	加速度，相对相位	是
28[11]	2011	东日本大地震	18层建筑	无	加速度，相对相位	是
29[11]	2011	东日本大地震	29层建筑	无	加速度，相对相位	是
30[13]	2008	汶川地震	润扬大桥	1490	加速度，跨中内力，支座位移	是
31[2]	2008	青川地震	办公楼	160	加速度	否
32[12]	2011~2013	汶川余震	教学楼	0	加速度，徐变位移	是
33[14,15]	2005	九江地震	福建抗震大楼	670	加速度，位移	是
34[16]	2014	河源地震	深圳地王大厦	110	加速度	是
35[17]	2000~2001	云南系列地震	抗震培训中心	80	加速度	是
36[18]	2000~2001	云南系列地震	广场大厦	80	加速度	是

目前用于地震结构损伤识别的方法主要有基于有限元修正和基于实测数据的损伤识别[16,17]。基于有限元方法需要完整的结构参数资料和实测数据修正模型，对于震后快速的评定因没有完善资料而并不适用。基于实测数据的损伤识别主要是基于振动参数[18,19]，利用信号处理技术对加速度数据进行分析来获取基频、振型、刚度特性等结构参数[20]，通过这些参量的变化进行识别。但是实际框架结构复杂，传感器数量相对偏少与诊断方法需求量过大之间矛盾较大。实际震害中，如结构健康监测系统不能保持正常工作，则监测数据难以获得。由于目前监测手段的限制，表征结构整体状况的主要响应参数层间位移信息更是难以获取。层间位移是表述结构损伤最为直接的物理量[21,22]，因为结构变形会导致残余变形，地震作用下的层间位移监测对实时安全评定是十分必要的[23]。但是测量层间位移很困难，传统的主要有以下几种方法：一是加速度两次积分，积分方法受初值、滤波和趋势项影响较大，积分结果不够精确和稳定[24]。二是 LVDT（linear variable differential transformer，线性可变差动变压缩器）传感器的使用，LVDT 需要待测结构周围有固定的参考点[25,26]，安装和维护耗资巨大，对于框架结构难以在其周围安装固定参考点，且对于大型结构更不适用。三是使用 GPS 进行位移监测[27]，但是其采样频率低，精度不够，耗资巨大[28]。四是使用 LDV（laser Doppler velocimeter，激光多普勒测速仪），其安装十分困难[29]。为解决传统层间位移监测方法的不足，基于视觉的监测方法已有所研究，但是成本高，需要 CCD 图像传感器、PSD 单元或者 LED 阵列的配合，在地震作用下并不适用[30,31]。

7.1.2 地震响应监测存在的问题与挑战

总结以上内容可以得到当前地震响应监测存在的问题与挑战如下。

（1）当前地震结构响应监测由于地震的不确定性，仍然处于"守株待兔"的被动监测阶段，无法针对某次地震开展"如影随形"的主动监测。

（2）当前地震结构响应监测主要是基于加速度响应监测，在此基础上的结构安全评定方法还需要进一步完善；层间位移是结构抗震分析中公认的最重要参数，然而这一重要结构响应参数，却由于造价、监测手段等因素制约，仍然无法有效、准确获取。

（3）当前结构地震响应监测主要是针对少数安装有既有系统的建筑物的被动监测，还做不到在地震影响区内大量结构物的集群监测与安全评定。

（4）当前结构地震响应监测系统造价高、构成复杂、专业性强，目前很难做到更大规模的普及应用。

7.1.3 智能手机在结构地震作用下的可监测参数

由以上论述可以看出，当前主流监测方式多集中于加速度数据的获取，其他重要结构响应如位移、倾角等很难通过监测手段获取。智能手机作为高度集成的设备，可以为感知更多参数提供更多的可能。表 7-1-2 给出了主流地震监测手段与智能手机监测手段在结构地震响应监测中的应用对比。

表 7-1-2　主流地震监测手段与智能手机监测手段在结构地震响应监测中的应用对比

对比项	当前主流手段	智能手机监测
监测到的作用	主震+余震	余震
监测对象数量	少	多
监测响应参数	加速度为主	加速度、位移、倾角
加速度精度	高	低
位移精度	低	高
评定方法	以加速度为主	以位移为主，融合加速度、倾角
实测地震区域	守株待兔、被动、无法跟踪	如影随形、主动、可跟踪
监测网络系统	如破坏，很难修复	有网、无网两种监测策略
使用人	专家	专家、普通技术人员、甚至大众
公众可参与	否	是
造价	投入大，同时需维护	极小
便捷性	差	强

从以上对比分析可以看出，智能手机监测方案是对现有结构响应监测技术的补充与完善，将获得更加全面的响应监测结果。由于公众可参与、高集成度、便捷性、造价低、普及度高等特点，智能手机监测有望为地震作用下结构安全监测提供更为个性化、临时性、机动灵活性的服务。

7.2　框架结构层间位移监测方法研究

超高层结构变形监测主要内容是结构的水平位移监测。近年来层间位移的监测引起了人们很大的注意，因为层间位移直接影响着结构损伤的监测[31,32]。结构水平位移过大，将会导致结构开裂、倾斜或损伤，甚至达到一定程度时，因为结构加速度过大引起室内人员不适。在现有的建筑结构规范中，对超高层建筑的顶端位移和层间水平位移都有严格的限制[33]。而且，结构单元的变形会导致残余变形，所以位移测量对结构的损伤诊断是必不可少的，特别是地震过程中，层间位移的得出对实时诊断结构损伤是很有效的。除此之外，超高层结构水平变形曲线也是变形监测的一项重要内容，它在一定程度上反映了结构垂直方向的刚度变化，是损伤判断的重要依据之一。

但是目前还没有比较完善的高层结构层间位移监测方法。我们希望提出非接触式的，基于摄像的位移识别方法能够用在层间位移的监测中来。我们尝试着在振动台上的两层框架中使用该方法进行位移识别，具体的实验情况如下所述。本节简单地探讨基于图像处理与激光投射方法的框架结构层间位移监测，希望以此作为基于智能手机层间位移监测的基础。

7.2.1 监测思路

为了监测层间位移，我们提出基于摄像的视频监测方法，主要是利用激光点的识别来计算位移，将固定有激光器的运动物体投射激光点到固定屏幕上，使用摄像头拍摄下屏幕上激光点的运动轨迹，通过分析激光点的运动情况得到待测物体的位移情况。令激光发射器与屏幕分别设置在一定距离的两个面上，激光发射器固定在待测物体上，与待测物体一起运动，激光发射器发出的激光投射到屏幕上，通过对屏幕上的激光点进行位移识别来得出位移情况，为了验证该方法的可行性，选择激光位移传感器对运动物体进行跟踪，得出运动物体的位移，使用该位移情况与视频处理结果进行对比，判断其可行性。我们的最终目的是利用手机的摄像功能来进行位移识别和判断，此初步想法验证后可以移植至智能手机应用。

初步实验采用罗技 C110 摄像头进行视频录制，选取 1 元硬币作为尺寸参照物。每组实验需要进行两次视频的录制，第一次录制是具有参照物的定点录制，利用已知尺寸的硬币与所录制图像的像素尺寸来获得像素与实际长度的比值，以便下步中将像素坐标换算为实际位移。第二次录制是使用摄像头对激光点的移动进行跟踪，并根据同等条件下得到的分辨率换算为实际位移。在对视频的处理过程中，主要包括以下几个过程：格式转换、视频解帧、位移分析。

1. 格式转换

由于摄像头原因，采集到的视频为 WMV 格式，由于程序处理要求，需要将其使用格式工厂转换为 AVI 格式，以便后续处理。

2. 视频解帧

对 AVI 格式的视频进行处理，将其解帧，使其成为一帧一帧的图片，根据摄像头的规格，解帧为每秒 30 帧，在解帧过程中，会对图片进行二值化和灰度化，以便后续处理。每一帧的光点都有对应的坐标值，这样每帧图片的坐标值都得到后就可以得到其位移变化情况。进行灰度化后的图片如图 7-2-1 所示。图 7-2-1（a）为第一次录制参考图像的灰度化图片，用来计算实际尺寸与像素尺寸的比值；图 7-2-1（b）是第二次录制，主要是激光点的情况，用来计算位移情况，它们都是选取的其中的一帧。

（a）参考图像灰度化

（b）激光点的灰度化

图 7-2-1　图片灰度化

3. 位移分析

采用质点法对其进行位移分析，质点法，顾名思义就是对激光点的质点进行坐标计算。因为激光器与屏幕的距离较远，激光点打到屏幕上会出现一定的扩散现象，会在周围形成光晕，所以需要寻找其质点并对其进行坐标提取。通过每帧激光点所在位置的坐标得到位移变化情况。

4. 具体实施过程

以上对视频的处理都是联合使用 C++与 OpenCV 来完成的。在解帧图片过程中需要对其进行预处理，如截取图像有用位置、光滑处理等。然后对彩色图像进行灰度化，转化为灰度图像；选择合适的阈值，对得到的灰度图像进行二值化，得到准确的分离出参照物（硬币）的二值化图像，根据得到的二值化图像，计算出像素与实际长度比 rate。然后对具有光点位移过程的视频进行预处理，得到准确的分离出激光点的二值化图像，根据得到的二值化图像，计算出此帧中激光点的像素坐标（x,y）；根据 rate，将像素坐标转换为实际坐标，对激光点的坐标进行追踪达到位移分析的目的。

该方法在实验室进行了大量的静态和动态位移验证，精度得到了确认。在这里只给出其在振动台上两层框架中的应用，为下文框架综合实验提供支持。

7.2.2　两层框架实验

1. 实验布置

该实验是在固定在振动台上的两层框架上实现的，在每层的顶端固定激光器，底端固定接收屏幕，并使用磁性支座将摄像头固定到楼板底端，即下边的接收屏幕上。楼层上边的激光垂直投射到下边屏幕上，接收屏幕上激光点的运行情况即为楼层的层间位移。使用两台笔记本拍摄两层的参照物和激光点运动的视频，通过判断激光点在底端接收屏幕上的运动轨迹来计算层间位移。在框架模型的一侧固定一个刚性的支架,可以调节距离框架的距离,该刚性支架固定在振动台上,与振动台共同运动。在刚性支架上固定两个激光位移传感器,使用 NI 采集仪来采集激光位移传感器的电压信号,并由此得出相对于振动台的位移。通过激光位移传感器的相对振动台的位移情况来与使用视频拍摄所得层间位移相比较,判断该种方法应用在层间位移监测中的可行性。该实验所用框架结构为可调节阻尼大小的两层框架,在本实验中,节点处为全刚性。实验布置示意图如图 7-2-2 所示,实物图如图 7-2-3 所示。

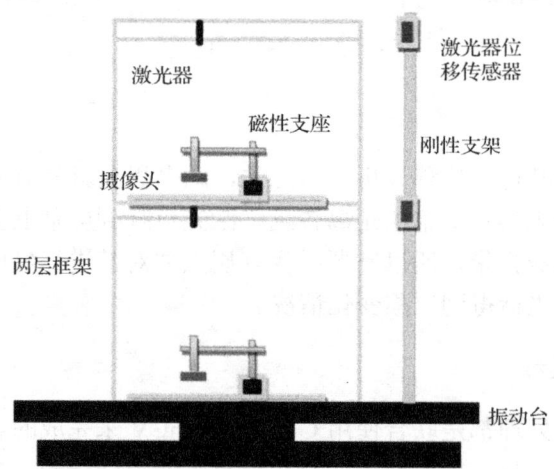

图 7-2-2 两层框架实验布置示意图

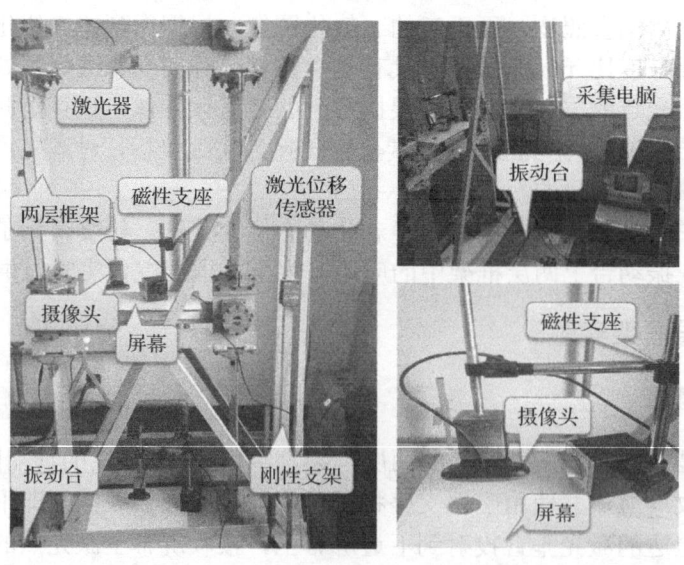

图 7-2-3 两层框架实验布置实物图

实验中，使用振动台给结构施加 El-Centro 地震波，并使用视频采集和 NI 采集仪共同进行数据采集，最后得出框架在地震波作用下的层间位移情况。将两种结果进行对比，判断使用该种方法的可行性。在求解一层的位移时，结果直接是激光位移传感器结果与视频结果的对比，对于求解二层的层间位移，因为两个激光位移传感器都是相对振动台的位移值，故需要将两个激光位移传感器所得的位移相减，才能得到二层的层间位移，也正因为此，可能导致两个激光位移传感器误差的叠加。

2. 框架实验结果

在本实验中，地震波的幅值可以根据输入的位移幅值在振动台内部的程序进行自动调幅。在本实验中，El-Centro 地震波的输入为单方向 0.8cm 幅值、0.9cm 幅值和 1cm 幅值。三组实验的实验结果分别如图 7-2-4～图 7-2-6 所示。

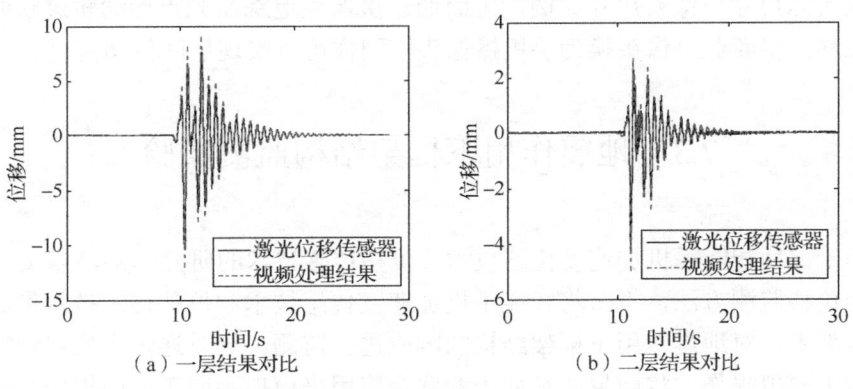

图 7-2-4　El-Centro 波 0.8cm 幅值下的层间位移

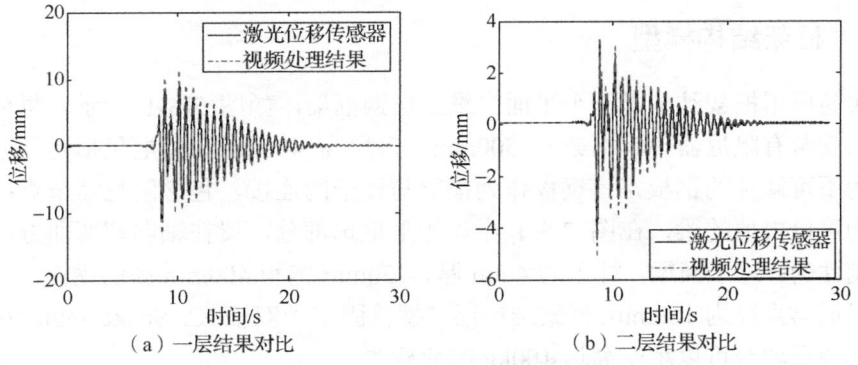

图 7-2-5　El-Centro 波 0.9cm 幅值下的层间位移

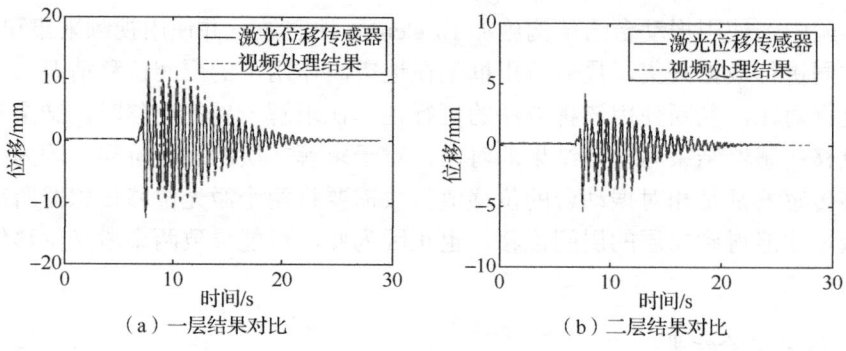

(a) 一层结果对比　　　　　　(b) 二层结果对比

图 7-2-6　El-Centro 波 1cm 幅值下的层间位移

由图 7-2-4～图 7-2-6 的结果可以看出，使用该方法层间位移是可行的。即在楼层上部楼板固定激光位移传感器，在楼层下部楼板固定摄像头，首先通过参照物获取实际尺寸与像素尺寸比例，进而通过摄像头追踪激光点运动轨迹获取相对层间位移。将商业摄像头换为手机摄像头，同样可以实现层间位移监测。

7.3　地震作用下框架结构监测实验

基于前期智能手机加速度传感技术、位移传感技术的研究基础，以及 7.2 节的层间位移监测方法，本节将智能手机加速度传感技术和位移传感技术集成到同一个框架中，对地震作用下框架结构的响应进行监测。同时通过阻尼器和柱子面积削减来模拟损伤，将阻尼器和柱子的联合应用来模拟不同工况的损伤，智能手机联合应用测试各种工况下的结构响应，并基于监测响应对结构进行损伤识别。

7.3.1　框架结构模型

实验所用框架结构是一个平面二维三层钢框架，如图 7-3-1 所示。每个梁柱节点都安装有阻尼器。钢框架宽 500mm，每层高 400mm。每层包括两部分，一部分为不可卸掉的钢板，该钢板作为横梁与柱子的连接，包含阻尼器节点；另一部分为可以去掉的梁，在图 7-3-1 中如矩形框选部分。梁在轴向和弯曲方向都认为是刚性的。除了横梁，柱子为 4mm 厚、150mm 宽和 400mm 高的钢板。梁柱节点的阻尼器直径为 180mm。框架结构通过螺栓固定于双轴 XY Shake Table III 振动台上，该振动台可以承受高达 100kg 的荷载。

六个黏滞性阻尼器安装于梁柱节点，在图 7-3-1 中用圆圈标注。当可以去掉的梁安装至框架上时，阻尼器不起作用。只有当可移除的梁从框架上卸掉的时候，阻尼器才起作用。

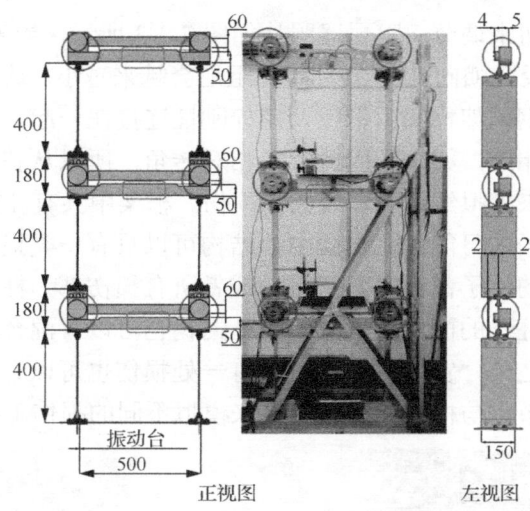

图 7-3-1 钢框架示意图和实物图

圆圈所示为阻尼器，方框所选为可移除钢梁

7.3.2 损伤模拟方法

该框架模型通过两种方式来模拟损伤，一种通过柱子面积减小来模拟，如图 7-3-2（a）所示。另一种是上部分所述的通过阻尼器模拟的损伤，去除可移除横梁前后的梁柱节点图如图 7-3-2（b）所示。

（a）柱子面积削减

（b）阻尼器模拟损伤

图 7-3-2 结构损伤的模拟

对于节点阻尼，共有六个节点。实验中每次去掉一根横梁，则会导致两个阻尼器起作用，即同一层的两个节点变为非线性。阻尼器的阻尼大小可以通过螺丝转动阻尼器上的旋钮来调节，阻尼器照片如图 7-3-3 所示，当朝向"+"转动时，阻尼会越来越大，反之朝向"-"转动时，阻尼会越来越小。通过梁柱节点的阻尼器照片可以看出，钢框架柱间由钢板及螺栓刚性连接在一起，而框架梁柱之间由黏滞性旋转阻尼器相连，梁柱间因此存在相对转角，所以从整体上看框架节点为半刚性连接，以此来模拟结构的非线性和损伤。框架中共有 12 根柱子，则有 12 种可以替换损伤柱子的可能。在实验中，结构可以只有一类损伤，即所有损伤都为节点损伤，这时的柱子都为完好状态，或者所有损伤都为柱子损伤，即梁柱节点全为固结，但是柱子的面积有削减。另外结构也可以有混合损伤，即节点和柱子都有损伤。除此之外，实验中结构可以有一处损伤也可以有多处损伤，总之结构的状态可以通过节点与柱子的联合应用来模拟不同的损伤工况。

 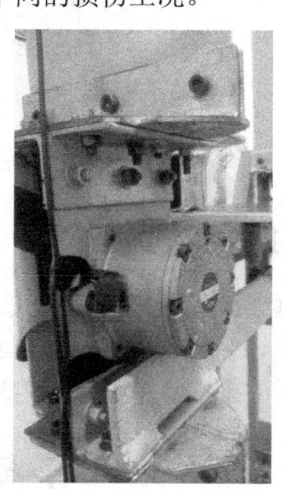

（a）阻尼器正面图　　　　　　　　　　（b）阻尼器侧面图

图 7-3-3　阻尼器实物图

7.3.3　采集设备、传感器、振动台综述

实验的整体安排如图 7-3-4 所示，传统的传感器与智能手机共同应用于框架结构的监测中用以监测结构的响应。实验中每层有一个压电式加速度传感器，一个用于测试加速度的智能手机，一个用于测试层间位移的智能手机以及一个传统的激光位移传感器。传统式加速度传感器和激光位移传感器都由江苏联能公司生产的数据采集系统（3.2.2 节已有介绍）进行电压采集，进而转化为相应的加速度值和位移值。振动台是加拿大 QUANSER 公司生产的 XY 双轴振动台（XY Shake Table Ⅲ），如图 7-3-5 所示，该振动台可以提供非常大的加速度和速度，并能承载 100kg 的载重，是一款高性能的振动台。可在 X 和 Y 两个方向同时振动，也可以通过控制实现只在一个方向的振动，振幅可达 20cm。由于振动台是由直线电动

机驱动,因此振动部件的数量达到最小化,这样有效增加了振动的可靠性并能使振动的噪声降到最低。

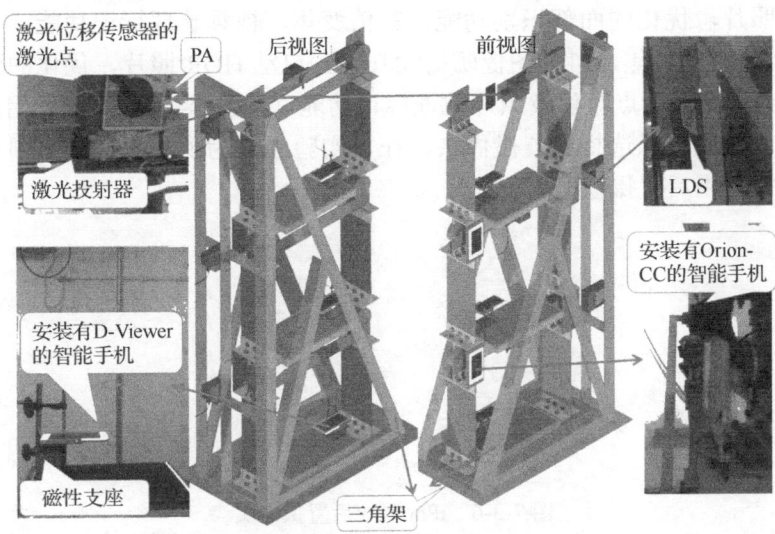

图 7-3-4 框架结构振动台实验的整体安排

图 7-3-5 振动台 XY Shake Table Ⅲ

7.3.4 传感器子系统

该实验中共有 6 台智能手机,分别为 3 台 iPhone 6 用来测试框架结构每层层间位移;1 台 iPhone 6 测试一层层间加速度,iPhone 5s 测试二层层间加速度,iPhone 4s 测试三层层间加速度。另外还有用以对比的压电式加速度传感器和激光位移传感器。下边对传感器进行详细介绍。

用以测试位移的智能手机安装有 D-Viewer 软件。这里对关于 iPhone 6 的摄像头,即位移监测的传感器进行介绍。iPhone 6 后置摄像头如图 7-3-6 所示,具有 800 万像素,前置摄像头 120 万像素。传感器类型为背照式/BSI CMOS,光圈 $f/2.2$,摄像头特色单个像素尺寸 1.5μm,5 镜式镜头。后置摄像头视频拍摄 1080P

（1920×1080，30fps），前置摄像头视频录制 720P（1280×720，30fps）。其具有慢动作视频、延时摄影、影院级视频防抖动功能、连续自动对焦、视频录制过程中拍摄静态照片、优化的面部识别功能、3 倍变焦、视频地理标记功能。拍照具有 Focus Pixels 自动对焦、自动图像防抖动功能、自动 HDR 照片、优化的面部识别功能、曝光控制、清点对焦及照片地理标记功能。对于 D-Viewer 的使用，可以选择前置摄像头也可以选择后置摄像头，在本实验中，为了利于传感器固定及操作方便，一律使用后置摄像头。

图 7-3-6　iPhone 6 后置摄像头

用于测试结构加速度的智能手机安装有 Orion-CC 软件，具体操作方法在前边已有介绍。本实验中三层加速度的测试设备分别为 iPhone 6、iPhone 5s 及 iPhone 4s，三种不同型号的手机包含有不同版本的内置加速度传感器。表 7-3-1 给出了三种手机三种内置加速度传感器的一些参数对比，其中最后一行的采样频率是根据实际得到的数据计算而得的。

表 7-3-1　三种智能手机内置加速度传感器参数对比

手机型号	iPhone 6	iPhone 5s	iPhone 4s
传感器型号	Invensense MPU-6700	BMA-220	ST-LIS331DLH
测量范围	±2g、±4g、±8g、±16g	±2g、±4g、±8g、±16g	±2g、±4g、±8g
轴数	六轴	三轴	三轴
数字输出	I^2C/SPI	I^2C/SPI	I^2C/SPI
供电电压	1.71～3.5V	1.62～1.98V	2.16～3.6V
最大灵敏度	16384LSB/g	16LSB/g	256LSB/g
采样频率（理论）	100Hz	100Hz	100Hz
采样频率（实测）	100Hz	96Hz	109Hz

用于智能手机对比的激光位移传感器型号为基恩士 IL-300，该系列是高度稳定的传感器，实现了低成本和高性能，可重复性达到 1μm。从黑色橡胶到金属表面，几乎任何目标物均可实现稳定测量，图 7-3-7 为激光位移传感器基恩士 IL-300。该传感器基准距离为 300mm，测量距离为 160～450mm。光源为红色半导体激光，

波长为 655nm 的可见光。激光分类为 2 类激光产品[FDA（CDRH）Part1040.10，IEC60825-1]，输出功率为 560μW。基准距离下的亮点范围约为 ϕ0.5mm。线性度为±0.25%，重复精度为 30μm×4。输出电压为 0～5V，其电压和位移之间的关系为

$$y = 60x - 150 \qquad (7\text{-}3\text{-}1)$$

式中，x 为传感器的输出电压，单位为 V；y 为对应的位移，单位为 mm。

用于加速度参考对比的加速度传感器为江苏联能公司生产的 CA-YD-188 型号的 IEPE 压电式加速度传感器，具有内装低噪声 IEPE、低频高灵敏度和性能稳定等特点。该加速度传感器如图 7-3-8 所示，其主要技术指标如表 7-3-2 所示。

图 7-3-7　激光位移传感器基恩士 IL-300　　图 7-3-8　IEPE 压电式加速度传感器

表 7-3-2　CA-YD-188 IEPE 压电式加速度传感器主要技术指标

参数	代表值
灵敏度（20±5℃）	500mV/g±5%
测量范围（峰值）	100m/s²
最大横向灵敏度	≤5%
频率响应（±5%）	0.3～2500Hz
安装谐振频率	8000Hz
工作温度范围	−40～+120℃
冲击极限（峰值）	1000g
最大输出信号（峰值）	≤6V
瞬态温度	20×10^{-3}g/℃（0.3Hz）
磁灵敏度	0.55g/T
基座应变	0.4×10^{-3}g/με
噪声	<0.08×10^{-3}g
输出阻抗	<100Ω
供电电源（恒流源）	+12～+24VDC
工作电流	+2～+10mA
直流偏置电压	7±1V

实验中,三层三个压电式加速度传感器与三个激光位移传感器共需要六个采集通道。信号通过江苏联能的采集设备进行电压信号采集,其中采集仪为四通道设备,所以需要两个采集仪,每个采集仪可连接三个接口。实际实验中,三个压电式加速度传感器连接在一个采集仪上进行数据采集,使用 IEPE 功能输出。三个激光位移传感器连接另一个采集仪进行电压采集,使用电压输出。

7.3.5 传感器布置

传感器整体布置示意图如图 7-3-4 所示,接下来将对每一种传感器的布置情况做详细介绍。

1. 压电式加速度传感器布置

首先为了测量框架结构各层的加速度,三个江苏联能生产的压电式加速度传感器安装于每层不可移除的那根横梁上,由于压电式加速度传感器为单轴,只能测量一个方向的加速度,所以为了得到框架振动加速度,要保证测试方向与振动台振动方向一致。钢框架的结构形式使得难以在振动方向上对压电式加速度传感器进行固定,为了更稳定地在振动方向上固定加速度传感器,首先将磁性支座固定于横梁上,利用磁性保证支座的稳定,然后底座还有两个平面可提供传感器固定空间,进而通过热熔胶将加速度传感器固定于磁性支座其中一个平面上,使测量方向与振动方向相同(对面的平面为激光位移传感器激光点的投射面,下面会做介绍)。压电式加速度传感器现场布置示意图如图 7-3-9 所示。

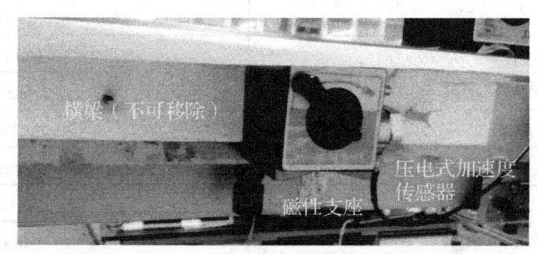

图 7-3-9 压电式加速度传感器现场布置示意图

2. 激光位移传感器布置图

激光位移传感器布置于具有较大刚度的三脚架上,三脚架固定于振动台上,与框架结构保持一定的距离,并与振动台一起运动,其布置如图 7-3-10 所示。图中三脚架通过强力夹固定于振动台上,激光位移传感器使用热熔胶固定在三脚架上。为了保证激光位移传感器的有效测量位移,需要考虑激光投射点的位置,上部分介绍过磁性支座的使用,正好该磁性支座的固定位置可以作为激光点的投射面，如图 7-3-10 中所示的激光点，此时激光位移传感器距离投射面的距离在有效测量范围内。

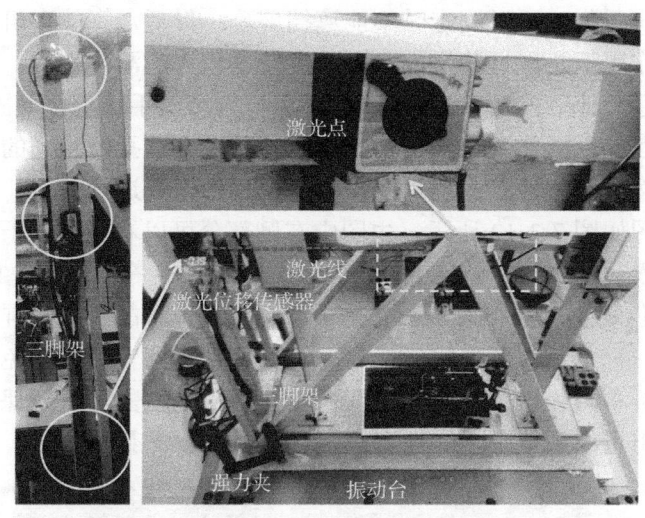

图 7-3-10　激光位移传感器布置示意图

3. 智能手机加速度传感器布置

智能手机加速度传感器通过手机套固定于每一层的横梁高度处，与压电式加速度传感器固定在同一个高度。固定方法如图 7-3-11 所示。

图 7-3-11　智能手机（Orion-CC）布置图

4. 智能手机层间位移监测布置图

通过激光投射技术监测相对位移的方法可以用于框架结构层间位移的监测中。实验中，每层的上部楼板，即不可移除的横梁上固定有激光投射器，该激光器使用热熔胶进行固定，固定方向使激光光束垂直于底部楼板。每层的底部楼板固定有平行于地面的钢板，钢板表面为全黑色，便于激光亮点的分离，激光点可以投射至钢板，并被摄像头追踪到。智能手机的固定是非常重要的，首先，智能手机与楼板底部要保持相对静止，这样采集得到的激光点运动数据才是楼层相对位移；其次，固定完的智能手机对于 D-Viewer 的使用，要随时可触屏实现标定、开始采集与停止采集，所以固定时不能遮挡屏幕；最后，智能手机必须保证在振动台地震荷载作用下是保持稳定的，不然会带来较大的测量误差。基于此，根据智能手机的尺寸设计卡槽，并可通过旋转螺丝钉将智能手机更好地固定于卡槽内，手机屏幕朝上，便于操作。该卡槽带有直径与磁性支座孔径相同的杆，可固定在磁性支座上，然后将磁性支座利用磁力与楼板底部钢板进行固定。智能手机层间位移监测示意图如图 7-3-12 所示，由图中右侧部分可以看出，对于每层的测量都需要一个激光投射器、一个磁性支座和一部智能手机。在实验中，D-Viewer 探测到的 X 方向的位移为层间相对位移，为了保证精度，智能手机的屏幕应尽量与投射板保持平行，标定过程会更精确，对于测量过程也能较好地避免图像畸变。另外，智能手机屏幕与投射板的距离也要控制在合适的范围内，要保证激光点的运动轨迹不会超出摄像头范围，能被智能手机摄像头全部获取到。

图 7-3-12　智能手机层间位移监测示意图

7.4　损伤工况汇总及地震波输入

7.4.1　损伤工况汇总

通过 7.3.2 节结构损伤的模拟，可以通过组合不同的损伤方法来对结构产生不同的损伤程度。在该实验中，共进行了如下损伤工况的测试，所有的损伤工况汇总如表 7-4-1 所示。

表 7-4-1 损伤工况汇总

柱子	梁柱节点				
	刚性梁	一层阻尼节点		一、二层同时阻尼节点	
	无阻尼	大阻尼	小阻尼	大阻尼	小阻尼
无损伤	√	√	√	√	√
一层柱子面积减小 30%	√	√	√	√	√
一层柱子面积减小 30%+二层柱子面积减小 20%	√	√	√	√	√
一层柱子面积减小 30%+二层柱子面积减小 20%+三层柱子面积减小 10%		√	√	√	√

由表 7-4-1 可以看出，对于阻尼节点，共有五种工况，即无阻尼、一层阻尼节点大小阻尼与一、二层同时阻尼节点大小阻尼。对于柱子的损伤工况，共有四种工况，即柱子面积未削减、一层柱子面积减小 30%、一层面积减小 30%+二层面积减小 20%、一层面积减小 30%+二层面积减小 20%+三层面积减小 10%。节点阻尼和柱子损伤可以同时发生，节点阻尼的每种工况都可以和柱子损伤的每种工况进行组合形成新的损伤工况。实验中，共有 20 种工况进行了测试。在接下来的章节中，将通过这些工况在不同的振动台输入下的不同反应，对结构损伤识别进行研究。

7.4.2 地震波输入

在实验中，每种工况共进行 4 个地震波的输入，分别为 El-Centro 地震波 2cm 幅值和 2.5cm 幅值，Northridge 地震波 1cm 和 1.5cm 位移幅值，这些地震波输入的加速度时程曲线如图 7-4-1 所示。

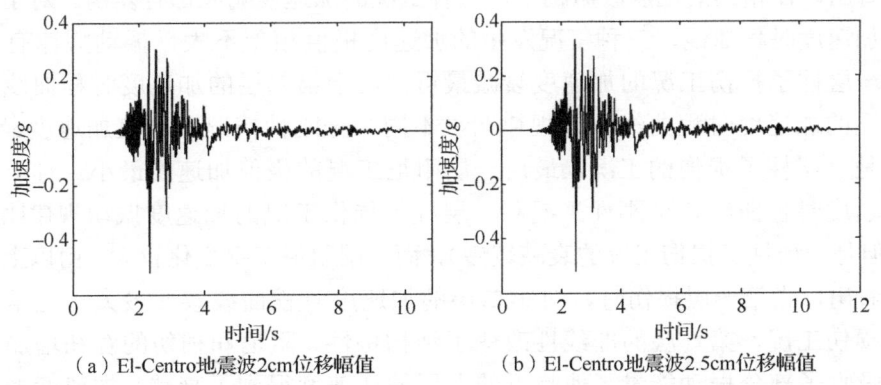

（a）El-Centro 地震波 2cm 位移幅值　　（b）El-Centro 地震波 2.5cm 位移幅值

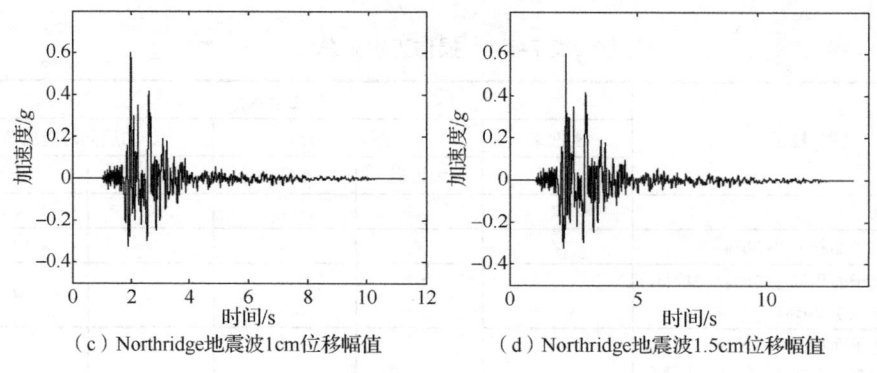

(c) Northridge地震波1cm位移幅值　　　(d) Northridge地震波1.5cm位移幅值

图 7-4-1　地震波输入加速度时程曲线

对每种工况都重复同一地震波输入三次，相应地也监测框架结构响应三次，观察监测系统的重复性。

7.5　智能手机与传统传感器结构监测响应对比

7.5.1　代表工况下加速度响应对比

选取其中三种工况在 El-Centro 地震波 2cm 位移幅值作用下的加速度响应进行数据对比。三种工况分别是：①未损伤工况，即梁柱节点全刚性，柱子完好状态；②一层柱子损伤 30%；③一层可移除钢梁卸掉，即一层的两个阻尼节点起作用，阻尼调整至小阻尼。图 7-5-1 给出了三种工况下三层的加速度数据时程曲线对比，图 7-5-1（a）～（c）分别为一层到三层的加速度对比曲线。由图 7-5-1 中可以看出，在相同的地震波激励下，三种工况的加速度响应都有差别。对于第一层的加速度时程曲线，三种工况发生的加速度极值相差不大，振动规律有所不同，一层柱子损伤工况的加速度衰减最慢；对于第二层的加速度时程曲线，三种工况的加速度时程曲线振动规律明显不同，全刚性情况下极值加速度最大，其次是一层柱子损伤的工况，最后一层阻尼工况的极值加速度最小。对于第三层加速度时程曲线，全刚性工况和一层柱子损伤工况的加速度振动规律比较接近（但是一层柱子损伤工况的衰减较慢），而一层阻尼工况变化较大。由以上结论可以看出，当第一层损伤时，对第二层的加速度时程曲线改变最大，这是因为对于损伤工况，第一层的非线性改变了结构特性，阻尼和损伤的存在增加了耗能，吸收了部分振动能量，使临近的上层的加速度得到了衰减，加速度振动规律改变最为严重。

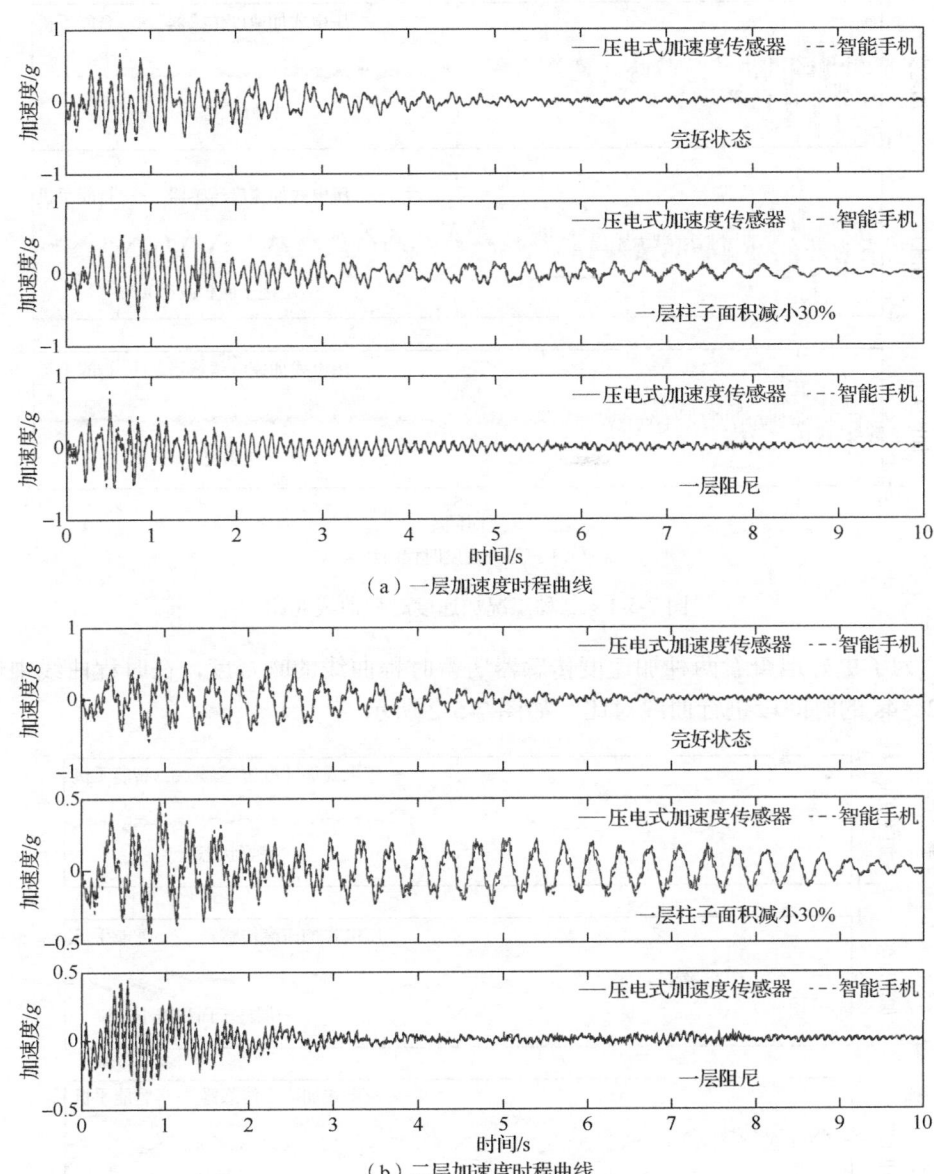

(a) 一层加速度时程曲线

(b) 二层加速度时程曲线

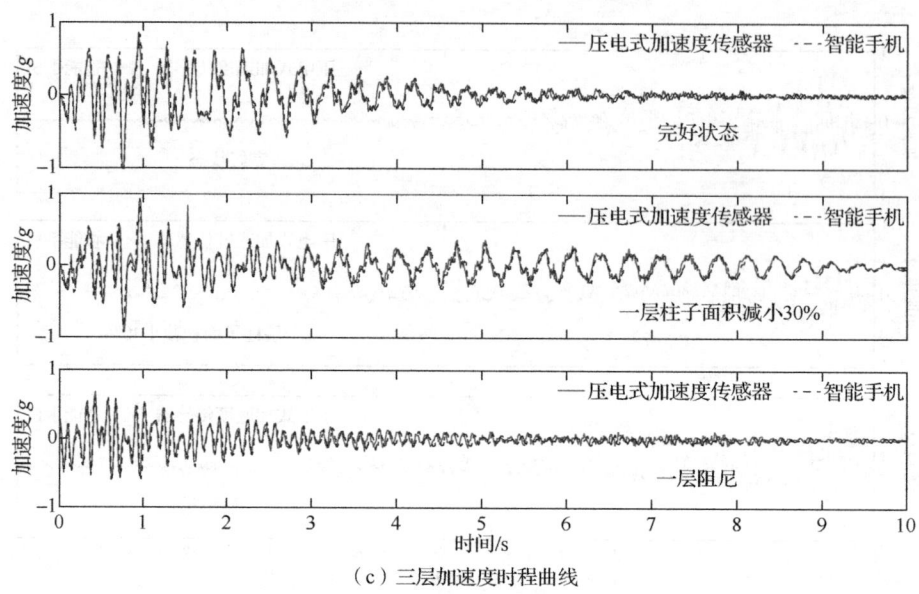

（c）三层加速度时程曲线

图 7-5-1　三种工况加速度时程曲线对比

为了更好地查看两种加速度传感器所得时程曲线的吻合度，在时程曲线中选择 2~4s 的时间段进行曲线对比，如图 7-5-2 所示。

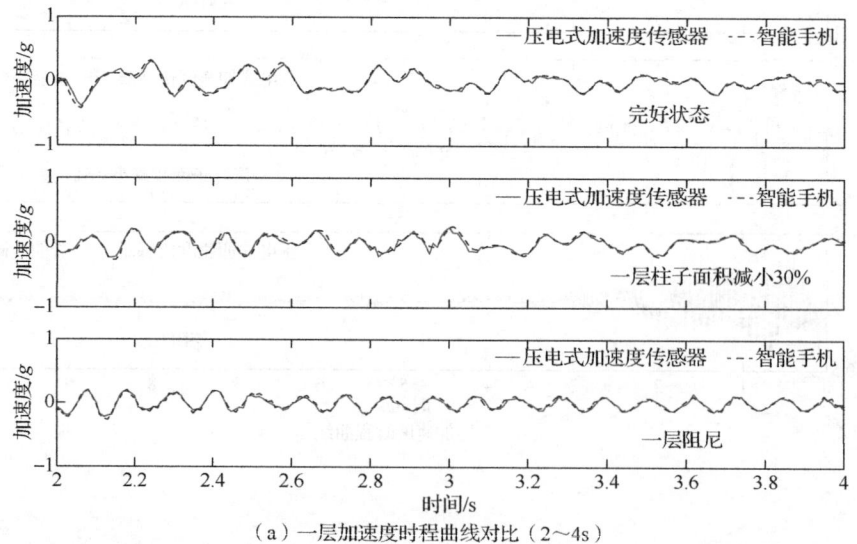

（a）一层加速度时程曲线对比（2~4s）

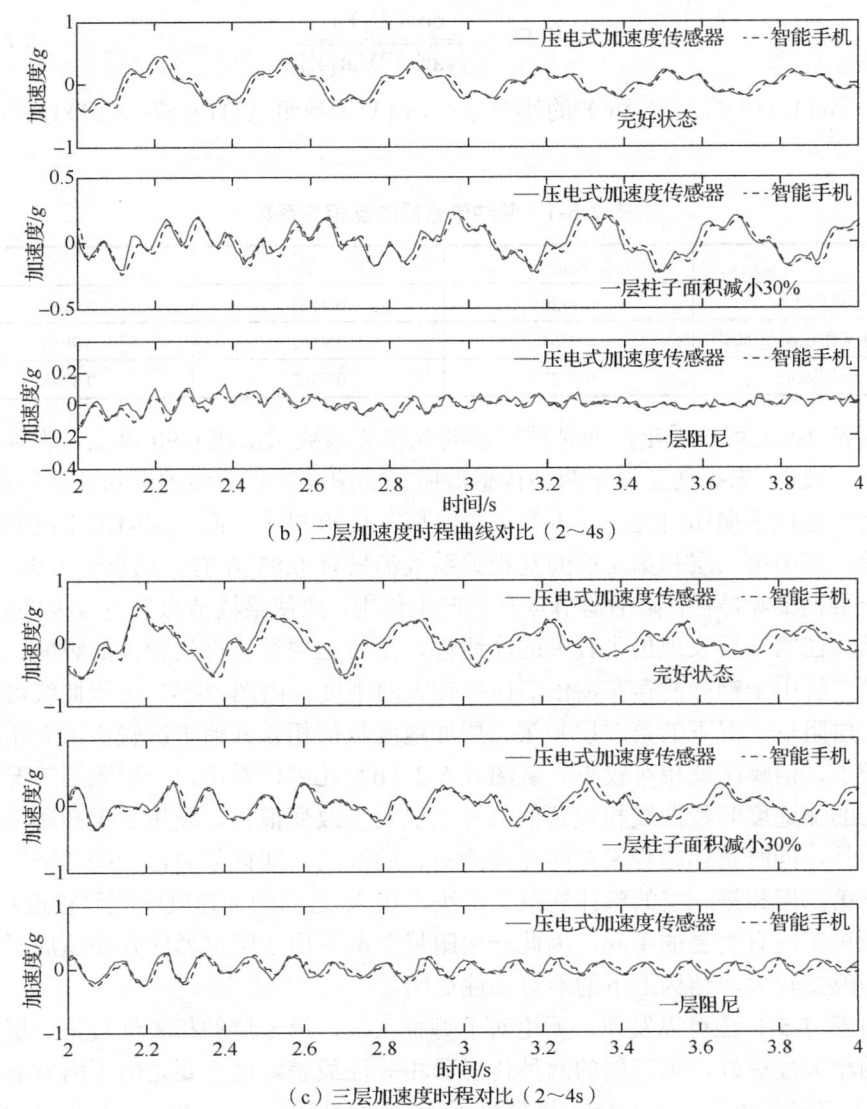

图 7-5-2　三种工况下三层的加速度时程曲线对比（2~4s）

从图 7-5-2 可以清楚地看到，无论对于哪种工况，第一层、第二层和第三层由智能手机和压电式加速度传感器获得的加速度时程曲线都是基本吻合的，其中第一层的吻合性更好。表 7-5-1 给出了不同工况下两种传感器所获得的时程曲线的互相关系数。互相关系数也称皮尔逊相关系数，数组 X 和数组 Y 的相关系数计算公式如式（7-5-1）所示。

$$r(X,Y) = \frac{\text{cov}(X,Y)}{\sqrt{\text{var}[X]\text{Var}[Y]}} \tag{7-5-1}$$

式中，cov(X,Y)为数组 X 和 Y 的协方差；var[X]为数组 X 的方差；var[Y]为数组 Y 的方差。

表 7-5-1　两种传感器的互相关系数

	一层	二层	三层
未损伤工况	0.9620	0.9183	0.9130
一层柱子面积减小 30%	0.9464	0.9162	0.9085
一层阻尼	0.9327	0.8307	0.8348

由表 7-5-1 可以看出，两种传感器的互相关系数大都在 0.90 以上，表现出了较好的一致性。未损伤工况下两种传感器所得加速度时程曲线的互相关系数最高，其次是一层柱子损伤情况，互相关系数也都在 0.90 以上，而一层阻尼工况的吻合性最差，其中第二层和第三层的互相关系数都只有 0.83 左右，均小于 0.9。这是由于一层钢梁卸掉后，阻尼器节点开始产生作用，致使梁柱节点产生较大的转角，框架结构在第一层表现出了较大的非线性，而对上层结构产生较大的影响，第二层和第三层由于钢梁的存在，依旧保持较大的刚度。由图 7-5-2 时程曲线可以发现，一层阻尼工况下的第二层和第三层加速度数值相较其他工况较小，有用信号相对较小，信噪比就相对较小。从图 7-5-2（b）还可以看出，一层阻尼工况下的第二层的加速度时程曲线相较其他两种工况发生改变很大，发生了更高频率的抖动，另外，同时整体趋势又有明显周期更长的波动，即低频更低一些。一层阻尼工况下第二层和第三层的整体衰减又很快，在 3s 之后的加速度响应已接近 0，与其他两种工况有明显的不同，因此一层阻尼工况下由于阻尼器的存在造成了结构特性的改变较大，结构上下的不对称性更明显。

由表 7-5-1 还可以发现，无论对于哪种工况，第一层的相关性较第二层和第三层的相关性更好，第三层的两种传感器相关性最差。这主要是由于两方面的原因，首先三层所用的三个智能手机型号不同，分别是 iPhone 6、iPhone 5s 以及 iPhone 4s，版本依次降低，智能手机内置加速度传感器性能不同，高版本智能手机的精度更高，所以第一层所得加速度更加精确，从第一层到第三层两种传感器的互相关系数依次减小。另外较低的互相关系数是受到智能手机采样频率的影响，三台智能手机的采样频率分别为 100Hz、96Hz 和 109Hz，而压电式加速度传感器的采样频率为 100Hz，在计算互相关系数的时候，需要将第二层和第三层的数据与对应的压电式加速度传感器的数据做相应的插值计算，使同样的采集时长内的采样数据点相同，差值计算过程也会影响到计算的互相关系数。

7.5.2 代表工况下频谱响应对比

频谱响应图能够较好地反映结构的振动特性，有必要对 7.5.1 节的加速度时程曲线进行快速傅里叶变换，观察其结构的频谱响应，各条加速度时程曲线处理后得到的频谱图如图 7-5-3 所示。

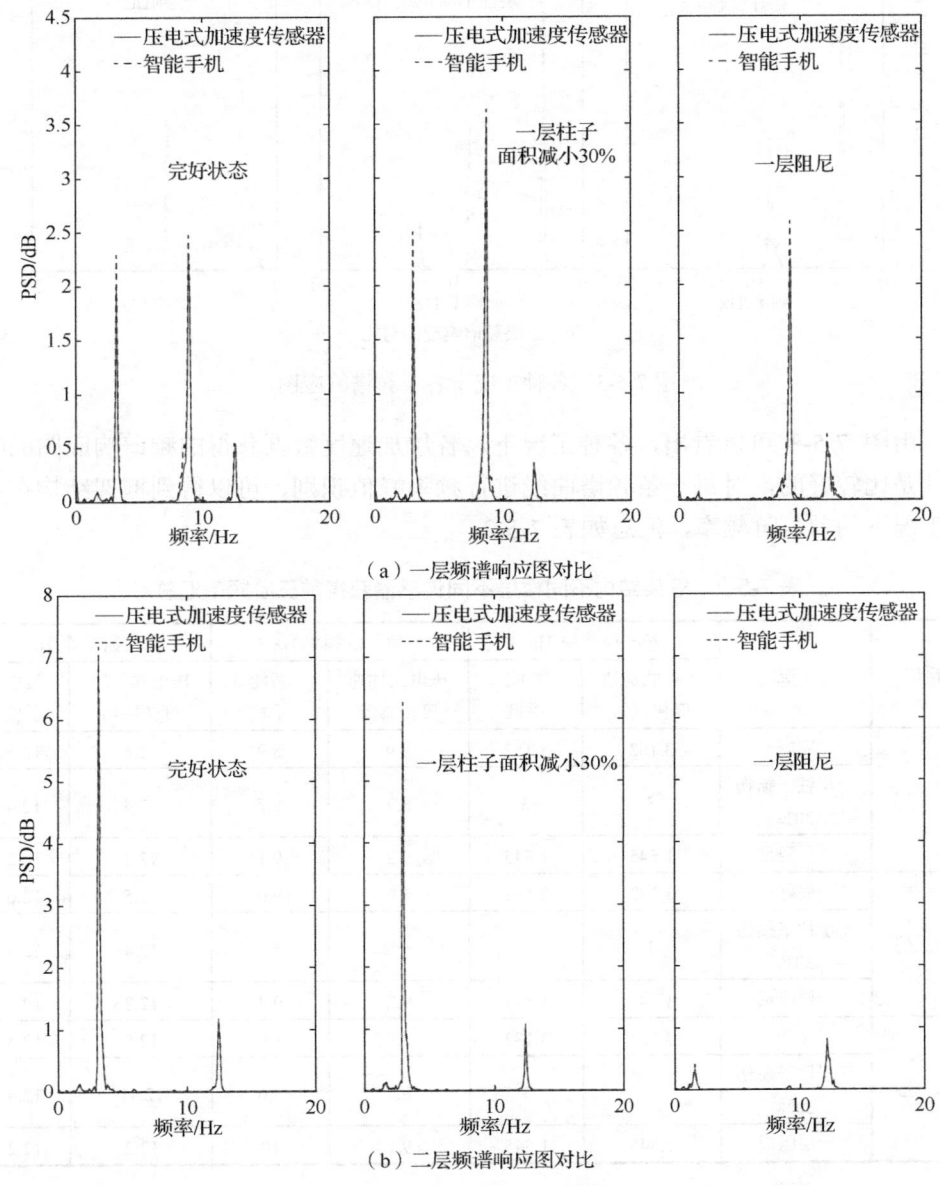

（a）一层频谱响应图对比

（b）二层频谱响应图对比

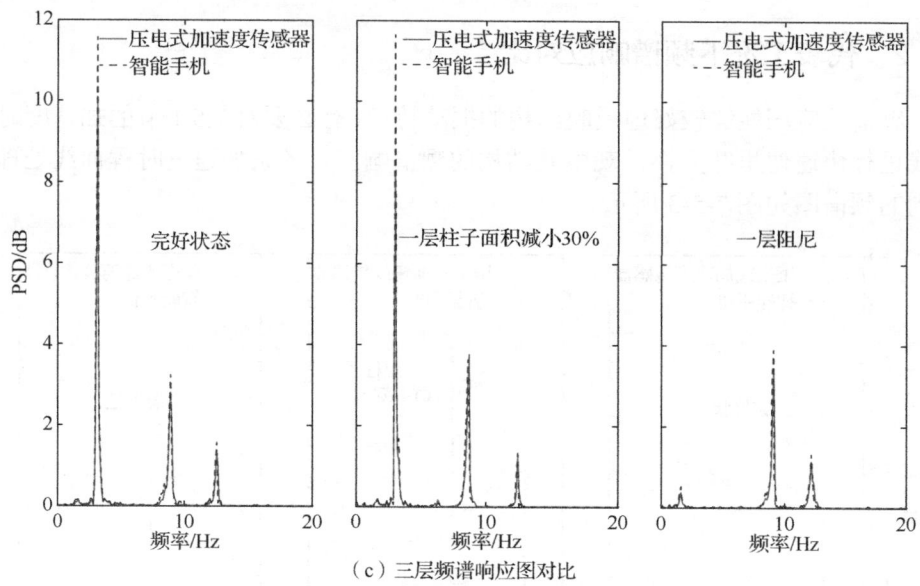

(c)三层频谱响应图对比

图 7-5-3 各种工况下各层频谱响应图

由图 7-5-3 可以看出，各种工况下，各层加速度数据获得的频谱响应图的吻合性是比较好的，对每一条频谱曲线进行频率峰值识别，可以得到框架结构在各种工况下的前三阶频率，汇总如表 7-5-2。

表 7-5-2 框架结构不同楼层不同传感器获得前三阶频率汇总

楼层	工况	第一阶频率/Hz		第二阶频率/Hz		第三阶频率/Hz	
		压电式加速度传感器	智能手机	压电式加速度传感器	智能手机	压电式加速度传感器	智能手机
第一层	完好	3.182	3.182	8.9	8.9	12.6	12.5
	一层柱子损伤30%	3	3	8.7	8.7	12.4	12.4
	一层阻尼	1.545	1.545	9.2	9.1	12.2	12.2
第二层	完好	3.182	3.182	8.9	9.0	12.5	12.6
	一层柱子损伤30%	3	3	—	—	12.4	12.4
	一层阻尼	1.545	1.545	9.2	9.2	12.2	12.3
第三层	完好	3.182	3.182	8.9	8.9	12.5	12.5
	一层柱子损伤30%	3	3	8.7	8.6	12.41	12.4
	一层阻尼	1.545	1.545	9.1	9.1	12.2	12.2

由表 7-5-2 可以看出，由不同传感器的加速度时程数据获取到的各阶频率都是大致相同的。两种传感器之间得到的频差值最大也只有 0.1，多数工况的各层数据中使用两种传感器所得频率完全相同。这在一定程度上说明智能手机对于结构加速度监测以及结构模态分析中可以得到相对准确的结果，在结构应用中是可行的。完好状态、一层柱子损伤 30%工况和一层阻尼工况下框架的第一阶频率分别为 3.182Hz、3Hz 和 1.545Hz。一层柱子损伤工况的框架基频降低较少，在一定程度上反映了其刚度的降低，但是一层阻尼工况的框架基频大大下降，说明该工况下结构的刚度降低很多，这主要是因为钢梁的卸除，导致梁柱节点由刚性节点转为阻尼节点，结构损伤严重。对一层柱子损伤 30%的工况，在使用第二层数据进行计算时，第二阶频率难以识别，且对两种监测方式都是如此，这是由于第二层的传感器布置在了第二阶模态的节点位置。从表 7-5-2 中还可以看出，框架结构在两种损伤工况的第二阶和第三阶频率相比完好状态来说变化不如第一阶频率变化大，变化最大的为一层阻尼工况的第二阶频率相较完好工况的第二阶频率变化仅为 0.3，但是第一阶频率变化高达 1.637，依旧发生在一层阻尼工况，变化率为 51.44%。这说明一层阻尼节点造成的结构损伤对第一阶频率的影响较大。

7.5.3 代表工况下位移响应对比

从上述传感器子系统的介绍可以知道，框架结构的位移由激光位移传感器和通过智能手机摄像头识别激光点运动轨迹得到。智能手机 D-Viewer 的安装和测试原理使得其监测得到的是框架结构各楼层的相对位移，即层间位移（在 D-Viewer 的内部存储数据中，X 向的位移为框架在振动方向的相对位移），而激光位移传感器的安装方法使得其监测数据获得的是各楼层相对振动台的位移，并非框架结构各层的层间位移。因此若要更好地比较两种传感方法得到的位移响应，则在计算激光位移传感器所测得的层间位移时需要根据监测数据进行对应楼层数据相减，即第一层的层间位移为相对振动台的位移，可直接使用激光位移传感器测得的位移，第二层层间位移为第二层所测得的位移减去第一层所测得的位移，第三层层间位移为第三层所测得的位移减去第二层所测得的位移。在具体的数据采集和数据处理操作中，使用江苏联能采集仪进行对应通道的采集后，根据其存储文件中的数据，第一层层间位移为第一列数据，第二层层间位移为第二列数据减去第一列数据，第三层层间位移为第三列数据减去第二列数据。依旧选取加速度对比的三种工况的数据进行位移响应对比。各楼层在各种工况下两种传感器的位移曲线对比如图 7-5-4 所示。

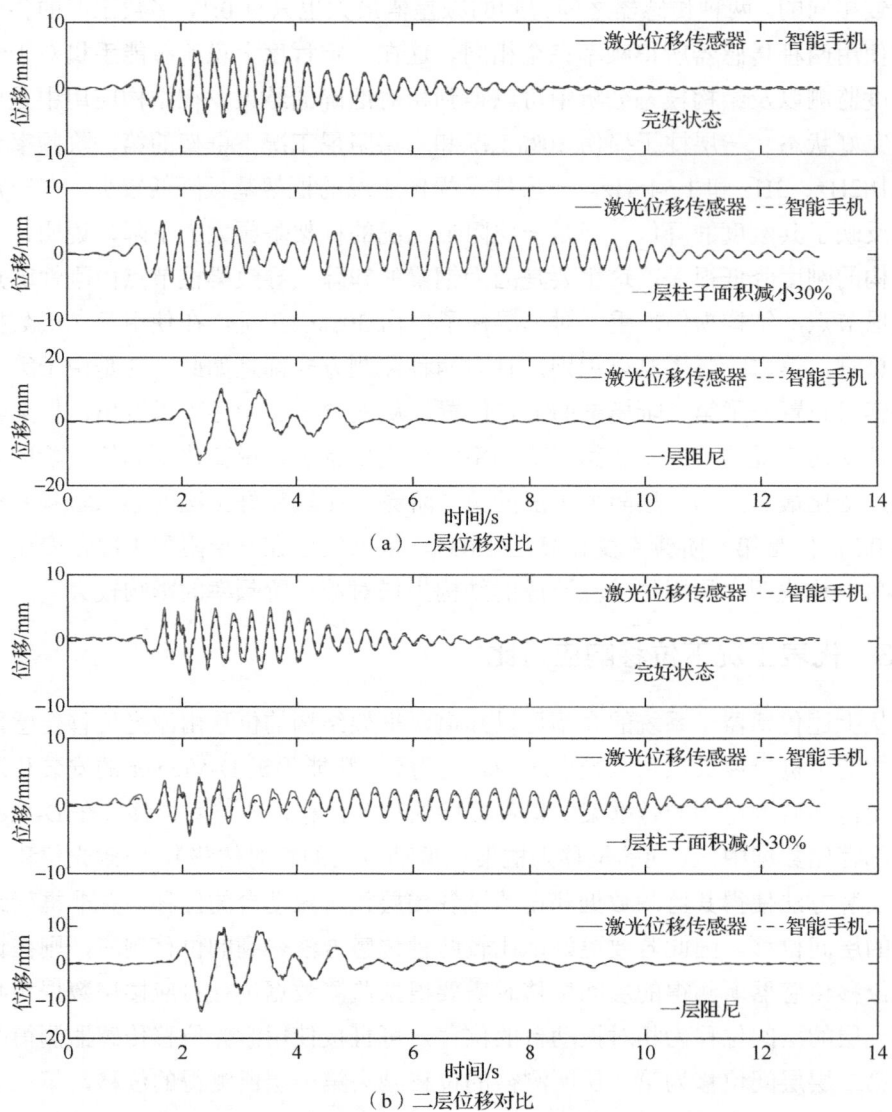

(a) 一层位移对比

(b) 二层位移对比

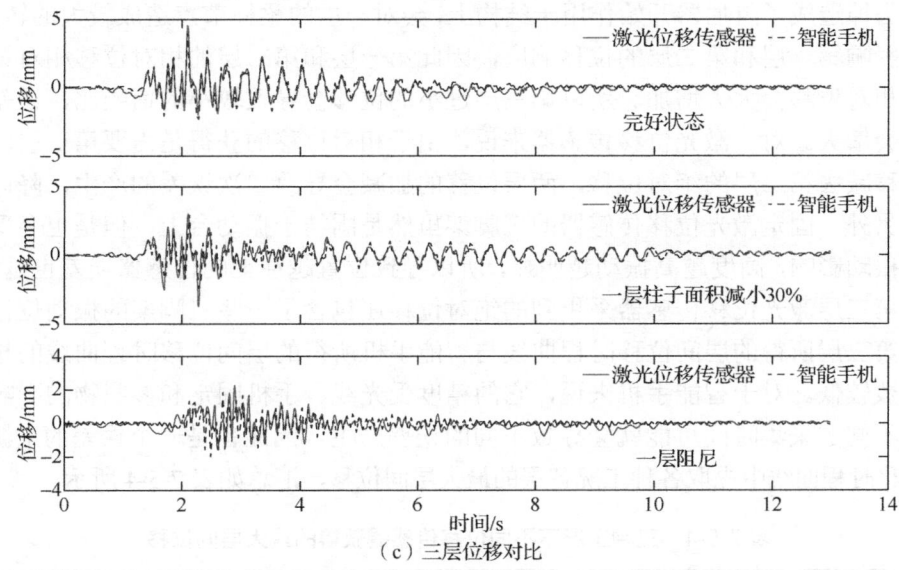

图 7-5-4 各楼层在各种工况下的位移曲线对比

由图 7-5-4 可以看出，各种工况两种传感器所得位移时程曲线吻合较好，尤其是前两种工况的第一层和第二层。但是对于第三种工况第三层的位移，两种传感器所得的位移曲线吻合度相对比较差。由图 7-5-4（a）和（b）可以看出，对于第一层和第二层的位移曲线，未损伤工况与柱子面积减小的工况位移时程曲线的衰减规律比较接近，但是一层阻尼的工况位移衰减规律与前两者有明显的差别。这是由于一层阻尼工况阻尼器起作用而导致的强非线性使结构特性发生了明显变化。为了更好地观察智能手机位移监测与激光位移传感器的一致性，表 7-5-3 给出了两种传感器所得位移曲线的互相关系数，互相关系数的求解依旧如式（7-5-1）所述。

表 7-5-3 两种传感器的互相关系数

	一层	二层	三层
未损伤工况	0.9623	0.9447	0.8859
一层柱子面积减小 30%	0.9928	0.9585	0.7692
一层阻尼	0.9940	0.9907	0.4419

由表 7-5-3 可以看出，第一层和第二层的两种传感器互相关系数在三种工况中都比较高，全部在 0.9 以上，第一层的最高，第二层次之，第三层最差。尤其是第一层阻尼的工况，第三层两种传感器所得互相关系数很低，只有 0.4419，表现出了比较差的吻合性。造成该种情况主要是因为对于第三层阻尼的情况，一层

钢梁去掉造成了阻尼器开始作用于结构上,会对一层的梁柱节点造成较大的转角,随之影响第一层和第二层的位移响应,因此第一层和第二层的相对位移相对第三层的相对位移会大大增加。所以第三层过小的位移会导致较小的信噪比,误差相对就会增大。对于激光位移传感器来说,由于相对位移的获得是需要第三层的绝对位移减去第二层的绝对位移,两层位移的加减会导致二次误差的产生,降低精度。另外,固定激光位移传感器的三脚架虽然是固结于振动台上,但是也会受振动台振动影响,高度越高振动越明显,所以导致位置越往上的传感器误差也越大,因此第三层激光位移传感器采集到的绝对位移还包含了一些三脚架的振动位移,所以第三层所得的层间位移时程曲线与智能手机所得的层间位移时程曲线的相关性系数较低。对于智能手机来说,它的精度受光线、手机固定和参照物的影响较大,不同的采集时间可能就会导致不同的误差产生,因此也是一个误差的来源。从位移时程曲线中提取各种工况各层的最大层间位移,汇总如表 7-5-4 所示。

表 7-5-4 三种工况下不同位移传感器获得的最大层间位移

		第一层	第二层	第三层
未损伤	激光位移传感器/mm	5.904	6.433	4.534
	智能手机/mm	5.121	5.578	3.961
	误差/%	13.3	13.3	12.6
一层柱子面积减小30%	激光位移传感器/mm	5.453	4.439	2.976
	智能手机/mm	4.852	4.053	2.906
	误差/%	11.02	8.70	2.35
一层阻尼	激光位移传感器/mm	11.81	12.85	1.919
	智能手机/mm	11.06	11.82	1.463
	误差/%	6.35	8.02	23.8

由表 7-5-4 可以看出,对于未损伤工况,第二层的层间位移最大,这并不符合典型的剪切型框架结构的位移分布规律,产生这种情况的原因主要是实验中框架复杂的梁柱节点,在框架介绍中可知,为了控制阻尼器是否起作用,有两个刚性梁安装于框架上,因此导致该框架结构也不是典型的剪切型框架。对一层柱子面积减小 30%的工况,第一、二、三层的最大层间位移都稍微小于无损伤工况。而对于一层阻尼工况,第一、二层的最大层间位移远远大于未损伤工况,第三层的层间位移要小于未损伤工况的最大层间位移。因为一层阻尼的刚性梁移除导致框架刚度下降比较大,因此导致了较大的层间位移。两种传感器获得的最大层间位移之间的误差大部分在 10%左右,具有较好的吻合性。而一层阻尼工况的第三层最大层间位移误差为 23.8%,该数值较大,两种传感器所得结果相差较大,这也在另一方面验证了表 7-5-3 中阻尼工况第三层表现出来的较低的互相关系数。

产生第三层大误差的原因已在上个段落进行了介绍。还有一个影响最大位移误差的原因是两种传感方式的采样频率问题，激光位移传感器的采样频率为 100Hz，而 D-Viewer 摄像头的采样频率只有 30Hz，两者相差较大，使智能手机可能不能获取框架振动过程中的极值点。但总体来说，除了这些可预料的误差，使用智能手机进行层间位移监测的精确性可从第一层和第二层的位移对比得到验证，智能手机监测可以用来获取地震作用下框架结构的层间位移，但是在实际结构中的应用，包括安装方法、实施条件、测量精度等还需在以后工作中进行验证。

从本章的实验描述、监测方法和对比结果可以看出，使用智能手机进行地震作用下的加速度和位移响应监测是可行的。相比传统的监测仪器，该方法更方便、快捷，适合普通大众使用，为地震下的应急监测提供了硬件支撑，为能够及时调动普通群众进行结构响应监测提供了可能性。

参 考 文 献

[1] 国家中长期科学和技术发展规划纲要（2006—2020）[Z]. 中华人民共和国国务院，2006.
[2] 中国地震台网中心[EB/OL].[2019-07-21]. http://www.ceic.ac.cn/.
[3] Rahmani M, Todorovska M I. Structural health monitoring of a 54-story steel-frame building using a wave method and earthquake records[J]. Earthquake Spectra, 2015, 31(1):501-525.
[4] Kashima T, Itou A, Fujita H. Dynamic behavior of a 9-story base-isolated building during the 2003 off Tokachi earthquake, Japan[C]. Proceedings of the Third UJNR Workshop on Soil-Structure Interaction, Menlo, California, USA, 2004.
[5] Morita K, Takayama M. Performance of seismic isolated buildings due to 2005 west off Fukuoka earthquake in Japan[J]. Fukuoka University Review of Technological Sciences, 2008, 81: 1-8.
[6] Soga K, Mori A, Kumazawa F. Earthquake response characteristics of a 30-story RC building : Part 1 analyses of observed earthquake response records and microtremor measurement records[C]. Architectural Institute of Japan, 2013:629-630.
[7] Sakai S, Ito Y. Characteristics of the strong motion records of the Tokachi-oki earthquake in 2003 and response of base isolated buildings[C]. Architectural Institute of Japan, 2004:757-758.
[8] Hijikata K, Takahashi M, Aoyagi T, et al. Behavior of a base isolated building at Fukushima Dai-ichi nuclear power plant during the great east Japan earthquake[C]. Proceedings of the International Symposium on Engineering Lessons Learned from the 2011 Great East Japan Earthquake, 2011: 1-4.
[9] Tsuchihashi T, Kasai K, Chaya Y, et al. Analysis of response records from advanced protected buildings in a district of Tokyo shaken by the 2011 Tohoku earthquake: Part 3-Three cases of response controlled buildings[C]. Architectural Institute of Japan, 2013:607-608.
[10] Hasegawa K, Kasai K, Tsuchihashi T, et al. Analysis of response records from advanced protected buildings in a district of Tokyo shaken by the 2011 Tohoku earthquake: Part 2-Two cases of base isolated Buildings[C]. Architectural Institute of Japan, 2013:605-606.
[11] 郭西瑞. 深圳地王大厦振动监测及动力分析[D]. 北京：防灾科技学院，2016.
[12] 崔建文，赵永庆，付正新，等. 隔震及超高层建筑的地震反应观测[J]. 地震研究，2002，25（2）：173-185.
[13] 韦永祥. 基于强震和风振记录分析隔震结构的动力特性[D]. 哈尔滨：中国地震局工程力学研究所，2006.

[14] 金星, 韦永祥, 张红才, 等. 基于强震观测的隔震结构地震反应分析[J]. 地震工程与工程振动, 2009, 29 (2): 19-28

[15] 陈洋洋, 谭平, 陈建秋, 等. 汶川灾后重建的隔震建筑远程实时监测[J]. 中山大学学报, 2013, 52 (4): 76-82.

[16] 何春凯. 高层钢筋混凝土框架核心筒结构震后损伤评估方法研究[D]. 哈尔滨: 哈尔滨工业大学, 2012.

[17] Alampalli S, Fu G, Dillon E W. On the use of measured vibration for detecting bridge damage[C]. Transportation Research Board Conference Proceedings, 1995.

[18] Sohn H, Farrar C R, Hemez F M, et al. A review of structural health monitoring literature: 1996—2001[J]. Los Alamos National Laboratory, 2003.

[19] Doebling S W, Farrar C R, Prime M B. A summary review of vibration-based damage identification methods[J]. Shock and Vibration Digest, 1998, 30(2): 91-105.

[20] Doebling S W, Farrar C R, Prime M B, et al. Damage identification in structures and mechanical systems based on changes in their vibration characteristics: a detailed literature survey[J]. Los Alamos National Laboratory Report LA-13070-MS, 1996, 30(11): 2043-2049.

[21] Hatada T, Takahashi M, Suzuki Y, et al. Measurement of relative story displacements by noncontact-type sensors on forced vibration test of an actual building[J]. Journal of Structural and Construction Engineering, 2010, 75(653): 1257-1264.

[22] Kanekawa K, Matsuya I, Sato M, et al. An experimental study on relative displacement sensing using phototransistor array for building structures[J]. IEEE Transactions on Electrical and Electronic Engineering, 2010, 5(2): 251-255.

[23] Matsuya I, Katamura R, Sato M, et al. Measuring relative-story displacement and local inclination angle using multiple position-sensitive detectors[J]. Sensors, 2010, 10(11): 9687-9697.

[24] Jeon H, Bang Y, Myung H. A paired visual servoing system for 6-DOF displacement measurement of structures[J]. Smart Materials and Structures, 2011, 20(4): 045019.

[25] Lee J J, Shinozuka M. Real-time displacement measurement of a flexible bridge using digital image processing techniques[J]. Experimental Mechanics, 2006, 46(1): 105-114.

[26] Myung H, Lee S, Lee B. Paired structured light for structural health monitoring robot system[J]. Structural Health Monitoring, 2011,10(1):49-64.

[27] Park J W, Lee J J, Jung H J, et al. Vision-based displacement measurement method for high-rise building structures using partitioning approach[J]. NDT & E International, 2010, 43(7): 642-647.

[28] Jeon H, Shin J U, Kim H, et al. ViSP: visually servoed paired structured light system for measuring structural displacement[C]. SPIE Smart Structures and Materials+ Nondestructive Evaluation and Health Monitoring, 2012.

[29] Nassif H H, Gindy M, Davis J. Comparison of laser doppler vibrometer with contact sensors for monitoring bridge deflection and vibration[J]. NDT & E International, 2005, 38(3): 213-218.

[30] Wahbeh A M, Caffrey J P, Masri S F. A vision-based approach for the direct measurement of displacements in vibrating systems[J]. Smart Materials and Structures, 2003, 12(5): 785.

[31] Matsuya I, Katamura R, Sato M, et al. Relative-story displacement sensor for measuring five-degree-of-freedom movement of building layers[C]. SPIE Smart Structures and Materials+ Nondestructive Evaluation and Health Monitoring, 2011.

[32] 管庆松. 基于汶川地震强余震观测的框架填充墙结构地震反应分析[D]. 哈尔滨: 中国地震局工程力学研究所, 2009.

[33] 中华人民共和国住房和城乡建设部. 高层建筑混凝土结构技术规程: JGJ 3—2010[S]. 北京: 中国建筑工业出版社, 2010.

第8章 基于手机监测数据的地震作用下结构安全评定

由第 7 章内容可知，智能手机应用于地震作用下结构的响应监测已得到精度和可行性上的论证。本章内容主要从监测数据方面，研究基于手机监测数据的地震作用下框架结构的安全评定问题。

8.1 基于手机监测数据与小波包能量法的结构损伤识别

8.1.1 小波分析和结构损伤识别

1. 小波分析简介

信号分析的主要目的是寻找一种简单有效的信号变换方法，使信号所包含的重要特征能够表现出来。自 1822 年 Fourier 发表"热传导解析理论"以来，傅里叶变换一直是信号处理领域最完美、应用最广泛、效果最好的一种手段。但是，傅里叶变换是整个时域到频域的变换，它在频域内的定位性是完全准确的，而在时域上无任何定位性，即傅里叶变换反映的是整个信号全部时间下的整体频域特性，不能提供任何局部时间段上的频域信息。只了解信号在时域或频域的全局特征是远远不够的，需要提取在某一时间段（或瞬间）的频域信息或某一频率段所对应的时间信息。

小波概念的真正出现始于 1982 年，法国地球物理学家 Morlet 在分析地震数据时提出了将地震波按一个确定函数的伸缩、平移系展开。随后，他和 Grossmann 共同研究，第一次把小波用于分析处理地质数据，提出了以他们名字命名的时间-尺度小波，即 Grossmann-Morlet 小波[1]。1985 年，Daubechies、Grossmann 与 Meyer 共同研究，选取连续小波空间的一个离散子集，得到了一组离散的小波基，而且根据小波框架的离散子集的函数，恢复了连续小波函数的全空间。1986 年，Meyer 又成功构造出具有一定衰减性质的光滑函数[2]，这个函数（算子）的二进尺度伸缩和二进整数倍数平移产生的函数系构成著名的 2-范数函数空间的标准正交基，这项成果标志着小波分析新时期的到来。在这之后，Lemarie 和 Battle 又分别独立地构造了具有指数衰减的小波函数。再后来 Meyer 和计算机科学家 Mallat 提出多分辨率分析概念，成功地统一了此前 Stromberg、Meyer、Lemarie 和 Battle 的个别小波构造方法，同时 Mallat 还在多分辨率分析的基础上得到了简洁的离散小波数值算法，即现在的 Mallat 分解和合成算法，并将此算法应用于数字图像的分解和重构。几乎同时，比利时女数学家 Daubechies 利用离散滤波器的迭代构造了具有紧支集的规范正交基[3]，将小波变换的内积运算转换为卷积运算，为小波理论的具体运用提供了理论基础。

小波变换是傅里叶变换的发展，具有多分辨率分析的特点[4]，在时频域都具有表征信号局部特征的能力，是一种窗口面积不变，但其形状可变，时间窗和频率窗都可以改变的时域局部化分析方法。与短时傅里叶变换的最大不同之处是其分析精度可变，它是一种加时变窗进行分析的方法。在时-频平面的高频段具有高的时间分辨率和低的频率分辨率，而在低频段具有低的时间分辨率和高的频率分辨率，这正符合低频信号变化缓慢而高频信号变化迅速的特点[5]。

小波分析利用一个可以伸缩和平移的可变视窗能够聚焦到信号的任意细节进行时频域处理，既可以看到信号的全貌又可以分析信号的细节，并且可以保留数据的瞬时特性。时域响应信号经小波分析后其突变特征会更加明显，因此，小波分析非常适合于识别正常信号和反常信号之间的细微差别。小波分析具有如下特点[6]。

（1）基函数的灵活性。

小波分析的基函数不是唯一的，只要满足所谓的"容许条件"即可，因而有许多构造小波的方法，形成了多种小波函数，如 Haar 小波、样条小波等。不同小波具有不同的特性，可分别用来逼近不同特征的信号，以便得到最佳效果。与它形成明显对比的是，常用傅里叶变换只用三角函数去逼近信号，没有选择余地。

（2）算法的快速性。

多分辨率分析大大提高了小波分析的效率，人们易于从尺度函数和双尺度关系推导出小波系数，甚至不需要知道小波函数的解析表达式也可得到分析结果。尺度函数相当于低通滤波器，小波函数相当于带通滤波器。将信号用低通和带通滤波器进行分解，显然比用频率点分解快捷。频带分析从表面上看比频率分析粗糙，然而信号分析的目的，在许多情况下是提取信号的特征，没有必要知道每个点的信息。同时小波分析不排除对细节进行分析的可能性，在需要时可将频带细分下去，起到显微镜的作用。这一点是傅里叶变换无法比拟的。

（3）分析的双域性。

小波分析是时域分析的方法之一，能够完成时频分解。与短时傅里叶变换相比，它又具有优越的时域窗。在不确定原理的约束下，频率较低时，它具有较宽的时间窗，而在频率较高时，又具有较窄的时间窗，因而更适合信号分析。

（4）应用的广泛性。

小波分析可分析平稳信号，也可分析非平稳信号；可分析周期信号，也可分析非周期信号,大大增强了它的应用范围。

(5) 思想的深刻性。

小波理论是建立在时变函数、复变函数、泛函分析、调和分析等近代数学理论基础上的。这些近代成熟的数学理论为小波分析提供了坚实的理论基础,小波分析的这些特点也正是它能迅速地得到广泛应用的原因。

小波分析是数学家与工程师共同创造的,它从开始诞生就与实际工程问题紧密联系在一起。在工程应用领域,特别是信号处理、图像处理、模式识别、语音识别、量子物理、地震勘测、流体力学、电磁场、CT 成像、机械故障识别与监控、分形、数值计算等领域,它被认为是近年来在计算工具及方法上的重大突破。小波理论也是近些年形成和发展迅速的一种数学工具,会极大地促进科技及工程应用领域的新发展。

2. 结构损伤识别

大型土木工程结构的使用期限通常长达几十年乃至上百年,在其使用过程中,由于疲劳荷载、环境腐蚀、材料老化、构件缺陷等因素的作用,结构将逐渐产生损伤累积,从而使结构的承载能力降低,抵抗自然灾害的能力下降。当遇到地震、洪灾等灾难性的荷载作用时,结构可能遭受极为严重的破坏,给国家和人民的生命、财产带来巨大损失,并带来极为恶劣的社会影响。进入 21 世纪后,已建和新建各类土木工程结构的状态退化和灾害事故已经成为举世瞩目的重大科技、经济和社会问题。1994 年美国洛杉矶的 Northridge 发生地震时,一些建筑物在主震中并未倒塌,但是结构已经存在损伤而未能及时发现,在此后的余震作用下发生倒塌[7]。因此,监测和识别土木工程结构的健康状况,及时发现结构损伤,对可能发生的灾害进行预测,评估服役结构的安全性、可靠性、耐久性和适用性,已得到国内外科技产业部门的高度重视,并已成为土木工程和防灾减灾领域的热点课题。

对土木工程结构而言,损伤通常是指结构系统材料和几何性质的改变,如开裂、刚度退化、质量损失等,这些改变包括边界条件、结构节点连接等显著影响结构性能的变化。根据损伤识别的深入程度,损伤识别方法大致可分为四个层次:①是否发生损伤;②对损伤进行定位;③识别损伤的严重程度;④对结构的安全情况做出评价和结构寿命估计。结构动力损伤检测方法一般定义为:利用结构动力响应的实测数据,通过系统识别技术判断结构参数的变化,从而判定结构是否发生损伤、定位损伤位置并量化损伤程度。由于结构的损伤实际上是结构形态的改变,因此结构损伤监测实质上是结构参数变化的检测,通过结构参数的变化来量化结构损伤程度[8]。

动力损伤识别方法根据损伤识别所依赖的不同工具大体上分为三类:基于动力学模型的识别方法、基于信号分析的识别方法和基于人工智能的识别方法。基于动力学模型的识别方法从损伤结构的数学模型出发，研究损伤引起响应变化的规律。所用的动力参数主要有频率、振型、模态曲率、应变模态、传递函数、功率谱、模态保证准则、坐标模态保证准则、能量传递比等[9]。有的学者是利用结构损伤前后振动模态的改变和各阶模态对结构的灵敏度分析来实现的；有的学者是从结构的有限元模型出发，采用实验得到的数据对模型中的刚度矩阵和质量矩阵进行相应的修改，结构损伤就发生在刚度矩阵和质量矩阵发生改变的地方；有的学者是依据结构模态参数推导各种结构损伤识别指标，如结构损伤前后振型的二阶微分差异等。基于信号分析的损伤识别方法是直接通过分析结构在动力荷载作用下的响应来得出结构损伤的信息，不需要知道结构的数学模型。它以小波分析为工具，通过分析系统的时变性质来做损伤识别，由小波变换得到的谱图直接显示损伤位置。基于人工智能的损伤识别方法包括基于神经网络的损伤识别方法、基于专家系统的损伤识别方法和基于模糊规则的损伤识别方法。基于人工智能的结构健康监测与损伤识别系统有可能把目前广泛使用的离线、静态、被动的检查转变为在线、动态、实施健康监测与控制，将促成结构的安全监控和性能改善产生质的飞跃。

3. 小波分析在结构损伤识别中的应用

由上述第一部分可知，小波分析作为一种新兴的数学理论形成和发展的时间并不长，但已形成了一套完整的理论：从其定义到构造方法，从连续小波到离散小波，从小波分解、重构到多尺度分析等，都有详细的数学描述。其理论的重要性及应用的广泛性引起了科技界许多领域的高度重视。随着小波分析理论的发展和成熟，小波分析在结构损伤识别中的应用越来越广泛。小波分析之所以可以在结构损伤识别中得到广泛的应用，主要因为其具有以下三个特点。

（1）小波分析因为采用自适应窗口，在高频段具有高的时间分辨率和低的频率分辨率，而在低频段具有低的时间分辨率和高的频率分辨率，在视频两域能同时进行局部分析，被誉为信号显微镜。

（2）离散小波函数可以构成一组函数基，通过小波分解，可将信号按小波基形式展开。正交小波基函数可以没有冗余地获得信号的局部信息，可以通过分解系数重构原信号。满足框架性的非正交小波基提供了对函数的冗余表示，也能完全刻画函数，并从函数的分解中重构该函数。其优点在于数值计算稳定，计算误差影响小，对于干扰的鲁棒性好。

（3）信号在不同尺度下的小波变换反映了信号在不同尺度空间中的信息。通过变换尺度，可得到具有多尺度分析的信息表达，获得更多的信息从而降低问题的不确定性和复杂性。

小波分析利用一个可以伸缩和平移的可变视窗能够聚焦到信号的任意细节进

行时频域处理，既可看到信号的全貌又可分析信号的细节，并且可以保留数据的瞬时特性。时域响应信号经小波分析后其突变特征会更加明显，因此，小波分析非常适合于识别正常信号和反常信号的细微差别。在结构损伤识别中，某些线性连接点在损伤发生后变为非线性，导致结构的固有频率和刚度发生改变，进而影响结构的动力响应。利用小波变换分析结构损伤前后的时频域响应，可有助于检测结构非线性[10]，国内外学者对小波分析在动力学系统识别和损伤诊断方面的应用研究主要集中于以下几个方面[11,12]。

（1）利用结构响应的高频段小波系数突变或直接利用小波谱图识别损伤。Hou等[13]分别利用含有破损弹簧的简单结构数值模型和地震作用下的实际结构的相应信息，研究了小波高频系数突变点指示损伤出现的方法。Hera等[14]对Benchmark框架模型在风荷载作用下的响应做离散小波变换，用细节小波系数出现突变点来识别损伤的发生，用突变点分布识别损伤位置。Hong等[15]把模态振型进行连续小波变换，然后利用Lipschitz指数来判断损伤位置。Lipschitz指数通常被用来表示函数的区域规则性，而损伤会导致连续小波变换得到的系数最大值在靠近损伤位置处发生突变。Lipschitz指数不仅能够准确定位损伤位置，而且能够评价损伤程度。任宜春[16]将Lipschitz指数方法应用于识别移动荷载作用下简支梁的损伤识别。Pan等[17]利用双线性结构在地震作用下响应的离散小波变换高频系数突变点识别屈服和卸载时刻。Melhem等[18]用板和梁的足尺实验证明了傅里叶变换从频率的降低可以识别出梁的疲劳损伤，但不能识别出板的损伤。而小波变换可以直接从谱图中识别出两者的损伤。Wong等[19]对非线性系统在正弦荷载作用下的响应进行研究，发现从连续小波变换时-频谱图上能直接识别出一次谐波响应、倍谐波响应和混沌响应。李洪泉等[20]通过一座三层钢筋混凝土框架的振动台实验，将模型地震反应信号进行小波变换，通过高频小波系数发生突变来判断损伤的出现，同时利用尺度谱来识别损伤位置。任宜春[21]利用改进的L-P小波函数对地震作用下结构响应进行分析，直接由小波谱图识别结构的时变性。

（2）将结构响应小波包变换的各频段能量作为损伤指示因子。Sun等[22,23]对一根三跨连续梁进行损伤识别数值模拟，基于结构响应小波包变换的各频段能量作为损伤因子指标，并使用神经网络进行识别；随后他们提出基于响应的统计特征和损伤因子的单边置信度建立损伤预警阈值。李宏男等[24]提出了基于"能量-损伤"原理，综合利用小波包分析和神经网络的框架结构损伤识别方法。Yan等[25]用谐小波包将信号提取各频带能量因子，并求出损伤与无损伤信号之间的Fisher判别因子，将判别因子输入神经网络来识别损伤及其程度。郭健等[26]应用小波包变换来对结构振动信号进行特征变换，提取结构损伤特征，通过采用耦合神经网络来实现多传感器信息融合与损伤模式分类。丁幼亮等[27]为了消除小波包能量谱对激励的依赖性，提出了基于小波包脉冲响应函数的小波包能量谱来表征结构损伤状态。

（3）利用复小波变换提取响应的瞬时频率和瞬时振幅从而识别结构参数。Ruzzene 等[28]利用复小波变换对线性系统的频率和阻尼进行识别，并用数值算例对一座实桥在环境激励下的响应进行分析，证实了该方法的有效性。Staszewski[29]研究了利用复小波变换识别弱非线性结构参数的方法。Kijewski 等[30]对 Morlet 小波变换的边界效应和频率分辨率进行了研究，提出了适合土木工程结构震动特点的小波函数选择和减少边界效应的方法。Lardies 等[31]选用一类改进的 Morlet 小波可以有效地分离频率接近的成分。Le 等[32]对 Morlet 小波、Cauchy 小波、Harmonic 小波三种复小波的特点进行了比较，并提出了减小边界效应和有效区分频率接近成分的小波参数选择方法。Yan 等[33]用 bootstrap 统计方法对基于复小波变换系统识别方法的不确定性进行了分析。伊廷华等[34]研究了基于小波脊线和小波骨架的结构模态参数识别方法，提出基于自回归滑动平均模型的"预测延拓"方法来抑制边端效应。任宜春[21]基于 Morlet 复小波变化识别钢筋混凝土简支梁的弱非线性。

（4）利用小波基函数展开进行系统识别。Yoshihiro 将非线性系统的切线刚度用尺度函数线性组合表示，用最小二乘法求出组合中各系数，从而得到切线刚度和分段线性阻尼来识别系统的非线性行为[35]。Ghanem 等[36,37]将非线性系统的响应用小波函数基表达，利用小波函数时域局域化特性识别结构的非线性和时变性。Tsatsanis 等[38]将时变时序模型的系数展开为小波基函数的线性组合，进而识别时变系统的参数。张拥军等[39]对线性时变系统建立了二维小波模型进而对其进行了识别。Eyckhoff[40]将系统脉冲响应转换为一组正交小波基函数上投影系数的辨识。郑军等[41]提出一种基于非正交小波函数基的脉冲响应函数识别方法，并证明了经过小波尺度变换后系统响应信噪比提高，从而大大提高了识别精度。

（5）利用小波多尺度理论对系统进行识别。多尺度分析理论在不同尺度上对系统进行分析，它以小波变换作为连接不同尺度信号的桥梁，将多尺度理论与系统估计、识别理论相结合，能获取更多的信息，降低问题的复杂性[42,43]。文成林等[44]提出一种基于多尺度模型和卡尔曼滤波方法，获得了比较好的效果。孟鸿鹰等[45]将多尺度理论应用于地震波形反演中，改进了局部极小值的问题，减小了计算量，提高了识别精度。徐长江等[46]基于离散小波变换运用分段频带逼近估计传递函数。任宜春[21]基于多尺度理论提出了结构蚕食识别的分频段加权最小二乘法、多尺度参数卡尔曼滤波和多尺度非线性最小二乘法。

（6）基于小波系数灵敏度方法识别损伤。Law 等将结构响应对物理参数的灵敏度转换成结构响应的小波系数对物理参数的灵敏度，利用损伤前后结构响应信号及其小波系数进行模型修正和损伤识别[47]。

总之，国内外学者对于小波分析在土木工程结构损伤识别中的应用展开了大量的研究，也获得了一定的研究成果。为了验证智能手机监测数据的有效性，作者希望在已有的研究基础上,利用小波包分解能量法来对智能手机数据进行分析，观察手机数据用以识别结构损伤的可行性。

8.1.2 小波包分析

小波分解是将信号分解成低频 P_1 和高频 D_1 两部分各占一半宽的频带，在分解中，低频 P_1 失去的信息由高频 D_1 捕获。在下一层的分解中，又将 P_1 分解成低频 P_2 和高频 D_2 各占一半宽频带，低频 P_2 中失去的信息由高频 D_2 捕获，如此下去，可以进行更深层次的分解。小波包分解则不然，它不仅对低频部分进行分解，而且对高频部分也进行分解。因此，小波包分解是一种比小波分解更为精细的分解方法，它广泛应用于各种信号处理，包括信号的分解、编码、消噪、压缩等。基于此，本章内容对监测数据的分析主要利用小波包分解。小波包分解是基于短时傅里叶变换和多分辨率分析。短时傅里叶变换对信号的频带划分是线性等间隔的。多分辨率分析可以对信号进行有效的时域分解，但由于其尺度是按二进制变化的，所以在高频段其频率分辨率较差，而在低频段其时间分辨率较差，即对信号的频带划分进行指数等间隔划分。小波包分析能够为信号提供一种更加精细的分析方法，它将频带进行多层次划分，对多分辨率分析没有细分的高频部分进一步分解，并能根据被分析信号的特征，自适应地选择相应频带，使之与信号频谱相匹配。

1. 小波包定义及其性质

小波包包含了一组线性组合的通用小波函数，小波包有正交性、时-频域定位等性质[48]。一个小波包是包含了三个参数的函数，$u_{j,k}^n(t)$，n, j, k 分别代表调制参数、尺度参数和平移参数[49]。可表示为

$$u_{j,k}^n(t) = 2^{j/2} u^n(2^j t - k) \tag{8-1-1}$$

可得到以下关系：

$$u_{2n}(t) = \sqrt{2} \sum_{k \in Z} h_{0k} u_n(2t - k) \tag{8-1-2}$$

$$u_{2n+1}(t) = \sqrt{2} \sum_{k \in Z} h_{1k} u_n(2t - k) \tag{8-1-3}$$

所定义的函数集合 $\{u_n(t)\}$，$n(n=0,1,2,\cdots)$为由 $u_0(t) = \varphi(t)$ 确定的小波包。

由于 $\varphi(t)$ 由 h_k 唯一确定，所以又称 $\{u_n(t)\}$，$n(n=0,1,2,\cdots)$为关于序列$\{h_k\}$的正交小波包。从定义可以看出，$u_0(t)$ 和 $u_1(t)$ 分别退化为尺度函数 $\phi(t)$ 和小波基函数 $\varphi(t)$。

小波包具有以下性质：

(1) 每个小波包本身都是整数移位正交的，即若 $\{u_n(t)\}_{n \in Z}$ 是正交尺度函数 $\phi(t)$ 的正交小波包，则

$$\langle u_n(t-k), u_n(t-l) \rangle = \delta_{kl} \tag{8-1-4}$$

(2) 同一尺度级下的小波包奇偶序号之间是正交的，即

$$\langle u_{2n}(t-j), u_{2n+1}(t-k) \rangle = 0 \quad (j, k \in Z, n \in Z^+) \tag{8-1-5}$$

(3) 不同尺度空间（$j' \neq j$，设 $j' > j$），只要 j' 级子空间不包含在 j 级子空间内，则它们的小波基是正交的。

2. 小波包的空间分解

在多分辨率分析中，$L^2(R)$ 可以分解成空间 W_j 的直接和：

$$L^2(R) = \cdots \oplus W_{-1} \oplus W_0 \oplus W_1 \oplus \cdots$$

为了进一步对小波子空间 W_j 按照二进制方式进行频率的细分以提高频率分辨率，将尺度子空间和小波子空间用一个新的子空间 U_j^n 统一起来表征，令 $U_j^0 = V_j, U_j^1 = W_j, J \in Z$，则 Hilbert 空间的正交分解 $V_{j+1} = V_j + W_j$，即可用 U_j^n 的分解统一为 $U_{j+1}^0 = U_j^0 \oplus U_j^1, j \in Z$。由小波包的定义可知，$U_{j+1}^n = U_j^{2n} \oplus U_j^{2n+1}$，$j \in Z, n \in Z^+$。作迭代分解，则有

$$W_j = U_j^1 = U_{j-1}^2 \oplus U_{j-1}^3$$

$$U_{j-1}^2 = U_{j-2}^4 \oplus U_{j-2}^5, U_{j-1}^3 = U_{j-2}^6 \oplus U_{j-2}^7$$

于是可以得到小波子空间 W_j 的各种分解，如图 8-1-1 所示。

$$W_j = U_{j-1}^2 \oplus U_{j-1}^3$$

$$W_j = U_{j-2}^4 \oplus U_{j-2}^5 \oplus U_{j-2}^6 \oplus U_{j-2}^7$$

$$W_j = U_0^{2^j} \oplus U_0^{2^j+1} \oplus \cdots \oplus U_0^{2^{j+1}-1}$$

W_j 空间分解的空间序列可写作 $U_{j-l}^{2^l+m}$（$m = 0, 1, \cdots, 2^l - 1; l = 1, 2, \cdots, j; j = 1, 2, \cdots$）。子空间序列 $U_{j-l}^{2^l+m}$ 的标准正交基为 $\{2^{-(j-l)/2} u_{2^l+m}(2^{j-l}t - k) | k \in Z\}$。容易看出，当 $l=0$ 和 $m=0$ 时，它恰好是标准正交小波族 $\{\psi_{j,k}(t)\}$。若 n 是一个倍频程细化的参数，即令 $n = 2^l + m$，则可以将小波包简记为 $\psi_{j,k,n}(t) = 2^{-j/2}\psi_n(2^{-j}t-k)$，其中，$\psi_n(t) = 2^{l/2} u_{2^l+m}(2^l t)$，称 $\psi_{j,k,n}(t)$ 为具有尺度指标 j，位置指标 k 和频率指标 n 的小波包。小波包与小波相比增加了一个频率参数，正是这个频率参数的作用，使得小波包克服了小波时间分辨率高时频率分辨率低的缺陷。参数 n 表示 $\psi_n(t) = 2^{l/2} u_{2^l+m}(2^l t)$ 函数的零交叉数目，也就是其波形的震荡次数。

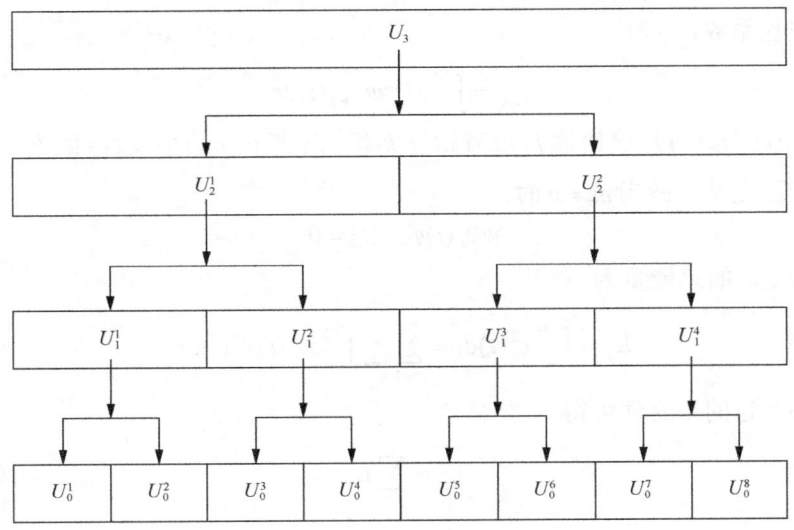

图 8-1-1 小波包空间分解结构

3. 小波包算法

将多分辨率分析中的正交小波分解算法推广到小波包中,得到信号的小波包分解和重构递推公式:

$$d_k^{2m} = \sum_n h_{0(n-2k)} d_n^m \tag{8-1-6}$$

$$d_k^{2m+1} = \sum_n h_{1(n-2k)} d_n^m \tag{8-1-7}$$

$$d_n^m = \sum_k g_{0(n-2k)} d_k^{2m} + \sum_k g_{1(n-2k)} d_k^{2m+1} \tag{8-1-8}$$

信号经小波包分解后成为若干大大小小的序列,每个序列对应原信号中某个频带的成分。根据原信号的频谱特性,可以选取其中某些序列进行重点分析,也可采用某些准则来选取最佳小波包基。

4. 结构动力响应的小波包能量特征向量

用小波包分解技术可以将信号分解在任意精细的频带上,在这些频带上作能量统计,形成特征向量。Yen 等[50]定义了小波包节点能量,并通过研究证明,利用节点能量比直接利用小波包分解系数能够得到更具有鲁棒性的信号特征。

经过 j 层小波包分解后的信号 $x(t)$ 可以表示为

$$x(t) = \sum_{i=1}^{2^j} x_j^i(t) \tag{8-1-9}$$

$$x_j^i(t) = \sum_k c_{j,k}^i \psi_{j,k,i}(t) \tag{8-1-10}$$

小波包系数 $c_{j,k}^i$ 为

$$c_{j,k}^i = \int_{-\infty}^{+\infty} x(t)\psi_{j,k,i}(t)\mathrm{d}t \qquad (8\text{-}1\text{-}11)$$

$\psi_{j,k,i}(t)$ 为具有尺度指标 j、位置指标 k 和频率指标 i 的小波包。因为 $\psi_{j,k,i}(t)$ 为一组标准正交基，故当 $m \neq n$ 时：

$$\psi_{j,k}^m(t)\psi_{j,k}^n(t) = 0 \qquad (8\text{-}1\text{-}12)$$

信号 $x(t)$ 的总能量为

$$E_x = \int_{-\infty}^{+\infty} x^2(t)\mathrm{d}t = \sum_{m=1}^{2^j}\sum_{n=1}^{2^j}\int_{-\infty}^{+\infty} x_j^m(t)x_j^n(t)\mathrm{d}t \qquad (8\text{-}1\text{-}13)$$

由小波包的正交性可得

$$E_x = \sum_{i=1}^{2^j} E_j^i \qquad (8\text{-}1\text{-}14)$$

式中，

$$E_j^i = \int_{-\infty}^{+\infty} [x_j^i(t)]^2 \mathrm{d}t \qquad (8\text{-}1\text{-}15)$$

即 E_j^i 为第 i 频段内的信号能量，而信号的总能量等于各频段的信号能量之和。

承受一定的振动激励，结构会产生某种振动响应，损伤的发生会导致结构固有频率、刚度和阻尼发生变化，损伤的程度不同，结构固有频率、阻尼、刚度的变化量的大小不同，进而会影响结构的动力特性。由于损伤的发生会影响频率成分，导致响应信号各频率成分的重新分布。因此，其输出与正常系统的输出相比，相同频带内信号的能量会产生较大的差别，某些频带内信号能量减少，而另一些频带内信号能量增加。也就是说，结构响应信号各频带的能量，包含着丰富的损伤信息，某个或几个频带上的能量改变代表着结构的损伤情况。小波包分析就是将信号分解到代表不同频带的各个层次上，因此通过提取某一层次上各频段信号的能量值，组成特征向量，与正常系统的能量特征值相比较，可以作为结构损伤的特征。

提取结构响应小波包能量特征向量的步骤如下所述：

（1）对结构响应进行 J 层小波包分解，分别提取各层共 $N=2^J$ 个频率成分的分解系数。(j,i) 表示第 j 层第 i 个节点，其中，$j=0,1,2,\cdots,J;i=0,1,\cdots,N-1$。以 X_j^i 表示 (j,i) 节点的小波系数。

（2）对小波包分解系数重构，提取 N 个频带范围的信号。以 S_j^i 表示 X_j^i 的重构信号，则总信号可以表示为

$$S = S_J^0 + S_J^1 + \cdots + S_J^{N-1} \qquad (8\text{-}1\text{-}16)$$

（3）求 N 个频带的总能量。设第 J 层、第 i 个频段信号的能量为 E_J^i，则

$$E_J^i = \int |x_J^i(t)|^2 \mathrm{d}t = \sum_{k=1}^{n} |x_J^{i,k}|^2 \quad (8\text{-}1\text{-}17)$$

式中，$x_J^{i,k}$ ($k=1,2,\cdots,n$) 为重构信号 x_J^i 的离散点的幅值；n 为离散点个数。

（4）构造小波包能量特征向量。由于结构出现损伤时，各频带内信号的能量有较大的变化，因此，以能量为元素构造一个特征向量。将第 J 层各频带内信号的能量元素构成一个特征向量 T：

$$T = [E_J^0, E_J^1, \cdots, E_J^{N-1}] \quad (8\text{-}1\text{-}18)$$

小波包分解能量特征向量之所以可以用来表征结构响应特征是因为小波包分解具有以下两个重要性质：

（1）能量的比例性：小波变换幅度平方的积分和信号的能量成正比。

$$\int_0^{\infty} \frac{\mathrm{d}a}{a^2} \int_{-\infty}^{+\infty} |W_x(a,b)^2| \mathrm{d}b = C_\psi \int_{-\infty}^{+\infty} |x(t)|^2 \mathrm{d}t \quad (8\text{-}1\text{-}19)$$

式中，

$$C_\psi = \int_{-\infty}^{+\infty} \frac{|\hat{\psi}(\omega)|^2}{\omega} \mathrm{d}\omega < \infty \quad (8\text{-}1\text{-}20)$$

其中，$\hat{\psi}(\omega)$ 为基本小波或母小波 $\psi(t)$ 的傅里叶变换。

（2）小波包空间剖分的完整性，即

$$V_0 = U_{j-k}^0 \oplus U_{j-k}^1 \oplus \cdots \oplus U_{j-k}^{2^k} \oplus U_{j-k}^{2^k+1} \oplus \cdots \oplus U_{j-k}^{2^{k+1}-1} \quad (8\text{-}1\text{-}21)$$

原始信号空间的总能量等于各子空间能量之和。也就是说，小波包分解能将信号无冗余、无疏漏、正交地分解到各个独立的频带内。

总结基于小波包能量特征向量的结构损伤识别原理为，承受一定的振动激励，结构会产生某种振动响应。损伤的发生会导致结构固有频率的降低，但是频率的变化对于结构局部损伤并不敏感，因此需要寻找比频率更敏感的结构动力特性参数作为结构损伤识别的依据。小波包分析就是将信号分解到代表不同频带的各个层次上，小波包分解具有损伤放大镜的特性，随着小波包分解尺度的增加，结构损伤引起的系统矩阵变化更加明显。因此，通过提高尺度上的小波包能量特征向量，作为损伤情况的特征，可以更容易识别损伤，该方法具有较强的噪声鲁棒性。

8.1.3 损伤指标的构建

根据 Parseval 定理，信号在时域上的能量等于在频域上的能量。结构的损伤导致频域的重分布，即信号 f 的每个频带会发生改变。上部分讲述了描述结构损伤的小波包能量的特征向量。对信号 f 进行小波包分解后，可以得到 2^i 个子频带。f 可以由多个子频带的和进行表示[51,52]：

$$f = \sum_{j=0}^{2^i-1} f_{i,j} = f_{i,0} + f_{i,1} + \cdots + f_{i,2^i-1}, \quad j = 0,1,2,\cdots,2^i-1 \qquad (8\text{-}1\text{-}22)$$

式中，$f_{i,j}$ 为信号分量，i 为小波包分解层数，j 为小波包分解的阶次。假设最低频率为 0，最高频率为 ω_m，则每个频带的宽度为 $\omega_m / 2^i$。信号分量 $f_{i,j}$ 的能量 $E_{i,j}$ 可以由下式计算：

$$E_{i,j} = \sum |f_{i,j}|^2 \qquad (8\text{-}1\text{-}23)$$

为了构建损伤指标，李爱群等采用各损伤特征频带能量相对于所有频带的平均值的比值定义了能量比 I_p [27]：

$$I_p = \frac{E_{i,p}}{\sum_{j=0}^{2^i-1} E_{i,j} / 2^i} \qquad (8\text{-}1\text{-}24)$$

式中，$E_{i,p}$ 为第 p 层第 i 个节点的能量。

通过能量比变化（energy ratio variance，ERV）和能量比偏差（energy ratio variance difference，ERVD）可以判断结构的损伤情况，它们的计算公式如下[53]：

$$\mathrm{ERV}_p = \left| I_p - \hat{I}_p \right| \qquad (8\text{-}1\text{-}25)$$

$$\mathrm{ERVD}_p = \sqrt{\sum_{p=0}^{2^i-1} \mathrm{ERVD}_p^2} = \sqrt{\sum_{p=0}^{2^i-1} (\mathrm{ERV}_p - \overline{\mathrm{ERV}_p})^2} \qquad (8\text{-}1\text{-}26)$$

式中，I_p 为未损伤结构的能量比；$\hat{I}_p$ 为损伤结构的能量比；ERV_p 为第 p 层的能量比变化；ERVD_p 为第 p 层的能量比偏差；$\overline{\mathrm{ERV}_p}$ 为第 p 层的平均能量变化比。

8.1.4 小波包能量分布图

依旧选取第 7 章中的三种工况，即未损伤状态，一层柱子面积减小 30%和一层阻尼工况。三种工况的三层加速度时程曲线已经在第 7 章中呈现，现在基于小波包分析，对各种工况下各层的加速度数据进行小波包分解，获得不同加速度传感器在各种工况下的小波包能量比。使用 Db20 小波（长度为 20 的 Daubechies 小波函数）对加速度时程数据进行三层小波包分解，那么可以得到 8 个频带，根据式（8-1-24）可获得各层加速度数据在三种工况下三层小波包分结构各个频带内的能量比（I_p），各个频带内各工况不同加速度传感器的能量比对比图如图 8-1-2 所示。图 8-1-2（a）、图 8-1-2（b）和图 8-1-2（c）分别为一层、二层和三层的能量比对比图。

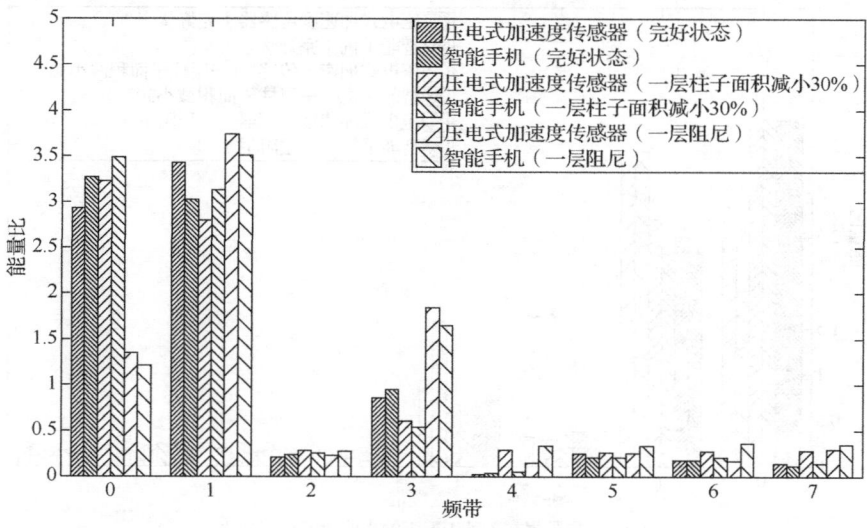

（a）一层数据在各种工况下的小波包节点能量比

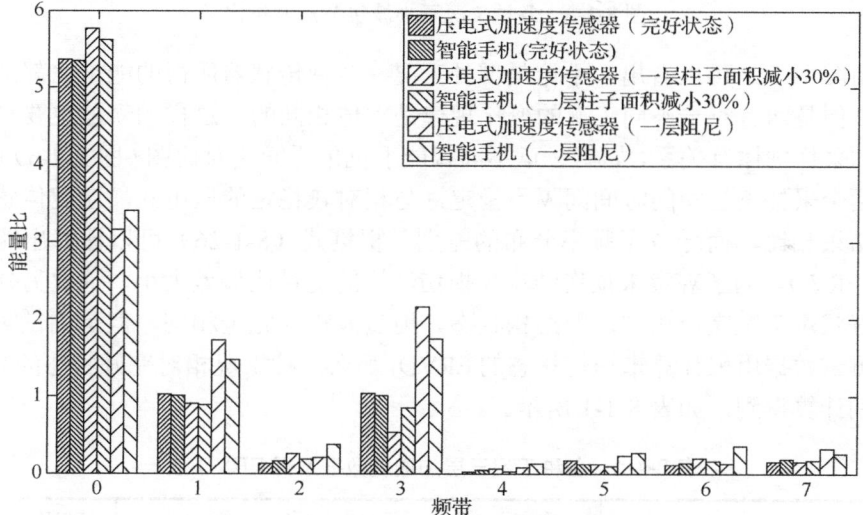

（b）二层数据在各种工况下的小波包节点能量比

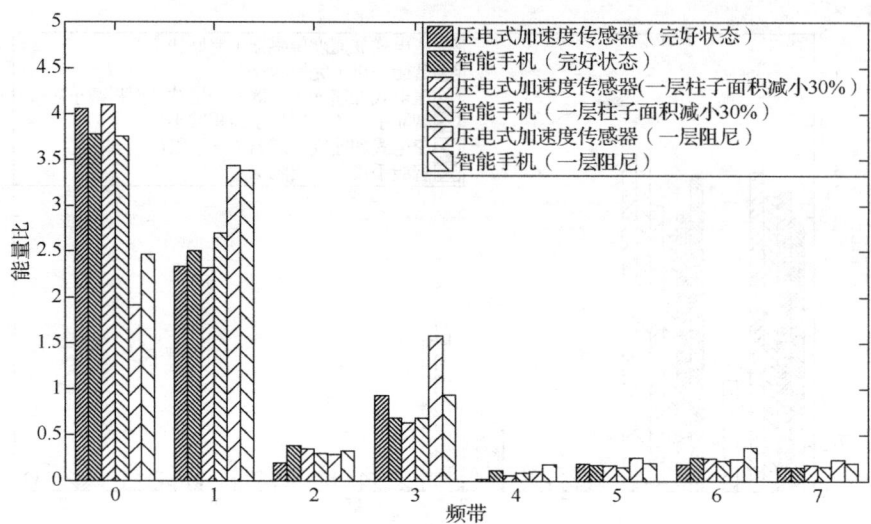

(c) 三层数据在各种工况下的小波包节点能量比

图 8-1-2　各种工况下小波包节点能量比

由图 8-1-2 可以看出，不论是哪种工况，两种传感器所得的能量比都是有差别的，但是两者对于不同工况的变化规律是大体相同的。这样的误差主要与智能手机的采样规律有关系，如第 2 章不同智能手机采样间隔对比图（图 2-2-6）所示，相邻两个采样点之间的时间间隔不稳定，与相对较稳定的压电式加速度传感器的采样结果相比，而导致了频率分布的差别。根据式（8-1-26）可以计算出能量比偏差 ERVD。为了观察未损伤结构与损伤结构的能量比偏差大小，选取另外一组与完好状态工况完全相同，即结构状态、地震波输入完全相同，但是测试时间不同的测试数据用来计算未损伤状态的 ERVD，那么三种工况相对完好状态的 ERVD 可分别计算得到，如表 8-1-1 所示。

表 8-1-1　各种工况三层加速度数据所得 ERVD 值

		第一层	第二层	第三层	ERVD 平均值
完好状态	压电式加速度传感器	0.1414	0.1403	0.0802	0.1206
	智能手机	0.1464	0.1262	0.1592	0.1439
一层柱子面积减小 30%	压电式加速度传感器	0.5189	0.4973	0.2564	0.4242
	智能手机	0.3775	0.2608	0.1644	0.2676
一层阻尼	压电式加速度传感器	1.411	2.636	2.260	2.102
	智能手机	1.328	2.455	2.168	1.983

由表 8-1-1 可以看出，对于每种工况，由压电式加速度传感器和智能手机所得加速度值计算出的能量比偏差都是有差别的。但是对于不同工况，ERVD 的变化趋势是有明显区别的。对于未损伤状态，能量比偏差最小，约只有 0.1；其次为一层柱子面积减小 30%的工况，能量比偏差在 0.16～0.52；最后为一层阻尼的工况，能量比偏差都在 1 以上。由能量比偏差结果可以看出，未损伤状态的两次数据能量比偏差虽然存在，但其最小，即两种工况的结构几乎没有发生变化，结构完好。对于一层柱子面积减小 30%的工况，相比未损伤状态，能量比偏差已有明显增大，结构的损伤可以通过能量比偏差识别得到。但是对于一层阻尼工况，能量比偏差相比前两种工况急剧增大，说明该种工况的结构损伤已经远远大于柱子面积减小的损伤，换句话说，柱子面积减小的工况，结构可能依旧处于线弹性范围内，只是面积的减小影响了结构的性能。但是一层阻尼工况，由于阻尼器的作用，结构表现出了明显的强非线性，损伤严重。这与第 7 章中结构位移时程曲线的对比也是相互吻合的，柱子面积减小工况的位移时程曲线并未发生太明显的改变，而一层阻尼工况下的位移时程曲线相较完好状态发生了明显的改变，非线性增强，柔度增大。由该部分内容可以看出，智能手机虽然有数据采集不够稳定的不足，但是其数据通过一定的损伤识别方法对于表征结构损伤还是可行的。

8.2 基于手机监测数据的加速度积分位移方法

由 7.2 节的叙述可以看出，框架结构的层间位移是评判框架结构是否损伤很重要的一个参数，尽管我们提出的基于智能手机摄像头和激光投射技术的层间位移监测方法可以解决以往位移监测方式的不足，但对位移的监测依旧不如获取加速度数据直接和简单。因此，若能通过加速度数据可以推导出位移数据，且能保持在一定精度范围内，那么层间位移的获取就相对容易很多。加速度和位移最直接的关系就是积分和微分的关系，通过对加速度进行二次积分获得位移，反之对位移进行二次微分计算得到加速度[54]。积分通常有两种方式，分别是在时域上的积分和在频域上的积分。关于时域积分和频域积分的基础知识会在接下来的部分中进行介绍，进而通过误差分析来证明频域积分在层间位移获取中的有效性。

8.2.1 加速度积分位移时域积分

时域积分方法是相对简单的方法，能满足在线运算的要求，其计算量小，而且可以避免由于傅里叶变换引起的截断误差，其在工程测试中有一定的运用[55]。

1. 时域积分公式

假设测试得到的加速度信号为 $a(t)$，则经过一次时域积分可以得到对应的速度信号：

$$v(t) = \int a(t)\mathrm{d}t = v(0) + \bar{v}(t) \quad (8\text{-}2\text{-}1)$$

经过两次时域积分可得到位移信号：

$$s(t) = \int v(t)\mathrm{d}t = s(0) + \bar{s}(t) \quad (8\text{-}2\text{-}2)$$

式中，$v(0)$ 和 $s(0)$ 分别为初速度和初位移；$v(t)$ 和 $s(t)$ 分别为理论待求速度和位移；$\bar{v}(t)$ 和 $\bar{s}(t)$ 分别为速度和位移的原函数。

实际工程测量中得到的加速度数据中往往会包含由各种干扰因素引起的直流误差项 δ，所以测量得到的加速度信号为

$$a(t) = f(t) + \delta \quad (8\text{-}2\text{-}3)$$

式中，$f(t)$ 为去除噪声的有效加速度数据。

对上述加速度信号进行一次积分，可得到速度信号的表达式为

$$v(t) = \int a(t)\mathrm{d}t + v(0) = \int (f(t) + \delta)\mathrm{d}t + v(0) = \int f(t)\mathrm{d}t + \delta t + \varepsilon + v(0) \quad (8\text{-}2\text{-}4)$$

误差项 δ 在积分运算中被逐渐放大，同时由于积分初值无法确定，因此加速度时域一次积分结果中含有一次误差项 $\delta t + \varepsilon$。

那么通过两次积分，可得到位移信号的表达式为

$$\begin{aligned} s(t) &= \int v(t)\mathrm{d}t + s(0) = \int (\int f(t)\mathrm{d}t + \delta t + \varepsilon + v(0))\mathrm{d}t + s(0) \\ &= \int (\int f(t)\mathrm{d}t)\mathrm{d}t + 0.5\delta t^2 + \varepsilon t + e + v(0)t + s(0) \end{aligned} \quad (8\text{-}2\text{-}5)$$

由于误差项 δ 的存在和一次时域积分的误差项 $\delta t + \varepsilon$ 的存在，在二次时域积分得到位移信号的过程中出现了二次误差趋势项 $0.5\delta t^2 + \varepsilon t + e$。这些误差项的存在将大大影响积分精度。为了消除误差带来的影响，可运用多项式拟合的方法来拟合出一次误差项和二次误差项，然后采用减去拟合值的方法来消除误差。

2. 趋势项多项式拟合

根据测试得到的加速度信号，按照数值积分算法（如梯形公式、辛普森公式、牛顿-科斯特公式、复化梯形公式等）进行一次积分得到数值速度信号，进行两次积分得到的位移信号：

$$\begin{aligned} V &= (t_i, v_i), \quad i = 0, 1, \cdots, n-1 \\ S &= (t_i, S_i), \quad i = 0, 1, \cdots, n-1 \end{aligned} \quad (8\text{-}2\text{-}6)$$

为采用最小二乘法拟合出趋势项误差，假设存在如下多项式 $f_m(t)$ 与 (t_i, v_i) 间存在的差值平方和最小：

$$f_m(t) = \sum_{k=0}^{m} p_k t^k \in \varnothing \tag{8-2-7}$$

式中，p_k 为多项式系数；$\varnothing$ 为最高项次数不超过 m 的多项式集合。

由以上假设可得如下方程式：

$$I = \sum_{i=0}^{n-1}[v_i - f_m(t_i)]^2 = \sum_{i=0}^{n-1}[v_i - \sum_{k=0}^{m} p_k(t_i^k)]^2 = \min \tag{8-2-8}$$

由式（8-2-8）可知，只要找出一组系数 p_k，使得函数 I 取到最小值，就可以确定积分趋势项。由于 p_k 使得函数 I 取得最小值，则对函数 I 求导数在 p_k 处等于零是其必要条件，由此可得

$$\frac{\partial I}{\partial P_j} = 2\sum_{i=0}^{n-1}[v_i - \sum_{k=0}^{m} p_k(t_i^k)]t_i^j = 0, \quad j = 0,1,\cdots,m \tag{8-2-9}$$

通过对上式进行形式变换，可得

$$\sum_{k=0}^{m}(\sum_{i=0}^{n-1} t_i^{j+k})p_k = \sum_{i=0}^{n-1} t_i^j v_i \tag{8-2-10}$$

将上述公式用矩阵表示为

$$\begin{bmatrix} n & \sum_{i=0}^{n-1} t_i & \cdots & \sum_{i=0}^{n-1} t_i^m \\ \sum_{i=0}^{n-1} t_i & \sum_{i=0}^{n-1} t_i^2 & \cdots & \sum_{i=0}^{n-1} t_i^{m+1} \\ \vdots & \vdots & & \vdots \\ \sum_{i=0}^{n-1} t_i^m & \sum_{i=0}^{n-1} t_i^{m+1} & \cdots & \sum_{i=0}^{n-1} t_i^{2m} \end{bmatrix} \begin{bmatrix} p_0 \\ p_1 \\ \vdots \\ p_m \end{bmatrix} = \begin{bmatrix} \sum_{i=0}^{n-1} v_i & \sum_{i=0}^{n-1} t_i v_i & \cdots & \sum_{i=0}^{n-1} t_i^m v_i \end{bmatrix} \tag{8-2-11}$$

可以证明，上述方程组的系数矩阵是正定矩阵，存在唯一解，从上式解出系数 p_k，从而可以得到多项式：

$$f_m(t) = \sum_{k=0}^{m} p_k t^k \in \varnothing \tag{8-2-12}$$

通过以上公式的计算，可以得到多项式 $f_m(t)$，进而可得到该算法下加速度信号 $a(t)$ 对应的位移信号 $s(t)$：

$$s(t) = \iint a(t)\mathrm{d}t\mathrm{d}t - f_m(t) \tag{8-2-13}$$

通过以上对该算法的总结和推导，得到基于多项式拟合去除趋势项的时域积分算法的处理流程如图 8-2-1 所示。

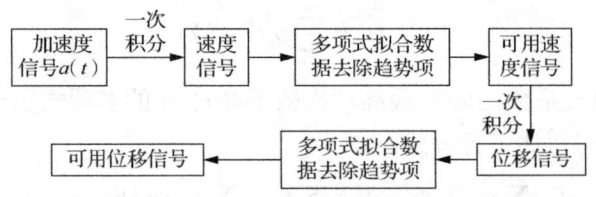

图 8-2-1　多项式拟合积分算法流程图

3. 基于高通滤波的时域积分算法

多项式拟合去除多项式的方法能有效地抑制和去除零点漂移产生的线性趋势项，但由于其对测试信号中所含的误差项δ的假定是δ是恒定值，因此该算法只能针对传感器零点漂移误差取得良好的积分效果，对于测试信号所包含的随机噪声信号产生的趋势项效果较差，基于低频滤波的时域算法能比多项式拟合法有效地解决这个问题。

所谓的趋势项一般指测试信号中的周期大于记录长度的成分，即线性项或者缓慢变化的非线性项[56]。在实际工程中，往往都是复杂的周期信号和随机信号的混合，一般的研究对象是周期信号。在振动测试和信号采集的过程中，由于外界各种因素的干扰，包括传感器或仪器的零点漂移，测试平台的基础运动等引起信号波形偏移。因此导致所采集和记录的加速度信号中不仅包含直流分量，而且包括各种干扰噪声信号，即在任意时刻传感器输出的加速度值为真实加速度值和一个非零误差项之和，且该误差项可能随时间的变化而不一致，即

$$a_m(t) = a(t) + a_e(t) = a(t) + a_n(t) + C \tag{8-2-14}$$

式中，$a_m(t)$为时刻t时加速度传感器的测量值；$a(t)$为该时刻实际加速度值；$a_e(t)$为传感器的测量误差值；C为测试加速度信号的直流分量；$a_n(t)$为随机噪声。

对加速度信号进行积分，得到速度信号：

$$v(t) = \int a_m(t)\mathrm{d}t = \int a(t)\mathrm{d}t + \int a_e(t)\mathrm{d}t = \int a(t)\mathrm{d}t + \int a_n(t)\mathrm{d}t + Ct + D \tag{8-2-15}$$

积分后的速度信号包含干扰噪声信号、零点漂移产生的线性趋势项Ct和常数项D，如果不能有效地识别和抑制该误差项，则在积分到位移过程中该误差将进一步放大，可能导致结果的失真。

采用多项式拟合消除趋势项的方法能有效去除零点漂移产生的线性趋势项Ct和常数项误差，但不能有效地抑制干扰噪声信号导致的误差$\int a_n(t)\mathrm{d}t$。

由于测试所得的加速度信号中的低频成分所包含的误差是导致积分产生趋势项的主要原因，并且加速度传感器的原理也决定了低频恰是传感器精度较差的频段，所以信号低频部分是产生积分误差的主要来源，且在工程实际测试中，很多工况并不过度关注信号的低频部分，因此，采用高通或带通滤波器能行之有效地

降低积分误差[57]。在这里对滤波进行介绍,因为接下来的频域内积分也会用到相关原理。

数字滤波的频域表达式为

$$y(r) = \sum_{k=0}^{N-1} H(k) X(k) e^{j2\pi kr/N} \tag{8-2-16}$$

其中理想的带通滤波器的频响函数为

$$H(k) = \begin{cases} 1, & f_d \leqslant k\Delta f \leqslant f_u \\ 0, & 其他 \end{cases} \tag{8-2-17}$$

理想的高通滤波器的频响函数为

$$H'(k) = \begin{cases} 0, & k\Delta f < f_d \\ 1, & k\Delta f \geqslant f_d \end{cases} \tag{8-2-18}$$

式中,f_d 和 f_u 分别为下限截止频率和上限截止频率;$X(k)$ 为 $x(r)$ 的傅里叶变换;Δf 为频率分辨率。

对于实际滤波器,由于其由电容和电阻组成,简单的高通滤波器和带通滤波器的原理图如图 8-2-2 所示。

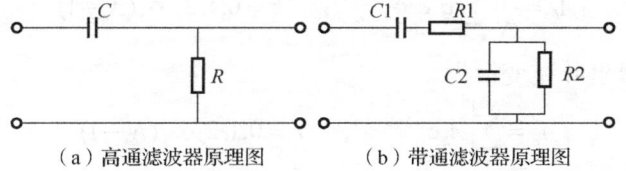

(a) 高通滤波器原理图　　(b) 带通滤波器原理图

图 8-2-2　高通滤波器和带通滤波器原理图

图 8-2-2 所示的高通滤波器对应的频率响应特性如式(8-2-19)~式(8-2-21)所示:

$$|H(f)| = \frac{f_0/f_d}{\sqrt{1+(f_0/f_d)^2}} \tag{8-2-19}$$

$$\phi(f) = 90° - \tan^{-1}\left(\frac{f}{f_d}\right) \tag{8-2-20}$$

$$f_c = \frac{1}{2\pi RC} \tag{8-2-21}$$

式中,$H(f)$ 为幅值;$\phi(f)$ 为幅角;f_c 为截止频率。

通过高通滤波器的原理,可以得到基于高通滤波去除趋势项的时域积分算法的处理流程如图 8-2-3 所示。

然而由于实际滤波器存在过渡带,导致低频成分无法有效滤除,且滤波的算法容易造成各频率成分相位的失真,而直接应用频域积分算法可以有效地避免此类问题。因此接下来将着重介绍基于傅里叶变换的频域积分算法。

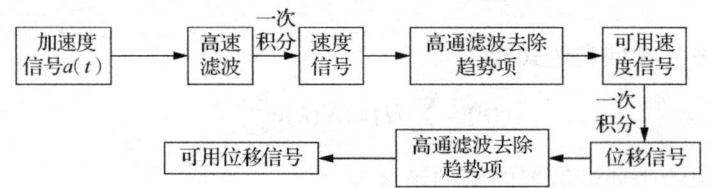

图 8-2-3　高通滤波去除趋势项的时域积分算法流程图

8.2.2　加速度积分位移频域积分

1. 加速度频域积分理论推导

假设给定连续的加速度时程数据 $a(t)$，加速度信号可以通过固定的时间间隔 Δt 与采样点数 r 表示，即 $\{a_r\}$，$r=0,1,2,\cdots,(N-1)$，$t=r\Delta t$。t 为采样时间，r 为采样点数，Δt 为采样间隔，N 为总采样个数。那么 $\{a_r\}$ 的离散傅里叶变换可表示如下[58]：

$$A_k = \frac{1}{N}\sum_{k=0}^{N-1} a_r \mathrm{e}^{-\mathrm{j}(2\pi kr/N)}, \quad k=0,1,2,\cdots,(N-1) \quad (8\text{-}2\text{-}22)$$

同样地，傅里叶逆变换为

$$a_r = \sum_{k=0}^{N-1} A_k \mathrm{e}^{\mathrm{j}(2\pi kr/N)}, \quad r=0,1,2,\cdots,(N-1) \quad (8\text{-}2\text{-}23)$$

值得注意的是，即使方程（8-2-22）无法提供充分的信息去恢复 $a(t)$，也可以使 $\{a_r\}$ 中所有离散值被精确恢复[59]。根据傅里叶变换的性质，通过积分可以得到速度和位移信号的离散傅里叶变换：

$$V_k = \frac{1}{\mathrm{j}2\pi k} A_k, \quad k=0,1,2,\cdots,(N-1) \quad (8\text{-}2\text{-}24)$$

$$D_k = -\frac{1}{(\mathrm{j}2\pi k)^2} A_k, \quad k=0,1,2,\cdots,(N-1) \quad (8\text{-}2\text{-}25)$$

然后对 V_k 和 D_k 进行傅里叶逆变换，那么速度和位移可以通过下列逆变换形式的傅里叶系数得到：

$$v_k = \sum_{k=0}^{N-1} V_k \mathrm{e}^{-\mathrm{j}(2\pi kr/N)}, \quad r=0,1,2,\cdots,(N-1) \quad (8\text{-}2\text{-}26)$$

$$d_r = \sum_{k=0}^{N-1} D_k \mathrm{e}^{\mathrm{j}(2\pi kr/N)}, \quad r=0,1,2,\cdots,(N-1) \quad (8\text{-}2\text{-}27)$$

在方程（8-2-24）和（8-2-25）中，加速度变换为速度和位移的过程中，$1/(\mathrm{j}2\pi k)$ 和 $-1/(\mathrm{j}2\pi k)^2$ 分别为影响速度和位移积分的比例系数，当比例系数 $1/(\mathrm{j}2\pi k)$ 小于 1

时，$-1/(j2\pi k)^2$ 会大大增加，对结果产生较大的改变。在加速度积分位移的过程中，低频部分幅值将被放大、高频部分得以衰减。在频域积分过程中，原加速度低频部分所包含的误差被放大；高频部分所包含的误差被缩小。若要减小位移信号的误差，关键是减小加速度信号中低频部分的误差[60,61]。

2. 频域积分误差控制

实际测试中，由于传感器误差、测试误差和截断误差的存在，在幅值谱中目标频率以下（低频部分）的幅值并不为零。该幅值由于对应的频率很低，在积分过程中所对应的比值系数很大，使得积分得到的位移出现很大的误差。为控制该低频部分信号所产生的误差，需要对积分过程加以控制，即引进函数 $\phi(\omega)$：

$$s(t) = -F^{-1}\left[\frac{1}{\omega^2}\phi(\omega)F(\overline{a}(t))\right] \tag{8-2-28}$$

目前主要采用的积分控制方法有低频截止和低频衰减算法两种。徐庆华[62]提出了低频截止算法，简介如下。

低频截止算法中需要选定低频截止频率 f_T，在整个频率范围内，函数 $\phi(\omega)$ 定义为

$$\phi(\omega) = \begin{cases} 0, & \omega < 2\pi f_T \\ 1, & \omega \geqslant 2\pi f_T \end{cases} \tag{8-2-29}$$

在低频截止算法中，信号比值函数 $\phi(\omega)$ 加速度-加速度幅频特性如图 8-2-4（a）所示，频域积分后的加速度-位移幅频特性如图 8-2-4（b）所示。

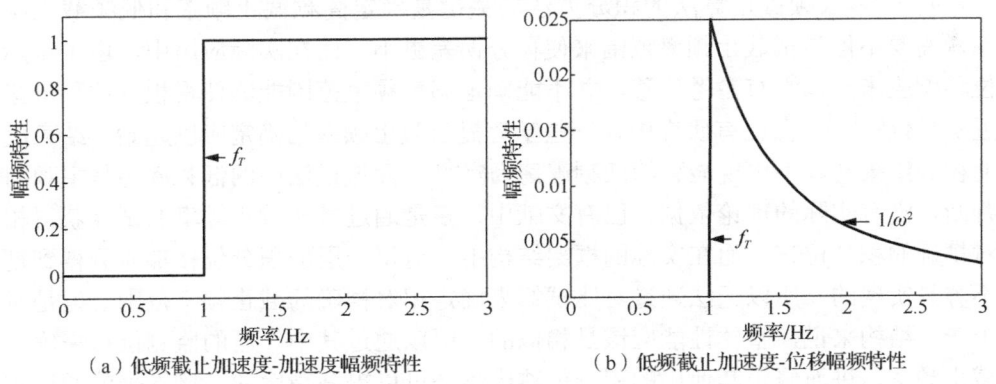

（a）低频截止加速度-加速度幅频特性　　（b）低频截止加速度-位移幅频特性

图 8-2-4　低频截止幅频特性图

由图 8-2-4 可见，低频截止算法通过选定低频截止频率，然后将低于该截止频率下的加速度信号幅值置零。这样有效地避免了积分所得位移信号中低频误差成分的存在，但与此同时低频部分的信息也被丢失。由于低频部分对积分结果影响较大，所以我们更多地考虑了低频截止，高频部分的误差对于整体积分误差依

旧会产生一定的影响。为了减小积分误差，在使用截止频率时，采用高-低频截止算法。在接下来的论述中，采用高-低频截止算法对加速度数据进行积分。即确定合适的高频和低频截止频率，进行频域积分。如何确定合适的高频、低频截止频率是确定积分精度的关键。高-低频截止频率算法流程图如图 8-2-5 所示。

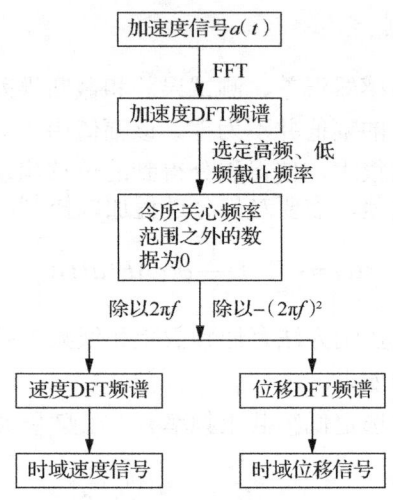

图 8-2-5　高-低频截止频率算法流程

8.2.3　基于其中一层监测位移的积分位移修正方法

　　基于高-低频截止算法的积分方法的关键是确定高频截止频率和低频截止频率，需要不停尝试截止频率范围来使积分误差更小。而在实际应用中，由于实际位移响应未知，没有参考位移，并不能确定哪个频率范围能够使得积分位移最接近实际位移[63]。在已有研究中，一些学者提出截止频率的确定应以起始、结束段的积分结果基本不出现显著的低频震荡为宜[64]。而该说法中的低频震荡是主观的判断，没有实际的理论依据。已有文献中，多是通过多次截止频率的试算获得相对精确的积分位移。而在实际的框架结构中，对每一层的积分位移都监测得到是不容易实现的，所以无法通过对比试算来确定相对精确的截止频率范围。但是对于一个结构来说，整体性能应该是相似的，所以通过其中一层的监测位移来确定截止频率，进而修正其他层的积分位移应该是可以提高精度的，接下来就通过实验数据来观察基于其中一层监测位移的积分位移修正方法。

　　1. 第一层截止频率试算

　　由实验整体安排可知，结构的每一层层间位移都监测得到，假设目前只有第一层监测位移已知，那么通过对比监测位移和积分位移来对截止频率进行试算，使得监测位移和实测位移的误差更小,将 1Hz、2Hz、3Hz、4Hz 等低频截止频率应用于第一层的层间位移中,再经过微调确定了 2.2Hz 的低频截止频率,高频截止频率试算多组后,对积分曲线并未有太大影响,因此暂时确定 5Hz 的高频截止频率,此时以[2.2Hz,5Hz]和[4Hz,8Hz]的结果为例,第一层的积分位移和监测位移对比曲线如图 8-2-6 所示。

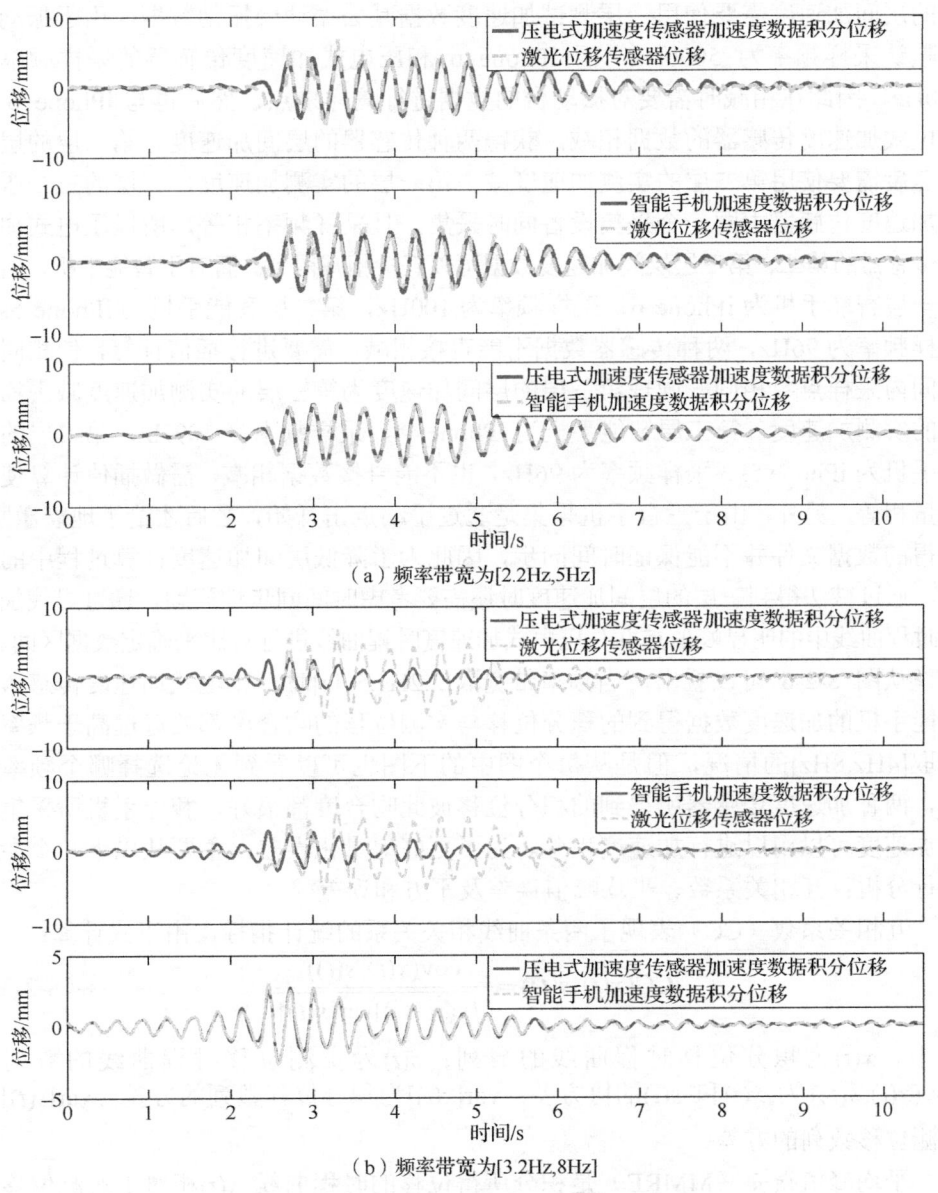

图 8-2-6　不同频率带宽对积分位移的影响

如图 8-2-6 所示，图中既有两种加速度传感器所得积分位移与实测位移的对比，也有两种加速度传感器所得积分位移曲线对比。第 7 章已有激光位移传感器的监测结果与智能手机 D-Viewer 的位移对比，为了防止过多曲线重合，这里与积分位移曲线的对比只选取了激光位移传感器得到的位移时程曲线。需要说明的是，对于积分层间位移需要层间加速度数据，所以在积分前需要对其进行求解，第一层的层间加速度需要使用一层测试加速度数据减去振动台振动数据，由于振动台的默认采样频率为 5000Hz，而 iPhone 6 和压电式加速度传感器的采样频率为 100Hz，因此在相减时需要对振动台的数据进行隔样采点，然后再与 iPhone 6 和压电式加速度传感器的数据相减，获得两种传感器的层间加速度。第二层的层间加速度需要使用第二层的实测加速度减去第一层的实测加速度，三层的三个压电式加速度传感器由同一个采集设备同时采集，且采样频率相等，所以压电式加速度传感器的第二、第三层层间加速度数据可以直接相减得到。而对于智能手机，由于第一层智能手机为 iPhone 6，采样频率为 100Hz，第二层智能手机为 iPhone 5s，采样频率为 96Hz，两种传感器数据不能直接相减，需要进行插值计算，使相同的时间内采样点数相同。同理第三层的层间加速度为第三层的实测加速度减去第二层的实测加速度，第三层智能手机为 iPhone 4s，采样频率为 109Hz，第二层的智能手机为 iPhone 5s，采样频率为 96Hz，也不能直接数据相减，需做插值计算使数据量相等。另外，由于三台手机采集是通过手动点击开始，之后才给予地震激励，所得的数据文件并不能保证时间同步，因此为了降低层间加速度计算过程中的误差，通过减法得到三层的层间加速度时还需要考虑时间同步性问题，通过寻找加速度时程曲线中的明显峰值点并与压电式加速度时程曲线进行对比来确定数据区间。

从图 8-2-6 可以看出，当频率带宽取[2.2Hz,5Hz]时，压电式加速度传感器与智能手机的加速度数据得到的积分位移与实测位移的吻合度都要远远高于频率带宽取[4Hz,8Hz]的情况，但是从每个图中的下图也可以看到无论选择哪个频率带宽，两种加速度传感器所得到的积分位移彼此吻合度都很好，智能手机所采集到的加速度可以用以进行加速度积分。为了更好地量化误差，主要从以下三个参数进行分析：互相关系数、平均峰值误差及平方和误差。

互相关系数（CC）表现了两条曲线相关关系的统计指标，由下式计算：

$$CC(x(t),s(t)) = \frac{\text{cov}(x(t),s(t))}{\sqrt{\text{var}[x(t)]\text{var}[s(t)]}} \quad (8\text{-}2\text{-}30)$$

式中，$x(t)$为积分位移时程曲线的数列；$s(t)$为实测位移时程曲线的数列；$\text{cov}(x(t),s(t))$为 $x(t)$ 和 $s(t)$的协方差；$\text{var}[x(t)]$为积分位移数列的方差；$\text{var}[s(t)]$为监测位移数列的方差。

平均峰值误差（MMRE）是积分所得位移的时程曲线 $x(t)$相对于实测位移时程曲线 $s(t)$正负峰值相对差距的平均值，定义如下式：

$$\text{MMRE} = \frac{1}{2}\left(\frac{|\max(x(t)-s(t))|}{|\max(s(t))|} + \frac{|\min(x(t)-s(t))|}{|\min(s(t))|}\right) \quad (8\text{-}2\text{-}31)$$

只考虑峰值误差对整条曲线的评判是有失偏颇的，因此定义平方和误差（SSE）来描述积分位移和实测位移的能量差值，定义如式（8-2-32）。

$$\text{SSE} = \left|\frac{\sum_{i=1}^{N}|x(i)|^2 - \sum_{i=1}^{N}|s(i)|^2}{\sum_{i=1}^{N}|s(i)|^2}\right| \quad (8\text{-}2\text{-}32)$$

式中，$x(i)$ 和 $s(i)$ 为积分位移 $x(t)$ 和实测位移 $s(t)$ 的采样点；N 为采样总数，MMRE 和 SSE 越接近于 0，积分位移越精确。

将不同截止频率得到的积分位移与激光位移传感器所得的实测位移进行误差分析，结果汇总如表 8-2-1 所示，同时也包括了压电式加速度传感器与智能手机加速度数据的积分位移之间的误差分析。表中，S 为 Smartphone，代表智能手机；PA 为 Piezoelectric Acceleration Sensor，代表压电式加速度传感器，即 CC_S 为智能手机积分位移与实测位移的互相关系数；CC_PA 为压电式加速度传感器积分位移与实测位移的互相关系数。同样命名规定于 MMRE_S、MMRE_PA、SSE_S 和 SSE_PA。CC 为智能手机加速度积分互位移和压电式加速度传感器积分位移的互相关系数，MMRE 为两者之间的平均峰值误差，SSE 为两者之间的平方和误差。

表 8-2-1 未损伤结构积分位移与实测位移的误差分析

频率带宽/Hz	CC_S	CC_PA	CC	MMRE_S	MMRE_PA	MMRE	SSE_S	SSE_PA	SSE
[2.2,5]	0.9171	0.9304	0.9954	0.5362	0.5060	0.1461	0.0152	0.1324	0.1701
[4, 8]	0.0693	0.0716	0.9607	1.0508	1.0424	0.2840	0.9921	0.9936	0.2309

由表 8-2-1 可以看出，选取[2.2Hz,5Hz]频率带宽时，积分位移与实测位移的互相关系数要远远大于频率带宽[4Hz,8Hz]的情况，且平均峰值误差与平方和误差都小于频率带宽[4Hz,8Hz]的情况，其积分精度要更高一些。另外还可以发现，选取[4Hz,8Hz]频率带宽时，压电式加速度传感器和智能手机加速度传感器之间的积分位移误差很小，互相关系数可以达到 0.99 以上，也证明了智能手机的传感特性是可行的。[2.2Hz,5Hz]频率带宽所积分显示的精度使其可以考虑作为第二、第三层位移积分计算的参考频率带宽，对其进行频域积分计算。

2. 第二层积分位移

由第一层的积分结果可知[2.2Hz,5Hz]可作为第二层、第三层的参考截止频率。首先将[2.2Hz,5Hz]的频率带宽应用于第二层的位移计算中，其积分位移结果与实测位移的对比曲线如图 8-2-7(a)所示。若无参考的积分频率带宽，选取[3.2Hz,8Hz]

的频率带宽对第二层的层间加速度进行积分位移计算，结果如图 8-2-7（b）所示。

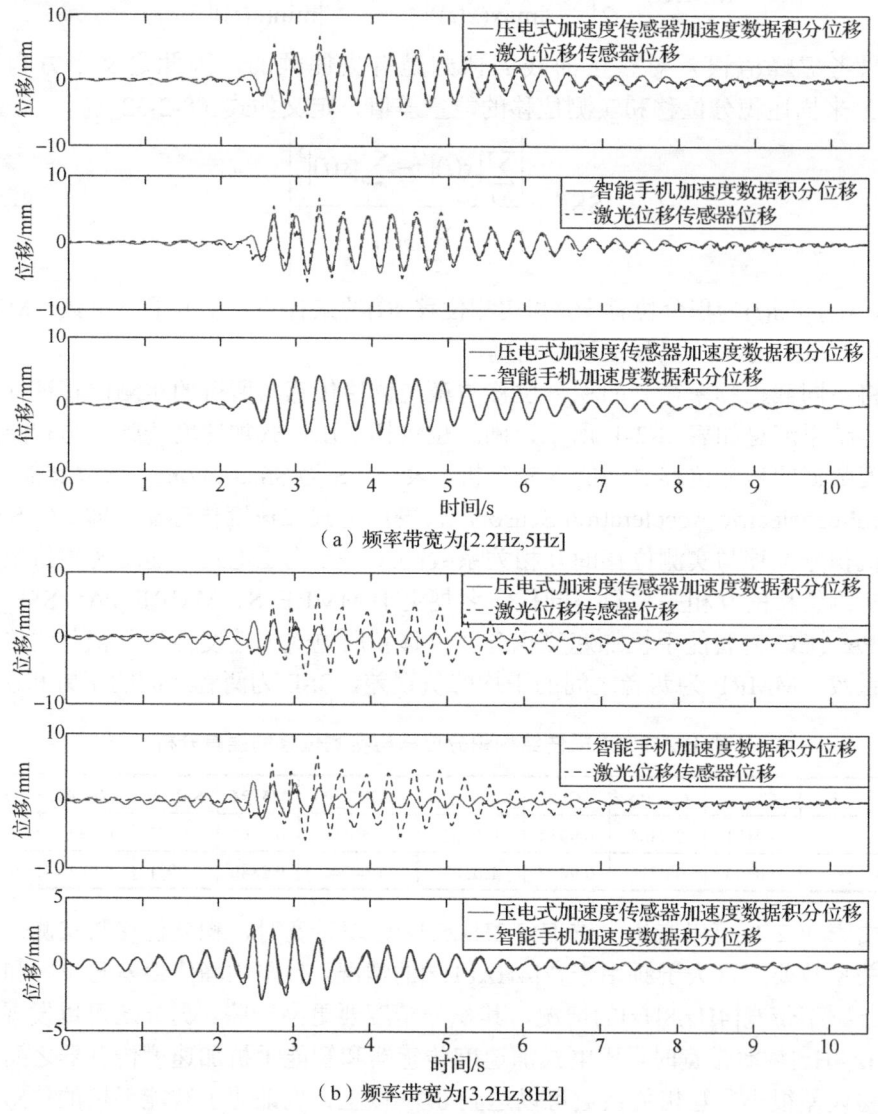

图 8-2-7　第二层的积分位移

由图 8-2-7 可以明显地看出，使用[2.2Hz,5Hz]的频率带宽，即第一层通过试算得到的频率带宽可以有效地修正积分位移，当第二层的实测位移未知时，可以通过第一层试算已得到的频率带宽来修正积分位移。但是无论哪个频率带宽，压电式加速度传感器和智能手机得到的积分位移也是非常一致的。根据式（8-2-30）～式（8-2-32），对积分结果进行误差分析，结果如表 8-2-2 所示。

表 8-2-2　未损伤结构第二层积分位移与实测位移的误差分析

频率带宽/Hz	CC_S	CC_PA	CC	MMRE_S	MMRE_PA	MMRE	SSE_S	SSE_PA	SSE
[2.2,5]	0.9095	0.9262	0.9912	0.4985	0.4487	0.1427	0.0930	0.0995	0.0073
[3.2, 8]	0.0693	0.0716	0.9607	1.0508	1.0424	0.2840	0.9921	0.9936	0.2309

表 8-2-2 也同样显示了[2.2Hz,5Hz]的频率带宽下，积分位移与实测位移吻合较好，两种加速度传感器积分位移之间的吻合度也很好。由以上的数据可以证明得到框架结构中基于其中一层实测位移截止频率的积分位移修正方法流程图如图 8-2-8 所示。

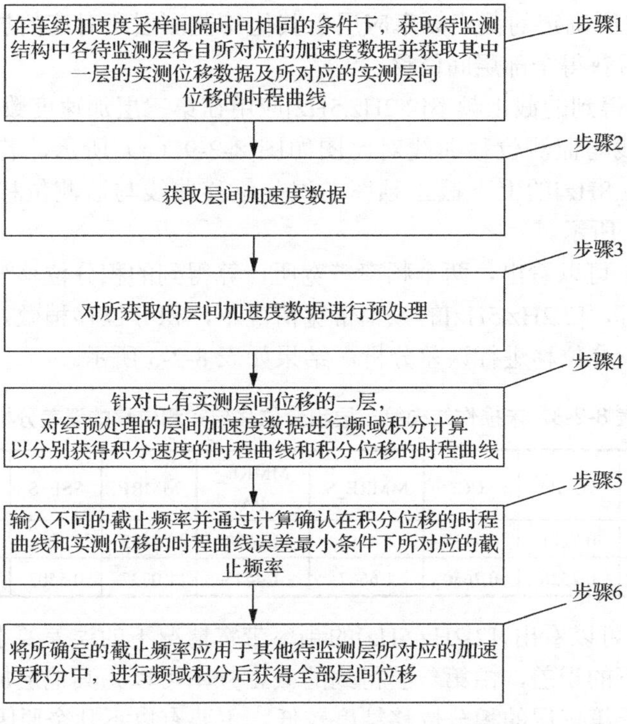

步骤1：在连续加速度采样间隔时间相同的条件下，获取待监测结构中各待监测层各自所对应的加速度数据并获取其中一层的实测位移数据及所对应的实测层间位移的时程曲线

步骤2：获取层间加速度数据

步骤3：对所获取的层间加速度数据进行预处理

步骤4：针对已有实测层间位移的一层，对经预处理的层间加速度数据进行频域积分计算以分别获得积分速度的时程曲线和积分位移的时程曲线

步骤5：输入不同的截止频率并通过计算确认在积分位移的时程曲线和实测位移的时程曲线误差最小条件下所对应的截止频率

步骤6：将所确定的截止频率应用于其他待监测层所对应的加速度积分中，进行频域积分后获得全部层间位移

图 8-2-8　基于其中一层实测位移和截止频率的积分位移修正方法流程图

由图 8-2-8 可以总结基于其中一层实测位移和截止频率的积分位移修正方法的一般步骤如下。

步骤 1：在连续加速度采样间隔时间相同的条件下，获取待监测结构中各待监测层各自所对应的加速度数据并获取其中一层即第 n 层的层间实测位移数据及所对应的实测位移的时程曲线，$n \geqslant 1$。当使用激光位移传感器测试时最好实测第一层层间位移，因为第一层层间位移只需测量一个相对地面的位移，而其他层相对位移需要通过测量两层位移相减得到,使用智能手机测量层间位移则没有要求,因为得到的即层间位移。

步骤2:获取层间加速度数据。

步骤3:对所获取的层间加速度数据进行预处理,所述预处理包括对所获取的层间加速度数据进行降噪、滤波处理。

步骤4:对经预处理的层间加速度数据进行离散傅里叶变换和频域积分法以分别获得积分速度的时程曲线和积分位移的时程曲线。

步骤5:针对有实测位移的一层即第 n 层,输入不同的截止频率并通过计算确认在积分位移的时程曲线和实测位移的时程曲线误差最小条件下所对应的截止频率。

步骤6:将所确定的截止频率应用于其他待监测层所对应的加速度积分中,进行频域积分后获得全部层间位移。

同样地,将得到的截止频率[2.2Hz,5Hz]应用在第三层加速度数据积分计算中,其积分位移曲线与监测位移曲线对比图如图 8-2-9(a)所示,若无参考截止频率,选取[3.2Hz,8Hz]的上下截止频率,积分位移曲线与监测位移曲线的对比图如图 8-2-9(b)所示。

由图 8-2-9 可以看出,两个频率带宽所计算得到的积分位移与监测位移的吻合度都不是很好,[2.2Hz,5Hz]的频率带宽情况下,积分位移稍微好一些。对两个频率带宽下的积分位移进行误差分析,结果如表 8-2-3 所示。

表 8-2-3 未损伤结构第三层积分位移与实测位移的误差分析

频率带宽/Hz	CC_S	CC_PA	CC	MMRE_S	MMRE_PA	MMRE	SSE_S	SSE_PA	SSE
[2.2,5]	0.5660	0.7221	0.7938	1.4154	1.0532	0.8852	0.4030	0.0012	0.4013
[3.2,8]	0.2439	0.2528	0.7650	1.6667	1.4445	1.0737	0.5503	0.8078	1.3403

由表 8-2-3 可以看出,[2.2Hz,5Hz]的频率带宽情况下的误差要小于[3.2Hz,8Hz]频率带宽情况下的误差,由第一层得到的截止频率可以为其他层加速度频域积分带来参考。对于第三层的积分位移精度较低,主要有以下几个原因。

首先,第三层智能手机选用的是 iPhone 4s 进行加速度采集,第二层智能手机选用的是 iPhone 5s。iPhone 4s 和 iPhone 5s 的实际采样频率分别为 109Hz 和 96Hz,为了相减得到层间加速度,需要做插值计算使同样的时间有相同的数据点,该插值过程会造成一定误差。而且由第 2 章不同型号智能手机的采集性能可知,iPhone 4s 的采样最不稳定,有的两次采样点之间的采样时间间隔相差过大,可达到 0.6s,致使可能错过了多个有效的数据点,而有的两次采样点之间的采样时间又过小,几乎为 0,同一个时间内完成了多次采集,再对其中进行多次插值,是完全增大了误差因素。iPhone 5s 较 iPhone 4s 性能好一些,但该类问题同样存在,相邻两个数据点之间的间隔时间也有达到 0.1s 的情况,iPhone 6 的采集稳定性最好,但依旧存在相邻两个采集点的间隔时间不等于 0.01s 的情况,所以就算经过插值后的数据点,其间隔时间也由于原数据的不稳定性而不确定。在上下层数据相减时的两组数据并不能是时间完全相同的对应关系,且插值计算使低频噪声的影响增大。

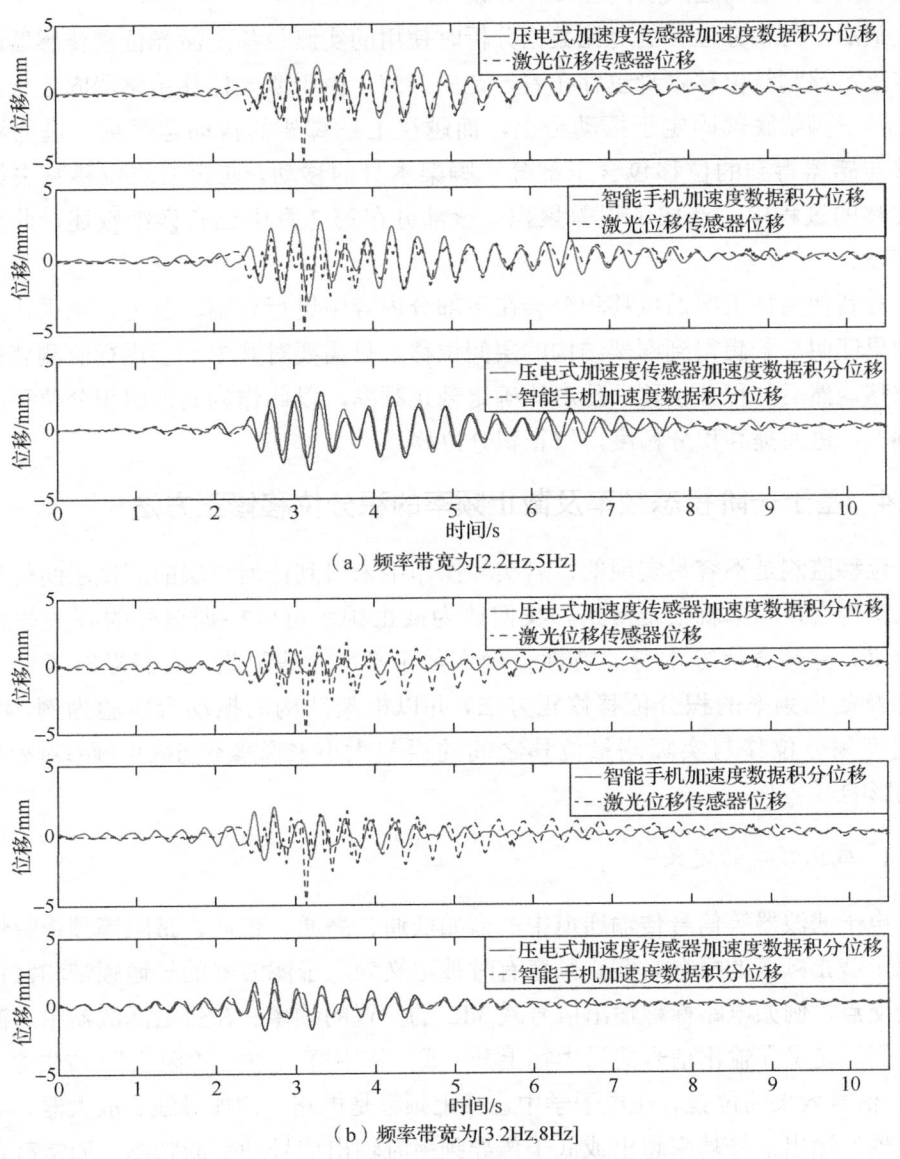

图 8-2-9　第三层加速度数据积分位移对比

其次，由于三台智能手机的采集开始时间并不同步，需要通过找寻峰值点来确定数据区间，使相减的上下两层加速度数据点在同一时间点上，进而尽可能得到相对精确的层间加速度。但是该数据区间的确定本身就是一个主观查找过程，哪怕有一两个数据的提前或推后，在插值和上下层相减的过程中都会造成层间加速度的误差，进而造成层间位移积分误差。

最后，与积分位移的对比数据分析时使用的实测位移是激光位移传感器的位移结果，该测量位移本身也存在着一定的误差，由于激光位移传感器固定于三脚架上，三脚架底部固定于振动台上，而越往上三脚架的抖动越严重，进而激光位移传感器得到的位移包含了部分三脚架本身的移动，在第三层位移减去第二层位移的过程中，造成了误差累积。该部分在第 7 章中已有详细叙述，此处不再赘述。

对其他两种工况的位移积分会在下部分内容中进行介绍。总之，未损伤工况的结果证明，若想得到框架结构的层间位移，只需要对其中一层进行监测获得实测位移，然后与积分位移曲线对比确定截止频率，以此作为其他层积分位移的参考频率，进而提高积分精度，修正积分位移。

8.2.4 基于一阶模态频率及截止频率的积分位移修正方法

位移监测是不容易实现的，若实际操作中未得到任何一层的测试层间位移，那么结构自振频率就很难得到。我们认为截止频率可以根据信号的有关截止频率定义，并结合信号本身的特性来确定截止频率，基于此，我们提出基于一阶模态及截止频率的积分位移修正方法，并以框架结构的振动台实验为例，比较加速度积分位移与实际测量位移之间的误差大小来观察不同截止频率对积分位移的影响。

1. 截止频率的定义

电子滤波器等信号传输通道中的诸如低通、高通、带通、带阻等频带特性都应用了截止频率的概念。截止频率有时被定义为电子滤波器的导通频带和截止频带的交点，例如电路标称输出信号减 3dB 的位置的频率。在带阻滤波器中，截止频率则被定义在输出信号能量大幅上升（或大幅下降）、失去"阻止"（或失去"通过"）信号效果的位置。在电子学中，截止频率是电路（例如导线、放大器、电子滤波器）输出信号功率超出或低于传导频率时输出信号功率的频率。通常截止频率时输出功率为传导频率的一半，在波德图上相当于为降低 3dB 的位置所表示的功率，因为此时功率比例 $\sqrt{1/2} \approx 0.707$ 传到频带上的输出功率。

假设 f_{c1} 和 f_{c2} 为加速度信号的频率分量，那么 f_{c1} 的低频截止频率 f_1 为功率降低 3dB，f_{c2} 的高频截止频率 f_2 为功率升高 3dB，低频截止频率 f_1 和高频截止频率 f_2 分别可以用式（8-2-33）计算。

$$20\log\left(\frac{f_1}{f_{c1}}\right) = -3$$
$$20\log\left(\frac{f_2}{f_{c2}}\right) = 3$$
（8-2-33）

根据式（8-2-33）计算得到

$$f_1 = \sqrt{2}/2 f_{c1}$$
$$f_2 = \sqrt{2} f_{c2}$$
（8-2-34）

在计算层间位移时，想要保留的中心频率，即加速度信号的频率分量 f_{c1} 和 f_{c2} 需要首先确定。为了观察不同中心频率对积分结果的影响，针对框架结构不同工况的不同反应，选取不同的中心频率，通过积分位移与监测位移的对比来观察误差因素。同样选取完好框架、一层柱子面积减小 30%以及一层阻尼三种工况进行观察，两种加速度传感器的数据都进行积分，同样与两种位移传感器所得结果进行对比。

2. 完好框架结构积分位移对比

由第 7 章计算可知，完好框架的第一、二和三阶频率分别为 3.182Hz、8.9Hz 和 12.6Hz。为考虑不同的中心频率影响，我们共选择三组高-低频截止频率进行研究。

（1）以第一阶模态频率作为高-低频中心频率，即 $f_{c1}=f_{c2}=3.182$Hz，此时的低频截止频率为 2.25Hz，高频截止频率为 4.5Hz，即频率带宽为[2.25Hz,4.5Hz]。

（2）将三阶模态都考虑在内，第一阶模态作为低频截止频率的中心频率，第三阶模态作为高频截止频率的中心频率，即 $f_{c1}=3.182$Hz，$f_{c2}=12.6$Hz，此时根据式（8-2-34）可以计算得到低频截止频率为 2.25Hz，高频截止频率为 17.82Hz，即频率带宽为[2.25Hz,17.82Hz]。

（3）改变低频截止频率的中心频率，以第二阶模态作为低频截止频率的中心频率，第三阶模态作为高频截止频率的中心频率，即 $f_{c1}=8.9$Hz，$f_{c2}=12.6$Hz。此时根据式（8-2-34）可以计算得到低频截止频率为 6.692Hz，高频截止频率为 17.82Hz，即频率带宽为[6.692Hz,17.82Hz]。

使用上述三组高-低频截止频率对加速度数据分别积分，获得的第一、二、三层的积分层间位移时程曲线与测试位移的时程曲线对比图如图 8-2-10～图 8-2-12

所示。图 8-2-10～图 8-2-12 中，图（a）的频率带宽为[2.25Hz,4.5Hz]，图（b）的频率带宽为[2.25Hz, 17.82Hz]，图（c）的频率带宽为[6.692Hz,17.82Hz]。同样由于在第 7 章中激光位移传感器所测试位移曲线与智能手机测试位移曲线已有对比，因此为了呈现效果，防止曲线过多重合，在图 8-2-10～图 8-2-12 中，只选取了激光位移传感器所得实测位移曲线与积分层间位移进行对比。

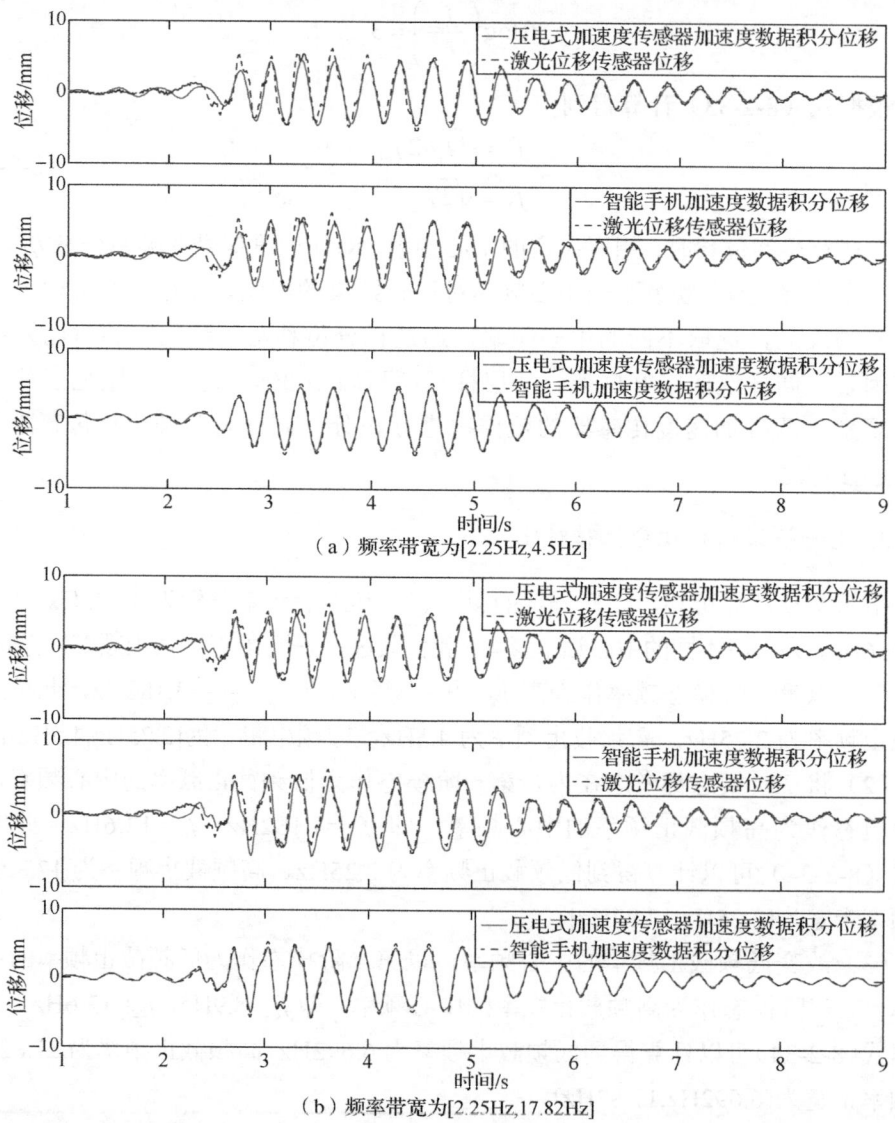

（a）频率带宽为[2.25Hz,4.5Hz]

（b）频率带宽为[2.25Hz,17.82Hz]

第 8 章 基于手机监测数据的地震作用下结构安全评定

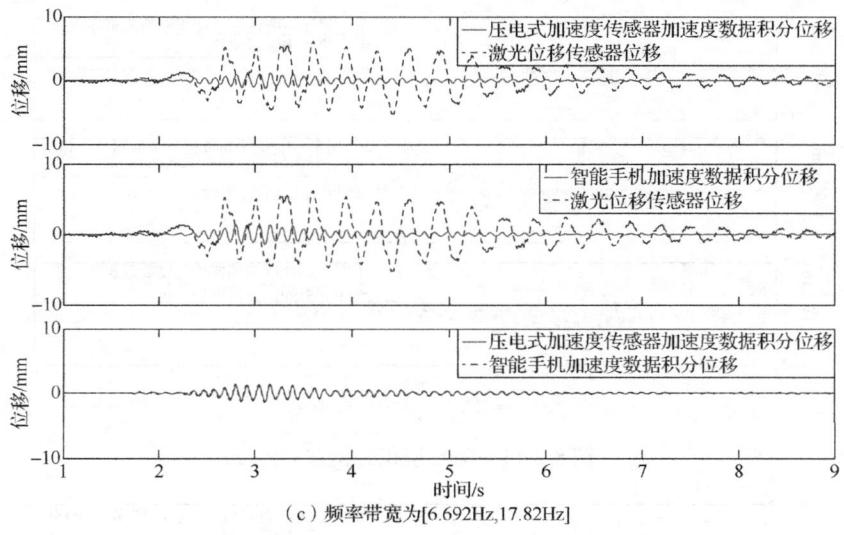

（c）频率带宽为[6.692Hz,17.82Hz]

图 8-2-10 第一层积分位移对比

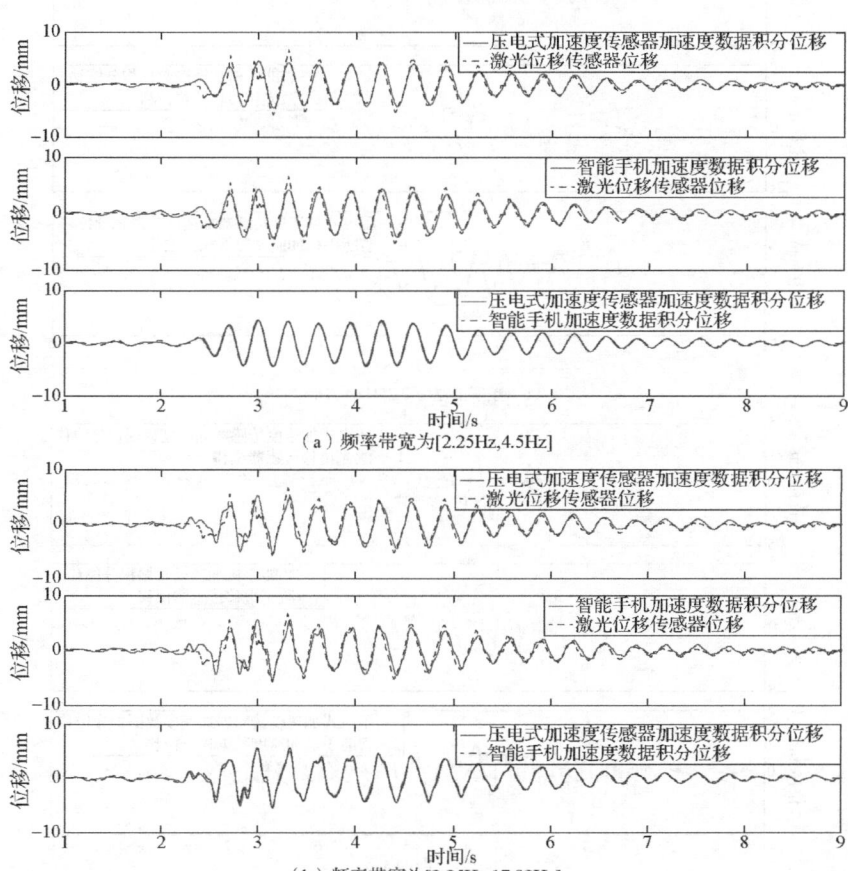

（a）频率带宽为[2.25Hz,4.5Hz]

（b）频率带宽为[2.25Hz,17.82Hz]

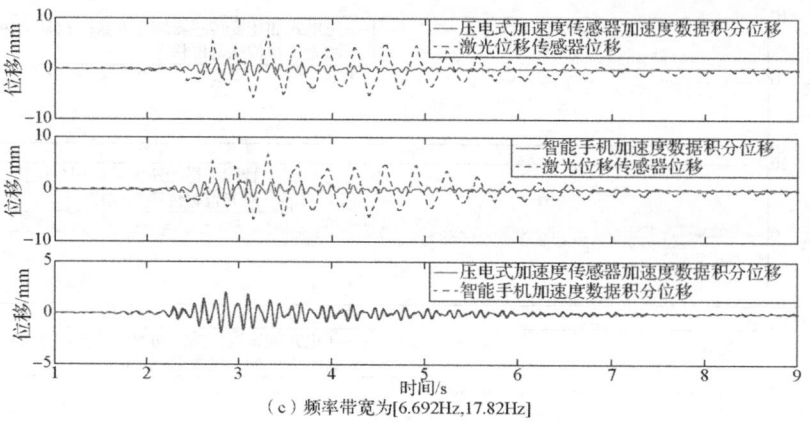

(c) 频率带宽为[6.692Hz,17.82Hz]

图 8-2-11 第二层积分位移对比

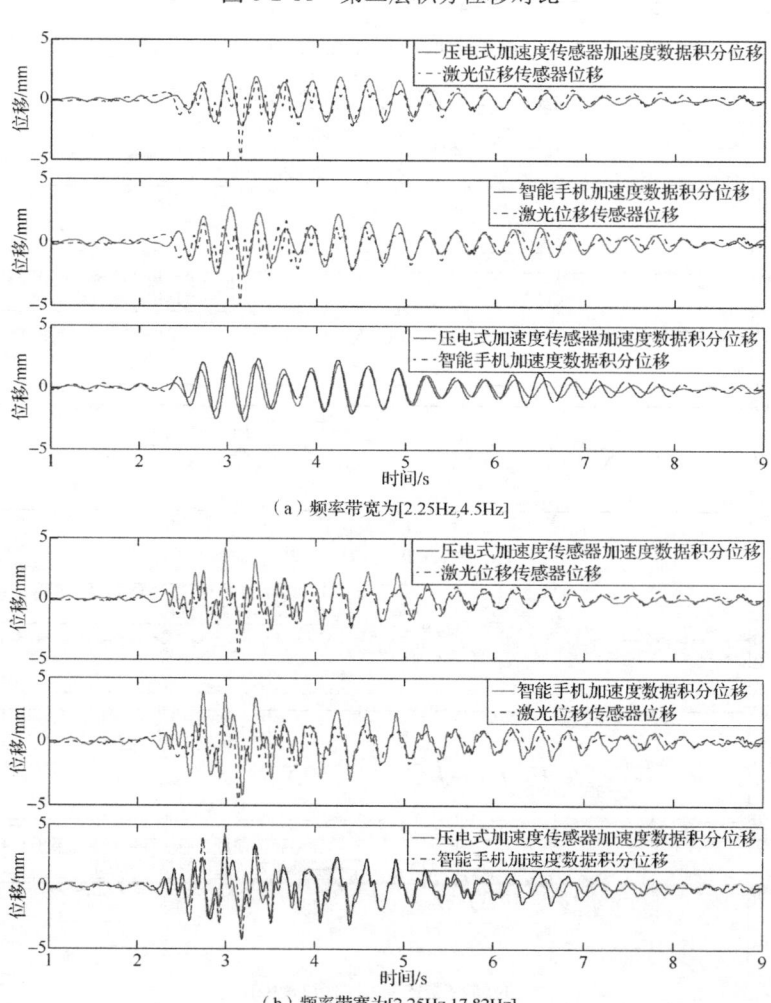

(a) 频率带宽为[2.25Hz,4.5Hz]

(b) 频率带宽为[2.25Hz,17.82Hz]

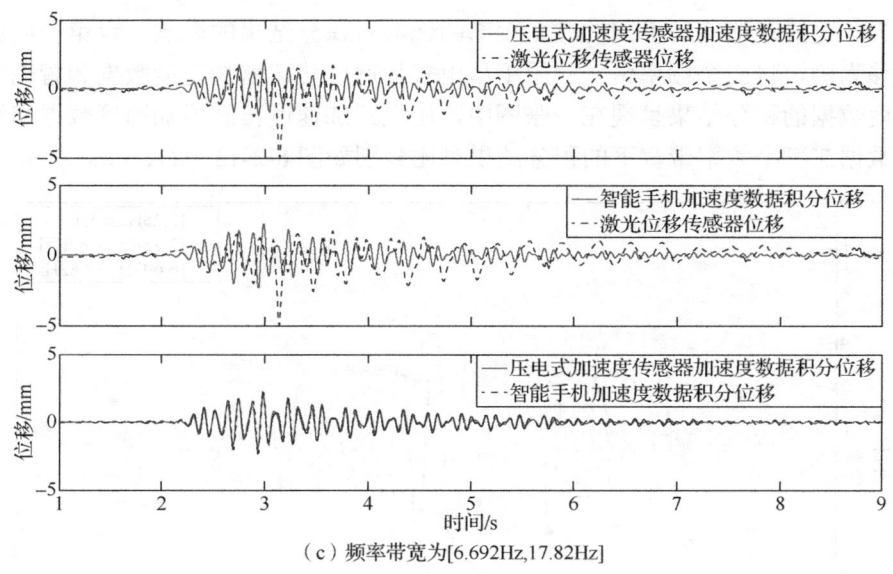

(c) 频率带宽为[6.692Hz, 17.82Hz]

图 8-2-12　第三层积分位移对比

与前部分相似，在计算积分位移时需要先求得第一、二、三层的层间加速度，具体算法此处省略。从图 8-2-10～图 8-2-12 中可以得出以下几个结论。

（1）通过每个分图中的下图可以看出，不管频率带宽选择为多少，两种加速度传感器的积分位移彼此吻合都很好，尤其是第一层和第二层的积分位移曲线，对于第三层的积分位移曲线对比，低频截止频率取为 2.25Hz 时，两种传感器的积分位移有少许区别，但是当低频截止频率取为 6.692Hz 时，两种传感器的积分位移一致性又增大了。说明在加速度方面，第一层和第二层的层间加速度与压电式加速度传感器得到的层间加速度一致性较高，产生的误差也接近，然而第三层的层间位移在求解的过程中，智能手机的层间加速度由于插值运算，尤其是 96～109Hz 的插值，需要插值数更多，造成了与压电式加速度传感器所得层间加速度较大的差别，且很明显地，造成的低频噪声更大，因为图中显示将低频截止频率提高后两种传感器的积分位移一致性提高。

（2）低频截止频率取为 2.25Hz 时（根据结构第一阶振动频率求得的截止频率），实测位移曲线与积分位移曲线吻合较好。在低频截止频率取为 6.692Hz 时（根据第二阶振动频率求得的截止频率），积分位移与测试位移呈现出了明显的差别，虽然第三层的层间位移在低频截止频率取为 6.692Hz 时的峰值似乎更接近监测位移，但是其衰减规律有明显的不同。

（3）对比图（a）和图（b）来看，在低频截止频率相同，高频截止频率不同时，积分位移和监测位移的差别都不大。对比图（b）和图（c）可以发现，在高频截止频率相同，但是低频截止频率不同时，积分位移差别较大。

为了更清晰地比较不同的截止频率的选取对积分结果的影响,以第一层的层间位移为例,将三个频率带宽应用于压电式加速度传感器加速度数据和智能手机加速度数据的积分结果呈现在一张图中,压电式加速度传感器加速度数据和智能手机数据在三个频率带宽下的积分结果对比分别如图 8-2-13(a)、(b)所示。

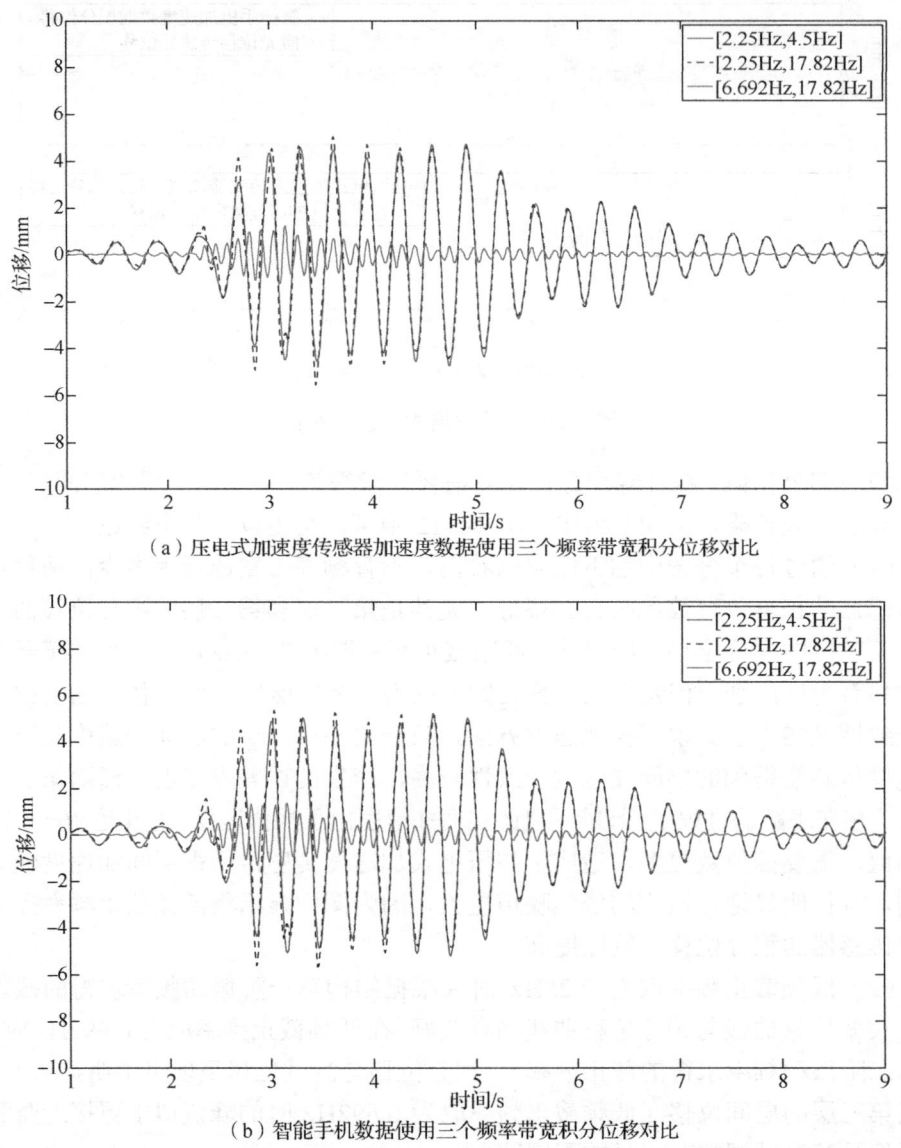

(a) 压电式加速度传感器加速度数据使用三个频率带宽积分位移对比

(b) 智能手机数据使用三个频率带宽积分位移对比

图 8-2-13　三个频率带宽积分位移对比

由图 8-2-13 可以看出,无论是对于压电式加速度传感器数据还是智能手机加速度数据,使用相同的低频截止频率时,所得积分位移差别不是很大,而不同的低频截止频率相同的高频截止频率导致了差距严重的积分位移,这说明了频域积分法对低频的敏感性。高频截止频率取为 17.82Hz 时的积分位移峰值大于取为 4.5Hz 的位移峰值,这可能是因为当高频截止频率取值较小时,抑制了部分有用的信号,导致积分位移偏小。同样进行误差量化分析,如表 8-2-4 所示。两种加速度传感器积分位移对比如表 8-2-5 所示。

表 8-2-4 未损伤结构积分位移与实测位移的误差分析

楼层	频率带宽/Hz	CC_S	CC_PA	MMRE_S	MMRE_PA	SSE_S	SSE_PA
第一层	[2.25,4.5]	0.9159	0.9293	0.5048	0.5007	0.0112	0.1374
	[2.25,17.82]	0.9150	0.9249	0.6233	0.5578	0.0409	0.1140
	[6.692,17.82]	0.0611	0.0362	1.0876	1.0665	0.9741	0.9796
第二层	[2.25,4.5]	0.9099	0.9256	0.4980	0.4810	0.0975	0.1037
	[2.25,17.82]	0.8848	0.9057	0.5865	0.6093	0.0398	0.0626
	[6.692,17.82]	0.0249	0.0031	1.0133	1.0175	0.9524	0.9650
第三层	[2.25,4.5]	0.5795	0.7235	1.3305	1.0244	0.3778	2.93e-5
	[2.25,17.82]	0.4864	0.6322	1.7785	1.3443	0.7571	0.3711
	[6.692,17.82]	0.0455	0.0154	1.8920	1.7525	0.6380	0.6896

表 8-2-5 未损伤结构两种加速度传感器积分位移误差分析

楼层	频率带宽/Hz	CC	MMRE	SSE
第一层	[2.25,4.5]	0.9958	0.1414	0.1723
	[2.25,17.82]	0.9950	0.1589	0.1748
	[6.692,17.82]	0.9669	0.3344	0.2694
第二层	[2.25,4.5]	0.9915	0.1410	0.0007
	[2.25,17.82]	0.9875	0.2138	0.0243
	[6.692,17.82]	0.9443	0.3294	0.3614
第三层	[2.25,4.5]	0.8021	0.8275	0.3543
	[2.25,17.82]	0.8221	0.5763	0.3335
	[6.692,17.82]	0.9484	0.2462	0.1661

由表 8-2-4 可以看出,当低频截止频率以第一阶模态频率为中心频率取为 2.25Hz 时,积分位移与实测位移的相关性要好于低频截止频率以第二阶模态频率为中心频率取为 6.692Hz 的情况,2.25Hz 低频截止频率下积分位移与实测位移的相关系数都可以达到 0.9,体现出了非常好的一致性,且平方和误差与平均峰值误差都要小于其在 6.692Hz 低频截止频率下的积分情况。

对于第三层的积分位移,积分位移和实测位移的数据对比显示精度要小于第一和第二层,压电式加速度的积分位移与实测位移互相关系数要高于智能手机积分位移与实测位移的互相关系数。从表 8-2-5 中两种加速度传感器积分位移的对比可以得到与图 8-2-10~图 8-2-12 相同的结论，两种加速度传感器的积分位移曲线有很好的一致性，特别是对于第一和第二层，无论取多大的截止频率，两者的互相关系数都可以达到 0.94 以上。第三层的一致性稍差，当低频截止频率取值较低时，互相关系数保持在 0.8 左右，但是在取了较大的低频截止频率后，一致性得到提高。原因主要有以下几点。

首先，如前所述，iPhone 4s 和 iPhone 5s 的实际采样频率分别为 109Hz 和 96Hz，为了相减得到层间加速度，需要做插值计算使同样的时间有相同的数据点，该插值过程会造成一定误差。且手机的采样并不稳定，该误差来源 8.2.3 节已有介绍，在此省略。

其次，三台智能手机的采集开始时间并不同步，需要确定数据区间，使相减的上下两层加速度数据点在同一时间点上，进而尽可能得到相对精确的层间加速度。但是该数据区间的确定本身就是一个主观查找过程，一两个数据的提前或推后，在插值和上下层相减的过程中都会造成层间加速度的误差，进而造成层间位移积分误差。

最后是激光位移传感器带来的测试误差，该部分在第 7 章中已有详细叙述，此处不再赘述。

但通过表 8-2-4 和表 8-2-5 可以看出，智能手机所采集到的加速度应用于频域积分运算得到层间位移与压电式加速度传感器加速度数据得到的积分位移是基本相同的，可以满足要求。在位移监测困难和没有有线或无线加速度采集设备的时候，智能手机作为大众工具，可以用以加速度采集。积分结果也验证了频域积分法得到的积分位移对低频截止频率更为敏感，当低频截止频率以第一阶频率选取为中心频率计算得到时的积分精度更高。对高频截止频率要求一般，高频截止频率的选取对积分结果影响并不大，但在积分中应该尽可能包括结构的所有阶次频率。为了使智能手机加速度数据的积分结果更加精确，最好选择高版本的智能手机增强数据采集的稳定性，减小插值误差。当然若选择同一型号的手机效果更好，这样采集频率相同，数据点数相等，在计算层间加速度的过程中避免了做插值计算，可以直接相减。

3. 一层损伤 30%工况

对一层柱子面积减小 30%的工况同样使用不同的频率带宽进行频域积分，由表 7-5-2 可以看出该工况下的第一阶模态频率是 3Hz，第二阶模态频率为 8.7Hz，第三阶模态频率为 12.4Hz。同样考虑以下三种情况的截止频率来研究积分效果。

（1）以第一阶模态频率作为高-低频中心频率，即 $f_{c1}=f_{c2}=3Hz$，根据方程（8-2-34）此时的低频截止频率为2.121Hz，高频截止频率为4.242Hz，即频率带宽为[2.121Hz,4.242Hz]。

（2）将三阶模态都考虑进内，第一阶模态作为低频截止频率的中心频率，第三阶模态作为高频截止频率的中心频率，即 f_{c1}=3Hz，f_{c2}=12.4Hz，此时根据式（8-2-34）可以计算得到低频截止频率为2.121Hz，高频截止频率为17.534Hz，即频率带宽为[2.121Hz,17.534Hz]。

（3）改变低频截止频率的中心频率，以第二阶模态作为低频截止频率的中心频率，第三阶模态作为高频截止频率的中心频率，即 f_{c1}=8.7Hz，f_{c2}=12.4Hz。此时根据式（8-2-34）可以计算得到低频截止频率为6.151Hz，高频截止频率为17.534Hz，即频率带宽为[6.151Hz,17.534Hz]。

使用上述三组高-低频截止频率对加速度数据分别积分，可以获得的第一、二、三层的积分位移时程曲线与测试位移的时程曲线对比图，由于空间限制，以第一层的积分位移曲线对比为例，如图 8-2-14 所示。其中图 8-2-14（a）的频率带宽为[2.121Hz,4.242Hz]，图 8-2-14（b）的频率带宽为[2.121Hz,17.534Hz]，图 8-2-14（c）的频率带宽为[6.151Hz,17.534Hz]。同样地，由于在第7章中激光位移传感器所测试位移曲线与智能手机测试位移曲线已有对比，因此为了呈现效果，防止曲线过多重合，在图 8-2-14 中，只选取了激光位移传感器所得实测位移曲线与积分位移进行对比。

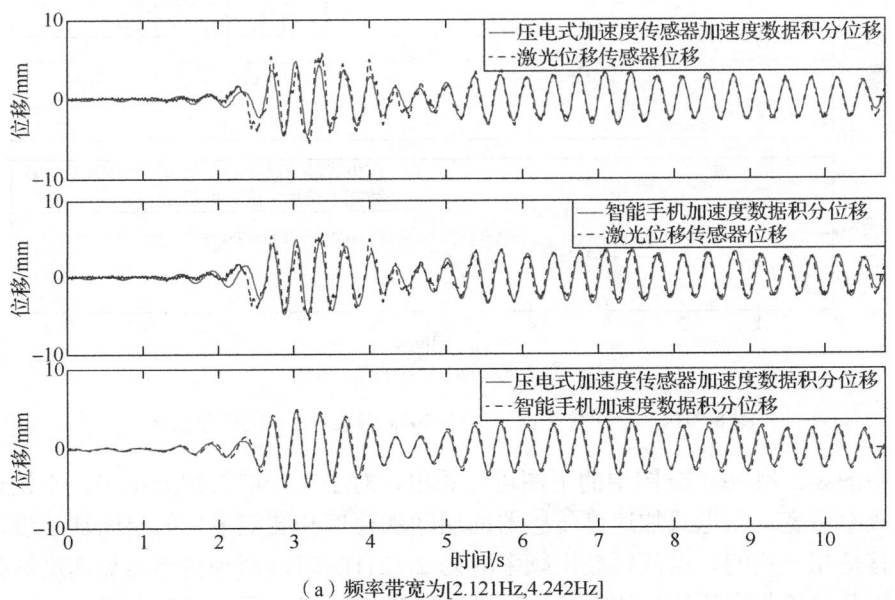

（a）频率带宽为[2.121Hz,4.242Hz]

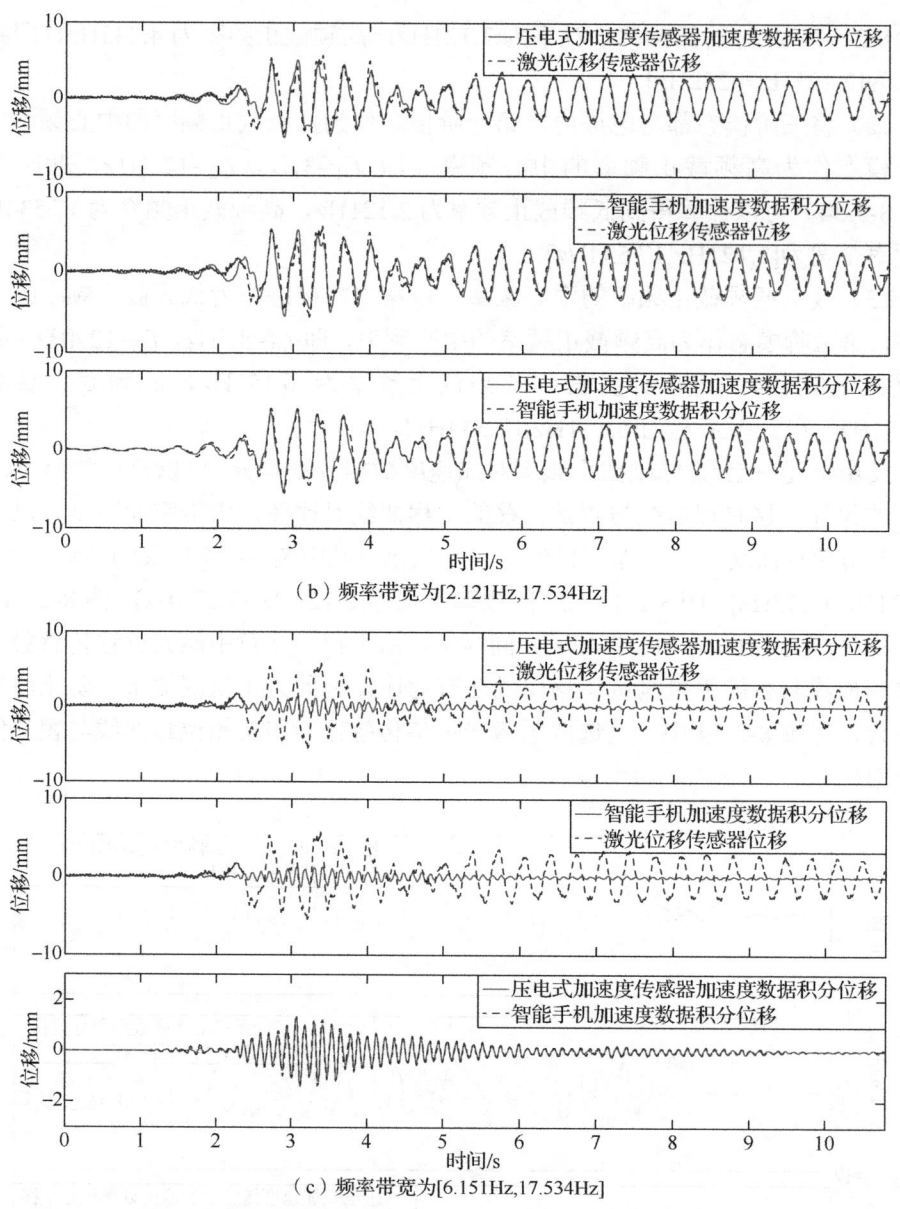

图 8-2-14 一层柱子面积减小 30% 工况的第一层积分位移

由图 8-2-14 每个分图中的下图可以看出，对于第一层的积分结果，不论选取哪个频率带宽，压电式加速度传感器的层间加速度和智能手机的层间加速度的积分位移是相一致的。当低频截止频率取为 2.121Hz 时，两种传感器加速度数据得到的积分位移与实测位移的吻合性都更高，当低频截止频率取为 6.151Hz 时，积分位移和实测位移的吻合度明显降低。而从每个图中的上图和中图的对比可以看到，当低频截止频率不改变，高频截止频率提高时，积分位移和实测位移的吻合度改变不大，没有明显区别，所以同样证明了积分位移对低频截止频率的敏感性。2.121Hz 为根据第一阶频率所取的低频截止频率，其积分效果好于根据第二阶频率选取的低频截止频率（6.151Hz）。由于篇幅限制，第二层和第三层的积分位移时程曲线没有在本节中呈现，根据式（8-2-30）～式（8-2-32）可以对三层的积分位移与实测位移进行对比，其误差分析如表 8-2-6 所示。压电式加速度传感器与智能手机加速度数据的积分结果误差分析如表 8-2-7 所示。

表 8-2-6　一层柱子面积减小 30%积分位移与实测位移的误差分析

楼层	频率带宽/Hz	CC_S	CC_PA	MMRE_S	MMRE_PA	SSE_S	SSE_PA
第一层	[2.121,4.242]	0.9109	0.9394	0.5969	0.5963	0.01027	0.1663
	[2.121,17.534]	0.9180	0.9453	0.5503	0.5705	0.0287	0.1429
	[6.151,17.534]	0.1156	0.1159	1.0847	1.0840	0.9774	0.9872
第二层	[2.121,4.242]	0.8435	0.8920	0.7235	0.5756	0.2209	0.1732
	[2.121,17.534]	0.8301	0.8801	0.8057	0.6928	0.1471	0.1126
	[6.151,17.534]	0.0938	0.0959	1.0151	1.0404	0.9343	0.9476
第三层	[2.121,4.242]	0.2909	0.6732	1.2558	0.9028	4.1908	0.0899
	[2.121,17.534]	0.3006	0.6994	1.2867	0.6873	4.6468	0.3333
	[6.151,17.534]	0.0856	0.2767	1.1601	1.0387	0.5750	0.6063

表 8-2-7　一层柱子面积减小 30%两种加速度传感器积分位移误差分析

楼层	频率带宽/Hz	CC	MMRE	SSE
第一层	[2.121,4.242]	0.9750	0.2349	0.2027
	[2.121,17.534]	0.9744	0.2836	0.2003
	[6.151,17.534]	0.9695	0.2768	0.1436
第二层	[2.121,4.242]	0.9298	0.3896	0.0576
	[2.121,17.534]	0.9292	0.3828	0.0389
	[6.151,17.534]	0.9555	0.3330	0.2530
第三层	[2.121,4.242]	0.3170	2.3762	4.7032
	[2.121,17.534]	0.3740	1.2039	3.2351
	[6.151,17.534]	0.8152	0.0796	0.0796

为了更清晰地比较不同的截止频率的选取对积分结果的影响，以第一层的积分位移为例，将三个频率带宽分别应用于压电式加速度传感器加速度数据和智能手机加速度数据的积分，令每个传感器使用不同频率带宽的积分结果呈现在同一个图中（图 8-2-15），压电式加速度传感器的加速度数据在三个频率带宽下的积分结果对比如图 8-2-15（a）所示，智能手机加速度数据在三个频率带宽下的积分结果对比图如图 8-2-15（b）所示。

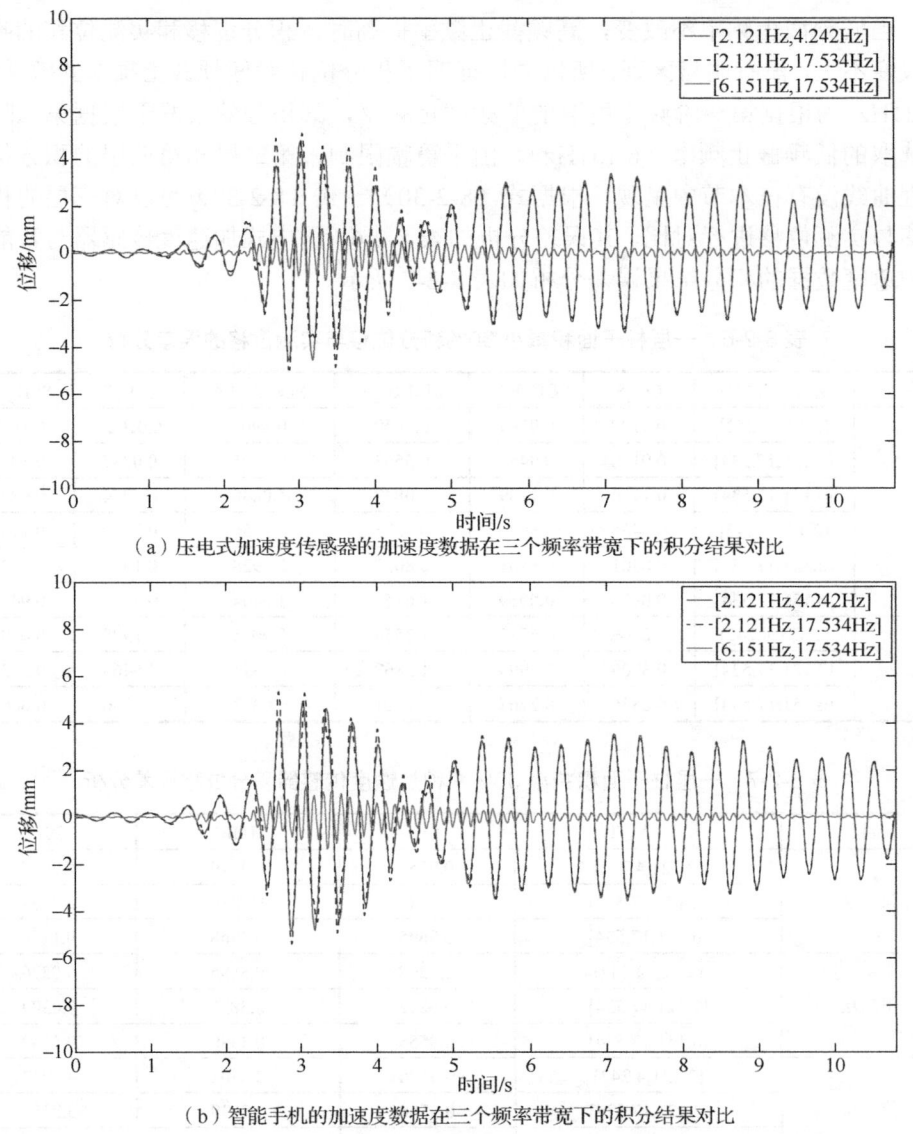

(a) 压电式加速度传感器的加速度数据在三个频率带宽下的积分结果对比

(b) 智能手机的加速度数据在三个频率带宽下的积分结果对比

图 8-2-15 三个频率带宽下的积分位移结果对比

由图 8-2-15 可以看出，在相同的低频截止频率、不同的高频截止频率下，无论是压电式加速度传感器加速度数据还是智能手机加速度数据，积分得到的位移几乎是相同的。而若保持高频截止频率不变，改变低频截止频率，两种加速度传感器得到的积分曲线都发生了明显的变化。所以低频截止频率的选取是保证积分精度的一个重要参数。第二层和第三层在三个频率带宽下的积分结果对比省略。

由表 8-2-7 可以看出，当低频截止频率取为 2.121Hz 时，积分位移和实测位移的吻合度要高于低频截止频率为 6.151Hz。对于第一和第二层的积分位移，取

2.121Hz 的低频截止频率时，压电式加速度传感器加速度数据和智能手机加速度数据得到的积分位移与实测位移的相关性都比较好，在 0.8 以上，压电式加速度传感器的积分位移要好于智能手机的积分位移。对于第三层的积分位移，压电式加速度传感器得到的积分位移与实测位移的相关性维持在 0.69，但是对于智能手机的加速度积分位移，与实测位移的相关性只有 0.3 左右，且压电式加速度传感器加速度和智能手机加速度积分位移的相关性也只有 0.3 左右，当取稍高的低频截止频率时，两种加速度传感器的积分位移相关性又得到了提高。这主要是由于第三层加速度和第二层加速度相减的过程需要进行插值分析，96Hz 和 109Hz 的插值导致了低频噪声过大，低阶频率噪声带来的影响造成了很大的误差，当低频截止频率取值较大时，减小了智能手机低阶频率的噪声影响，使得两种加速度传感器积分位移的结果一致性得到了提高，前部分已有详述。另外，依旧是时间同步性问题，压电式加速度传感器的上下三层的加速度数据是同时采集的，所以只要对应数据相减即层间加速度，而智能手机每一层都要找到相同的时间点，该时间点受主观影响过大，一旦找错一个点，进行插值后，中间就会多产生 100 个左右数据点，造成较大的误差，因此第三层智能手机的积分位移效果最差。最后还是激光位移传感器的监测精度问题，越往上的传感器精度越低，此处不再赘述。该工况的积分位移精度不如完好工况的精度，主要是因为测量误差的存在以及时间同步性方面不如第一种工况选点更为精确。但从该工况的整体位移积分图和误差分析可知，由第一阶频率获得的低频截止频率可以提高积分精度，高频截止频率的选取对结果不会有太大影响，但尽量包含所有的阶次。

4. 一层阻尼工况

与第 7 章对应，同样选取一层阻尼的工况来进行频域积分。由表 7-5-2 可以看出，该工况下的第一阶模态频率是 1.545Hz，第二阶模态频率为 9.2Hz，第三阶模态频率为 12.2Hz。同样考虑以下三种情况的截止频率来研究积分效果。

（1）以第一阶模态频率作为高-低频中心频率，即 $f_{c1}=f_{c2}=1.545Hz$，根据式（8-2-34），此时的低频截止频率为 1.09Hz，高频截止频率为 2.18Hz，即频率带宽为[1.09Hz,2.18Hz]。

（2）将三阶模态都考虑进内，第一阶模态作为低频截止频率的中心频率，第三阶模态作为高频截止频率的中心频率，即 $f_{c1}=1.545Hz$，$f_{c2}=12.2Hz$，此时根据式（8-2-34）可以计算得到低频截止频率为 1.09Hz，高频截止频率为 17.25Hz，即频率带宽为[1.09Hz,17.25Hz]。

（3）改变低频截止频率的中心频率，以第二阶模态作为低频截止频率的中心频率，第三阶模态作为高频截止频率的中心频率，即 $f_{c1}=9.2Hz$，$f_{c2}=12.2Hz$，此时根据式（8-2-34）可以计算得到低频截止频率为 6.504Hz，高频截止频率为 17.25Hz，即频率带宽为[6.504Hz,17.25Hz]。

使用上述三组高-低频截止频率对加速度数据分别积分,可以获得第一、二、三层的积分位移时程曲线与测试位移的时程曲线对比图,以第一层的积分位移曲线对比为例,如图 8-2-16 所示。其中图 8-2-16(a)的频率带宽为[1.09Hz,2.18Hz],图 8-2-16(b)的频率带宽为[1.09Hz,17.25Hz],图 8-2-16(c)的频率带宽为[6.504Hz,17.25Hz]。同样地,由于在第 7 章中激光位移传感器所测试位移曲线与智能手机测试位移曲线已有对比,因此为了呈现效果,防止曲线过多重合,在图 8-2-16 中,只选取了激光位移传感器所得实测位移曲线与积分位移进行对比。

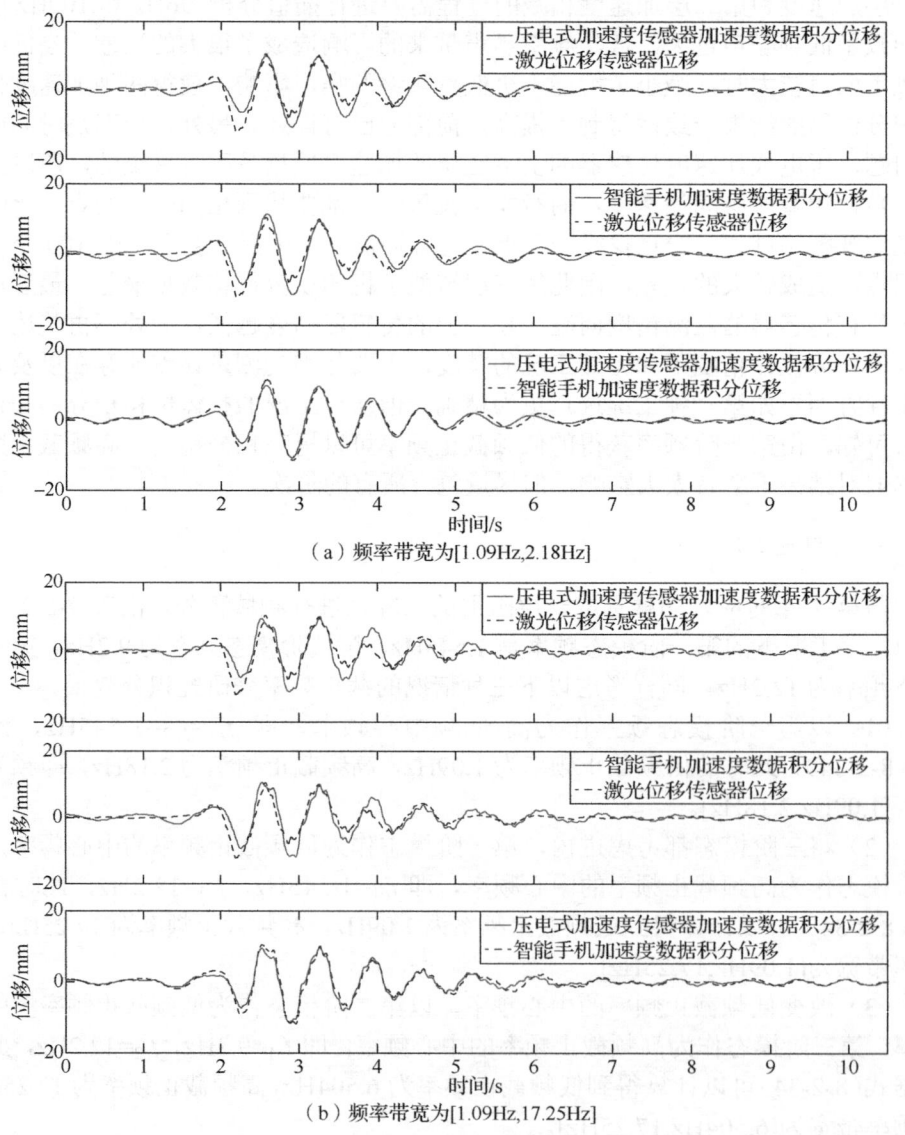

(a) 频率带宽为[1.09Hz,2.18Hz]

(b) 频率带宽为[1.09Hz,17.25Hz]

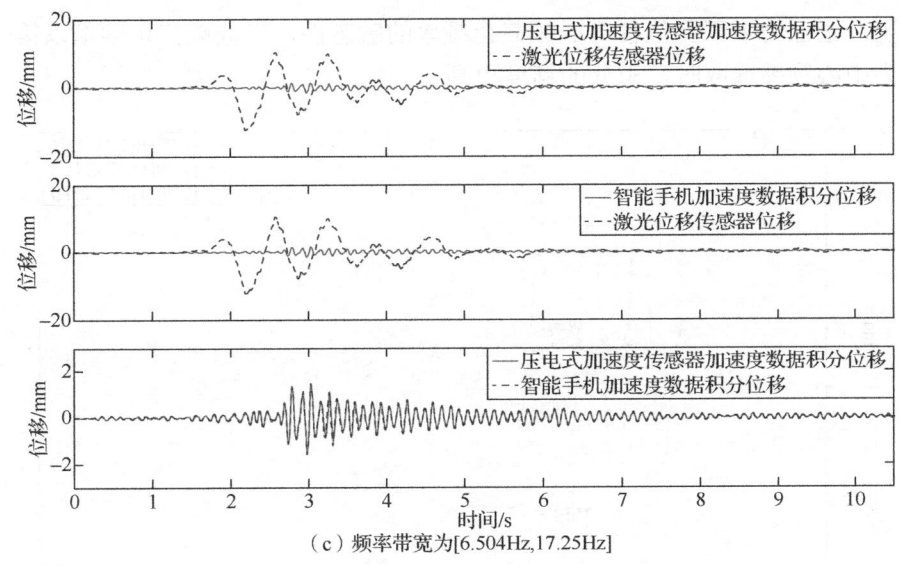

（c）频率带宽为[6.504Hz,17.25Hz]

图 8-2-16　一层阻尼工况的第一层积分位移

由图 8-2-16 每个分图的下图可以看出，无论选取哪组高低频截止频率，智能手机加速度数据得到的积分位移与压电式加速度传感器加速度数据得到的积分位移在同样的频率带宽下是相吻合的。图中还显示，当低频截止频率选取为 1.09Hz 时，即按照第一阶频率的 0.707 倍来计算得到的低频截止频率，积分位移与实测位移的吻合性都较好，当低频截止频率选取为 6.504Hz 时，即选取第二阶模态频率的 0.707 倍时，积分位移的幅值与频率与实测位移相差都很大。从图中的上图和中图可以看出，当低频截止频率相同，而高频截止频率不同时，两个积分结果很相似，高频截止频率的选择对积分位移结果影响并不是很大，但是从图中可以看出，当高频截止频率选取较高时，位移曲线不如高频截止频率选取较低时光滑，此时的位移曲线包含了更多的频率成分。为了观察同一条加速度时程数据在不同的频率带宽下积分位移的差别，同样以第一层为例，将三个频率带宽应用于压电式加速度传感器与智能手机的加速度数据积分，两种加速度传感器在三个频率带宽下的积分位移曲线对比如图 8-2-17 所示。其中图 8-2-17（a）为压电式加速度传感器的加速度时程数据在三个频率带宽下的频域积分位移，图 8-2-17（b）为智能手机的加速度时程数据在三个频率带宽下的频域积分位移对比。

从图 8-2-17 中可以看到，当低频截止频率相同时，尽管高频截止频率不相同，其积分位移曲线还是很接近的，只是高频截止频率选取较高时的曲线不如选取较低时的曲线光滑，因为此时的位移曲线包含了较多的频率分量。当高频截止频率相同，但是低频截止频率改变时，积分位移发生了明显的改变。所以对于一层阻尼工况，也证明了积分位移对低频截止频率的敏感性，当低频截止频率以第一阶频率为中心频率选取时，积分的精度更高。

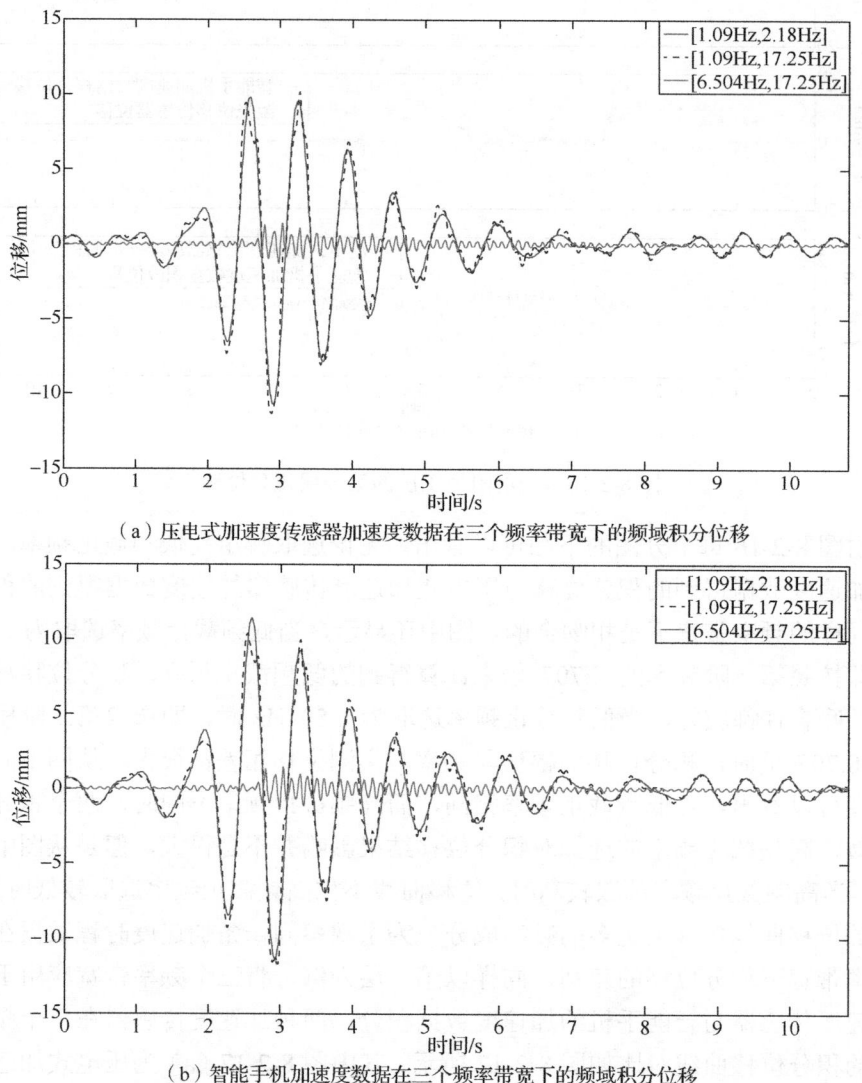

(a) 压电式加速度传感器加速度数据在三个频率带宽下的频域积分位移

(b) 智能手机加速度数据在三个频率带宽下的频域积分位移

图 8-2-17 一层阻尼工况下第一层加速度在三个频率带宽下的积分位移对比

由于篇幅限制，第二层和第三层的积分位移在本节中并未呈现，对第二层、第三层在各个频率带宽下的积分位移与实测位移进行了误差分析，以观察积分效果。使用两种加速度传感器得到的积分位移与实测位移的对比误差分析如表 8-2-8 所示。两种加速度传感器之间的积分位移误差分析如表 8-2-9 所示。

表 8-2-8 一层阻尼工况在不同截止频率下的积分位移与实测位移误差分析

层数	频率带宽/Hz	CC_S	CC_PA	MMRE_S	MMRE_PA	SSE_S	SSE_PA
第一层	[1.09,2.18]	0.8718	0.8461	0.5109	0.5671	0.2314	0.0794
	[1.09,17.25]	0.8539	0.8261	0.5502	0.5904	0.2737	0.1191
	[6.504,17.25]	0.0393	0.0331	1.0235	1.0235	0.9896	0.9907
第二层	[1.09,2.18]	0.7946	0.8411	0.5278	0.4390	0.1724	0.3404
	[1.09,17.25]	0.7889	0.8273	0.5577	0.4518	0.2000	0.2863
	[6.504,17.25]	0.0466	0.0531	0.9561	0.9626	0.9859	0.9894
第三层	[1.09,2.18]	0.1255	0.1258	2.0081	1.2036	9.2530	0.4096
	[1.09,17.25]	0.2272	0.3341	2.2226	1.1585	10.859	1.5911
	[6.504,17.25]	0.4848	0.5094	0.8616	0.8682	0.5862	0.6301

表 8-2-9 两种加速度传感器在各个频带下的积分位移对比

层数	频率带宽/Hz	CC	MMRE	SSE
第一层	[1.09,2.18]	0.9714	0.1869	0.1408
	[1.09,17.25]	0.9715	0.1822	0.1382
	[6.504,17.25]	0.9724	0.3374	0.1210
第二层	[1.09,2.18]	0.9352	0.4653	0.7001
	[1.09,17.25]	0.9337	0.4363	0.6813
	[6.504,17.25]	0.9330	0.4284	0.3260
第三层	[1.09,2.18]	0.6314	2.7805	6.2735
	[1.09,17.25]	0.2051	1.5749	3.5765
	[6.504,17.25]	0.8267	0.7472	0.1187

由表 8-2-8 可以看出，该种工况下的积分位移结果不如前两种工况得到的互相关系数高。以第一阶模态频率为中心频率得到的低频截止频率时，不管高频截止频率取值为多少，第一层和第二层的积分位移与监测位移的相关系数都在 0.8 左右，然而，以第二阶模态频率为中心频率得到低频截止频率时，积分位移与实测位移的相关系数不足 0.1。低频截止频率的改变严重影响了积分结果，以第一阶频率为中心频率得到的低频截止频率更有利于取得相对精确的积分结果。对于第三层的积分结果，以第二阶频率为中心频率得到的低频截止频率似乎提高了积分精度，但该结论是不正确的，因为选取较高的低频截止频率时，加速度数据的低频噪声会被消除，第三层加速度数据的低频噪声以及测量位移误差都较大。同样地，表 8-2-9 也显示当第三层取较大的低频截止频率时，压电式加速度传感器与智能手机的加速度积分位移相关系数得到了很大提高，这与前两种工况的结论相似，同样是因为计算层间加速度的插值运算造成的。在对前边两种工况第三层位移误差进行分析的时候，误差来源已有详细介绍，且第 7 章的测量误差来源也已

有介绍，此处不再赘述。

总之，通过以上三种工况在不同工况下的积分位移可以总结为以下几个结论。首先，以第一阶频率为中心频率选取低频截止频率时的积分精度会更高，高频截止频率对结果影响不大，但在保证精度的前提下，应尽量包含所有阶次频率；其次，智能手机加速度数据在进行位移积分时，能够保证一定的精度，与压电式加速度传感器的结果比较一致；最后，为了减小插值带来的噪声影响，应尽量选择高版本智能手机，其加速度采样更加稳定，且上下楼层应尽量选择同样版本的手机，这样就不需要进行插值计算便可直接相减获取层间加速度。

参 考 文 献

[1] Grossmann A, Morlet J. Decomposition of hardy functions into square integrable wavelets of constant shape[J]. SIAM Journal on Mathematical Analysis, 1982, 15(4):723-736.
[2] Meyer Y. Ondelettes. (Book reviews: Wavelets and operators.; wavelets. algorithms and applications.)[J]. Science, 1993, 262:1589-1591.
[3] Daubechies I. Where do wavelets come from? A personal point of view[J]. Proceedings of the IEEE, 2002, 84(4):510-513.
[4] Mallat S G. A theory of multiresolution signal decomposition: the wavelet representation[J]. IEEE Transaction Pattern Analysis & Machine Intelligence, 1989, 11(7):674-693.
[5] Rioul O, Vetterli M. Wavelets and signal processing[J]. IEEE Signal Processing Magazine, 2002, 8(4):14-38.
[6] 任宜春. 小波分析在土木工程结构损伤识别中的应用[M]. 长沙：湖南师范大学出版社, 2010.
[7] 谢强, 薛松涛. 土木工程结构健康监测的研究状况与进展[J]. 中国科学基金, 2001, 15(5):285-288.
[8] Doebling S W, Farrar C R, Prime M B. A summary review of vibration-based damage identification methods[J]. Shock & Vibration Digest, 1998, 30(2):91-105.
[9] 宗周红, 任伟新, 阮毅. 土木工程结构损伤诊断研究进展[J]. 土木工程学报, 2003, 36(5):105-110.
[10] 陈长征. 结构损伤检测与智能诊断[M]. 北京：科学出版社, 2001.
[11] Kim H, Melhem H. Damage detection of structures by wavelet analysis[J]. Engineering Structures, 2004, 26(3):347-362.
[12] 刘涛, 李爱群, 丁幼亮. 小波分析在结构损伤识别中的应用[J]. 地震工程与工程振动, 2008, 28(2):29-35.
[13] Hou Z K, Noori M N, Amand R S. Wavelet-based approach for structural damage detection[J]. Journal of Engineering Mechanics, 2000, 126(7):677-683.
[14] Hera A, Hou Z. Application of wavelet approach for ASCE structural health monitoring benchmark studies[J]. Journal of Engineering Mechanics, 2004, 130(1):96-104.
[15] Hong J C, Kim Y Y, Lee H C, et al. Damage detection using the Lipschitz exponent estimated by the wavelet transform: applications to vibration modes of a beam[J]. International Journal of Solids & Structures, 2002, 39(7):1803-1816.
[16] 任宜春. 基于小波分析的结构损伤诊断方法研究[D]. 长沙：湖南大学, 2004.
[17] Pan T C, Lee C L. Application of wavelet theory to identify yielding in seismic response of bi-linear structures[J]. Earthquake Engineering & Structural Dynamics, 2010, 31(2):379-398.
[18] Melhem H, Kim H. Damage detection in concrete by Fourier and wavelet analyses[J]. Journal of Engineering Mechanics, 2003, 129(5):571-577.

[19] Wong L A, Chen J C. Nonlinear and chaotic behavior of structural system investigated by wavelet transform techniques[J]. International Journal of Non-linear Mechanics, 2001, 36(2):221-235.
[20] 李洪泉, 董亮, 吕西林. 基于小波变换的结构损伤识别与试验分析[J]. 土木工程学报, 2003, 36(5):52-57.
[21] 任宜春. 基于小波分析的结构参数识别方法研究[D]. 长沙：湖南大学, 2007.
[22] Sun Z, Chang C C. Structural damage assessment based on wavelet packet transform[J]. Journal of Structural Engineering, 2002, 128(10):1354-1361.
[23] Sun Z, Chang C C. Statistical wavelet-based method for structural health monitoring[J]. Journal of Structural Engineering, 2004, 130(130):1055-1062.
[24] 李宏男, 孙鸿敏. 基于小波分析和神经网络的框架结构损伤诊断方法[J]. 地震工程与工程振动, 2003, 23(5):141-148.
[25] Yan R, Gao R X. An efficient approach to machine health diagnosis based on harmonic wavelet packet transform[J]. Robotics & Computer Integrated Manufacturing, 2005, 21(4):291-301.
[26] 郭健, 陈勇, 孙炳楠, 等. 基于多传感器信息融合的结构损伤识别研究[J]. 振动工程学报, 2005, 18(2):155-160.
[27] 丁幼亮, 李爱群. 基于振动测试与小波包分析的结构损伤预警[J]. 力学学报, 2006, 38(5):639-644.
[28] Ruzzene M, Fasana A, Garibaldi L, et al. Natural frequencies and dampings identification using wavelet transform: application to real data[J]. Mechanical Systems & Signal Processing, 1997, 11(2):207-218.
[29] Staszewski W J. Identification of non-linear systems using multi-scale ridges and skeletons of the wavelet transform[J]. Journal of Sound & Vibration, 1998, 214(4):639-658.
[30] Kijewski T, Kareem A. Wavelet transforms for system identification in civil engineering[J]. Computer-Aided Civil & Infrastructure Engineering, 2003, 18(5):339-355.
[31] Lardies J, Gouttebroze S. Identification of modal parameters using the wavelet transform[J]. International Journal of Mechanical Sciences, 2002, 44(11):2263-2283.
[32] Le T P, Argoul P. Continuous wavelet transform for modal identification using free decay response[J]. Journal of Sound & Vibration, 2004, 277(1):73-100.
[33] Yan B F, Miyamoto A, Brühwiler E. Wavelet transform-based modal parameter identification considering uncertainty[J]. Journal of Sound & Vibration, 2006, 291(1-2):285-301.
[34] 伊廷华, 李宏男, 王国新. 基于小波变换的结构模态参数识别[J]. 振动工程学报, 2006, 19(1):51-56.
[35] Yoshihiro K. Identification of nonlinear structural dynamic systems using wavelets[J]. Journal of Structural and Construction engineering mechanics, 1998, 63(504): 43-48.
[36] Ghanem R, Romeo F. A wavelet-based approach for model and parameter identification of non-linear systems[J]. International Journal of Non-linear Mechanics, 2001, 36(5):835-859.
[37] Ghanem R, Romeo F. A wavelet-based approach for the identification of linear time-varying dynamic systems[J]. Journal of Sound & Vibration, 2000, 234(4):555-576.
[38] Tsatsanis M K, Giannakis G B. Time-varying system identification and model validation using wavelets[J]. IEEE Transactions on Signal Processing, 2015, 41(12):3512-3523.
[39] 张拥军, 赵光宙. 基于小波分解的时变系统辨识方法研究[J]. 浙江大学学报(工学版), 2000, 34(5):541-543.
[40] Eyckhoff P. System identification:parameter and state estimation[M]. New Jersey: John Wiley & Sons Inc.,1974.
[41] 郑军, 颜文俊, 诸静. 基于小波逼近和尺度变换的非参数辨识方法[J]. 控制与决策, 2004, 19(10):1190-1193.
[42] 文成林. 多尺度动态建模理论及其应用[M]. 北京：科学出版社, 2008.
[43] 赵巍, 潘泉, 戴冠中, 等. 多尺度系统理论研究概况[J]. 电子与信息学报, 2001, 23(12):1427-1433.
[44] 文成林, 金锋, 周东华. 单传感器单模型动态系统多尺度分解与估计新算法[J]. 电子学报, 2002, 30(6):819-822.
[45] 孟鸿鹰, 刘贵忠. 小波变换多尺度地震波形反演[J]. 地球物理学报, 1999, 42(2):241-248.
[46] 徐长江, 宋文忠. 基于小波变换估计传递函数[J]. 自动化学报, 1997, 23(6):835-838.
[47] Li X Y, Lu Z R, Law S S. Structural damage detection from wavelet coefficient sensitivity with model errors[J]. Journal of Engineering Mechanics, 2006, 132(10):1077-1087.

[48] Coifman R R, Wickerhauser M V. Entropy-based algorithms for best basis selection[J]. IEEE Transactions on Information Theory, 1992,38(2): 713-718.
[49] Fan Z, Feng X, Zhou J. A novel transmissibility concept based on wavelet transform for structural damage detection[J]. Smart Structure and Systems, 2013,12(3-4): 291-308.
[50] Yen G G, Lin K C. Wavelet packet feature extraction for vibration monitoring[J]. IEEE Transactions on Industrial Electronics, 1998, 47(3):650-667.
[51] Ding Y L, Li A Q, Miao C Q. Theoretical research on structural damage alarming of long-span bridges using wavelet packet analysis[J]. 东南大学学报（英文版）, 2005(4):459-462.
[52] Ding Y L, Li A Q, Miao C Q. Investigation on the structural damage alarming method based on wavelet packet energy spectrum[J]. Engineering Mechanics, 2006, 23(8):42-48.
[53] Ding Y L, Li A Q, Liu T. A study on the WPT-based structural damage alarming of the ASCE benchmark experiments[J]. Advances in Structural Engineering, 2008, 11(1):121-127.
[54] Yang J, Li J B, Lin G. A simple approach to integration of acceleration data for dynamic soil–structure interaction analysis[J]. Soil Dynamics & Earthquake Engineering, 2006, 26(8):725-734.
[55] 周英杰. 加速度测试积分位移算法及其应用研究[D]. 重庆：重庆大学, 2013.
[56] 刘兆妮, 雷振山. 位移振幅精确测量方法研究[J]. 工具技术, 2003, 37(8):46-48.
[57] 余萍, 胡孝平. MATLAB 在振动台试验数据处理中的应用[J]. 水利与建筑工程学报, 2008, 6(1):109-110.
[58] Han S. Retrieving the time history of displacement from measured acceleration signal[J]. KSME International Journal, 2003, 17(2):197-206.
[59] Langley R S. Review of an introduction to random vibrations, spectral and wavelet analysis, by D. E. Newland[J]. Journal of Fluids & Structures, 1995, 9(6):713-714.
[60] Han S B, Lee J B. Analysis of errors in the conversion of acceleration into displacement[C]. Proceedings of 19th IMC, 2001.
[61] Thong Y K, Woolfson M S, Crowe J A, et al. Numerical double integration of acceleration measurements in noise[J]. Measurement, 2004, 36(1):73-92.
[62] 徐庆华. 试采用 FFT 方法实现加速度、速度与位移的相互转换[J]. 振动、测试与诊断, 1997(4):30-34.
[63] Park K T, Kim S H, Park H S, et al. The determination of bridge displacement using measured acceleration[J]. Engineering Structures, 2005, 27(3):371-378.
[64] 蒋良潍, 姚令侃, 吴伟. 边坡振动台模型实验动位移的加速度时程积分探讨[J]. 防灾减灾工程学报, 2009, 29(3):261-266.

第9章 地震极端情况下的紧急通信与烈度快速评定

地震作用下，运用智能手机可以对结构进行应急监测和评定，实现灾害大数据收集。除了关心房屋结构，人员生命也是防灾减灾领域重要的一项内容。地震发生时，地震区域与外界的通信往往会因为灾害而被切断，往常的烈度评价需要大量的时间和人员到现场进行实地调查。本章内容旨在搭建地震区域外界网络不通情况下基于智能手机的紧急通信网络，并基于手机问卷调查和图片采集，提出基于智能手机的地震损伤快速调查方法。

震后的快速恢复性已经成为抗震领域非常值得关注的一个研究方向[1,2]。灾区的生命营救永远都是第一位的。根据日本神户地震的统计数据显示，地震发生后，被困群众中60%的人员会因为灾害造成的房屋倒塌、路面断裂、交通事故等马上死亡，另外还有40%的人员不会马上死亡，受到轻伤或重伤依旧生存着等待救援，对该40%人员的紧急救援是减少人员伤亡最重要的部分[3]。然而灾区与外界通常会因为信号拥挤或通信中断而失去联系，灾区人民无法及时将灾情信息传输给外部，救援人员无法及时了解灾区动态并到达灾区开展营救行动。所以直接依靠灾区人民开展救援是非常重要的[4-9]，灾区居民主动并有效地开展互助行动是减少人员伤亡最有效的方式。但是通常情况下，房屋倒塌会引起巨大的恐慌，再加上可能的信号阻断，使一些生存的被困人员无法向外界发出求救信号，外界人员也难以定位被困人员并实施救援。而手机作为最常见的工具，不能因为灾害的发生而失去原有的意义，除去前文所介绍的结构响应监测与评估，更应该能在保证人身安全、减少生命损失方面起到一定的作用。因此，针对灾害通信不畅的情况，争取建立基于智能手机的无外网通信网络下的紧急通信网络，帮助未困人员及时联系被困人员并开展救援，以此减少人员伤亡。

对地震灾害下的损失进行第一时间的快速评估可以帮助政府人员对灾区信息进行掌控和做出决策，然后给紧急响应和救援提供科学指导，对于减少损害是非常必要的。然而，传统的灾害调查方式需要多次的实地考察，第一手的灾害资料不能被政府相关部门及时掌握。由于不同人员的调查，所得的烈度指标也会有所不同，导致了在灾害评估中的很多不确定性。实际上，居民本身就是一个传感节点，能够感知紧急情况，在灾害观测中扮演重要角色。大多数的居民可以协助专家为相关部门提供更有意义的信息[10]。所以发动群众的快速灾害调查方式对及时掌握灾情是有必要的。

目前基于智能手机的该方面的研究已有相关文献指导，例如意大利的Cimellaro 等[11]在 iOS 系统和安卓系统上开发了软件应用 EDAM，居民可以借助该软件，对房屋的损伤位置进行简单图画描述，也可以填写相关的问卷调查，提供文字信息。该软件是应用于防灾减灾领域中很好的一款软件。基于前人的工作，我们开发了基于 iOS 系统的软件，地震探索者——E-Explorer，旨在为地震作用下灾区人民提供有效信息支撑和紧急救援支持。

9.1 E-Explorer 应用构建

E-Explorer 目前已经上架至苹果商店可供免费下载，它的主界面如图 9-1-1（a）所示，主要包括两个主要功能，应急通信和烈度评估。应急通信使得即使在外界网络不通畅的情况下，信息也可以进行传输。烈度评估主要是通过智能手机进行灾害和损伤的信息收集进而完成烈度的快速评定。紧急通信和烈度评估会在下文中进行详细介绍。除了这两个主要功能，还有人员信息汇总以及地震自救的一些理论指导。人员信息汇总与应急通信相连，可以直接快速查看附近被困或获救人员信息（下文中会进行介绍）。地震自救所包含的内容如图 9-1-1（b）所示，包括震时须知、户外须知、埋压自救、救援实例、生命之歌。每一项都有丰富的内容，给被困人员提供救援指导，更重要的是希望能够提供心理支持和有被救的希望。

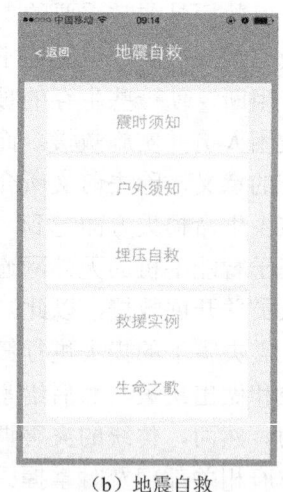

(a) 主界面　　　　　　　　　　　　(b) 地震自救

图 9-1-1　E-Explorer 的主要功能

9.2 紧急通信

9.2.1 实现原理

紧急通信是指在无外界网络的情况下，智能手机能够与其他手机发生数据沟通、信息交流的通信方式，所谓的无外界网络是切断一切的网络连接，包括运营商网络（中国移动、中国联通、中国电信）与Wi-Fi，但在手机上需要打开Wi-Fi或者蓝牙开关。因为E-Explorer可实现该紧急通信功能，主要是基于iPhone的多点连接功能[12]，该多点连接功能（multipeer connectivity framework）是iOS7推出的一个新框架，它拓宽了操作系统中应用的范围，其目的是使开发者可以创建通过Wi-Fi网络、对等层（peer to peer）的Wi-Fi或蓝牙个人局域网在近距离建立连接的应用。多点连接功能是在近距离设备间建立互动，交换数据和其他资源的很好的简单工具。

当无外界网络的时候，E-Explorer作为智能手机的通信工具可与其他安装有E-Explorer的智能手机进行数据连接。根据实际情况，选择使用Wi-Fi热点或者蓝牙与附近的设备进行数据交流。蓝牙的覆盖范围只有15m，对于稍远一些的两台设备是不够的，但是当手机WLAN按钮打开（只是打开状态而不连接Wi-Fi），根据Wi-Fi标准，智能手机可以作为一个Wi-Fi无线热点与附近的设备进行连接，这样就可以大大提高连接距离。具体的连接性能会因为不同手机型号的性能而发生变化，表9-2-1总结了iPhone手机的蓝牙版本和Wi-Fi标准[13]。

表 9-2-1 iPhone 手机的蓝牙版本和 Wi-Fi 标准

手机型号	Wi-Fi 标准	蓝牙
iPhone 4s	IEEE 802.11 b/g/n	蓝牙 4.0
iPhone 5	IEEE 802.11 a/b/g/n	蓝牙 4.0
iPhone 5c	IEEE 802.11 a/b/g/n	蓝牙 4.0
iPhone 5s	IEEE 802.11 a/b/g/n	蓝牙 4.0
iPhone 6	IEEE 802.11a/b/g/n/ac	蓝牙 4.2
iPhone 6 Plus	IEEE 802.11a/b/g/n/ac	蓝牙 4.2
iPhone 6s	IEEE 802.11a/b/g/n/ac, MIMO	蓝牙 4.2
iPhone 6s Plus	IEEE 802.11a/b/g/n/ac, MIMO	蓝牙 4.2
iPhone SE	IEEE 802.11a/b/g/n/ac, MIMO	蓝牙 4.2
iPhone 7	IEEE 802.11a/b/g/n/ac, MIMO	蓝牙 4.2
iPhone 7 Plus	IEEE 802.11a/b/g/n/ac, MIMO	蓝牙 4.2
iPhone 8	IEEE 802.11a/b/g/n/ac, MIMO	蓝牙 5.0
iPhone X	IEEE 802.11a/b/g/n/ac, MIMO	蓝牙 5.0

由表 9-2-1 可以看到，随着手机型号的不断更新，Wi-Fi 标准和蓝牙版本也在不断提高。蓝牙和 Wi-Fi 有些类似的应用：设置网络、打印或传输文件。Wi-Fi 主要是用于替代工作场所一般局域网接入中使用的高速线缆的。这类应用有时也称作无线局域网（WLAN）。蓝牙主要用于便携式设备及其应用。这类应用也被称作无线个人域网（WPAN）。蓝牙可以替代很多应用场景中的便携式设备的线缆，能够应用于一些固定场所，如智能家庭能源管理（如恒温器）等。

Wi-Fi 和蓝牙的应用在某种程度上是互补的。Wi-Fi 通常以接入点为中心，通过接入点与路由网络里形成非对称的客户机-服务器连接。而蓝牙通常是两个蓝牙设备间的对称连接。蓝牙适用于两个设备通过最简单的配置进行连接的简单应用，如耳机和遥控器的按钮，而 Wi-Fi 更适用于一些能够进行稍复杂的客户端设置和需要高速的应用中，尤其像通过存取节点接入网络。但是，蓝牙接入点确实存在，而且 Wi-Fi 的点对点连接虽然不像蓝牙一般容易，但也是可能的。Wi-Fi Direct 是最近开发的、为 Wi-Fi 添加了类似蓝牙的点对点功能。下面对蓝牙和 Wi-Fi 标准做简单的介绍。

蓝牙是一种无线技术标准，可实现固定设备、移动设备和楼宇个人域网之间的短距离数据交换，使用 2.4~2.485GHz 的 ISM 频段的 UHF 无线电波，这是全球范围内无须取得执照（但并非无管制的）的工业、科学和医疗用（ISM）频段的 2.4GHz 短距离无线电频段。蓝牙技术最初由电信巨头爱立信公司于 1994 年创制，当时是作为 RS232 数据线的替代方案。蓝牙可连接多个设备，克服了数据同步的难题。由 iPhone 4s 到 iPhone X，蓝牙版本从 4.0 上升到 4.2，进而已提高至 5.0。之前的蓝牙 1.1 到 3.0+HS 同样是一直在改进性能，由最初蓝牙 1.1 的传输率 748~810kbit/s 到蓝牙 3.0 的 24Mbit/s，可以轻松用于录像机至高清电视、PC 至 PMP、UMPC 至打印机之间的资料传输。功耗方面由于大量数据的传输会增大，但空闲功耗会明显降低。

蓝牙 4.0 相比于蓝牙 3.0，最重要的功能是省电，支持两种部署方式：双模式和单模式。双模式中，低功耗蓝牙功能集成在经典蓝牙控制器中，或在经典蓝牙技术（2.1+EDR/3.0+HS）芯片上增加低功耗堆栈，整体架构基本不变，因此成本增加有限。

蓝牙 4.2 改善了数据传输速率和隐私保护程度，可直接通过 IPv6 和 6LoWPAN 接入互联网。在新的标准下蓝牙信号想要连接或者追踪用户设备必须经过用户许可，否则蓝牙信号将无法连接和追踪用户设备。速度方面变得更加快速，两部蓝牙设备之间的数据传输速率提高了 2.5 倍，因为蓝牙智能（bluetooth smart）数据包的容量提高，其可容纳的数据量相当于此前的 10 倍左右。

蓝牙 5.0 技术于 2016 年 6 月 16 日在伦敦正式发布，它主要在以下几个方面得到了改善。

（1）更快的传输速率，传输速率为 24Mbit/s，是之前 4.2 版本的两倍。

（2）更远的有效距离，它的有效距离是上一个版本的 4 倍，因此在理论上讲，蓝牙发射和接收设备之间的有效工作距离可达 300m，当然实际的有效距离还取决于个人使用的电子设备。

（3）导航功能，蓝牙 5.0 添加更多的导航功能，该技术可以作为室内导航信标或类似定位设备使用，结合 Wi-Fi 可以实现精度小于 1m 的室内定位。

（4）物联网功能，蓝牙 5.0 针对物联网进行了很多底层优化，力求以更低的功耗和更高的性能为智能家居服务。

（5）更多的传输性能，蓝牙 5.0 增加更多的数据传输功能，硬件厂商可以通过蓝牙 5.0 创建更复杂的连接系统。

（6）更低的功耗，蓝牙 5.0 继续大大降低功耗。

（7）真正支持无损传输，支持 24bit/192kHz 的无损音源传输。

Wi-Fi 是一种允许电子设备连接到一个无线局域网（WLAN）的技术，通常使用 2.4G UHF 或 5G SHF ISM 射频频段。连接到无线局域网通常是有密码保护的；但也可是开放的，这样就允许任何在 WLAN 范围内的设备可以连接上。Wi-Fi 是一个无线网络通信技术的品牌，由 Wi-Fi 联盟所持有，目的是改善基于 IEEE 802.11 标准的无线网络产品之间的互通性。802.11 协议簇是国际电气电子工程师学会（the Institute of Electrical and Electronics Engineers，IEEE）为无线局域网络制定的标准。有人把使用 IEEE 802.11 系列协议的局域网称为无线保真。表 9-2-1 显示了不同手机版本的 Wi-Fi 所遵循的 IEEE 802.11 系列协议。对各种协议的性能进行对比汇总至表 9-2-2。

表 9-2-2　IEEE 802.11 系列协议性能

协议	频率带宽/GHz	标准传输速率/(Mbit/s)	最大传输速率/(Mbit/s)	覆盖半径（室内）/m	覆盖半径（室外）/m
802.11a	5.15-5.35/5.47-5.725/5.725-5.875	25	54	30	45
802.11b	2.4-2.5	6.5	11	30	100
802.11g	2.4-2.5	25	54	30	100
802.11n	2.4GHz or 5GHz	300（20MHz×4 MIMO）	600（40MHz×4 MIMO）	70	250
802.11ac	5GHz	433, 867（80MHz,160MHz）	867,1730,3470,6930（8MIMO,160MHz）	35	—

结合表 9-2-1 和表 9-2-2 可知，具有最远通信距离的是 IEEE 802.n 协议，在各种 iPhone 版本里的 Wi-Fi 都遵照该协议，所以理论上每个版本的手机都能达到室内 70m、室外 250m 的通信距离。每个手机都有一个无线接收和发射的模块，利

用这个功能可以在手机与手机之间进行通信。通信的时候具体是采用蓝牙还是无线是手机系统决定的，系统会自动选择一个最优的方式。也就是说，在无外部网络的条件下，手机自身可以发射无线信号并接收其他手机的无线信号，并不需要外部的 Wi-Fi，仅通过接收到的手机无线信号就可与其他手机建立连接。对通信距离的验证会在接下来的一系列实验中进行论证。

9.2.2 震后灾区的紧急通信

如 9.1 节所示，E-Explorer 允许两台智能手机在无外界网络通信的情况下实现信息共享，它可以作为震区有效的信息传输工具。首先允许用户填写自己的个人信息，如图 9-2-1 所示，其中 SOS 是紧急呼救按钮，如果来不及填写信息，可以直接使用 SOS 发送求救信号，可以将自己的位置共享给其他人。其他个人信息如姓名、身份证号、地址、联系人、是否被困等都属于基本信息，有助于信息统计。用户可使用这些信息与其他使用该软件的用户进行对话交流（即使在无网络的情况下），也可以将这些信息上传至紧急救援网站上，加快救援进度。该软件使灾区无网络连接下的信息交流成为可能，灾区紧急通信实现流程图如图 9-2-2 所示。

(a)

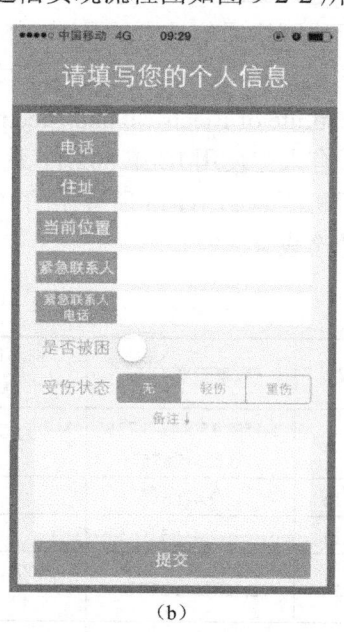
(b)

图 9-2-1 紧急通信信息填写界面

如图 9-2-2 所示，紧急通信流程总结如下，首先填写个人信息，这些个人信息需要被确认然后存储至 E-Explorer 对应的网站中。在打开蓝牙和 WLAN 后，即使没有任何外部网络，E-Explorer 也允许两个附近的人信息自动共享，那么只要人数够多,大家的信息都会被广泛地共享。信息共享之后,在个人的数据库中就可以看到附近人的信息,点击对应的姓名,就可以像普通聊天软件一样与之进行对话,可以发送求救信息。有的时候个人状态会改变,系统会提醒用户更改个人状态,该提醒信息的间隔时间可以手动修改,如图9-2-3(a)、(b)所示。当所设置的时间到了之后,用户的手机可以自动弹出窗口进行提示,如图9-2-3(c)所示。

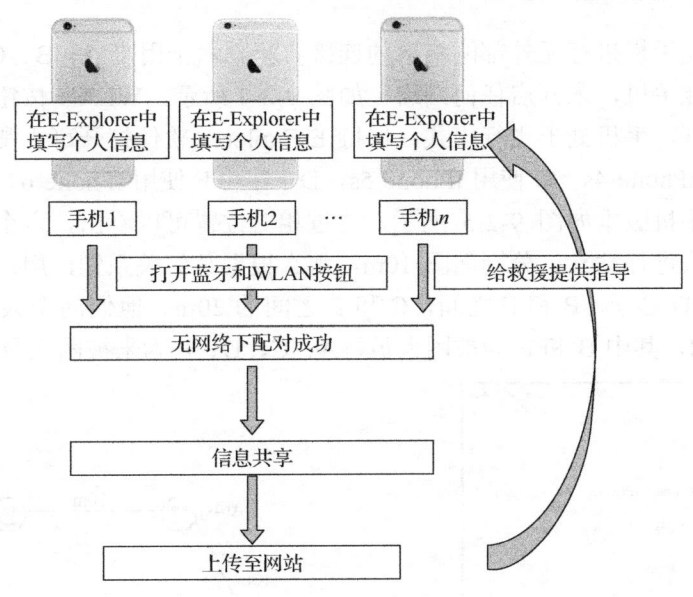

图 9-2-2　灾区紧急通信流程图

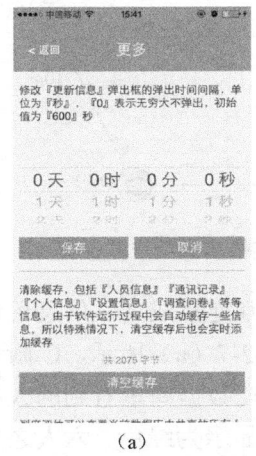

（a）

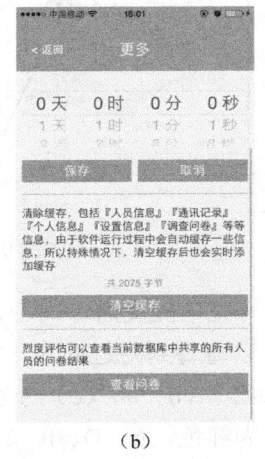

（b）

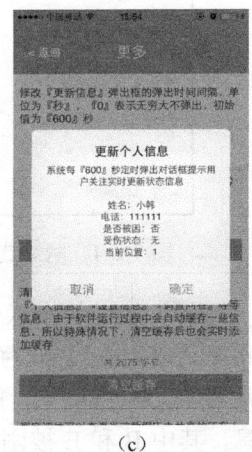

（c）

图 9-2-3　个人信息更新提醒

被困人员的信息在组网中进行共享后，只要有一个人与外界建立了联系，那么所有人的求救信息、被困信息或者受伤信息都可以传输到外界，并上传至网站，给相关部门提供人员信息与大数据支持，帮助提供科学性的指导意见，并反馈给当地未被困群众，对被困群众实施救援。

9.2.3 紧急通信连接验证

使用智能手机进行无外部网络下的连接实验。六个用户 A、B、C、D、E、F 分别拿着智能手机，未开启任何网络，如图 9-2-4 所示，WLAN 按钮打开但未连接，蓝牙打开，手机处于飞行模式，保持 E-Explorer 软件打开可正常使用。其中 A 和 B 使用 iPhone 4s，C 使用 iPhone 5s，D、E 和 F 使用 iPhone 6。六个用户的相对位置和手机版本如图 9-2-5 所示，通过相对位置可以看出，六个用户以等边六角形的方式进行站立，分别间隔 10m，那么根据几何关系知，用户之间的最大距离为 A 和 D 之间，B 和 E 之间，C 和 F 之间的 20m。他们的个人信息填写如图 9-2-6 所示，其中 B 和 E 为被困人员，A、C、D、F 为未被困人员。

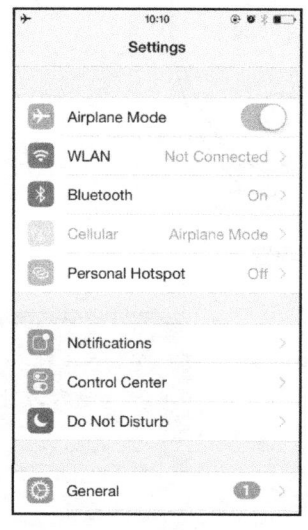

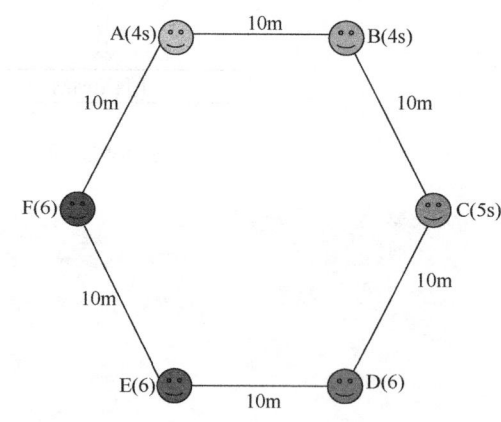

图 9-2-4　网络连接设置　　　　图 9-2-5　连接实验用户位置图

如图 9-2-6 的个人信息填写完毕提交后，六个人都相互连接成功，信息可进行共享。以 C 的手机为例，可以查看到附近的人，如图 9-2-7（a）所示，C 附近的人为 A、B、D、E、F，图 9-2-7（b）和（c）分别为 C 在数据库里看到的人员信息，其中 B 和 E 被困，显示为红色，A、D、F 未被困，显示为绿色。六人之间可以组成群聊，如图 9-2-7（d）所示。在图 9-2-7（a）中也可以选择任何一个人进行单聊，若 E 被选择，C 和 E 的单独聊天可见图 9-2-7（e）。

第 9 章　地震极端情况下的紧急通信与烈度快速评定

图 9-2-6　连接实验的个人信息

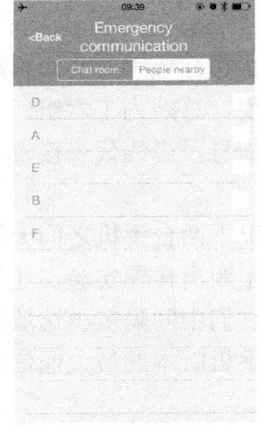

（a）C 附近的人

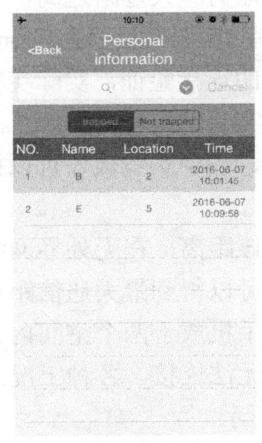

（b）被困人员

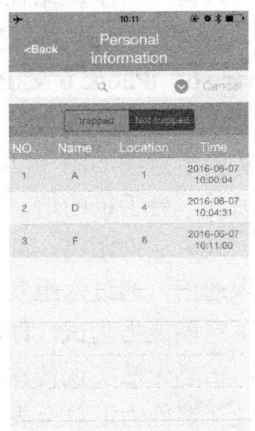

（c）未被困人员

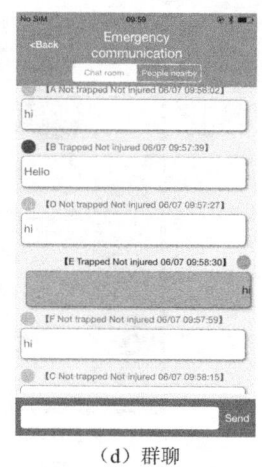
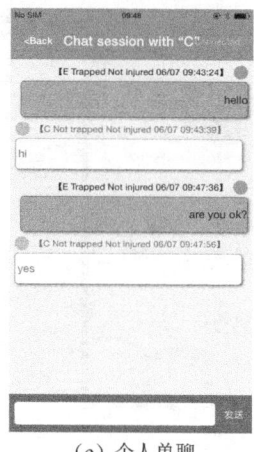

(d) 群聊　　　　　　　　　　　　(e) 个人单聊

图 9-2-7　C 手机的人员信息及聊天窗口

由以上的连接情况可知，即使在外界网络中断的情况下，使用 E-Explorer 也可以实现近距离的沟通和交流，且经过共享得到的数据库可以上传至网站。总之，E-Explorer 可以帮助人们在地震等自然灾害下实现紧急通信，及时发送个人有效信息，提高救援效率。

9.2.4　通信距离实验验证

上部分的实验证明了在近距离的范围内，E-Explorer 可以实现无外界网络条件下的紧急通信。但是实验中的通信距离最大为 20m，可以完成数据传输。理论上的通信距离如表 9-2-3 所示，为了验证最大的实际通信距离，分别进行了以下连接距离的实验。选用 iPhone 4s 和 iPhone 6 分别进行室内和室外的连接距离验证。一个人持一台手机站在墙壁处，另一人逐渐远离，直至无法接收到第一个人的信息。共进行六组实验，室内和室外都分别进行 iPhone 4s & iPhone 4s，iPhone 4s & iPhone 6，iPhone 6 & iPhone 6 的连接验证，实际实验中不止进行该六组实验，每种情况都有重复性实验，所得实验结果相同。为了汇总方便，总结为了六组。具体实验示意图如 9-2-8 所示，图中实线代表可以接收到信息，虚线代表接收不到另外一台手机的信息。

最大通信距离，即为超过该距离，在无外界网络的情况下两台手机之间无法实现通信，通过六组实验后，可以得到最大通信距离。除了距离传输实验，还进行了穿墙能力测试，即将两台手机放于两个空间内，观察它们中间隔多少堵墙之后，信息无法实现传输，通信无法连接。各种工况下各个手机版本的最大通信距离及穿墙能力汇总至表 9-2-3 所示。

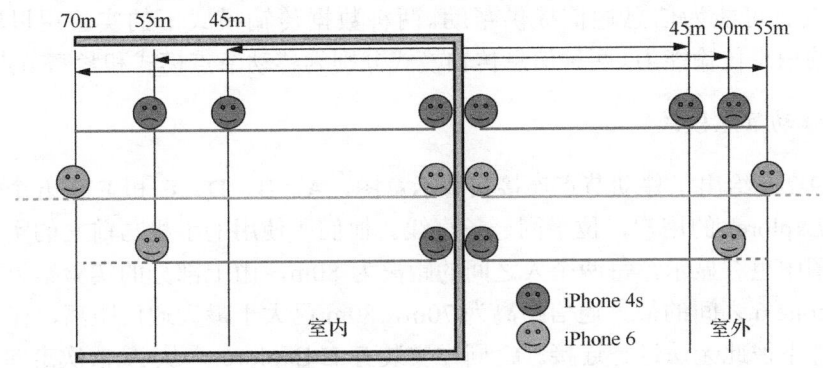

图 9-2-8　距离验证实验

表 9-2-3　各个手机版本室内外的最大通信距离与穿墙能力

设备	室内最大通信距离	室外最大通信距离	穿墙数（承重墙）
iPhone 4s & iPhone 4s	45 m	45 m	1
iPhone 6 & iPhone 6	70 m	55 m	1
iPhone 4s & iPhone 6	55 m	50 m	1

由表 9-2-3 可以看出，对于 iPhone 4s & iPhone 4s 的情况，室内最大通信距离和室外最大通信距离都是 45m，而对于 iPhone 6 & iPhone 4s 和 iPhone 6 & iPhone 6 的工况，室内的最大通信距离都要稍大于室外的最大通信距离，这与表 9-2-2 显示的理论距离并不相符，原因主要是因为室外的信号噪声干扰要大于室内的信号噪声干扰，影响了通信能力。另外从表格中可以看到两个 iPhone 6 建立连接时的最大通信距离最大，室内可以达到 70m，室外可以达到 55m，两个 iPhone 4s 建立连接时的通信距离最小，室内通信距离 45m，室外通信距离 45m。这与表 9-2-2 显示中各个版本的传输能力是相符的，高版本的通信距离要大于低版本的通信距离。穿墙能力并不是那么好，当超过两堵墙的时候，信息便无法传输到，这对于实际应用是一个不能忽视的问题。但是被困群众可以通过与最近的人建立连接，最近的人可以作为一个节点，继续向外传输数据，被困的用户间接地与外界取得联系。该软件在通信能力方面并不如有网时那么理想，但是至少在灾害救援的时候提供了更多的逃生机会，并且当外界网络中断时，也提供了与被困人员沟通交流的可能性，使其增强心理自信，等待救援。

9.2.5　信息传输实验

9.2.4 节的实验表明了通信距离的限制，两台手机间的连接可能会因为较大的距离而中断，所以长距离的信息传输是一个需要考虑的问题。正如 9.1 节介绍的，连接节点有可能为信息通信提供帮助。两种数据传输模式下的实验用以验证智能手机的信息传输能力。两种信息传输模式分别为移动节点模式和紧密节点模式。

1. 移动节点模式

图 9-2-9 给出了移动节点连接实验示意图，A、B、D、E 和 F 为五个安装有软件 E-Explorer 的用户，位于同一条直线。他们所使用的手机与前文的实验都相同，在图中也有显示。每两个人之间的距离为 80m，由上部分的实验结果可知，两个 iPhone 6 之间的最大通信距离为 70m，80m 已大于最大通信距离，在无外界网络条件下彼此无法进行连接。C 同样安装有 E-Explorer，从 A 依次走向 F，观察该过程中是否可以把 A~E 的数据传送至 F。

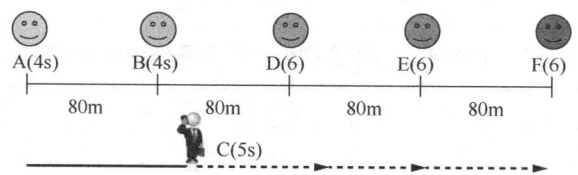

图 9-2-9 移动节点连接实验示意图

从 A 移动到 F 之后的实验结果如图 9-2-10 所示，其中图 9-2-10（a）为 E 手机上数据库所显示的人员信息；图 9-2-10（b）为 E 手机上所显示的附近的人；图 9-2-10（c）为 F 手机上数据库所显示的人员信息；图 9-2-10（d）为 F 手机上所显示的附近的人。

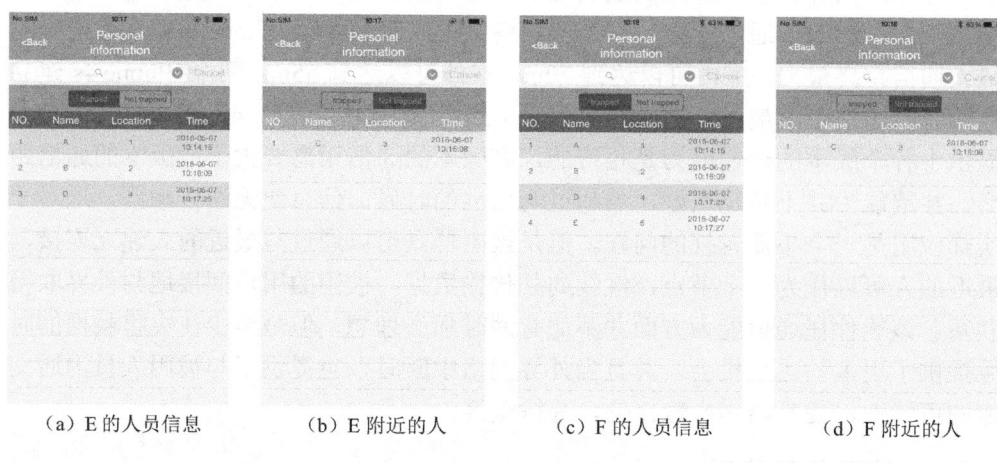

(a) E 的人员信息　　(b) E 附近的人　　(c) F 的人员信息　　(d) F 附近的人

图 9-2-10 移动节点实验结果

从图 9-2-10 中的结果可以看到，无论是 E 还是 F，所能够连接并进行通信的只有与他们靠近的 C，同理这里省略掉了 A、B 和 D 手机上的可连接通信的只有

C，在这里省略掉了 A 和 B 的界面。但是 E 却随着与 C 的连接，得到了并未与之取得连接的 A、B 和 D 的信息，F 获得了 A～E 所有用户的信息。所以随着移动节点 C 的移动，它会自动将与之配对的用户信息进行共享。

从该实验中可以发现，两台手机即使因为没有外部网络且距离过长无法连接，但是如果有一个移动的智能手机在附近，也可以建立暂时的连接，信息可以得到共享。这同样有助于震后的信息传递。灾害作用下，一个未被困的人员可以作为这样一个节点，将被困人员的信息传递到灾区外部。

2. 紧密节点模式

同样，若两个用户距离过大无法建立连接，也可以考虑一个分布式的传感网络，通过中间多加节点（智能手机）以助于人员信息大数据的传递。本实验建立紧密节点模式，即多节点模式，观察信息是否能够通过多个节点传输至目标用户。用户 A～F 所使用的手机与前边相同，都安装有 E-Explorer。第一步，用户 A 和 F 相距 200m 站立。第二步，用户 B 和 C 加入 A 和 F 中间作为两个节点，其中 B 距离 A 为 40m，C 距离 B 为 40m，距离 F 为 160m。第三步，用户 D 和 E 加入 C 和 F 中间，其中 E 距离 F 为 40m，D 距离 F 为 80m。A～F 在各个步骤中的相对位置如图 9-2-11 所示。

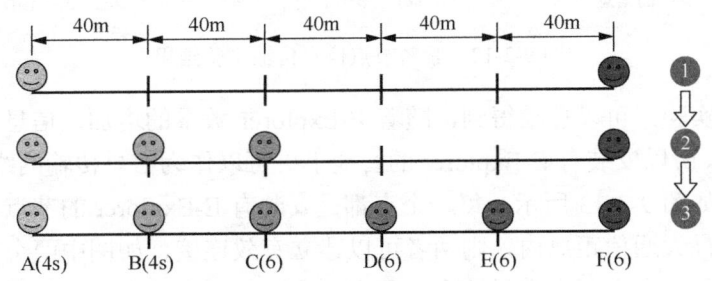

图 9-2-11　紧密节点模式步骤示意图

对各个步骤进行连接和测试，测试结果如下：

第一步，用户 A 和用户 F 由于距离过远，且无外部网络致使连接失败，无法建立连接。

第二步，由于用户 B 和用户 C 的加入，B 与 A、C 的距离均为 40m，都在最大通信距离范围内。因此此时 B 与 A、C 都建立了连接，C 用户上显示的人员信息如图 9-2-12（a）所示，可以发现有 A 和 B 的人员信息。因此通过 B 的存在，将 A 的信息传输至用户 C 中。

第三步，在用户 C 和用户 F 中间加入了用户 D 和用户 E，两两之间的距离都为 40m，在最大通信距离范围内。因此 C 和 D，D 和 E，E 和 F 两两之间都可以建立连接。F 用户手机上的信息显示至图 9-2-12（b），可以看到用户 A～E 的信息都被分享到了用户 F 上。而 F 附近能够与之连接的人只有 E，如图 9-2-12（c）所示，说明只要有连接存在，就可以把所有的信息进行共享。

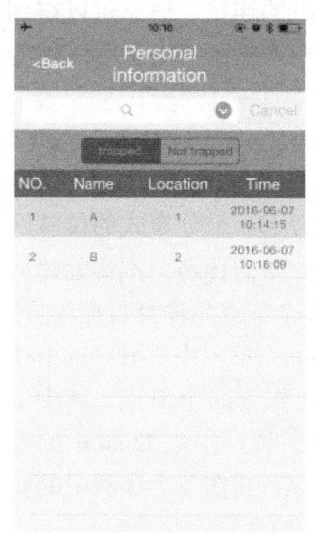 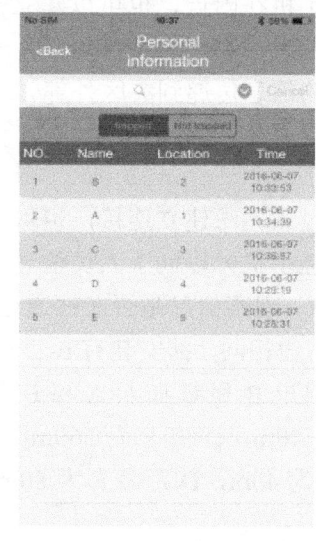 

（a）第二步中 C 的信息　　　　（b）第三步中 F 的信息　　　　（c）第三步中 E 附近的人

图 9-2-12　紧密节点信息传输实验结果

通过该实验，可以总结得到，随着 E-Explorer 数量的增加，信息可以被更加广泛地传输。所以安装有 E-Explorer 的智能手机可以作为信息传输网络中的节点。通信示意图如图 9-2-13 所示，每一个点都是安装有 E-Explorer 的节点，若附近的节点与之在最大通信距离内，则两者可以建立有效连接，如图中两个节点之间的连线所示。只要在灾区中有足够多的节点存在，每两个节点之间的通信都可以建立，人员信息和求救信息就可以得到分享。E-Explorer 可以在地震灾区中帮助建立暂时的通信系统，解决无外部网络连接下的通信困难问题。如图 9-2-13 中被困幸存者 A 的信息可以通过几个节点传输至救援人员 B 中，当然该传输线路不是唯一的。

通过以上所有实验可以总结得到，E-Explorer 既可以实现无外部网络条件下的紧急通信，也可以实现信息的存储和数据传输。在灾后紧急救援的过程中，未被困的人员可以将被困幸存者的大量求助信息传输至外界，可以帮助相关部门及时掌握被困位置和条件，开展针对性措施，加快救援。

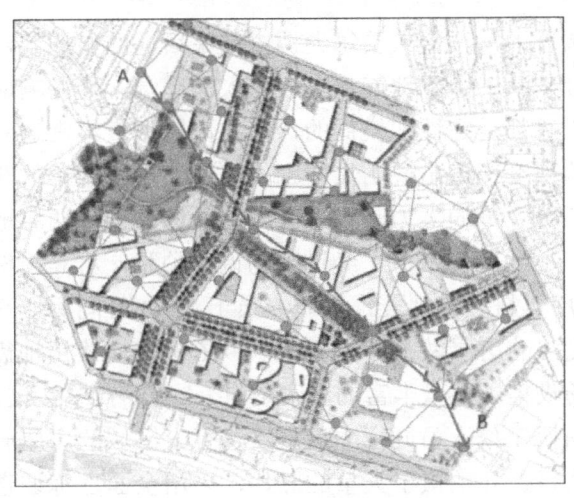

图 9-2-13　多节点信息传输示意图

9.3　烈度快速评定

9.3.1　传统地震损伤调查方法

当地震发生后第一时间内对地震损失进行快速评估，以了解地震的受灾范围和确定地震最严重的地区，为灾后的应急响应和紧急救援提供科学指导，对于减少人员伤亡有重要意义。而地震的发生通常是一个突然和不可预见的过程。地震发生之后整个地震灾区与外界隔绝，作为地震救援人员根本无法了解灾区的现实状况，要想迅速搜索与营救由于地震造成的建筑物破坏而压埋的人员，在搜索之前必须要进行正确的区域、场所的划分和设定，现场必须实施警戒，严格控制人员出入，建立工作区、装备区、指挥部等，这样才能提供良好的搜索环境，提高搜索效率。而这一切的基础，就是要了解灾区内部建筑物的破坏情况，谁能更早地了解灾区内建筑物的震害损失情况谁就能掌握抗震救灾的主动权。

而建筑物的震害损失情况大多是由科研人员现场调查所得。传统的地震灾害调查方式如图 9-3-1 所示，专业人员奔赴震区开展实地调查，调查人员分成若干小组，分赴地震现场对各类房屋建筑、生命线工程、大型工程设施、各类灾害进行调查。通过现场调查采集灾害样本，每天返回至指挥中心进行灾害数据总结和分析，然后再去下一个调查点进行调查。最后再根据烈度划分标准综合绘制，该评估方式依赖于专家经验，调查结构类型、损伤等级选择、城市乡村的差别等都会影响调查结果。

在该模式的调查下，调查人员每天调查结束后返回指挥部，对所调查资料进行汇总分析与综合判断。由于地震烈度表对人的感觉、器物响应、建筑破坏和地面破坏等指标的描述都是定性和模糊的，多次地震调查经常遇到不同人（或组）对同一个调查点的烈度评定出现明显差别的情况，这给结论的获得增加了极大的不确定性，且会耗费大量的人力、物力和时间。例如云南通海地震，调查组先后20人，历时3年，累积14个月，经过现场调研拍照，对其损伤情况有了一定的掌握。1975年2月4日海城地震，科研人员于2~8月间历经三次震害调查，先后对500多个居民点的房屋做了专门调查。1976年河北唐山地震，科研人员数次考察，在地震现场收集了大量丰富的震害资料。2008年5.12汶川地震和2010年4.14玉树地震，科研工作人员同样先后多次进行大区域的房屋震害调查，收集了大量的房屋震害资料，并拍摄了大量的照片，采用全面逐栋调查和抽样逐栋调查的方式对房屋进行了总结分析。

所以一种不需要现场多次调查的方法对于震害情况快速掌握是十分必要的，我们据此而提出基于智能手机图片采集与问卷调查的方法。

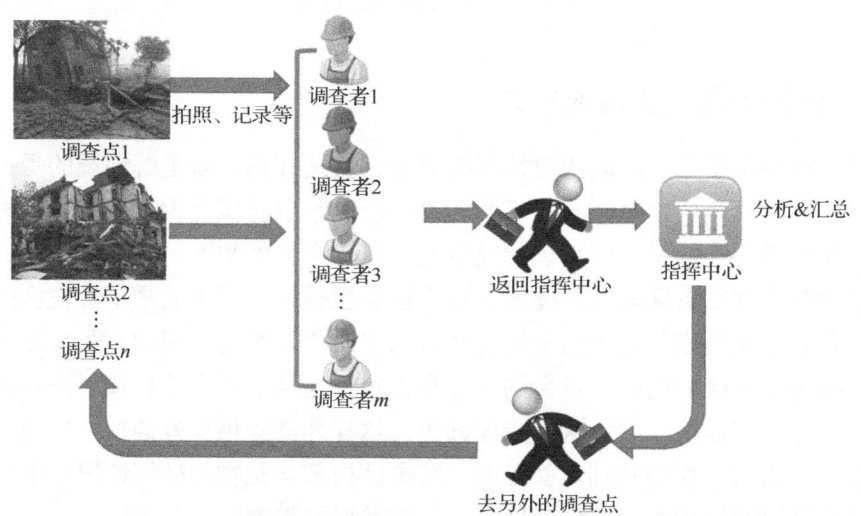

图 9-3-1　传统地震损伤调查模式

9.3.2　智能手机烈度调查方法

准确地确定损伤的精确位置和程度可以节省时间，进而营救生命。这些信息对于救援人员和公众安全部门的营救措施是非常重要的，可以减少人员伤亡和财产损失。前述的传统烈度调查方法效率较低且浪费时间。因此我们提出了基于软件 E-Explorer 的快速地震损伤调查方法。在 9.1 节的 E-Explorer 介绍已看到其中一个重要功能为烈度评估，该功能的主界面如图 9-3-2 所示，可以看到该功能最重要的两个方面是问卷调查和图片采集，通过点击相应选项进入相应程序。基于智能手机的地震灾害快速调查方法如图 9-3-3 所示。

如图 9-3-3 所示，基于智能手机的地震灾害调查方法可总结如下，使用 E-Explorer 来采集损伤图片，填写问卷调查并收集位置信息。然后上传信息至大数据共享网站，灾害信息就会在地图上根据地理信息进行显示。最后，在线分析上传的图片、问卷实现快速的地震损伤评估。专业人员和普通用户都可以通过智能手机来收集信息。住户也可以通过网站接收到相关信息来查看自己所关心位置的安全情况。相关部门可以根据网站信息给出损伤等级，快速绘制烈度图。

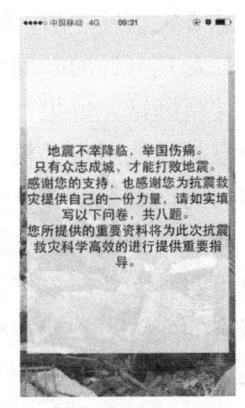

图 9-3-2　烈度评定功能主界面

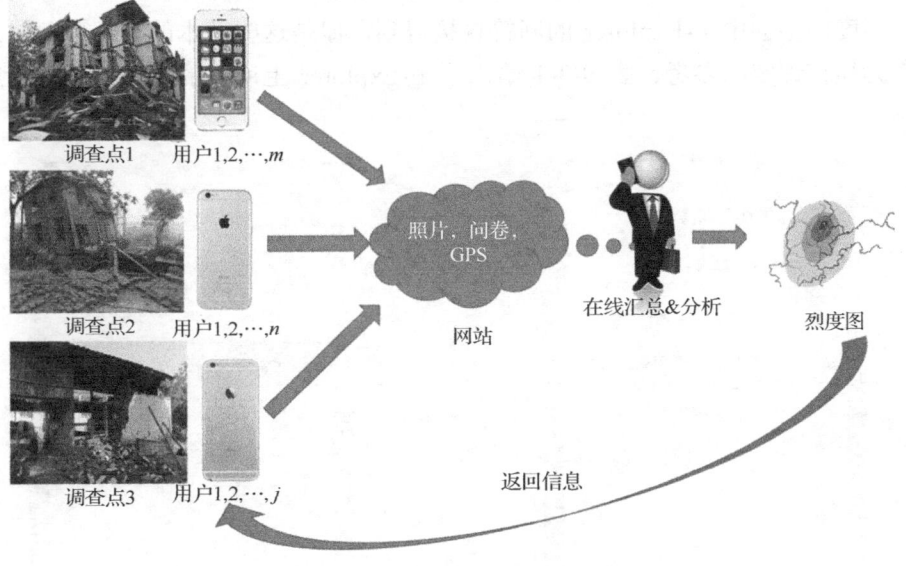

图 9-3-3　基于智能手机地震灾害调查方法

9.3.3　问卷调查

地震烈度表征着地震引起的灾害和损伤大小，通常通过震后各种现象的严重程度来表述。烈度图可以直观地描述损伤大小和灾害分布，是灾后施展营救和灾后恢复重建的重要依据，以助于相关部门针对性地提供救灾物资。越快得到烈度图，越有助于提高防灾减灾效率。

地震灾害发生后，包括救援人员、志愿者、居民每个人都可以使用 E-Explorer 仅仅耗费几分钟的时间根据宏观现象填写问卷调查。问卷调查的结果将和位置一起上传至网站。如果当时没有网络连接，信息可以暂时存储并通过紧急通信的功能分享到其他用户手机上，只要有一个人的网络接通，信息便可以上传至网站。使用问卷调查，每一个手机用户可以帮助专家更快地完成烈度调查。

问卷调查的问题主要根据《中国地震烈度表》（GB/T 17742—2008）进行设置。以以下四种宏观现象作为调查对象：人的感觉，建筑物的损坏，物体的反应和自然状态的变化。长期实践证明，该四种宏观现象进行烈度评定是有效的特征，特别是在中国，地震动观测台分布比较稀疏，更需要通过宏观现象来获取烈度信息。

该问卷共有八个问题，这些问题都比较通俗易懂，容易被非专业人员回答。只要震区填写该信息的人员较多，我们就有可能获取较多有价值的震害信息。图 9-3-4 给出了其中两个问题的手机截屏。用户可以根据实际情况选择相应的答案[如图 9-3-4（b）相应选项被选中变红]，这些回答便可以保存至手机并上传至网站。烈度图不会由 E-Explorer 的回答直接得到，但是这些基本的宏观现象信息可以作为损伤评定的参考。表 9-3-1 给出了 E-Explorer 上所有的八个问题及相应的选项。

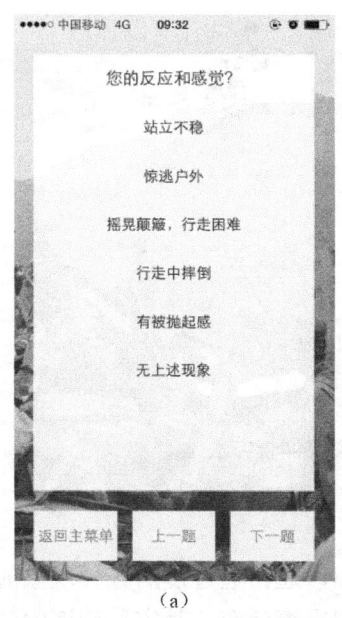 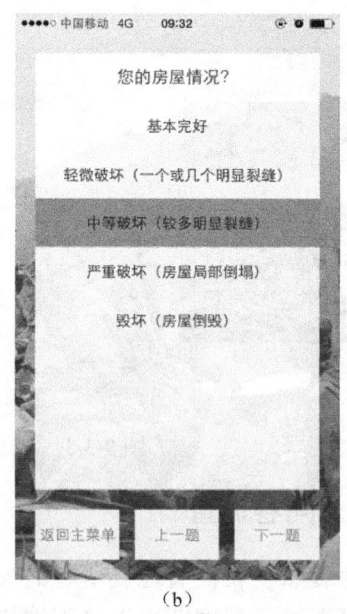

(a)   (b)

图 9-3-4   问卷调查其中两个问题

表 9-3-1　E-Explorer 问卷调查部分

问题	选项
地震发生时您所处的环境为？	a. 室外 b. 自行车上 c. 静止的机动车上 d. 行驶的机动车上 e. 高楼层 f. 低楼层
您的反应和感觉？	a. 站立不稳 b. 惊逃户外 c. 摇晃颠簸，行走困难 d. 行走中摔倒 e. 有被抛起感 f. 无上述现象
悬挂物的反应？	a. 轻微晃动 b. 明显晃动 c. 大幅摆动 d. 物品从高处掉落
器具物的反应？	a. 轻微移动 b. 明显移动 c. 高处物品翻倒 d. 不稳定器物摇动或翻倒
地表情况如何？	a. 松软土上出现裂缝 b. 干硬土上出现裂缝 c. 较多滑坡和塌方 d. 山崩和地裂 e. 没有明显变化
您的房屋情况？	a. 基本完好 b. 轻微破坏（一个或几个明显裂缝） c. 中等破坏（较多明显裂缝） d. 严重破坏（房屋局部倒塌） e. 毁坏（房屋倒毁）
房屋结构类型？	a. 木构架和土、石、砖墙建造的旧式房屋 b. 未经抗震设防的单层或多层砖砌体房屋 c. 按照Ⅶ度抗震设防的单层或多层砖砌体房屋 d. 其他
附近独立砖烟囱破坏情况？	a. 完好无损 b. 轻微裂缝 c. 中等破坏 d. 严重破坏 e. 倒塌

图 9-3-5　图片采集界面

9.3.4　图片采集

在问卷调查的填写中，因涉及主观回答，专家与非专家之间，不同用户之间的回答可能会有不同，由此带来数据的不确定性，影响烈度评估结果。因此依靠智能手机的摄像头拍下来损伤图片，以此作为客观特征，问卷调查可以作为参考来评估震后损伤。这样安装有 E-Explorer 的用户都可以作为"移动的传感器"，对结构损伤特征进行提取。图片可以说是判定结构损伤中的最重要的直观依据。图片采集的手机截屏如图 9-3-5 所示，点击下方按钮可自动调用摄像头。

9.3.5　烈度评估

1. 房屋类型

不同类型房屋的抗震性能差别很大，不同的房屋类型在相同的地震动作用下所发生的震害也是明显不同的，房屋类型是进行烈度评估的重要参数，根据《中国地震烈度表》（GB/T 17742—2008），房屋可以分为如下三类：

A 类：木构架和土、石、砖墙建造的旧式房屋；
B 类：未经抗震设防的单层或多层砖砌体房屋；
C 类：按照Ⅶ度抗震设防的单层或多层砖砌体房屋。

2. 数量词的界定

在地震烈度表中，对震害的描述多采用模糊量词，如"个别""少数""多数""大多数"和"绝大多数"，其范围界定如下：个别为 10% 以下，少数为 10%～45%，多数为 40%～70%，大多数为 60%～90%，绝大多数为 80% 以上。

3. 震害指数

震害指数描述了房屋结构的损伤程度，它不仅可以评估单个房屋的损伤情况，也可以根据统计学原理评估一个调查点的损伤情况（例如以一个村庄为一个单元）。它可以量化地表示损伤，定义为 0.0～1.0，0 为没有损伤，1 为完全破坏。

房屋破坏等级可以分为 5 个等级，基本完好、轻微破坏、中等破坏、严重破坏和毁坏五类，其定义和对应的震害指数如表 9-3-2 所示。

表 9-3-2　地震损伤等级量化表

损伤等级	震害指数
基本完好：承重和非承重构件完好，或个别非承重构件轻微损坏，不加修理可继续使用	0～0.1
轻微破坏：个别承重构件出现可见裂缝，非承重构件有明显裂缝，不需要修理或稍加修理即可继续使用	0.1～0.3
中等破坏：多数承重构件出现轻微裂缝，部分有明显裂缝，个别非承重构件破坏严重，需要一般修理后可使用	0.3～0.55
严重破坏：多数承重构件破坏较严重，非承重构件局部倒塌，房屋修复困难	0.55～0.85
毁坏：多数承重构件严重破坏，房屋濒临崩溃或已倒毁，已无修复可能	0.85～1

一个调查点一种房子的平均震害指数由式（9-3-1）计算：

$$D_j = \sum_{i=1}^{5} d_{i,j} \lambda_{i,j} \tag{9-3-1}$$

式中，D_j 为房屋类型 j 的平均震害指数；$d_{i,j}$ 为房屋类型 j 在第 i 个损伤等级的震害指数；$\lambda_{i,j}$ 为第 i 个损伤等级在第 j 类房屋类型所占的比值，如式（9-3-2）所示：

$$\lambda_{i,j} = \frac{S_{i,j}}{\sum_{i=1}^{5} S_{i,j}} \tag{9-3-2}$$

其中，$S_{i,j}$ 为第 j 类房屋在第 i 个损伤等级的面积或数量。

一个调查点的平均震害指数可以根据每种房屋类型的震害指数 D_j 进行加权平均值求解，计算公式如式（9-3-3）所示：

$$D = \sum_{j} D_j \lambda_j \tag{9-3-3}$$

式中，λ_j 为第 j 类房屋与总房屋的比值，如式（9-3-4）所示：

$$\lambda_j = \frac{S_j}{S} \tag{9-3-4}$$

其中，S_j 为第 j 类房屋的面积或数量，S 为一个调查点的总房屋的面积或数量。

基于 E-Explorer 的烈度评定流程图如图 9-3-6 所示。

如图 9-3-6 所示，烈度评定流程可总结如下：对于一个调查点，E-Explorer 用户可以上传损伤图片和震害调查表至网站，之后专业人员可以通过查看网站上的信息来评定震害指数，进而得到一个地区的平均震害指数。通过得到的震害指数以及用户上传的宏观现象可以进行烈度评定，根据《中国地震烈度表》（GB/T 17742—2008）[14]可以总结如表 9-3-3 所示的基于震害指数与宏观现象的烈度等级，基于此更快速地进行烈度评定。由于Ⅰ到Ⅴ级为基于人的感觉的，烈度等级较小，不足以引起巨大破坏，所以表 9-3-3 中只给出了Ⅵ级以上的烈度和宏观现象、震害指数对应关系。

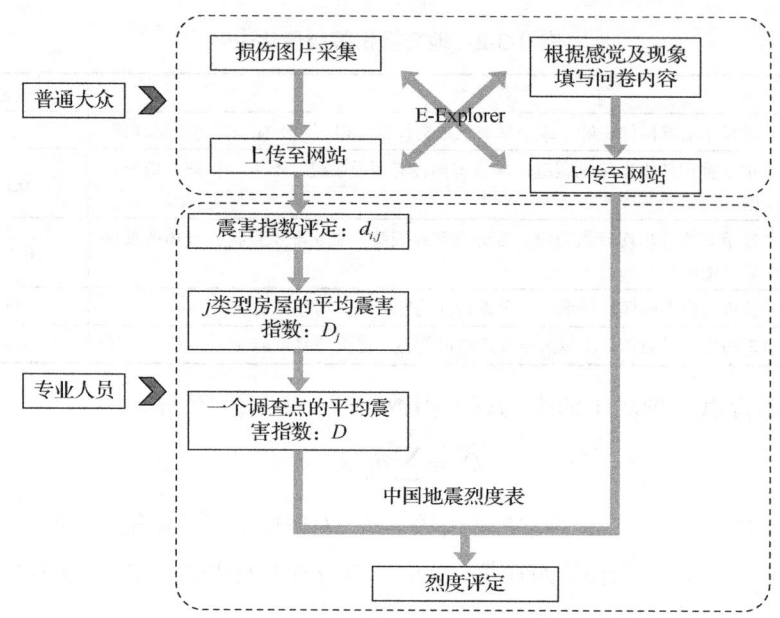

图 9-3-6 基于 E-Explorer 的烈度评定流程图

表 9-3-3 宏观现象、震害指数与烈度的对应关系

烈度	人的感觉	房屋类型	房屋震害	平均震害指数	其他震害现象
VI	多数人站立不稳，少数人惊逃户外	A	少数中等破坏，多数轻微破坏和/或基本完好	0.00~0.11	家具和物品移动；河岸和松软土出现裂缝；饱和砂层出现喷砂冒水；个别独立烟囱轻度裂缝
		B	个别中等破坏，少数轻微破坏，多数基本完好		
		C	个别轻微破坏，大多数基本完好	0.00~0.08	
VII	大多数人惊逃户外，骑自行车的人有感觉，行驶中的汽车有感觉	A	少数毁坏和/或严重破坏，多数中等和/或轻微破坏	0.09~0.31	物体从架子上掉落；河岸出现塌方，饱和砂层常见喷水冒砂，松软土地上地裂缝较多；大多数独立砖烟囱中等破坏
		B	少数中等破坏，多数轻微破坏和/或基本完好		
		C	少数中等破坏，多数轻微破坏和/或基本完好	0.07~0.22	
VIII	多数人摇晃颠簸，行走困难	A	少数毁坏，多数严重和/或中等破坏	0.29~0.51	干硬土上出现裂缝，饱和砂层绝大多数喷砂冒水；大多数独立砖烟囱严重破坏
		B	个别毁坏，多数中等和/或轻微破坏		
		C	少数严重和/或中等破坏，多数轻微破坏	0.20~0.40	

续表

烈度	人的感觉	房屋类型	房屋震害	平均震害指数	其他震害现象
IX	行动的人摔倒	A	多数严重破坏和/或毁坏	0.49~0.71	干硬土上多处出现裂缝，可见基岩裂缝、错动，滑坡、塌方常见；独立砖烟囱多数倒塌
		B	少数毁坏，多数严重和/或中等破坏		
		C	少数毁坏和/或严重破坏，多数中等和/或轻微破坏	0.38~0.60	
X	骑自行车的人会摔倒，不稳状态的人会摔离原地，有抛起感	A	绝大多数毁坏	0.69~0.91	山崩和地震断裂出现，基岩上拱桥破坏；大多数独立砖烟囱从根部破坏或倒毁
		B	大多数毁坏		
		C	多数毁坏和/或严重破坏	0.58~0.80	
XI	—	A	绝大多数毁坏	0.89~1.00	地震断裂延续很大，大量山崩滑坡
		B			
		C		0.78~1.00	
XII	—	A	几乎全部毁坏	1.00	地面剧烈变化，山河改观
		B			
		C			

注：A 类为木构架和土、石、砖墙建造的旧式房屋；B 类为未经抗震设防的单层或多层砖砌体房屋；C 类为按照Ⅶ度抗震设防的单层或多层砖砌体房屋。

总结可知，根据《中国地震烈度表》（GB/T 17742—2008），以下几个步骤有助于快速评定地震烈度。首先，发动群众使用智能手机的 E-Explorer 进行问卷调查的填写，并拍摄相关损伤图片。然后，将这些信息上传至网站。相关专业人员通过网站上与位置相关的信息从震中位置向外开始进行评估。最后，确定相关房屋类型和与之对应的平均震害指数，结合问卷调查中的其他宏观现象，对烈度进行综合评估，得到最终的烈度值。该方法调动了普通群众在防灾减灾中的积极性，使其成为协助专家在短时间内获得损伤信息的重要角色。

9.3.6 网站的建立

前面介绍的紧急通信和烈度评定，均需要将信息上传至网站，由此建立了与之对应的网站 www.e-explorer.cn。网站的界面如图 9-3-7 所示。

该网站的建立主要有与 E-Explorer 软件相对应的两个主要目的。在地图上显示受灾群众的信息，包括姓名、位置、是否受伤、是否被困等信息。图 9-3-7 显示了有上传信息的局部地图，浅色气球（网站界面显示为蓝色气球）和深色气球

（网站界面显示为红色气球）都为用户上传的数据。蓝色气球代表未被困的用户，红色代表被困的用户。通过点击气球，可以查看人员的具体信息。根据网站的信息，相关政府部门可以做人员的快速统计，也可以根据信息提供科学的指导，加快救援。

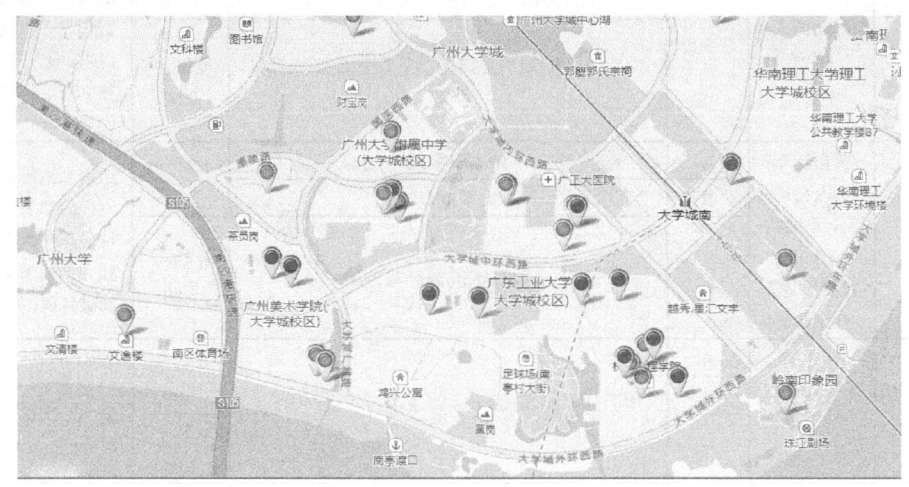

图 9-3-7　E-Explorer 网站

该网站建立的第二个目的是用来收集智能手机上传的损伤信息，包括问卷调查和损伤图片等，该功能帮助调查人员减少现场调查时间，通过查看网站上传信息实现震后烈度快速评估。

本章节主要致力于解决地震发生后尽可能减少人员伤亡的问题，包括加强人员相互联系、提高紧急救援能力以及加速烈度快速评定的问题。E-Explorer 软件在无外部网络的情况下可以实现紧急通信，这对灾后通信中断的情况是一个很好的改善，可以建立局部网络实现信息通信与传播，并可将信息进行共享，增加被困信息传播的机会，加快救援效率。另外该软件还可以借助普通大众进行灾害损伤的调查，并上传损伤图片，有助于获取更多的灾害信息，为专业人员提供更多更快的烈度评定信息，提高灾害调查的效率。与之对应的，建立了网站 www.e-explorer.cn，用于收集并发布灾区人员信息，收集灾害信息、损伤图片，为专业人员提供更多的数据支持，提高紧急响应能力。普通群众使用智能手机可以成为一个提供紧急灾害信息的潜在调查者，传递信息的潜在报道者，营救信息的潜在接受者以及帮助被困群众的潜在营救者，这样的用户对提高灾区紧急响应能力、减少人员伤亡是非常重要的，哪怕可以减少一个生命的伤亡也是值得肯定的。该软件在其他系统上的开发也将在以后的工作中进行，希望可以在防灾减灾中更多地发挥手机的作用。

参 考 文 献

[1] Domaneschi M, Martinelli L. Earthquake-resilience-based control solutions for the extended benchmark cable-stayed bridge[J]. Journal of Structural Engineering, 2016, 142(8):C4015009.
[2] Zobel C W, Khansa L. Characterizing multi-event disaster resilience[J]. Computers & Operations Research, 2014, 42(2):83-94.
[3] Kuwata Y, Takada S. Effective emergency transportation for saving human lives[J]. Natural Hazards, 2004, 33(1):23-46.
[4] Cimellaro G P, Reinhorn A M, Bruneau M. Framework for analytical quantification of disaster resilience[J]. Engineering Structures, 2010, 32(11):3639-3649.
[5] Cimellaro G P, Reinhorn A M, Bruneau M. Seismic resilience of a hospital system[J]. Structure & Infrastructure Engineering, 2010, 6(1-2):127-144.
[6] Hebden R, Perry A. The vulnerability of cities: natural disasters and social resilience (Book)[J]. Geography, 2003, 15(1):216-216.
[7] Cutter S L, Barnes L, Berry M, et al. A place-based model for understanding community resilience to natural disasters[J]. Global Environmental Change, 2008, 18(4):598-606.
[8] Maguire B, Hagan P. Disasters and communities: understanding social resilience[J]. Australian Journal of Emergency Management, 2007, 22(2): 16-20.
[9] Kweit M G, Kweit R W. Citizen participation and citizen evaluation in disaster recovery[J]. American Review of Public Administration, 2004, 34(4):354-373.
[10] Schochspana M, Franco C, Nuzzo J B, et al. Community engagement: leadership tool for catastrophic health events.[J]. Biosecurity & Bioterrorism Biodefense Strategy Practice & Science, 2007, 5(1):8-25.
[11] Cimellaro G P, Scura G, Renschler C S, et al. Rapid building damage assessment system using mobile phone technology[J]. Earthquake Engineering & Engineering Vibration, 2014, 13(3):519-533.
[12] Mattt. Multipeer Connectivity[EB/OL]. (2013-12-09)[2019-07-21]. http://nshipster.com/multipeer-connectivity/.
[13] 苹果官网[EB/OL].[2019-07-21]. https://www.apple.com/cn/iphone-x/specs/.
[14] 中国地震局. 中国地震烈度表: GB/T 17742—2008[S]. 北京: 中国标准出版社, 2009.

第 10 章 公众参与智能手机监测平台

城市安全事故频频发生，造成重大灾害[1]。主要城市基础设施（主要包括大跨度桥梁、隧道、地下工程、铁路、公路、地下管网、大跨度空间结构和高层建筑）在其使用寿命中受地震、台风、环境侵蚀、疲劳荷载以及冲击荷载、风暴、洪水、火灾等自然灾害因素的破坏[2-5]。例如，东日本大地震是日本有史以来最大的地震，对日本东部的太平洋沿岸造成了巨大的破坏[6]。2006 年 8 月，"桑美"号台风袭击中国东南沿海地区后，5 万多间房屋被摧毁[7]。因此，灾后信息沟通效率和受灾基础设施受损情况对救灾和灾害评估具有重大意义[8]。目前的灾后调查和受损基础设施调查由政府和专业团队进行，由于人员和工作设备的限制，难以进行大规模集群调查，而且不能充分调动人群的力量，调查不方便，成本高昂。然而，无线通信、智能手机和社交计算应用的发展提供了新的城市感知和管理机会[9,10]，可以解决传统方法的缺点。由于智能手机是可编程的，并且配备了一套便宜但功能强大的嵌入式传感器，如加速度计、陀螺仪、光传感器、接近传感器和摄像头，因此它们是用于群体识别的最有效手段，并且可以随时用于精确感知世界相关的信息和公民的活动。无处不在的智能手机使公众更容易参与传感。移动大众感知（mobile crowd sensing, MCS）是利用智能手机在非常大的覆盖范围内感知、收集、上传和分析数据的新范例，这项任务以前是不可能实现的[11]。因此，基于 MCS 技术，智能手机可以广泛应用于与城市基础设施安全相关的大数据收集。

在本章中，被称为"Urban Safety"的新型城市基础设施安全系统被提出作为一个可行和高效的移动群众传感网络，以实现相当广泛的传感覆盖[12,13]。Urban Safety 最初基于 Android 操作系统开发。基于 Urban Safety，用户可以参与城市基础设施灾害信息的收集和防灾减灾领域的监测与应急评估。更重要的是，可以收集基础设施的综合信息，包括位移、加速度、问卷调查、图像、GPS 和应急通信。最终，建立一个全面的多参数的城市基础设施安全信息数据库，为大规模数据分析提供重要的数据支持。

10.1 城市公共安全共享平台

10.1.1 城市公共安全系统框架

Urban Safety 系统是一个云服务器平台，采用 RESTful（一种基于 Web 服务的架构设计方法）可为 App 和云平台提供开放、无缝的架构。Urban Safety 应用程序已经基于 Android 平台实施。ThinkPHP 框架用于从后端接口的应用程序接收数据，并且采用 MySQL 作为数据存储的数据库。管理控制台是服务器端基于 Apache Spring 的 Ajax Web 应用程序。在这一部分，介绍了城市安全的主机框图，并讨论了包含各种组件的工作模型。城市安全架构包括三个主要分布层，即感知层、网络层和应用层，如图 10-1-1 所示。

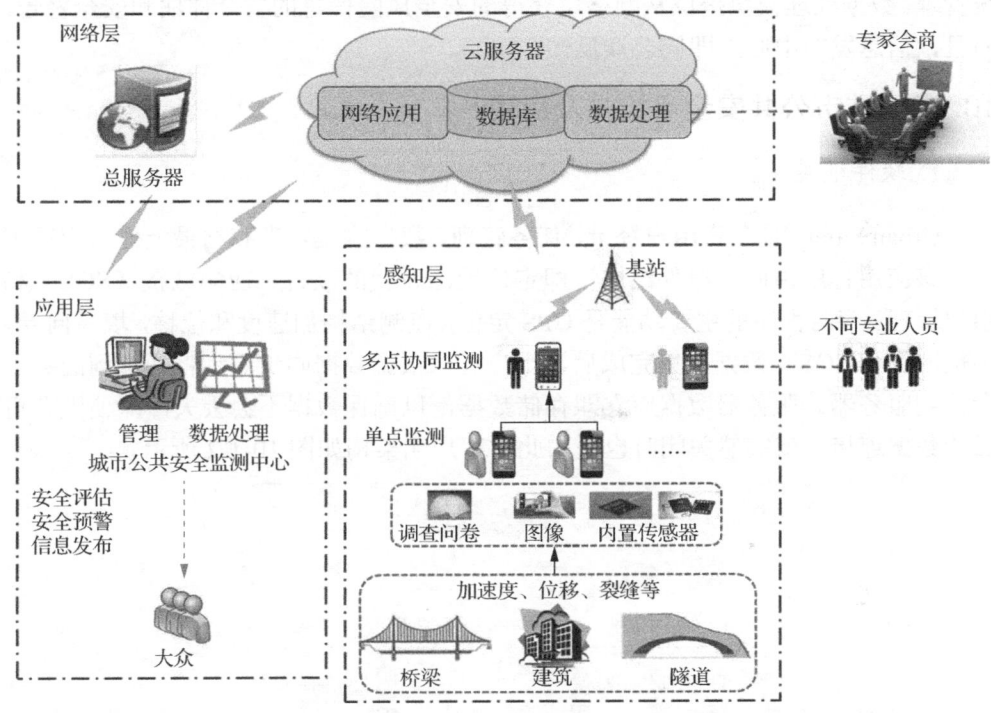

图 10-1-1　Urban Safety 系统框架

感知层的主要功能是利用智能手机监控城市基础设施的安全风险信息。在感知层，每个手机都被视为一个传感器节点，可以调用内置的传感器，如加速度计、陀螺仪和近距离传感器。基于智能手机，人群可以实现桥梁、公路、斜坡、隧道等基础设施的单点和多点协调监测。Urban Safety 应用程序可以获得城市基础设施的加速度、角度、位移、裂缝和其他安全风险信息。此外，结构损伤特征的图文信息可以通过照片和问卷调查获得。任务完成后，监控的数据可以通过 Wi-Fi 或蓝牙连接，通过 3G 或 4G 网络上传到网络层。监控数据可以临时存储在智能手机上，在网络可用时上传。

网络层是云平台，提供了一个中央协调平台来存储和整合用户获得的各种数据。此外，网络层为人们提供三种不同的云服务，包括基础设施服务、平台服务和软件服务。在数据分析过程中，邀请一些专家进行专业评估，确保结果的真实性和合理性。最终将处理后的数据上传到服务器，并将安全风险信息发送给应用层。

Urban Safety 的最后一个组成部分是应用层，它是管理网络整体运行、处理数据、向公众发布信息的安全监控中心。任务控制台提供任务设计、任务分配和系统管理。数据处理模块提供从网络层获得的安全风险信息的安全评估和安全警告，而且，信息发布中心立即向公众反馈。

10.1.2 城市公共安全手机端及应用

1. 软件框架

Urban Safety 是负责用户登录、任务管理、数据收集管理和结果上传的应用程序。该应用程序由四个组件组成，即定位地图、我的项目、应急救援（SOS）和用户管理。应用程序的主要功能是 GPS 定位，监测结构加速度和位移，填写问卷，拍摄图像和 SOS。数据采集完成后，用户可以根据数据同步机制将采集到的数据上传到服务器。服务器数据库立即存储数据，以确保数据不会丢失，即使没有可靠的数据连接，或突然关闭时也是如此。客户端架构如图 10-1-2 所示。

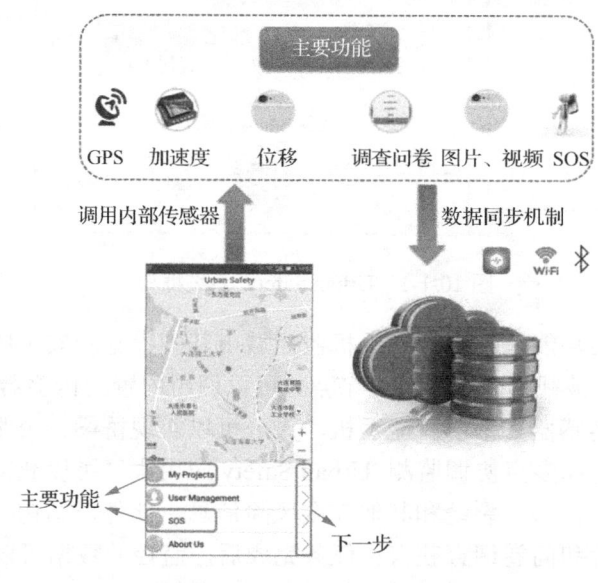

图 10-1-2 客户端架构图

"定位地图"用于获取用户的位置信息。此功能基于百度地图提供的位置和地图服务。

"我的项目"面向需要创建新项目的用户,用于收集数据并协助评估城市灾难信息。用户创建项目后,可以监测加速度、位移等结构动态特性,根据自身经验填写灾害问卷,获取城市基础设施信息图片。

"用户管理"适用于需要管理个人信息、共享和交流问题的用户。客户利用微信、Twitter、电子邮件等商业社交网站提供的开放式应用程序接口(API),支持用户交流、分享问题,提供激励措施,引导更多的人加入 Urban Safety 客户端进行集体搜索。

用户被困时,SOS 用于紧急呼叫。

其中加速度模块的功能应用参见 2.2 节,位移监测模块的功能应用参见 2.3 节。

2. 调查问卷

问卷调查是调查灾难信息的有效方法。当地震、洪水、台风等突发性自然灾害发生时,利用嵌入式技术,在发生自然灾害后高效快速地收集灾害信息。问卷中的每个问题都可以由非专业人士(例如居民)轻松回答。调查问卷的界面如图 10-1-3 所示。有关地震、台风和洪水的问卷内容分别列于表 10-1-1、表 10-1-2 和表 10-1-3[14,15]。问卷中的受伤和受损程度分别是用户对自身受伤程度和结构破坏程度的评估,评估完全基于用户的切身感受,1 级表示轻伤/伤害级别,而 10 级表示严重伤害/损伤级别。调查问卷完成后,可以上传到服务器进行进一步分析。根据调查的基本信息,可以对基础设施的损失进行初步评估。

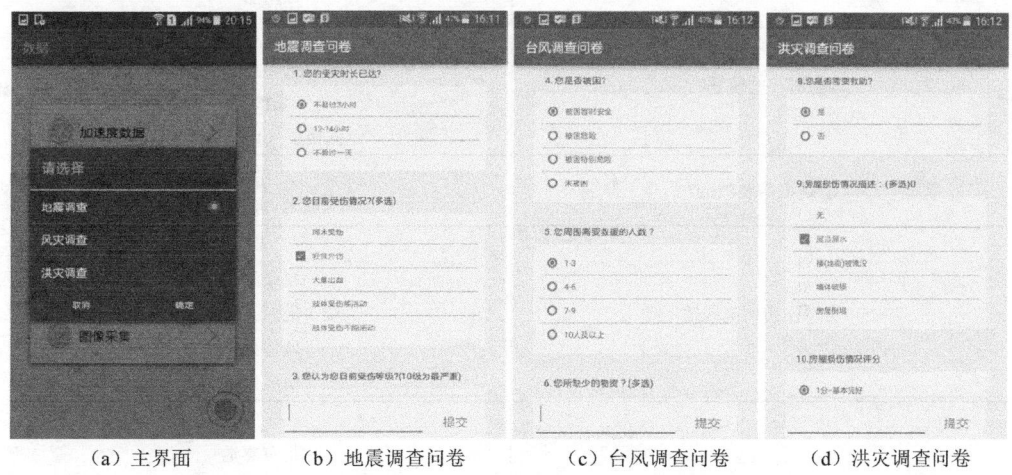

(a)主界面　　(b)地震调查问卷　　(c)台风调查问卷　　(d)洪灾调查问卷

图 10-1-3　调查问卷界面

表 10-1-1　地震调查问卷

问题	选项
您的受灾时长已达?	不超过 3 小时 12～24 小时 超过一天
您目前受伤情况?（多选）	尚未受伤 轻微外伤 大量出血 肢体受伤能活动 肢体受伤不能活动
您认为您目前受伤等级?（10 级为最严重）	1～3 4～6 7～9 10
您是否被困?	被困暂时安全 被困危险 被困特别危险 未被困
您周围需要救援的人数?	1～3 4～6 7～9 10 人及以上
您所缺少的物资?（多选）	水 食物 药品
您所在的位置?	室外 机动车上 高楼层 低楼层（1～3 层）
您是否需要救助?	是 否
房屋损伤情况描述	无 屋顶漏水 楼（地面）被淹没 墙体破损 房屋倒塌
地震发生时您有什么感觉?	无感 稍有感觉 站立不稳 惊逃户外 摔倒

续表

问题	选项
您的房屋情况是？	基本完好
	轻微破坏（有明显裂缝出现）
	中等破坏（较多明显裂缝）
	严重破坏（局部倒塌）
	毁坏（完全倒塌）
悬挂物的反应？	轻微晃动
	明显摆动
	大幅度晃动
	不规则晃动，有坠落
地表条件如何？	松软土出现裂缝
	干硬土出现裂缝
	多处出现裂缝，滑坡发生
	山崩和地震断裂情况出现
您对地震灾害等级总体评分？（10 分为最严重）	1～3
	4～6
	7～9
	10
备注（不超过 100 个字）	例如：是否有停水停电现象，分享您所知道的其他异常情况或者安全隐患等

表 10-1-2　台风调查问卷（前 9 个问题和地震调查问卷相同）

问题	选项
您对台风灾害的感受？（多选）	感到建筑物有明显晃动
	门窗晃动作响
	树和电线杆被刮倒
	广告牌被吹落
您对台风灾害的总体评分（综合考虑体感风速、建筑物破坏情况等，10 分最为严重）	1～3
	4～6
	7～9
	10
建筑物受损情况？（多选）	基本完好
	门窗、建筑外饰等破坏
	墙体破坏
	屋顶被吹翻
	房屋倒塌

表 10-1-3　洪灾调查问卷（前 9 个问题和地震调查问卷相同）

问题	选项
房屋损伤情况评分	1 分—基本完好 2～3 分—屋顶漏水 4～6 分—地面积水 7～9 分—墙体损坏 10 分—房屋倒塌
道路（房屋）积水深度估计	低于 15cm—对出行无影响 15～30cm—出行受阻，机动车行驶困难 30～50cm—机动车无法行驶 超过 50cm—无法出行，交通瘫痪
是否有桥塌路毁现象？	桥梁坍塌 道路冲毁 无
山坡周围是否有异味？	是 否
山坡周围是否有岩石开裂或被剪切挤压的响声？	是 否
山坡坡脚处水位是否上升？	是 否
坡体是否出现裂缝？	是 否
您认为目前的灾情等级（10 级为最严重）	1～3 4～6 7～9 10

3. 图像采集

图像信息在灾害调查中起着重要的作用。有时不实的损伤评估可能发生，因为调查表可能与它当前的形式不同，如果调查表是针对非专业人员的，则可能发生偏差。图像为基础设施损伤程度的评估提供重要和直接的证据。因此，专业人员可以将问卷作为补充，根据图像信息，并利用人工智能图像识别技术来提取结构损伤特征。用户可以使用智能手机摄像头对损伤进行拍摄，或从手机的相册中选择照片，如图 10-1-4 所示。然后，用户可以将损伤的图片上传至服务器网站。

4. SOS

紧急通信技术在抢险救灾中是很重要的。本节将应急通信技术嵌入手机客户端中，供受困人员与他人沟通寻求帮助，如图 10-1-5 所示。当用户被困时，他们可以使用 SOS 功能进行紧急呼叫，并通过推送 GPS 定位信息通知救援队他们的位置。这一特点可以提高灾区与外部世界的沟通能力。

 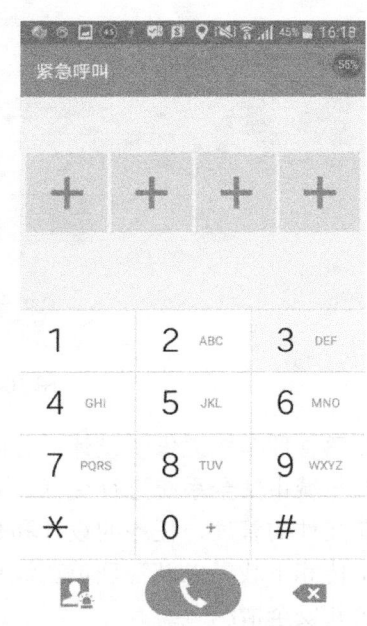

图 10-1-4　图像采集界面　　　　　　　　图 10-1-5　SOS 界面

10.1.3　城市公共安全网站平台

基础结构数据收集完成之后，建立一个网站平台来管理、存储和分析从 Urban Safety 应用程序上传的大数据。网站操作系统（operating system，OS）是 Windows Server 2008，服务器编程语言是页面超文本预处理器（page hypertext preprocessor，PHP）。服务器 ThinkPHP 主要包括三个组成部分，即前端设计模块、数据管理模块和传感管理模块，如图 10-1-6 所示。

前端设计模块利用了层叠样式表 3（CSS3）和辅助程序，高德地图被用作在线地图，MySQL 用于作为后端数据库的路由。当用户启动系统时，服务器可以自动定位用户的位置并将其显示在地图上。

数据管理模块通过代表状态转移（representational state transfer，REST）应用程序接口（API）从 Urban Safety 应用程序接收数据，并且数据可以长期存储在 MySQL 数据库中。基于这些感知数据，专业人员可以对数据进行分析，以获得结构的损伤评估文档，最终可以反馈给用户。

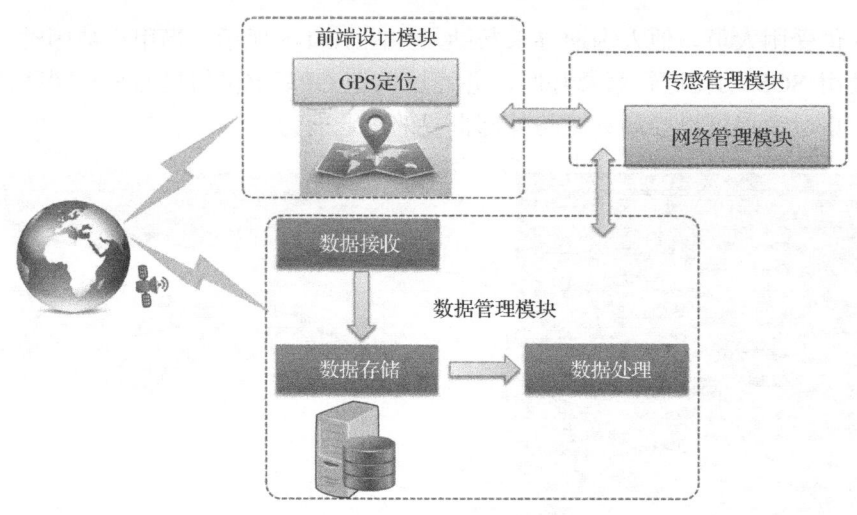

图 10-1-6　服务器框架

传感管理模块提供了设计、分配和部署传感任务的管理界面。该模块允许管理人员与城市安全系统进行交互，并支持整个大众传感过程的全面管理，包括用户配置文件的管理、任务的设计和分配以及数据复查。此外，网站的目标是实现文件上传和下载，以及管理员在线评估。通过网站，用户可以实时查看和下载城市的公共安全情况。

基于城市安全系统和移动大众感知技术，用户可以提取城市基础设施的损伤特征，可以将检测到的数据上传到服务器，以便专业人员进行深入分析。最后，建立了城市基础设施损伤数据库[16]，为城市基础设施安全评价和城市大数据收集提供了一定的帮助。数据库主要包括工程安全标准数据库和工程实例数据库，如图 10-1-7 所示。

工程安全标准数据库的数据由管理员上传。普通用户只能在登录后预览和下载信息，但不能更改数据。每个标准项目（即无警、轻警、中警和重警）包括项目名称、加速度、位移、调查问卷、图片、操作和处理的数据（用户只能预览和下载信息）。在工程安全标准数据库中存储的评估结果包括损坏位置、损坏程度、损坏分析报告、每日评估报告、月度评估报告、年度评估报告、即时评估、专家评估和警告信息等。

工程实例数据库的体系结构类似于工程安全标准数据库。该数据库包含从城市安全应用程序上传的所有用户的项目，用户可以搜索、预览和下载其他用户的项目。每个项目都具有与标准数据库相同的内容。

第 10 章 公众参与智能手机监测平台

(a) 网站主页面

(b) 数据库页面

图 10-1-7 Urban Safety 系统

10.1.4 现场实验及结果分析

为了验证城市安全系统的可行性和方便性，我们进行了一系列验证实验，如桥梁加速监测实验选择了大连理工大学内斜拉桥，并且，还采用了一系列的振动台实验来监测震动位移。此外，我们又对大连理工大学基础设施进行了图像采集。最后，实验结果被上传到网站。

1. 位移监测实验

实验目标是使用 Urban Safety 应用程序来监测结构目标的运动位移，使用的实验仪器包括振动台、三星 A5、激光位移传感器（laser displacement sensor，LDS）、泡沫板、A4 纸和计算机。位移监测实验的测试装置如图 10-1-8 所示。将 A4 纸（打印有黑色圆）粘贴在泡沫板上，泡沫板固定在振动台上。在这个测试中，黑色圆的直径为 30mm。然后将三星 A5 放置在与泡沫板平行的方向上，以监视黑色圆圈中心的移动。在这个测试中，两个不同的地震波（即 Northridge 地震波和 Mendocino 地震波）被用作振动台上的激励。被监测的运动方向的增益设置为 0.5，其他方向的增益为 0。为了验证三星 A5 的监控精度，使用 LDS 进行比较。三星 A5 的采样率限制在 30fps 或 30Hz，而 LDS 采样率为 100Hz。

图 10-1-8 位移监测实验测试装置

三星 A5 和 LDS 的实验结果如图 10-1-9 所示。图 10-1-9（a）和图 10-1-9（b）分别显示了 Northridge 地震波和 Mendocino 地震波的地面运动结果，两个地震波输入方向都沿 x 方向。

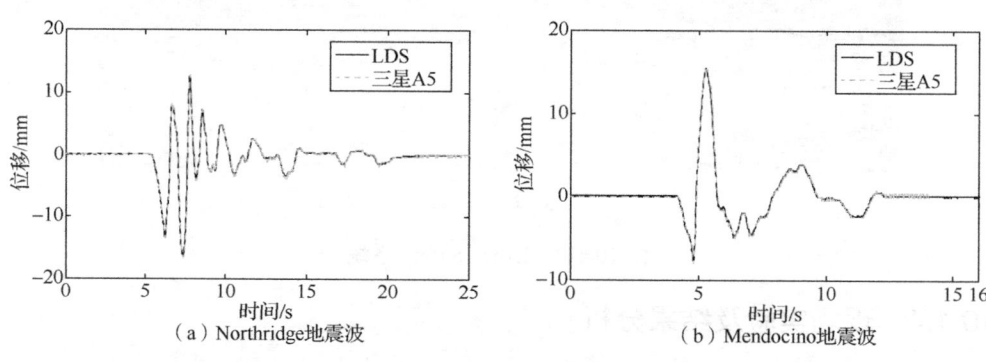

图 10-1-9 位移时程曲线

从图 10-1-9 可以看出，三星 A5 和 LDS 监测的结果是完全一致的。当激励是 Northridge 地震波和 Mendocino 地震波时，三星 A5 与 LDS 时间历程的互相关系数分别为 0.9961 和 0.9974。因此，使用智能手机来监测由于振动而引起的结构位移是非常有效的。

2. 加速度监测实验

图 10-1-10 显示了具有六根缆索的传感器布置图，监测缆索 2 上两个位置的

加速度。缆索长度为 23.894m，线质量密度为 18.5kg/m²。三星 A5 智能手机被视为一个无线监测系统来监控桥梁的加速度。一个压电式加速度传感器（piezoelectric acceleration sensor，PAS）被认为是一个有线监测系统，用来验证三星 A5 的准确性和便利性。表 10-1-4 给出了无线监测系统与有线监测系统的比较。对缆索施加了激励，时间历程数据由三星 A5 和 PAS 记录，然后收集缆索的振动频率。

图 10-1-10　大工桥和在缆索 2 上传感器布置图

表 10-1-4　无线监测系统与有线监测系统比较表

	无线监测系统	有线监测系统
装置	三星 A5，手机套	PAS，电线，信号采集盒，电源箱，电脑
数据存储	三星 A5	电脑终端
数据处理	三星 A5 预处理	电脑处理

无线监测系统只需要三星 A5 智能手机和手机套即可实现数据采集、传输、存储和数据预处理。有线监测系统需要大量的辅助设备进行数据采集，需要使用计算机进行数据传输、存储和处理。因此，与有线监测系统相比，无线监测系统在数据采集、存储和处理方面更方便快捷。

缆索 2 位置 1 和位置 2 上的两个传感器的监测结果如图 10-1-11～图 10-1-14 所示。频差（相邻频差）计算结果如表 10-1-5 所示。根据对位置 1 监测结果的分析，可以得出一些结论。图 10-1-11（a）和图 10-1-12（a）显示三星 A5 和 PAS 的加速度时程曲线基本一致。此外，还可以使用快速傅里叶变换算法（FFT）从加速度时程曲线中获得频谱，如图 10-1-11（b）和图 10-1-12（b）所示。图 10-1-11（b）

和图 10-1-12（b）显示三星 A5 和 PAS 监测的缆索振动基本相同。位置 2 的分析结果（图 10-1-13 和图 10-1-14）与位置 1 相同。使用式（10-1-1）中所示的索力计算公式（不考虑刚度和垂度的影响），可以计算缆索 2 的索力，公式如下：

$$T = 4ml^2(\Delta f)^2 \quad (10\text{-}1\text{-}1)$$

式中，T 是索力；m 是线性质量密度；l 是缆索长度；Δf 是频差。

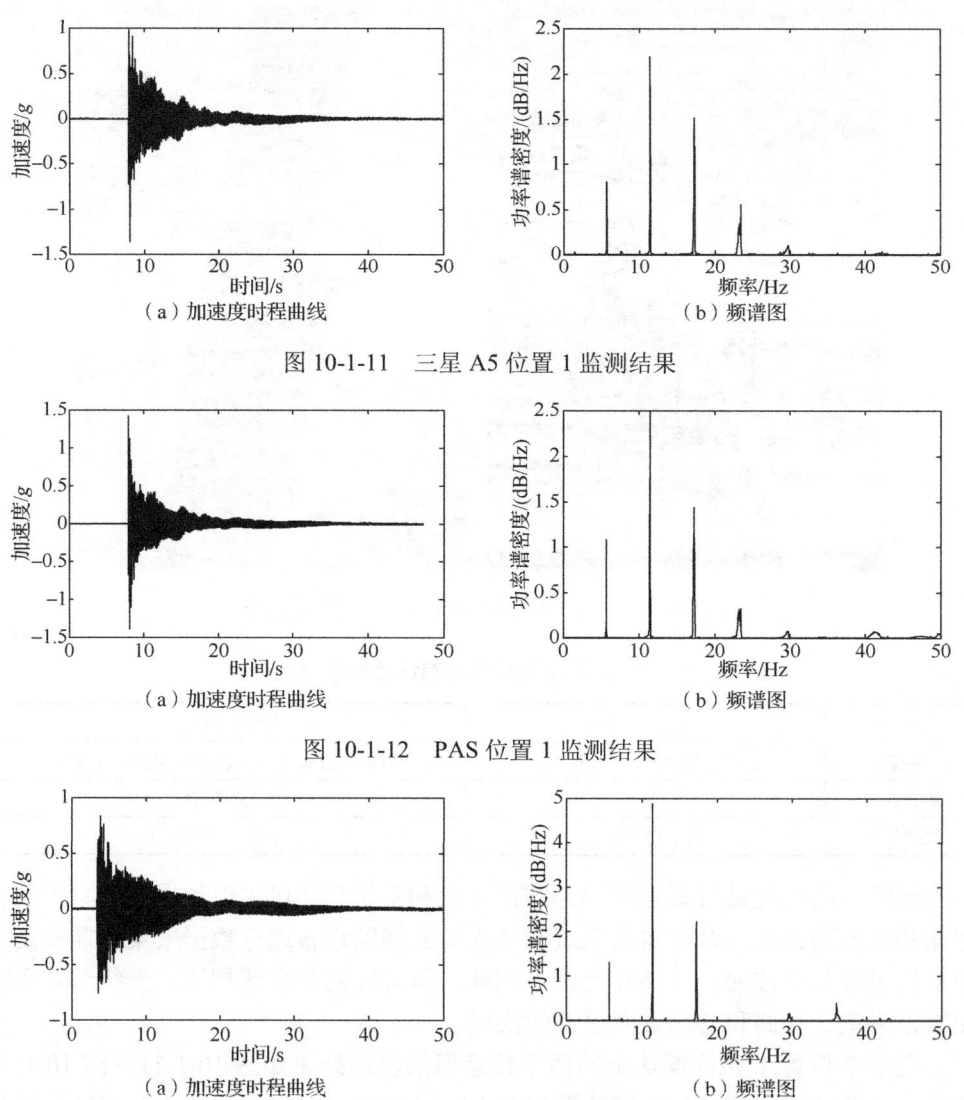

（a）加速度时程曲线　　　　　（b）频谱图

图 10-1-11　三星 A5 位置 1 监测结果

（a）加速度时程曲线　　　　　（b）频谱图

图 10-1-12　PAS 位置 1 监测结果

（a）加速度时程曲线　　　　　（b）频谱图

图 10-1-13　三星 A5 位置 2 监测结果

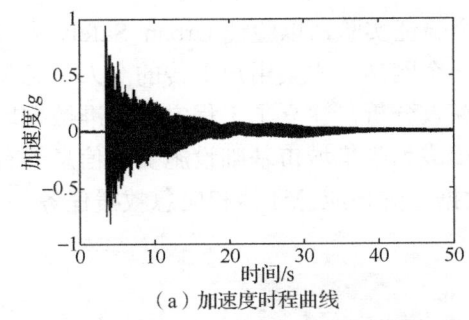
(a) 加速度时程曲线

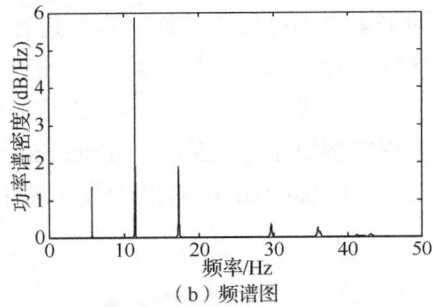
(b) 频谱图

图 10-1-14　PAS 位置 2 监测结果

表 10-1-5　两个传感器频差和索力对比表

项目		频率/Hz			频差/Hz	频差误差/%	索力/kN	索力误差/%
		第一阶频率	第二阶频率	第三阶频率				
位置 1	三星 A5	5.711	11.420	17.310	5.800	—	1421.233	—
	PAS	5.708	11.440	17.270	5.781	0.33	1411.937	0.66
位置 2	三星 A5	5.698	11.420	17.280	5.791	—	1416.826	—
	PAS	5.700	11.440	17.280	5.790	0.02	1416.337	0.03

表 10-1-5 列出了使用 PAS 和三星 A5 的频差和索力,最大频差误差为 0.33%,索力的最大误差为 0.66%。可以看出,不同传感器之间的频差和索力基本相同。因此,与有线监测系统相比,智能手机的数据采集精度完全满足需求。总地来说,用智能手机测量结构振动是可行的。

3. 图像采集

图像是评估建筑物损坏的重要证据。基于图像分析,可以直观地获取结构的宏观损伤。更重要的是,利用图像识别技术也可以获得结构中细微的裂缝。使用 Urban Safety 应用程序,用户可以创建一个新项目。项目完成后,用户可以将收集的数据上传到网站,并将建筑物的图像存储在 MySQL 数据库中。用户的地理坐标、账户和项目名称可以在地图上显示,其他用户则可以通过搜索特定的用户账户和项目名称来查看和下载图像。数据和建筑物可以根据 GPS 信息、项目名称和获取的图像进行匹配。图 10-1-15 显示了由学生上传至地图上的大连理工大学建筑信息。数据收集、上传、显示定位、下载加速度、位移以及问卷调查的原理与图像信息相同。

本节介绍了 Urban Safety 应用程序,并在 Android 操作系统上开发了一个网站,实现城市基础设施结构安全信息的收集。利用 Urban Safety,用户可以收集加速度数据、位移数据、问卷、图像等与结构相关的信息,使城市基础设施安全信息的采集更为高效和有效。本节进行了三个验证实验，以验证 Urban Safety 应用程序的可行性和有效性。此外，还建立了一个网站，收集用户上传的个人信息和采集的基础设施信息，对上传的数据进行深入分析，建立了工程安全标准数据库和工程实例数据库。因此，Urban Safety 有望成为收集城市基础设施安全信息的有效工具。Urban Safety 有助于收集城市大数据、灾害应急评估和应急救援任务。

图 10-1-15　图像采集

10.2　长城完整性共享平台

10.2.1　守望长城系统框架

　　长城作为世界重要的文化遗产，不仅具有重大的历史、科学和艺术价值，而且对历史、考古、文化、军事等方面的研究也有一定的参考价值。纵观历史，长城的发展有很长一段时间，长城也遭受了不同程度的破坏。如保存完好的墙体已不到五分之一，可见的遗迹可能少于三分之一。在一些自然条件不佳或政府管理松散的地方，长城实际上已经消失[17]。目前，长城病害类型主要有地表严重风化、基础侵蚀、凹、裂、塌陷、人为破坏等。长城的破坏是严重和快速的，所以长城的保护是迫切的[18]。长城的传统保护和监测工作是实地调查，用于收集数据，并利用各种仪器和设备创建各种数据库。但传统的监控成本更高，监测时间更长。特别是无法及时得到灾害信息，自然灾害发生时信息不能实时更新。传统方式的长城保护方法公众参与度较低，这种方法不能动员群众参与长城的保护工作。

然而，随着计算机技术和网络技术的飞速发展，计算机技术和网络技术在长城等古建筑保护工程中的应用已成为大势所趋。同时，网络技术为信息实时更新、公众参与和大型数据的收集[19]提供了新的途径。本节提出了一种基于智能手机的长城墙体完整性快速监测的新方法，设计了基于智能手机的长城保护监控软件。利用该软件，群众可以参与长城的监控和保护工作，可以有效地实时获取更多的信息。特别是灾害发生时，群众的参与可以为长城的健康评估和修复节省宝贵的时间，长城保护工作可以更有效。

10.2.2 守望长城手机端及应用

随着计算机技术和手机产业的飞速发展，智能手机在人们生活中的应用越来越普遍，基于移动客户端的功能也更强大。作为云终端的最佳选择，智能手机也是人们生活中不可缺少的信息源。因此，在信息爆炸的时代，如何充分利用这一资源是把握时代发展的关键。据统计，2019 年中国手机用户总数达到 15.3 亿，移动互联网用户已超过 13.3 亿。目前，智能手机广泛应用于健康监测、汽车碰撞、家电控制等领域。因此，利用智能手机使我们的生活方式更方便快捷是一种发展趋势。

本节提出了一种基于智能手机的长城墙体完整性快速监测系统——守望长城（Great Watcher）。该系统是基于 Android 操作系统开发的[20]。该应用程序的主要功能是用户登录、任务管理、数据收集管理和结果上传，主界面如图 10-2-1 所示。该系统主要包括四部分，问卷调查、长城科普、长城足迹和用户管理（表 10-2-1）。基于智能手机传感器用户可以获取灾害信息（图片、视频、调查问卷等）、GPS 定位信息等，利用数据上传功能，可以将采集的数据上传到服务器上。服务器数据库会立即存储数据，以确保即使没有可靠的数据连接或手机突然关闭时，也不会丢失数据。

图 10-2-1　守望长城主页面

问卷调查模块是软件的核心部分。调查问卷的界面如图 10-2-2 所示。同时，该软件可以调用手机的内置全球定位系统来实时定位当前位置，并获得长城的完整性信息。通过该软件，可以得到典型的完整性损伤信息和位置信息，包括结构裂缝、人为破坏、植被生长等，并对长城的完整性进行评估。

表 10-2-1　守望长城软件功能介绍

模块	功能
问卷调查	长城保护工作者、志愿者和游客可以根据自己的经验填写调查问卷； 点击"获取位置"按钮，用户可以实时获取位置坐标； "上传长城图片"按钮用来收集长城的图像信息
长城科普	该模块主要包括长城的历史状况和长城的现状； 该模块的内容是由管理员实时更新的
长城足迹	该模块不仅实时记录了用户位置信息，并且对长城遗迹的分布做出贡献
用户管理	该模块是用户来管理个人信息、对长城损伤的评价、对长城保护的建议以及对 APP 的评价

1. 调查问卷

长城保护工作者、志愿者和游客可以根据他们对长城的了解来填写长城调查表，如图 10-2-2 所示。与传统的野外调查相比，问卷调查可以快速收集长城的完整性信息。基于移动大众感知技术，用户（专业人员、民众和志愿者）可以被激励填写问卷，问卷中的每个问题都可以很容易地由非专业人员来完成。

依靠大众的力量，调查表完成后，可以将其上传到服务器进行进一步分析。根据调查数据，可以对长城的完整性进行初步评估。

图 10-2-2　调查问卷界面

图像采集在长城信息调查中起着重要的作用，主要通过调用高清摄像头来实现对手机图像的快速访问（界面如图 10-2-3 所示）。由于图像是直接显示基本信息、进而评估损伤程度的最重要的证据,因此,利用图像信息,专业人员可以利用人工智能图像识别技术来提取长城损伤特征。用户可以从手机相册中选择图片或在现场拍照,然后上传长城的图像到网站服务器,管理人员对图像进行专业分析,以获得结构损伤特征。

2. 长城足迹

该模块可以记录用户在长城上的行走路线,如图 10-2-4 所示,点击"开始"按钮,软件即开始记录,点击"结束"按钮,路线记录结束,并将记录路线上传至网站,在网站地图上显示,该功能为调查长城足迹的分布做出贡献。

 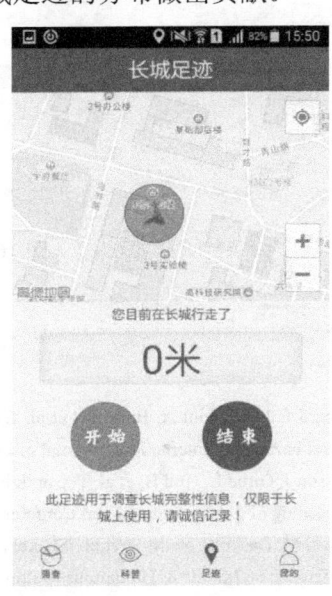

图 10-2-3　图像采集界面　　　　　图 10-2-4　长城足迹界面

10.2.3　守望长城共享平台

长城数据采集完成后,用户可以将数据上传至服务器网站,该网站和城市安全网站类似,用于收集长城完整性信息。网站操作系统(OS)是 Windows Server 2008,服务器编程语言是页面超文本预处理器(PHP)。服务器 ThinkPHP 主要包括三个组成部分,即前端接口设计模块、数据管理模块和传感管理模块。高德地图被用作在线地图,MySQL 用于作为后端数据库的路由。当用户启动系统时,服务器可以自动定位用户的位置并将其显示在地图上。

数据管理模块通过代表状态转移(REST)应用程序编程接口(API)从 Great Watcher 应用程序接收数据,并且数据可以长期存储在 MySQL 数据库中,如图 10-2-5

所示。用户登录网站后,可以对长城数据资料进行预览和下载,同时基于这些感知数据,专业人员可以对数据进行分析,以获得结构的损伤评估文档,最终可以反馈给用户。

图 10-2-5 用户登录界面

参 考 文 献

[1] Richard E J, Bostrom A, Burton I, et al. Risk interpretation and action: a conceptual framework for responses to natural hazards[J]. International Journal of Disaster Risk Reduction, 2012, 1: 5-16.

[2] Eriksson J, Girod L, Hull B, et al. The pothole patrol: using a mobile sensor network for road surface monitoring[C]. Proceeding of the 6th International Conference on Mobile Systems, Applications, and Services, 2008: 29-39.

[3] Ervasti M, Dashti S, Reilly J, et al. iShake: mobile phones as seismic sensors—user study findings[C]. International Conference on Mobile & Ubiquitous Multimedia, 2011: 43-52.

[4] Holden W N. Mining amid typhoons: large-scale mining and typhoon vulnerability in the Philippines[J]. The Extractive Industries and Society, 2015, 2(3): 445-461.

[5] Adomah B S, Olav Øyhus A. The role of social perception in disaster risk reduction: beliefs, perception, and attitudes regarding flood disasters in communities along the Volta River[J]. International Journal of Disasterrisk Reduction, 2017, 23: 104-108.

[6] Potter S H, Becker J S, Johnston D M, et al. An overview of the impacts of the 2010-2011 Canterbury earthquakes[J]. International Journal of Disaster Risk Reduction, 2015, 14:6-14.

[7] Li Q S, Hu S Y, Dai Y M,et al. Field measurements of extreme pressures on a flat roof of a low-rise building during typhoons[J]. Journal of Wind Engineering & Industrial Aerodynamics, 2012, 111:14-29.

[8] Platt S, Drinkwater B D. Post-earthquake decision making in Turkey: studies of Van and Izmir[J]. International Journal of Disaster Risk Reduction, 2016, 17: 220-237.

[9] Riccardi M T. The power of crowdsourcing in disaster response operations[J]. International Journal of Disaster Risk Reduction, 2016, 20:123-128.

[10] Martella C, Li J, Conrado C, et al. On current crowd management practices and the need for increased situation awareness, prediction, and intervention[J]. Safety Science, 2017, 91:381-393.

[11] Merlino G, Arkoulis S, Distefano S, et al. Mobile crowdsensing as a service: a platform for applications on top of sensing clouds[J]. Future Generation Computer Systems, 2016, 56:623-639.

[12] Zhao X F, Wang N N, Ou J P, et al. Research on public participant urban infrastructure safety monitoring system using smartphone[C]. Spie Smart Structures & Materials + Nondestructive Evaluation & Health Monitoring, SPIE, 2017, 10169-10169T.

[13] Zhao X F, Wang N N, Han R C, et al. Urban infrastructure safety system based on mobile crowdsensing[J]. International Journal of Disaster Risk Reduction, 2017, 27: 427-438.

[14] Han R C, Yu Y, Zhao X F, et al. Emergency communication and quick seismic damage investigation based on smartphone[J]. Advances in Materials Science and Engineering, 2016: 7456182.

[15] 中国地震局. 中国地震烈度表: GB/T 17742—2008[S]. 北京: 中国标准出版社, 2009.

[16] Bernardini G, Quagliarini E, D'Orazio M. Towards creating a combined database for earthquake pedestrians' evacuation models[J]. Safety Science, 2016, 82:77-94.

[17] 张鸥. 北京明长城分布现状及其损毁保护的研究[D]. 北京: 首都师范大学, 2007.

[18] Li C X, Zhao H Y, Han W F. Research on the protection of the Great Wall in Gansu province[J]. Dunhuang Research, 2006, 6:219-228.

[19] Ayman G, Abdel T. The World Heritage Centre's approaches to the conservation of New Gourna Village, and the assessment of its authenticity and integrity[J]. Alexandria Engineering Journal, 2014, 53:691-704.

[20] Zhao X F, Wang N N, Wang L N, et al. Public participatory integrity monitoring of the Great Wall based on smart phones[C]. ASME 2016 Conference on Smart Materials, Adaptive Structures and Intelligent Systems, 2016: V001T05A009.